© S. Fischer Verlag GmbH, Frankfurt am Main 2010
Satz: Fotosatz Reinhard Amann, Aichstetten
Druck und Bindung: GGP Media GmbH, Pößneck
Printed in Germany
ISBN 978-3-10-025504-4

ROBERT GERNHARDT

WAS DAS GEDICHT ALLES KANN:
ALLES
Texte zur Poetik

Herausgegeben von
Lutz Hagestedt und
Johannes Möller

S. FISCHER

INHALT

VORLESUNGEN ZUR POETIK 9
  Von Nichts kommt Nichts 11
  Die mit dem Hammer dichten 33
  Ordnung muß sein 66
  Leben im Labor 102
  Schläft ein Lied in allen Dingen? 138
  Was bleibt? 166
  Schmerz laß nach 190

ZU DICHTERN 223
  Der Schiller-Prozeß 225
  Nachlaß oder Nachlast? *(zu Friedrich Rückert)* 262
  Ein Verbündeter *(zu Wilhelm Busch)* 270
  Morgenstern 130 273
  Überall ist Ringelnatz 276
  Den Benn alleine lesen 282
  Brecht lesen und lachen 287
  In Alltags Krallen *(zu Zbigniew Herbert)* 308
  Peter Rühmkorf und wir 314
  Bedeutung? Gepfiffen! *(zu F. W. Bernstein)* 326

ZU GEDICHTEN 333
  Frankfurter Anthologie
  Pein und Lust 335
  Crime und Reim 337
  Schön und gut 340
  Liebe contra Wahrheit 343
  Dichter und Richter 346
  Unfamiliäre Verse 349
  Fasse dich kurz 353

Ein Hoch dem Fuffzehnten Julei 356
Letzte Runde 359
Die blanke Wahrheit 363
Der Weg ist das Ziel 366
An der Angel 370
Die Lehre der Leere 373
Ende schlecht, alles gut 377
Ingeborg Bachmann: Die gestundete Zeit 382
Warum Günther Weisenborns Gedicht »Ahnung«
kein gutes Gedicht ist 388

FRAGEN ZUM GEDICHT 393
Langt es? Langt es nicht? 395
Wie arbeitet der Lyrikwart? 398
Aufgeladen? Aufgeblasen? 402
Wie schlecht war Goethe wirklich? 411
Warum gerade das Sonett? 415
Dürfen die das? 419
Was wird hier gespielt? 423
Kein Beifall für den Mauerfall? 428
Simon who? 434
Was gibt's denn da zu lachen? 437
Stiften sie noch was, die Dichter? 443

ÜBER DEN UMGANG MIT GEDICHTEN 449
Herr Gernhardt, warum lesen Sie Ihre Gedichte vor?
Das ist eine kurze Geschichte. Ich bitte um Ihr Ohr: 451
Berührt, nicht gerüttelt 454
Einer flog aus dem Amselnest 464
Sieben auf einen Streich 475

ÜBER DAS DICHTEN   487
  In eigener Sache   489
  Zehn Thesen zum komischen Gedicht   503
  Dichten in der Toscana   508

»ZUERST DIE POETIKEN ...«   515
  Zu Peter Rühmkorfs Auffangpapieren   517

ANHANG   521
  »Scheiden, Sieben, Machen« *Nachwort*   523
  »In diesem Buch steht alles drin:« *Editionsbericht*   548
  Anmerkungen   556
  Nachweise   581
  Bibliographie   589
  Register   596

VORLESUNGEN ZUR POETIK

VON NICHTS KOMMT NICHTS

Verehrte Anwesende, liebe Zuschauer,

was ich mich hier zu halten anschicke, ist die erste Poetik-Vorlesung meines Lebens, und ich kann sagen, daß ich mir mit dieser Feuertaufe Zeit gelassen habe.

Ich weiß nicht mehr, wann ich das erste Mal gefragt worden bin, ob ich das ehrenvolle Amt des Frankfurter Poetik-Dozenten schultern wolle – auf jeden Fall ist es Jahre her, soviele Jahre jedenfalls, daß ich leichthin antworten konnte: Noch bin ich nicht so weit, noch bin ich Lernender. Sprechen wir erneut darüber, wenn ich die 60 passiert habe; warten wir ab, ob ich dann zum Lehrenden gereift sein werde.

So etwas sagt sich leicht im zarten Alter von 50 oder 55 folgende – doch dann *hatte* ich die 60 passiert, dann *wurde* die Frage wiederholt, dann *gab* es keine Ausflucht mehr: Als 63jähriger trete ich vor Sie – allerdings weniger als Lehrender, denn als Entleerender –: Im Laufe der jahrzehntelangen Arbeit im Steinbruch der Sprache ist mir natürlich vieles um die Ohren geflogen, ist mir manches durch den Kopf gegangen, ist einiges darin hängengeblieben, und wes des Kopf voll ist, des geht der Mund über –: Hörnwerma, dannwermersehn.

Vor Jahren habe ich ein Gedicht geschrieben, das den Titel »Lesung« trägt. Setzt man vor »Lesung« ein »Vor«, dann wird »Vorlesung« daraus:

Lesung

Menschen schauen mich an:
Da kommt der Gernhardt, Mann!

Menschen schauen mir zu:
Das ist der Gernhardt, du!

Menschen schauen mir nach:
Das war der Gernhardt, ach!

Menschen schauen sich an:
Der wird auch nicht jünger!

»Was das Gedicht alles kann: Alles«, lautet der Obertitel meiner mehrteiligen Überlegung – soeben haben wir eine der ungezählten Fähigkeiten des Gedichts erlebt: Es kann den Einstieg in ein solches Unternehmen erkennbar erleichtern.

Was es sonst noch so alles kann, das werde ich in den nächsten Wochen in zumindest groben Zügen darzulegen versuchen.

Das Gedicht kann alles, behaupte ich, zugleich aber muß ich fortwährend verbuchen, daß der Dichter heutzutage wenig, wenn nicht gar nichts gilt.

Als das ›F.A.Z.-Magazin‹ selig noch seine ganzseitigen Fragebögen veröffentlichte, da enthielt dieser auch die Frage: »Ihr Lieblingslyriker?«

Und betroffen bis bänglich nahm ich von Fall zu Fall wahr, wie Befragte nichts dabei fanden, diese Frage auszulassen oder sie mit einer Gegenfrage zu beantworten.

Nun gut: Daß der 1965 geborene Thomas Helmer, von Beruf Fußballspieler, der Frage nach dem Lieblingslyriker die Feststellung entgegenhält: »Ich bin leider kein Experte auf dem Gebiet der Lyrik!« – das mag am kunstfeindlichen Deutschunterricht der 68er-Deutschlehrer gelegen haben. Und wenn der Zehnkämpfer Frank Busemann, Jahrgang 1975, »Lieblings...was?« zurückfragt, dann mag das damit zu tun haben, daß in einem allzu gesunden Körper nicht immer der allerhellste Geist zu Hause ist.

Wenn aber der 1949 geborene Funkmoderator Elmar Hörig zum »Lieblingslyriker« lediglich zu sagen weiß »Nicht, daß ich auch nur einen wüßte«, wenn Tom Stromberg, Jahrgang 1960, Studium der Germanistik und Theaterwissenschaft, zehn Jahre lang Intendant des TAT Frankfurt, Leiter des Kulturprogramms der Expo 2000 in Hannover, zur Zeit Intendant des Deutschen Schauspielhauses in Hamburg – wenn ein solch kapitaler Kulturmensch auf die Frage nach dem »Lieblingslyriker« nichts anderes zu entgegnen weiß, als einen vielsagenden Gedankenstrich » – «:

das läßt tief blicken, fragt sich nur, in wen: In Tom Stromberg? Oder in die Situation der Lyrik hier und heute?

Lassen wir die Antwort offen, vermerken wir lediglich, daß besagter Fragebogen zwar nach dem plötzlichen Hinscheiden des ›F.A.Z.-Magazins‹ von der ›Frankfurter Sonntagszeitung‹ weitergeführt wird, seither jedoch seinen Beantwortern die Frage nach dem »Lieblingslyriker« nicht mehr zumutet bzw. erspart – was geht da vor? Anders gefragt: Geht da etwas den Bach runter? Beziehungsweise: *Was* geht da den Bach runter? Und seit wann?

Im August 1797 besucht Johann Wolfgang Goethe nach langer Abwesenheit seine Geburtsstadt Frankfurt am Main und berichtet darüber in Briefen an den in Jena zurückgebliebenen Friedrich Schiller.

»Sehr merkwürdig ist mir aufgefallen wie es eigentlich mit dem Publiko einer großen Stadt beschaffen ist. Es lebt in einem beständigen Taumel von Erwerben und Verzehren, und das was wir Stimmung nennen, läßt sich weder hervorbringen noch mittheilen. Alle Vergnügungen, selbst das Theater, sollen nur zerstreuen und die große Neigung des lesenden Publikums zu Journalen und Romanen entsteht eben daher, weil jene immer und diese meist Zerstreuung in die Zerstreuung bringen.

Ich glaube sogar eine Art von Scheu gegen poetische Produktionen, oder wenigstens in so fern sie poetisch sind, bemerkt zu haben, die mir aus eben diesen Ursachen ganz natürlich vorkommt. Die Poesie verlangt, ja sie gebietet Sammlung, sie isoliert den Menschen wider seinen Willen, sie drängt sich wiederholt auf und ist in der breiten Welt (um nicht zu sagen in der großen) so unbequem wie eine treue Liebhaberin.«

Diesen Befund teilt Schiller, doch setzt er dem Goetheschen Bild der Poesie als unbequemer, weil getreuer Liebhaberin zwei andere, grellere Bilder entgegen:

»So viel ist auch mir [...] klar geworden, daß man den Leuten, im ganzen genommen, durch die Poesie nicht wohl, hingegen recht übel machen kann, und mir däucht, wo das eine nicht zu erreichen ist, da muß man das andere einschlagen. Man muß sie inkommodieren, ihnen ihre Behaglichkeit verderben, sie in Unruhe und in Erstaunen setzen. Eins von beiden, entweder als ein Genius oder als ein Gespenst muß die Poesie ihnen gegenüber stehen. Dadurch allein lernen sie an die Existenz einer Poesie glauben und bekommen Respekt vor den Poeten.«

Im Verlauf des Frankfurt-Aufenthalts besucht Goethe übrigens neben anderen von Schiller protegierten Jungdichtern wie Siegfried Schmidt und – doch den verfehlt er leider – Hauptmann Steigentesch auch einen gewissen Hölderlin, dem er rät, »kleine Gedichte zu machen und sich zu jedem einen menschlich interessanten Gegenstand zu wählen«.

Folgt man Goethe, so hatte Hölderlin eine andere Vorstellung von dem ihm gemäßen Gedicht. Bedauernd vermerkt der Besucher: »Er schien eine Neigung zu den mittleren Zeiten zu haben, in der ich ihn nicht bestärken konnte.«

Wie wir wissen, hat Hölderlin die Ratschläge des Poeten Goethe nicht respektiert, im Gegenteil: Statt sich »kleiner Gedichte« zu befleißigen, weitete er auch die »mittleren Zeiten« zu langen, großen und folgenreichen Gesängen – von diesen Folgen später. Halten wir für den Moment lediglich fest, daß die »Poesie« laut Kronzeuge Johann Wolfgang Goethe bereits vor zweihundert Jahren keine allzu gefragte Gebieterin war, nicht zuletzt hier in Frankfurt, und fahren wir fort mit der Frankfurter Poetik-Vorlesung des Jahres 2001 an der Johann-Wolfgang-Goethe-Universität, versuchen wir, auf die Reihe zu bringen, was bisher noch reichlich undefiniert und herzlich ungeregelt im Raum steht, fragen wir uns, was das eigentlich ist: das Gedicht, die Poesie, die Lyrik.

Schauen wir zunächst dem Volk aufs Maul. Vielleicht gibt es Antwort:

Der Satz »Dieser Kuchen ist ja ein Gedicht!« meint einen eindeutig positiven Befund.

Der Satzanfang »Um es mal poetisch auszudrücken ...« signalisiert Beschönigung, wenn nicht Schönfärberei.

Der Ansatz »Nun werden Sie bloß nicht lyrisch ...« unterstellt dem Gesprächspartner unzulässige, ja verwerfliche Weltfremdheit.

Gedicht – Poesie – Lyrik –: Belassen wir es nicht beim Plebiszit, schauen wir einmal nach, wie die Wissenschaft diese Begriffe definiert, blicken wir in ein germanistisches Standardwerk, öffnen wir Gero von Wilperts »Sachwörterbuch der Literatur«.

Zu »Gedicht« lesen wir die prosaische Auskunft: »jede Erscheinungsform der Dichtung in Versen, besonders aber für die s. Lyrik.«

Zum Stichwort »Poesie« stoßen wir auf einen ebenfalls sachlich kargen Eintrag:

»Dichtung allg., im engeren Sinn die in gebundener Rede im Ggs. zur s. Prosa.«

Halten wir fest: Fünf Zeilen weiß Gero von Wilpert zum Stichwort »Gedicht« zu sagen, sechs Zeilen zur »Poesie« – viereinhalb *Seiten* aber widmet er dem Begriff »Lyrik«, einen regelrechten Gesang stimmt er an, der mit den Worten anhebt:

> Lyrik, die subjektivste der drei Naturformen (s. Gattungen) der Dichtung; unmittelbare Gestaltung innerseelischer Vorgänge im Dichter, die durch Weltbegegnung (s. Erlebnis) entstehen, in der Sprachwerdung aus dem Einzelfall ins Allgemeingültige, Symbolische erhoben werden und sich dem Aufnehmenden durch einfühlendes Mitschwingen erschließen.

Wenn *das* das Wesen der Lyrik ausmacht – innerseelische Vorgänge, gemüthafte Weltbegegnung, einfühlendes Mitschwingen – was ist dann *das* hier:

> Ein Hündchen wird gesucht,
> Das weder murrt noch beißt,
> Zerbrochne Gläser frißt
> Und Diamanten ...

Ja – was ist das? Offenkundig doch ein Gedicht, allerdings bar jeder Weltbegegnung und auch ohne einfühlendes Mitschwingen verständlich –: Offenbar verhält es sich also so, daß es laut Gero von Wilpert Gedichte gibt, die nicht zur »Lyrik« zu rechnen sind. Da es andererseits lediglich drei Naturformen der Dichtung gibt – außer der Lyrik noch das Epos und das Drama –, und da besagter Vierzeiler weder zur Gattung der »Ilias« noch zu der des »König Ödipus« gerechnet werden kann, bleibt lediglich der Schluß, daß er überhaupt nicht zur Dichtung gehört. Was aber sucht er dann in »Goethes Werken in vierzig Bänden« des Deutschen Klassiker Verlags, Band Gedichte 1800–1832, Seite 728 unter der Überschrift »Annonce, Den 26. Mai 1811« – ?

Wenn ein Gedicht und eine Definition zusammenstoßen und es hohl klingt, so muß das nicht immer am Gedicht liegen. Und da der Lyrik-

Anthologist Karl Otto Conrady der Gero-von-Wilpertschen Lyrik-Definition so lapidar wie nachvollziehbar widersprochen hat, in seinem Vorwort zur letzten Ausgabe seines »Großen deutschen Gedichtbuchs«, kann ich mir eine eigene Begriffserklärung sparen:

> Zur Lyrik gehören alle Gedichte, und Gedichte sind sprachliche Äußerungen in einer speziellen Schreibweise. Sie unterscheiden sich durch die besondere Anordnung der Schriftzeichen von anderen Schreibweisen, und zwar durch die Abteilung in Verse [...]. Der Reim ist für die Lyrik kein entscheidendes Merkmal.

Mit »Sammlung« und ›Isolation‹ hatte Goethe die Poesie in Verbindung gebracht, von ›Innerseelenraum‹ und »Einzelfall« war bei Wilpert im Zusammenhang mit »Lyrik« die Rede gewesen – zweihundert Jahre Poesieverklärung und Lyrikverdunkelung konnten nicht ohne Folgen bleiben, bis hinein in die mens sana des Zehnkämpfers Frank Busemann: »Lieblings ... was?«

»Warum kommt es uns manchmal so vor, als hafte der ganzen Sache, der ›Lyrik‹ etwas Trübes, Zähes, Dumpfes, Muffiges an?«, fragt der Lyriker Hans Magnus Enzensberger im Vorwort seiner Gedichtsammlung »Das Wasserzeichen der Poesie«, und er hakt nach: »Aber war da nicht irgendwann, irgendwo was Anderes? Ein Lufthauch? Eine Verführung? Ein Versprechen? Ein freies Feld? Ein Spiel?«

Zu einem Spiel gehören in der Regel mehrere, und von einer Dichtung, die nicht isoliert, sondern das Gegenteil bewirkt, weiß auch der Poet Peter Rühmkorf ein Lied zu singen, wenn er im Vorwort seiner Erich-Kästner-Auswahl für die Bibliothek Suhrkamp feststellt, daß »die Poesie von ihren psychosozialen Funktionen her ein Gesellungsmedium für aus der Bahn getragene und verstreute Einzelne ist«.

Was also ist sie, die Poesie? Sprechen Poeten von ihr, so reden sie – wir haben es gehört – gerne in Bildern. Nicht anders will ich es halten. Ja – mein Poetenehrgeiz geht sogar so weit, ein Bild für die Poesie zu finden, das geräumig genug ist, all die anderen Bilder, von denen bereits die Rede war, unter einem Dach zu beherbergen.

Durch ein Haus der Poesie will ich Sie führen, durch ein Gebäude mit Räumen ohne Zahl, in welchem Platz ist für einen lauschigen Erker für

Goethes Poesie als treue Liebhaberin, Raum für einen Tempel für Schillers Poesie als Genius sowie für ausgedehnte Katakomben für seine Poesie als Gespenst, ein Haus mit Spielzimmern für Enzensbergers Lyrik als Spiel und Gesellschaftsräumen für Rühmkorfs Poesie als Gesellungsmedium, mit einem Elfenbeinturm für Gero von Wilperts gemüthafte Weltbegegnung schließlich – und damit noch längst nicht genug. Am Haus der Poesie hat immerhin der geduldigste und erfahrenste aller Baumeister gearbeitet, die ganze Menschheit. Von ihren Anfängen bis auf den heutigen Tag hat sie errichtet, angebaut, umgebaut, abgerissen, umfunktioniert – mit dem Ergebnis, daß kein Sterblicher den vollständigen Bauplan der Anlage kennt und kein Aufrichtiger behaupten darf, er könne durch mehr als einen Bruchteil des Gebäudes führen.

Sterblich und aufrichtig, wie ich nun mal bin, will auch ich nicht zuviel versprechen. Ich werde mich auf jene Räume beschränken, die ich einigermaßen aus eigener Anschauung kenne, sei es durch Lektüre, sei es durch Tun, und ich werde recht häufig den Bogen vom Selbstgelesenen zum Selbstgedichteten schlagen.

Peter Sloterdijk hat die Philosophie einmal als Kettenbrief bezeichnet, an dem von Generation zu Generation weitergeschrieben werde; die Poesie könnte man mit dem Namen eines Kinderspiels als »Stille Post« bezeichnen, die von Dichtermund zu Dichterohr wandert, um sodann – aber halt! Metaphernsalat droht. Zurück zum Haus der Poesie – blicken wir kurz, aber scharf in das erste der Zimmer, die wir aufsuchen wollen: Es ist die Krabbelstube.

Als Peter Rühmkorf 1980 an dieser Stelle stand und seine Poetik vortrug, hat er sich mit besonderer Gründlichkeit gerade in diesem Raum umgeschaut – nachzulesen in einem Buch, das seine Beobachtungen zusammenfaßt. Es heißt »agar agar zaurzaurim«, trägt den Untertitel »Zur Naturgeschichte des Reims und der menschlichen Anklangsnerven« und macht als Ursache des ersten Gedichts des Menschen den Schmatzlaut des Neugeborenen aus:

»Die erste mit Sinn belebte kindliche Lautkombination ist für unsere Breiten zweifellos das Allwort Mama. Es leitet sich her aus dem schmatzenden Saugen des Kindes an der Mutterbrust, durch phonetische Zeichen kaum noch wiederzugeben, mit dem genügenden Einfühlungsvermögen aber doch als ein *Schmatzschmatz* oder auch *Hamschmam* zu verstehen und mit ein bißchen Abstraktionssinn zu *hamam/amma-/mamam* zu stilisieren, fraglosem Lustlaut des Säuglings, aber auch der Mutter, der das Kind beim Trinken unverwandt-vertrauensselig in die Augen blickt, und aus dieser allgemeinen Rührung folgert zwanglos der erste rührende Reim einer menschlichen Naturpoesie.«

Ma-ma – das ist doppelt gereimt und somit doppelt geleimt: Der Stabreim M-M und der Endreim a-a sorgen für größtmögliche Eingängigkeit und Haftfähigkeit, und nicht anders verhält es sich bei allem, was Baby sonst noch bewegt und beschäftigt, bei Papa und Kaka, bei Wauwau und Pipi.

Babymund ist auch die Lautverdoppelung Dada, und das ist nicht zufällig zugleich der Name einer Kunstbewegung, die in Gedichten ihrer Freude an Regression und Kindlichkeit freien Lauf ließ, als Beispiel mögen einige Zeilen aus Richard Huelsenbecks Gedicht »Ebene« genügen:

> Arbeit
> Arbeit
> brä brä brä brä brä brä brä brä brä
> sokobauno sokobauno sokobauno
> Schikaneder Schikaneder Schikaneder
> dick werden die Ascheneimer sokobauno sokobauno
> [...]
> Bier bar obibor
> baumabor botschon ortitschell seviglia o ca sa ca ca sa ca ca sa
> ca ca sa ca ca sa ca ca sa

Und auch in einem meiner früheren Gedichte zittert noch der erste Lustlaut des Säuglings nach, gepaart mit ungebrochener Kindlichkeit im Detail:

Zum Muttertag
Ein Liedfragment

Mama –
kein einziges Wort auf der Welt
das so viele Mas enthält
wie Mama.
Ja –
Kaktushecke hat mehr Kas
Braunbärbabies hat mehr Bes
Erdbeerbecher hat mehr Es
Schamhaaransatz hat mehr As –
Aber Mas?
Koblenz hat keine Ma
München hat so gut wie keine Ma
Mannheim hat nur eine Ma
doch welche Stadt hat zwei Ma?
Na?
Göttingen
Ja!
Denn dort wohnt meine
Mama.

Wir verlassen die Krabbelstube und stehen – erwartungsgemäß – im Kinderzimmer.

Auch diesen Raum hat Peter Rühmkorf vermessen und inventarisiert, in seinem Buch »Über das Volksvermögen. Exkurse in den literarischen Untergrund.«

Diese Sammlung von unzensierten Kinderversen erschien erstmals 1969 und war – unter anderem – die Antwort auf eine 1962 erschienene Sammlung vergleichbaren Anspruchs, jedoch ganz anderen Inhalts. Rühmkorf sagt dazu:

»In diesen Zusammenhang gehört wohl oder übel ein Buch, das [...] im Jahre 1962 bei Suhrkamp herauskam. Sein Titel: ›Allerleirauh‹. Sein Untertitel: ›Viele Schöne Kinderreime‹. Sein Verfasser (und hier wollen sich alle bösen Verdächte eigentlich von selbst erübrigen): Hans Magnus

Enzensberger, also ein Autor, dessen ideologische Unbestechlichkeit nahezu sprichwörtlich. Aber Enzensberger, wie sehr er sich auch in einer beigefügten Leseanweisung um ein Publikum sagen wir mit freiem Kopf und unvernebeltem Bewußtsein bemüht, scheint diesmal selbst zu tief in den Bann allgegenwärtiger Vorurteile geraten, als daß sich der Geist ästhetisierender Verklärung a posteriori hätte aus der Welt disputieren lassen. Was sich uns darbietet ist nicht, wie das Nachwort meint, ›Poesie am grünen Holz‹, sondern Poesie aus jenem (Nürnberger) Spielwarenmuseum, das zeitgenössischer Sentimentalität das wahre Naturreich scheint.«

Ich erinnere mich der Enzensbergerschen Sammlung und der Tatsache, daß ich das mit anrührend altertümlichen Holzschnitten aus der Werkstatt des Engländers Bewick ausgestattete Buch so lieb fand, daß ich es einer Freundin schenkte. Das Rühmkorfsche »Volksvermögen« dagegen habe ich nie verschenkt, jedoch gelesen. Das letzte Mal las ich es, als ich mich auf diese Vorlesung vorbereitete, und dabei machte ich zwei Erfahrungen.

Die erste hat mit den ersten Versen aus meiner Feder zu tun, an die ich mich noch erinnern kann. Aber hören wir zunächst Peter Rühmkorf:
»Während das Bild der Eltern eindeutig geschlechtstypisch geprägt ist, [...] zeigt das Bild der Großeltern fast immer Züge einer anal präokkupierten Komik. Der Großvater und die Großmutter sind, und das im Gegensatz zu ihren Namen, nicht gerade Großfiguren, gegen die man sich mit Zähnen und Klauen zur Wehr setzen muß. [...] Etwas taprig und etwas blöde, etwas kindisch und etwas verrückt, werden sie mit einer Entwicklungsstufe identifiziert, die die Viertel- und Achtelwüchsigen längst glauben hinter sich zu haben, und über die sie sich mokieren mit allem Hochgefühl der frisch erworbenen Fertigkeit.«

Dazu zitiert Rühmkorf eine ganze Reihe von Belegversen, darunter auch:

Grootmudder kann ehr Bett nich finn'
Fallt vör Schreck in' Pißpott rin

Auf vergleichbarem Niveau habe auch ich einmal angefangen. Es war in der fünften oder sechsten Klasse der Göttinger Felix-Klein-Oberschule. Wir hatten im Englischunterricht vom angelsächsischen Halloween-Brauch erfahren und waren aufgefordert worden, das Gelernte auf Deutsch und in Schriftform wiederzugeben. Mich stach der Haber, ich wählte die Gedichtform, und mir gelangen dabei zwei Zeilen, die ich noch heute aufzusagen weiß. Die Kinder haben den ausgehöhlten, in ein Gesicht verwandelten Kürbis auf die Gartenmauer gestellt, sie haben die Kerze im Kürbis entzündet, der nun als grinsender Geisterkopf in die Dunkelheit leuchtet, sie schreiten zur lausbübischen Tat:

Die Kinder läuten, dann laufen sie weg.
Großpapa fällt in Ohnmacht vor Schreck.

Die zweite Lesefrucht jüngster »Volksvermögen«-Lektüre aber bezieht sich auf eine volkstümliche – nein: nicht Antirauch-, vielmehr Zigarettenwerbungsverarschungskampagne, von der Rühmkorf einige Beispiele anführt:

Siehst du die Gräber auf der Höh
Das sind die Raucher von HB

Siehst du die Kreuze dort im Tal
Das sind die Raucher von Reval

Siehst du die Kreuze am Waldesrand
Das sind die Raucher von Stuyvesant

Alles nach dem gleichen, leicht durchschaubaren Muster gestrickt – und schon spürte ich beim Wiederlesen den Ruck an der Angel, hörte ich im Ohr die Botschaft der Stillen Post, juckte es mich in den Fingern, den Kettenbrief der toten Raucher um einige neuere Zigarettenmarken zu komplettieren:

Siehst du die Gräber im Gewächs
Das sind die Raucher von R6

Siehst du die Kreuze aus Asbest
Dort ruhn die Raucher von der West

Siehst du die Gräber hinterm Deich
Das sind die Raucher vom Glücklichen Streich

– oder von Lucky Strike, um ganz korrekt zu sein.

Unlängst referierte Rühmkorf über seine Sammeltätigkeit während der 60er Jahre und konstatierte wehmütig, er sei vermutlich so etwas wie ein Bruder Grimm des unangepaßten Kinderreims gewesen, einer, der sich gerade noch rechtzeitig umgehört hätte, bevor diese Mitteilungsform von der Eule der Minerva verspeist bzw. von der Furie des Verschwindens ausgelöscht worden sei: »Ich weiß von keinen neuen Kinderreimen«, hörte ich den Sammler klagen.

Ich bin da weniger pessimistisch. Ich glaube fest an das Vermögen, ja an das tiefsitzende Bedürfnis des kleinen und auch des reiferen Volkes, das Erhabene in den Schmutz zu ziehen, und ich weiß von jüngeren Belegen: Als die öffentlich-rechtlichen Fernsehanstalten mit dem Spruch warben »Bei ARD und ZDF sitzen Sie in der ersten Reihe«, da dauerte es nicht lange, bis sich das Volk einen zumindest inhaltlichen Reim auf diese frohe Botschaft gemacht hatte: »Bei ARD und ZDF reihern Sie in den ersten Sitzen.«

Nächste Tür, nächstes Glück, und wir stehen in einer Art Schulzimmer des Hauses der Poesie, in einem Raum, in welchem Schüler unaufhörlich murmelnd und gemeinsam skandierend die verschiedensten Materien zu memorieren suchen: Geographie, Geschichte, Latein, Religion, Alkoholismus, Sexualkunde ...

Ich bin noch groß geworden mit Merkversen wie »drei-drei-drei – Issus Keilerei« – das bezieht sich auf die Schlacht bei Issus, oder »siebenfünf-drei – Rom kroch aus dem Ei«, womit die Gründung der Stadt im Jahre 753 vor Christus gemeint ist. Und zusammen mit Pit Knorr habe ich über den Hessischen Rundfunk in den 70er Jahren für weitere historische Merkhilfen gesorgt, etwa für die folgende: »neunzehnhundertneunzehn – Lenin will sein' Freund sehn«. Das all denen ins Stammbuch, die sich partout nicht merken können, wann Lenin seinen Freund sehen wollte.

Ein dezidierter Freund solcher Merkverse war übrigens der bereits mehrfach erwähnte Frankfurter Poet Goethe, der sich in »Dichtung und Wahrheit« der Gedächtnisstützen seiner Jugend erinnert:

»So hatten wir auch eine Geographie in solchen Gedächtnisversen, wo uns die abgeschmacktesten Reime das zu behaltende am besten einprägten, zum Beispiel: Ober-Yssel; viel Morast/Macht das gute Land verhaßt.«
Eine klare Sache, dieser Morast bei Ober-Yssel, doch sind mir auch Merkverse begegnet, die durch dunklen Nonsens bezauberten. Jedenfalls hielt ich *das* für Nonsens, was mir während des Kunststudiums in den 60er Jahren zu Ohren kam: »Als Ausnahmen merk dir genau: *der* Milchmann, doch *die* Eierfrau.«
Zwanzig Jahre später setzte ich diesen Spruch neben zwei anderen meinem Gedichtband »Wörtersee« voran, und weitere zehn Jahre später fragte mich ein Arzt aus Niedersachsen, ob ich denn den vollständigen Wortlaut dieses Merkverses kenne. Er lautete in seiner Version:

Maskulina sind auf -ac:
Arrak, Cognac, Hodensack.
Feminina sind auf -itze:
Ritze, Zitze, Tripperspritze.
Als Ausnahmen merk dir genau:
Der Milchmann, doch *die* Eierfrau.

Ich überspringe weitere gereimte Mitteilungen überpersönlicher Machart und personenübergreifenden Inhalts wie Wetterregeln, Wirtinnenverse, Leberreime und Limericks, um endlich aus den Kinderstuben in den Erwachsenenflügel des Hauses der Poesie zu gelangen, ich verharre vor einer Tür, die mit »Clubraum« beschriftet ist, ich öffne sie, und siehe da: Wir blicken in einen Clubraum.
»Club der toten Dichter« hieß vor Jahren ein überraschend erfolgreicher Film, in dem Robin Williams einen poesiebegeisterten Lehrer spielte, der es verstand, das Feuer seiner Passion auf die Schüler überspringen zu lassen.
In unserem Clubraum jedoch scheinen die Dichter höchst lebendig. In Zweier-, Dreier- und Vierergruppen schreiben und lesen sie, wenn sie nicht aufeinander einreden, um im Zwie-, Drei- und Viergespräch die schlüssigste Formulierung, den glänzendsten Reim und die griffigste Pointe zu erarbeiten, das Poeten-Duo Schiller und Goethe, das Dichter-

Trio Ludwig Rubiner, Friedrich Eisenlohr und Livingstone Hahn, die dadaistische Dame Klarinetta Klaball, zusammengesetzt aus Hugo Ball, Klabund und Maria Kirndörfer sowie all die Renshi-Kettendichter, die es nicht unter vier Mitwirkenden tun, eine im alten Japan entwickelte Form geselligen Dichtens, die auch in Deutschland zu den verschiedensten Zeiten an den verschiedensten Orten die verschiedensten Dichter zu gemeinsamem Tun vereint hat, 1988 beispielsweise H. C. Artmann, Makoto Ooka, Oskar Pastior und Shuntaro Tanikawa, und zehn Jahre später Uli Becker, Hugo Dittberner, Günter Herburger und Steffen Jacobs.

Einer importierten Gedichtform bedienten sich bereits Goethe und Schiller, als sie Ende des 18. Jahrhunderts nach dem Vorbild des Römers Martial so um die tausend »Xenien« verfaßten, sogenannte »Gastgeschenke« also, zweizeilige Distichen, die den Empfängern freilich nicht nur Freude bereiteten. Der Weimarer Literat Böttiger beispielsweise bekommt das hier aufgetischt:

Kriechender Efeu, du rankest empor an Felsen und Bäumen,
Faulen Stämmen; du rankst, kriechender Efeu, empor.

Neben solch speziellen Invektiven stehen »Xenien«, die mehr in und auf das Allgemeine zielen:

»Warum sagst du uns das in Versen?« Die Verse sind wirksam,
Spricht man in Prosa zu euch, stopft ihr die Ohren euch zu.

Dieses lyrische »Du« meint Schiller *und* Goethe, und ihre gemeinsam verfaßten Verse stellen die Herausgeber gesammelter Werke vor ungewohnte Probleme. Einer von ihnen, Karl Eibl, gibt uns in seinen Anmerkungen zu Band I von Goethes Gedichten in der Bibliothek Deutscher Klassiker eine Vorstellung davon, wie wir uns solch gemeinsames Dichten vorzustellen haben:

»Eine Sonderung ist ohnedies eine mit vielen Hypothesen belastete Spezialaufgabe, selbst bei jenen Versen, die mit Namen gekennzeichnet bzw. von Goethe oder Schiller in die Werkausgaben aufgenommen wurden. Einige Distichen wurden sogar von beiden aufgenommen. Nicht einmal Handschriften-Befunde sind völlig zuverlässig. Denn angesichts der Art der Zusammenarbeit ist es durchaus möglich, daß z. B. beim Zusammensitzen der eine den Einfall des anderen niederschrieb oder daß ein von der Hand des einen überliefertes Distichon die verbesserte Fassung eines Einfalls des anderen ist. ›Wir haben viele Distichen gemeinschaftlich gemacht, oft hatte ich den Gedanken und Schiller machte die Verse, oft war das Umgekehrte der Fall, und oft machte Schiller den einen Vers und ich den andern.‹ (Goethe zu Eckermann, 6. 12. 1828).«

Was Goethe nicht ahnen konnte, war, daß sich rund zweihundert Jahre später ein Dritter in den Xenien-Bund der beiden einschleichen würde.

Klaus Cäsar Zehrer heißt er, noch muß man ihn nicht kennen, noch studiert er Germanistik in Bremen, doch schon denkt und dichtet er, und da wir uns über meine Vorlesungspläne ausgetauscht haben, erfuhr ich neben hilfreichen Hinweisen auch von seinem kleinen Gedichtzyklus »Klassiker fragen, Zehrer antwortet«.

Ihm nämlich war aufgefallen, daß eine Reihe von Xenien in Frageform abgefaßt sind, was ihn zu Antworten inspiriert hat.

Schiller und Goethe fragen:

> Blinde, weiß ich wohl, fühlen, und Taube sehen viel schärfer;
> Aber mit welchem Organ philosophiert denn das Volk?

Zehrer antwortet:

> Das Organ nennt sich BILD, das Blatt für gefühlstaube Blinde.
> Seine Verbreitung beträgt vier Millionen am Tag.

Und auch der folgenden Dichterfrage hat sich Zehrer angenommen:

> Wer ist der Wütende da, der durch die Hölle brüllet
> Und mit grimmiger Faust sich die Kokarde zerzaust?

Zehrers Antwort:

> Nun, es handelt sich hier vermutlich um Willi, den Wüter,
> Den man in Fachkreisen auch Kokardenzerzauserer nennt.

Schiller – Goethe – Zehrer: Ein geisterhafter Dreibund, dem ich ein deutsches Dichter-Trio aus Fleisch und Blut folgen lassen will. Damit meine ich die drei Verfasser der Kriminalsonette, entstanden im Paris des Jahres 1913 und mit folgender Widmung in die noch Vorkriegswelt entlassen:

Diese Verse
widmet seinen lieben Freunden
Livingstone Hahn und Friedrich Eisenlohr
LUDWIG RUBINER

widmet seinen lieben Freunden
Friedrich Eisenlohr und Ludwig Rubiner
LIVINGSTONE HAHN

widmet seinen lieben Freunden
Ludwig Rubiner und Livingstone Hahn
FRIEDRICH EISENLOHR

»Diese Verse« gehören seit fast hundert Jahren zu den kräftigsten, formvollendetsten und unbekanntesten Gedichten deutscher Hochkomik. Sie sind zwar dann und wann neu aufgelegt worden, zur Zeit jedoch mal wieder nicht im Buchhandel erhältlich. Das ist nicht nur schade, sondern eine Schande, da die drei Verfasser gleich drei Grundbedürfnisse des intelligenten Lyrik-Lesers befriedigen, das nach *crime*, das nach Reim und das nach einer Komik, die keiner Pointe hinterherzujagen braucht, sich vielmehr zwanglos von Zeile zu Zeile entfaltet, bis hin zu so krönenden Blüten wie einer Bresche, die naturgemäß von einer Esche aus geschossen wird. Doch ich greife vor: Hören Sie das zweite der dreißig Kriminalsonette. Es trägt den Titel

Gold

FRED wird in einem braunen Tabakballen
Vom Hafen auf die Zollstation getragen.

Dort schläft er, bis die Schiffsuhr zwölf geschlagen.
Erwacht und schleicht sich in die Lagerhallen.

Am Gold-Depot, wo trunkne Wächter lallen,
Läßt er den kleinen Mörtelfresser nagen,
Bis wie beim Kartenhaus die Mauern fallen.
Dann lädt er Gold in einen Grünkohlwagen.

Als Bauer fährt er sächselnd durch den Zoll.
Doch dort verraten ihn zwei blanke Barren.
Berittne jagen den Gemüsekarren.

Fred sinnt verwirrt, wie er sich retten soll.
Da sitzt DER FREUND in hoher Eberesche
Und schießt ihm pfeiferauchend eine Bresche.

Auch Rubiner, Eisenlohr und Hahn haben sich zur Art ihrer Zusammenarbeit geäußert, stilvoller- und sinnigerweise in Form eines Sonetts:

Das Ende

Man sieht drei Männer sich zusammenrotten.
Die Feder wühlt in ungeheuren Dingen.
Revolver. Damenpreise. Sturmflugschwingen.
Gift. Banken. Päpste. Masken. Mördergrotten.

Gefängnis. Erben. Alte Meister. Flotten.
Agaven. Bettler. Knallgebläse. Schlingen.
Eilzüge. Schmöcke. Perlen. Todesklingen.
Sprengstoff. Lawinen. Kieler Kindersprotten.

FRED surrt auf kleinen Röllchen nach dem Pol;
DER FREUND, am andern, sitzt auf allen Vieren.
Sie spiegeln sich als deutsches Volksidol.

Zum Affenhause wird der ganze Kies.
GREIFF (Meisterdetektiv) geht drin spazieren.
Man wundert sich. Und draußen liegt Paris.

Als sich Goethe und Schiller zu gemeinsamem Dichten fanden, waren sie bereits im reiferen Alter: ein Mittvierziger kooperierte da mit einem Mittdreißiger.
Als sich Rubiner, Eisenlohr und Hahn zusammentaten, hatte einzig Rubiner die dreißig bereits überschritten.
Und als sich F. W. Bernstein, F. K. Waechter und der Vortragende daran wagten – doch hier muß ich etwas weiter ausholen.

Nicht vom schlichten gemeinsamen Dichten
will ich an dieser Stelle berichten –
von einer wahrhaft besternten Stunde
tu ich als Zeuge aller Welt Kunde –:

ja, ja – leicht verfällt man in Gesang, wenn man etwas mitzuteilen hat, von dem man meint, daß die Leute es sich merken sollen. Versuchen wir es trotzdem noch einmal in Prosa: Von einer Sternstunde gemeinsamen Dichtens kann ich erzählen, und obwohl nicht *ich* der Star war, sondern der Mitdichter F. W. Bernstein, fällt, so hoffe ich, auch auf mich ein Abglanz – kann ich doch sagen: ich bin dabei gewesen, als einer der populärsten deutschen Zweizeiler der Nachkriegszeit das Licht der Welt erblickte.
Als das geschah, war es freilich bereits dunkel. Wir schreiben den Januar des Jahres 1966. Auf glatten, verschneiten Straßen bewegt sich ein vollbesetzter VW-Käfer von Paris – dort hatten wie erinnerlich einst Rubiner, Eisenlohr und Hahn gedichtet – nach Frankfurt am Main, der, wir erinnern uns, Geburtsstadt von Schillers Ko-Autor Goethe. Und auf dieser hochsymbolischen Achse geschieht es. Der Freund Eberhard Brügel steuert seinen Wagen durch die früh einsetzende Dunkelheit, die drei Mitfahrer aber, alles Endzwanziger, vertreiben sich die Zeit, indem sie improvisierte Zwei- und Vierzeiler in ein – aus heutiger Sicht – vorsintflutliches Diktaphon sprechen. Ein regellos begonnenes Spiel, das schon bald dadurch eine Struktur bekommt, daß als Personal der Gedichte aus-

schließlich Tiere zugelassen sind. Und Tiere sind es auch, die erwähnten Zweizeiler mit schier unwiderstehlicher Einprägsamkeit begaben. Freilich nicht irgendwelche Tiere ...
Im Nachwort zu seinem Gedichtband »Lockruf der Liebe« erinnert sich der reife F. W. Bernstein im Jahre 1988, also zweiundzwanzig Jahre später, wie alles gewesen war. Unter der Überschrift »ELCHE/SELBER WELCHE« referiert er, in wievielen kleinen Schritten er sich an das strahlende Ergebnis herangetastet hat:

Über:

Die klügsten Kritiker der Kühe
geben sich nur selten Mühe.

– und

Die ärgsten Kritiker der Qualle
haben sie selber nicht mehr alle.

– sowie

Die dicksten Kritiker der Pferde
passen nicht mehr in die Herde.

– will er nach weiteren Versuchen mit Maus, Meise, Hecht und Hirsch endlich ans Ziel gelangt sein:

Die schärfsten Kritiker der Elche
waren früher selber welche.

War es so? Ich habe den Vorgang ein wenig anders in Erinnerung, und auch Bernsteins Schlußreminiszenz deckt sich nicht ganz mit dem, was ich an diesem Abend erlebt zu haben glaube und nachweislich ins Diktaphon gedichtet habe. Aber hören wir vorerst noch einmal Bernstein:
»Gernhardt zog damals gleich nach und spielte die Molche aus:

Die schärfsten Kritiker der Molche
waren früher ebensolche;

aber ich war erster, und außerdem hatten die Molchstrophen so viele ›o‹. Und Molchkritik – das ist ein Kapitel für sich.« Ist es, Fritz, weshalb auch ich von Molchkritik nichts weiter zu berichten weiß. Stattdessen will ich in gebotener Eile bilanzieren, welche Fähigkeiten des Gedichts wir beim ersten Rundgang durch das Haus der Poesie kennengelernt haben: Das Gedicht kann Mama sagen, Großeltern verlachen, Werbung verscheißern, Inhalte aller Art memorieren, Dichter sozialisieren und Elchkritiker kritisieren. Zudem aber möchte ich mit zwei Vierzeilern jener Nachtfahrt, diesmal aus meinem Munde, belegen, daß das Gedicht auch dem Mann und der Frau auf der Straße dabei helfen kann, etwas Glanz und etwas Skepsis in seinen, respektive ihren Beziehungsalltag zu bringen, vorausgesetzt, das Volk hört auf seine Dichter:

Der Nasenbär sprach zu der Bärin:
»Ich will dich jetzt was Schönes lehren.«
Worauf er ihr ins Weiche griff
und dazu »La Paloma« pfiff.

Soviel zum Glanz. Und das zur Skepsis:

Die Dächsin sprach zum Dachsen:
»Mann, bist du gut gewachsen!«
Der Dachs, der lächelte verhalten,
denn er hielt nichts von seiner Alten.

In den Folgejahren ergaben sich immer wieder Gelegenheiten und Konstellationen zum geselligen Dichten – mit den alten Kämpen, mit Pit Knorr und Bernd Eilert, mit Simone Borowiak und mit – last not least – Matthias Politycki.

Seit der Mitte der 90er Jahre treten wir hin und wieder vor die Öffentlichkeit, um Fragen der Lyrik zu verhandeln; »Wein, Weib und Gesang« ist der Vorgang überschrieben, und *ein* Gesprächspunkt ist auch die Tatsache, daß Apoll oder wer sonst für die Versendung erster Gedichtzeilen verantwortlich ist, seine Geschenke manchmal falsch adressiert.

Das hat zur Folge, daß wohl jeder Dichter eine Reihe von Gedichtanfängen herumliegen hat, die in anderen Dichterhänden zu den schönsten Poemen erblühen könnten.

Gedacht – getan: Politycki und ich tauschten solche Gedichtanfänge aus. Er erhielt von mir – beispielsweise – die Zeilen:

Nichts Schönres kenn ich, als auf kleinen Chianti-Straßen
wie ne gesengte Sau dahinzurasen.

Doch nicht dieser Zweizeiler, ein klopstockinspirierter Vierzeiler animierte ihn zu einem langen Gedicht, zu lang, um es hier vorzutragen, beschränken wir uns auf mein Angebot:

Schön ist, Mutter Natur,
deiner Erfindungen Pracht.
Aber was, Mutter Natur,
hast du dir dabei gedacht:

Ich dagegen wurde von zwei Gedichtanfängen Polityckis gefesselt.

Die Zeit der reinen Jamben ist vorüber

– lautete der eine

Ach immer ach nur möchte ich sagen

– der andere.

Fünfhebig die eine Zeile, vierhebig die andere –: Würde es mir gelingen, so fragte ich mich, sie beide unter den Hut *eines* Gedichts zu bringen, wobei die eine Zeile den Anfang machen, die andere die Schlußzeile bilden sollte – ?

Keine leichte Aufgabe! Hier mein Versuch einer Lösung:

Nostalgie
Zu zwei Zeilen von M. Politycki

Die Zeit der reinen Jamben ist vorüber
Fünfhébig schritten sie einst durch die Zeilen.
Geschíckt der fálschen Bétonúng ausweíchend.
Heuté ist's ánders. Víer Hebér
Sind schón der Géfühlé höchstés
Hebúngen, díe gleich Géschossén
Den eínstigén Wohlkláng zerschlágen:
Ach immer ach nur möchte ich sagen!

Soviel für heute.

DIE MIT DEM HAMMER DICHTEN

Liebe Zuhörerinnen und Zuhörer, verehrte Anwesende,

willkommen zum zweiten Teil der Führung durch das Haus der Poesie. Ich konstatiere erfreut, daß die Schwellenangst nicht zu-, sondern eher abgenommen hat, und ich rekapituliere, in welche Räume wir beim ersten Durchgang hineingeschaut haben: In die Krabbelstube, in das Kinderzimmer, in den Klassenraum und in den Clubraum, wo wir für ein Weilchen den Dichtern beim gemeinsamen Dichten zuhören und zuschauen und dabei feststellen konnten, daß das Gedicht auch *das* kann: Menschen aus Fleisch und Blut zusammenzuführen und gemeinsam zu beschäftigen – Dichten als Gesellungsmedium.

Weit häufiger freilich leistet das Gedicht diesen Dienst auf virtuelle Weise – suchen wir also *den* Ort auf, der seit jeher die Dichter aller Zeiten und Räume zusammenbringt, treten wir in den Lesesaal und versuchen wir, wenigstens einige idealtypische Begegnungsformen zwischen Gedicht und Dichter in Erfahrung zu bringen.

Wir erinnern uns, daß Goethe dem jungen Hölderlin geraten hatte, »kleine Gedichte zu machen und sich zu jedem einen menschlich interessanten Gegenstand zu wählen«.

Wir wissen, daß Hölderlin diesen kollegialen Rat in den Wind schlug und statt kleiner Gedichte große Gesänge schrieb, Hymnen im hohen Ton, immer wieder durchsetzt von derart suggestiven Zeilen, daß nachgeborene Dichter sie fortwährend wie bezaubert aufgriffen und ihren Gedichten einverleibten.

Folgendermaßen beginnt Hölderlins Gedicht »Der Gang aufs Land«:

Komm! ins Offene, Freund! zwar glänzt ein Weniges heute
    Nur herunter und eng schließet der Himmel uns ein.
Weder die Berge sind noch aufgegangen des Waldes
    Gipfel nach Wunsch und leer ruht von Gesange die Luft.

> Trüb ists heut, es schlummern die Gäng und die Gassen und fast will
> Mir es scheinen, es sei, als in der bleiernen Zeit.

Im Jahre 1800 geschriebene Worte, die, vermute ich, nie aufmerksamer gehört und nötiger gebraucht worden sind als rund 170 Jahre später, im Deutschland der 70er Jahre des ausgehenden 20sten Jahrhunderts nämlich, und zwar in beiden Teilen des zerfallenen Landes.

Die folgenden Zeilen sind ein Zitat aus einem längeren, »Das innerste Afrika« überschriebenen Gedicht des in der DDR beheimateten und sich an der DDR abarbeitenden Dichters Volker Braun. Es beginnt mit den Worten:

> Komm in ein wärmeres Land
>   mit Rosenwetter
> Und grünen laubigen Türen
> Wo unverkleidete Männer
> Deine Genossen sind.
> [...]
>   Komm
>
> aus deinem Bau deinem lebenslänglichen Planjahr ewigen Schnee/Wartesaal wo die Geschichte auf den vergilbten Fahrplan starrt die Reisenden ranzig/Truppengelände TRAUERN IST NICHT GESTATTET

– ein reichlich düsterer Ort, an dem es, glaubt man dem Dichter, zusehends ungemütlicher wird:

> [...] Blut sickert aus den Nähten der Niederlage/
> Zukunftsgraupel und fast will/Mir es scheinen, es sei, als
> in der bleiernen Zeit
>
> Sie können dich töten, aber vielleicht
> Kommst du davon
> Ledig und unbestimmt
>   *komm! Ins Offene, Freund!*

Ich zitiere aus einem von Peter Geist herausgegebenen – so hat er selber es genannt – »Lesebuch«. Es trägt den befremdlichen Titel »Ein Molotow-Cocktail auf fremder Bettkante« sowie den hilfreichen Untertitel »Lyrik der siebziger/achtziger Jahre von Dichtern aus der DDR«. Es ist 1991 im Reclam Verlag Leipzig erschienen, und im Nachwort dieses Lesebuchs schildert der Herausgeber die wachsende Kluft, die sich seit Beginn der siebziger Jahre auftut zwischen den erfahrungshungrigen DDR-Dichtern und der mauerbewehrten DDR: »Die trotzige Option auf ein ›Prinzip Hoffnung‹ destilliert sich nun in Beschwörungen. Aus keinem Gedicht ist in diesem Zusammenhang so häufig zitiert worden wie aus Hölderlins ›Gang aufs Land‹, um in abermals ›bleierner Zeit‹ aufzufordern: ›Komm ins Offene, Freund‹.«

Doch nicht nur DDR-Dichter fanden in Hölderlin einen, der das sagte, was sie litten.

Als die BRD-Regisseurin Margarethe von Trotta das Schicksal des RAF-Mitglieds Gudrun Ensslin verfilmte, nannte sie ihren Film »Die bleierne Zeit«, und als dieser Film im Jahre 1981 bei den Filmfestspielen von Venedig den »Goldenen Löwen« errang, wurde sein italienischer Titel »Anni di Piombo«, »Bleierne Jahre« also oder »Jahre aus Blei«, in Italiens Medien zum geflügelten Wort, zu einem feststehenden Begriff, auf den auch heute noch immer dann zurückgegriffen wird, wenn es darum geht, die Zeit der Brigate Rosse, der Attentate und der Aldo-Moro-Entführung, die Zeit der 70er also, zu benennen und zu evozieren.

Nicht nur Bücher, auch Zeilen und Wortpaarungen haben ihre Schicksale.

»Was bleibet aber, stiften die Dichter«, könnte der Belesene angesichts der wundersamen Langlebigkeit und Verbreitung einer Wortfügung wie »die bleierne Zeit« sagen und hätte damit doch nur wieder Hölderlin zitiert, ein Zitat, das einen weiteren Dichter, Erich Fried, zu der Variante »Was bleibt, geht stiften« angeregt hat und das der frühverstorbene Österreicher Reinhard Prießnitz in seinem Gedicht »In Stanzen« fast, aber nicht ganz zur Unkenntlichkeit verquirlt:

nämlich das wissen, dass, mit dichten stiften,
was dichter stiften, stifter dichten: nervung;

das windig wirkliche in allen schriften,
gestanzt von den instanzen der verwerfung [...].

»In Stanzen« – das meint: in der tradierten achtzeiligen Stanzenstrophe – hat Hölderlin meines Wissens nach nicht gedichtet, zur »Instanz« aber – in deutschen Landen wie bei deutschen Dichtern – ist er nicht erst in den bleiernen 70er Jahren des letzten Jahrhunderts geworden.

»Andenken« hat er sein Gedicht überschrieben, das mit der Zeile endet:

»Was bleibet aber, stiften die Dichter«. Und so beginnt es:

Der Nordost wehet,
Der liebste unter den Winden
Mir, weil er feurigen Geist
Und gute Fahrt verheißet den Schiffern.
Geh aber nun und grüße
Die schöne Garonne,
Und die Gärten von Bordeaux
Dort, wo am scharfen Ufer
Hingehet der Steg und in den Strom
Tief fällt der Bach, darüber aber
Hinschauet ein edel Paar
Von Eichen und Silberpappeln;

Belassen wir es bei dieser Strophe, bei dieser Beschwörung einer schönen, guten und edlen Welt:

»Geh aber nun und grüße
die schöne Garonne –«

– hat der Dichter Günter Eich diese schönen Zeilen Hölderlins gebraucht, als er 1946 in amerikanischer Kriegsgefangenschaft saß, oder hat ihn ihre Schönheit geschlaucht?

Auf jeden Fall hat er sie zitiert, nicht verspielt wie Prießnitz, sondern fast vorwurfsvoll, jedenfalls voll blutigen Ernstes, in seinem Gedicht

Latrine

Über stinkendem Graben,
Papier voll Blut und Urin,
umschwirrt von funkelnden Fliegen,
hocke ich in den Knien,

den Blick auf bewaldete Ufer,
Gärten, gestrandetes Boot.
In den Schlamm der Verwesung
klatscht der versteinte Kot.

Irr mir im Ohre schallen
Verse von Hölderlin.
In schneeiger Reinheit spiegeln
Wolken sich im Urin.

»Geh aber nun und grüße
die schöne Garonne —«
Unter den schwankenden Füßen
schwimmen die Wolken davon.

Eich zitiert zwei Zeilen von Hölderlin, ich habe mir beim Vielzitierten noch mehr herausgenommen: ein ganzes Gedicht. Allerdings handelt es sich um eines der selteneren wirklich kurzen Gedichte Hölderlins, um ein Distichon, um zwei Zeilen also, die mir zu Gesicht kamen, als ich den Versuch unternahm, mir in einem Gedichtzyklus Klarheit zu verschaffen über das prekäre Verhältnis von Spaßmacher und Ernstmacher. Dieser Zyklus besteht aus zwölf Teilen à acht Zeilen, und im achten Achtzeiler lasse ich zunächst Hölderlin zu Wort kommen, um ihn sodann zu kommentieren:

Erst einmal das Distichon von Hölderlin komplett:

Immer spielt ihr und scherzt? ihr *müßt!* o Freunde! mir geht dies
In die Seele, denn dies müssen Verzweifelte nur.

Und nun der Einbau eines Hölderlin-Zweizeilers in einen Gernhardt-Achtzeiler:

Wenn der Dichter uns fragt: Immer spielt ihr und scherzt?
Und er fortfährt: Ihr *müßt*! O Freunde! Mir geht dies
In die Seele, denn dies – und so schließt er gewaltig:
Müssen Verzweifelte nur. – Wer wollte

Da widersprechen? Die Frage gar gegen
Den Fragenden richten: Du, der du niemals
Scherztest noch spieltest – warst *du* denn je glücklich? – ?
Die Verzweifelung ist groß. Sie hat Platz für uns alle.

Ob ein Dichter fortlebt, aufgehoben im Gedächtnis der Leser, aufbewahrt in Gedichten späterer Dichter, hängt nicht zuletzt von seiner Fähigkeit ab, seinen Worten nicht schlichte Beine, sondern veritable Flügel zu machen, auf daß sie als Geflügelte Worte die Phantasien der Mit- und Nachwelt beflügeln. Günter Eich lebte von 1907 bis 1972, und er ist einer der raren Dichter der Nachkriegszeit, denen – von Benn und Brecht einmal abgesehen – noch echte Hammerzeilen gelungen sind –, worunter ich Zeilen verstehe, die sich dem lyriklesenden Publikum, vor allem aber den lyrikschreibenden Dichtern eingehämmert haben, letzteren derart, daß sie es nicht lassen konnten, sie aufzugreifen, abzuklopfen, anzuverwandeln, umzumodeln oder zu konterkarieren.

»Wer möchte leben ohne den Trost der Bäume« – die Anfangszeile von Günter Eichs Gedicht »Ende eines Sommers« ist solch ein Hammer, und als ich eines Frühsommerabends nach einem deprimierenden Waldgang voll entwurzelter Buchen und abgestorbener Nadelbäume in die blühende Stadt Frankfurt zurückkehrte und mich von im Widerschein der untergehenden Sonne aufglühenden Hochhäusern umgeben sah, da dichtete sich das Gegengedicht fast von selbst:

Zurück zur Unnatur

Zurück aus dem Wald
wo Blätter verkümmern

Kronen sich lichten
Äste verdorren
Rinden aufplatzen
Stämme hinstürzen –
Beute des Sturms
Opfer des Fortschritts
Geiseln des Wandels
Treibgut der Zeit.

Zurück in der Stadt
wo strahlende Wände
den Himmel verstellen
und ihn verdoppeln –
Türme aus Glas
Spiegel des Wechsels
Stelen aus Licht
Monumente der Dauer:

Wer möchte leben
ohne den Trost der Hochhäuser!

Wie wir gesehen und gehört haben, vermag es mitunter eine einzige Zeile eines älteren Gedichts, ein neues Gedicht zu stimulieren oder zu provozieren – ein Vorgang, der natürlich ganz und gar für das Original spricht, für die Originalzeile, die Originalstrophe oder das Originalgedicht – *sie* sind der Sprach-, Kunst- und Denkköder, nach dem die Nach-Dichter schnappen, in manchen Fällen gleich rudelweise bzw. in ganzen Schwärmen.

Wer sich als Dichter Zeilen oder Verse eines anderen Dichters einverleibt, tut das auf eigene Gefahr. Ist der Köder bekannt genug, ist sein Fang als Zitat, Paraphrase oder Hommage geadelt, und er selber darf sich poeta doctus nennen; kennt ihn die Mehrzahl der Leser nicht, dann wird *der* Kritiker nicht auf sich warten lassen, der des Dichters Schnäppchen als geistigen Diebstahl und ihn selber als Plagiator anzeigt.

So geschehen im Jahre 1929, als Bertolt Brecht folgende Zeilen in seine »Dreigroschenoper« einrückte:

Ihr Herren, urteilt jetzt selbst: ist das ein Leben?
Ich finde nicht Geschmack an alledem.
Als kleines Kind schon hörte ich mit Beben:
Nur wer im Wohlstand lebt, lebt angenehm.

Das hatte, wie der Kritiker Alfred Kerr höhnisch befand, eine verteufelte Ähnlichkeit mit einer Übersetzung der Verse des französischen Vaganten François Villon, die ein Herr K. L. Ammer zwanzig Jahre zuvor veröffentlicht hatte:

Ihr Herrn urteilet selbst, was mag mehr frommen!
Ich finde nicht Geschmack an alledem,
Als kleines Kind schon hab ich stets vernommen
Nur wer im Wohlstand schwelgt, lebt angenehm.

Kerr macht diesen Befund publik, Brecht reagierte gereizt – ein Böswilliger könnte seine Reaktion auch pampig nennen:

> Eine Berliner Zeitung hat spät, aber doch noch gemerkt, daß in der Kiepenheuerschen Ausgabe der Songs zur Dreigroschenoper neben dem Namen Villon der Name des deutschen Übersetzers Ammer fehlt, obwohl von meinen 625 Versen tatsächlich 25 mit der ausgezeichneten Übertragung Ammers identisch sind. Es wird eine Erklärung verlangt. Ich erkläre also wahrheitsgemäß, daß ich die Erwähnung des Namens Ammer leider vergessen habe. Das wiederum erkläre ich mit meiner grundsätzlichen Laxheit in Fragen geistigen Eigentums.

Ja – wem gehört es eigentlich, dieses geistige Eigentum? Dem Schöpfer? Dem Einzelnen, der es sich geistig angeeignet hat? Der Kulturnation?

Als Brecht in sein Gedicht »Liturgie vom Hauch« gut zwei Drittel eines der bekanntesten Gedichte deutscher Zunge einbaute, und das – mit Variationen – gleich sieben Mal, blieb jedenfalls jegliches »Haltet-den-Dieb«-Geschrei aus:

1
Einst kam ein altes Weib daher

2
Die hatte kein Brot zum Essen mehr

3
Das Brot, das fraß das Militär

4
Da fiel sie in die Gosse, die war kalte

5
Da hatte sie keinen Hunger mehr

6
Darauf schwiegen die Vögel im Walde
Über allen Wipfeln ist Ruh
Über allen Gipfeln spürest du
Kaum einen Hauch

So beginnt, was folgendermaßen endet:

40
Da schwiegen die Vögelein nicht mehr
Über allen Wipfeln ist Unruh
In allen Gipfeln spürest du
Jetzt einen Hauch

Was dem Brecht recht war, macht auch dem Jandl keine Schandl, obgleich der im Jahre 1970 noch einen Schritt weiter geht, als es der große Laxe in den 20er Jahren getan hatte. In seiner Gedichtsammlung »Der künstliche Baum« findet sich in der vierten Abteilung der sogenannten »Lautgedichte« auch das folgende, »ein gleiches« überschriebene Gedicht:

über allen gipfeln
ist ruh
in allen wipfeln
spürest du
kaum einen hauch
die vögelein schweigen im walde
warte nur, balde
ruhest du auch

Das nun ist wortwörtlich Goethes »Wanderers Nachtlied«, das zweite der so genannten beiden »Nachtlieder«, und daher mit »Ein Gleiches« überschrieben. Geändert hat Jandl lediglich die Zeichensetzung – sie fehlt – und die Schreibung –: die verzichtet auf Großbuchstaben. Jandl wiederum verzichtet wie Brecht ebenso auf jeden Hinweis auf den wahren Verfasser der Zeilen wie auf eine Begründung seiner – ja, worum handelt es sich da eigentlich? Um einen Akt der Piraterie? Um eine freundliche Übernahme? Peter Horst Neumann hat sich in der Festschrift für Wulf Segebrecht so seine Gedanken darüber gemacht:

»Ich denke, daß Jandl in seiner verfremdenden Abschrift unser spätzeitliches Schreiben bedacht hat – das Schreiben von Gedichten unter den Bedingungen einer ungehemmten Verfügbarkeit künstlerischer Werke und Überlieferungen. Durch die Reproduktion in einer Sammlung artistischer Sprachexperimente ist Goethes Gedicht zum *poetologischen Text* eines anderen geworden: ein getreu zitierendes ›Lautgedicht‹ als Extremfall intertextueller Poesie.«

Täusche ich mich, wenn mich solche Gedanken ein wenig geschraubt, auch hochgeschraubt anmuten? Ist »unser spätzeitliches Schreiben« bedingt durch die »ungehemmte Verfügbarkeit künstlerischer Werke« und gekennzeichnet durch die daraus folgende »intertextuelle Poesie« – ist dieser Sachverhalt nicht ein reichlich alter Hut? Könnte man die komplette Übernahme eines Gedichts aus fremder Feder durch einen später geborenen Dichter nicht auch etwas niedriger hängen?

Einer hat mir die Arbeit abgenommen, der von Jandl Abgegriffene selber. Am 18. Januar 1825 spricht Goethe zum Thema. Mit der ihm eigenen Unbefangenheit erklärt er sich seinem Eckermann wie folgt: »So singt mein Mephistopheles ein Lied von Shakespeare – und warum sollte er das nicht? Warum sollte ich mir die Mühe geben, ein eigenes zu erfinden, wenn das von Shakespeare eben recht war und eben das sagte, was es sollte. Hat daher auch die Exposition meines ›Faust‹ mit der des ›Hiob‹ einige Ähnlichkeit, so ist das wiederum ganz recht, und ich bin deswegen eher zu loben als zu tadeln ...«

Von einem »Lesesaal« sprach ich, als ich Sie in dieses Etablissement hineinkomplimentiert habe, doch im Haus der Poesie sind die Funktionen der Räume so fließend wie die Bilder, die sich fortwährend beim Bedenken und Betrachten der Räume, ihrer Benutzer und ihrer Besucher einstellen. Dieser Lesesaal ist zugleich ein Hallraum: Da hat ein Dichter was in den Wald und in die Welt hineingerufen, nun schallt es heraus, jetzt machen sich Mit- und Nachwelt einen Reim darauf. Doch unversehens mutiert dieser Hallraum zu einem riesigen Bassin, wimmelnd von nachgeborenen Dichtern, die nach jenen Wort-, Satz- und Vers-Ködern ihrer älteren Kollegen schnappen, die sich durch besonders blendenden Glanz oder herausragend bezwingenden Zauber auszeichnen.

Brecht, wir hörten davon, hat besonders bedenkenlos zugeschnappt, was ihm nicht schlecht bekam. In vergleichsweise kurzer Zeit wuchs er als Dichter heran, wurde groß und stark, wandelte sich vom Nehmenden in einen Gebenden – da reifte in den dreißiger Jahren ein Köderauslegemeister, dem im deutschen Sprach-, Hall-, Lese- und Fischraum der darauf folgenden Jahrzehnte kein anderer das Wasser reichen konnte: Die Zahl der Gedichte, die Brecht provoziert hat, dürfte sogar die Unzahl derer noch übertreffen, die er produziert hat.

Das Gütesiegel »Hammerzeilen« fiel bereits, hier spätestens sollte auch der Qualitätsbegriff »Lyrik-Hammer«, wahlweise »Lyrik-Hit«, eingeführt und zum Postulat erhoben werden: Wer es als Lyriker im Laufe seines Dichterlebens nicht schafft, auch nur eine im Gedächtnis der Mit- und Nachwelt bleibende, sich entweder eindrücklich am schlechten Bestehenden reibende oder nachdrücklich das erwünschte Bessere betreibende oder eindringlich die conditio humana beschreibende oder ganz einfach hinlänglich Trauer und Grillen vertreibende Zeile zu ersinnen: Wer dazu nicht in der Lage ist – es sind leider die wenigsten, je heutiger, desto weniger –, der hat seinen Beruf leider, leider verfehlt, von seiner Berufung ganz zu schweigen, die da lautet: »Was bleibet aber, stiften die Dichter« – danke, Herr Hölderlin!

Beziehungsweise: »Und wenn der Mensch in seiner Qual verstummt, gab mir ein Gott zu sagen, was ich leide« – danke, danke, Herr Goethe! Nicht zu vergessen:

> Aber rühmen wir nicht nur den Weisen
> Dessen Name auf dem Buche prangt!
> Denn man muß dem Weisen seine Weisheit erst entreißen.
> Darum sei der Zöllner auch bedankt:
> Er hat sie ihm abverlangt.

– danke, danke, danke, Herr Brecht!

Die kunstreich gereimte »Legende von der Entstehung des Buches Taoteking auf dem Weg des Laotse in die Emigration« ist mittlerweile ein »Golden Oldie«, ein »Evergreen« und ein »Klassiker« – zum »Smash Hit« hat sie es nie gebracht. Das blieb anderen, bemerkenswerteweise reimlosen Gedichten Brechts vorbehalten, überschrieben »An die Nachgeborenen«, »Fragen eines lesenden Arbeiters« oder schlicht »Der Radwechsel«.

> Wirklich, ich lebe in finsteren Zeiten!

– beginnt das letzte der ›Svendborger Gedichte‹ aus den späten 30er Jahren, und schon nach diesem ersten Satz hat ein nachgeborener Dichter geschnappt, Heiner Müller, der ein »Brecht« überschriebenes Gedicht mit den Worten beginnen läßt:

> Wirklich, er lebte in finsteren Zeiten.

Brecht läßt sein Gedicht mit den folgenden Zeilen enden:

> Ihr aber, wenn es soweit sein wird
> Daß der Mensch dem Menschen ein Helfer ist
> Gedenkt unsrer
> Mit Nachsicht.

Auch diese Formulierung hat sich ein deutscher Dichter einverleibt, Hans Magnus Enzensberger, der sein Gedicht »Andenken« mit den Worten beschließt:

Widerstandslos, im großen und ganzen,
haben sie sich selber verschluckt,
die siebziger Jahre,
ohne Gewähr für Nachgeborene,
Türken und Arbeitslose.
Daß irgendwer ihrer mit Nachsicht gedächte,
wäre zuviel verlangt.

Beides Einzeltäter, Müller wie Enzensberger, ein ganzer Schwarm von Dichtern aber hat sich über den Anfang der zweiten Strophe des Brechtschen Gedichts hergemacht, angelockt von drei offenbar unwiderstehlich anziehenden oder aufreizenden Zeilen:

Was sind das für Zeiten, wo
Ein Gespräch über Bäume fast ein Verbrechen ist
Weil es ein Schweigen über so viele Untaten einschließt!

Als Brecht diese Zeilen schrieb, konnte er nicht ahnen, welch umwitterte Rolle die Bäume vierzig Jahre später spielen würden, Umweltopfer und Umweltanwälte in einem: Erst stirbt der Wald, dann stirbt der Mensch.

Bei Celan freilich, dem ersten in einer Reihe von fünf Brecht-Antwortern, ist davon noch nichts zu spüren. In seinem Gedicht »Ein Blatt, baumlos, für Bertolt Brecht« maximiert er den Verbrechensverdacht des Dichters ins schier Grenzenlose:

Was sind das für Zeiten,
wo ein Gespräch
beinah ein Verbrechen ist,
weil es soviel Gesagtes
mit einschließt?

Hans Magnus Enzensberger tut das Entgegengesetzte. In seinem Gedicht »Zwei Fehler« räumt er zwar zwei Fehler ein, minimiert jedoch den Straftatbestand des Überdiebäumesprechens:

Schlafen, Luftholen, Dichten:
Das ist fast kein Verbrechen.

Ganz zu schweigen
Von dem berühmten Gespräch über Bäume.

Erich Fried aktualisiert und spezifiziert Brechts Verdacht. Sein Gedicht »Gespräch über Bäume« beginnt scheinbar harmlos mit Allerweltsgärtnersorgen wie den kranken Blättern des Birnbaums, doch dann hält der Dichter dem Leser so unvermittelt wie unmißverständlich vor, wo hier und heute die wahren Baumverbrechen stattfinden, in der *dritten* Welt nämlich:

In Vietnam sind die Bäume entlaubt.

Auch Wolf Biermann aktualisiert Brechts Aussage, überdies lokalisiert und dramatisiert er sie. In seinem Gedicht »Grünheide, kein Wort« gibt er vor, kein Wort über den in Grünheide auf den Tod erkrankten Freund Robert Havemann verlieren zu können, da den der Staat zur Unperson erklärt hat:

Aber von den Bäumen werd ich doch reden
dürfen

fordert er, von der entwurzelten Linde nämlich hinter der Behausung des todkranken Freundes, von dem er dann natürlich doch redet, worauf er sich erneut zur Ordnung ruft:

– kein Wort! schon gut, kein Wort.
Was sind das für Zeiten, da ein Gespräch
über Menschen fast ein Verbrechen ist
aber von den Bäumen, nicht wahr Genosse
Honecker, von den Bäumen werde ich reden.

Biermanns westdeutschem Kollegen Walter Helmut Fritz schließlich blieb es vorbehalten, Brechts Satz auf eine Art zu trivialisieren, die man fast als kriminell ansprechen könnte:

Wieder hat man in der Stadt
Um Parkplätze zu schaffen,
Platanen gefällt.
Sie wußten viel

also ich hätte – wenn schon denn schon –: »Sie wußten zuviel« geschrieben; und der Dichter weiß einen äußerst wohlfeilen Dreh, dem großen Vorredner über den Mund zu fahren:

Inzwischen ist es fast
zu einem Verbrechen geworden,
nicht über Bäume zu sprechen.

Wie wir gesehen haben, stiften die Dichter nicht nur, was bleibet – sie stiften auch an: zu weiteren Gedichten – guten wie schlechten –, und manchmal stiften sie ganz einfach Verwirrung.

Hans Bender ist ein Dichter, und nicht nur das: Von 1954 bis 1980 war er Herausgeber sowohl der ›Akzente‹, der wichtigsten literarischen Zeitschrift dieser Jahre und dieses Landes, wie auch von repräsentativen Lyrikanthologien, 1989 beispielsweise legte er den Band »Was sind das für Zeiten« vor, der laut Untertitel »Deutschsprachige Gedichte der achtziger Jahre« versammelt.

Der Titel sei von Bert Brecht entliehen, schreibt Bender im Nachwort und fährt wörtlich fort: »Vor allem drei Zeilen werden oft nachgesprochen: ›Was sind das für Zeiten, wo/Ein *Gedicht* über Bäume fast ein Verbrechen ist/Weil es ein Schweigen über soviele Untaten einschließt!‹ Diese Zeilen wurden meist mißverstanden«, bedauert Bender, doch, so fährt er fort: »Erich Fried hat sie genau gelesen und interpretiert. Sie sind, meinte er« – doch nicht Erich Frieds Meinung, Hans Benders Irrung soll hier kurz und – ich gestehe es gerne ein – ein wenig amüsiert gestreift werden, denn Brecht hatte natürlich nicht »Gedicht« gesagt, sondern »Gespräch«.

Was liegt da vor: Ein Freudscher Versprecher? Ein Lichtenbergscher Verleser – analog zu »Er las immer Agamemnon statt angenommen, so sehr hatte er den Homer gelesen« –: »Er las immer Gedicht statt Gespräch – so sehr hatte er sich in die Lyrik eingelesen«?

Lassen wir die Frage im weiten Leseraum des Hauses der Poesie stehen, wenden wir uns rasch noch einem anderen »Svendborger Gedicht« Brechts zu, das Antworten schon deswegen provozieren mußte, weil es »Fragen« enthält, die berühmten »Fragen eines lesenden Arbeiters«.

Glaubt man einem Nachgeborenen wie dem Kritiker und Essayisten Gustav Seibt, Jahrgang 1959, dann war der westdeutsche Schüler diesen Fragen im Deutschunterricht der siebziger Jahre ziemlich schutzlos, dafür jedoch andauernd ausgesetzt. Nicht gerade zum Vorteil des Gedichts! In einer Funksendung zum Thema »Mißratene Gedichte« geht Seibt mit den »Fragen« und ihrem Dichter hart ins Gericht: Nach der dritten Zeile wisse man, wie der Hase laufe, der Rest sei Wiederholung, wenn nicht Wiederkäuen:

Wer baute das siebentorige Theben?
In den Büchern stehen die Namen von Königen.
Haben die Könige die Felsbrocken herbeigeschleppt?

Seibt reibt sich auch an sachlichen Fehlern, beispielsweise an der folgenden Behauptung:

Der junge Alexander eroberte Indien.
Er allein?

Falsch, moniert Seibt, Alexander habe Indien eben nicht erobert, er sei vielmehr an Indiens Grenze umgekehrt – doch bevor wir uns im heiklen Thema verheddern, ob man Gedichte korrigieren, gar verbessern darf – es wird uns später noch beschäftigen –, zurück zum fragenden Arbeiter und den antwortenden Dichtern.

Ich beschränke mich auf drei Antworten – drei von dreien, die mir zu Augen und Ohren gekommen sind, wobei eine überdies von mir stammt. Aber erstens habe ich gar nicht explizit gesucht, und zweitens sind die drei Echos deswegen bedenkenswert, weil sie den gewichtigen

Anlaß unterschiedlich wichtig nehmen. Wie immer die fünf Weiterdichter auf die drei Zeilen das Gespräch über Bäume betreffend reagiert haben, ein durchgehender Ernst war ihren Reaktionen nicht abzusprechen.

Anders die Weiterungen, welche die 27 Zeilen des fragenden Arbeiters hervorgerufen haben. Volker Braun ist der Ernstmacher.

Brecht hatte sein Gedicht mit zwei suggestiven Feststellungen geendet:

So viele Berichte.
So viele Fragen.

Volker Braun läßt sein Gedicht »Fragen eines Arbeiters während der Revolution« mit Sätzen beginnen, die den Brechtschen nur bei ungenauem Zuhören gleichen:

So viele Berichte.
So wenig Fragen.
Die Zeitungen melden unsere Macht.
Wie viele von uns
Nur weil sie nichts zu melden hatten
Halten noch immer den Mund versteckt
Wie ein Schamteil?

Bei Braun fragt also ein Arbeiter, warum die Arbeiter nicht fragen – jetzt, wo sie ja fragen könnten. Bei mir ist der Protagonist ein Bankdirektor und das Gedicht »Fragen eines lesenden Bankdirektors« überschrieben. Doch auch der fragt – anfangs zumindest – ebensowenig wie der Braunsche Arbeiter:

Der große Julius Cäsar eroberte Gallien –
was der alles um die Ohren hatte!
Lukullus bezwang die Thraker –
und dann hat er ja auch noch hervorragend gekocht!
Bischof Beutel baute den Kölner Dom –
das muß ein unheimlich dynamischer Geistlicher gewesen sein!

Fragen kommen erst auf, als dieser wackere Vertreter des Monopolkapitalismus einen Gegenstand vermißt:

Jedes Jahr ein Sieg –
wo ist eigentlich mein Terminkalender?

– und die Antwort kann bei *dieser* Spezies Mensch nur lauten:

Ach da ist er ja! Wenn man nicht *alles* selber macht!

Aller guten Dinge sind drei – »Fragen eines lesenden Vaters« ist das meines Wissens jüngste Echo auf Brechts Zeilen überschrieben: Im Jahr 2000 antwortet der frischgebackene Vater Thomas Gsella auf ein Gedicht, das den Jahren nach sein Vater bzw. seine Mutter sein könnte:

Wer machte Marylin Monroe groß?
In den Büchern stehen die Namen von Regisseuren.
Haben die Regisseure die *Osanit*-Kügelchen
Gegen innere Unruhe beim Zahnen verabreicht?

Daß Dichter auf Gedichte reagierten – und reagieren –, die überschrieben sind »An die Nachgeborenen« und »Fragen eines lesenden Arbeiters«, hat sicherlich auch mit den Überschriften zu tun: Wer zu den Nachgeborenen spricht, wer Fragen aufwirft, der provoziert Antworten. Warum jedoch zählt »Der Radwechsel« ebenfalls zu *den* Gedichten Brechts, die nicht aufgehört haben, spätere Dichter zu Gegengedichten und Paraphrasen anzuregen, ja regelrecht anzuspornen? Vielleicht deswegen: Auch dieses Gedicht endet mit einer Frage:

Der Radwechsel

Ich sitze am Straßenrand
Der Fahrer wechselt das Rad.
Ich bin nicht gern, wo ich herkomme.
Ich bin nicht gern, wo ich hinfahre.
Warum sehe ich den Radwechsel
Mit Ungeduld?

Ein Gedicht aus dem Jahre 1953; Brecht hat es in seine »Buckower Elegien« aufgenommen. Rund fünfzehn Jahre später antwortet ihm Yaak Karsunke, indem er den »Radwechsel« mit einem Blickwechsel verbindet: In *seinem* Gedicht macht sich der mit dem Radwechsel befaßte Fahrer Gedanken über seinen ungeduldig wartenden Chef, mit der naheliegenden Pointe, wenns dem nicht schnell genug ginge, könnte er doch mit Hand anlegen. Aber ob der damals bereits schwer herzkranke Chef wirklich eine Hilfe gewesen wäre?

Matti wechselt das Rad

während ich den reifen abmontiere
haut sich der chef auf die wiese, sieht dauernd rüber.
als fahrer verwartest du stunden, warum
wird er nervös wenn er einmal
auf mich warten muß? wenn die panne
ihn zu viel zeit kostet: er
kann mir ja helfen.

Rund dreißig Jahre nach der Entstehung des Gedichts »Der Radwechsel«, 1985, ist Andreas Thalmayr alias Hans Magnus Enzensberger von solcher Besserwisserei weit entfernt: *Er* nimmt Brechts Gedicht zum Anlaß, den Vorfall in den unterschiedlichsten Versformen mitzuteilen, als Alkäische Ode, als Ghasele, als Konkrete Poesie, in Alexandrinern und in Terzinen. Den Anfang seiner sieben Paraphrasen aber bildet ein Distichon:

Ach, auf dem langen Marsch verschlägt es dem Dichter die Rede.
Ist ihm so ferne vom Ziel ausgegangen die Luft?

Bald wird es fünfzig Jahre her sein, daß der Fahrer das Rad wechselte und sein Chef – vermutlich noch vor Ort – jene sechs Zeilen notierte, die offenbar nicht aufhören, die Nachgeborenen zu Variationen zu reizen. Die letzte mir bekannte stammt vom bereits genannten und zitierten frischgebackenen Vater und gereiften Dichter Thomas Gsella.
»3 von 5000« hat er sein Gedicht überschrieben, »für Bertolt Brecht«

hat er ehrerbietig darunter gesetzt, und *das* geht ihm durch den brechtkonditionierten Kopf:

> Ich sitze am Küchentisch.
> Die Windel wechselt die Frau.
> Ich habe die vorige gewechselt.
> Ich werde die folgende wechseln.
> Warum sehe ich den Windelwechsel
> Mit Ungeduld?

Wer dichtet, der klinkt sich in ein manchmal bereits seit langem laufendes Gespräch ein, und wer Gedichte liest, der findet sich häufig unversehens im Schnittpunkt vielfältigster Botschaften und mehr oder weniger verschlüsselter Mitteilungen, die ihm auch dann zu denken geben können, wenn sie ihm gar nicht zugedacht gewesen waren.

So ging es mir, als ich im bereits erwähnten Lesebuch »Ein Molotow-Cocktail auf fremder Bettkante« blätterte und die Stimmen der »Lyrik der siebziger/achtziger Jahre aus der DDR« zu dechiffrieren suchte. Wo befand ich mich da eigentlich? Immer noch in einem Lesesaal? Oder schon in einem Chat-Room?

Welch ein oft schwer durchschaubares Leben auf den 450 Seiten! Als Außenstehender werde ich mich davor hüten, mehr darüber zu sagen als das, was ohnehin auf der Hand und vor Augen liegt.

Wer sich in der DDR der siebziger und achtziger Jahre als Dichter zu Wort meldete, der fand sich offenkundig in einer Solidargemeinschaft, von welcher der BRD-Dichter dieser Jahrzehnte nur träumen – meinetwegen auch: alpträumen – konnte. 1976 war Wolf Biermann ausgebürgert worden, in den Folgejahren hatten die Dichter Thomas Brasch, Reiner Kunze, Sarah Kirsch, Günter Kunert, Bernd Jentzsch und viele andere die DDR verlassen – da hieß es zusammenrücken und sich der stützenden Stimmen toter Dichter – Hölderlin! – und vertriebener Poeten – Biermann! – ebenso zu vergewissern, wie der Anwesenheit der verbliebenen Freunde und Kollegen: Ich kenne keine vergleichbare Anthologie, in welcher derart viele Gedichte anderen Dichtern gewidmet sind, auf andere Gedichte anspielen oder den Gedichten anderer antworten.

Exemplarisch ist Volker Brauns Gedicht »Der Müggelsee«. Zu Beginn zitiert er, durch kursiven Druck kenntlich gemacht den historischen Kollegen Klopstock und dessen Gedicht »Der Zürchersee«. Sodann reiht er Vornamen aneinander, wohl wissend, jeder seiner Leser werde Bernd zu Jentzsch, Reiner zu Kunze, Wolf zu Biermann und Sarah zu Kirsch ergänzen:

Aber am schönsten ist

Von des schimmernden Sees Traubengestaden her
            in der Zeit Wirre
Die die Freunde verstreut roh
Vom Herzen mir, eins zu sein
Mit seinem Land, und
                              Gedacht
Mit Freunden voll das Schiff, fahre ich
Fort in dem Text, den der Ältere
Verlauten ließ, an einen anderen Punkt.

            und auf den Bänken Bernd
Still lächelnd, Reiner, geblecktes Gebiß
Wolf schreind ein freches Lied
Und wir säßen im selben Boot

So beginnt Brauns Gedicht, und das ist der Auftakt eines wahrhaft unerhörten Dichter-Colloquiums, in welchem nicht nur Goethe, Schiller, Hölderlin, Kleist, Caroline Schlegel, Isaac Babel, Mandelstam, Anna Achmatowa, Brecht und andere Verstorbene angerufen, zitiert und besungen werden, sondern vor allem die lebenden Kollegen. So widmet Wolf Biermann sein Gedicht »Ermutigung« dem Kollegen Peter Huchel, Elke Erb ihr Gedicht »Mündig« dem Kollegen Franz Fühmann, Durs Grünbein sein Gedicht »O Heimat, zynischer Euphon« dem westdeutschen Kollegen Kling, Gerd Adloff sein Gedicht »Alte im Heim« dem Kollegen Richard Pietraß und Richard Pietraß sein Gedicht »Generation« dem russischen Kollegen Welimir Chlebnikow.

Uwe Kolbe schreibt ein – so ist es überschrieben – »Gelegenheitsgedicht für Frank-Wolf Matthies«, auch er ein Dichter, der Dichter Michael Wüstefeld wiederum greift einen Gedichttitel von Uwe Kolbe auf, »Hineingeboren«; er widmet sein unbetiteltes Gedicht dem Anreger und hebt folgendermaßen an:

Hineingeboren wie hineingeborgt
Eingenommen wie gefangengenommen

Rainer Kirsch besingt in seinem Gedicht »Auf Georg Maurer« seinen verstorbenen Lehrer im Literatur-Institut Leipzig, Karl Mickel wiederum, Mitstreiter Kirschs in der sogenannten »Sächsischen Dichterschule«, widmet sein Gedicht »Die Jahre« dem Rainer Kirsch, Rainer Kirsch widmet sein Gedicht »Die Zunge« der Kollegin Christa Wolf, Wulf Kirsten dediziert sein Gedicht »Schloß Scharfenberg« dem Kollegen Heinz Czechowski; und Peter Huchel schließlich – Komm! ins Offene, Freund! – schaut bereits vor seiner 1971 erfolgten Übersiedlung in die BRD über den DDR-Tellerrand: Er widmet sein Gedicht »Schnee« – so ist es untertitelt –: *dem Gedächtnis Hans Henny Jahnns;* er dediziert sein Gedicht »Begegnung« dem in England lebenden Dichter Michael Hamburger; und er schreibt ein Gedicht mit dem Titel »In memoriam Günter Eich«.

Und weiter geht's beim Rundgang durchs Haus der Poesie: Im Lesesaal hatten die Dichter auf Gedichte geantwortet, im Chat-Room hatten sich Dichter der Mitstreiter und Dichterfreunde vergewissert – aber was passiert in jenem Raum, dem wir uns mit der Absicht nähern, ihn in gebotener Kürze zu inspizieren? Recht laut und derb scheint es dort drin zuzugehn, ohne daß da Kneipenseligkeit oder Brettlgemütlichkeit zu unterstellen wären, im Gegenteil: Wir befinden uns in einer Art Fitneß-Studio oder Trainingscamp, in welchem sich Dichter gezielt und zupackend an Gedichten vergreifen, indem sie diese als Punchingball, Zielscheibe oder Sparringspartner ge- bzw. mißbrauchen.

Sie tun es seit Urzeiten, manchmal zur Freude des umstehenden Publikums, fast immer zum Ärger der betroffenen Dichter, die um ihre Gedichte fürchten. Ihnen hat der bereits mehrfach genannte Hans Magnus Enzensberger im Vorwort des wiederholt angeführten »Wasserzeichens der Poesie« besänftigende Worte zugerufen: »Die einzig richtige

Art, ein Gedicht zu lesen, gibt es nicht.« Im Gegenteil: Die Texttreue der Philologen sei nur eine Möglichkeit von vielen, den Autor beim Wort zu nehmen: »Man kann ihn auch nacherzählen, oder rückwärts lesen, oder verspotten, oder bestehlen, oder weiterdichten, oder übersetzen... Lesen heißt immer auch: zerstören. [...] Dabei entsteht allemal etwas Neues. Ein Klassiker ist ein Autor, der das nicht nur verträgt; er verlangt es; er ist nicht totzukriegen durch unsere liebevolle Rohheit, unser grausames Interesse.«

Im genannten Buch führt Enzensberger 162 Methoden vor, Gedichten beizukommen, von der »Profanierung« bis zur »Maschinellen Übersetzung«.

Also dichtete Stefan George:

Wenn einst dies geschlecht sich   gereinigt von schande
Vom nacken geschleudert   die fessel des fröners
Nur spürt im geweide   den hunger nach ehre:
Dann

– dann schreit so viel heiße Luft im derart hochgestochenen Gesang naturgemäß nach dem blitzschnell zustechenden Profanierer.

Und Enzensberger kontert denn auch:

Wenn einst dieser herd sich   gereinigt von sosse
Vom hackbrett geschleudert   die reste von gestern
Nur spürt im patenttopf   die hitze des bratens:
Dann

– dann ist die Profanierung eine, aber keineswegs die einzige Verteidigungswaffe gegen allzu hochtrabend daherkommende Gedichte. Als sechundvierzigstes Verfahren, wie mit Gedichten zu verfahren sei, führt Enzensberger den »Krebsgang« an, und er tut es mit der folgenden Begründung: »Die rückläufige Verwendung eines Themas, einer Melodie, eines Satzgefüges ist in der Musik von altersher üblich. Warum nicht in der Poesie?«

Ja – warum nicht? In der Poesiekritik jedenfalls ist dieses Verfahren schon vor über 200 Jahren erwogen worden. Als Friedrich Schlegel den von Friedrich Schiller herausgegebenen ›Musenalmanach für das Jahr 1796‹ rezensiert, widmet er sich auch den Beiträgen des Herausgebers, beispielsweise seinem Gedicht »Würde der Frauen«, und kommt zu dem wenig schmeichelhaften Ergebnis: »Strenge genommen kann diese Schrift nicht für ein Gedicht gelten: weder der Stoff noch die Einheit sind poetisch. Doch gewinnt sie, wenn man die Rhythmen in Gedanken verwechselt und das Ganze strophenweise rückwärts liest.«

So stand es im Jahre 1796 in der Zeitschrift ›Deutschland‹, und die Antwort ließ nur ein Jahr auf sich warten: In den ›Musenalmanach für das Jahr 1797‹ rückten Goethe und Schiller über hundert »Xenien« ein, wobei Schiller ganze neunzehn Distichen gegen die Brüder Schlegel, vorzugsweise Friedrich, abfeuerte, darunter auch die beiden folgenden, die sich gegen die Kritiker im Allgemeinen und die Kritik Friedrich Schlegels im Speziellen richten:

Geschwindschreiber

Was sie gestern gelernt, das wollen sie heute schon lehren,
Ach! Was haben die Herrn doch für ein kurzes Gedärm!

Die Kritik so beschissener Kritiker kann natürlich nur Scheiße sein:

Schillers Würde der Frauen

– überschreibt Schiller ein Distichon, das den Kritiker durch die schlichte Benennung seiner kritischen Methode bloßstellen soll:

Vorn herein liest sich das Lied nicht zum besten, ich
            les' es von hinten,
Strophe für Strophe, und so nimmt es ganz artig sich aus.

Unterlassen wir die Bewertung, ob dieser Pfeil dem kritisierten Kritiker nicht locker am Arsch vorbeigeflogen ist, belassen wir es bei der Bemerkung, daß nicht nur Gedichte und Dichter, sondern auch Gedichtkritiken und Gedichtkritiker weitere Gedichte zu inspirieren oder provozieren vermögen, und fügen wir noch die Anmerkung hinzu, daß

Enzensbergers Kompendium, wie umfangreich es auch sei, nicht alle Gedichtverwertungs- bzw. Gedichtverwurstungsverfahren enthält. Beispielsweise fehlt die von mir entwickelte Methode des »Classic Sandwich«, mit dessen Hilfe sich die ohnehin unüberschaubar große Zahl der realexistierenden Gedichte problemlos verdoppeln läßt.

Das Rezept des »Classic Sandwich«: Man nehme die erste und die letzte Zeile eines bereits vorhandenen Gedichts und fülle den Leerraum mit einer selbstverfertigten Farce. Beispiel gefällig? Bitte: »Zwielicht« heißt eines der geheimnisvollsten und mir liebsten Gedichte Eichendorffs, und so beginnt es:

Dämmrung will die Flügel spreiten.
Schaurig rührten sich die Bäume.
Wolken ziehn wie schwere Träume –
Was will dieses Graun bedeuten?

Eichendorffs Gedicht ist vierstrophig. Es endet mit den zwielichtigen Zeilen:

Was heut müde gehet unter,
Hebt sich morgen neu geboren.
Manches bleibt in Nacht verloren –
Hüte dich, bleib wach und munter!

Wir merken uns die erste und die letzte Zeile, »Dämmrung will die Flügel spreiten« und »Hüte dich, sei wach und munter«, wir füllen auf und – fertig ist der »Classic Sandwich«:

Dämmrung will die Flügel spreiten,
wird uns alsobald verlassen,
willst du ihren Flug begleiten,
mußt du sie am Bürzel fassen.

Freilich, mancher, der so reiste,
fiel aus großer Höh' hinunter,
weil er einschlief und vereiste.
Hüte dich, bleib wach und munter!

Ein weiterer Sandwich gefällig? Gut – dann serviere ich noch einen »Modern Sandwich«, zu welchem jener Dichter die Vorlage geliefert hat, der seinerseits so viele Gedichte seiner Kollegen durch den Sprachwolf gedreht hat: Hans Magnus Enzensberger. *Vor* dem Sandwich hat das Original zu stehen. Hören Sie also Enzenbergers Gedicht »Erinnerung an die Schrecken der Jugend«, ein frühes, Anfang der 50er Jahre entstandenes Poem, das Enzensberger in seinen ersten Gedichtband »Die Verteidigung der Wölfe« aufgenommen hat. Noch kein typisches Enzensberger-Gedicht, noch ist Enzensberger nicht der politische Dichter, noch schwelgt er in dunklen spätsurrealistisch angehauchten, man könnte auch sagen parfümierten Bildern; aber hören Sie selbst:

Erinnerung an die Schrecken der Jugend

Ein Bett aus Nesseln ist die Nacht
Wie rosa knistert deine Hand
hat einst an meinem Hals gelacht
hat Gin das blinde Herz verbrannt
ist segelflammend meine Jacht

im Klippenkalk der Côte ragouse
den Biß im Salz des Meeres Laug
o zeig mir den zerbrochnen Fuß
nach Kampfer riecht dein dunkles Aug
im Blut versunken treibt ein Blues

o Haß du taubes Schibboleth
laß meine letzte Stunde los
durch die ein D-Zug pfeifend geht
was sind die Wartesäle groß
die Kellner trommeln zum Gebet.

Und so klingt mein Modern Sandwich:

Erinnerung an die Jugend des Schreckens

Ein Bett aus Nesseln ist die Nacht
in die hab ich mich reingesetzt
das hat mir wenig eingebracht
hab mir nur das Gesäß verätzt
den Kohl hat das nicht fett gemacht

O Schmerz die Uhr sagt es ist spät
man läutet schon zum Abendmahl
ich schleppe mich so gut es geht
verbrannten Arschs zum Speisesaal
die Kellner trommeln zum Gebet.

Nein – das waren keine Parodien, diese beiden Sandwichs, weder auf Eichendorff noch auf Hans Magnus Enzensberger, wie ja auch all die anderen Verfahren, von denen zuvor die Rede war, keinen Gegengesang zum Ziel hatten, der Form und Inhalt des Vorbilds mit den Mitteln des Karikierten oder Kritisierten zu karikieren oder zu kritisieren getrachtet hätte. Doch sei eingeräumt, daß die Waffe der Profanierung auch zum parodistischen Handwerkszeug gehört, so daß es niemanden verwundern wird, wenn es vom »Lyrischen Fitneß-Studio« zur »Brettl-Bühne« nur ein Katzensprung ist – betreten wir also zum Abschluß dieses Rundgangs das »Kabarett« wahlweise »Le Cabaret«, jenen Ort institutionalisierter Frechheit, wo alle Töne, welche die Ernstdichter je ihrer Leier entlockt haben, parodiert und wo all ihre Inhalte travestiert werden. Seit Jahrtausenden läuft dieses Programm nonstop über die Kleinkunstbühne im Haus der Poesie, ungeachtet aller Anfeindungen selbst von höchster Warte: »Wie ich ein Todfeind sey von allem Parodieren und Travestieren hab' ich nie verhehlt«, schreibt Goethe am 26. Juni 1824 an Zelter, und er fährt fort: »Aber nur deswegen bin ich's, weil dieses garstige Gezücht das Schöne, Edle, Große herunterzieht, um es zu vernichten; ja selbst den Schein seh' ich nicht gern dadurch verjagt.«

Das hat der Todfeind in jüngeren Jahren etwas anders gesehen – ich sage nur »Götter, Helden und Wieland« –, halten wir ihm an dieser Stelle entgegen, daß weder alle Kritik noch alle Parodie vernichten will. Zwar definiert Robert Neumann, der vermutlich erfolgreichste und folgenreichste Parodist der letzten hundert Jahre: »Parodie schießt auf einen Mann mit der Waffe seiner eigenen Form«, doch weiß das »Sachwörterbuch der Literatur« sorgsamer zu scheiden, wenn es neben der kritisch-polemischen auch die komische Parodie bedenkt. Aber genug der Abstraktionen – horchen wir kurz in das laufende Programm rein, hören wir, was drei der auftretenden Parodisten aus ein und demselben Anlaß gemacht haben.

Und Kinder wachsen auf mit tiefen Augen,
Die von nichts wissen, wachsen auf und sterben,
Und alle Menschen gehen ihre Wege.

Und süße Früchte werden aus den herben
Und fallen nachts wie tote Vögel nieder
Und liegen wenig Tage und verderben –

– nein, das ist noch nicht die Parodie, das ist erst der Anlaß.

»Ballade des äußeren Lebens« hat Hugo von Hofmannsthal sein siebenstrophiges Gedicht überschrieben, das mit den Zeilen endet:

Was frommts, dergleichen viel gesehen haben?
Und dennoch sagt der viel, der »Abend« sagt,
Ein Wort, daraus Tiefsinn und Trauer rinnt

Wie schwerer Honig aus den hohlen Waben.

So klingt der Hofmannsthal-Sound aus dem Fin de siècle, und *so* tönt der Gegengesang des fabelhaften Hanns von Gumppenberg, der leider hofmannsthalmäßig nicht auf der Höhe seiner sonst so hochkomischen Parodiekunst ist:

Und Kinder wachsen mit sehr weißen Zähnen,
Die dann so gelb doch werden wie die Primeln,
Und alle gehen wir uns müd, und gähnen.

Und grüne Pflaumen hangen in den Himmeln,
Die blau wie tote Schwalben niederschlagen
Und sehr bekümmert liegen, und verschimmeln.

– mit solchen Terzinen beginnt Gumppenbergs achtstrophiges Gedicht, ja: achtstrophig, obwohl doch Hofmannsthal sich mit sieben Strophen beschied und eine Parodie nie länger als das Original geraten sollte –: Und *so* endet sein Gegengesang:

Wie können wir an allem dem genesen?
Und dennoch sagt der viel, der »Pleite« sagt,
Ein Wort, daraus Tiefsinn und Trauer rinnt

Wie stille Tropfen aus den hohlen Käsen.

Ein so klarer wie schlichter Fall: Durch Profanierung wird da Hofmannsthals Ästhetentum auf den Boden der Tatsachen zurückgeholt, wird aus »Abend« »Pleite«, aus »Waben« »Käse« – ich muß gestehen, daß wir Deutschunterrichtsschüler der Felix-Klein-Oberschule zu Göttingen um die Mitte der 50er Jahre da schon komikmäßig weiter und zugleich näher am Original waren, wenn wir das »Und dennoch sagt der viel, der ›Abend‹ sagt« folgendermaßen intonierten: »Und dennoch sagt der viel, der ›N'Aaabend‹ sagt« – aber dennoch: Freundlicher Applaus für den abtretenden Gumppenberg, erwartungsvoller Beifall für den auftretenden Robert Neumann, der 1927 dem betörenden Fin-de-siècle-Melos des Wieners dadurch beizukommen suchte, daß er sich die Frage stellte: Was wäre dabei herausgekommen, wenn der feinnervige Dichter Hugo von Hofmannsthal die handfeste Moritat vom »Daumenlutscher« aus dem »Struwwelpeter« des Heinrich Hoffmann hätte in Worte fassen müssen? Das:

Und Kinder wachsen auf mit großen Augen
und wissen schon von ihrem tiefsten Walten
und wollen es schon daumenhaft besaugen.

Und Mütter gehn, und immer wieder halten
und heben sie die drohbereite Geste
und stehn erstarrt und drohn noch im Erkalten.

Und Dichter sind, und ihre Anapäste

– sehr schön, Herr Neumann, dieser selbstreferentielle Schlenker das Versmaß betreffend – kommen wir nun zum Ende Ihres fünfstrophigen Gedichts:

Und stehen bleich im lärmenden Jahrhundert
und nehmen dankbar jegliche Beschau an.
Betroffen steht die Zeit: es bellt verwundert

ein Bologneserhündchen einen Pfau an.

War's das? Wirklich? Kein parodistisches Infragestellen der doch äußerst fragwürdigen Zeile, die da beginnt: »Und dennoch sagt der viel, der« – ja was sagt er nun? Einfach nur »Abend«? Tatsächlich? Diesen raunenden Tiefsinn lassen Sie dem Hofmannsthal durchgehen? Den entstellen Sie nicht zur Kenntlichkeit? Schade, Herr Neumann, danke Herr Neumann, bitte Herr Friedrich Torberg! Nein – beginnen Sie noch nicht, lassen Sie mich vor Ihrer überraschend kurzen Einlassung ebenso kurz anmerken, welcher extravaganten Blütenlese sich Ihre Hofmannsthal-Parodie verdankt: 1932 hat Torberg eine vorbildlich geraffte – ich zitiere – »Literaturgeschichte in Beispielen« verfaßt, die den Titel trägt: »Angewandte Lyrik von Klopstock bis Blubo«, sprich: Blut und Boden.

Sie beginnt bei Klopstock und läßt sodann Dichter wie Schiller, Rückert, Heine, Wedekind und Rilke zu Wort kommen, um sodann mit Hofmannsthal ebenso kurzen Prozeß zu machen wie mit seinen Vorläufern: Torberg redet zwar durchlaufend in parodistischen Zungen, jedoch nie länger als maximal neun Zeilen. Hofmannsthal muß sich gar mit einem Vierzeiler begnügen:

Und Dichter wachsen auf und lesen vieles,
und sind wie Lamm und Pfau, und sehr umragt
von der Bemühtheit ihres eignen Stiles.

Und dennoch sagt der viel, der »Trakl« sagt.

Drei Parodisten, drei Waffengattungen: Gumppenberg führte den schweren Säbel, Neumann einen zwar eindrucksvoll blitzenden, jedoch gänzlich harmlosen Theaterdegen, Torberg das flotte Florett – aber hat einer von ihnen seinen Gegner heruntergezogen, gar vernichtet? Sind solche Spiegelfechtereien nicht vielmehr als versteckte Huldigungen zu begreifen: Viel Spott, viel Ehr?

Daß er von großen Wirkungen auf große Ursachen schließe, hat der Parodiehasser Goethe einmal gesagt. Ließe das nicht den Schluß zu, daß ein Text um so wirkungsvoller ist, je mehr Parodien er bewirkt?

Wir lassen diese Fragen im nicht allzu weiten Raum der Kleinkunstbühne stehen, verlassen das Etablissement und legen eine kurze Bedenkpause ein, bevor wir für heute auseinandergehen.

Bedenklich oft war bisher von der Poesie als Gesellungsmedium für Poeten die Rede: Dichter dichten mit Dichtern, nach Dichtern, für Dichter, gegen Dichter – jetzt spätestens ist zu bedenken, ob auch schlichte Leserinnen und Leser von Poesie in den Genuß vergleichbarer Geselligkeitsermöglichung durch Poesie kommen können.

Bevor ich eine Antwort für die stets schwer faßbare Gegenwart wage, halte ich mich an eindeutige Zeugnisse aus der Vergangenheit.

Ja – die Poesie hat das einmal geleistet, das Zusammenführen von Menschen, Händen, Herzen schließlich –, wir brauchen uns nur einer der berühmtesten Vereinigungen der deutschen Literatur zu erinnern:

Lotte und Werther kennen einander noch nicht lange. Gerade haben sie festgestellt, daß sie beim Tanzen harmonieren, gleich werden sie einen weiteren, weit verhängnisvolleren Gleichklang feststellen – Herr Goethe, übernehmen Sie:

Wir traten ans Fenster. Es donnerte abseitwärts, und der herrliche Regen säuselte auf das Land, und der erquickendste Wohlgeruch stieg in aller Fülle einer warmen Luft zu uns auf. Sie stand auf ihren Ellenbogen gestützt, ihr Blick durchdrang die Gegend, sie sah gen Himmel und auf mich, ich sah ihr Auge tränenvoll, sie legte ihre Hand auf die meinige und sagte: – Klopstock! – Ich erinnerte mich sogleich der herrlichen Ode, die ihr in Gedanken lag, und versank in dem Strome von Empfindungen, den sie in dieser Losung über mich ausgoß.

Klopstock – weiter nichts. Da ist keine Gedichtstrophe vonnöten, keine Gedichtzeile, nicht einmal der Gedichttitel »Frühlingsfeier« – der Dichtername genügt. Zwei Silben entbinden einen Strom von Empfindungen: Goethe macht uns zu Zeugen einer Kommunikationsbeschleunigung, von der die jungen Menschen von heute nur träumen können, wenn sie sich, von den Dichtern unserer Tage im Stich gelassen, angesichts eines gewaltigen Naturschauspiels und eines noch unbekannten, dunkel lockenden Partners mit dem kurrenten Betroffenheitsjargon behelfen müssen: Du, ich weiß nicht, mir gibt so ein Gewitter unheimlich viel, also auch emotional – was macht Regen eigentlich mit dir?

Der letzte Absatz ist ein Selbstzitat aus meiner 1990 erschienenen Aufsatzsammlung »Gedanken zum Gedicht«. Heute, gut zehn Jahre später, ist besagter Mangel an zeitgemäßer poetischer Kommunikationsbeschleunigung mehr denn je zu konstatieren, bei der Schuldzuweisung freilich wäre ich meiner gerechten Sache nicht mehr so sicher. Haben wirklich die Dichter und nur die Dichter versagt? Nicht auch ein Vermittler wie die Schule, die dem jungen Menschen von heute keine Gedichte mehr zuzumuten wagt, ganz gleich ob von heute oder von gestern?

Oder liegt der Schwarze Peter bei den so zeitverfallenen wie zerstreuten jungen Menschen von heute? Sind die Medien schuld, die allenthalben und rund um die Uhr für Zerstreuung sorgen? Oder paßt die Poesie je länger, desto weniger in eine zunehmend reizhungrige und abwechslungssüchtige Zeit?

Erinnern wir uns an Goethes Dictum von 1797: »Die Poesie verlangt, ja sie gebietet Sammlung.« Doch wen verlangt es heute noch, sich einer solch strengen Gebieterin zu unterwerfen?

Nicht die Antwort, aber doch das Schlußwort möchte ich einem Poeten überlassen, der seit den vierziger Jahren bis heute dichtet und der in all den Jahrzehnten nie aufgehört hat, sein Dichten zu bedenken: die Rede ist von Peter Rühmkorf. 1999 wurde er siebzig Jahre alt, und als ihn die Wochenschrift ›Die Zeit‹ aus diesem Anlaß befragte, zog er eine bittere Bilanz: »In der Poesie ist ein jahrhundertealter Zusammenhang zerschnitten ... Es geht da etwas zu Ende, und zwar definitv, was für uns einmal – jedenfalls in unserer Edelgalaxis – ein allgemein erfreuliches und bereicherndes Gesellungsmedium war. Wir warfen uns damals Gedichtzeilen wie Wurfanker zu – ›Dein Lächeln weint in meiner Brust‹ – und der andere oder die andere ergänzte sofort: ›Die glutverbissnen Lippen eisen‹, und schon war so eine abseitige Figur wie August Stramm zu einem Kommunikationsmagneten geworden.«

Lotte und Werther hatten sich noch über das Kürzel »Klopstock« verständigen können, Eva hatte dem Peter zwar kein knappes »Stramm!« zuflüstern, aber doch auf ein August-Stramm-Zitat mit einem kennerhaften Echo rechnen können – was muß geschehen, damit auch die Jugend von heute in den Genuß solch poetischer Verständigungshilfen kommt?

Damit Simone und Oliver angesichts eines Hochseilartisten schlicht »Rühmkorf« sagen können, angesichts einer Sammlung anatomischer Präparate einfach »Grünbein«, angesichts einer Hotelanlage kurz und knapp »Schrott« – wobei sie natürlich Raoul Schrott meinen, den Verfasser des Gedichtsbands »Hotels«, und angesichts eines Kragenbären schlicht und ergreifend »Gernhardt«?

Erwarten Sie – für heute jedenfalls – keine Antworten. Tragen Sie die erwähnten Fragen zur Poesie vielmehr in Ihren prosaischen Alltag hinaus, und stellen Sie sich – bevor Sie eine eigene Antwort wagen – zunächst einmal die bewährte Frage: Was wollte uns der Dichter damit nun schon wieder sagen?

ORDNUNG MUSS SEIN

Verehrte Anwesende, liebe Zuschauer,

ich begrüße Sie zum dritten Teil meiner Führung durch das Haus der Poesie, an deren Beginn ich rasch rekapitulieren will, was wir bisher alles darüber erfahren haben, was das Gedicht alles kann: Es hilft nicht nur beim regredieren, memorieren und kollaborieren, es reizt auch an und auf zu rezipieren, zu formulieren, zu provozieren, zu intervenieren, zu imitieren, zu plagiieren, zu parodieren und last not least beschleunigt es das Kommunizieren ganz ungemein.

Das alles leistet die Poesie effektiver als Prosa oder Drama, und das hat seinen Grund darin, daß ein Gedicht von Natur aus kurz und bündig ist.

Was kurz ist, wissen wir – doch was meint »bündig«?

»Bündig«, lese ich in Hermann Pauls »Deutschem Wörterbuch«, kommt aus einer Fachsprache, der der Zimmerleute, und es meint »genau gefugte und verbundene Zimmerbalken«.

»Fügen« und »verbinden« aber sind Techniken, die auch der Dichter beherrschen sollte, soll sein Gedicht mehr sein als ein privates Notat. Wenn er denn nicht zu anderem Handwerkszeug greift, um seinen Gebilden Dauer zu verleihen: Von seinen gereimten und gezeichneten Bilder-Epen sagt Wilhelm Busch, sie seien »vom Leben geglüht, mit Fleiß gehämmert und nicht unzweckmäßig zusammengesetzt.«

Und als T. S. Eliot 1922 sein großes, avantgarde- und epochemachendes Gedicht »The Waste Land« veröffentlicht, da stattet er seinen Dank gegenüber dem Kritiker, Kürzer und Kollegen Ezra Pound dadurch ab, daß er ihn in der Widmung als »il miglior fabbro« rühmt, eine Formulierung, die auf Dante anspielt und mit »herausragender Handwerker« übersetzt werden kann.

Vom Handwerk des Dichtens also wird heute die Rede sein, von Ordnung und Systematik, kurz und bündig: von Ordnungssystemen – wobei die Poesie auch hier die ihr eigene Doppel-, ja Mehrdeutigkeit an den Tag legt: War bei der letzten Hausbegehung der »Leseraum« zu einem

»Hallraum« mutiert, so weiß ich hier und heute nicht recht zu sagen, wie die unüberschaubar große Werkstatt zu bezeichnen ist, in die einzutreten wir uns anschicken: Ist es eine ausgedehnte Schreinerei? Eine riesige Schmiede? Eine weitläufige Bauhütte? Oder alles zusammen? Die Umgangssprache erlaubt alle Deutungen. Sie spricht analog zum Hausbau vom Versbau, sie tituliert den Dichter als Reimeschmied und sie moniert bei ungefügen Reimen das Ungefügte: Die seien nicht gereimt, sondern geleimt.

Wie immer: Wir schicken uns an, eine Werkstatt zu erkunden, in der es ordentlich zugeht, allerdings ohne allzu ordentliche Streckenführung. Wie die aussehen müßte, hat Wolfgang Kayser in seinem so brauchbaren wie lesbaren Standardwerk »Kleine deutsche Versschule« beschrieben, deren erstes Kapitel folgendermaßen anhebt:

Der Vers als Ordnung.
Unser Auge sagt uns schnell, was Verse sind. Wenn auf einer Seite um das Gedruckte herum viel weißer Raum ist, dann haben wir es gewiß mit Versen zu tun.

Kaysers zweites Kapitel handelt sodann »Von der Zeile«, das dritte »Von der Strophe« und so fortan, bis er im sechsten Kapitel »Vom Reime« redet und im siebten und letzten »Vom Rhythmus«.

Ich will es anders halten. Ich möchte mit dem populärsten aller Ordnungssysteme deutschsprachiger Dichtung beginnen, mit dem Reim, um sodann über fremde und eigene Erfahrungen mit anderen, unbekannteren, ja abseitigen Ordnungssystemen zu berichten, so abseitig manchmal, daß sie nur für *ein* Gedicht taugen und in keiner Poetik zu finden sind.

Glaubt man Umfragen, so ist »Wanderers Nachtlied«, auch »Ein Gleiches« überschrieben, das beliebteste Gedicht deutscher Zunge. Sein Dichter heißt Johann Wolfgang Goethe, und es ist gereimt:

Über allen Gipfeln
Ist Ruh',
In allen Wipfeln
Spürest du

Kaum einen Hauch;
Die Vögelein schweigen im Walde.
Warte nur! Balde
Ruhest du auch.

Was alles hat neben der anheimelnden, regelrecht sedierenden Botschaft dieser Zeilen dazu beigetragen, sie derart nachhaltig in deutschen Hirnen zu verankern? Sicherlich auch der Reim, den der Dichter unbefangen und zu Gedichtbeginn geradezu massiert einsetzt, obwohl sich die Schar der deutschen Reim-Verächter seit der zweiten Hälfte des 18. Jahrhunderts ständig vermehrt hatte. Sie bekam weiteren Zulauf, als nach der so genannten »Goetheschen Kunstepoche« das ebenso epigonale wie inflationäre Reimgeklingel der sogenannten Goldschnittlyrik sensiblere Geister am Reim zweifeln und verzweifeln ließ. Um die Jahrhundertwende polterte Arno Holz: »Der erste, der – vor Jahrhunderten! – auf Sonne Wonne reimte, auf Herz Schmerz und auf Brust Lust, war ein Genie; der Tausendste, vorausgesetzt, daß die Folge ihn nicht bereits genierte, ein Kretin.«

Ende der 30er Jahre konstatiert der Emigrant Brecht in einem Gedicht, das »Schlechte Zeiten für Lyrik« überschrieben ist:

In meinem Lied ein Reim
Käme mir fast vor wie Übermut.

Schluß mit lustig: So um die Mitte des letzten Jahrhunderts galt der Reim unter Dichtern, die auf der Höhe der Zeit sein wollten, als ebenso abgetan wie der Gegenstand bei den Malern dieser Tage, und dabei ist es bis heute geblieben: »Das verlorene Alphabet«, eine Anthologie deutschsprachiger Lyrik der 90er Jahre, bringt auf den ersten fünfzig Seiten sechzig Gedichte, sechsundfünfzig davon reimlos – eine Auszählung der restlichen 150 Seiten würde an dem Verhältnis 1:14 nichts oder nicht allzuviel ändern.

Keine Frage: Der Reim ist out, und zu diesem Schaden hat er auch noch den Spott derer zu tragen, die ihn als »harmlos« oder »artig« schmähen – völlig zu Unrecht, wie wir gleich sehen werden.

Denn der Reim mag out sein, tot ist er nicht. Aus Lyrikbänden, Lyrikanthologien und Lyrikzeitschriften hat er sich weitgehend zurückgezogen, dafür taucht er vermehrt an überraschenden Orten auf, im Display der Waage der Westend-Metzgerei Illing beispielsweise, in welchem immer dann, wenn die Waage nichts zu wiegen hatte, der folgende, in Leuchtbuchstaben durchlaufende Zweizeiler zu lesen war:

Ob im Freien, ob im Zimmer:
Illing-Leberwurst schmeckt immer.

Ob im Freien, ob im Zimmer – folgen wir diesem Fingerzeig bei der Suche nach dem Reim hier und heute. Im Zimmer studieren wir die Zeitung, z.B. die ›Frankfurter Allgemeine‹, und können, ja müssen von Seite zu Seite damit rechen, auf Reime zu stoßen. Am 25. Januar 2000 lautete die Aufmacherschlagzeile: »Die CDU bekennt betroffen: Sitzung um Sitzung und viele Fragen offen«.

Am gleichen Tag und auf derselben ersten Seite las man unter der Rubrik »Das Wetter«: Weit reicht die Brücke über Eis und Fluß/und es nähert sich, wer hinübermuß/der Stadt als einem bunten Bild/das ihn empfängt so mild.«

Was der Politik recht ist, ist dem Feuilleton naturgemäß billig. Am 12. März 2001 lautete die zentrale Bildunterschrift: »Warte, warte nur ein Weilchen/dann kommt Herr Zavros voller Gier/mit dem kleinen Pipettenbeilchen/und macht 'nen Dolly-Clon aus dir« – der Anlaß war ein römischer Kongreß zum Thema Klonen. Und auf derselben Seite fand sich zudem eine Übersicht »Feuilleton heute«, die sich *so* las:

Wo rohe Kräfte sinnlos walten
     – Was die Taliban nicht wissen   Seite 51
Da kann kein Knopf die Hose halten
     – Ein »Sommernachtstraum«   Seite 52
Wenn's den Nachbarn nicht gefällt
     – England in Seuchenzeiten   Seite 53
Denn die drängt's zum Geld
     – Weimar ruft Nida-Rümelin   Seite 54
Aber gut hat's auch der Mameluck
     – Osmanische Kalligraphie   Seite 55

Unter Neapels Komödienstuck
– De Simones gigantische »Buffa« Seite 56
Im großen Christen-Ruck
– Josef Piepers siebter Band Seite 57

Und so fortan bis zu den Todesanzeigen, in denen Reime zusehends den traditionellen Bibelsprüchen den Rang ablaufen. Reime deutscher Dichter wohlgemerkt, kein dilettierender Eigenbau wie bei den Geburtstagsgrüßen der Lokalblätter: »Kaum zu glauben, aber wahr/unser Mausebär wird heut vierzig Jahr ...«.
Stattdessen wird gern aus Hermann Hesses »Stufen« zitiert, auch Rilke ist beliebt. Am 29. März 2001 verstarb Tyll Necker, der langjährige Präsident des Bundesverbands der deutschen Industrie, und seine Familie rückte folgenden Text in die Traueranzeige:

Du liebtest Rilke:
»Ich lebe mein Leben in wachsenden Ringen,
die sich über die Dinge ziehn.
Ich werde den letzten vielleicht nicht vollbringen,
aber versuchen will ich ihn.«

Vom Zimmer ins Freie, wo der Reim wie immer dann zum Einsatz kam und kommt, wenn Menschen ihrem Unmut Luft machen oder sich von Ketten befreien wollen.
Mühelos läßt sich eine Schnellgeschichte der 68er-Ära in 68er-Reimen schreiben: Anfangs wollten sich die Studenten lediglich von der Ordinarienuniversität befreien – »Unter den Talaren/Muff von 1000 Jahren« –, dann riefen sie zur sexuellen Befreiung auf – »Wer zweimal mit derselben pennt/gehört schon zum Establishment« –, nicht lange und die Befreiung der Dritten Welt vom amerikanischen Joch stand auf dem Programm – »Bürger runter vom Balkon/Unterstützt den Vietkong« –, zugleich lockte die Vorstellung, den eigenen konditionierten Geist mittels Drogen befreien zu können –: »Haschu Haschisch innen Taschen/ haschu immer waschunaschen«. Von da war es dann kein weiter Weg zum Irrglauben, man könne die Arbeiterklasse mittels Terror vom kapitalistischen Joch befreien. Was mit »High sein, frei sein/ein bißchen Ter-

ror muß dabei sein« begann, endet mit »Brecht dem Schütz die Gräten/ Alle Macht den Räten« – nur daß die Arbeiterklasse gar nicht befreit werden wollte, sondern auf einer Anti-Studenten-Demo vor dem Schöneberger Rathaus zu Berlin gnadenlos zurückreimte: »Laßt Bauarbeiter ruhig schaffen/Kein Geld für langbehaarte Affen.«
   Zwei Stränge zeitgenössischer deutscher Reimdichtung, die bis heute weiterwirken. Keine größere Gewerkschafts- oder Belegschaftsdemo ohne Transparente wie »Der Arbeiter marschiert/bis Bonn reagiert«, »Wir suchen keinen Streit/sind aber zum Kampf bereit« oder »Gehen bei Vulkan die Lichter aus/ist Bremen Nord raus« – alles Zweizeiler einer Vulkan-Werft-Demo vom 21. 2. 1996.
   Als die ›Berliner Zeitung‹ am 25. 10. 1996 ein Foto brachte, das die Metaller bei einer Demo gegen die geplante Kürzung der Lohnfortzahlung zeigte, da bildete ein Pappschild den Mittelpunkt, auf welchem ein veritabler, von Hand geschriebener Sechszeiler zu lesen war:

Kohl hat Blut geleckt
Der Arbeiter verreckt
Deshalb Widerstand
im ganzen Land
Denn auch wir haben Verstand
Das Sparprogramm ist eine Schand.

   Ebenso drastisch, wenn auch kürzer formulierten es die Opel-Arbeiter, die am 26. 1. 2001 in Rüsselsheim gegen Entlassungen protestierten: »Wir werden hier beschissen/6000 werden rausgeschmissen.«
   So dichtet der Arbeiter, der Autonome aber haut in die gleiche Kerbe. Am 4. Mai 1998 berichtet Konrad Schuller für die F. A. Z. von den traditionellen 1.-Mai-Unruhen in Berlin-Kreuzberg, und er nimmt wahr – ich zitiere –: »daß der Marschblock zuletzt einer Art Wurfgeschosse schleudernder, gereimte Beamtenbeleidigungen brüllender Riesenraupe gleicht. Zu den bevorzugten Reimen gehört etwa ›Hopp hopp hopp/ Schweine im Galopp‹, wenn laufende Polizisten zu sehen sind, oder ›Ob grün, ob braun/Nazis auf die Fresse haun‹, wenn Polizisten gerade nicht laufen.«
   Ein Jahr später, am 3. Mai 1999, kommentiert Schuller abermals die

militanten Umtriebe am Tag der Arbeit: »Die bewährten Verse der Sprechchöre mußten nicht geändert werden. ›Deutsche Waffen, deutsches Geld/morden mit in aller Welt‹ paßte nach wie vor vorzüglich, ebenso der Zweizeiler ›Bei jeder Schweinerei/ist die BRD dabei‹. Dieser Vorrang der in Verse gefaßten Überzeugung vor dem aktuellen Anlaß ist kennzeichnend für die Mentalität der Linken in Berlin. Die suggestive Kraft des Reims, die unablässig aufrüttelnde Musik der Lautsprecherwagen weisen auf eine Abkehr von dem Bild der klassischen, intellektuell geprägten Linken, die glaubte, durch Analyse und Konzept die Welt verändern zu müssen. In Berlin geht es darum seit Jahren nur noch am Rande. Rhythmus, Reim und Uniform [...] überlagern Konzept und Vision.«

Ein Befund, der sich pfeilgrad bis zu Arthur Schopenhauer zurückverfolgen läßt:

»Ein ganz besonderes Hülfsmittel der Poesie sind Rhythmus und Reim. Von ihrer unglaublich mächtigen Wirkung weiß ich keine andere Erklärung zu geben, als daß unsre an die Zeit wesentlich gebundenen Vorstellungskräfte hiedurch eine Eigenthümlichkeit erhalten haben, vermöge welcher wir jedem regelmäßig wiederkehrenden Geräusch innerlich folgen und gleichsam mit einstimmen. Dadurch werden nun Rhythmus und Reim theils ein Bindemittel unsrer Aufmerksamkeit, indem wir williger dem Vortrag folgen, theils entsteht durch sie in uns ein blindes, allem Urtheil vorhergängiges Einstimmen in das Vorgetragene, wodurch dieses eine gewisse emphatische von allen Gründen unabhängige Ueberzeugungskraft erhält.«

Eigentlich ein Jammer, daß unsere Dichter dieses ganz besondere und keineswegs artige, vielmehr dezidiert unartige Hülfsmittel, den Reim, kampflos dem Arbeits- und dem Straßenkampf überlassen haben – wobei nicht verschwiegen sei, daß auch der Kampf *gegen* Kampf und Gewalt sich der unglaublich mächtigen Wirkung des Reims bedient: »Macht hier einer auf Gewalt/rufen alle Halt, Halt, Halt« las ich mit eigenen Augen Mitte der 90er auf einer Berliner S-Bahn.

An all den zitierten Beispielen fällt eines unschwer auf: Ob im Freien, ob im Zimmer/kunstlos sind die Verse immer – alles Paarreime, die kaum je über den Zweizeiler hinauskommen. Daß es auch kunstvoller geht, lehrt jedes Kunstgedicht, auch und gerade dann, wenn es Suggestionstechniken nutzt, die das Volkslied entwickelt hat.

Hören wir noch einmal in »Wanderers Nachtlied« hinein. Das Gedicht ist in acht Zeilen abgesetzt, doch dieser Zeilenbruch verschleiert, daß es sich im Grunde um eine sechszeilige Strophe handelt:

Eins: Über allen Gipfeln ist Ruh',
Zwei: In allen Wipfeln spürest Du
Drei: Kaum einen Hauch;
Vier: Die Vögelein schweigen im Walde.
Fünf: Warte nur! Balde
Sechs: Ruhest du auch.

Der zusätzliche Reim »Gipfeln-Wipfeln« mag irritieren, doch der ist eine spätere Zutat des Dichters. Das Original, von Goethe am 6. 9. 1780 an die Wand der Jagdhütte auf dem Kickelhahn bei Ilmenau geschrieben, lautet:

Über allen Gefilden
ist Ruh
In allen Wipfeln
spürest du –

– und es stellt sich beiläufig die Frage, ob das milde Wort »Gefilde« das sanftgeschwungene Thüringer Bergland nicht besser trifft als die zackige, eher den Alpen zugehörige Bezeichnung »Gipfel«.

Wie immer: Die zugrundeliegende sechszeilige, aabccb gereimte Strophe hat fraglos ihren Anteil am Erfolg des »Nachtlieds« in deutschen Köpfen – die nämlich hatten bereits seit Jahrhunderten Lieder ganz ähnlicher Machart, wenn auch anderen Inhalts gespeichert. Schon im 15. Jahrhundert taucht die von Wolfgang Kayser als »Schweifreim« klassifizierte Strophe erstmals auf, in einem noch heute bekannten Volkslied:

Innsbruck, ich muß dich lassen,
Ich fahr dahin mein Straßen,
In fremde Land dahin.

Mein Freud ist mir genommen,
Die ich nit weiß bekommen,
Wo ich im Elend bin.

Im 16. Jahrhundert verfaßt ein gewisser Johann Heß nach dem Vorbild des Volksliedes ein geistliches Sterbelied, das folgendermaßen anhebt:

O Welt ich muß dich lassen,
Ich fahr dahin mein Straßen
Ins ewig Vaterland

In seiner »Deutschen Verslehre, herausgegeben vom Kollektiv Literaturgeschichte im volkseigenen Verlag Volk und Wissen« merkt Erwin Arndt zur besagten Strophe an: »Melodie und Rhythmus gehören seitdem zu den beliebtesten Strophen im evangelischen Kirchenliedschaffen. Auch Paul Flemings ›In allen meinen Taten‹ und Paul Gerhardts ›Nun ruhen alle Wälder‹ folgen dieser Weise. Bekanntlich wurde Matthias Claudius von dem zuletzt genannten Liede zu seinem volkstümlichen ›Abendlied‹ angeregt, dem dann 1790 Abraham Peter Schulz eine neue, eigene Melodie gab.«

»Nun ruhen alle Wälder«, »Der Mond ist aufgegangen« – Schweifreim und Abendstimmung harmonierten demnach bereits vor Goethes »Nachtlied«; in vorbereitete und dementsprechend fruchtbare Hirne fiel seine hebungsärmere und wegen ihrer Kürze gut zu memorierende Version der Strophe.

Volksliedstrophe, Choralstrophe – jetzt könnten weitere, weit schwierigere oder weitaus prächtigere Strophenformen folgen. Von der dreizeiligen Terzine wäre zu reden, von der achtzeiligen Stanze – ich möchte Sie lieber mit einer Spezialität des Hauses der Poesie bekanntmachen, indem ich Sie in jenen Teil der Dichterwerkstatt bitte, in welchem besonders helles und zugleich ausdauerndes Hämmern davon kündet, daß da herausragend edler Werkstoff zu besonders feingefügten Gebilden verarbeitet wird: Folgen Sie mir bitte in die Sonderzone der Sonettenschreiber und Sonettisten.

Eine in zweierlei Hinsicht bemerkenswerte Werkstatt. Einmal ist das

Sonett das rare Beispiel einer echten Gedichtform – was meint, daß das Reimschema in großen Zügen, die Zeilenmenge aber verbindlich vorgeschrieben ist: In nur vierzehn Zeilen muß alles gesagt werden.

Zum anderen sind diejenigen, die Sonette verfassen, eine außergewöhnlich gemischte Gesellschaft: Von Petrarca um 1350 zu erster Meisterschaft geführt, hat diese bekannteste Gedichtform italienischen Ursprungs geniale Geister in ganz Europa ebenso inspiriert wie Leistungsdichter und Vielschreiber, Pedanten, und Spielernaturen, Möchtegernpoeten und Juxbeutel. Neben Michelangelo, Shakespeare, Lope de Vega und Gryphius finden wir in der Sonderzone auch Figuren wie Wilhelm von Humboldt an der Arbeit – der dichtete vom Januar 1832 bis zum 28. März 1835 täglich ein Sonett und erreichte – ich referiere Alfred Liede – »mit 1183 Sonetten annähernd die Zahl Lope de Vegas«.

Doch die geradezu blindwütige Sonettenproduktion war und ist nicht auf einzelne beschränkt. Um 1800 nahm sie unter Deutschlands Dichtern die epidemieartigen Züge der sogenannten »Sonettwut« an, als nicht nur die Liebhaber dieser Gedichtform, allen voran die Romantiker, rudelweise zur Feder griffen, sondern auch Verächter wie Johann Heinrich Voß, der Homerübersetzer, den sein Zorn auf den neumodischen welschen Tand zum konzisesten Sonett deutscher Zunge beflügelte:

Mit	Süd	Kling-	Sing
Prall-	Tral-	Klang	Sang
Hall	Lal-	Singt;	Klingt.
Sprüht	Lied.		

Ja, das ist ein veritables Sonett: Vierzehnzeilig und nach allen Regeln der Kunst gereimt, abba abba cde cde. Die Einhebigkeit, ja Einsilbigkeit der Zeilen verschafft dem Gedicht des Johann Heinrich Voß formal eine Sonderstellung unter Deutschlands Sonetten, inhaltlich aber tut es das, was Sonette bis auf den heutigen Tag gerne tun: Es beschäftigt sich mit sich selber.

Daß das auch etwas weniger einsilbig geht, führt ein Sonett von August Wilhelm Schlegel vor, welches »Das Sonett« überschrieben ist und sich dem Leser in vorbildlich elfsilbigen jambischen Zeilen vorstellt:

Das Sonett

Zwei Reime heiß' ich viermal kehren wieder,
Und stelle sie, getheilt, in gleiche Reihen,
Daß hier und dort zwei eingefaßt von zweien
Im Doppelchore schweben auf und nieder.

Dann schlingt des Gleichlauts Kette durch zwei Glieder
Sich freier wechselnd, jegliches von dreien.
In solcher Ordnung, solcher Zahl gedeihen
Die zartesten und stolzesten der Lieder.

Den werd' ich nie mit meinen Zeilen kränzen,
Dem eitle Spielerei mein Wesen dünket,
Und Eigensinn die künstlichen Gesetze.

Doch, wem in mir geheimer Zauber winket,
Dem leih' ich Hoheit, Füll' in engen Gränzen.
Und reines Ebenmaß der Gegensätze.

»In *solcher* Ordnung, *solcher* Zahl gedeihen/Die zartesten und stolzesten der Lieder« – es sind jedoch auch ganz andere Ordnungen möglich, ohne daß der Rahmen des Sonetts gesprengt würde. Im Gegenteil: Wie bei einem Heimtrainingsgerät kann der Dichter den Schwierigkeitsgrad des von ihm geplanten Sonetts zuvor einstellen, wobei naturgemäß vor allem die Zahl der Reimausgangswörter ins Gewicht fällt: Je weniger, desto diffiziler.

Schlegel hatte abba abba cde dce gedichtet, also die beiden sogenannten Quartette des Sonetts mit zwei Ausgangswörtern, »wieder« und »Reihen« bestritten, während er es bei den Terzetten entspannter angehen ließ: Die sechs Zeilen weisen drei Ausgangswörter auf, »Kränzen«, »Dünket«, »Gesetze«, denen »Winket«, »Gränzen« und »Gegensätze« korrespondieren.

Ganz schön schon, doch es geht noch reduzierter. In einem ebenfalls selbstbezüglichen Sonett habe ich versucht, die Reimschraube etwas weiter anzuziehen, indem ich auch die Ausgangswörter der Terzette auf zwei beschränkte. Dieses Sonett trägt den Titel »Wortschwall« und beginnt *nicht* mit den Worten »Sonette find ich sowas von beschissen«, sondern:

Wortschwall

Erst tropft es Wort für Wort. Dann eint ein Fließen
Solch Tropfen in noch ziellos vagen Sätzen,
Die frei mäandernd durst'ge Ganglien netzen,
Aus welchen wuchernde Metaphern sprießen

Und wild erblühn. Und sich verwelkend schließen,
Nun Teil der Wortflut, wenn auch nur in Fetzen,
Das will vermengt zur Sprachbarriere hetzen,
Um sich von Satz zu Absatz zu ergießen,

Bis tief ins Tal. Dort füllen Wortkaskaden
Ganz ausgewaschne, sinnentleerte Becken,
In welchen doch seit alters Dichter baden.

Daß dies Bad sinnlos ist, kann die nicht schrecken:
Ein Wortschwall reicht, um die maladen Waden
Mit frischer Schreit- sprich Schreiblust zu begnaden.

»Mehr geht nicht«, dachte ich, nachdem ich diesem Sonett den letzten Schliff gegeben hatte, nicht ahnend, daß ich meinen Meister längst gefunden hatte, jemanden, der meine Vorgabe samt ihrer Wassermetaphorik sowohl vorweggenommen wie übertroffen hatte. Christian Morgenstern heißt er, der Meister, und »Ehrenrettung eines alten Reimlexikons« hat er sein Sonett überschrieben, in welchem er sich durchgehend auf zwei Ausgangswörter beschränkt, so den alten Sonettgrundsatz »Weniger ist mehr« in ungeahnte Höhen schraubend: »Noch weniger ist noch mehr.«

Ehrenrettung eines alten Reimlexikons

Wir sind zu sehr geneigt, uns zu verzwieseln,
wir wollen lieber wie ein Regen tröpfeln,
als, stromgleich von Felsköpfeln zu Felsköpfeln
uns werfend, ganze Bergstöck' kühn verkieseln.

Was hilft's, vom Himmel selbst herabzurieseln
auf ganzer Länder tausendfaches Köpfeln; –
es ist ein Schaffen wie mit Spitzen-Klöpfeln,
es ist kein Rauschen, nur ein schnödes Nieseln.

Wie anders doch, gleich bajuvarschen Hieseln,
die ganze Welt mit fester Faust zu schöpfeln,
die letzten dicken Wämser aufzuknöpfeln,

die bestverfilzten Zöpfe aufzudrieseln,
ein Wildstrom kommen allen Kleistertöpfeln –
und so um ew'gen Ruhm mit Glück zu mieseln.

Ordnung, Gesetz, Grenze – alles Begriffe, die den Dichtern einer Moderne ein Graus hätten sein müssen, die auf Formzertrümmerung aus war, auf Befreiung und Entfesselung, und doch hat das Sonett bis auf den heutigen Tag Dichter gereizt, vermutlich gerade wegen seiner so weit zurückreichenden Tradition: Wer hier und heute ein Sonett schreibt, betritt eine Arena, in welcher bereits die erlauchtesten Namen der europäischen Dichtung ihr Können bewiesen haben – eine ebenso ehrenvolle wie gefährliche Konkurrenz, wie es der Fall des Günter Grass vor Augen führt.

Wir schreiben das Jahr 1994. Die Literaturzeitschrift ›Akzente‹ feiert ihr vierzigjähriges Bestehen, und Walter Höllerer, einer ihrer Begründer, bittet zahlreiche, der Zeitschrift verbundene Dichter darum, ausgewählte Gedichte einzusenden, ich zitiere, »neuere oder auch ältere, die Ihnen zur Zeit am nächsten stehen«.

Höllerer hatte zu »Randbemerkungen« ermutigt, und Günter Grass sendet vier Gedichte mit den folgenden Worten: »Die Sonette zum

Thema ›Novemberland‹ wurden ausschließlich durch die Wiederkehr des Rassismus provoziert. Das Aufbrechen von Gewalt und das landesweite Schweigen, die ohnmächtigen Proteste, die politische Ausbeutung des ›gesunden Volksempfindens‹ und die durch Gesetzesänderung eingeleitete erste Bauphase der ›Festung Europa‹, diese insgesamt unübersehbare Befindlichkeit verlangte nach der strengen Form; das Sonett mit seinen Zwängen bot sich an.«

Wir haben erfahren, wie streng ein Sonett sein kann, wir haben gehört, welch breitgefächerte Zwänge es für den Dichter bereithält, der das Angebot des Sonetts ernst nimmt – welcher Strenge, welchem Zwang also unterwirft sich Grass? Um die Antwort vorwegzunehmen: Gar keinem.

»Novemberland«, das einleitende Gedicht des Zyklus nimmt vorweg, was alle Folgesonette verbindet: Das einzige, was diese Gedichte mit dem Sonett gemein haben, ist die Zeilenzahl vierzehn. Ansonsten herrscht schiere Willkür.

Da komm ich her. Das feiert jährlich alle Neune.
Von dem ich weg will über selbstderdachte Zäune,
doch in verkehrten Schuhen dahin laufe, wo ich heiße
und ruchbar bin für die zurückgelaßne Scheiße.

Das erste Quartett reimt aabb und schwankt zwischen sechs- und siebenhebigen Zeilen.

Das bleibt veränderlich sich gleich
Und ähnelt unterm Schutt der Moden –
Mal sind es Jeans, dann wieder Loden –
Den abgelebten Fotos aus dem Dritten Reich.

Das zweite Quartett reimt cddc und endet nach drei vierhebigen Zeilen mit einer fünfhebigen. Es folgen die beiden Terzette, die bei Licht betrachtet drei simple Paarreime sind, ee ff gg, und die trotz aller postulierten Strenge über alle metrischen Stränge schlagen:

Novembertote, laßt sie ruhn! – vierhebig
Wir haben mit uns Lebenden genug zu tun. – sechshebig
Doch diese sind nicht jene, jene sind erwacht – sechshebig

Und haben sich als Täter das gleiche ähnlich ausgedacht – sieben-
bis achthebig
Nicht abgebucht noch steuerfrei ist der Gewinn – sechshebig
Aus Schuldenlast, für die ich haftbar bin – fünfhebig.

Summa summarum: Die Hebungen schwanken von vier bis acht, die Zahl der Ausgangswörter beträgt sieben – das ist nicht streng, da herrscht kein Zwang, das ist ein windiger Gesang, verfertigt nach der goldenen Handwerkerregel »Paßt, wackelt und hat Luft.« Das Ergebnis aber ist ein Produkt, für welches sich ein formstrenger Poet eigentlich schämen müßte. Tut der Dichter des »Novemberland«-Sonetts aber nicht, im Gegenteil. Der schreibt vielmehr an Walter Höllerer: »Ich weiß, daß diese literarische Antwort auf den Zustand des Landes, in dem ich lebe, gegenwärtig gerne als ›Gesinnungsästhetik‹ abgetan wird. Dieser handfeste Begriff, der mich unangenehm an einst gängige Begriffe wie ›Asphaltliteratur‹ erinnert, mag dem Zeitgeist entsprechen, für mich jedoch war es lustvoll, das alte Sonett den neuen Wirklichkeiten zu konfrontieren.«

Ob das alte Sonett diese Konfrontation ebenso lustvoll erlebt hat?

»Ordnung ist das halbe Leben«, sagt der Volksmund, doch was ist mit der anderen Hälfte? Auf das Sonett übertragen meint das: Ein verwahrlostes Sonett ist per se ein mißratenes. Doch ist ein ordentliches zugleich ein gelungenes oder doch zumindest brauchbares?

In ihrer 1999 gehaltenen Dankesrede zur Verleihung des Preises der Frankfurter Anthologie hat Ruth Klüger dergleichen angedeutet: »Wie ein Schachspiel an und für sich ein ästhetisches Vergnügen ist, weil die Regeln aufeinander abgestimmt sind und sich zu einem Ganzen schließen, selbst da, wo gar nicht aufregend gespielt wird, so hat zum Beispiel das Sonett einen Reiz, der auch dem mittelmäßigsten Produkt einen erfreulichen Anstrich gibt. Deswegen ist es so unverwüstlich.«

Als ich das seinerzeit las, war ich geneigt, dem zuzustimmen, auch öffentlich, als Lyrikwart, in welcher Eigenschaft ich hin und wieder für die

Wochenschrift ›Die Zeit‹ tätig bin. Ein Zufallsfund in einem Antiquariat hat mich von dieser Meinung kuriert, der Gedichtband »De Profundis«, erschienen 1946 im Verlag Kurt Desch, München. Im Vorwort umreißt der Herausgeber Gunter Groll Inhalt und Zweck der Sammlung: »Diese Anthologie enthält ausschließlich Gedichte von Autoren, die während der letzten zwölf Jahre in Deutschland lebten. Ohne Anspruch auf Vollständigkeit zu erheben, bemüht sie sich, die Stimmen des ›anderen Deutschland‹, soweit es nicht im Exil war, zu vereinigen und die Situation des deutschen Geistes in Katastrophe und Katharsis zu dokumentieren: durch Gedichte, deren innere Welt die Leiden und die Verzweiflung, die Anklage und den Widerstand, die Schuld und den Trost jener Epoche spiegelt.«

Die Sammlung enthält Gedichte von sechundsechzig Dichterinnen und Dichtern, von Werner Bergengruen bis Ernst Wiechert, durchweg gereimt, wobei grob geschätzt ein gutes Drittel aus Sonetten besteht. Aus unterschiedlich kunstvollen, nie jedoch mißratenen Sonetten, deren Lektüre je länger je mehr immer unerfreulicher wird, da strenge Form und hoher Ton dazu genutzt – man kann auch sagen: mißbraucht – werden, jedwede eigene Erfahrung, Verstrickung oder Verschuldung während zwölf Jahren Diktatur und fünf Jahren Krieg aufgehen zu lassen im überpersönlichen Gleichschritt der stets fünfhebigen Jamben, im Gleichmaß der gestelzt dichterischen Sprache und im Gleichtakt der wie geölt ablaufenden Quartette und Terzette.

Dafür, daß das nicht Behauptung bleibt, soll ein Sonett von Dorothea Taeger sorgen – man muß sie nicht kennen –, das den Titel trägt »Der deutschen Dichtung« – *da* müssen wir durch:

Der deutschen Dichtung

Durch alle Höllen glitt die Stimme hin,
In ihren Schleiern wandelt die Gestalt,
Wie Lufthauch raunend deutet sie den Sinn
Des Guten, das nicht endet, nicht verhallt ...

Ob Satan lauert auch in seiner Schlucht,
Sein Ohr vernimmt nur seinen eignen Sang,

Sein Auge sieht nur was ihn selber sucht; –
An ihm vorüber wallt der reine Klang.

Dank dir, die doch in Gottes Namen spricht,
Daß du uns bliebest, da das Unheil droht,
Daß du nicht ließest die im Untergehen

Noch Heilung, Tröstung suchten im Gedicht.
Du neigtest dich bedrängter Brüder Not,
Und Freiheit brachte deines Geistes Wehen.

Hier spätestens offenbart die Klammer all meiner Überlegungen zum Gedicht – »Was das Gedicht alles kann: Alles« – seinen bedenklichen Doppelsinn: Das scheinbar auftrumpfende »Alles« beinhaltet natürlich auch, daß das Gedicht beschönigen, verschleiern und lügen kann; und die Behauptung, nicht die Rote Arme und die Armeen der Alliierten, sondern das Wehen des Geistes der deutschen Sprache hätte das Land von Hitler befreit und einem Teil des Landes Freiheit gebracht, ist solch eine Lüge.

So wäre denn das Sonett für alle Zeiten diskreditiert, die Sonettwerkstatt ein Refugium ewiggestriger Beschöniger, wenn nicht Schwindler, und die Sonett-Apologie der Ruth Klüger ganz und gar verfehlt? Ganz schon, aber nicht ganz und gar. Ganz verfehlt ist die Behauptung, auch das mittelmäßigste Produkt der Gattung trage dank seiner Regelmäßigkeit einen erfreulichen Anstrich. Mittelmaß kann nicht erfreuen, und schon gar nicht tut es das in einer Gattung, in welcher Spitzenlyriker die Maßstäbe gesetzt haben. Trotz falscher Prämissen kommt Ruth Klüger in Sachen Sonett dennoch zu einem gar nicht so falschen Fazit: »Darum ist es so unverwüstlich.«

Auf wundersame Weise hat das Sonett die Sonettwut des 19. Jahrhunderts und den Sonettmißbrauch des 20sten überstanden, nicht zuletzt dank heller und schneller Dichter, die den alten Sonettenschlauch prallvoll mit neuem Wein abfüllten, ohne das Gefäß nach Günter-Grass-Manier dem eigenen Belieben zu unterwerfen und damit der Beliebigkeit auszusetzen.

Von den 1913 verfaßten »Kriminalsonetten« des Dichtertrios Rubiner, Eisenlohr und Hahn war bereits die Rede, in seinen »Rammer und Brecher«-Sonetten trägt Ror Wolf die in Paris entzündete Fackel des komischen Sonetts weiter, bis in die Fußballstadien unserer Tage in diesem unserem Land. Hören Sie, wie inspiriert und konzentriert er etwas in vierzehn Zeilen und unter Verwendung von nur vier Ausgangswörtern mitteilt, das sich eigentlich jeder Wiedergabe entzieht: Das unausgesetzte, ebenso haltlose wie genormte Gerede des enttäuschten Fans am Spielfeldrand:

Das ist doch nein die schlafen doch im Stehen.
Das ist doch ist das denn die Möglichkeit.
Das sind doch Krücken. Ach du liebe Zeit.
Das gibts doch nicht. Das kann doch gar nicht gehen.

Die treten sich doch selber auf die Zehen.
Die spielen viel zu eng und viel zu breit.
Das sind doch nein das tut mir wirklich leid.
Das sind doch Krüppel. Habt ihr das gesehen?

Na los geh hin! Das hat doch keinen Zweck.
Seht euch das an, der kippt gleich aus den Schuhn.
Ach leck mich fett mit deinem Winterspeck.

Jetzt knickt der auch noch um, na und was nun?
Was soll denn das oh Mann ach geh doch weg.
Das hat mit Fußball wirklich nichts zu tun.

Ja, das hat Klasse, das ist klassisch – doch genug der tradierten und sattsam bekannten Ordnungssysteme, erkunden wir lieber abgelegenere Winkel der poetischen Werkstatt, schauen wir jenen Spezialisten auf die Finger, deren Tun ins wiederholt konstatierte poetische Zwielicht getaucht ist: Sind das noch Handwerker? Schon Künstler? Oder schlicht Spieler?

Wenn Arbeit, Spiel und Kunst etwas miteinander verbindet, dann die Regel: Der eine geht einer geregelten Arbeit nach, der zweite hält sich an die Spielregeln, und der dritte schafft nach allen Regeln der Kunst. Um letztere freilich ist es still geworden. Regelästhetiken, Regelsysteme sowie andere Reglementierungen wurden seit dem Sturm und Drang derart ausdauernd verdammt, daß seither alle Reaktionen derer, die von Zeit zu Zeit auf Regelerhalt pochten, im Ruch des Reaktionären stehen, speziell hier und heute.

Was aber tut jener Dichter, der sich keine Kunst, kein Sprachspiel zumal, ohne Regel vorstellen kann und zugleich nicht als Reaktionär dastehen will? Ihm stehen zwei Auswege offen: Der erste besteht darin, jene tradierten Regeln anzuwenden, die traditionell schwer als Regel auszumachen sind – ein subtiles Spiel mit der Sprache und manchmal auch gegen den begriffsstutzigen Leser.

Da gibt es beispielsweise ein sechszeiliges Gedicht von Stephan Krass, eine Reihung von sechs Hauptwörtern, die zugleich sinnfällig und rätselhaft wirkt:

Postmoderne
Sondertempo

Moderposten
Mopedrosten

Enormpodest
Sermondepot

Was geht da vor? Was liegt da vor? Ein Anagramm, und wenn einer weiß, was das ist, dann der leidenschaftliche Anagrammist Stephan Krass: »Das Anagramm ist ein poetisches Verfahren, bei dem der Buchstabencorpus eines Wortes oder einer Zeile zur Bildung eines neuen Begriffs oder einer neuen Wortreihe verwendet wird, ohne daß ein Buchstabe hinzugefügt oder weggelassen werden darf.«

Die Ursprünge des Anagramms verlieren sich im Dunkel der Orakelsprüche, lese ich bei Alfred Liede, und dank Stephan Krass weiß ich, warum die letzte Stunde des Anagramms nicht so bald schlagen wird: »Das Anagramm ist in erster Linie Form, Verfahren, Technik, dann erst Inhalt, Aussage, Bedeutung. Der Autor bedient eine Form, die ihn als Schöpfer negiert. Er zerlegt, sondiert, stellt um. Nun hängen die Buchstaben an der Wand und wollen mit den Elementen des Bilderreichs spielen.

KUNSTBETRIEB
STRIKTE BUBEN

KUNST FÜR ALLE
KÜNSTLER LAUF

Im täglichen Wechsel deklinieren die Worte ihren Buchstabenbestand, bis ein neuer Begriff das Spiel der Bedeutungen fortsetzt.« Neues Spiel, neues Glück. 1981 erschien im Mitteldeutschen Verlag Halle eine Anthologie junger DDR-Lyrik unter dem Titel »Bestandsaufnahme 2. Debütanten 1976–1980.« Der damals 24jährige Lyriker Uwe Kolbe hatte ein sechsstrophiges Gedicht eingereicht, das mit »Kern meines Romans« überschrieben war, und das der Zensor vermutlich deswegen anstandslos durchgewinkt hatte, weil auch ihm das Ineins von modernistischer Dunkelheit und politischer Harmlosigkeit vertraut, wenn nicht sogar lieb war.

Also dachte er sich auch nichts Böses dabei, als er *das da* las:

Kern meines Romans
1
Elender Untertan Ratloser Einheitlicher
Memme Argwöhner Säufer Schalentier Energieloser
Sachter Insider Nichtsnutz Durchschnittlicher
Eiferer Lügenmaul Einsiedler Nervenkranker Dasitzender.

Es kann der bravste Zensor nicht in Frieden leben, wenn es dem bösen Dichter nicht gefällt –: 1982 mußte nach Auskunft von Uwe Kolbe die noch nicht verkaufte Auflage der Anthologie aus dem Verkehr gezogen und eingestampft werden. Warum?

Weil der böse Uwe Kolbe sich des allerehrwürdigsten, schon bei den Babyloniern bekannten Sprachspiels bedient hatte, um den braven Zensor auflaufen zu lassen, des Akrostichons, das folgendermaßen funktioniert: Beim Akrostichon bilden die Anfangsbuchstaben der Verse – oder der Wörter in einem Vers – zusammen ein Wort oder einen Satz.

Liest man die Anfangsbuchstaben der von Uwe Kolbe in seiner ersten Strophe gereihten Wörter im Zusammenhang, so erhält man den folgenden Satz: »EURE MASSE SIND ELEND«. Dehnt man diese Lesart auf das ganze vierzigzeilige Gedicht aus, dann lautet die zusammenhängende Botschaft: »EURE MASSE SIND ELEND/EUREN FORDERUNGEN GENÜGEN SCHLEIMER/EURE EHEMALS BLUTIGE FAHNE BLÄHT SICH TRÄGE ZUM BAUCH/EUREM HELDENTUM DEN OPFERN WIDME ICH EINEN ORGASMUS/EUCH MÄCHTIGE GREISE ZERFETZE DIE TÄGLICHE REVOLUTION.« Was sie ja denn auch sieben Jahre später getan hat –: Der Akrostichon-Dichter Kolbe als Seismograph.

Anagramm und Akrostichon sind halbwegs bekannte Spielvorgaben – doch was ist ein Lipogramm? Ebenfalls antiken Ursprungs, und es meint Gedichte oder Prosawerke, in denen nach selbstauferlegter Selbstbeschränkung ein bestimmter Buchstabe auf gar keinen Fall vorkommen darf. Ein repräsentatives Lipogramm weiß ich nicht zu nennen – ich könnte höchstens mit der Behauptung dienen, das Umfragen zufolge nach »Wanderers Nachtlied« populärste Gedicht deutscher Zunge, »ottos mops« von Ernst Jandl, sei ein hochgradig verschärftes Lipogramm, da es unter striktem Verzicht auf die Vokale a, e, i und u verfaßt worden ist.

ottos mops

ottos mops trotzt
otto: fort mops fort
ottos mops hopst fort
otto: soso

otto holt koks
otto holt obst
otto horcht
otto: mops mops
otto hofft

ottos mops klopft
otto: komm mops komm
ottos mops kommt
ottos mops kotzt
otto: ogottogott

Lieber freilich nenne ich das Gedicht monovokal – am liebsten sagte ich: monovok*o*l – und gern zitiere ich, was Ernst Jandl am 28. 3. 1993 Walter Höllerer über sein Werk mitgeteilt hat: »Die Bewegung, die im Publikum fast immer eintritt, wenn ich den Titel ›ottos mops‹ ansage, beweist mir, wie dauerhaft selbst ein von mir geschriebenes Gedicht zuweilen sein kann. ›ottos mops‹ ist dreißig Jahre alt und das bekannteste und beliebteste meiner Gedichte. Es ist seit langem in den Schulen, bei Kindern und Jugendlichen eingebürgert, und dient als Modell für das Schreiben eines ersten, vielleicht des einzigen Gedichts. Lehrerinnen und Lehrern sei für ihre Mithilfe gedankt.«

In weiser Zurückhaltung hat sich Jandl analoge monovokale Tier-Mensch-Gedichte auf a-, e-, i- undsoweiter -Basis versagt, das überließ er Kindern und kindlich gebliebenen Erwachsenen wie dem Vortragenden, der es nicht lassen konnte, ottos mops noch Annas Gans, Gudruns Luchs und Gittis Hirsch hinterherzuschicken:

gittis hirsch

gittis hirsch hinkt
hirsch: hilf gitti hilf

gitti nimmt zimt
gitti nimmt zwirn
gitti nimmt filz
gitti nimmt hirn
gitti nimmt milz
gitti nimmt gin
gitti mischt

gitti winkt
gitti: trink hirsch trink

gittis hirsch nippt
gittis hirsch trinkt
gittis hirsch quillt
gittis hirsch sifft

gittis hirsch stinkt
gittis hirsch rinnt
gittis hirsch pißt

hirsch: gift gitti gift
gittis hirsch stirbt
gitti: igittigitt

Zurück zum »O«. Das ist – zumal im Gedicht – nicht nur ein Buchstabe, sondern auch ein Laut. Laute evozieren Klänge: E und I werden als hell und spitz empfunden, O und U als orgelnd und dunkel. Wie organisch, originell und obsessiv mit einem Vokal wie dem O gespielt werden kann, regelrecht gespielt, im Sinne eines ostinaten basso continuo, das führt Heinrich Heines Romanze »Donna Clara« vor – wenn man ihm denn auf die Schliche kommt. In meinem Fall hat es lange gedauert, bis mir das erste Licht aufging, und von da war es noch ein langer Weg zu der mehr zähen denn jähen Erleuchtung, daß Heines Romanze offenkundig ein ehrwürdiges Muster erfüllte, das nach Lage der Dinge einen ebenso eingeführten Namen haben mußte, aber welchen, aber welchen ...?

Beim ersten Lesen hatte ich lediglich zwei ordnende Systeme wahrgenommen, die vierzeilige Strophe und den vierhebigen Trochäus, welcher der Handlung Beine machte:

In dem abendlichen Garten
Wandelt des Alkalden Tochter;
Pauken- und Trommetenjubel
Klingt herunter von dem Schlosse.

Diese Tochter heißt Donna Clara; vielumworben sehnt sie sich nach einem unbekannten Ritter, der ihr erst mittels Lautenmusik und dann in Fleisch und Blut gegenübertritt. Mondschein und Rosen sind Zeugen des Gesprächs, dann der Vereinigung der beiden – die allerdings läßt auf sich warten, denn immer wieder muß der Unbekannte seine Donna von ihren Ausfällen gegen die boshaften, gottverfluchten Juden zurück in Amors Bande locken. Und als es dann soweit ist, ist ihr Glück nicht von Dauer:

Aber Pauken und Trommeten
Schallen plötzlich aus dem Schlosse,
Und erwachend hat sich Clara
Aus des Ritters Arm gezogen.

Da erst fragt die Verliebte nach dem Namen des Ritters und in der letzten, der 22sten Strophe erfährt sie die horrible Wahrheit – davon gleich mehr, zuvor sei noch die Geschichte der O's referiert.

Erst nach wiederholtem Lesen offenbarte mir ein erster Schimmer der Erkenntnis, daß die Suggestion des Mitgeteilten auch dadurch hergestellt wurde, daß das jeweils letzte Wort der letzten Zeile ein betontes O enthielt.

Als ich meine Entdeckung laut deklamierend mitteilen wollte, erhellte ein zweiter Strahl die Machart des Gedichts: Da nämlich begriff ich, daß es sich bei der zweiten Zeile jedweder Strophe ebenso verhielt, daß Heine also die Zeilen zwei und vier nicht wie gewohnt mit Reimwörtern, sondern mittels unauffälligerer, jedoch ebenso wirksamer Wortgleichklänge verklammert hatte: »Tochter – Schlosse«, »Mondes – lockte« und so fortan.

In siebzehn Strophen lauten die Zeilen zwei und vier auf o-e, o-i oder o-a aus, in den restlichen fünf legt Heine noch einen drauf, indem er den Doppellaut an drei Zeilenschlüssen einsetzt. Und noch ist der O's kein Ende. Zählt man die restlichen O's hinzu, so weisen elf der 22 Strophen drei und mehr O's auf, das sechsfache O aber hat sich Heine – ich vermute: in voller Absicht – für die Schlußstrophe aufgespart, in welcher der obenerwähnte Galan sich seinem o so rassestolzen Opfer als okkulter Orientale offenbart:

»Ich, Sennora, Eu'r Geliebter,
Bin der Sohn des vielbelobten,
Großen, schriftgelehrten Rabbi
Israel von Saragossa.«

Und wie nennt man das angewandte poetische Verfahren? Ist es die Resonanz? Die Konsonanz? Oder die Assonanz?
Assonanz? Sind Sie da ganz sicher? Jawohl, die Antwort ist richtig –

tragen Sie Ihren Erkenntnisgewinn getrost nach Hause, und lassen Sie mich noch eine Entschuldigung dafür nachliefern, warum der Groschen bei mir so langsam gefallen war – ich fand sie in Wolfgang Kaysers »Versschule«. Die Assonanz käme aus dem Spanischen, schreibt er, »wo sie in alten Romanzen die Stelle des Endreims vertritt. Die gleiche Assonanz wird [...] nach dem ersten Verspaar in allen geraden Zeilen durch das ganze Gedicht wiederholt, während die ungeraden Zeilen klanglich ungebunden bleiben.«

Erst seit der Zeit der Romantik sei die Assonanz in der deutschen Dichtung als bewußtes Kunstmittel gepflegt worden, aber: »Die Assonanz ist uns als Bindemittel der Verse nicht vertraut geworden. Es liegt weniger daran, daß die deutsche Sprache nicht so leicht assoniert wie die spanische, sondern daran, daß in unseren unbetonten Silben fast immer das tonlose e erscheint, das klanglich nicht wirkt. Vielleicht fehlt es uns auch an Schulung des Gehörs – jedenfalls geschieht es nur zu leicht, daß uns die Assonanzen einfach entwischen.«

Was, behaupte ich, kein Schade ist – zumindest für den Dichter –, da geheime Verführer ihr Ziel oft leichter erreichen. Ziel des Gedichts aber ist Verführung – so wie der Fischer nach bewährten Regeln dem Fisch nachstellt, so der Dichter nach allen Regeln der Kunst dem Leser: Je suggestiver sein Blinker, desto eher kann er damit rechnen, daß da was hängenbleibt – eine seiner Gedichtzeilen beim Leser oder ein ganzer Leser an einem seiner Gedichte.

Ordnungssysteme aber sind Suggestionserzeugungs- und Faszinationssteigerungstechniken, und je mehr der Dichter davon versteht, desto besser für ihn, für seine Gedichte und letztlich auch für seine Leser.

Wer mehr über tradierte Spielregeln der Dichtung erfahren will, der greife zu Wolfgang Kaysers schmaler »Versschule« oder zum pfundschweren, gute hundert Mark teuren Standardwerk von Alfred Liede, dessen Inhalt hält, was der Titel verspricht: »Dichtung als Spiel«.

Soviel zu dem *einen* Ausweg, sich der Regeln zu bedienen, ohne sogleich in den Ruch des Altbackenen oder des Reaktionärs zu geraten. Der andere aber sieht so aus: Anstatt sich überkommenen Regeln zu unterwerfen, und seien sie noch so subtil, ist der Dichter so frei, die jeweilige Regel von Gedicht zu Gedicht selber aufzustellen, oft lediglich einmal und ausschließlich für das eine Gedicht, das er gerade in Arbeit hat.

Im »Lied vom Fleiß« führt Adolf Endler – auch er ein Dichter aus der DDR – exemplarisch vor, wie diese Art Regelerfindung und Regelerfüllung das Gedicht provoziert und produziert:

Er beginnt sein »Lied vom Fleiß« mit folgenden Worten:

Laßt mich allein nun! Endlich laßt michs singen
Das Lied vom Fleiße, das ich singen will.
Einhundert Zeilen will mein Fleiß erzwingen
Und fünfzig Doppelreime. Also still!

Wir schreiben das Jahr 1972. Endler lebt und dichtet im Arbeiter- und Bauernstaat. Doch der Dichter übertrifft all die Helden der Arbeit:

Der ich nicht Wochen-, Monatslohn empfange
Ich übertreffe alle! Freunde, geht,
Ein Hymnus, lang wie eine Bohnenstange
Und spannend wie ein Defa-Film entsteht!

Immer wieder vergewissert sich der Fleißige seiner Fortschritte, zeilenweise ist dieses Fortschreiten auch schon alles, was er zu sagen hat:

Die Zeile einundvierzig ist errungen!
Die Zeile zweiundvierzig liegt schon vor!
Die Zeile dreiundvierzig wird gesungen!
Die Zeile vierundvierzig summt ums Ohr!

Und so fortan. Der Dichtermann Endler hält sein Dichterwort:

Die siebnundneunzig! Stolz verwundert
Seh ich das Lied auf meinem Fleiß gereift.
Hier ist der Gipfel, hier die Zeile hundert:
– »Gebt mir den Strick da, doch gut eingeseift!«

Belassen wir es bei dieser Spielvorgabe Adolf Endlers: In seinem Gedichtband »Der Pudding der Apokalypse« können weitere aufgespürt und bei Bedarf nachgespielt werden: Es sind nicht die schlechtesten Gedichte, die sich einem ganz ungebrochenen »Ich auch, ich auch!« verdanken. Manchmal freilich ermöglicht eine Regel gerade mal ein Gedicht und vice versa, und von solch einem Fall möchte ich aus eigener Erfahrung berichten. Sie beginnt damit, daß der Dichter nichtsahnend – jedenfalls nichts von einer Regel ahnend – im Freien vor einem leeren Blatt sitzt, sich des schönen Morgens freut und diesen Sachverhalt in reichlich dürren Worten mitteilt:

> Da fängt wieder so ein goldener Tag an.
> Wird er auch so golden enden?
> Ich lasse ihn auf mich zukommen.

Drei mäßig metrische Zeilen, denen alles mangelt, was der Dichter vom Gedicht, vom eigenen zumal erwartet, und doch bleibt er dran, da ihm sein Regelinstinkt so ein unbestimmtes »warm, wärmer, noch wärmer« signalisiert, und richtig: In der vierten Zeile wird aus dem »noch wärmer« ein »heiß«, die nämlich lautet:

> Kann ihn sowieso nicht ändern.

Damit sind die Weichen gestellt. Nun empfindet der Dichter die Vorgabe »enden – ändern« als Aufforderung, die Sprache nach weiteren zweisilbigen Verbal-R-Weiterungen abzusuchen: Alben – albern – gibt leider kein Verb alben. Bohnen – bohnern? Gibt auch kein bohnen. Ratten – rattern? Gibt Ratten lediglich als Substantiv. Und so weiter durchs Alphabet, bis der Dichter bei W fündig wird:

> Mit dem Wetter ist kein Bund zu schließen.
> Darauf, daß es schön bleibt, sollte man nicht wetten.
> Lob und Tadel kratzen es nicht groß.
> Warum also dagegen wettern?

Eins, zwei, viele –: um eine gewisse Fülle vorzutäuschen, muß ein drittes Paar her, und die großmütige Sprache stellt nach erneutem Suchlauf auch das bereit:

Schlechtes Wetter geduldig wegstecken.
An gutem sich stillvergnügt laben.
Aus allen Wettern das Beste machen.
Und nie über das Wetter labern.

»Wetterlehrgedicht« überschreibt der Dichter sein Werk, und: »Kein verlorener Morgen!«, denkt er bei sich – lassen wir ihn in diesem Glauben und kehren wir ein letztes Mal zum bestgenutzten Abend der deutschen Dichtung und zu seinem Ergebnis zurück, zu »Wanderers Nachtlied« und einer weiteren, der sicherlich wichtigsten Ordnung dieses Gedichts.

Reim und Strophe teilt es mit Hunderttausenden von Gedichten, sehr eigen aber ist die bündige Art, mit welcher Goethe den Abend auf dem Kickelhahn vor Augen führt. Folgerichtig zoomt er vom Fernsten zum Nächsten, von den Gipfeln zu den Wipfeln, von der schweigenden Kreatur zum noch selbstgesprächigen Menschen, von dem, was schon ist, zu dem, was bald sein wird. Eine Bewegung, die Goethe wie erinnerlich noch dadurch verstärkt hat, daß er die dreisilbigen, räumlich nicht so recht zu ortenden »Gefilde« der ersten Fassung durch die eindeutig weitentfernten »Gipfel« ersetzte.

Ersetzte *und* verbesserte – was ja dem Dichter bei eigenen Produkten unbenommen bleibt. Aber darf er auch die Gedichte anderer verbessern? Wäre das nicht bereits als »vergreifen« zu tadeln? Ein heikles Kapitel, ein weites Feld! Werfen wir dennoch einen sehr raschen Blick in den abgeteilten, mit »Änderungsdichterei« beschrifteten Raum, in welchem sich zur Zeit zwei Wortwerker über Papiere beugen.

Den ersten erkennen wir unschwer: Jawohl, es ist erneut Johann Wolfgang Goethe, der ein Gedicht von Friederike Brun in Händen hält. Es heißt »Ich denke dein«, ist 1795 erstmals im ›Vossischen Musenalmanach‹ veröffentlicht und sogleich von Goethes Lieblingskomponist Zelter vertont worden. Diese Vertonung – so belehrt mich die ›Hamburger Goetheausgabe‹ – habe Goethe tief beeindruckt, nicht jedoch das Gedicht der damals bekannten und beliebten Dichterin Friederike Brun: »Ihm schien der Einsatz ›Ich denke dein‹, das Thema und der Wechsel langer und kurzer Verse voll reicher Möglichkeiten, diese aber von der sentimental-schwächlichen Dichterin nicht ausgenutzt. Diese Anregung

wurde in ihm produktiv und ergab ein eigenes Lied zu Zelters Singweise.«
Hat sich Goethe nun an den Versen der Frau Brun vergriffen? Hat er sie verbessert? Die Dichterin beginnt mit den Worten:

Ich denke dein, wenn sich im Blütenregen
Der Frühling malt.
Und wenn des Sommers mildgereifter Segen
In Ähren strahlt.

Frühling und Sommer also machen den Auftakt – nun könnten die Jahreszeiten Herbst und Winter folgen, stattdessen zieht es die etwas flatterhafte Dichterin unvermittelt ans Meer, ans Weltmeer gar:

Ich denke dein, wenn sich das Weltmeer tönend
Gen Himmel hebt
Und vor der Wogen Wut das Ufer stöhnend
Zurücke bebt.

Ein geographischer Paukenschlag, der – wenn schon, denn schon – durch die Steigerung Vulkan, Gebirge, Ewiges Eis hätte fortgesetzt werden können, doch der Dichterin ist urplötzlich nach häuslicher Beschaulichkeit zumute:

Ich denke dein, wenn sich der Abend rötend
Im Hain verliert
Und Philomelens Klage leise flötend
Die Seele rührt.

Von den Jahreszeiten zur Meeresküste, von der Meeresküste zur Tageszeit – und in den beiden letzten Strophen geht es ebenso unordentlich weiter, da springt die Dichterin erst in die Vergangenheit, dann in die Zukunft –: Herr Goethe, übernehmen Sie!

Goethe übernimmt zweierlei: Den Beginn und den Verswechsel. Er überschreibt sein Gedicht »Nähe des Geliebten«, und er beginnt mit den Worten:

Ich denke dein, wenn mir der Sonne Schimmer
Vom Meere strahlt;
Ich denke dein, wenn sich des Mondes Flimmer
In Quellen malt.

Der Dichter steigt also mit zwei Tageszeiten ein – wann und wo wird er seine Liebende noch des Geliebten denken lassen? Gar nicht, jedenfalls nicht »denken«. In der zweiten Strophe nämlich stiftet Goethe eine andere, von nun an verbindliche Ordnung:

Ich sehe dich, wenn auf dem fernen Wege
Der Staub sich hebt;
In tiefer Nacht, wenn auf dem schmalen Wege
Der Wandrer bebt.

Vorstellungskraft und Sehsinn sind in Worte gefaßt, folgerichtig hebt die dritte Strophe mit »Ich höre dich« an, während die vierte und letzte die Summe zieht:

Ich bin bei dir und seist du noch so ferne,
Du bist mir nah!

– ein Sein und Bei-ihm-Sein, das naturgemäß die bereits genannten Verstandes- und Sinnestätigkeiten umfaßt und mehr: Vom Herz war ja noch gar nicht explizit die Rede.

Soviel zum Änderungs- und, sagen wir es laut: Verbesserungsdichter Goethe, werfen wir nun noch einen Blick auf den anderen Werkstattbenutzer.

Auch er ist kein Unbekannter, jedenfalls nicht hier und jetzt – er steht vor Ihnen und sollte am besten selber über sein Tun Auskunft geben – bitte Herr Gernhardt!

Dankeschön. Es mag zwei Jahre her gewesen sein, da stieß ich in einer obskuren Anthologie auf ein Gedicht von Friedrich Schlegel, das mich zunächst entzückte, dann enttäuschte. Der Dichter nannte es »Die Gebüsche«, und er beginnt mit den Worten:

> Es wehet kühl und leise
> Die Luft durch dunkle Auen,
> Und nur der Himmel lächelt
> Aus tausend hellen Augen.

Auen – Augen –: Wenn das nicht ein glücklicher Fund war, auf welchen sich eine sehr eigene Regel gründen ließ! Was den Dichter Schlegel freilich nicht anficht, folgendermaßen weiter zu dichten:

> Es regt nur Eine Seele
> Sich in der Meere Brausen,
> Und in den leisen Worten,
> Die durch die Blätter rauschen.
> So tönt in Welle Welle,
> Wo Geister heimlich trauren;
> So folgen Worte Worten,
> Wo Geister Leben hauchen.
> Durch alle Töne tönet
> Im bunten Erdentraume
> Ein leiser Ton gezogen,
> Für den, der heimlich lauschet.

Doch so sehr der auch lauschet – mehr als schlichte Assonanzen bekommt er nicht zu hören. Was so vielversprechend mit »Auen – Augen« begann, wird überraschungsfrei mit »Brausen – rauschen, trauren – hauchen, Träume – lauschet« weitergeführt, womit Friedrich Schlegel weit unter dem Suggestionspotential seines Beginns bleibt, und das rächt sich. Denn in solchen Fällen verwandelt sich der beliebte Vortragende in den gefürchteten »Lyrikwart«, nimmt sich des Gedichts an und versucht, dessen verpaßten Chancen in einem zweiten Anlauf zu ihrem Recht zu verhelfen. Im Falle der »Gebüsche« hört sich das so an:

Die Geräusche
Nach Friedrich Schlegel »Die Gebüsche«

Es wehet kühl und leise
die Luft durch dunkle Auen,
und nur der Himmel lächelt
aus tausend hellen Augen.
Da hebt wohl manche Seele
verwundert ihre Brauen:
Woher tönt durch die Stille
dies unbestimmte Brausen?
Das rührt von harten Herzen,
die Schönheit lässt sie tauen.
Wes Herz nicht daran teilnimmt,
wird nicht zur Liebe taugen.
Durch alles Leben tönet
von Anbeginn ein Grauen.
Was nicht in Nacht geschmolzen,
packt eines Tags das Grausen.

Auen − Augen, Brauen − Brausen, tauen − taugen, Grauen − Grausen − wer Ohren hat zu hören, der hört: Da sind Assonanz, Reim *und* Wortwandel zur Deckung gebracht worden; mit der Überschrift »Die Geräusche« versehen, verläßt das Werk die Änderungsdichterei und ist ab jetzt − ja, was eigentlich? Nennen wir es: eine Friedrich-Schlegel-Paraphrase.

Ich biege in die Schlußgerade ein und möchte die verbleibende Zeit für eine persönliche Anmerkung nutzen: Wie man in den Wald ruft, so schallts heraus, sagt ein Sprichwort, das ich nicht bestätigen kann. Seit Jahren veröffentliche ich Gedichtbände, und alle Jahre wieder vermerken die meisten Kritiken, meine Gedichte seien durchweg gereimt. Ein Sachverhalt, der mal lobend konstatiert wird − »altmeisterliche Reimkunst« − mal tadelnd »traditionelle Reimereien« −, der jedoch von Gedichtband zu Gedichtband weniger zutraf, am wenigsten beim letzten, »Lichte Gedichte«, der zur Hälfte reimlose Gebilde enthält.

Reimlose, jedoch nicht ungereimte − wenn wir unter »ungereimt«

ganz einfach »ungestaltet« bzw. »unzusammenhängend« bzw. »ungeordnet« verstehen. Was ich von einem guten Gedicht erwarte, habe ich in dem Vierzeiler »Wie ein gutes Gedicht beschaffen sein sollte« zusammengefaßt:

> Gut gefühlt
> Gut gefügt
> Gut gedacht
> Gut gemacht.

Fügen und machen – da sind wir wieder beim Handwerk des Dichtens, was – ich hoffe, daß das einigermaßen deutlich geworden ist – nichts mit verstaubten Regelsystemen und normativer Ästhetik zu tun hat, sondern die Voraussetzung dafür darstellt, jedem Gefühl und jedem Gedanken sprachlich gewachsen zu sein und aus jedem Einfall das Beste zu machen.

Der Dichter, behaupte ich, profitiert von der Regel – doch was, so mag die eine Leserin oder der andere Leser nun fragen, habe ich eigentlich davon? Die Antwort liegt auf der Hand: Regelmäßige Gebilde lassen sich überprüfen. Das freut den Erwachsenen, der ungern für dumm verkauft wird, und ist in manchen Fällen kinderleicht: *Ein* falscher Vokal in »ottos mops« – »ottos mops brummt« –, und selbst Klein Fritzchen kann dem Onkel Ernst die Rote Karte zeigen.

Ein Verweis, der den meisten Dichtern unserer Tage nicht passieren könnte. Mit dem Reim haben sie – in aller Regel – auch alle anderen Regelsysteme über Bord geworfen – Metrum, Rhythmus, Strophe, oft auch Rechtschreibung, Zeichensetzung und Syntax –, ohne ihrerseits neue, erkennbar eigene Regeln an Land zu ziehen. Ein Großteil der Gedichte in der bereits erwähnten 90er-Jahre-Anthologie »Das verlorene Alphabet« gleicht denn auch bereits im Schriftbild lyrischen Dauerwürsten, deren Beurteilung weitgehend Geschmackssache ist: Sagt mir was – sagt mir nicht soviel – sagt mir nix.

Um so überraschender, wenn Durs Grünbein, einer der in dieser Anthologie vertretenen Dichter, bereits in der Überschrift seines Gedichts »Biologischer Walzer« seine Regel offenbart und offensichtlich auch bestrebt ist, den versprochenen Dreivierteltakt durchgehend zu erfüllen:

Zwischen Kapstadt und Grönland liegt dieser Wald
Aus Begierden, Begierden die niemand kennt.
Wenn es stimmt, daß wir schwierige Tiere sind
Sind wir schwierige Tiere weil nichts mehr stimmt.

Auch in der zweiten Strophe geht es weiter im Takt, aber dann, in der zweiten Zeile der dritten Strophe, unterläuft dem Dichter eine Regelwidrigkeit:

Offen bleibt, was ein Ohr im Laborglas sucht,
Eine fleischliche Brosche, gelb in Formaldehyd.

– eine holprige Zeile, jedoch nicht mehr als ein läßlicher Ausrutscher: Ließe man das ohnehin überflüssige »gelb« weg, wäre alles wieder im Takt:

Eine fleischliche Brosche in Formaldehyd.

Abgesehen von dieser Petitesse ist mir der biologische Walzer ein durchaus liebes Gedicht, zumal es zwei jener raren Zeilen enthält, die das Zeug zu Hammer-Zeilen haben, bei mir zumindest haben sie sich bereits eingehämmert:

Wenn es stimmt, daß wir schwierige Tiere sind
Sind wir schwierige Tiere weil nichts mehr stimmt.

Und ein weiterer, ein letzter versöhnlicher Nachklapp sei mir gestattet: Wenn auch die deutschen Dichterinnen und Dichter sich immer weniger um Regeln scheren, manche von ihnen haben wenigstens schön regelmäßige Namen. Jedenfalls ist es mir gelungen, diesen Dichternamen eine, wenn auch mäßige Regel zu entreißen.
Alles begann, als ich im Mai des Jahres 1986 durch Rom schlenderte und mich der folgende Geistesblitz heimsuchte:

Stille Nacht, heilige Nacht,
alles wacht, Einar Schleef.

Hat was, dachte ich unbeirrt weiterschlendernd, aber was? Nun – der Einfall erwies sich als der Keim eines ganzen Gedichts, das bis auf den heutigen Tag noch nicht vollendet ist, da fortwährend angebaut werden kann, jedenfalls solange noch deutsche Dichterinnen und Dichter mit zweisilbigen Vornamen und einsilbigen sprechenden Nachnamen ausfindig gemacht werden oder nachwachsen. Aber genug der Präliminarien! Hören Sie bitte selbst und denken Sie bitte mit – Sie haben dann ganz einfach mehr vom Mithören:

Nacht der deutschen Dichter
Thema mit Variationen

THEMA

Stille Nacht, heilige Nacht,
alles wacht,
Einar Schleef.

VARIATIONEN

Stille Nacht, strahlende Nacht,
alles trinkt,
Sarah Kirsch.

Stille Nacht, schwelgende Nacht,
alles ißt,
Ulla Hahn.

Stille Nacht, schwankende Nacht,
alles raucht,
Günter Grass.

Stille Nacht, lockende Nacht,
alles küßt,
Erich Loest.

Stille Nacht, bildende Nacht,
alles liest,
Hermann Kant.

Stille Nacht, endende Nacht,
alles geht,
Stefan Heym.

Das wars für heute.

LEBEN IM LABOR

Liebe Zuhörerinnen und Zuhörer,

bevor ich zum Eigentlichen komme, möchte ich von einer merkwürdigen Koinzidenz berichten: Am Ende meiner letzten Vorlesung habe ich Peter Rühmkorf erwähnt und seine Klage darüber, daß ein jahrtausendealter Zusammenhang gerissen sei: Das Gedicht tauge nicht mehr als Gesellungsmedium. Letzten Samstag nun verkündete der Dichter das Ende der Gattung Lyrik – in einem Gedicht natürlich:

Voll im Trend: Land's End

Gedichte, die den Lesenden enteilen,
flink wie bei ntv die Durchlaufzeilen,
a d e ! – a d e !
So en passant erledigt sich das Ende einer Gattung,
fragt sich nur, Feuer- oder Erdbestattung –
Ich bin für See- ...

Die Lyrik also wird im Meer bestattet – und das ist ausgerechnet *der* Ort, an welchem *der* Lyriker gerne läge, der der hiesigen Universität und meiner Professur den Namen gegeben hat. Das nämlich fiel mir ins Auge, als ich auf der Fahrt nach Düsseldorf im kleinen Heine-Vademecum der Universität las.

Das Meer erstrahlt im Sonnenschein,
Als ob es golden wär.
Ihr Brüder, wenn ich sterbe,
Versenkt mich in das Meer.

Hab immer das Meer so lieb gehabt,
Es hat mit sanfter Flut

So oft mein Herz gekühlet;
Wir waren einander gut.

Sie waren einander gut: Heine und das Meer, und sie sind einander gut, Rühmkorf und Heine sowie Rühmkorf und die Lyrik –: Ich meine: Noch sind sie nicht tot und vorbei, weder Heine, noch Rühmkorf noch die Gattung – allein die Tatsache, daß trotz Schneetreibens wieder so viele Lyrikfreunde den Weg hierher gefunden haben, läßt mich hoffen.

So. Und nun weiter in der Vorlesungsreihe:
Von einem Mißverhältnis, ja einem Mißstand soll hier die Rede sein, von der Tatsache, daß es einerseits immer noch Dichter gibt, welche Gedichte nach allen Regeln der Kunst zu verfassen suchen, während sich andererseits immer weniger Menschen finden, die solche Gebilde so zu lesen verstehen, wie sie gelesen werden sollten.

Das sind Behauptungen, die belegt werden wollen; der Einfachheit halber beschränke ich mich auf *meine* Gedichte und auf *meine* Erfahrungen mit einigen *meiner* Leser.

Dabei sei nicht verschwiegen, daß ich mit meinen Sorgen und Erlebnissen nicht ganz alleine dastehe. Im März des Jahres 2002 bereits hat Harald Hartung, Professor für Literaturwissenschaft und Poet dazu, Bericht erstattet: »Über einige Erfahrungen im Schreiben von Lyrik«.

So die Unterzeile seines Essays in der ›Frankfurter Allgemeinen Zeitung‹, dem das Blatt die folgende Titelzeile vorangestellt hatte: »Der Türke im Automaten oder Die verborgene Regel«.

Auch Hartung bemüht zu Beginn einen prominenten Kollegen und Gewährsmann. Er zitiert Gottfried Benns »zentralen Satz« aus dessen Marburger Rede über »Probleme der Lyrik«. Der Satz lautet: »Das neue Gedicht, die Lyrik, ist ein Kunstprodukt.«

Das habe sich in den letzten fünfzig Jahren nicht geändert, schreibt Hartung und folgert: »Wir bleiben also bei der Lyrik und beim Lyriker; denn sonst müßten wir uns Dichter nennen.« Das aber sei »ein Ehrentitel, der neuerdings wieder leichthin vergeben wird«, weshalb es Hartung lieber mit der Gewährsfrau und Dichterin Hilde Domin hält, die »den Lyriker in die solide Nähe der Chemiker, Physiker, Mathematiker rückt«.

Analog zum Mathematiker, der Mathematik betreibt, müßte der Lyriker demnach Lyrik betreiben, doch so weit geht Hartung denn doch nicht: Auch sein Lyriker »dichtet«. Der »Dichter« aber läßt sich unschwer in die ehrbare Nähe von Richter, Schlichter und Sichter rücken, weshalb dieser Begriff in meinen Überlegungen keinen Titel, sondern eine Berufsbezeichnung meint: Dichter ist, wer Gedichte schreibt.

Soviel Fraglosigkeit muß sein, da das Tun des Dichters fragwürdig genug ist. Der Einfachheit halber zitiere ich einige der Fragen und Repliken Harald Hartungs, bevor ich mich an eigenen Antworten versuche: »Woher kommen Gedichte, und kann man Gedichte planen? Was ist ihr Stoff? Kommen sie aus der Sprache oder aus der Welt? Geht die Form dem Gehalt voraus oder umgekehrt? Wann arbeitet man mit freien, wann mit vorgegebenen Formen? Kann man heute noch reimen?«

Hartung macht sich die Antworten nicht leicht. Häufig ziehen seine Fragen weitere Fragen nach sich, die letzte seiner Eingangsfragen aber, die nach dem Reim, beantwortet er klipp und klar: Der Schluß liegt »nahe, daß die ernsten Töne ohne das Reimspiel auskommen müssen«.

Ein Befund, dem ich energisch werde widersprechen müssen, doch zuvor soll noch einmal Hartung das Wort und die Möglichkeit haben, einen weiteren Gewährsdichter zu zitieren. Ernste Gedichte oder solche, die ernstgenommen werden wollen, müssen auf den Reim verzichten, sagt Hartung und fragt: »Aber kommen sie ohne Versmaß aus? Verstheorie gilt als besonders unmusisch; dabei hat sie es gerade mit der Musik der Verse zu tun. Was aber kann an die Stelle des Reims und der abgemessenen Metren treten? […] Seit vierzig, fünfzig Jahren dominiert bei uns der freie Vers, der seine rhythmische Figur Zeile für Zeile neu findet, manchmal aber nur zu Zeilen abgeteilte Prosa ist, Flattersatz, wie der Drucker sagt.«

Diesem freien Vers alias Freivers alias vers libre sei eine Geschmeidigkeit eigen, die der Willkür Vorschub leiste, merkt Hartung an. Die Form an sich biete keinen Widerstand – welcher Ausweg bleibt da einem Verfasser von Gedichten, der sich Rilkes stolzem Dictum verpflichtet fühlt »Er war ein Dichter und haßte das Ungefähre«?

Hartung hat die Lösung bei Paul Valéry gefunden. Er zitiert aus dessen »Cahiers«: »Die äußerste Verschwisterung der Form mit dem Inhalt wird am besten verwirklicht, indem der Form Bedingungen auferlegt werden, willkürliche, präzise, von außen kommende – jedoch verborgen –, denen

sich dann der Inhalt beugen muß – so wie ein Körper in einem Kraftfeld oder in einem gekrümmten Raum.«
Das sind Zeilen, die Hartung mit eingeschränkt heftiger Zustimmung liest:
»Was mich sensationiert, ist nicht der Preis der Regeln und ihrer zeugenden Willkür, sondern die Parenthese im eben zitierten Satz, das ›jedoch verborgen‹. Regeln ja – aber verborgene! Regeln, die auch der geübte Leser nicht sofort erkennt [...]. Solche Regeln [...] sind auch dann wirksam, wenn der Leser sie nicht bemerkt.«
Hartungs Wort in Apolls Ohr – meine Erfahrungen legen einen anderen Schluß nahe. Mit Hartungs abschließender Überlegung aber stimme ich weitgehend überein: »Je rigider die verborgene Regel, um so größer des Autors Hoffnung, daß sie den poetischen Geist freisetzt.«
Ein triftiger Gedanke, der unter heutigen Dichtern nicht allzu populär sein dürfte. Wer sich in »Das verlorene Alphabet« vertieft, eine Anthologie von Gedichten der 90er Jahre, der wird selten auf erkennbare oder erkennbar verborgene Regeln stoßen. Reim, Metrum, Strophe sind so gut wie ganz und gar einem Freivers gewichen, der keine formalen Rätsel aufgibt. Dafür sind die Mitteilungen häufig um so rätselhafter – oder sollte ich sagen: verrätselter? –, kreisen die Inhalte oft um ein Mysterium – oder sind sie schlicht mysteriös? –, äußern sich die Dichter äußerst geheimnisvoll – oder müßte es heißen: geheimnistuerisch?

pocken, pessoa, ein kratzen, auf
weißgewesnem marmor-kleinpflaster
geschlängel des auges, koksschwarz
der verse juckende haut, auf schiffen
geschleppt, von indien, macao, wochen

– so liest sich der Beginn eines wahllos herausgegriffenen Gedichts der 90er Jahre, ein von Michael Speier verfaßtes Poem, dem auch der Laie das Prädikat »modern« nicht verweigern wird. Der Fachmann aber wundert sich darüber, daß das »moderne« Gedicht seit rund fünfzig Jahren im Fahrwasser von Formarmut bis Formlosigkeit dahintreibt. Hat er doch aus Hugo Friedrichs Standardwerk »Die Struktur der modernen

Lyrik« gelernt, als Ahnherrn aller neuen Lyrik Charles Baudelaire anzusehen, einen Dichter also, der die Regel nicht nur befolgte, sondern rückhaltlos feierte: »Ganz offensichtlich sind metrische Gesetze keine willkürlich erfundenen Tyranneien. Sie sind Regeln, die vom Organismus selber gefordert werden. Niemals haben sie der Originalität verwehrt, sich zu verwirklichen. Das Gegenteil ist unendlich viel richtiger: daß sie immer der Originalität zur Reife verholfen haben.«
Ein »immer«, das nimmer gilt. Der poetische Zeitgeist rebelliert gegen die Regel, mag sie einstmals noch so sehr vom Organismus des Geistes gefordert worden sein, und das hat Folgen nicht nur für die Produktion, sondern auch für die Rezeption von Gedichten.

In dem Maße, in dem Liebhaber von Lyrik und bestallte Leser, vulgo Kritiker, sich daran gewöhnten, daß die moderne Lyrik formal in der Regel wenig Rätsel aufgab, übten sie sich darin, das im freien Vers ausgebreitete, oft collagierte, nicht selten Spezialbehandlungen unterworfene Sprachmaterial Zeile für Zeile daraufhin abzuklopfen, was uns der Dichter damit nun schon wieder sagen wollte. Je hermetischer, ungewohnter, der Alltagssprache entrückter die Metaphern, Bilder und Worte des Poems, desto mehr gab es zu deuten und desto gewisser konnte der Deutende sein, es mit einem wirklich modernen Gedicht zu tun zu haben.

Das aber, wir erinnern uns an Gottfried Benns Schlüsselsatz, ist »ein Kunstprodukt«. Eine Feststellung, die die Gegenfrage provoziert, was denn das traditionelle bzw. das alte Gedicht gewesen sei. Etwa ein Naturprodukt?

Es hat ganz den Anschein. Als Benn 1952 in Marburg vom »neuen Gedicht« sprach, zählte das bereits rund vierzig Lenze: Benn meinte damit die Lyrik seiner Generation. 1912 hatte er seinen ersten Gedichtband »Morgue« veröffentlicht, der mit einigen Gedichten einsetzt, die in Inhalt und Form all das aufkündigten, was ein Freund der Poesie von Gedichten bis dato erwarten durfte: In reimlosen Zeilen, linksbündig, rechts flatternd wird von Begebenheiten berichtet, wie sie unpoetischer kaum denkbar sind. Das Gedicht »Kleine Aster« beispielsweise beginnt mit der Zeile »Ein ersoffener Bierkutscher wurde auf den Tisch gestemmt«.

Das ist von einer kalkulierten Kunstlosigkeit, die naturgemäß jedweder Naivität entbehrt, und jeder Leser weiß, daß Gottfried Benn dazu imstande war, in den Folgejahren ganz andere, kunstvoll aus disparatestem Sprachmaterial aufgeladene Zeilen und Gedichte zu schreiben, berauschende, vom Wallungswert der Worte hochprozentig gesättigte Cocktails:

Lockerungen. Es vollzieht sich
Freigebärung. Lose leuchtend
Tiere, Felsen, Hell-Entzwecktes:
Veilchenstreifen, laue Schädel,
wiesenblütig.

Das sind Zeilen aus dem Gedicht »Kretische Vase«, in das Benn zum krönenden Abschluß auch einen Schuß Gereimtes mischt:

Welle gegen Starr und Stirn,
Glüher tiefer Bacchanale
gegen die Vernichtungsmale:
Aufwuchs und Bewußtseinshirn

– Benn wußte noch vom Reim, auch wenn er ihm wenig mehr abverlangte bzw. abtrotzte als die meist kreuzgereimte vierzeilige Strophe, bevorzugt daktylisch gefüllt. Für Hartung ist er »der Letzte, der, um den Preis von Sentiment und Sentimentalität, den Reim als Form von Ernst, ja Pathos eingesetzt hat« –: Jemand wie Benn, der immerhin eine der Suggestionstechniken des »alten« Gedichts in modester Form für das »moderne« Gedicht nutzte, einem solchen Dichter, sage ich, hätte eigentlich bewußt sein müssen, daß sich altes und neues Gedicht in einem Punkt in nichts nachstanden: in ihrer Eigenschaft als Kunstprodukt.

Es gibt sogar gute Gründe, die deutsche Dichtung des 19. Jahrhunderts für die kunstvollste und der Kunst bewußteste sämtlicher Saecula zu halten. So voll von Kunstformen aller Zeiten und Regionen war der deutsche Sprachraum noch nie zuvor gewesen, noch nie hatten deutsche Dichter von so vielen Schläuchen gewußt, den Wein der Poesie abzufüllen. Wer damals dichtete, kannte und nutzte im Bedarfsfall antike Versmaße und Odenformen ebenso wie deutschen Knittelvers und Volksliedstrophe, er konnte sich je nach Bedarf und Anlaß des italienischen Sonetts oder der spanischen Assonanz bedienen, er wußte von Terzine,

Stanze und Villanelle ebenso wie von der schottischen Balladenstrophe und der persischen Ghasele – alles kunstvolle Vorgaben, welche naturgemäß die Tücken aller Ästhetik bargen: Beherrschung überpersönlicher Formen konnte in unpersönliche Glätte umschlagen, Gekonntheit in Gekünsteltheit.

Ganz zu schweigen vom formalen Versagen und von der Crux, an der Regel gemessen und von ihr gefressen zu werden – Gefahren, die dem Freivers-Dichter so wenig drohen, wie es einem abstrakten Maler passieren könnte, der Verzeichnung einer seiner Figuren geziehen zu werden.

Wie die abstrakte Malerei brauchte auch die reimlose und metrenfreie Lyrik – vom Jahrhundertbeginn an gerechnet – rund fünfzig Jahre, um sich als poetische lingua franca zu etablieren. Zugleich veränderte sich der Blick auf die Dichtung.

Kunstformen wie Reim, Metrum und Strophe signalisierten nicht mehr, wie in den Jahrhunderten zuvor, eine sich stets erneuernde Herausforderung an den Dichter, eigene Kunstfertigkeit dadurch zu beweisen, daß er überkommene Muster meisterhaft erfüllte oder ingeniös weiterentwickelte bzw. durch neue Inhalte auffrischte, sie wirkten je nach Blickwinkel als überwundene Fessel oder als liebenswertes, jedoch abgetanes Überbleibsel. Sogar die Anmutung, man habe es bei »alter« Dichtung noch mit naturbelassenem Gesang zu tun, konnte sich in dem Maße verbreiten, in dem poetologische Kenntnisse nicht mehr gelehrt wurden oder gefragt waren. So, wie den unbefangenen Besucher – beispielsweise – Melsungens angesichts der Fachwerkbauten das Gefühl einer organisch gewachsenen Architektur überkommen kann, so mag ein unverbildeter Leser der Gedichte von – zum Beispiel – Eichendorff den Eindruck gewinnen, der singe, wie der Vogel singt: Als ob nicht der Bau eines Fachwerkhauses höchstentwickelten technischen Sachverstand voraussetzte und als ob Eichendorff nicht all seinen Kunstverstand hätte aufbieten müssen, um seinen Versen den Anschein volksliedhafter Natürlichkeit zu verleihen, wobei das sogenannte Volkslied selbstredend nicht als »natürlich« bezeichnet werden darf, da es sich um abgesunkenes Kulturgut handelt.

Wie immer: In einem sind sich Verächter und Verklärer der tradierten poetischen Ordnungssysteme einig, darin, daß all diese Regeln ihre Zeit gehabt haben und für das Gedicht unserer Zeit, für das »Kunstprodukt«

also, nichts mehr hergeben, es sei denn, man nutzt sie mit ironischem Vorzeichen zu Zwecken der Belustigung. Und das sind, wie ich überzeugend darzulegen hoffe, alles Irrmeinungen.

Beginnen wir mit der Prüfung dessen, was der Reim noch so alles zu leisten imstande ist.

Hartung war, wie wir uns erinnern, zum Schluß gekommen, daß Reimspiel und Gedichternst einander ausschlössen. Als Beweis führt er ein Sonett aus eigener Feder an, von dem er sagt, es betreibe die ironische Reduktion auch in der Verkürzung seiner Zeilen: »Das Sonett wird zum ironischen Lied.«

Dieses sonetthafte Lied ist »Satura« überschrieben und beginnt mit den dreihebigen Zeilen – das normale Sonett ist fünf- oder sechshebig –

Der Puls ist noch palbabel
das Hirn noch sporogen
Doch zwischen Kalb und Kabel
will uns kein Gott entstehn

Das kommt zweifellos munter daher, und richtig witzig wird es, wenn Hartung die Terzette mit den Worten einleitet »Vom Ein- zum Appenzeller/das war wohl der Moment/als würde alles heller« – dennoch will mir partout nicht einleuchten, es sei der Reim, der diesem Unernst Vorschub leistet oder ihn gar hervorruft. Fragwürdige alliterierende Antithesen wie »Kalb und Kabel« belustigen, die Entwicklungslinie vom »Ein- zum Appenzeller« erheitert, doch das täten sie auch in ungereimten Textzusammenhängen.

Der Reim ist eine Regel, die per se weder pathetisch noch witzig ist; was er bewirkt, hängt ganz und gar von der Mitteilung ab, die er in geregelte Bahnen zu lenken hat. Selbst der Pathetiker Benn verstand es, seiner Reimleier durchaus unterschiedliche Töne zu entlocken:

Ich trete in die dunkelblaue Stunde –
da ist der Flur, die Kette schließt sich zu
und nun im Raum ein Rot auf einem Munde
und eine Schale später Rosen – Du!

Das ist der Benn, wie wir ihn kennen und durchaus nicht immer lieben, auch wenn wir zugeben müssen, daß er sich was traut, der Sprache vertraut und uns etwas zumutet: Lauter Reimwörter auf »u« lullen uns scheinbar unwiderstehlich ein.

Doch ebenso wie der Reim kann dieser Vokal ganz anderen Zwecken dienstbar gemacht werden, auch unerwartet ulkigen, und Benn scheut nicht davor zurück, das zu tun. Ich jedenfalls mußte sehr lachen, als mir bei der Lektüre des Gedichts »Prolog« die folgenden vier Zeilen zu Gesicht kamen, Teil einer wüsten Collage aus Freivers, Vers und gereimter U-Massierung:

Wo ist das große Nichts der Tiere?
Giraffe, halkyonisch, Känguruh,
du, du bist in Arkadien geboren,
mein Beutelhase, grunz mir zu!

Der Reim hat ein Doppelgesicht, bestimmte Reimtechniken jedoch sind eindeutig auf komische Wirkungen aus, wenn auch nicht immer zum Lachen.

Die bekannteste dieser Techniken ist der Schüttelreim, und ihm widerfuhr, was Hartung dem Reim in toto nachsagt: Hatte Konrad von Würzburg ihn Ende des 13. Jahrhunderts allen Ernstes in geistlicher Dichtung einsetzen können, so signalisiert der Schüttelreim seit dem 19. Jahrhundert derart geballten Unernst, daß ich mich in den 70er Jahren an einer Parodie dieser noch von Sigmund Freud als witzig gerühmten, in der Folgezeit jedoch immer weiter ausgelaugten Komikerzeugungsmethode versuchte: Ich schrieb den Vierzeiler »Ein Schüttelreim mit Fußnoten.«

»Ich will Gerlinde Stanken frein!«
(Fußnote zu Stanken: »die Tochter Ludwig Stankens«)
rief wütend Graf von Frankenstein.
»Darum brauch ich den Krankenschein,
sonst reiß ich alle Schrankenk ein!«
(Fußnote zu Schrankenk: »volkstüml. für Schranken«)

Laut Alfred Liede, dem hochgelahrten Verfasser von »Dichtung als Spiel. Studien zur Unsinnspoesie an den Grenzen der Sprache«, kennzeichnet den Schüttelreim, daß er »meist bloß die Anfangsbuchstaben eines erweiterten oder verdoppelten Reims vertauscht (Sonne winkt – Wonne sinkt).«

Verwandt mit solch einem erweiterten Reim sind, was die Wirkung betrifft, Doppelreim und vokalischer Halbreim:

Als ihm graute, schuf er einen Fetisch,
als er litt, entstand die Pietà,
als er spielte, malte er den Teetisch,
doch es war kein Tee zum Trinken da.

Auch Benn verschmähte solche Reimspiele nicht. Ob er sich wohl der unfreiwilligen Komik des Doppelreims bewußt war? Heinrich Heine jedenfalls wußte, was er tat, als er gut hundert Jahre vor Benn »ästhetisch« auf »Teetisch« reimte, und als ich rund dreißig Jahre nach Benns Gedicht »Wirklichkeit« mit einem Doppelreim beschenkt wurde, da zögerte ich geschlagene zwanzig Jahre, bevor ich das zweifelhafte Geschenk annahm und etwas aus ihm machte.

Seit den 70er Jahren führe und fülle ich Arbeitshefte, Ende der 70er bereits findet sich die Eintragung »Werd ich nicht nach Tarif bezahlt/ wird ab sofort naiv gemalt«.

Zeilen, die ich vergaß, ohne daß sie mich vergessen hätten. Anfang der 90er Jahre notierte ich sie in aller Unschuld erneut, im Vollgefühl vollkommen frischer Inspiration, welcher nun gehörige Transpiration zu folgen habe. Soviel nämlich war mir bereits beim ersten Schenkungsakt bewußt gewesen: daß ein solcher Doppelreim nicht allein auf weiter Gedichtflur würde stehen können. Daß er weder dazu in der Lage sei, ein Gedicht zu eröffnen, noch dazu, es zu beschließen. Daß der geschenkte Zweizeiler in einen Zusammenhang aus lauter Doppelreimen würde eingebettet werden müssen. Und daß das natürlich doppelte Arbeit bedeutete – aber machen wir es kurz.

Einem geschenkten Reim schaut man nicht in den Schlund, also nahm ich die Herausforderung an. Ich sorgte qua Thema und Personal für ausreichende Fallhöhe, und schon konnte das doppelreimgesteuerte Gedicht seine Fahrt aufnehmen:

Der Maler Pablo Picasso schreibt an seinen Kunsthändler Daniel-Henry Kahnweiler

Sehr geehrter Kunsthändler Kahnweiler,

Wir hatten einen Deal gemacht,
der hat bis jetzt nicht viel gebracht.

Erst hab ich blau in blau gemalt,
Sie haben äußerst mau gezahlt.

Dann hab ich's mit Rosé versucht,
doch nichts im Portemonnaie verbucht.

Nun also wären Kuben dran –
Sie schaffen nicht mal Tuben ran.

Werd ich nicht nach Tarif bezahlt,
wird ab sofort naiv gemalt.

Wir überspringen dreizehn weitere reiche Reimpaare und enden mit dem PS des Schreibens:

PS Ein Vorschlag zur Güte:
Zunächst wird kräftig angezahlt,
sodann wird wie Cezanne gemalt,
der Gegenstand wird kleingehackt
und soviel Schotter eingesackt,
daß jeder, der Picasso kennt,
ihn nur noch Herrn Incasso nennt.

Neben Schüttel- und Doppelreim kann der bewußt falsch gewählte oder unbewußt verquälte Reim Lachen auslösen, freilich nur bei dem, der vom korrekten und unangestrengten Reim weiß.

Unfreiwillige Komik ist die Folge, wenn Friedrich Schiller in seinem Gedicht »Der Gang nach dem Eisenhammer« einen reichlich selbstherrlichen Dativ zu Kunigunde bildet, nur damit die sinistre Ballade ihren Lauf nehmen kann:

»Wer hebt das Aug' zu Kunigonden?«
»Nun ja, ich spreche von dem Blonden.«

Angeregt von solchen Erheiterungen habe auch ich mir hin und wieder die Aufgabe gestellt, ein gutes schlechtes Gedicht zu verfassen. Einmal entstand sogar ein ganzer, offensiv als »humoristischer Gedichtzyklus« untertitelter Vierteiler, als dessen Held ein gewisser »Pomm Fritz« figuriert. Kostprobe gefällig?

Pomm Fritz gab seinen LebensLAUF
schon um die Mitte vierzig auf.
Begründend dies sprach er: »Ich steh'
mehr auf 'nem geruhsamen LebensGEH.«

Das sind Reime aus den frühen 70er Jahren, die ich rund zehn Jahre später ins Feld führte, als Marcel Reich-Ranicki sich weigerte, mein Gedicht »Der (Un)beugsame« so zu drucken, wie ich es niedergeschrieben hatte, mit einem eingeklammerten (Un) nämlich. Und auch weitere Klammern fanden nicht seine Gnade: »Den beugt keine Macht der Welt./(Außer Geld)« – so beginnt das Gedicht, und *das* mißfiel dem Literaturchef der ›Frankfurter Allgemeinen Zeitung‹: Klammern zeugten von niederer Komik und fehlendem Stilgefühl – so etwas könne man in der ›Frankfurter Rundschau‹ schreiben, die lasse ja auch die gräßliche Wortballung »und/oder« zu.

Worauf ich den Beweis zu erbringen suchte, ich hätte – nicht zum ersten Mal, siehe den »Pomm Fritz«-Zyklus! – versucht, gute schlechte Verse zu schreiben, was Reich-Ranicki jedoch mit der Entgegnung abschmetterte, es gebe gute Verse oder schlechte Verse, gute schlechte Verse aber seien eine Schutzbehauptung von schlechten Dichtern, die keine guten Verse zu schreiben in der Lage seien. Aber, so schrieb er einlenkend: Ohne die Klammern sei mein Gedicht gar nicht schlecht, er habe es bereits bereinigt in Satz gegeben – ob ich mit der beigelegten, klammerfreien Fassung einverstanden sei?

Da hieß es, Dichterstolz vor dem Literaturpapstthron zu beweisen, und ich darf sagen, daß ich die Prüfung bestanden habe. Im Namen des guten schlechten Gedichts verzichtete ich auf den Ruhm, mich im Intelligenzblatt gedruckt zu sehen ebenso wie auf das Honorar von plusminus 200 Mark – ein wahrhaft Unbeugsamer und kein (Un)beugsamer:

Den beugt keine Macht der Welt.
(Außer Geld):

Päpste, Kaiser, Diktatoren
haben bei ihm nichts verloren.
Kritiker und Kurtisanen
läßt er ihre Grenzen ahnen.
Alte Bräuche, gute Sitten –
nie beachtet, stets geschnitten.
(Aber zeigt wer eine Mark,
schwankt er stark.
Reicht man zudem einen Schein,
lenkt er ein.
Schickt man gar noch einen Scheck,
ist er weg.)

Hatte bereits das gute schlechte Gedicht den kundigen Leser gebraucht, so fordert die vorsätzliche Reimverweigerung noch mehr: den Mitreimer, der nicht einmal damit rechnen kann, für seine Anstrengung in jedem Fall mit einem Lachen belohnt zu werden.

Grob, aber wirkungsvoll hat der Volksmund das Prinzip auf den Punkt gebracht: »Da kam ein großer Barsch und biß ihn in den Arm«.

Deutlich subtiler nutzt Goethe dasselbe Muster, wenn er im »West-östlichen Divan« der »Morgenröthe« nicht das naheliegende Reimwort »Goethe« folgen läßt, sondern auf »Hatem« ausweicht:

Du beschämst wie Morgenröthe
Jener Gipfel ernste Wand,
Und noch einmal fühlet Hatem
Frühlingshauch und Sommerbrand.

Im Zyklus »Würstchen im Schlafrock« dichtete ich zwei Wochen lang auf den Spuren Goethescher Alterslyrik und im Banne seiner west-östlichen Ausschweifungen. Da durfte ein Reimverweigerungsgedicht nicht fehlen:

Dichter und Propheten priesen's,
Und sie hatten ja so recht:
Wie ihr es auch nehmt, das Leben,
Immer, immer ist es gut.

So hinan denn! Hoch und höher!
Folgt nur treulich eurem Herz,
Bis am ewigschönen Ziele
Euch erwarten Lust und Freud.

Hie der grobe, von jedermann leicht zu korrigierende Unreim »Barsch – Arm«, hie die lediglich vom Kenner korrekt zu ergänzende Paarung »Goethe – Hatem« – dazwischen erstreckt sich ein Spielraum, der trotz reizvoller Möglichkeiten keineswegs ausgereizt und kartographiert worden ist:

Es liegt was in der Luft,
ein ganz besonderer Klang,
der viel zu viel verspricht,
jedoch er hält es auch.

– so moderat Reimverweigerung aufzutreten imstande ist, so rabiat kann sie als gezielte Reimverfehlung auf die Pauke hauen.
Dabei hebt das Gedicht »Mutter Natur« so gesittet an, wie wir es von einem sittlich gefestigten Sprecher nur erwarten können:

> Schön ist,
> Mutter Natur,
> deiner Erfindung Pracht.
> Aber was, Mutter Natur, hast
> du dir *dabei* gedacht?
>
> Die Hitz brach los,
> Mutter Natur,
> die Plätze überquellen
> von deinen neuen dies-
> jährigen Frauenmodellen.

Ein Angebot, das den Sprecher herausfordert:

> Mach heißer die Hitz,
> Mutter Natur,
> und die Frauen noch nackter –
> sie zeigen nur Fleisch, jedoch
> wir Männer zeigen Charakter.

– sagt er und fügt selbstbewußt hinzu:

> Stark ist,
> Mutter Natur,
> nur der, dem bewußt ist,
> daß, wer die Lust nicht kennt, nicht
> Herr der Lust ist.

Allzu selbstbewußte Worte, wie wir gleich sehen werden:

> Also zeig sie uns,
> Mutter Natur,
> die Lust und die Lüste.
> Nur so packen wir sie: Die
> Brunst und die Bräute.

Von nun an geht's sechs Strophen nur noch bergab, dreht sich dem Sprecher das Wort im Munde herum, verraten die im letzten Moment unterdrückten Reimwörter den wahren Seelenzustand des Eifernden – horchen wir zum Abschluß kurz in die vorletzte Strophe rein:

Titte sei mir,
Mutter Natur,
nicht möse, äh busen –
Es ist schon hart, muß der Mann
immer nur wegsehn.

Schüttelreim, Doppelreim, Schlichtreim und Nichtreim – alles schön und gut, höre ich nun einwenden, aber doch wohl kein triftiger Beleg dafür, daß der Normalreim zu anderem als Unernst taugt.

Richtig, stimme ich zu, all die bisher angeführten Reimvarianten enthalten ein teils stärker, teils schwächer ausgeprägtes Komik-Potential, und das ist auch der Grund, warum ich sie vorgeführt habe: Um vor der Folie dieser Extravaganzen zu verdeutlichen, daß es sich beim schlichten Reimspiel anders verhält. Ob das nun Ernst oder Unernst transportiert, hängt allein von dem ab, was uns der Dichter mitteilen will, nicht einmal das Thema erlaubt einen Hinweis darauf, welche Richtung das Gedicht einschlagen wird.

Der schlichteste und üblichste Reim unseres Sprachraums ist der paargereimte, vierhebige Zweizeiler. Zwei Tiergedichte mögen belegen, was dieser Reim mitzuteilen vermag. Beginnen wir mit der Meise aus dem Zyklus »Folgen der Trunksucht«:

Seht sie an, die Meise.
Trinkt sie, baut sie Scheiße.
Da! Grad rauscht ihr drittes Ei
wieder voll am Nest vorbei.

Auch im nächsten Gedicht geht es um einen Vogel. Bei Lesungen habe ich die Erfahrung gemacht, daß der erste Zweizeiler als komisch mißverstanden werden kann. Doch das legt sich zuverlässig bei den darauf folgenden Strophen:

Ein Glück

Wie hilflos der Spatz auf der Straße liegt.
Er hat soeben was abgekriegt.

Da hebt das den Kopf, was erledigt schien.
Könnten Spatzen schreien, der hätte geschrien.

Der hätte gebettelt: Erlöse mich.
Der Erlöser wäre im Zweifelsfall ich.

Ist sonst niemand da, die Straße ist leer,
der Wind weht leicht, und der Spatz macht's mir schwer.

Wen leiden zu sehn, ist nicht angenehm.
Wenn wer sterben will, ist das sein Problem.

So red ich mir zu und geh rascher voran.
Ein Glück, daß ein Spatz nicht schreien kann.

Nicht der Sturz in den Unernst bedroht den Reimspieler, sondern eine andere Tücke seines Spielmaterials: Daß seine Verse bei allzu erwartbar plazierten Reimwörtern zu leiern beginnen und daß metrisches Gegensteuern leicht zum Reimdichoderichfreßdich-Effekt führen kann.

In Gottfried Benns Gedicht »Die Gitter« wird der Leser der vierzeiligen Strophen derart von den Jamben der ersten drei Zeilen in Sicherheit gewiegt, daß er die letzte Zeile nicht anders lesen kann als ebenfalls jambisch und damit falsch:

Die Gítter sínd verkéttet
ja méhr: die Máuer ist zú –:
du hást dich zwár geréttet,
doch wén rettétest du?

Eine Zeile, die natürlich »doch wén réttetest du?« betont werden muß, aber das wurde zumindest mir erst bei wiederholtem Lesen deutlich.

Und trotz des Anti-Leier-Effekts der beiden aufeinanderstoßende Hebungen blieb ein Mißvergnügen, welches sich gerade beim Kreuzreim leicht einstellt, das Gefühl, die Reime kämen allzu plakativ und vorhersehbar daher.

Reimspieler sind Artisten, und alle Artistik tut gut daran, ihre Mittel, die ja oft genug nichts weiter als ernüchternd simple Hilfsmittel sind, nach besten Kräften verdeckt zu halten.

Vom Regisseur Ernst Lubitsch heißt es, er habe vor dem Drehen zwei Fragen zu stellen gepflegt: »Wie hat man eine solche Situation bisher gelöst?« und »Wie kann man es anders machen?«

Auf den gereimten Vierzeiler bezogen heißt das: Üblicherweise wird unterbrochen gereimt, abcb, oder über kreuz, abab, oder umarmend, abba – warum nicht den Kenner mit der Variante abbc überraschen und dem Laien das Gefühl vermitteln, er habe ein irgendwie reimloses Gebilde mit sparsamer Reimeinwaage vor sich?

Im lichten Park von Herrnsheim schreit's
Lang war es kalt, nun schmilzt der Schnee
Quer übern Weg ein Defilee
Von Wasserhühnern. Oben kreischt's

Üblicherweise reimt beim unterbrochenen Reim die vierte Zeile auf die zweite – warum nicht mal zur Abwechslung die dritte auf die erste reimen lassen?

In Nürnberg ging's auf Reisen,
doch erst nach langem Warten.
Die zwei warn am Vereisen,
als sie den Zug bestiegen.

Das Gedicht trägt die Überschrift »Er beobachtet ein Paar auf der Fahrt Nürnberg – Regensburg«. Ich schrieb es während dieser Zugfahrt und versuchte, neben dem deplazierten Reim noch eine weitere selbstauferlegte Regel zu erfüllen, indem ich das Gedicht von Station zu Station vorantrieb, ohne zu wissen, welcher Ort und welcher Anblick mich als nächstes erwarten würden:

...kt war noch Schreien,
...ann Verstummen.
...nden Entzweien
...gsläufig Versteinern.

Und so ... n über Parsberg und Beratzhausen bis zum Zielbahnhof:

In Regensburg, da stiegen
Versehrte aus dem Wagen.
Er sprach nicht mehr von Siegen.
Sie streckte ihre Waffen.

Ebenfalls in einem Zug notierte ich das, was ich im Vorbeifahren am 21. 3. 2001 beobachtete: »Die Werra vor Kassel«.

Sehr tröstlich, am Wasser entlangzugleiten,
Wasser, in welchem sich Stämme spiegeln,
Stämme, dabei sich zu belauben,
Laub, welches hilft, an den Frühling zu glauben,
Frühling, geschickt, den Trost zu besiegeln,
Trost, welchen Bäume am Wasser bereiten.

Das ist ein Reimschema, für das ich keine eingeführte Bezeichnung weiß, weshalb ich mich mit dem Begriff »Spiegelgedicht« behelfe: Die sechs Zeilen reimen abc/cba, nach der dritten Zeile haben wir uns demnach eine Spiegelachse vorzustellen.

Sie könnte natürlich auch erst nach einer vierten Zeile eingezogen werden, abcd/dcba, und wie ich vom deutschen Dichter Steffen Jacobs erfuhr, hat der englische Dichter Philip Larkin ein solches Gedicht bereits geschrieben.

Wäre auch ein Spiegel nach der fünften Zeile denkbar, fragten sich Jacobs und ich. Nach der sechsten, siebten, achten? Anders gefragt: Wann lägen erste und letzte Zeile so weit auseinander, daß der Leser keinen Reimzusammenhang mehr erinnern würde? Und welchen Effekt hätte das langsame An- und Abschwellen der Reimwirkung bei entsprechender Zeilenmenge des Spiegelgedichts? Die Antwort bleibt einer Praxis vorbehalten, zu der sowohl Jacobs als auch mir bisher Zeit und Kraft fehlten.

Dafür kann ich von einer Spiegelgedicht-Variante berichten, die ich ohne Kenntnis des Larkinschen Achtzeilers geschrieben habe. Im Fall meines Gedichts »Sechster Dezember« handelt es sich um zwei Vierzeiler, deren Spiegelachse durch eine Leerzeile hervorgehoben wird. Allerdings funktioniert der Spiegeleffekt nicht durchgehend, da in jede der beiden Strophen je ein eigenständiger Paarreim eingelassen ist. Das mag in der Theorie etwas verwirrend klingen, hört sich aber in der Praxis ganz einfach an:

Das ist der Nebel, aus dem Zombies steigen.
Heut ist der Tag der schattenlosen Schemen.
Sie kommen aus dem blanken Nichts und nehmen
all deine Lebenskraft. Die Blätter fallen.

Noch schreist du: Nein! Bald wirst du geifernd lallen,
nun Teil des Hungerzugs der Ungestalten,
nicht festzustellen und nicht aufzuhalten,
so weit der Nebel reicht. Die Vögel schweigen.

Der Reim, wir haben davon gehört und wir haben es hören können, läßt sich dosieren, von der vollen Kanne des Doppelreims bis zur geradezu homöopathischen Verdünnung. Es wäre niemandem zu verübeln, nähme er die Reime des nachfolgenden Gedichts nicht wahr – sie zu überlesen, ist vermutlich noch leichter, als sie zu überhören. Aber es gibt sie, und bevor jemand lange nach der verborgenen Regel des sechzehnzeiligen Gedichts sucht, verrate ich die Fundstellen lieber gleich selber: In dem ansonsten reimlosen Gebilde reimt die zwölfte auf die vierte Zeile und die sechzehnte auf die achte:

»So könnt es in den Tod gehn:
Längst liegt der Weg im Schatten,
da fällt aus einer Schneise
zur Rechten helles Licht.

Die vor dir gehn, erglühen.
Sie öffnen ihre Arme.
Das Licht faßt ihre Körper
durchdringend und goldrot.

Nach kurzem Stehenbleiben
zieht es sie in die Schneise.
Sie fliegen in das Leuchten,
als hemmte Schwerkraft nicht.

Da legst du einen Schritt zu.
Nichts kann dich mehr beschweren
so kurz vor der Erleuchtung –«

»So gehts nicht in den Tod.«

Gereimtes muß nicht metrisch strukturiert bzw. einem durchgehend einheitlichen Metrum unterworfen sein, ebensowenig wie eine metrisch gegliederte Strophe der zusätzlichen Klammer des Reims bedarf. Doch doppelt genäht hält bekanntlich besser, und je mehr Nähte ein Gedicht zusammenhalten, desto haltbarer dürfte es geraten. Als kurze Mitteilung steht das Gedicht – und mit ihm sein Dichter – unter besonderem Rechtfertigungsdruck. Während ich einem Romancier gut und gerne fünfzig Seiten einräume, bevor ich mich ernsthaft frage: »Warum erzählt er mir das?« sowie »Muß ich mir das noch länger anhören?«, will ich beim Lesen eines Gedichts sehr viel rascher wissen, woran ich mit ihm eigentlich bin: Das Gedicht ist das Telegramm unter den literarischen Gattungen. Wer sich kurz faßt, muß mir entweder etwas sehr Wichtiges mitzuteilen haben oder das, was er mir mitteilt, zumindest wichtig erscheinen lassen. Da ist die Kunst der Rhetorik gefragt, und weil alle poetischen Regelsysteme mit dieser Kunst verbandelt sind, hat ihr gezielter, bei Bedarf auch geballter Einsatz noch keinem Gedicht geschadet.

Wobei auch bei metrischen Regeln gilt, daß es keineswegs damit getan ist, überkommene und übernommene Vorbilder nachzuahmen. Stattdessen sollte stets das Lubitsch-Prinzip bedacht und erprobt werden: Wie kann man es anders machen?

Das möchte ich an vier Gedichten verdeutlichen, wobei ich mich der Kontinuität und der Einfachheit halber auf vierzeilige Strophen beschränken werde.

Das erste Beispiel verbindet umarmenden Reim mit einer metrischen Abweichung in der dritten Zeile jeder Strophe: Die weist im Gegensatz zu den anderen dreihebigen Zeilen vier Hebungen auf, was ihr eine gewisse Beschleunigung und der Folgezeile einen abbremsenden Charakter verleiht:

Die Sonne stand schon tief.
Der Strand war weit und leer.
Schräg ging mein Schatten vor mir her,
indes der deine lief.

Der Rest kann in dem Gedichtband »Körper in Cafés« oder in den »Gesammelten Gedichten« nachgelesen werden; das nächste Beispiel werde ich zur Gänze zitieren müssen, da anders sich die Botschaft des Rollengedichts nicht in voller Penetranz vermittelt. Aber hören wir zunächst nur die erste Strophe:

Mit langen Schritten über große Terrassen gehen,
über solche, die einem gehören natürlich,
das ist ein Gefühl, meine Liebe,
unübertroffen.

Wer aus dieser Rede trotz aller Großspurigkeit eine gewisse Kurzatmigkeit heraushört oder herausliest, hört bzw. liest richtig. Der Effekt rührt daher, daß die vier Zeilen einem konstanten Hebungsschwund unterworfen sind: Was fünfhebig beginnt, endet zweihebig. Das wiederholt sich von Strophe zur Strophe; zugleich kann ich von einer weiteren Wiederholung berichten: Auch bei diesem Gedicht waren Marcel Reich-Ranicki und ich geteilter Meinung. Doch nicht an der Form, am Inhalt stieß sich der Literaturchef: Der Mann sage ja in der letzten Zeile genau das, was er bereits zu Beginn mitgeteilt habe!

Diesmal verzichtete ich auf eine Erwiderung, und so hat der Kritiker bis heute nicht erfahren, daß mich der Schluß gerade durch seine Übereinstimmung von Form und Inhalt erfreut hatte: In dem Maße, in welchem dem Sprecher die Hebungen abhanden kommen, gehen ihm auch die Sprüche aus.

Sagen Sie nichts. Entziehen Sie nicht Ihre Hände.
Lassen Sie sie verschränkt in den meinen.
Diesen Moment, meine Schöne,
ersehnte ich lange.

Gehn wir ins Haus? Nun wird es doch merklich kühler.
Zeit fürn Kamin und ein Schlückchen. Da lang.
Quer über jene Terrasse,
übrigens meine.

»Woher kommen Gedichte und kann man Gedichte planen?«, hatte Hartung gefragt – bei keinem meiner Gedichte fällt mir die Antwort leichter als bei dem folgenden schlichten Vierzeiler. Während einer Schlafzerreißung hatte ich mir überlegt, was wohl die Folge wäre, wenn die Volksliedstrophe nicht wie gehabt von vier zu drei Hebungen alternieren würde, sondern zur Abwechslung mal folgendermaßen: vierhebig, dreihebig, dreihebig, vierhebig.

Ta taa ta taa ta taa ta taa
Ta taa ta taa ta taa
Ta taa ta taa ta taa
Ta taa ta taa ta taa ta taa

– skandierte ich vor mich hin und fühlte mich von einem wehen Klang angerührt, zu dem es nur noch die rechten Worte zu finden galt. Das geschah bei Tagesanbruch:

Es wollte ein Vogel wohl hoch ins Blau
Er hatte keine Federn
Er hatte keine Flügel
Er wird nicht weit gekommen sein.

»Aus dem Albanischen« setzte ich unter die Zeilen; heute sind sie Teil eines kleinen Zyklus, der mit »Des Knaben Plunderhorn« überschrieben ist.

Daß die Regel dem Gedicht vorangehen kann, weiß ein jeder, der sich vornimmt, ein Sonett zu schreiben. Wie hoch oder wie niedrig immer er den Schwierigkeitsgrad einstellen mag, ob er sich auf vier Reimausgangswörter beschränkt oder ob er sieben gerade sein läßt – alles zu sagende muß in vierzehn Zeilen gesagt werden.

Zahllos sind jene Sonette, welche das Sonett und seine Verfertigung thematisieren, einmalig – zumindest bis zum Beweis des Gegenteils – ist der von mir unternommene Versuch, das »Sonett im Krebs« zum Gegenstand eines Sonetts zu machen, das vom Schwanz aufgezäumte Sonett mit anderen Worten, ein Sonett also, das statt der üblichen Abfolge der Quartette und Terzette den unüblichen Krebsgang antritt und mit den Terzetten beginnt:

Alles zurück! Kommt! Laßt uns Krebse werden!
Der Krebsgang ist nun mal der Gang der Stunde.
Ob drunt im Meer, ob auf dem Erdenrunde:

Wer sich zurückzieht, hindert die Beschwerden,
ihn dort zu packen, wo sie uns im Grunde
gern fassen würden: Vorn. An unserm Schlunde.

Entziehn wir uns! So daß im Fall des Falles
des Übels Rachen den begehrten Braten
– und der sind wir! – nach langem Rätselraten
nicht mehr zu orten weiß. So, wie des Balles

verstörend Hin und Her; so, wie des Knalles
verwirrend Echo – so auch wir. Durch Taten
allein wird man zum Krebs. Auf denn! Durchwaten
wir Schritt für Schritt, was war: Zurück das alles!

Angesichts eines solchen unter – wie ich gerne einräume – recht sterilen Laborbedingungen gezeugten Gedichts mag der Eindruck entstehen, der »moderne« Freivers stünde dem unverstellten Naturlaut sehr viel näher als das »traditionelle«, Regeln unterworfene Gedicht. Und angesichts der Tatsache, daß Dichter vergangener Jahrhunderte immer dann strenge Formen gewählt haben, wenn sie überwältigende Gefühle mitteilen wollten oder mußten, mag die Frage aufkommen, ob beispielsweise Schmerz, Trauer und Klage überhaupt einen adäquaten Anlaß für Reim- und Formspielereien darstellen.

Als der junge Goethe des verstorbenen Theaterschreiners Mieding gedachte, tat er das in dreiundzwanzig Strophen. Als der gealterte Dichter seine Frau Christiane verlor, verfaßte er den folgenden »Den 6. Juni 1816« datierten Vierzeiler:

Du versuchst, o Sonne, vergebens
durch die düsteren Wolken zu scheinen!
Der ganze Gewinn meines Lebens
ist, ihren Verlust zu beweinen.

Als ich diese Zeilen das erste Mal las, wehte mich ein Gefühl des Ungehörigen, geradezu Skandalösen an: Da ringt einer angesichts des Todes nicht um Worte, er findet sie ohne langes Suchen; da verliert einer unmittelbar nach einem Verlust nicht die Fassung, sondern gibt sich mit einer Fassung eines Trauergedichts zufrieden, das nicht der Routine entbehrt: Vom Kreuzreim über die Anrufung der Sonne bis zum rhetorisch wenig originellen Gegensatzpaar Gewinn – Verlust.

Freilich: Wirkte Goethes gereimtes Gedenken weniger skandalös, wenn es länger und origineller wäre? Rührt das Gefühl des Ungehörigen nicht daher, daß jede Formung und alle Formulierung Distanz voraussetzt, einen Abstand, der bestenfalls dann zulässig ist, wenn er sich im Laufe der Zeit herstellt, nicht jedoch vor Ort und noch ganz im Banne des Geschehens?

Baudelaire hat diese Frage ganz und gar zugunsten der Form entschieden: »Es ist das wunderbare Vorrecht der Kunst, daß das Schreckliche, kunstvoll ausgedrückt, zur Schönheit wird, und daß der rhythmisierte, gegliederte Schmerz den Geist mit einer ruhigen Freude erfüllt.«

Dem ist hinzuzufügen, daß das Gedicht innerhalb der Künste ein weiteres Privileg sein eigen nennt: Es ist das durchaus zweischneidige

Vorrecht des Dichters, jede sich bietende Gelegenheit zum Dichten beim Schopf zu ergreifen, ob sie nun zu besingen ist oder zu beklagen. Auch das eine Folge der Tatsache, daß die Gattung eine Kurzform ist: Während die Literaturlexika von keinem Gelegenheitsroman und keinem Gelegenheitsdrama wissen, zählt das Gelegenheitsgedicht zu den legitimen Mitteln, unmittelbar auf Höhen und Tiefen des Lebens zu reagieren.

Daß dies formvollendet geschehen sollte, hat nicht nur Baudelaire gefordert. Auf weniger feierliche Weise meint Wilhelm Busch das gleiche, wenn er von seinen Gedichten sagt, sie seien »vom Leben geglüht, mit Fleiß gehämmert und nicht unzweckmäßig zusammengesetzt«.

Das Leben, heißt es, schreibe die besten Geschichten; daß es auch brauchbare Gedichte zu verfassen in der Lage sei, ist noch nicht behauptet worden. Trotzdem gibt es gute Gründe zur Annahme, einige der bedenkenswerteren Gedichte verdankten sich einem joint venture von Leben und Labor.

Davon sollen die folgenden aus dem Dichterleben gegriffenen Werkstattberichte künden, zwei Beispiele, über deren Qualität andere befinden mögen, da ich sie lediglich wegen ihrer Machart und ihrer Entstehungsgeschichte wegen erzähle.

Das erste Gedicht ist »Die Katze« überschrieben. Es handelt von den letzten Stunden eines Tieres, das uns jahrelang die Ehre gab, wenn wir, meine Frau und ich, den Arbeitsplatz in das toskanische Bauernhaus verlegten. Wir riefen es Schimmi, wir durften es füttern, jedoch nicht berühren. Wenn das freiheitsliebende Tier alle Türen geöffnet und den Rückweg gesichert wußte, kam es ins Haus und erfüllte die Küche mit seinem Schnurren. Im Laufe der Jahre sahen wir nach und nach Schimmis Junge heranwachsen und bewunderten die Umsicht, mit der sie als Älteste und Erfahrenste die Geschicke einer wechselnden Schar von Katzen lenkte oder überwachte. Als sie im Juni 1997 das letzte Mal ins Haus kam, erschraken wir. Erst nahmen wir den Geruch von verrottendem Fleisch wahr, dann die verwurmte offene Wunde am Hals. Wir riefen den Tierarzt an, die Wartezeit überbrückte ich damit, das ruhig daliegende, schnurrende Tier noch einmal zu zeichnen.

Als der Arzt das sich trotz der schweren Verletzung zur Wehr setzende Tier eingefangen und in seine Florentiner Praxis gebracht hatte, schrieb ich die ersten vier Zeilen eines Gedichts, von dem ich nicht die geringste Vorstellung hatte, welchen Verlauf es nehmen würde. Doch daran war ich gewöhnt. Häufig sind Gedichte vorerst Suchbewegungen, und etwas hatte ich ja bereits gefunden, die ungereimte, vierzeilige, metrisch anspruchslose Strophe, die sich – allerdings kreuzgereimt – schon beim »Nibelungenlied« für eine längere Verserzählung bewährt hatte.

Als sie spürte, daß es ans Sterben ging,
kam die Katze noch mal ins Haus.
Sie lag und schnurrte und stank bis zur Mittagsstunde,
dann holte der Tierarzt sie ab.

Nachdem uns der bedauernde Anruf des Tierarztes erreicht hatte, schrieb ich eine weitere Strophe, in welcher ich zwei Weichen stellte: Ich beschloß, die letzten Stunden der Katze in berichtenden Versen zu begleiten, und ich stieß auf eine Regel, die fortan zu berücksichtigen ich mir vornahm:

Drei Stunden später rief er an:
Da sei leider nichts zu machen.
Die Würmer bereits in Lunge und Kopf –
ob er ihr die Spritze geben dürfe?

Ich hätte Schwierigkeiten, sollte ich besagter Regel einen Namen verpassen. Dem flüchtigen Leser oder Hörer mag sie verborgen bleiben, dem, der einmal auf sie gestoßen ist, dürfte sie fast plakativ vorkommen. Gemeint ist das Wort »Stunde«. Der »Mittagsstunde« der ersten und den »drei Stunden« der zweiten Strophe folgen in zehn weiteren Strophen zehn vergleichbare Hinweise, ob sich das Paar nun »stundenlang« der mittlerweile unter die Erde gebrachten Katze erinnert oder ob der Erzähler in der letzten Strophe solo Bilanz zieht:

Sie ging zu Bett. Er leerte die Flasche,
da fiel sein Blick auf sein Knie.
Dieses glatte Fleisch! Er würde es
mit anderen Augen sehen von Stund an.

Auch das nächste Gedicht versucht die Balance zwischen Leben und Labor herzustellen. Was da erzählt wird, ist erlebt; die Art, wie es erzählt wird, erfüllt die Forderung nach der verborgenen Regel. Auf jeden Fall ist sie jemandem prima vista nicht ins Auge gefallen, der das Gedicht mit großer Sorgfalt und Einfühlung gelesen hat, dem Dozenten Gio Batta Bucciol, der die Verse ins Italienische übersetzt hat.

Giuseppe ist dreiundachtzig. Dem Doktor
gefalln seine Venen nicht. Er hat ihm
Bewegung verordnet, drei bis vier Stunden,
und das täglich.

Giuseppe bewegt sich also, doch nicht nur er. Da setzt sich noch anderes in Bewegung:

Von Grimoli, seinem Dorf, steigt hinunter
Giuseppe bis zum Bild der Madonna.
Pünktlich um drei erreicht er das Wegmal
und geht los.

Nicht allein Giuseppe ist hinuntergestiegen. Sein Name hat sich ebenfalls hinunterbewegt: Hatte er in der ersten Strophe die erste Zeile eingeleitet, so steht er nun an der Spitze der zweiten. Doch nicht lange:

Geht seinen Weg. Doch vor seinem Ölberg
verharrt er. Die Steigung ist nicht zu schaffen.
Giuseppe glättet den Sand am Wegrand
und setzt an.

Er markiert seinen ersten Gang durch einen Strich, und da sich Giuseppe hin und her bewegt, ist es nur folgerichtig, daß sein Name in der ersten Zeile der vierten Strophe ans Zeilenende springt, wo er von Strophe zu Strophe und Zeilenende zu Zeilenende weiterwandert, bis er in der siebten Strophe wieder dort anlangt, von wo er ausgegangen ist, am Anfang der ersten Zeile:

Giuseppe ist derweil schon im Dorfe.
Hat nach den Hühnern geschaut, muß ausruhn.
Morgen geht er erneut um sein Leben
und gegen den Tod.

Ein PS zur italienischen Übersetzung des Gedichts sei angefügt: Auch ohne von der Regel zu wissen, hatte Bucciol den Wandernamen »Giuseppe« fast durchgehend regelmäßig plaziert; die beiden Unregelmäßigkeiten konnte er nach Rücksprache ohne jede Schwierigkeit beheben.

Doch nun weiter im Text:

Wenn Harald Hartungs »Erfahrungen beim Schreiben von Lyrik« ein Vorwurf zu machen ist, dann der, daß er zu wenig aus seinem ganz speziellen Lyrik-Kästchen hervorkramt. Gerade mal eine seiner verborgenen Regeln legt er offen: Er arbeitet gerne nach dem Dezimalsystem. Im Falle eines von ihm angeführten Beispiels aus dem Zyklus »Blätter für Zachäus« bedeutet das: »Das Gedicht besteht aus zehn Zeilen, die Zeile jeweils aus zehn Silben«.

Mehr davon, kann ich nur sagen – von wem soll und kann der Dichter etwas über das Dichterhandwerk erfahren, wenn nicht vom Dichter? Je mehr ich über Regeln weiß, offene und verborgene, desto besser: Sei es, weil das Wissen Lust macht, so etwas auch mal zu versuchen, sei es, weil es den Wissenden der Mühe enthebt, sich in dieser Richtung zu betätigen: Ist ja gottlob alles bereits probiert worden!

So weiß sich beispielsweise jeder deutschsprachige Dichter der Aufgabe enthoben, ein monovokales, o-gestütztes Gedicht zu schreiben, seit Ernst Jandl mit »ottos mops« dieses Problem zur allgemeinen Freude gelöst und zugleich ein schönes Exempel statuiert hat, wie eine einleuchtende Regel jenseits von Reim und Metrum auszusehen vermag.

Die Einvokaligkeit kann als abgehakt gelten, doch gilt das auch für die Einsilbigkeit? Im Laufe von fünfzig Dichterjahren habe ich es auf drei Gedichte aus ausschließlich einsilbigen Wörtern gebracht; eine zeitlang wähnte ich, der einzige Einsilbler deutscher Zunge zu sein, bis ich – Fluch der Belesenheit! – auf eine Sonettparodie von Johann Heinrich Voß stieß, die lange vor mir strikte Einsilbigkeit exerziert hatte. Das komplette »Klinggedicht« lautet:

Mit	Süd	Kling-	Sing
Prall-	Tral-	Klang	Sang
Hall	Lal-	Singt;	Klingt.
Sprüht	Lied.		

Der Süden hat auch bei einem meiner einsilbigen Gedichte Pate gestanden. »Nachdem er durch Rom gegangen war« lautet der Titel des Poems, dessen erste Zeilen mir – um der Wahrheit die Ehre zu geben – nicht beim Gehen durch die Ewige Stadt, sondern beim Radeln durch Rom in den Sinn kamen, weshalb ich deren Einsilbigkeit auf den so kurzen wie monotonen Pedaltritt zurückzuführen geneigt bin:

Arm eng, arm schlecht
Arm grau, arm dicht
Reich weit, reich schön
Reich grün, reich licht.

Soweit die erste von drei Strophen, deren Regel sich beim ersten Hören nicht unbedingt zu entbergen scheint – jedenfalls stießen bei Lesungen geäußerte strenge Nachfragen meinerseits auf das geballte Schweigen eingeschüchterter Zuhörer. Ob das an meiner Strenge gelegen hat oder an der Strenge der Regel?

Allen Eingeschüchterten möge eine schlichte Erfahrung Mut machen: Kein Spiel ohne Regel, keine Regel ohne Schummeln, ohne Foul, ohne, wenn es denn sein muß, eiskalten Regelbruch. So hielt ich es, als ich mir aus Jux und Dollerei vorgenommen hatte, ein »Siebzehn-Worte-Gedicht« zu schreiben und bereits bei der dritten Zeile merkte, daß der Vorsatz baden zu gehen drohte. Meine Reaktion? Ein »Dreißigwortegedicht«:

Siebzehn Worte schreibe ich
auf dies leere Blatt,
acht hab ich bereits vertan,
jetzt schon sechzehn und
es hat alles längst mehr keinen Sinn,

ich schreibe lieber dreißig hin:
dreißig.

Daß das Leben ernst und die Kunst heiter sei, ist ein fragwürdiger Satz, dessen Urheber man immerhin zugutehalten mag, daß er strikt zwischen beiden unterscheidet. Wirklich ernst für den Künstler wird es, wenn sein Publikum diese Scheidung nicht mehr zu vollziehen in der Lage ist und Werke der Kunst für bare Münze nimmt, wenn es sie als Dokument mißversteht oder als Psychogramm, als Meinungsäußerung oder als Lebenshilfe. Häufen sich solche Fehldeutungen, läßt das zwei Schlüsse zu.

Entweder liegt der Fehler beim Kunstproduzenten, der es nicht verstanden hat, sein Kunstwerk künstlich genug zu gestalten, oder er ist beim Kunst-Rezipienten zu suchen, der nicht in der Lage ist, einem Werk der Kunst mehr zu entnehmen, als was auf der platten Hand liegt: den Inhalt.

Meine Erfahrungen legen es nahe, den Schwarzen Peter beim Publikum zu vermuten. Um diese Vermutung der Gewißheit anzunähern, will ich mich auf ein einziges, lehrreiches Beispiel beschränken, auf die Frage: Wer sagt eigentlich ich, wenn wer im Gedicht »Ich« sagt?

Lieber Gott, nimm es hin,
daß ich was Besond'res bin.
Und gib ruhig einmal zu,
daß ich klüger bin als du.
Preise künftig meinen Namen,
denn sonst setzt es etwas. Amen.

Als fundamentalistische Christen dieses »Gebet« überschriebene Gedicht zu Gesicht bekamen – eine Zeitung druckte es anläßlich meiner Ernennung zum Stadtschreiber von Bergen-Enkheim im Jahre 1991 –, da stand für sie fest: Der als Verfasser angegebene Robert Gernhardt lästert Gott. Erzürnte Briefe erreichten mich, worauf ich zu einer Aussprache einlud, in welcher ich den Unterschied zwischen einem Gedicht und einer Heiligen Schrift zu verdeutlichen suchte: Daß die Wahrheit der Kunst nicht auf Offenbarung, sondern auf Täuschung gegründet ist. »Ich« kann von Gedicht zu Gedicht ein anderer sein, behauptete ich, und um das zu belegen, zitierte ich ein anderes, fast zeitgleich entstandenes Gedicht:

Ich sprach nachts: Es werde Licht!
Aber heller wurd' es nicht.

Ich sprach: Wasser werde Wein!
Doch das Wasser ließ dies sein.

Ich sprach: Lahmer, du kannst gehn!
Doch er blieb auf Krücken stehn.

Da ward auch dem Dümmsten klar,
daß ich nicht der Heiland war.

Befremdet schwiegen die Christen, belohnt aber wurde ich von dem herzlichen Auflachen einer älteren, bis zu diesem Zeitpunkt streng blickenden Diakonissin. Gott segne sie dafür.

1979 druckte das ›Zeit-Magazin‹ ein Gedicht, das es im Laufe der Jahre zu einer gewissen Bekanntheit gebracht hat, obwohl sein hochtrabender Titel durch keine seiner vierzehn Zeilen eingelöst wird. Er lautet: »Materialien zu einer Kritik der bekanntesten Gedichtform italienischen Ursprungs«, und was folgt, ist – zumindest auf den ersten Blick – eine Sonettbeschimpfung, die sich auf den zweiten Blick ihrerseits als Sonett outet.

»Sonette find ich sowas von beschissen«, hebt dieses Sonett an, eine, könnte man meinen, schiere Laborgeburt, wäre da nicht die Sprache, die ganz und gar dem Leben abgelauscht ist: Bevor ich die Zeilen schrieb, hatte ich jahrelang Gelegenheit, dem linken Volk aufs Maul zu schauen.

Sonette find ich sowas von beschissen,
so eng, rigide, irgendwie nicht gut;
es macht mich ehrlich richtig krank zu wissen,
daß wer Sonette schreibt. Daß wer den Mut

– der Rest ist mittlerweile in jeder besseren Anthologie nachzulesen, doch die unmittelbaren Reaktionen waren niederziehend. Zuhauf griffen ›Zeit‹-Leserinnen und ›Zeit‹-Leser zur Feder, um dem vermeintlich angegriffenen Sonett zu Hilfe zu eilen und den Angreifer in seine

Schranken zu weisen: »Ich find den Robert Gernhardt sowas von beschissen« – den Robert Gernhardt, jawohl, denn dessen Name hatte ja über der unerhörten Sonettbeleidigung gestanden, und mit »Ich« hatte sie ja auch begonnen.

Fünfzehn Jahre nach dem Sonett gab ich, der Dichter, wieder Grund zur Empörung, und diesmal entlud sie sich in einem veritablen Rechtsanwaltsbrief: Das Kühlhaus-Center Mühlheim-Main nahm Anstoß an einem von der ›F. A. Z.‹ veröffentlichten Gedicht, das mit den Zeilen begann:

Tiefkühl-Strudel in Mühlheim
Jetzt weiß ich, was Hölle ist

– »Mühlheim/Main-Blues« war das zweistrophige Gedicht überschrieben, das eine auch in meinem Werk ungewohnte Quersumme aus Leben und Labor darstellt: Ich, die Person Robert Gernhardt, bin im Gegensatz zum Ich des Gedichts niemals in Mühlheim/Main gewesen. Das lyrische Ich hatte sich lediglich die eindringlich erzählten Erlebnisse einer vertrauten und vertrauenswürdigen Bekannten des realen Ich zu eigen gemacht und mit der gerafften Nacherzählung dieser Berichte nicht nur dem Kühlhaus-Center Kummer zugefügt – »Das Gedicht befaßt sich in eindeutig negativer bis böswilliger Absicht mit den Tiefkühl-Lebensmitteln« –, sondern auch zumindest einer Leserin Freude bereitet. Kaum, daß sie das Gedicht in der Zeitung gelesen hatte – so wurde mir berichtet –, rief die in Mühlheim aufgewachsene junge Frau triumphierend ihren Mann an: »Du hast mir ja nie glauben wollen – jetzt siehst du es schwarz auf weiß: Mühlheim war die Hölle!«

Kindermund tut Wahrheit kund, was nicht ausschließt, daß auch Kinder ganz schön danebenliegen können. Eine Schulklasse von 13- bis 15jährigen hatte Gedichte von mir gelesen; auf Bitten der Lehrerin stellte ich mich einem Gespräch. Daß ich ein sexistischer Macho sei, befand eine aufgeweckte Schülerin und war um einen Beleg nicht verlegen: »Hier schreiben Sie: Hallo, süße Kleine,/komm mit mir ins Reine./Hier im Reinen ist es schön,/viel schöner als im Schmutz zu stehn./Hier gibt es lauter reine Sachen,/die können wir jetzt schmutzig machen.«

Den Rest des Gedichts ersparte ich der Schülerin, da ich mich damit glaubte reinwaschen zu können, daß ich darauf bestand, ein Rollengedicht geschrieben zu haben: Nicht ich persönlich spräche aus diesen Zeilen, sondern der ... ich verschluckte das »Lust« und sagte: »Molch.« »Welcher Molch?« »Der Molch in mir. Besser gesagt: Der Molch in uns. Jeder Mensch beherbergt viele Seelen in seiner Brust, und eine davon ist der Molch.« »In mir ist kein Molch«, erwiderte die Schülerin mit kühler Bestimmtheit, und ich gab es auf, sie weiter belehren zu wollen. Heute dürfte sie so um die 30 Jahre alt sein, und ich kann nur hoffen, daß ihr Molch mittlerweile geschlüpft ist.

Fundamentalchristen, ›Zeit‹-Leser, Rechtsanwälte, Teenager – ich räume gerne ein, daß diese Gruppen noch keine repräsentativen Rückschlüsse auf die Lyrik-Lesefähigkeit der Bevölkerung zulassen. Runden wir das Spektrum also durch einen Berufsstand ab, von dem man eigentlich erwarten sollte, daß ihm Begriffe wie »Kunstprodukt«, »lyrisches Ich« oder »Rollengedicht« nicht fremd sind: Ich spreche vom Kritiker.

Nicht von *den* Kritikern. Gemeint sind diejenigen, denen die Zweideutigkeit der Dichtung und das Doppelspiel der Dichter Hekuba ist, jedes Gedicht aber ein glasklarer Beleg für die biographische Befindlichkeit des Berichtenden.

Anläßlich meines vorletzten Gedichtbands »Im Glück und anderswo« kam ein Quidam zu dem Ergebnis, ich hätte meinen Frieden mit der Welt gemacht und sei dabei, mich aus der Literatur auf ein besonntes Altenteil zurückzuziehen. Als Beleg führt er zwei Gedichte an. Das erste beginnt mit den Zeilen: »Wir haben Literatur gespielt,/ich gab in dem Spiel den Dichter«.

Besagter Kritiker nun zitiert den Schluß des vierstrophigen Gedichts sowie den Titel und denkt sich seinen Teil: »›Wir haben das Spielchen ausgereizt/Nun laß ich die Hosen runter‹, heißt es programmatisch in ›Ein Staatsdichter verkündet das Ende der Literatur‹« – programmatisch! Es hat mir nichts genützt, die Verse einem »Staatsdichter« in den Mund gelegt zu haben; ungerührt stopft sie der Kritiker zurück in den meinen: Gernhardt verkündet seinen Schluß mit Muß.

Einen weiteren Beleg für meine Sehnsucht nach dem Ruhestand glaubt er in einem Gedicht gefunden zu haben, das »Biographie« überschrieben ist. In zwei reimlosen, fünfzeiligen, streng parallel geführten Strophen feiert ein verdächtig aufgedrehter Sprecher eine überaus fragwürdige Karriere.

»Ich war zum Unglück vorbestimmt«, verkündet er zu Beginn der ersten Strophe; »Ich bin ein Hans – das meint: im Glück«, lautet das Pendant zu Beginn der zweiten. »Ich war der geborene Künstler«, lautet das Fazit von Strophe eins; »Ich bin ein geschworener Lebenskünstler«, echot Strophe zwei.

Unglück – Glück, geboren – verschworen, Künstler – Lebenskünstler: dieses rhetorisch kunstvoll gestrickte, meinethalben auch künstlich gehäkelte Geflecht aus Korrespondenzen, Echos und Reimen wird im Schlußsatz der Kritik zu einer gnadenlos flachen Botschaft plattgewalzt: »Daß Robert Gernhardt sich vom ›geborenen Künstler‹ zum ›geschworenen Lebenskünstler‹ fortbildete, mag weise sein und spätes Glück. Aber wirklich große Lyrik ist vermutlich anderswo.«

Weiß mans? Vermutlich fahren wir besser, wenn wir uns ein letztes Mal auf Gewißheiten beschränken. Für gewißlich wahr halte ich, daß es keinem veritablen Dichter darum geht, »wirklich große Lyrik« zu verfassen. Mag sein, daß dem einen oder anderen ein solcher Vorsatz vor dem Verfassen eines Gedichts durch den Kopf spukt – spätestens in dem Moment, in welchem er die ersten Worte seines Gedichts niedergeschrieben hat, beginnt zweierlei: Ein neues Spiel mit der Sprache oder gegen sie und – wenn alles gut geht – ein neues Glück.

Worin aber besteht das Dichterglück? Die Antwort kann nicht anders als persönlich ausfallen, und dennoch glaube ich mich mit allen wirklichen Dichtern aller Zeiten, großen wie kleinen, darin einig, daß das Glück des Dichters nie allein darin bestehen kann, vom Leben auf ein großes Thema gestoßen zu werden, wenn er nicht zugleich im Labor auf einen, wenn auch noch so kleinen neuen bzw. ihm unbekannten Dreh stößt. Ja – manchmal genügt sogar der kleine Dreh, den Dichter glücklich zu machen. So jedenfalls erging es mir, als ich mittags in einem Lokal der Stadt Luxemburg auf meine Bestellung wartete. Dabei nämlich ging mir ohne jeden ersichtlichen Anlaß die folgende Zeile durch den Kopf: »Das ist sone Sache, sagte der Sachse«.

Hat was, dachte ich und nutzte die Wartezeit dazu, die deutsche Sprache im Schnelldurchgang nach weiteren brauchbaren S-Erweiterungen zu durchforschen. Und ich wurde fündig: Wache – wachse, Fache – faxe, Lache – Lachse ...

Lachse! War es das laborgenerierte Wort, war es die vom Leben eingefädelte Situation, daß ich ausgerechnet auf ein *Fisch*gericht wartete? Ach – warum die Elemente aus dem Komplex trennen?! Hören Sie lieber das hochkomplexe Gedicht, welches fertig vor mir lag, noch bevor die Fischsuppe endlich vor mir stand:

Das sei sone Sache,
sagte der Sachse.
Er halte hier Wache,
ob der Fischbestand wachse.
Forellen im Bache,
er fangse und backse –
das sei keine Mache:
»Ich gennse und magse.«
Doch sei er vom Fache,
weshalb er jetzt faxe:
»Solch flache Lache
ist nichts für Lachse.«

SCHLÄFT EIN LIED IN ALLEN DINGEN?

Verehrte Anwesende,

die Führung durch das Haus der Poesie geht in die vierte Runde, und diesmal wollen wir uns eine ganze Vorlesung in einem einzigen Raum aufhalten, und zwar in einem Schlafraum.

Nein, nicht in dem Schlafraum der Dichter, obwohl gerade sie stets auf Schlaf und Traum als Inspirationsquellen hingewiesen haben – ja, die französischen Surrealisten gingen gar so weit, das Schild »Der Dichter arbeitet« an die Tür zu hängen, wenn sie sich aufs Ohr legten.

Der Schlafraum, in den ich Sie führen möchte, ist der Schlafraum der Lieder, ein, glaubt man dem Dichter Eichendorff, unübersehbar großer Raum, da er mit einer unbegrenzten Zahl träumender Dinge vollgestellt ist:

Schläft ein Lied in allen Dingen,
Die da träumen fort und fort,
Und die Welt hebt an zu singen,
Triffst du nur das Zauberwort.

Dichterworte, die weiterwirkten: Das Jahr 2001 und mit ihm das wirklich und wahrhaftig neue Millennium waren noch taufrisch, da zitierte der ›Spiegel‹ in seiner Ausgabe 1/2001 den Dichter Joseph von Eichendorff. Zwei Autoren des Blattes, Reinhard Mohr und Mathias Schreiber, referierten zunächst den, wie sie ihn nannten, »zweiten Bocksgesang« des Botho Strauß, der kurz zuvor in der Wochenschrift ›Die Zeit‹ erschienen war, und befanden sodann:

»Strauß träumt von einer ›spirituellen Überwindung‹ biotechnischer und intellektueller Eindimensionalität und stellt sich damit in die Tradition jener deutschen Wünschelrutenromantik, deren Nationalhymne lautet: ›Schläft ein Lied in allen Dingen‹« – und so weiter wie gehabt.

Vertraute Laute, die es in sich haben: Schläft ein Lied in *allen* Dingen? Ergänze: Wirklich? In wirklich allen?

Von »Wünschelrutenromantik« sprechen die beiden ›Spiegel‹-Autoren, und für ausgemacht halten sie augenscheinlich, daß diese Rute lediglich bei jenen Dingen ausschlägt, die wir als poetisch zu begreifen gelernt haben, bei den letzten Dingen wie Liebe und Tod zum Beispiel oder bei so schönen Dingen wie Natur und Kunst. Davon aber ist bei Eichendorff nicht die Rede. Im Nebensatz schreibt er besagten Dingen lediglich *eine* Qualität zu, die, daß sie träumen. Das aber taten alle uns vertrauten Gegenstände der Dichtung solange, bis ein hellwacher Dichter sie aus ihrem Schlaf erlöste, indem er das Zauberwort traf. Beziehungsweise: indem er *auf* das Zauberwort traf, wobei als »Zauberwort« nach meiner Lesart jedwedes Wort dienen kann, welches das Gedicht und mit ihm den Gesang in Gang zu setzen imstande ist.

Was damit gemeint ist, wird mein erstes und ältestes Beispiel sogleich veranschaulichen. Ich fand es in den späten Gedichten Heinrich Heines; meiner Ausgabe zufolge ist es Anfang der 50er Jahre des 19. Jahrhunderts entstanden, also noch zu Lebzeiten Eichendorffs. Seine Überschrift lautet »Die Menge tut es«, und sein Motto stellt klar, daß es sich bei diesem Titel um ein Zitat handelt: »Die Pfannekuchen, die ich gegeben bisher für drei Silbergroschen, ich geb sie nunmehr für zwei Silbergroschen, die Menge tut es.«

Ein Satz, wie er sich unpoetischer und prosaischer kaum denken läßt: Nicht von edlem Gold und lebensspendendem Brot ist in ihm die Rede, sondern von schnöden Groschen und profanen Pfannekuchen, von einem Preisabschlag lesen wir und von dessen platter Begründung, und doch wurde gerade sie – »Die Menge tut es« – zur Reimzelle eines drei Seiten langen Gedichts, das mit den Worten beginnt:

Nie löscht, als war sie gegossen in Bronze,
Mir im Gedächtnis jene Annonce,
Die ich einst las im Intelligenz-Blatt.
Der intelligenten Borussenhauptstadt.

Die Borussenhauptstadt ist natürlich Berlin, und der reife Heine beweist ein auf den ersten Blick gußeisernes Gedächtnis: Seit seinen Berliner Studententagen sind immerhin dreißig Jahre vergangen. Zweites Hinsehn freilich lehrt, daß diese Gedächtnisleistung weniger ein Verdienst des erinnernden Dichters als vielmehr des annoncierenden Bäckers ist: Derart gassenhauermäßig müssen sich die unfreiwillige Komik der Anzeige und ihre lapidare Pointe im Hirn des jungen Heine festgesetzt haben, daß der gealterte Pariser Emigrant die Zeilen nicht nur wortwörtlich abrufen, sondern fürs Gedicht eine breitangelegte Berlin-Reminiszenz und Hauptstadtsatire nutzen kann. Als Pointe nämlich hat sich Heine die Leutnants der Reserve und das preußische Herrscherhaus aufgespart; urplötzlich offenbart der brave Annoncentext seinen ungemütlichen Doppelsinn. Das Brandenburger Tor sei noch immer so groß und so breit wie zuvor, warnt der Dichter das Militär:

Und man könnt euch auf einmal zum Tor hinaus schmeißen,
Euch alle mitsamt dem Prinzen von Preußen –

Die Menge tut es.

Ein bemerkenswertes Gedicht! Kein Gebet stand an seiner Wiege und kein Zauber, kein Wunsch zu rühmen und kein Bedürfnis anzuklagen, kein Herzeleid und kein Natureindruck – Auslöser war die Intelligenzblattlektüre, am Anfang stand die Annonce. Mit »Die Menge tut es« dürfte Heine eines der frühesten genuinen Großstadtgedichte geschrieben haben, eins, das die große Stadt nicht romantisierend feiert oder dämonisierend verdammt, sondern stattdessen eine ihrer vielen Stimmen – hier: die der Werbung – so amüsiert wie sachlich aufgreift und fürs Gedicht nutzt. Schon vor Heine hatten große Geister die Großstadt ohne Scheuklappen gesehen. Mitte des 17. Jahrhunderts hält Descartes seinem Landsmann, dem Schriftsteller Jean-Louis Guez de Balzac, in einem Brief vor: »Wie vollkommen Ihre Einsiedelei auch war, es fehlte ihr doch einiges, was man nur in großen Städten findet.« Ende des 18. Jahrhunderts liest Georg Christoph Lichtenberg die Zeilen des Franzosen in einer englischen Zeitschrift, dem ›European Magazine‹ vom Februar 1795, und macht sich einen vorerst noch prosaischen Reim darauf. »Cartesius sagt in einem Briefe, daß man die Einsamkeit in großen Städten suchen müsse, und er lobt sich dazu Amsterdam, von wo der Brief datiert ist. Ich sehe auch wirklich nicht ein, warum nicht Börsengesumse ebenso angenehm sein soll als das Rauschen des Eichenwaldes; zumal für einen

Philosophen, der keine Handelsgeschäfte macht, und zwischen Raufleuten wandeln kann, wie zwischen Eichenbäumen, da die Raufleute ihrerseits bei ihren Gängen und Geschäften sich so wenig um den müßigen Wandler kümmern, als die Eichbäume um den Dichter.« Verkneifen wir uns die Überlegung, wieso Lichtenberg den Philosophen unmerklich über den müßigen Wandler zum Dichter mutieren läßt –, bleiben wir lieber den Dichtern selber auf der Spur, verfolgen wir eine kurze Strecke lang ihre unermüdliche Suche nach neuen Anregungen, neuen Reizen, neuen Reizauslösern – neuen Zauberwörtern also.

Daß die Dichter vor allem in den großen Städten fündig wurden, verwundert nicht. Die Großstadt war zugleich beredt und noch unbesungen – gute Voraussetzungen für jene Poeten, die aus dem Rauschen des Eichenwaldes nichts Neues mehr herauszuhören vermochten, während das Börsengesumse nach wie vor unerlöst vor sich hinträumte ...

Leider kann ich an dieser Stelle nicht mit einem veritablen Börsengedicht aufwarten. Anderes Großstadt-Gesumse aber findet sich in der Lyrik desto öfter, je mehr das 19. Jahrhundert voranschreitet, zumal bei Dichtern und Bedichtern jener beiden Hauptstädte, die schon Heine beherbergt und befruchtet hatten, Berlin und Paris.

Um die Jahrhundertwende läßt Arno Holz in seinem »Phantasus« Berlin zu Wort kommen, die arbeitende, aber auch die feiernde Stadt.

Berliner Himmelfahrtstag

In den Grunewald
seit
fünf Uhr
früh,
vom Wannseebahnhof, vom
Ringbahnhof,
über
die ... Stadtbahnhöfe ... spie
Berlin
seine Extrazüge.

Es geht ins Grüne:

Wimmelnd voller Menschen, fröhlich voller Pärchen, wuselnd voller
Familien
Saubucht, Schildhorn,
Schlachtensee,
Onkel Toms Hütte, Picheiswerder, Paulsborn, Alte Fischerhütte!

Was da passiert, ist zunächst ein atemlos alliterierendes Allotria, das nichts besonders Berlinisches hat:

Gelächter,
Gelärm, Geschrei, Geschwärm,
Geuz, Gewitzel, Gefopp, Gespitzel, Gestoße, Gestupps, Gedränge,
Geschupps!

Zwei Seiten weiter aber kommen Stimmen zu Wort, die Holz nur in und um Berlin hatte auffangen, notieren und mitteilen können: in zitierenden Anführungszeichen nennt er Vereinsnamen und Männergesangsvereinsliedgut:

Der
»Rauchklub Vesuv«,
die
»vereidigte Schwimmliga Welle Poseidon«, der »Treubund ehemaliger
Pockenkranker«,
malerisch,
bierbäuchig, weißwestig,
leichenzylindrig,
im
Halbkreise
aufgestellte, aufgepflanzte, aufgeamphitheaterreihte
Männergesangvereine:
»Wer
hat dich ... du schöner Wald!« ... »Es liegt
eine Krone!«

»An
der Weser!«
und so weiter und so weiter und so weiter und so
weiter!
»Manch«
Waldhorn klang,
»manch«
Hosenknopp sprang ... »manch« ... Stinkstiebel stank,
die
Sonne sank!
jetzt ... ist es ... Nacht.

In all dem Lärm aber erblüht die Liebe, schlagen sich die Liebenden in die nicht mehr ganz naturbelassenen Büsche:

Zwischen
entleerten, ausverzehrten,
zackenrandrissigen, zackenranddeckeligen, zackenrandplissigen
Konservenbüchsen,
zerknülltem, zerknüttertem, zerknautschtem
Stullenpapier
und
kaputten, abgepellten,
weggeworfenen, weggestreuten,
ausgetutschten,
ausgenutschten, ausgelutschten
Eierschalen
suchen sie ... die blaue
Blume!

Daß die blaue Blume auch in der Großstadt wachse, spricht sich herum, wird fast so etwas wie ein Allgemeinplatz. Um 1910 stellt Kurt Hiller in einer Schrift des »Neuen Clubs« die »Jüngst-Berliner«, ergänze »Dichter und deren Streben« vor: »So ist in der Dichtung unser bewußtes Ziel: die Formung der Erlebnisse des intellektuellen Städters. Wir behaupten (beispielsweise), daß der Potsdamer Platz uns schlechthin mit gleicher Innigkeit zu erfüllen vermag, wie das Dörfli im Tal den Herrn Hesse.«

Um die gleiche Zeit erklingen im geistig nicht allzu entfernten Paris ganz ähnliche Töne. Hören wir den Anfang von »Zone«, einem Gedicht Guillaume Apollinaires:

Am End bist du's leid dieses alte Stück Erde

Eiffelturm Hirt der Brücken hör wie sie blökt heute früh deine Herde

Du hast dieses Leben satt unter lauter alten Römern und Griechen

Hier sehn selbst die Autos aus wie Antiken
Nur der Glaube ist frisch geblieben und einfach wie die Hallen am Flughafen von Orly

Du allein in Europa o Christentum bist noch nicht alt
Papst Pius der Zehnte Ihr seid des Erdteils modernste Gestalt
Du aber schämst dich unter dem Blick der Fenster zu beten
und um zu beichten heut früh in eine Kirche zu treten
Du liest Kataloge Prospekte Plakate ihr lautes Geschmetter
ist heute früh deine Poesie und für die Prosa gibts Zeitungsblätter
und Dreißig-Pfennig-Romane mit Detektivgeschichten
Tausend verschiedene Titel die von Prominenten berichten

Zurück nach Berlin. Rund hundert Jahre nach Heine, 1921, besucht ein Dichter die Stadt Berlin, den viele bald für Heines legitimen Erben halten werden: Bertolt Brecht. Wie sein Vorgänger kommt auch er aus einer kleineren Stadt, gleich ihm hält er in der großen die Augen und Ohren offen.

»Rein. Sachlich. Böse« – läse der Jüngling gerne auf seinem Grabstein, vorerst freilich liest er die Zeitung, schneidet eine Nachricht mit der Überschrift »Bestrafter blauer Dunst« aus, klebt sie auf und schreibt ein kommentierendes Gedicht darunter. Hören wir zunächst einmal die

Meldung: »Einen originellen Strafzettel erhielt ein Motorradfahrer, nachdem er unter anderen Städten mit seiner Maschine auch Reutlingen besucht hatte. Er wurde zur Zahlung von fünf Mark und zwanzig Pfennig verurteilt wegen Hinterlassung eines bläulichen Dunstes und eines donnerähnlichen Geräusches«. Hören wir nun den poetischen Kommentar des Dichters:

Hiermit danke ich
Öffentlich
Der Stadt Reutlingen für ihre
Eines großen Dichters würdige Beschreibung
Der Ungelegenheit, welche
Ihr die Unvollkommenheit unserer Technik
Dieser Tage bereitet hat

Mit offenen Augen *und* Ohren geht Brecht durch Berlin: Er liest Zeitung, er sieht Reklame, er hört den Zeitungsverkäufern und Reklame-Ausrufern auf der Straße zu. 1939 schreibt er über »Reimlose Lyrik mit unregelmäßigen Rhythmen« und zitiert neben Gedichten und Politparolen auch zwei seiner Meinung nach vorbildlich eindringliche Reklamesprüche, den reimlosen Slogan »Du sollst nur Manoli rauchen« und den gereimten »Allen anderen zuvor der Sarottimohr«. Dreißig Jahre lang hatte sich der Annoncentext »Die Menge tut es« in Heines Hirn halten können, mindestens sechzehn Jahre lang hatte Brecht besagte Zigaretten- und Schokoladenreklame gespeichert, bevor er sie für seine Überlegungen abrief. Denn bekannt waren ihm die Sprüche schon zu Beginn der 20er Jahre gewesen, als er sie für das »dicke Ende« des vielleicht nicht ganz reinen, dafür aber schön bösen und sachlichen Gedichts »Die kleinen Verhaltungsmaßregeln mit dickem Ende« genutzt hatte:

Wenn du sie mit Säure gewaschen hast
Dann lege sie auf den Gartentisch
Betrachte sie sorglos und wählerisch
Und spreche, komm Herr Jesus, sei unser Gast
Du sollst sie aber nicht weiter gebrauchen
Du sollst nur Walasko rauchen

– so nämlich lautete der von Brecht später in »Manoli« veränderte Markenname ursprünglich, Walasko, eine Zigarettenmarke der »Waldorf-Astoria-Co«, die Anfang der 20er Jahre in Deutschland eingeführt worden war. Ein weiterer Markenartikel aber, der Sarottimohr, bildet das dicke Ende der dritten und letzten Strophe:

Nachts stehe ich oft vor einer Häuserwand
Und denke: jetzt schlafen die da so allein
jeder sein eigener Spatz in der Hand
Und dann möchte ich sie alle aufwecken
Damit sie runterkommen zu zwein und zwein
Und mich am Arsch lecken
(*Allen anderen zuvor*
Der Sarottimohr)

Rekapitulieren wir kurz, welche Großstadtstimmen bisher von Dichtern zitiert oder wenigstens genannt worden sind: die Annonce, die Vereinsnamen, die Männergesangsvereinslieder, die Kataloge, Prospekte, Plakate, Detektivgeschichten, Zeitungsmeldungen, Werbeslogans – und die Geschichte ist noch lange nicht zu Ende, da sich ihr Grundmuster verläßlich wiederholt.

Ende der 20er Jahre kommt aus einer weiteren kleineren Stadt – diesmal heißt sie: Dresden – ein weiterer junger Dichter – diesmal heißt er: Erich Kästner – in die große Stadt, um dort sein Glück zu machen. Da er für Zeitungen dichtet, gegen Geld und auf Termin, hört er besonders aufmerksam zu, als ihm eine beim ersten Hinhören besonders lyrikferne Stimme ihre ganz besonders unpoetische Botschaft ins Ohr schwallt – lauter Zahlen nämlich. Es ist die Stimme der Statistik – eine echte Herausforderung für den Dichter. Kann er es schaffen, sich einen saftigen Reim auf ihre strohtrockenen Mitteilungen zu machen? Aber ja! Bei einem versierten Gebrauchslyriker wie Kästner wird sogar ein Kreuzreim daraus – hören Sie die beiden ersten und die letzte Strophe seines Gedichts »Berlin in Zahlen«:

Laßt uns Berlin statistisch erfassen!
Berlin ist eine ausführliche Stadt,

die 190 Krankenkassen
und 916 ha Friedhöfe hat.

53 000 Berliner sterben im Jahr,
und nur 43 000 kommen zur Welt.
Die Differenz bringt der Stadt aber keine Gefahr,
weil sie 60 000 Berliner durch Zuzug erhält.
Hurra!

Ob sich das Lesen solcher Zahlen auch lohnt?
Oder ob sie nicht aufschlußreich sind und nur scheinen,
Berlin wird von 4½ 000 000 Menschen bewohnt
und nur, laut Statistik, von 32 600 Schweinen.
Wie meinen?

Zwanzig Jahre später sind all diese Zahlen Schall und Rauch, ist Berlin nach dem verlorenen Krieg viergeteilt. Doch noch immer hören Dichter auf die Stimmen der ramponierten Stadt, auch wenn diese, zeitbedingt, hin und wieder in Fremdsprachen redet:

Because of you
There's a song in my heart
Because of you my
romance had its start

Ein amerikanischer Schlager, in einer Berliner Bar des Jahres 1953 auf die Rückseite eines Rezeptblocks gekritzelt, doch bei dieser Gedächtnisstütze beläßt es der Dichter nicht. Auf der Rückseite des Blattes, offensichtlich noch am Ort all der musikalischen, textlichen und sinnlichen Eindrücke, beginnt er mit einer ersten, stellenweise noch nicht ganz ausformulierten Niederschrift eines veritablen Gedichts:

Flieder in Silbr Vasen
Ampeln gedämpftes Licht
U die Amis rasen
Wenn die Sängerin spricht

Am nächsten Tag aber legt Dr. Gottfried Benn, denn das ist sein Name, die Amischlagermitschrift seiner Frau Ilse vor, und gestützt auf ihre Übersetzung:

Weil an dich (ich denke)
Da ist ein Gesang in meinem Herzen,
Mit dir hat mein Roman begonnen,
Weil an dich (ich denke)

– mit Hilfe dieser etwas eigenwilligen Übertragung also geht Benn daran, den Barbesuch endgültig zu verdichten:

Flieder in langen Vasen
Ampeln, gedämpftes Licht
und die Amis rasen,
wenn die Sängerin spricht;

Because of you (ich denke)
romance had its start (ich dein)
because of you (ich lenke
zu dir und du bist mein).

– so lauten die beiden ersten der insgesamt sieben Strophen des Gedichts »Bar« aus dem Jahr 1953.

Gern wurden – und werden – Brecht und Benn gegeneinander ausgespielt – dezidierte Asphaltliteraten waren sie beide.

»Bei älteren Leuten (wie Klassen) macht sich der Hang zu mehr oder minder träumerischen Spaziergängen bemerkbar ... Diese älteren Typen bleiben dann mitunter vor einem Baume stehen und überprüfen anläßlich dieses Baumes ihr eigenes Innenleben«, bemerkt der junge Brecht tadelnd. »Keineswegs durch die Natur schweifen«, sagt Benn von sich, »ich war kein Rutengänger und Steppenwolf, mehr ein Sichauslegen mit Wurm und Angel, etwas anbeißen lassen.«

Wenn da ein Schlager anbeißt, um so besser! Als Brecht 1927 einen Lyrik-Wettbewerb der »Literarischen Welt« jurieren soll, verwirft er sämtliche Einsendungen aller 400 Lyriker und entscheidet sich für den Sechs-Tage-Rennen-Song »He! He! The Iron Man« von Hannes Küppers, den er »in einem Radsportblatt fand«. Dieser Wahl kann Dr. Benn nur zustimmen. »Ein Schlager von Klasse enthält mehr Jahrhundert als eine Motette«, befindet er und nennt noch ganz andere, auf den ersten Blick noch poesiefernere Stimmen, die das Gedicht in Gang setzen, in Gang halten und zu einem guten Ende führen können: »Wenn der Mann danach ist, kann der erste Vers aus dem Kursbuch sein und der zweite eine Gesangbuchstrophe und der dritte ein Mikoschwitz, und das Ganze ist doch ein Gedicht. Und wenn der Mann nicht danach ist, dann können Ehegatten ihre Frauen und Mütter ihre Söhne und die Enkel ihre Großtanten im Lehnstuhl oder im Abendfrieden vielstrophig anreimen, und selbst der Laie wird bald merken, daß das keine Lyrik mehr ist.«

Wo aber fängt Lyrik genau an – und wo exakt hört sie auf? Verharren wir noch etwas in der Mitte der 50er Jahre, um anhand zweier Gedichte aus dieser Zeit eine zugegebenermaßen nur skizzenhafte Kartographie dieser diffusen Grenzgebiete zu versuchen. Die Gedichte stammen von Ingeborg Bachmann und Helmut Heißenbüttel, und die in ihnen bezogenen Positionen erscheinen mir wie Scylla und Charybdis – wer als Dichter weder links scheitern noch rechts stranden will, muß schon sehr genau Kurs halten, um die offene poetische See zu gewinnen.

»Reklame« hat Ingeborg Bachmann ihr Gedicht aus dem Jahr 1956 überschrieben, doch nicht wie immer geartete Werbung dieser Zeit greift sie auf, ihr geht es um Reklame an sich und um ihre angesichts der Endlichkeit unserer Existenz durchweg verfehlte, lügenhafte Botschaft:

Wohin aber gehen wir
ohne sorge sei ohne sorge
wenn es dunkel und wenn es kalt wird
sei ohne sorge
aber
mit musik
was sollen wir tun
heiter und mit musik

und denken
heiter
angesichts eines Endes
mit musik
und wohin tragen wir
am besten
unsre Fragen und den Schauer aller Jahre
in die Traumwäscherei ohne sorge sei ohne sorge
was aber geschieht
am besten
wenn Totenstille

eintritt

Als Walter Jens von der »Bunten Illustrierten« gefragt wurde, was er jenen zeitverfallenen Menschen zurufen würde, die sich für die Eheprobleme von Babs und Boris Becker interessierten, antwortete er: »Menschen, die sich mit Babs und Boris Becker beschäftigen, sollten vor allem daran denken: ›Mensch, du bist sterblich, und das letzte Hemd hat keine Taschen.‹«

Ähnlich plan wenn nicht platt geschliffen ist der dämonisierende Spiegel, den Ingeborg Bachmann der Werbung, ihren Botschaften und Zielgruppen vorhält: »Leute! Seid ihr erst gestorben, hat es sich schnell ausgeworben.«

Soviel zu Scylla, werfen wir nun einen Blick auf Charybdis, hören wir Helmut Heißenbüttels Gedicht:

Erinnerungen an das Jahr 1955

Heilsarmeemajor benahm sich unsittlich
schwache Reaktion der Börse
in ganz Österreich läuteten die Kirchenglocken
überall sommerlich warm
Atomversuche beendet
Abwehrchef geflüchtet
ausgebrochener Leierkastenmann auf der Jagd nach seinem Sohn

Bern ohne Fanny
vier Stockwerk tief stürzte sich in der
Weserstraße 180 Neukölln der 27jährige Wilhelm W aus einem
Fenster in den Hof er erlag seinen Verletzungen das Motiv war Liebeskummer
einer ruft dem andern zu Eisner Schuh Eisner Schuh
so nötig wie die Braut zur Trauung ist Bullrichsalz für die Verdauung

Heißenbüttel hat dieses Gedicht kurz nach dem in seinem Titel erwähnten Jahr 1955 geschrieben – mich, den heutigen Leser erstaunt, wie wenig 50er-Jahre-Aroma diese Erinnerungen spüren lassen. Was immer der Dichter anführt – »schwache Reaktion der Börse«, »überall sommerlich warm« –, alles ist austauschbar bis auf den heutigen Tag, und wo er hätte konkret werden müssen, beim Memorieren von Werbesprüchen beispielsweise, da verharrt Heißenbüttel vollends im Vagen, wenn nicht Falschen: Der flapsige Zweizeiler »So nötig wie die Braut zur Trauung, ist Bullrich-Salz für die Verdauung« kursierte bereits mindestens zwanzig Jahre zuvor; die 50er-Jahre-Slogans dagegen gaben sich seriös und hießen zum Beispiel »Camelia schenkt allen Frauen Sicherheit und Selbstvertrauen.«

Nun war die Beliebigkeit der »Erinnerungen an das Jahr 1955« sicherlich Programm, leider hatte das ein vollständig beliebiges Gedicht zur Folge: Hatte Ingeborg Bachmann ihr Thema poetisiert und dämonisiert, so hat Heißenbüttel vor dem kruden Material kapituliert.

Hie Scylla – hie Charybdis –: Wie kommt man *da* heil durch?

Bevor ich von eigenen Fahrversuchen berichte, will ich einer Fahrt gedenken, die Peter Rühmkorf Ende der 70er Jahre unternommen hat. In seinem langen Gedicht »Im Fahrtwind« berichtet er davon, und bereits die ersten Zeilen machen deutlich, daß wir weder Dämonisierung noch Kapitulation zu erwarten haben:

Heute wieder mal alles unterwegs
Keim Kraut und Companie
Nordseelachs
Südzucker

Westzement
DAL – Deutsche Afrikalinien
Raab Karcher – Lünebest – Saunalux
Poggenpohl Küchendesign in 14 Ländern
Uelzena Milchwerke – Schmalbach Lubeca – bizzi der fröhliche
Durstlöscher
Wie gesagt, unaufhörlich auf Achse das ganze mit
Sorgenbrechern und Aufbaustoffen
Selbst der Speiseeisfahrer glaubt noch, er wär was
weil MILI hinter ihm steht
Gas – Gas – und weg!

Ebenso rasant geht das noch drei Seiten weiter, kaum daß dem Leser die Zeit bleibt, zur Kenntnis zu nehmen, welche Folgerungen der inmitten der Warenwelt in seinem Wagen dahinrollende Dichter aus all der Anschauung zieht:

Das ICH ist schließlich auch nur ein Markenartikel unter vielen:
entweder Du
löst hier nochmals einen bleibenden Eindruck aus oder
wenn du nichts mehr umwirfst
(rein charismamäßig)
bewahr wenigstens Ruhe.

Hier spricht der Dichter – dem Fund muß die Erfindung folgen, damit der Allerweltssatz oder das Allerweltswort seinen zum Gedicht drängenden Wallungswert und seinen erst im Gedicht zu sich kommenden Stellenwert offenbart: »Nordseelachs Südzucker Westzement ...«

Den Rest meiner Überlegungen könnte ich gut und gerne mit Rühmkorf-Zitaten und Rühmkorf-Gedichten zum Thema bestreiten – besonders sein Gedichtband »haltbar bis Ende 1999« gäbe viel her. Bereits der Titel ist ein Zitat aus der Warenwelt, und um Waren besonderer Art geht es auch in dem Gedicht »Das niedere Hohelied«, in dem Rühmkorf Playmates besingt: »Heheh meine unaussprechlichen Faltphänome und Aufklappsterne ...« Auch des Dichters Selbstportrait »Selbst III/88« wäre zu nennen – in diesem langen und großen Gedicht hat Rühmkorf

Schläft ein Lied in allen Dingen? 153

die Zauberworte deutscher Ortsnamen zum Singen gebracht, und gefunden hat er die im Verzeichnis deutscher Postleitzahlen, darunter auch »Hinterzarten-Fleischwangen-Büchsenschinken-Gesäß« –, mit Rühmkorf, wie gesagt, könnte mein kleiner Erkundungsgang durch den Schlafsaal heutiger Lieder ausklingen, doch wer in seiner reiferen Jugend einen Roman mit dem Titel »Ich Ich Ich« geschrieben hat, der sieht sich geradezu dazu verpflichtet, auch sich selber und *seine* Poesie der Zeitgenossenschaft wenigstens zu streifen.

Ja – auch ich habe mich in den großen Städten umgesehen und umgehört, zumeist in Frankfurt am Main; ein Jahr lang aber auch in der großen Stadt Berlin. Gleich Heine las ich aufmerksam Annoncen, nur daß ich in keinem Intelligenzblatt blätterte, sondern in der ›Bild-Zeitung‹, wobei ich mit besonderem Interesse die mit »Kontaktanzeigen« überschriebene Seite studierte. Diese Lektüre regte mich zu einem gleichnamigen Gedicht an, in welchem ich eine Auswahl des Gelesenen wortwörtlich zitierte, samt den mir oft rätselhaften Abkürzungen und den noch dunkleren Versalien:

Kontaktanzeigen

Ich bewundre die Perversen,
denn sie wissen, was sie wollen:
Wollen
Bürosp. mit Schreibtisch
Sado-Maso in Vollendung
Fesselungen, Thai-Massage
Stiefellady – Fußerotik
Tabul. Telefongespräche
Wollen
Exkl. Sie in Strapsen
Zierl. Perle a. d. Ferne
Stark behaartes bld. Mäuschen
Stöckchen u. Nad., Übernachtung
Blonde Sklavin, Regenquelle
Wollen
Kindfr. – Glattras. Schmuse

Kim, schlk. ras. AV-Turbine
Ev, ZA, ZK u. Dildosp.
NS. u. NK-Queen Nicky
ZA, Badespaß a. s. streng
Wollen
Öl u. Po Mass., zart-dom.
Kitty, Jenny, jung u. willig
Susi tabul. Barbie-Puppe
Diktat od. ein Sexy-Stündchen
Neubesetzung Oberroden
Wollen
Telefongeflüster
wollen
Neu! G. Schnecke! AV
wollen
Strenge Gummilady
wollen
Heiße Zungenspiele
wollen
Mediz. Po-Behandlung
wollen
UNSRE SPEISEKARTE
frz. opt., EL, ZA, DS,
AV, RS, NS, NK,
ZK, KB, Lesbo, FE,
TF, LE, FF, AE –:

Ich beneide die Perversen,
wenn sie kriegen, was sie brauchen.

Gleich Brecht lauschte ich den Stimmen der Werbung, als mich das Schicksal an einem Montagvormittag in ein großes Möbelhaus verschlug. Noch im Möbelhaus notierte ich die ersten Zeilen; heimgekehrt stellte ich bei der Weiterarbeit rasch fest, daß die Wirklichkeit phantastischer gewesen war, als sie meine Phantasie würde im Nachhinein imaginieren können. Daher stattete ich dem Möbelhaus einen zweiten Besuch ab, von

dem ich mit Notizen, Möbelskizzen und Werbebroschüren zurückkehrte,
mit einer Menge von authentischem Anschauungsmaterial also, das denn
auch für eine ganze längere Ballade reichte:

Ballade vom großen Möbelhaus am Montagvormittag

Ins große Möbelhaus am Montagvormittag.
Ja, bin ich denn allein hier unter all diesen Möbeln?
Ach nein, dahinten sitzt noch ein Mensch.

– Warum so melancholisch, mein Alter?
– Soll hier Möbel verkaufen, mein Herr!
– Aber die hier, die will man doch nicht einmal geschenkt haben!
– Und da fragen Sie noch, warum ich so melancholisch bin?

Im großen Möbelhaus am Montagvormittag.
Hier hätten Träume Form angenommen, lese ich.
Wieso wähne ich mich dann in einem Alptraum?

– Das rührt von der Klage der Waren her, Herr.
Jedwede Ware verlangt's nach Verwandlung.
Sie könnten all diese Möbel erlösen,
diktierten Sie etwas in meinen Bestellblock.

– Das kann nicht die Klage der Waren sein, Alter.
Zwar giert jede Ware nach ihrem Käufer,
doch in dem Gemüseladen vorhin
las ich von Traum nichts, noch spürte ich Alptraum.

Durchs große Möbelhaus am Montagvormittag.
So leicht trat ich ein, nun wird mein Schritt schwerer.
»Setz dich doch!« locken die Sessel, die Sofas.

– Ich werd mich nicht auf dich setzen, Sessel!
Täte ich es, ich würd selber zum Möbel.

Aus meiner Seite aber ein Schildchen
wüchse mit Preis und preisenden Worten:

– Aktion und Tschüß. Für 1700,–
zeugt TK putto vom Stil seines Käufers:
Sitzen, liegen, relaxen, ruhn –
wann stellen *Sie* fest, welcher Typ *Sie* sind?

– Rede nicht weiter, Sessel, ich bitt dich.
Spar deine Worte, Sofa, sonst bind ich
mir dieses Halstuch um meine Ohren:
Singt die Sirene, dann muß der Mann handeln.

Dich, großes Möbelhaus am Montagvormittag,
durchschreite ich taub für der Vorgänger Rufe.
Hätten sie aufgepaßt, sie müßten nicht betteln:

Nimm mich, den Hochlehner TK moda!
Nein mich, das Bettsofa TK madonna!
Nein mich, den Dreisitzer TK largo!
Nein mich, die Sitzlandschaft TK arena!

Werd ich, ein eigenwilliger Einzelsessel!
Nein ich, ein beispielgebendes Bettsofa!
Nein ich, eine sophistische Sofagruppe!
Nein ich, eine wertbeständige Wohnlandschaft!

Sei ich, der Kleine mit dem großen Charakter!
Nein ich, schön am Tag und bequem in der Nacht!
Nein ich, die Eigenart, die Vielfalt braucht!
Nein ich, der Wohnraum, der Wohntraum wird!

Vorm großen Möbelhaus am Montagvormittag.
Durch die Schaufensterscheibe seh ich den Alten
seufzend die Beine aufs Fußteil legen

und mählich zum TK mortale mutieren.

Gleich Rühmkorf schließlich richtete ich einen scharfen Blick auf die mich umgebenden Markenartikel, nur daß ich diese Beobachtungen nicht »Im Fahrtwind« machte, sondern an einem Ort, an welchem sich selbst der umtriebige Mensch von heute zu einer gewissen Seßhaftigkeit genötigt sieht:

Als er sich auf einem stillen Örtchen befand

Mein Blick fällt aufs
Toilettenpapier.
Darauf steht »Danke«.
Danke wofür?

Danke dafür,
daß ich es verwende
und keine edlen
Ressourcen verschwende.

Danke dafür,
daß ich es benütze
und so die Recycling-
Idee unterstütze.

Danke im Namen
von Wald und Baum:
Du sicherst unseren
Lebensraum.

Danke im Namen
von Fink und Star:
Du nimmst auch unsre
Interessen wahr.

Danke im Namen
der ganzen Natur:
So handeln
Auserwählte nur.

Danke im Namen
des blauen Planeten:
Heilig, heilig.
Lasset uns beten!

Dank für dein Dasein
in unserer Mitte!
Groß greif ich zur Rolle
und sag segnend: Bitte.

Annonce, Werbung, Markenartikel – alles, wie ich versucht habe aufzuzeigen, bereits altehrwürdige Zauberwortquellen, die dennoch vom Dichter immer wieder neu aufgesucht werden können, ja müssen, da ihnen fortwährend neue Neuheiten, neue Tollheiten und neue Torheiten entströmen.

Wie aber steht es um das bisher noch nicht aus seinen Träumen erlöste Ding? Wie um das erst einmal und erstmals zu treffende Zauberwort? Wie um den unerhörten, den neuen Gesang?

Gibt es dergleichen überhaupt? Insistierender gefragt: Findet sich dergleichen im Werk des hier referierenden Dichters? In aller Bescheidenheit gesagt: ja, ja und nochmals ja.

Stumm träumte das Graffitti vor sich hin, bis ich ihm die Zunge löste. Das geschah 1987 in meinem Gedichtband »Körper in Cafés«:

Obszöne Zeichnung am Volksbildungsheim

Pimmel an der Wand –
daß ich dich hier fand!

Malte ihn doch selber mal
prahlend an die Wände,
nahm ihn in natura auch
in die Künstlerhände.

Hielt ihn tags mit Filzstift fest
und ihm nachts die Treue,
taglang stand er an der Wand,
nachts stand er aufs neue.

Daß das nun schon lange her,
ist kein Grund zum Trauern.
Seht: Noch immer malen ihn
Hände an die Mauern.

Ist es auch nicht meiner mehr,
den die Maler feiern,
ist er doch noch immer er,
der von prallen Eiern

mächtig in die Höhe wächst,
um aus seiner Ritzen
den geschwungnen Lebenssaft
in die Welt zu spritzen:

Pimmel an der Wand meint nicht
meinen oder deinen.
War nie unser, wird's nie sein,
denn wir sind die seinen.

Soviel zum ersten Ja. Wenden wir uns dem zweiten zu:
Ja – ich glaube, die Zeitungslektüre auf eine Weise genutzt zu haben, welche das Gedicht um bisher unbekannte Beredtheit bereichert hat.
Am 7. Juni des Jahres 1995 brachte die ›Frankfurter Allgemeine Zeitung‹ ein Interview, das Steffi Graf nach ihrem Spiel gegen Gabriela Sabatini gegeben hatte. Ein Passus stach mir beim Lesen derart ins Auge,

daß ich darauf sann, wie er im Gedicht aufzubewahren sei. Dort erscheint er kursiv gesetzt, doch da man zwar Kursives lesen, ich aber nicht kursiv vorlesen kann, zitiere ich den Absatz in voller Länge, bevor ich das vollständige Gedicht zu Gehör bringe. Steffi Graf sagte wortwörtlich:
»Ich war vom ersten Punkt an voll konzentriert. Ich habe extrem beständig gespielt. Ich habe perfekt serviert. Ich habe auf den richtigen Moment für den richtigen Schlag gewartet und bin ans Netz vorgerückt, wenn ich es mußte.«

Soweit O-Ton Steffi Graf – Sätze von einer Selbstgewißheit, die an einen vergleichbar hochgemuten Schlußsatz denken lassen: Und ich sah, daß es gut war. Diese untergründig religiöse Dimension der Grafschen Worte versuchte ich dadurch in adäquaten Gesang zu überführen, daß ich sie unverändert und in voller Länge zum Bestandteil eines Steffi-Graf-Gospels machte:

Steffi Graf-Gospel
oder
Die ›Frankfurter Allgemeine‹
zitiert die Brühlerin nach deren
Spiel gegen Gabriela Sabatini
am 7. 6. 1995

Erzähl uns, Steffi, wie hast du gespielt?

Ich war vom ersten Punkt an
Was warst du?
voll konzentriert
Das warst du, bei Gott!
Ich habe extrem beständig
Was hast du?
gespielt
Beim Himmel! Das hast du getan!

Ich habe perfekt serviert
Halleluja!
Ich habe auf

Was hast du, Schwester?
den richtigen Moment
für den richtigen Schlag
gewartet und bin
ans Netz vorgerückt –

Dein Mund spricht die lautere
Wahrheit, Schwester!
Nur sag uns, Schwester,
wann, Schwester, bist du
ans Netz vorgerückt?
– wenn ich es mußte!

Wenn du es mußtest! So war's, Schwester! Amen!

Ja, ja und nochmals ja, hatte ich versprochen, doch vor dem dritten Ja möchte ich einen Exkurs einschalten, um rasch weitere, noch entlegenere Schlafplätze heutiger Lieder zu streifen. Bertolt Brecht hatte eine Zeitungsnachricht durch veränderten Zeilenfall zum Gedicht nobilitiert, Kurt Drawert vollzog diesen Ritterschlag an einem Amtsbrief, der ihn, den damaligen DDR-Bürger, am 15. 7. 1981 erreicht hatte. Das Gedicht trägt denn auch den Titel:

Gedicht, als Brief angekommen, 15. 7. 1981

»Der Antrag auf eine Reise
in das nichtsozialistische Ausland
ging bei uns ein & und wurde
gründlich beraten. Leider
ist es nicht möglich, Deinen Antrag
zu realisieren, da alle Reisen
vergeben sind.
    Freundschaft«

Es war wohl vor allem die wahrhaft unerhörte Wortfügung »da alle Reisen vergeben sind«, welche Drawert zu seinem Brief-Gedicht angeregt hat. Von diesem Werk wußte ich nichts, als ich Anfang der 90er Jahre zu Gesicht bekam, was ein Stasi-Mitarbeiter nach einer Observierung des Dichters Wolf Biermann zu Papier gebracht hatte. Es ging mir wie Drawert: Ja, das muß man doch aufheben, dachte ich und machte mich an ein Gedicht, das ich nach der Fertigstellung nur mit gemischten Gefühlen und nicht ohne leise Beschämung lesen konnte, eine Tatsache, der auch sein Titel Rechnung trägt:

Schamerfüllter Dichter

Daß der Wolf
Daß der Wolf Biermann
Daß der wortgewaltige Wolf Biermann
All sein Lebtag nichts zu Papier gebracht hat
Was sich dem vergleichen ließe, was dieser Spitzel
Was dieser gottverlassne Stasi-Spitzel in jener Nacht
notierte:

»Wolf Biermann führte mit einer Dame
Geschlechtsverkehr durch.
Später erkundigte er sich,
ob sie Hunger hat.
Die Dame erklärt, daß sie gern
einen Konjak trinken würde.
Es ist Eva Hagen.
Danach ist Ruhe im Objekt.«

Daß das nicht schlecht sei
Daß das bei Gott ziemlich gut sei
Daß das verdammt noch mal besser sei als s.o. –:
Das denkt er, und er schämt sich.

Und nun zum dritten und letzten Ja: Im Jahr 2000 wars, da fragte mich Prof. Wapnewski, ob ich im kommenden Jahr an einem Römerbad-Colloquium mit dem Titel »Schläft ein Lied in allen Dingen« teilnehmen wolle. Ich bejahte und bewahrte die Worte Eichendorffs in meinem Herzen – sollte sich aus dieser Zeile nicht etwas machen lassen?

Eine Frage, der damals ein ebenso handfestes wie akutes Interesse zugrundelag: In besagtem Jahr nämlich weilte ich dank des Wissenschaftskollegs zu Berlin für zehn Monate in der Hauptstadt und konnte dank der ›Frankfurter Allgemeinen Zeitung‹ am Ende jeden Monats poetische Bilanz in Form eines Hauptstadtgedichts für die just gegründeten sogenannten ›Berliner Seiten‹ der Zeitung ziehen. Ich wohnte im Grunewald-Viertel, in unmittelbarer Nachbarschaft von Helmut Kohl, und als ich erfuhr, der werde mit an Sicherheit grenzender Wahrscheinlichkeit an einem Freitagmorgen seine Wohnung verlassen, um erstmals wieder an einer Bundestagssitzung teilzunehmen, begab ich mich mit Stift und Heft in die Caspar-Theyss-Straße. Das März-Gedicht war fällig, und dank Wapnewskis Frage wußte ich auch bereits, wie es beginnen sollte:

»Schläft ein Lied in allen Dingen.«
Schläft auch eins in Helmut Kohl?

Um es kurz zu machen: Ich wartete vergebens. Kein Kohl kam heraus, dafür aber ein Gedicht. Es trägt den Titel:

»*Bitte nicht wecken!*«

»Schläft ein Lied in allen Dingen.«
Schläft auch eins in Helmut Kohl?
Ich will in Erfahrung bringen:
Klingt es lieblich? Tönt es hohl?

Schläft ein Kohl in guter Lage.
Wohnt, wo »Grunewald« beginnt.
Sagt ein Blick mir auf den Stadtplan,
daß wir praktisch Nachbarn sind.

Suche ich um acht Uhr morgens
in der Straße »Caspar-Theyss«
nach dem Hause Nummer zwanzig.
Find es frisch verputzt und weiß.

Schau ich lang vom breitgestreckten
Martin-Luther-Krankenhaus
auf die andre Straßenseite:
Kommt da gar kein Kohl heraus.

Will mich schon zum Gehen wenden,
bannt Geräusch mich an den Ort.
Fangen Steine an zu reden:
»Ehrenwort, Ehrenwort!«

Hör ich, wie sich Stimmen mehren.
Hallt es angsterfüllt und dumpf
vielfach von den Mauern wider:
»Spendensumpf, Spendensumpf!«

Tönt ein Lied aus leeren Fenstern.
Trägt's der Wind von Wand zu Wand,
um dort klagend zu gespenstern:
»Bimbesland, Bimbesland!«

Flieh ich fröstelnd diese Stätte.
Folgt ein Ruf mir bang und hohl
bis zum Bismarckplatz und weiter:
»Bettelkohl, Bettelkohl!«

»Schläft ein Lied in allen Dingen« –
Laßt es schlafen. Seid so gut.
»Und die Welt hebt an zu singen« –
Besser, wenn sie weiterruht.

Nun aber zum wirklich allerletzten Beispiel eines medial vermittelten Zauberworts. Es traf mich, als ich beim Abwasch Radio hörte bzw. radiohörend abwusch. Wegen der nassen Hände hatte ich nicht den Sender gewechselt, als der Kirchenfunk begann, überrumpelt, ja gebannt vernahm ich den folgenden Satz: »Die Kirche muß endlich jene frauenfeindlichen Erblasten aufarbeiten, die durch spätantike Männerkreise in die ursprünglich frauenfreundliche Botschaft Jesu hineingetragen worden sind.«

Was mich so in den Bann schlug? Natürlich die Wortpaarung »Spätantike Männerkreise«. In ihr war derart Disparates aus derart weit auseinanderliegenden Zeiten und Welten zusammengeweht worden, daß zu befürchten stand, das Paar werde wieder in seine Einzelteile zerfallen bzw. unverständlich werden, sobald der Zeitgeist sich drehte. Daher trocknete ich meine Hände rasch ab, notierte den Satz und überlegte, wie ich die beiden Worte, Insekten gleich, im Bernstein des Gedichts für alle Zeiten – oder doch für die nächsten zehn, zwanzig Jahre – würde konservieren können.

Das Ergebnis dieser poetischen Bettungsaktion fand Eingang in mein Buch »Lichte Gedichte«, nennt sich »Couplet von der Erblast« und liest sich folgendermaßen:

Spätantike Männerkreise
Haben Jesu Wort verbogen
Haben seine frohe Botschaft
Korrumpiert und umgelogen
Korrigierten Evangelien
Kujonierten die Gemeinden
Überließen Führungsposten
Unverstellten Frauenfeinden
Herr, wer ritt uns in die Scheiße?
Spätantike Männerkreise!

Spätantike Männerkreise
Eure Stunde hat geschlagen
In der Kirche haben Chauvis
Gottseidank nichts mehr zu sagen
Mußte in der Spätantike
Alles um euch Männer kreisen
Wirft man eure Erblast heute
Hohnlachend zum alten Eisen
Und wer spuckt euch in die Suppen?
Postmoderne Frauengruppen!

WAS BLEIBT?

Liebe Zuhörerinnen und Zuhörer,

willkommen zur vierten Führung durch das Haus der Poesie. Das letzte Mal haben wir uns in einem Arbeitsraum umgeschaut, nun will ich Sie durch einen Zeitraum führen, durch die vierziger und fünfziger Jahre des letzten Jahrhunderts.

Doch zuvor möchte ich Sie dazu auffordern, meine tiefe Verwunderung angesichts des Wortes »Zeitraum« zu teilen. Ein Wort, das wir wie selbstverständlich benutzen und das sich doch keineswegs von selbst versteht – schließlich sind Zeit und Raum spätestens seit Kant deutlich geschiedene, unsere Welterkenntnis konstituierende Kategorien, die schwerlich zusammengedacht, gar zusammengebracht werden können: Begreifen wir doch den Raum als in alle Richtungen begehbar, während die Zeit sich unserer Erfahrung als unerbittlich tickende Uhr darstellt, als Ablauf, welcher das Lebewesen unentrinnbar im Hier und Jetzt festhält, ihm keinen noch so kurzen Ausreißer ins Zuvor oder ins Hernach gestattend.

Im »Zeitraum« jedoch ist alles möglich, was die »Zeit« uns vorenthält – nutzen wir also das Privileg, uns kurz, aber scharf in ihm umzuschauen, im, wie gesagt, Zeitraum der vierziger und fünfziger Jahre, was die Frage aufwerfen könnte, wieso ich eigentlich gerade durch diese Dezennien zu führen gedenke. Wäre nicht ein Gang durch ein kürzer zurückliegendes Jahrzehnt für uns Heutige sehr viel aufschlußreicher? Nein, wäre es nicht, behaupte ich: Zwischen 1945 und 1955 nämlich vollzog sich in den Künsten ein tiefgreifender Wandel, der sie bis heute prägt.

Die Künste, sagte ich, da Musik, Literatur und bildende Kunst vergleichbare Veränderungen durchgemacht haben; hinzugefügt sei, daß von den Künsten in *Deutschland* die Rede ist und daß sich meine Überlegungen ausschließlich auf die Entwicklung der Lyrik im *Westen* des seit 1949 geteilten Landes beziehen werden.

Aber hören wir zunächst jemanden, der sich bereits vor Jahrzehnten

Gedanken über »Das lyrische Weltbild der Nachkriegsdeutschen« gemacht hat. Es handelt sich um Peter Rühmkorf, den Lyriker, Lyrikkenner und Lyrikkritiker, der 1962 erstaunt feststellt, »daß nämlich die ersten Nachkriegspublikationen mit Umbruch und Erschütterung, mit Wandlung oder Neubeginn nicht das mindeste zu tun hatten und daß die Überkatastrophe anscheinend nicht viel mehr als die perfekte Mittelmäßigkeit hervorzubringen imstande war«.

»Nicht Stimulantien waren hier gefragt«, fährt Rühmkorf fort, »sondern Tranquilizer, keine Mythen von Höhenflügen und Hadesgängen, sondern Trost, Zuspruch und Halt am ungetrübt Herkömmlichen.«

Worauf Rühmkorf eine Reihe von Gedichtbänden aufzählt, alle unmittelbar nach Kriegsende verlegt, deren Titel in der Tat den Eindruck erwecken, als habe ein so blitzschnell wie schonend durchgeführter Morgenthau-Plan das verwüstete Land in eine wundersam ländliche Idylle verwandelt: Friedrich Georg Jünger veröffentlicht »Das Weinberghaus« sowie »Die Silberdistelklause«, Rudolf Alexander Schröder »Alten Mannes Sommer«, Albrecht Goes »Die Herberge«, Anton Schnack »Mittagswein«, Ernst Waldinger »Die kühlen Bauernstuben«, und von Elisabeth Langgässer führt Rühmkorf »Der Laubmann und die Rose« an, um sodann folgende Bilanz zu ziehen: »Hier sprach das Gedicht nicht aus der Zeit in die Zeit, hier hatte man sich vor dem Lärm der Schlachten und dem Gorgonenblick der Geschichte an einen Ort verzogen, wo Verantwortung und Bewußtsein in gleichem Maße aufgehoben schienen und wo sich ›heute‹ auf ›Geläute‹ reimte« – als Beleg führt Rühmkorf eine Strophe von Friedrich Georg Jünger an:

O Feentage! Alte Zeiten!
So war es einst, so ist es heute.
Wie leicht und froh die Schlitten gleiten.
Von fern kommt silbernes Geläute.

All das hat Rühmkorf präzis gesehen und pointiert ausgedrückt, doch gibt es neben den Nachkriegsidyllikern auch andere, der Zeit gemäßere Stimmen. Eine 1946 erschienene Anthologie mit dem Untertitel »Deutsche Lyrik dieser Zeit« ermöglicht zweierlei: Erstens einen Blick auf die Kehrseite der Lyrikmedaille und zweitens einen Einblick in den Ausgangspunkt des bereits angesprochenen Wandels, der sich im Jahrzehnt darauf, bis 1956 also, abspielen sollte. Denn auch das letztgenannte Jahr kann mit einer zeittypischen Anthologie aufwarten, einer Gedichternte, welche mit der von 1946 nur noch wenig gemein hat, sieht man einmal von der Tatsache ab, daß beide Gedichtsammlungen lateinische Titel tragen: »De Profundis« nennt sich 1946 die erste, die zweite von 1956 heißt »Transit«.

»De Profundis«, da tönt Religiöses mit – »Aus den Tiefen, mein Herr, rufe ich zu dir« –, nichts davon läßt »Transit« anklingen, ein Wort, das Weltliches, ja Bürokratisches assoziiert: Transitvereinbarungen, Transitbestimmungen.

Von »Transit« wird noch ausführlich die Rede sein – versuchen wir zunächst die Stimmen zu deuten, welche »De Profundis« zu uns dringen.

Gunter Groll, der Herausgeber der Anthologie, hat es nicht bei dem einen Untertitel belassen. »Deutsche Lyrik dieser Zeit« präzisiert er durch den Zusatz »Eine Anthologie aus zwölf Jahren«.

Zwölf Jahre, die sich naturgemäß auf die Nazizeit beziehen, und ebenso deutlich sagt das Vorwort, daß Nazidichter natürlich ausgeschlossen seien: »Diese Anthologie enthält ausschließlich Gedichte von Autoren, die während der letzten zwölf Jahre in Deutschland lebten. Ohne Anspruch auf Vollständigkeit zu erheben, bemüht sie sich, die Stimmen des ›anderen Deutschland‹, soweit es nicht im Exil war, zu vereinigen und die Situation des deutschen Geistes in Katastrophe und Katharsis zu dokumentieren: durch Gedichte, deren innere Welt die Leiden und die Verzweiflung, die Anklage und den Widerstand, die Schuld und den Trost jener Epoche spiegelt [...]. Die meisten der hier gesammelten Gedichte sind unveröffentlicht.«

Die angestrebte Dokumentation von Katastrophe und Katharsis hat Folgen für die Auswahl. Laut Groll »fehlen in dieser Anthologie zahlreiche schöne und wesentliche Gedichte, die jenen offenen oder geheimen Kontakt mit dem Zeiterlebnis *nicht* haben. So fehlt zum großen Teil die in Deutschland nie verklungene Liebes- und Landschaftslyrik« – es fehlen also die von Rühmkorf genannten Idylliker, Dichter wie Friedrich Georg Jünger. Wer aber vertritt die Dichtung des »anderen Deutschland«?

Vorwiegend Dichter, die bereits vor den ominösen zwölf Jahren zu

Ruhm gekommen waren und die auch während dieses Zeitraums hatten publizieren können, Autoren wie Werner Bergengruen, Jahrgang 1892, Hans Carossa, Jahrgang 1878, Kasimir Edschmid, Jahrgang 1890 oder Reinhold Schneider, Jahrgang 1903.

Keiner von ihnen wird mehr in »Transit« vertreten sein, doch finden sich in »De Profundis« auch einige wenige Dichter, denen wir in »Transit« wiederbegegnen werden, Wilhelm Lehmann, Marie Luise von Kaschnitz, vor allem aber Günter Eich, der in der 50er-Jahre-Anthologie mit siebzehn Gedichten die Phalanx der 118 Dichterinnen und Dichter anführen wird.

»De Profundis« enthält lediglich drei seiner Gedichte, keines seiner heute bekanntesten ist darunter, weder »Inventur« noch »Latrine«. Doch auch das Gedicht »Der Nachtwind weht« berichtet in langen Zeilen von Eichs Gefangenschaft:

> Der Nachtwind weht das Papier der Latrinen über das Lager hin. In Gruben ruhen wie in frisch ausgehobenen Gräbern die Schläfer, von Decken verhüllt wie in spindelförmige Gespinste verpuppt, zu langem Schlaf, dem sie vielleicht entsteigen als Schmetterlinge, Spinnen und Käfer.

So beginnt Eichs Gedicht, das viel mit den anderen Gedichten der Anthologie gemein hat: Daß es von Krieg und Nachkrieg berichtet ebenso, wie die Tatsache, daß es dies in Reimen tut, wenn auch nicht in der konkurrenzlos beliebtesten Gedichtform des Sonetts.

Und auch daß Eich in seinem Gedicht »Abends am Zaun« die beiden Wörter »Kamille« und »Abendstille« jeweils auf »Gottes Wille« reimt, eint ihn mit dem Gros der Dichter, die angesichts der rings herrschenden höllischen Zustände in der Anrufung Gottes bzw. des Schöpfers wetteifern, jenes mit Heinrich Böll zu sprechen »höheren Wesens, das wir verehren«, dessen in »Transit« so gut wie kein einziger Dichter mehr gedenken wird.

Noch aber ist Gott dauernd umkreister Mittelpunkt von Klage und Anklage sowie andauernd angerufener Richter und Schiedsrichter in Sachen Schuld und Unschuld.

Das deutsche Volk – darin sind sich die meisten der in »De Profundis«

versammelten Dichter einig – hat Schuld auf sich geladen. Doch sind die anderen Völker deshalb vollkommen unschuldig?

»An die Völker der Erde« wendet sich Werner Bergengruen in dem gleichnamigen Gedicht, in welchem er dem Rest der anklagenden Welt ordentlich den Kopf wäscht:

> Völker, ihr zählt, was an Frevel in diesem Jahrzwölft geschehen.
> Was gelitten wurde, hat keiner von euch gesehen,
> keiner die Taufe, darin wir getauft, die Buße, zu der wir erwählt,
> und der Engel allein hat die Striemen und Tränen gezählt.

– mahnt Bergengruen und fährt noch stärkeres Kaliber auf:

> Völker der Welt, die der Ordnung des Schöpfers entglitt,
> Völker, wir litten für euch und für eure Verschuldungen mit.
> Litten, behaust auf Europas uralter Schicksalsbühne,
> litten stellvertretend für alle ein Leiden der Sühne.

Opferlamm Deutschland – auch Reinhold Schneider stößt in dieses Horn:

> Laß unsrer Städte Opferglut die Schuld
> Der ganzen Welt, barmherziger Gott, verzehren!

– erfleht er in dem Sonett »Nun überragt das Kreuz die Städte alle«.

Höchst heikle Schuldzuweisungen und Entschuldigungen, doch sei festgehalten, daß in »De Profundis« Begriffe wie Verbrechen und Schuld, Zerstörung und Verstörung, Vergeltung und Versöhnung eine zwar zwielichtige, doch alles in allem zentrale Rolle spielen.

Sogar der Judenverfolgung wird gedacht. Von Kasimir Edschmid findet sich ein Sonett mit italienischer Überschrift, »Sono Ebréi«, laut Anmerkung in Italien verfaßt, in »Ascoli Piceno 1942«.

Da wird zunächst in den Quartetten ein bukolisch-zeitloses Italien gemalt samt »Palmenhain«, »Meerheiterkeit« und »der Olivenwipfel zärtliches Heer«, da sieht der Dichter »Picenos fromme Kinderschar« zum Dom hinaufziehen, doch in den Terzetten kippt die Idylle:

Allein wir dachten andrer, jener matten
Fremdkinder, in der Rocca kaserniert,
Hebräscher Kinder, die kein Heim mehr hatten,

vor deren Blick, aus dem die Angst noch stiert,
auch Meeresblühen wird zu blutigem Schatten
und Gott ein Dämon, der nur Schmerz gebiert.

»Hebräscher Kinder« – warum diese ungewohnt klingende Verkürzung des viersilbigen Adjektivs »hebräischer«, wo Kasimir Edschmid doch auch »jüdischer Kinder« hätte sagen und damit im Versmaß bleiben können?

Ein weiteres Gedicht aus »De Profundis« legt die Vermutung nahe, es sei den Nazis gelungen, dem Wort »Jude« einen derart schimpflichen Klang zu verleihen, daß deutsche Dichter besagter zwölf Jahre es nicht mehr in den Mund zu nehmen wagten.

»Die letzte Epiphanie« ist ein Gedicht Werner Bergengruens überschrieben, in welchem er Gott selber zu Wort kommen läßt:

Ich hatte dies Land in mein Herz genommen.
Ich habe ihm Boten um Boten gesandt.
In vielen Gestalten bin ich gekommen.
Ihr aber habt mich in keiner erkannt.

Als »zitternde geistgeschwächte Greisin« sei er den Deutschen erschienen, als »verwaister Knabe auf östlichen Flächen« und nicht zuletzt als Verfolgter:

Ich klopfte bei Nacht, ein bleicher Hebräer,
ein Flüchtling, gejagt, mit zerissenen Schuhn.
Ihr riefet dem Schergen, ihr winktet dem Späher
und meintet noch Gott einen Dienst zu tun.

Das Gedicht wurde 1944 verfaßt; das Ende ist nah, und Gott läßt die Maske fallen:

Nun komm ich als Richter. Erkennt ihr mich jetzt?

Ein Gedicht, das ein großes, ja bewegendes Thema behandelt: Die unterlassene Hilfeleistung, die versäumte Tat, den Verrat und die Schuld – aber ist es auch ein großes Gedicht? Ist nicht das kreuzbrave abab des strikt durchgehaltenen Kreuzreims ständig in Gefahr zum Leiern zu verkommen? Haben nicht abgenutzte Reime wie »Brot – Tod« und gezwungene Wortpaarungen wie »Tagelöhner – struppiger Fröner« ein Achselzucken, ja Befremden des Lesers zur Folge?

Bergengruens Gedicht ist heute vergessen, während ein anderes, fast zeitgleich entstandenes Gedicht zum Thema der Judenausrottung in keiner Anthologie deutscher Dichtung fehlt und jedem vertraut ist, der sich mit der Lyrik der Nachkriegszeit beschäftigt hat: Paul Celans »Todesfuge«.

Sie wurde 1947 erstmals veröffentlicht, und spricht eine ganz andere Sprache als die »De Profundis«-Dichter:

Schwarze Milch der Frühe wir trinken sie abends
wir trinken sie mittags und morgens wir trinken sie nachts
wir trinken und trinken
wir schaufeln ein Grab in den Lüften da liegt man nicht eng
Ein Mann wohnt im Haus der spielt mit den Schlangen der schreibt
der schreibt wenn es dunkelt nach Deutschland dein goldenes Haar
                                                          Margarete
er schreibt es und tritt vor das Haus und es blitzen die Sterne er
                                         pfeift seine Rüden herbei
er pfeift seine Juden hervor läßt schaufeln ein Grab in der Erde
er befiehlt uns spielt auf nun zum Tanz

Uns – denn Celan ist Jude, Jahrgang 1920, Sohn einer deutschsprachigen Familie aus Czernowitz; er verlor beide Eltern in ukrainischen Konzentrationslagern, überlebte selber zwischen 1942 bis 1944 in einem rumänischen Arbeitslager, war zwischen 1945 und 1947 Lektor und Übersetzer in Bukarest und gehörte dem Surrealistenkreis um Gerasim Luca an.

Das alles entnehme ich den Anmerkungen, die Marcel Reich-Ranicki seinem Kanon der deutschen Lyrik angefügt hat. In ihm findet sich – selbstverständlich – die »Todesfuge«, doch er enthält auch ein Gedicht von Immanuel Weißglas mit dem Titel »Er«, das so etwas wie ein missing link darstellt zwischen dem traditionellen, strophisch gegliederten und gereimten Gedicht mit seinen behutsam eingesetzten, häufig recht abgenutzten Metaphern und den dunklen Bildern, die Celans Fuge durchziehen, um sich hin und wieder in schrecklich klaren Aussagen zu konkretisieren – ein regelrecht »geflügeltes Wort« wurde der Satz »Der Tod ist ein Meister aus Deutschland«.

Immanuel Weißglas, nur unwesentlich älter als Celan, ebenfalls Jude, ebenfalls aus Czernowitz gebürtig, ebenfalls zur Zwangsarbeit gezwungen, war nach dem Kriege ebenfalls als Dichter in Bukarest tätig. Er und Celan kannten einander – darüber, wieweit sie auch die Gedichte des je anderen kannten, findet sich in den Anmerkungen nichts, so daß ich mich auf die Vermutung beschränken will, die beiden damals noch jungen Dichter hätten nicht nur Gedanken, sondern auch Bilder ausgetauscht. Zu Teilen liest sich Weißglas' Gedicht wie eine versifizierte, im Sprach- und Bildgebrauch zurückhaltendere, auch rückwärtsgewandtere Version der »Todesfuge«. Oder sollte es sich genau andersherum verhalten haben: War es Celan, der den Weißglasschen Bildern jene dunkel leuchtende Aura verlieh, die so suggestiv mit der »Schwarzen Milch der Frühe« anhebt?

Ein paradoxes Bild, das wir bei Weißglas nicht finden. Dafür lesen und hören wir folgendes:

Wir heben die Gräber in die Luft und siedeln
Mit Weib und Kind an dem gebotnen Ort.
Wir schaufeln fleißig, und die andern fiedeln,
Man schafft ein Grab und fährt im Tanzen fort.

ER will, daß über diese Därme dreister,
Der Bogen strenge wie sein Antlitz streicht:
Spielt sanft vom Tod, er ist ein deutscher Meister,
Der durch die Lande als ein Nebel schleicht.

Das Gedicht hat vier Strophen. Die vierte lautet:

ER spielt im Haus mit Schlangen, dräut und dichtet,
In Deutschland dämmert es wie Gretchens Haar.
Das Grab in Wolken wird nicht eng gerichtet:
Da weit der Tod ein deutscher Meister war.

Ziehen wir aus all den offensichtlichen Parallelen zwischen den beiden Gedichten keine voreiligen Schlüsse! Ich habe sie nicht deswegen angeführt, um Urheberschaften zu klären bzw. anzuzweifeln, sondern um zu belegen, wie sehr die herkömmlichen Schubladen »traditionell« und »modern« dann klemmen, wenn ein Gedicht oder ein Dichter in keine der beiden passen will. Dennoch muß die Arbeit des Scheidens und Unterscheidens immer wieder – und das meint spätestens von Jahrzehnt zu Jahrzehnt – geleistet werden, auch auf die Gefahr hin, daß die sich klüger dünkenden Nachgeborenen das Ergebnis mit Kopfschütteln, wenn nicht mit einer gewissen Belustigung zur Kenntnis nehmen. Der bereits erwähnte Walter Höllerer hat sich diesem Risiko furchtlos ausgesetzt – das vorweg, und nun einige Worte zu seiner ebenfalls bereits angeführten Anthologie »Transit«.

Vor nunmehr fünfzig Jahren, also 1956, legte Walter Höllerer, damals noch als Dichter und Sichter in Frankfurt am Main tätig, eine Gedichtanthologie mit dem Titel »Transit« vor.

»Das Wort TRANSIT heißt auf deutsch: ›es geht hindurch‹, aber auch: ›es geht darüber hinaus‹«, schreibt Höllerer im Vorwort und präzisiert: Dieses Buch »soll die deutsche Lyrik der Jahrhundertmitte in ihren Brennpunkten zeigen und in Bewegungen, die weiterzulaufen scheinen, über diese Jahrhundertmitte hinaus, Linien, die ins Offene führen. Was von diesen Linien tatsächlich fortbestehen wird und was sich als ein vorübergehend aufblitzender Weg herausstellt, der dann abbricht, das festzustellen wird den Späteren überlassen bleiben.«

Fünfzig Jahre später, zum Jahrtausendbeginn, ist es – spätestens – an der Zeit, Höllerers Aufforderung Folge zu leisten: Was hatte es mit der von ihm versammelten Lyrik auf sich? Was mit den in sie gesetzten Hoffnungen? Und was können wir Späteren mit alledem noch anfangen?

dunkler mantel auf den geleisen
die roten zeichen
lehren den flug
und aus der nacht springt
eine blinde tänzerin
über die wandernden teppiche

Lassen wir die Frage beiseite, was uns der Dichter Peter Härtling damit sagen wollte, versuchen wir eine vorauseilende Antwort auf die zuvor gestellten Fragen: Die Anthologie ist eine Kippfigur – je nach Blickwinkel zeigt sie zwei deutlich geschiedene Gesichter, ein sehr zeitgemäßes ebenso wie ein herzlich abgetanes. Mit »Transit« hat Höllerer Weichen gestellt, ein Vorgang, welcher die Richtung des deutschen Lyrik-Zugs bis auf den heutigen Tag verändert hat und immer noch bestimmt. Doch gilt dieses ungebrochene Weiterleben auch für die vom Herausgeber versammelten Dichterinnen und Dichter?

Auf jeden Fall war die Zeit reif, und das galt um die Jahrhundertmitte nicht nur für die Lyrik, sondern auch für die bildende Kunst: Reif für den erklärten Wiedereintritt deutscher Künstler in eine je nach Gesichtskreis internationale oder abendländische Moderne. 1955, ein Jahr vor Erscheinen von »Transit«, hatte die Kasseler Ausstellung »documenta« deutsche und europäische Gegenwartskünstler in den Zusammenhang einer zeiten- und länderübergreifenden modernen Kunst gestellt: Da wurde, zumal vom Katalogschreiber Werner Haftmann, der Eindruck erweckt, die abstrakte Kunst der 50er Jahre sei bei Licht betrachtet die Erfüllung all jener Blütenträume, welche die Väter der Moderne, die Picasso, Matisse und Beckmann, gehegt hatten, ohne doch den Schritt in die Ungegenständlichkeit zu wagen.

Eine waghalsige, wenn nicht schwindelhafte Genealogie – hatten doch all die Genannten von diesem Schritt expressis verbis nichts wissen wollen –, eine Form der Legitimationserschleichung, welcher sich Höllerer ebenfalls bedient, da auch er Lichtgestalten, Kronzeugen und Märtyrer der ersten, bereits vor dem Ersten Weltkrieg einsetzenden Moderne als Steigbügelhalter für die von ihm postulierte zweite reklamiert: Durch »Transit« ziehen sich die Gedichte älterer deutschsprachiger Dichter von Hofmannsthal bis Brecht, sowie stützende Randnotizen, welche von

Rimbaud bis Ezra Pound niemanden auslassen, der sich international als Poet und Poetiker bewährt hat.

»Von den älteren Dichtern sind nur solche Verse aufgenommen worden, die Marksteine sind auf Wegen, die weiterhin beschritten wurden« – zu diesen Worten Höllerers kann der Spätere nur ungläubig den Kopf schütteln. Welcher 50er-Jahre-Dichter hätte denn den Balladenton von Brechts »Legende von der Entstehung des Buches Taoteking« aufgenommen? Wer den Gebrauchslyrik-Gestus von Kästners »Sachlicher Romanze« weitergeführt?

Richtiger liegt, wer angesichts der Ahnenreihe auf lupenreine Literaturpolitik tippt – gehört es doch zum Ritus jeder Inthronisation, die Rechtmäßigkeit des Neugesalbten durch möglichst beeindruckende Vorfahren zu beglaubigen.

Wobei »Transit« gleich zweierlei beglaubigen soll, die moderne Dichtung der 50er Jahre und ihre modernen Dichter, nicht zuletzt den Herausgeber und seine beiden Helfer: »An der Komposition dieses Buches und an der Formulierung der Zwischentexte waren Herbert Heckmann und Franz Löffelholz in vielen Beratungsstunden beteiligt.«

»Dieses Buch« ist eine auf den ersten Blick höchst ungewöhnliche Anthologie. Herausgeber und Helfer haben sämtliche Gedichte der Verfasserangaben beraubt, namenlos sollen sie miteinander ins Gespräch kommen, kanalisiert in sechs Abteilungen, die »Augenblick – Modernes Märchen« heißen oder »Chimären – Odyssee«.

Schlägt man jedoch im Inhaltsverzeichnis nach, so hat wieder alles seine Ordnung, sprich: jedes Gedicht einen Verfasser, und unschwer läßt sich feststellen, wieviele Gedichte welcher Dichter sich da prima vista anonym durch die Gedichtsammlung ziehen.

Mit siebzehn Gedichten führt Günter Eich die Hit-Liste an, es folgen mit je zwölf Gedichten gleichauf Hans Arp und Walter Höllerer, und auch seine im Vorwort genannten Helfer konnten sich auf den vorderen Rängen plazieren: Herbert Heckmann mit neun Gedichten und Franz Löffelholz, besser bekannt als Franz Mon, mit acht.

Zum Vergleich: Auch ein Paul Celan bringt es in »Transit« auf acht, Ingeborg Bachmann nur auf sieben und Hans Magnus Enzensberger gar auf schlappe sechs Gedichte.

»Lyrikbuch der Jahrhundertmitte« – diese Unterzeile meint naturgemäß nicht: Lyrik der Jahrhundertmitte. Die Auswahl der in »Transit« versammelten Nachkriegsgedichte setzt deutlich früher ein: Günter Eich ist mit Gedichten vertreten wie »Latrine« und »Inventur«, beide noch in der Kriegsgefangenschaft enstanden; 1948 wurde Paul Celans »Todesfuge« erstmals in »Der Sand aus den Urnen« veröffentlicht; von Walter Höllerer findet sich sein bekanntestes Gedicht, »Der lag besonders mühelos am Rand«, eine Rückzugsreminiszenz aus dem Rußlandfeldzug – doch signalisieren all diese zeitbezogenen Verse vor allem der Vergangenheit verhaftete, noch zögernde Schritte in eine zeitenaufhebende Moderne, die erst ab 1950 siegreich das Feld beherrscht.

Auch formal. Hatten die genannten Gedichte noch gereimt oder metrisch gegliedert auf die Zumutungen der Geschichte reagiert, so sind solche Reaktionsformen Mitte der 50er selber Geschichte, und das in zweierlei Hinsicht.

»Der Moment 1945, der dem Ich ein wahreres Gegenüber befreite« – wer imstande ist, das Kriegsende in ein derart poetisches, alle schnöde Historie überstrahlendes Licht zu tauchen, wer ihn wie Walter Höllerer als weiterwirkenden »moment créateur« feiert, dem wird all das, was vor diesem Moment geschehen ist, verblassen angesichts der Freiheiten, die es nun allüberall zu erstreiten bzw. zu nutzen gilt. Vornehmste Aufgabe des modernen Dichters aber ist es, das Gedicht zu befreien, von tradierten Inhalten ebenso wie von überkommenen Regeln.

»In diesem Buch fehlen [...] die Gedichte, die [...] das Erlebnisgedicht [...] fortführen«, schreibt Höllerer einleitend, er hätte auch das Erzählgedicht nennen können, das Sinngedicht, das Tendenzgedicht, das Scherzgedicht, das Nonsensgedicht, die Gedanken- wie die Gebrauchslyrik.

Dafür ist auf der poetischen Habenseite der Wegfall allen Formzwangs zu verbuchen, der über die Faustregel »links bündig – rechts flatternd« hinausginge. Kaum ein jüngerer Dichter, der diesen Freibrief nicht nutzte, vor allem aber machen so gut wie alle von der Freiheit der schrankenlosen Metaphernwahl, der höchstpersönlichen Symbolhäufung und der ungezügelten Bildvermengung Gebrauch, mit dem bemerkenswerten Ergebnis, welches der ebenso rabiate wie scharfblickende »Transit«-Kritiker Leslie Meier alias Peter Rühmkorf bereits 1958 in der Zeitschrift »konkret« auf den folgenden Punkt brachte: »Keiner mit eigenem Inventar? Kaum! Zwar bemüht sich ums Ausgefallenste jeder, keiner, der nicht sein Übersoll an Entlegenem leistete, der nicht von überall her das Edle, Rare, Bizarre, Verquere und seltsam Geformte zusammenträgt – aber, und das ist von geradezu magischer Kuriosität: Schließlich konvergieren die scheinbaren Ausgefallenheiten alle in jenem Schnittpunkt der allgemeinen Teilhabe: das Groteske von der Stange, das Edle als Norm und das Besondere im Kollekteam.«

Hellsichtige Worte eines Frühen! Doch wie steht es um Belege? Die hofft der Spätere dadurch nachzureichen, daß er eine weitere Freiheit der 50er Jahre und ihre Folgen für die 50er-Jahre-Lyrik ins Visier nimmt: die Reisefreiheit.

»Der schöpferische Mensch trägt die Verantwortung für die Wirklichkeit«, schreibt Höllerer – welche 50er-Jahre-Wirklichkeit lernt der heutige »Transit«-Leser kennen? Eine sehr reduzierte, sowohl thematisch wie geographisch. Was immer die Deutschen jener Zeit bewegte, bleibt ausgeblendet: Wiederaufbau, Wiederbewaffnung, Wirtschaftswunder. Ebenso spielt Deutschland als Raum keine Rolle; einzig Günter Eich bleibt im Lande, bedichtet »Herrenchiemsee« und »Niederschönhausen«. Doch schon wenn Helmuth de Haas ein »Lob der Mosel« anstimmt, bahnt sich dieser Fluß dem Zeitgeist folgend einen Weg ins allgemein Abendländische:

Zwischen Bordeaux und Bremen
Fließt meine Mosel und nennt sich
Auch Moldau, Garonne, Donau, Peneios.

Womit sich de Haas' Moselfluß als Mainstream entpuppt – so wie sie zieht es auch die »Transit«-Poeten über die Grenzen, freilich nicht in jede Richtung. Der Osten ist unzugänglich, der Norden lockt lediglich H. C. Artmann, der ein mit »Dover« überschriebenes Gedicht beisteuert, das Gros der deutschen Dichterinnen und Dichter aber reist dorthin, wohin auch »der Deutsche« erst zögernd, dann massenhaft aufbricht: In den Westen, vor allem aber in den Süden.

Wieland Schmied bedichtet die »Toscana«, Paul Celan das umbrische »Assisi«, Marie Luise Kaschnitz die römische »Campagna« und Walter Gross die Hafenstadt »Trapani«.

Rom inspiriert Ingeborg Bachmann zu »Römische Nächte« und

Walter Höllerer zu »Nächte der Scalinata«. Sein langes Gedicht »Ruft ›Seppia‹, kauft den Tintenfisch« ist zum besseren Verständnis mit dem Zusatz »Fischmarkt Piazza Campo dei Fiori« versehen; dann zieht es den beweglichen Mann weiter, zur »Hafeneinfahrt« von Neapel, um sodann im kalabrischen Cap San Andrea zu landen, wo er in seinem Gedicht »Schneeblauer Wind« en passant einen kennerischen Tip in Sachen landestypisches Gebäck zu plazieren vermag:

Hols bei Simone – er röstet die Mandeln am besten

– ich gestehe, daß ich diesen kindlich zu nennenden Stolz auf Süd-Kennerschaft und Dolce-Eingeweihtsein nicht ohne Rührung zur Kenntnis genommen habe – war doch auch ich einer jener deutschen Kunstreisenden gewesen, jemand, der bereits mit fünfzehn Jahren – wir schreiben das Jahr 1953 –, nicht nur gewußt hatte, daß er als bildender Künstler nach Italien fahren mußte, sondern auch, was er dort wahrzunehmen und festzuhalten hatte: Netzeflickende Fischer, Frauen, welche Gefäße auf dem Kopf balancierten, quer über die engen Straßen gespannte Wäscheleinen, Agaven und Meer.

Ein Italienbild, das der Fünfzehnjährige voll und ganz mit all den im Schnitt doppelt so alten »Transit«-Dichterinnen und Dichtern teilt, die im sonnigen Süden unverfälschte Natur und heile Welt zu finden hoffen.

»Ein mediterranes fischerdorf ist eine gesellschaft, die noch intakt ist«, schreibt Hans Werner Henze 1955 an die Freundin Ingeborg Bachmann; schon ein Jahr zuvor hat er sie beschworen, nur ja keine Anstellung in München anzunehmen: »Du hast in nazideutschland nichts zu suchen. [...] Du bist nicht gemacht für den wartesaal 2. klasse im bayrischen rundfunk, umgeben von scheissintellektuellen cretins, und nicht für das café luitpold. Du musst auf steinigen pfaden aufgezäumt auf maulesel schwing die peitsche zwischen den eisigen blicken von eid-echsen und kräutersammlern gegen den morgenstern zu, so musst Du auf das unvermutete zureiten.«

Ingeborg Bachmann folgt der Einladung Henzes nach Ischia, und dort besingt und feiert sie das einfache, in festen Ritualen verankerte Leben der kleinen, gläubigen Leute, als wär's ein Stück von ihr. »Einmal muß das Fest ja kommen«, erhofft sie und ruft die Heiligen Antonius, Leonhard und Vitus an, um folgende Bitten zu Gehör zu bringen:

Honig und Nüsse den Kindern,
Volle Netze den Fischern,
Fruchtbarkeit den Gärten,
Mond dem Vulkan, Mond dem Vulkan!

Womit sie eine Schlüsselfigur der Anthologie benennt: den Fischer.

Sowenig in all den Italien-Gedichten Mechaniker, Barmänner oder Eisverkäufer figurieren – nicht zu reden von streikenden Arbeitern, Emigranten oder Fabrikbesitzern –, so unumschränkt beherrscht der Fischer die Arbeitswelt beziehungsweise seinen Arbeitsplatz, das offene Meer, welches der archaische Mann denn auch nicht mit knatterndem Motor, sondern mit stilvollem Segelboot beschifft, geprägt von Geschichte und gegerbt vom Meersalz:

Europaspur im Antlitz, Geleitzug von
Triëren, Koggen, Masken des Dionys

Das alles sieht Walter Höllerer im »Gesicht des Fischers«, zudem vernimmt er auch etwas:

Mehr, als du ahnst, Gesang.
Fernblickende Inseln.
Prall wie am ersten Tag die Segel.

Gesang? Der Deutsche wußte anno 55 nur zu gut, was so ein italienischer Fischer zu singen pflegte:

Bella, bella, bella Marie,
bleib mir treu, ich komm zurück morgen früh.
Bella, bella, bella Marie,
vergiß mich nie.

Südsehnsucht eint den deutschen Dichter und den deutschen Schlagertexter jener Jahre, fast will es scheinen, letzterer käme der »Verantwortung für die Wirklichkeit« bewußter nach als der »schöpferische

Mensch« dieser Zeit. Zwar feiert auch der deutsche Schlager den italienischen Fischer – »Wenn bei Capri die rote Sonne im Meer versinkt« –, zwar besingt auch er den Süden als Ort der Erfüllung – »Florentinische Nächte/ihr bleibt mir im Gedächtnis/als das große Vermächtnis/einer Reise ins Glück« –, doch regt sich im populären Sangesgut so etwas wie Nachdenklichkeit angesichts der Tatsache, daß in den fünfziger Jahren nicht alle Menschen freiwillig verreisen: »Eine Reise in den Süden ist für andre schick und fein,/doch zwei kleine Italiener möchten gern zu Hause sein.«

Das zeugt von sozialer Empathie, zeitbezogener Wahrnehmung, welche dem deutschen Gedicht der 50er Jahre vollkommen abgeht; auch hätten Dichterinnen und Dichter sich vermutlich gegen die Klassifizierung ihres Reisens als »schick und fein« verwahrt. Reisten sie doch nicht einfach in den Süden auf der vulgären Suche nach Sonne, Strand und Freizeitspaß, ihr Süden war sowohl geschichtenreich wie geschichtslos, bevölkert von Mythen und Figuren der griechischen Sagenwelt – Inbegriff des Reisenden ist der vielzitierte und oft besungene Odysseus – sowie von jenen schlichten Menschen, die wie vor Jahrtausenden ihren zeitlosen Verrichtungen nachgingen.

Beispielsweise dem Fischfang, weshalb der Fisch denn auch das Wappentier der Kunst jener Zeit genannt werden kann, massenhaft dargestellt auf semiabstrakten Ölbildern, auf »Griffelkunst«-Graphiken, grellen Tapeten, asymmetrischen Schmuckvasen und, in Mosaik gelegt oder in Metall gebogen, auf durch »Kunst-am-Bau« verschönten Häuserwänden. Ebenso unablässig wurde der Fisch besungen. Schon ein oberflächlicher Fischzug quer durch »Transit« beschert derart prallgefüllte Netze, daß es jeden Rahmen sprengen würde, wollte man sie unsortiert ausschütten. Statt dessen sollen ausgesuchte, bereits filetierte Fänge serviert und als »Wandlungen des lyrischen Fischs im deutschen Gedicht der 50er Jahre« aufgetischt werden.

Bleiben wir anfangs noch im Lande, beginnen wir mit Peter Huchels Vater, einem Fischer, dem der Sohn die folgende Beobachtung zuschreibt:

Die nasse Stange auf den Knien,
Die Hand vom Staken wund,

> Er sah die toten Träume ziehn
> Als Fische auf dem Grund.

Wolfgang Weyrauch ist da schon weiter. Er sieht die Fische nicht nur, er hört sie auch:

> Gesang, die Frage stellend,
> Weshalb, seit wann und wie
> Ein Fisch, zum Maste schnellend,
> Gefoltert Sätze schrie?

Versuchen wir keine Antwort, halten wir lediglich fest, daß der Fisch nicht nur den toten Traum bedeuten, sondern auch die stellvertretend leidende, sprachbegabte Kreatur darstellen kann. Was für Weyrauch freilich nicht heißt, dem Fisch deshalb auch in unseren Städten ein Heimatrecht einzuräumen:

> Gesang, daß Wasserzeichen
> Nicht schwemmen in die Stadt,
> Daß keine Haie laichen
> Diesseits von Meer und Watt.

Nun laicht der Hai zwar nicht, da er zu den lebendgebärenden Fischen gehört, doch dem, der bereits schreien kann, wird man die Fähigkeit zu laichen nicht absprechen wollen. Wenden wir uns also Erich Fried und seinem Gedicht »Panta Rei« zu, in welchem der Fisch zum Körperteil mutiert:

> Im Fenster das Mädchen
> Ist eine von vielen Wellen
> Ihr Lachen gespiegeltes Licht
> Ihr Herz ist ein Fisch

Eine einigermaßen schlichte Metapher – Fisch ist kalt, Herz ist kalt, ergo ist Herz Fisch –, vergleicht man Frieds Ausbeute mit dem, was Wieland Schmied in seinem Gedicht »Die Fischer« alles dem Fisch und uns abverlangt:

Zwischen Island und Adria
Wollen wir die Pflanzungen bereiten
Für die Geschlechter der Wale

– fordert er uns auf und rechtfertigt durch diesen Dienst am Wal nicht nur recht ungewöhnliche Ankergründe:

Wir ankern im Herzen eines Delphins

– sondern auch recht abwegige Fischzüge:

Wir fischen nach Riffen.
Wir wollen Land gewinnen aus der Dämmerung
Um den Raum zu erweitern
Für die Augen der Schwertfische.

Ob die Schwertfische diesen augenbezogenen Raumgewinn auch zu würdigen wissen? Oder ob sie wohlweislich schweigen, um nicht Ernst Meister auf sich aufmerksam zu machen? Der nämlich hat ebenfalls etwas mit den Fischaugen vor. Doch erst einmal läßt er sein Gedicht »Der Fischzug« mit der verstörenden Mitteilung beginnen, die Fische seien Gefangene des nassen Elements:

Wir wollen Brücken erleben und die Gewässer unter den
Bögen und das Gefängnis der Fische beschreiten: Das Wasser.

Das dürfte ein Fisch anders sehen, sofern er nach Meisters Besuch überhaupt noch etwas sehen kann. Für den nämlich ist das Schuppentier Bauland:

Und in den Augen der Fische, bläulich dem Spiegel
verschwommen, wollen wir Teiche anlegen, daß
mit den Augen das Wasser verquickt sei.

Kein Wunder, daß die Fische zum Gegenangriff übergehen, wovon Günter Eich in »Wo ich wohne« ein Liedchen singen kann:

Als ich das Fenster öffnete,
Schwammen Fische ins Zimmer

Kein Wunder auch, daß sich der bereits genannte Ernst Meister ebenfalls zu den Opfern zählt. Sein Klagegesang »Zerstreuung eines Fisches« jedenfalls stempelt den Fisch zum Täter, obgleich der guten Grund hätte, die Rollenverteilung umzukehren:

Ja, das ist Chaos: als ein Fisch
Zum Mahl erscheinen auf dem Tisch.

Christoph Meckel sieht das denn auch ganz anders. In seinem Gedicht »Goldfisch« erweist sich der Fisch als standorttreu und ordnungsliebend – von Chaos keine Spur:

Seit ich den Mond und das Wasser liebe,
Lebt ein Goldfisch in meinem Haar

– ein etwas ausgefallener Platz, welchen der Fisch jedoch nicht zu räumen gedenkt, worauf der Dichter resigniert:

Ich werde ihn weitertragen.

Da hat es Max Hölzer doch besser getroffen. Er muß keinen Fisch tragen, ihn und seine Liebste trägt ein auch als Möbel verwendbares Flossentier:

Unser Bett ist ein fliegender Fisch

Doch der lyrische Fisch der 50er Jahre ist nicht nur imstande, Liebende zu tragen, er ist auch seinerseits heiratsfähig:

Ich will weiter auf den Flüssen fahren,
Es ist nutzlos, daß ihr mich so quält

– ruft Astrid Claes ihren Freunden zu und ist um eine Erklärung nicht verlegen:

Denn ich habe mich vor vielen Jahren
Einem mächtigen Delphin vermählt.

Kann eine solche Ehe gut gehen? Es hat nicht den Anschein:

Niemals seh' ich ihn, denn er muß schlafen
Irgendwo im Tiefen, wo er lebt.
Manchmal singe ich in einem Hafen,
Weil ich weiß, daß er sein Haupt dann hebt.

Astrid Claes singt für ihren Fisch, in Hans W. Cohns Gedicht »Im Zeichen der Fische« revanchieren sich die nassen Gesellen:

Als Joseph aus dem Brunnen stieg, die Hände voller Saat
Begleitete der Fische Lied ihn in die goldne Stadt.

Aber Obacht! Wer zu singen vermag, der kann auch lärmen:

am Cap San Andrea blitzt ein Fisch.
Hörst du die Kiemen klirren?

– fragt Walter Höllerer, und Ingeborg Bachmann weiß gar vom »fiebernden Fisch« zu berichten, eine ungewohnte Vorstellung, die, analog zu F. K. Waechters bekanntem Cartoon »He Bauer, dein Huhn hat Fieber!« das Bild von einem besorgten Fischmarktkunden weckt, der, die Hand an eine Fischstirn gelegt, ausruft: »He Fischer, dein Tümmler hat Temperatur!«

Doch derart malade, mit fiebernden und klirrenden Fischen, soll unser Fischzug durch die 50er-Jahre-Lyrik denn doch nicht enden. Wo bleibt das Positive, Herausgeber Höllerer?

Es findet sich in seinem langen, vielstimmigen Gedicht »Hafeneinfahrt«, in welchem ein Kommentator das »Steinlied« anstimmt:

Mein Auge fliegt
Zu Stein gebrannt
In die Republik
Den Fischen ins Land.

Läßt sich das nicht so lesen, als hätten die Fische neben ihrer Fähigkeit zu schreien, zu singen, zu klirren, zu fliegen, zu betten, zu heiraten und zu fiebern auch noch das Zeug zu demokratisch ausgerichteten Staatsgründern? Und hat ein solches Wundertier nicht einen kleinen Applaus verdient? Beziehungsweise, da fishing for compliments nun wahrlich nicht Sache dieser Wesen sein kann –: Sollten wir den Fisch fortan nicht mit anderen Augen sehen und anderen Ohren hören? Sollten wir nicht nur, müssen wir, meint Wieland Schmied:

Wir müssen uns vorbereiten
Auf die Sprache der Fische:
Sie nicht übersetzen
Sondern sie annehmen.

Das ist uns in den vergangenen 50 Jahren denn doch nicht abverlangt worden – aber wie steht es um die Sprache der Dichter von damals? Haben wir wenigstens die angenommen?

Wieder stehen wir an einem Kreuzweg, an welchem die Antworten sich verzweigen. Als Modernisierungsschub und Emanzipationsaktion hat »Transit« funktioniert. Bis auf den heutigen Tag erfüllt das »moderne« Gedicht jene Kriterien, die Walter Höllerer bereits Mitte der 50er aufstellte: »Vom Motiv und weitgehend auch vom geschlossenen Bild befreien sich die Verse in den athematischen Gedichten«.

Darunter nicht wenige von Höllerer selber, der den Kampf an vorderster Gedicht-Befreiungsfront auch deswegen sucht, weil er sich eins mit der Bewegung des Zeitgeists weiß: »Diese Vorgänge unterliegen nicht der Willkür einzelner Autoren. [...] Auch sind es nicht freischwebende, ästhetische Experimente. Sie hängen aufs engste mit der Lage des Menschen im modernen wissenschaftlichen Zeitalter zusammen. Das Ich weiß sich nicht mehr als der allein maßgebliche Mittelpunkt der auf ihn zukommenden Erfahrungen«.

Das ist noch moderat ausgedrückt, und Höllerer weiß denn auch zuzulegen. Ich zum zweiten: »Das Ich, verdrängt aus seinem bislang unangefochtenen Regierungssitz«, sowie, Ich zum dritten: »Die Ich-Vollkommenheit des thronenden Ich wurde zum Gespenst.«

Eine Ich-Entthronungsgewißheit, die auf ein starkes Ego schließen läßt, und mit dem war Walter Höllerer zweifellos gesegnet, dieser unermüdliche Gründer und Organisator von Zeitschriften, Colloquien, Dichteraufmärschen und Kritikermassierungen – als »Erfinder des Literaturbetriebs« feierte ihn unlängst eine Berliner Ausstellung.

Kein Zweifel: Höllerer hat maßgeblich dazu beigetragen, das moderne Gedicht zu etablieren. Aber hat er es zugleich geschafft, moderne Dichter zu inthronisieren? Da sind Zweifel erlaubt.

Daß von den 118 damals zum Großteil noch jungen Dichterinnen und Dichtern der Anthologie einige wenige nach wie vor gelesen und gerühmt werden – Ingeborg Bachmann, Günter Grass, Hans Magnus Enzensberger –, fällt kaum ins Gewicht angesichts der großen Schar derer, die heute keine Literaturgeschichte mehr nennt, keine Anthologie, kein Verzeichnis lieferbarer Bücher.

Was wurde aus Max Hölzer, Jahrgang 1915, sieben Gedichte; was aus Klaus Demus, Jahrgang 1927, fünf Gedichte; was aus Erasmus Jonas, Jahrgang 1929, sieben Gedichte? Eine Liste, die sich fortsetzen ließe, bis zum Herausgeber der Anthologie und seinen Helfern: Der Dichter Herbert Heckmann ist vollständig vergessen, vom Dichter Höllerer ist lediglich ein Gedichtband als book on demand erhältlich, sein erster aus dem Jahre 1952, »Der Andere Gast«.

Dem korrespondiert die betrübliche Feststellung, daß vermutlich selbst Lyrik-Liebhaber und -Leser Schwierigkeiten hätten, auch nur eine Zeile aus »Transit« zu memorieren, von einem vollständigen Gedicht ganz zu schweigen. Warum nur haben die 50er-Jahre-Poeten so wenig Spuren hinterlassen?

Um es harsch und barsch zu sagen: Die meisten haben ganz einfach über ihre Verhältnisse gedichtet bzw. unverhältnismäßig hoch gepokert.

Ein originelles, gar persönliches Bild zu finden, stellt für den Durchschnittsdichter bereits einen Glücksfall dar. Mehrere Bilder zu einem Zauberspruch zu einen, wie es Clemens Brentano mit seinem Refrain »O Stern und Blume, Geist und Kleid, Lieb, Leid und Zeit und Ewigkeit« gelungen ist, muß in der Regel Dichterwunsch und Poetenhoffnung bleiben – erzwingen läßt sich solch eine Sternstunde nicht.

Ebendas aber versuchen die 50er-Jahre-Dichter durch angestrengtes Beschwören zu erreichen, wobei sie in der Mehrzahl zugleich eine schlichte Maxime mißachten, die nämlich, daß man nach gefundener

Metapher mit diesem Fund wuchern und ihn nicht durch zusätzliche Bilder zum Metaphernsalat entwerten sollte.

Wenn Max Hölzer anhebt »Unser Bett ist ein fliegender Fisch«, dann denkt er nicht daran, diese Reise fortzusetzen, da ihm bereits in der zweiten Zeile ein weiterer Einfall in die Quere kommt: »Unser Bett ist das Sommerlaub auf den Händen der Luft« – also wie nun?

Das mag man als handwerkliche Mängel abhaken, über einen fatalen Irrtum grundsätzlicher Art kann nicht so rasch hinweggegangen werden.

Von Novalis stammt eine über den Anlaß hinausweisende Anleitung zum Dichten: »Indem ich dem Endlichen einen unendlichen Schein verleihe, romantisiere ich es«.

Er hätte auch sagen können »poetisiere ich es« – auf jeden Fall läuft seine Anweisung ins Leere, wenn der Dichter versucht, dem Unendlichen einen unendlichen Schein zu verleihen – und davon zeugt ein Großteil der 50er-Jahre-Gedichte.

Die Standardthemen der Menschheit wie der Lyrik – Liebe und Tod, Natur und Kunst –, sie alle muß der Dichter erst einmal in der Endlichkeit seiner Existenz erfahren, bevor er sich daranmacht, Worte für sie zu finden, womöglich dauernde. Was nur dank genauer Beobachtung gelingt. Dessen, was Liebe gefährdet: Wünsche, Ansprüche. Dessen, was zum Tode führt: Krankheit, Alter. Dessen, was Natur verändert: Verplanung, Vernachlässigung. Dessen, was Kunst herausfordert: Material, Wirklichkeit.

Wer statt des konkreten Fisches das Fischhafte bedichtet, statt des Südens das Südliche, statt einer bestimmten Frau die Frau schlechthin, dem droht das bereits von Rühmkorf beschworene Schicksal der Austauschbarkeit. Damit das nicht Behauptung bleibt, soll ein sogenanntes Cento den Abschluß bilden, eine Aneinanderreihung ausgesuchter Zeilen von neun Dichtern, welche durch die Bank das Frauenhafte in derart hohen Tönen beschwören, daß man schwören könnte, ein Unisono zu hören:

Durch deine Augen – lebendige Teiche –
Sprengt lautlose Reiterei.
Hinter deinem Mund
Hört alles Lächeln auf, (Karl Krolow)

was ich dir sagen will
will ich dir auf einer geige spielen
aus jedem ton
sollst du dir eine silbe baun (Wilhelm Umminger)
Und ich will Dir Deine Worte zeigen
Trage Wellen in der Hand. (Peter Hamm)
Du gehst im Kleid des Regenbogens
Du sammelst mein Glaslaub grau und violett (Max Hölzer)
Zum dunklen Tau
Deiner Augen
Zu den blutigen Blumen
Deines Munds
Zu dem bunten Staub
Deiner Stirn
Kommt der Wind (Walter Scherfeld)
Die öde, unwirtliche Finsternis begann gedeihlich zu rauschen,
Wenn du sie betratest.
Unter deinem Hauch blühten die welken
Augen wieder auf. (Hans Arp)
Durch deine Augen wandert die Zeit
Sag mir schnell deinen Namen vor Morgenrot (Iwan Goll)
Deine Stimme hockt
An einem See.
Traumblau. Todstill. (Uwe Nerlich)

Also genug der Worte. Der Rest ist Schweigen.

SCHMERZ LASS NACH

Liebe Zuhörerinnen und Zuhörer,

willkommen zu meiner letzten Führung durch das Haus der Poesie, ein Umstand, der zumindest mich, den Guide, mit leiser Wehmut erfüllt. Zwar hatte ich Sie bereits zu Beginn darauf vorbereitet, daß mir nur ein Bruchteil der Räume dieses Riesenbaus bekannt sei, und daß ich im Verlauf meines Rundgangs einen Großteil dieses Bruchteils würde links liegenlassen müssen – aber jetzt, da sich diese Ankündigung unerbittlich bewahrheitet, konstatiere ich bekümmert, was alles unberücksichtigt geblieben ist.

Vier große Gegenstände haben die Dichter seit alters beschäftigt: Natur und Kunst, Liebe und Tod – wer alle Führungen miterlebt hat, der weiß, daß von Natur selten, von Liebe kaum und vom Tod gar nicht die Rede gewesen ist; und bis auf den Tod wird das auch so bleiben: Den Wintergarten, den Park und die suggestiven Aussichtspunkte in unberührte Natur werden aus Zeitgründen wir ebenso meiden müssen wie die Liebeslauben, die Schenken, die Boudoirs, von den zweifelhaften Absteigen zu schweigen, in denen sich selbst ein solch sittlich gefestigter und literarisch wertvoller Dichter wie Hermann Hesse manchmal herumtrieb:

Der Mann von fünfzig Jahren

Von der Wiege bis zur Bahre
Sind es fünfzig Jahre,
Dann beginnt der Tod.
Man vertrottelt, man versauert,
Man verwahrlost, man verbauert
Und zum Teufel gehn die Haare.
Auch die Zähne gehen flöten,
Und statt daß wir mit Entzücken

Junge Mädchen an uns drücken,
Lesen wir ein Buch von Goethen.

Aber einmal noch vor'm Ende
Will ich so ein Kind mir fangen,
Augen hell und Locken kraus,
Nehm's behutsam in die Hände,
Küsse Mund und Brust und Wangen,
Zieh ihm Rock und Höslein aus.
Nachher dann in Gottes Namen
Soll der Tod mich holen. Amen.

»Schmerz laß nach« ist diese Führung überschrieben, das Stichwort »Tod« ist soeben gefallen – was bei unserem ersten Rundgang in der Krabbelstube begann, kann nicht vor den Kranken- und Sterbezimmern der Dichter halt- oder gar kehrtmachen, wobei ich gleich zweierlei vorausschicken möchte: daß mich nicht Voyeurismus in diese Räume treibt, sondern ein sehr persönliches Interesse, und daß der Besuch des finalen Trakts noch nicht das Ende unseres Rundgangs bedeuten wird – das ist anderen kleinen, abwegigen oder feinen Räumen vorbehalten.

Der Tod und die Dichter – eine rechte Kippfigur, je nachdem, welchen Tod die Dichter ins Auge fassen: den der anderen? Oder den eigenen?

Den Tod der anderen, zumal den in der Schlacht, haben die Dichter seit Homer glorifiziert und poetisiert. Rund fünfundzwanzig Jahre vor Christi Geburt fand Horaz für diesen Tod geflügelte Worte:

Dulce et decorum est pro patria mori – Süß und ehrenvoll ist es, für das Vaterland zu sterben

– Worte, welche die Runde und Schule machten. In Deutschland dichtete Hölderlin vergleichbare Hammerzeilen, als er seine Ode »Der Tod fürs Vaterland« mit den Worten endete:

Und Siegesboten kommen herab: Die Schlacht
   Ist unser! Lebe droben, o Vaterland,
      Und zähle nicht die Toten! Dir ist,
         Liebes! nicht Einer zuviel gefallen.

Ja, selbst ein Pazifist wie Hermann Hesse, der in die Schweiz ausgewichen war, um nicht am Ersten Weltkrieg teilnehmen zu müssen, fand nichts dabei, in seinem Gedicht »Sterbender Soldat« seinen sterbenden Soldaten folgende Goldene, ja goldige Worte sagen zu lassen:

Heute verblut ich im Feld
Und bete voll Dank,
Segne die liebe Welt,
Bin nicht mehr krank.

Er, der mich einst gekannt,
Gott nickt mir zu,
Tut mir mit fester Hand
Die Augen zu.

Steht still und wunderbar
Meine Mutter im Feld,
Lang fließt ihr blondes Haar
Über mich und die Welt ...

Als Hesse dies schrieb, war er 37 Jahre alt. Zur gleichen Zeit war der Augsburger Schüler Berthold Brecht zwanzig Jahre jünger und zugleich Lichtjahre reifer. Denn als er einen Aufsatz zum bereits zitierten Horaz-Vers verfassen sollte, da schrieb er, zitiert nach der Erinnerung des Jugendfreunds Otto Müllereisert, abgedruckt in der ›Schwäbischen Landeszeitung‹ vom 26. Januar 1949, die folgenden Sätze: »Der Ausspruch, daß es süß und ehrenvoll sei, für das Vaterland zu sterben, kann nur als Zweckpropaganda gewertet werden. Der Abschied vom Leben fällt immer schwer, im Bett wie auf dem Schlachtfeld, am meisten gewiß jungen Menschen in der Blüte ihrer Jahre. Nur Hohlköpfe können die Eitelkeit so weit treiben, von einem leichten Sprung durch das dunkle Tor zu reden, und auch dies nur, solange sie sich weitab von der letzten Stunde glauben. Tritt der Knochenmann aber an sie selbst heran, dann nehmen sie den Schild auf den Rücken und entwetzen, wie des Imperators feister Hofnarr bei Philippi, der diesen Spruch entsann« – also Horaz selber.

Was aber machen Lyriker, wenn der Knochenmann an sie persönlich herantritt? Sie entwetzen nicht, sie machen sich einen Reim auf ihn.

Ich kann davon ein Liedlein singen – es wird, hoffe ich, kein garstig, sondern ein erkenntnisfördernd Lied.

Daß wir mitten im Leben vom Tod umgeben sind, ist eine Binsenweisheit, die einen Haufen häufig vergleichbar banaler Gedichte zur Folge gehabt hat. Gern gibt sich der Dichter tief und wichtig – und was könnte tiefer und wichtiger sein als der prophetenhafte »Alles ist eitel«-Gestus. Selbst ein Nonsens-Gedicht wird diffus geadelt, wenn der ebenso unleugbare wie undeutbare Tod zum Thema wird:

Denkt euch, ich habe den Tod gesehn,
es ging ihm gar nicht gut.
Seine Hände wirkten so seltsam bleich,
so gar nicht wie Fleisch und Blut.

Und auf dem dürren Hals saß gar
ein Kopf, der ganz aus Knochen war.
Aus Knochen, ganz aus Knochen, denkt!
Da hab ich ihm fünf Mark geschenkt.

Geschrieben Ende der Siebziger, zu Druck befördert im Gedichtband »Wörtersee« von 1981. Ein eher eigenartiger denn eigener Tod tritt da auf, und er sollte für lange Zeit der letzte von mir bedichtete Knochenmann bleiben. Erst 1995 wurde er wieder zum Protagonisten, in diesem Jahr jedoch so häufig, daß ich mich gehalten sah, nach einer Erklärung für sein massiertes Auftreten zu suchen. So um die fünfzehn Gedichte hatten den Tod, meinen Tod, zum Thema, zwei von ihnen wurden fast zeitgleich in zwei weitverbreiteten Tageszeitungen gedruckt. In der ›F.A.Z.‹ konnte man das Gedicht »Ach« lesen:

Ach

Ach, noch in der letzten Stunde
werde ich verbindlich sein.
Klopft der Tod an meine Türe,
rufe ich geschwind: Herein!

Woran soll es gehn? Ans Sterben?
Hab ich zwar noch nie gemacht,
doch wir werd'n das Kind schon schaukeln –
na, das wäre ja gelacht!

Interessant so eine Sanduhr!
Ja, die halt ich gern mal fest.
Ach – und das ist Ihre Sense?
Und die gibt mir dann den Rest?

Wohin soll ich mich jetzt wenden?
Links? Von Ihnen aus gesehn?
Ach, von mir aus! Bis zur Grube?
Und wie soll es weitergehn?

Ja, die Uhr ist abgelaufen.
Wollen Sie die jetzt zurück?
Gibt's die irgendwo zu kaufen?
Ein so ausgefall'nes Stück

Findet man nicht alle Tage,
womit ich nur sagen will
– ach! Ich soll hier nichts mehr sagen?
Geht in Ordnung! Bin schon

Auch die ›Neue Zürcher Zeitung‹ druckte ein Gedicht aus meiner Feder, das vorgab, ich könne von einer authentischen Todeserfahrung berichten, und es beginnt mit den Worten:

Im Schatten der von mir gepflanzten Pinien
will ich den letzten Gast, den Tod, erwarten:

Natürlich erwartete ich den Tod nicht, ich beschwor ihn lediglich. Die Pinien aber hatte ich in der Tat gepflanzt oder doch mit Hilfe italienischer Arbeiter im Herbst 1973 pflanzen lassen. Damals hatten Freunde und ich ein toscanisches Landhaus gekauft und bezogen; zweiundzwanzig Jahre später freute ich mich der kühlenden Folgen der guten Tat und versuchte – im Schatten der von mir gepflanzten Pinien – dem pathetischen Beginn in Form und Inhalt gerecht zu werden. Das Sonett und der Tod schienen mir der richtige Rahmen und das wichtige Thema zu sein, die es mir ermöglichten, den hochgemuten Satz auf vergleichbar hohem Niveau weiter zu führen:

»Komm, tritt getrost in den betagten Garten,
ich kann es nur begrüßen, daß die Linien

sich unser beider Wege endlich schneiden.
Das Leben spielte mit gezinkten Karten.
Ein solcher Gegner lehrte selbst die Harten:
Erleben, das meint eigentlich Erleiden.«

Da sprach der Tod: »Ich wollt' mich grad entfernen.
Du schienst so glücklich unter deinen Bäumen,
daß ich mir dachte: Laß ihn weiterleben.
Sonst nehm ich nur. Dem will ich etwas geben.

Dein Jammern riß mich jäh aus meinen Träumen.
Nun sollst du das Ersterben kennenlernen.«

Ein befremdeter Freund – oder war es ein freundlicher Fremder? – schrieb mir nach der Lektüre der oben erwähnten Zeitungen, er mache sich Sorgen um mich: Was bedeute diese unverstellte und gehäufte Todesthematik?
Ich schrieb zurück, das seien doch alles Humoresken – kein Grund zur Aufregung also.
Mit diesem Glauben ging ich in das Jahr 1996, und nichts vermochte mich davon zu überzeugen, daß ich in einem Irrglauben befangen war.
Obwohl ich – wie ich heute weiß – seit längerem an einer koronaren Herzerkrankung litt, obwohl mir eine Angina pectoris, zu deutsch: Brustenge, Luft und Kraft nahm, obwohl mich zu Ostern 1996 ein sogenannter stummer, also schwer deutbarer Herzinfarkt ereilte, obwohl ich Belastungen wie Fahrradfahren oder Treppensteigen insgeheim als Gefährdungen empfand, blieb ich der idealtypische Herzkranke: ein einge-

bildeter Gesunder, der am 15. Mai 1996 zu einer vermeintlichen Routine-Untersuchung in eine Frankfurter Praxis ging, um sodann wie geplant den Arbeitsplatz für zwei Monate in die Toscana zu verlegen.

Es sollte anders kommen.

Das Belastungs-EKG hatte noch nicht begonnen, strampelbereit saß ich auf dem Ergo-Bike, als der hereintretende Arzt mich nach einem kurzen Blick auf das bereits vorliegende Ergebnis des Ruhe-EKGs mit einem besorgten Unterton in der Stimme aufforderte, vom Rad zu steigen – Belastung sei momentan in meinem Fall nicht opportun. Ich stieg ab und begriff schlagartig, in welcher Verblendung ich das letzte Jahr dahingelebt hatte – ein Augenblick der Wahrheit, der mich regelrecht umhaute.

Als ich wieder zu mir kam, waren die Weichen bereits gestellt: Auf den eilends anberaumten Termin in der Herzpraxis folgte sogleich das Krankenhaus, der Herzkatheter, die Warteliste, die Überweisung in die Bad Nauheimer Kerckhoff-Klinik, die Bypass-Operation schließlich.

Was das alles noch mit dem Gedicht zu tun hat? Mittels einer weiteren Abschweifung hoffe ich das deutlich machen zu können.

Während ich in der Reha-Klinik »Lauterbacher Mühle« auf einen Arzttermin wartete, blätterte ich in der ausliegenden Zeitschrift der Deutschen Herzstiftung und stieß dabei auf ein Gespräch mit Professor Max J. Halhuber, den die Redakteurin Irene Oswalt folgendermaßen vorstellt:

»Prof. Halhuber, Sie sind über Deutschland hinaus bekannt als Pionier der Vorbeugung gegen den Herzinfarkt. Schon Ende der 60er Jahre entwickelten Sie eine Gesamtstrategie gegen den Herzinfarkt, das, was man heute den neuen Lebensstil nennt. Mit der ganzen Intensität Ihrer Person haben Sie sich für diesen neuen Lebensstil eingesetzt, um Menschen vor dem Herzinfarkt zu retten.

Und dann erlitten Sie 1983 selbst einen Herzinfarkt. Das war unerwartet. Traf Sie dieser Infarkt aus heiterem Himmel?«

Nein, erwidert der Professor, da seien durchaus Symptome wie Schmerzen, Übelkeit und Engegefühle aufgetreten – er habe sie jedoch alle entweder nicht wahrhaben wollen oder falsch gedeutet: Auf der Rückfahrt von einem Medizinerkongreß in Bad Gastein bekam ich »im Auto Rückenschmerzen, die so stark waren, daß mir fast übel wurde. Ich unternahm nichts, denn ich führte die Schmerzen auf die lange Zwangshaltung am Steuer zurück.«

Nur zögernd und spät habe er sich seiner Frau, auch sie eine Kardiologin, anvertraut, und erst aufgrund ihrer Diagnose, da sei ein frischer Herzinfarkt im Gange, habe er sich auf die Intensivstation des nahegelegenen Kreiskrankenhauses bringen lassen. Worauf die Redakteurin die naheliegende Frage stellt:

»Aber die deutlichen Warnsignale vorher haben Sie übergangen – überraschend für einen Mediziner, der den Menschen landauf, landab einschärft, Schmerzen, die vom Herzen ausgehen, nicht zu bagatellisieren und mit einem ›das wird wohl mein Rücken sein‹ zu übergehen.«

Professor Halhubers Antwort:

»Ärzte sind nicht um ein Haar besser als andere Menschen. Mein Unterbewußtsein hat mir da einen bedrohlichen Streich gespielt. Aus einer solchen Erfahrung kann man lernen.«

Lassen wir die Frage beiseite, ob es nicht eher das Bewußtsein Halhubers war, das die Tatsachen nicht wahrnehmen wollte bzw. zwanghaft umdeuten mußte – beschränken wir uns auf die Feststellung, daß das Gedicht im Falle des herzkranken Dichters eine zutreffendere Diagnose geliefert hat als all sein Fachwissen im Falle des Herzspezialisten: Das, was dichtet, ist manchmal klüger, als das, was lebt; es kann sogar klüger sein als das, was lehrt.

Daß ich ein idealtypischer Herzkranker gewesen bin, sagte ich bereits; hinzuzufügen ist, daß ich mich auch als Dichter angesichts des eigenen Todes einigermaßen musterhaft verhalten habe.

Dabei zählt weniger, *daß* ich den Tod bedichtet habe, schwerer wiegt das *wie*. Erfahrung schärft die Wahrnehmung: Erst nachdem mir die Augen geöffnet worden waren, erkannte ich, wie häufig deutsche Dichter sich dem Sonett anvertrauten, wenn sie die Erwartung, das Nahen oder die Befürchtung des eigenen Todes in Worte fassen wollten.

Todkrank verabschiedet sich Paul Fleming mit einem Sonett, das eine spätere Hand folgendermaßen überschrieben hat

Herrn Pauli Flemingi der Med. Doct. Grabschrifft /
so er ihm selbst gemacht in Hamburg / den xxiix. [28.] Tag

*deß Mertzens m. dc. xl. [1640] auff seinem Todtbette
drey Tage vor seinem seel: Absterben*

Ich war an Kunst/und Gut/und Stande groß und reich.
Deß Glückes lieber Sohn. Von Eltern guter Ehren.
Frey; Meine. Kunte mich aus meinen Mitteln nehren.
Mein Schall floh Überweit. Kein Landsmann sang mir gleich.

In sechshebigen Alexandrinern gibt sich der Todgeweihte von geradezu antikischer Gelassenheit:

Verzeiht mir/bin ichs werth/Gott/Vater/Liebste/Freunde.
Ich sag' Euch gute Nacht/und trette willig ab.
Sonst alles ist gethan/biß an das schwartze Grab.

Was frey dem Tode steht/das thu er seinem Feinde.
Was bin ich viel besorgt/den Othem auffzugeben?
An mir ist minder nichts/das lebet/als mein Leben.

Rund zweihundert Jahre später ist es Heinrich Heine, der, auf den Tod erkrankt, nicht so recht weiß, wie er sich formvollendet von der Welt verabschieden soll. Die Mitteilungsform freilich steht fest: Das fünfhebige, jambische Sonett, dessen wohlgebildete Terzette Heines Zerissenheit ordentlich deutlich machen:

Ich bin ein Christ – wie es im Kirchenbuche
Bescheinigt steht – deshalb, bevor ich sterbe,
Will ich euch fromm und brüderlich verzeihen.

Es wird mir sauer – ach! mit einem Fluche
Möcht ich weit lieber euch vermaledeien:
Daß euch der Herr verdamme und verderbe!

Weitere hundert Jahre später legt Franz Werfel ein noch schnelleres Tempo vor. Vierhebig, mit hämmernden männlichen Endungen hebt sein Sonett »Totentanz« an:

    Der Tod hat mich im Tanz geschwenkt.
    Ich fiel zuerst nicht aus dem Trott
    Im Totentanz und steppte flott,
    Bis er das Tempo wilder lenkt.

    Wie rasch war ich da ausgerenkt
    Zum Hampelmann, zum Vogelspott,
    Und war nichts als der Schrei zu Gott,
    Der nicht mehr hofft, daß Gott gedenkt.

Ein letzter Zeitsprung ans Ende des 20sten Jahrhunderts, und wir stehen am Krankenbett Heiner Müllers, dessen Sonett »Traumwald« in klassisch fünfhebigen und durchweg zehnsilbigen Zeilen von einem todbringenden Alptraum berichtet:

Heut nacht durchschritt ich einen Wald im Traum
Er war voll Grauen Nach dem Alphabet
Mit leeren Augen die kein Blick versteht
Standen die Tiere zwischen Baum und Baum
Vom Frost in Stein gehaun Aus dem Spalier
Der Fichten mir entgegen durch den Schnee
Trat klirrend träum ich seh ich was ich seh
Ein Kind in Rüstung Harnisch und Visier
Im Arm die Lanze Deren Spitze blinkt
Im Fichtendunkel das die Sonne trinkt
Die letzte Tagesspur ein goldner Strich
Hinter dem Traumwald der zum Sterben winkt
Und in dem Lidschlag zwischen Stoß und Stich
Sah mein Gesicht mich an: das Kind war ich.

Woher die Jahrhunderte überbrückende Paarung Sonett und Dichtertod? Ein boshafter Beobachter könnte zur Erklärung anführen, die Dichter griffen angesichts ihres Todes deswegen zum Sonett, weil einzig diese altehrwürdige, feierliche Gedichtform dem literarhistorischen Anlaß gerecht werde: Ein Dichter stirbt schließlich nur ein Mal.
Man kann das Miteinander von Strenge der Kunst und Ernst des

Lebens aber auch anders, freundlicher sehen, und der Künstler Baudelaire hat das getan: »Es ist das wunderbare Vorrecht der Kunst, daß das Schreckliche, kunstvoll ausgedrückt, zur Schönheit wird, und daß der rhythmisierte, gegliederte Schmerz den Geist mit einer ruhigen Freude erfüllt.«

Der natürliche Ausdruck des Schmerzes ist der ungeregelte und ungezügelte Aufschrei. Wird er rhythmisiert und gegliedert, müßte das folgerichtig einen künstlichen wenn nicht gekünstelten Ausdruck zur Folge haben, doch dem widerspricht Baudelaire: »Ganz offensichtlich sind metrische Gesetze keine willkürlich erfundenen Tyranneien. Sie sind Regeln, die vom Organismus des Geistes selber gefordert werden. Niemals haben sie der Originalität verwehrt, sich zu verwirklichen. Das Gegenteil ist unendlich viel richtiger: daß sie immer der Originalität zur Reife verholfen haben.«

Baudelaire wußte, wovon er sprach. Die sechste und letzte Abteilung seines Gedichtbandes »Die Blumen des Bösen« ist mit »Der Tod« überschrieben, und den Anfang bilden drei Sonette, darunter auch das Sonett »Der Tod der Künstler«.

Sie sind schon ein altes und würdiges Gespann, der Tod und die Künstler – freilich waren all die, welche den Tod bedichtet haben, noch am Leben, faßten sie Erlebnisse in Worte, keine Ersterbnisse. Vor allen Tod aber hat das Leben in der Regel die Krankheit gesetzt, und die hat die Dichter sehr viel seltener zur und in die Leier greifen lassen, jedenfalls ergaben das meine – freilich unsystematischen – Recherchen.

Wobei ich – getrieben von einem durchaus persönlichen Erkenntnisinteresse – nach genau benannten Krankheiten Ausschau hielt, nicht nach poetischen Bekundungen generellen Unwohlseins oder eines allgemeinen Leidens an der Welt: *Ich* hatte die Erlebnisse und Empfindungen vor und nach der Herzoperation in hundert reimlosen, jedoch metrisch strengen siebenzeiligen Strophen niedergeschrieben, im Zyklus »Herz in Not« – nun wollte ich wissen, wer von den Kollegen welche Krankheit wie in den Griff gekriegt hatte. Direkt gefragt: Gibt es neben dem Liebes-, dem Natur-, dem Sinn- oder dem Scherzgedicht auch das Genre des Krankengedichts?

Wer dergleichen sucht, der wird zwangsläufig bei Heine fündig – hier spätestens sollten wir noch einmal innehalten und des Namensgebers von Lehranstalt und Lehrstuhl gedenken. In einer Woche, am 17. Februar, gibt es ein umwittertes Jubiläum zu feiern: Vor 150 Jahren ereilte den Dichter der vielfach herbeigewünschte Tod. Sein Leiden erst und dann sein Sterben freilich hatten viel früher eingesetzt: Acht Jahre lang war er wegen einer »myatrophischen Lateralsklerose« ans Bett gefesselt in seinem – sagte ich jetzt »Krankenzimmer«, ein Chor von Gegenstimmen fiele mir ins Wort: »In seiner Matratzengruft!«

Ein Hammerwort, was meint, daß es sich häufig auch in jene Hirne eingehämmert hat, die von Heines Dichten und Leiden ansonsten keinen rechten Begriff haben. Doch woher rührt diese Wirkung? Die Wortpaarung findet sich in keinem Gedicht des Erkrankten, sondern im Nachwort zur Gedichtsammlung »Romanzero«, in welchem Heine klagt:

»Kein grünes Blatt rauscht herein in meine Matratzengruft zu Paris, wo ich früh und spat nur Wagengerassel, Gehämmer, Gekeife und Claviergeklimper vernehme.«

»Wagengerassel«, »Claviergeklimper« – dem Leser wäre es nicht aufgefallen, hätte Heine für seinen Pariser Aufenthaltsort ein ähnlich geläufiges Doppelwort benutzt, zum Beispiel »Krankenlager«. Doch auch der Einfall, mit der banalen Matratze zu beginnen, hätte zu ebenso banalen Weiterungen führen können, zu Matratzenzimmer, Matratzenkammer, Matratzenlager. Erst der Dreh, die modeste Matratze mit der Majestät des Todes zu kombinieren, verschafft dem Doppelwort jene glänzende Aura, die bis heute einleuchtet: »Matratzengruft« vereint Gehäuse und Grab, Unten und Oben – auf Matratzen bettet sich selbst der Clochard, die Gruft ist dem Fürsten vorbehalten.

Ein schlüssiger, bündiger, witziger Einfall – der kranke Heine führt fort, was der gesunde mit großem Erfolg betrieben hatte. Gustav Pfizer, ein blindwütiger Kritiker Heines zu dessen Lebzeiten, findet auch mal ein Korn, wenn er schreibt: »Ein weiterer Übelstand von Heines Styl und Witz ist, daß er gern alles materialisiert; es ist dies eine Übertreibung des Strebens nach Anschaulichkeit.«

Umgekehrt wird ein Schuh draus: Es ist Heines Fähigkeit, pointiert zu veranschaulichen, welche die Heine-Lektüre bis auf den heutigen Tag zu einem intellektuellen Vergnügen für all jene macht, die im Künstler nicht zuletzt den Artisten schätzen.

Wenn der Emigrant Heine den Unterschied verdeutlichen will zwischen dem Wesen der deutschen und dem der französischen Frau, dann fallen ihm Energiespender ein: »Deutsche und französische Frauen: Die deutschen Öfen wärmen besser als die französischen Kamine, aber daß man hier das Feuer lodern sieht, ist angenehmer; freudiger Anblick, aber Frost im Rücken –

Deutsche Öfin, wie wärmst du treu und scheinlos!

Wenn der linke Heine dem Bürger vor Augen führen möchte, was ihm von Sozialismus und Kommunismus droht, dann kommt ihm die Tierwelt in den Sinn:

Es gibt zwei Sorten Ratten:
Die hungrigen und satten

– und von den hungrigen weiß er zu sagen:

Es haben diese Käuze
Gar fürchterliche Schnäuze;
Sie tragen die Köpfe geschoren egal,
Ganz radikal, ganz rattenkahl.

Wenn der Mensch Heine sich in ein gutes Licht setzen will, dann hört sich das so an: »Friedliche Gesinnung. Wünsche: Bescheidene Hütte, Strohdach, aber gutes Bett, gutes Essen, Milch und Butter, sehr frisch, vor dem Fenster Blumen, vor der Türe einige schöne Bäume, und wenn der liebe Gott mich ganz glücklich machen will, läßt er mich die Freude erleben, daß an diesen Bäumen etwa sechs bis sieben meiner Feinde aufgehängt werden.«

Und wenn der sterbenskranke Heine sich ein Bild von seiner traurigen Lage zu verschaffen sucht, dann sieht er sein Bett von sinistren Frauengestalten umgeben: Das Glück, die »leichte Dirne« fehlt naturgemäß, aber: »Frau Unglück hat im Gegenteile/Dich liebefest ans Herz gedrückt:/Sie sagt, sie habe keine Eile,/Setzt sich zu dir ans Bett und strickt.« Sodann erblickt der Kranke an seinem Lager die drei Parzen, die er anfleht, sie mögen sich sputen, »den Faden, den bösen« zu zerschneiden, um ihn »von diesem schrecklichen Lebensleide« genesen zu lassen, und schließlich ist da noch Frau Sorge, die ihn zuverlässig aus den Träumen eines Lebens in Gesundheit reißt: »Es platzt die Seifenblase –/Die Alte schneuzt die Nase.«

Daß es sich früher oder später ausgelacht habe, halten die Ernstmacher den Spaßmachern gerne mahnend vor – der kranke Heine, der sich bis zum bitteren Ende als Humorist verstand, beweist das Gegenteil, wenn er in einem gereimten »Vermächtniß« als guter Christ all seine »Feinde mit Geschenken« bedenkt. Als da wären: »Ich vermach euch die Koliken,/ Die den Bauch wie Zangen zwicken,/ Harnbeschwerden, die perfiden/ Preußischen Hämorrhoiden.«

Heine wurde nur 58 Jahre alt – was zur Folge hat, daß Heine-Jubiläen stets nah beieinanderliegen: Es ist grad mal neun Jahre her, daß ich mir so meine Gedanken zum Geburtstagskind Heine machte: Die ›F. A. Z.‹ hatte bei mir angefragt, ob ich den Dichter anläßlich seines 200sten Wiegenfestes am 13. Dezember 1997 würdigen wollte – ein, in Parenthese, mir liebes Datum, dieser 13. Dezember, da an jenem Tage auch Heino und Gernhardt das Licht der Welt erblickt haben.

Nun – ich überlegte ein wenig, dann beschloß ich, Heines Gedichte erstmals zur Gänze zu lesen, mit dem Erfolg, daß derart insistierende Stimmen meinen Kopf erfüllten, daß ich zu einem bewährten Mittel griff, mich ihrer zu erwehren: Ich berichtete über meine Heine-Lektüre in Gedichtform und nahm von Gedicht zu Gedicht jene Tonfälle auf, welche ich gerade gehört hatte, den pseudoschlichten Ton des »Buchs der Lieder«, die freien Rhythmen des »Nordsee«-Zyklus, den Erzählduktus von »Deutschland, ein Wintermärchen« und so fortan.

Allerdings war mir mein Vorhaben anfangs nicht ganz geheuer, davon zeugt das dritte Gedicht meines kleinen Zyklus:

Zögern

Ich weiß nicht, was soll das bedeuten,
Daß ich so unschlüssig bin.
Ein Urteil aus Urschülerzeiten,
Das will mir nicht aus dem Sinn.

»Der Heine? Ein Blender, kein Dichter.
Ein Journalist, kein Poet.
Nie schluchzt er, nie singt er, stets spricht er.
Ein Feuerwerk. Kein Komet.«

Der Heine scheint's nicht zu bringen,
Hat sich da der Schüler gesagt.
Das hat mit seinem Singen
Der Studienrat Kraus gemacht.

Studienrat Kraus – der Mann hieß wirklich so: Adolf Kraus. Es wäre jedoch niemandem zu verdenken, wenn er an einen anderen Heine-Verächter gleichen Nachnamens denken würde, an Karl Kraus, den Begründer und bald schon einzigen Beiträger der Zeitschrift ›Die Fackel‹.

1910 erschien dort die Abrechnung des Wiener Dichters und Journalisten mit seinem Düsseldorfer Vorfahren: In »Heine und die Folgen« wurde der Deutsche für alle Flach- und Dummheiten der Wiener Feuilletons verantwortlich gemacht, eine Anklage, die in den Worten gipfelt: »Heine hat der deutschen Sprache so sehr das Mieder gelockert, daß heute alle Kommis an ihren Brüsten fingern können.«

Ein veritabler Hammersatz – mir jedenfalls hat er sich bereits vor Jahrzehnten unauslöschlich eingehämmert –, der doppelt verwundert.

Einmal, weil Karl Kraus in ihm exakt jene Technik anwendet, die Gustav Pfizer als »Übelstand von Heines Styl und Witz« ausgemacht hatte, nämlich »Materialisierung« sowie »Übertreibung des Strebens nach Anschaulichkeit«; und zweitens kommt man ins Grübeln, wenn man sich das Kraussche Bild von der Sprache mal unvoreingenommen vor Augen führt: Glaubt man dem Kritiker, so ist die Sprache eine Frau, deren Leib, der Mode des 19. Jahrhunderts folgend, vielfach bedeckt und somit auch versteckt ist. Gegenüber dieser sittsam verhüllten Dame nun sind Dichter und andere Schreiber offenbar gehalten, sich ebenso sittsam zu verhalten: Wenn bereits das Lockern des Mieders eine derart unsittliche Handlung darstellt, wie erst das Fingern an den Brüsten oder gar das Weiten des Höschens. Bleibt die Frage, wieweit der ehrbare Dichter überhaupt gehen darf: Ist es ihm gestattet, der Sprache aus dem Mantel zu helfen? Darf er ein, zwei – wieviele? – Knöpfe des Sprachkostüms öffnen? Den Rock der Sprache wenigstens so weit hochstreifen, daß so fleischliche Körperteile wie Knöchel, Waden, Knie gar ahnbar werden?

Müßige, geradeaus gesagt: unsinnige Fragen, die lediglich eine Antwort zulassen: Wenn Dichter der Sprache zu Leibe rücken wollen, kann es keine Schamgrenzen geben, und einer Sprache, die es gewohnt ist, von Bürokraten malträtiert und von Herrschenden verbogen und umgelogen zu werden, wird jede Berührung durch Dichterhand wie eine Wohltat vorkommen – des hinterherfingernden Kommis kann sie sich ja dadurch erwehren, daß dessen Feuilletons so rasch welken, wie das Papier vergeht, auf dem sie zu lesen waren.

Also zurück zu den Dichtern, zurück zu Heine-Nachfolgern, die alles andere als Kommis waren, da sie sich, dem Vorbild Heines folgend, getraut haben, von ihren ganz persönlichen Krankheiten ungeschönt und in Gedichtform zu berichten:

Bei Erich Kästner stieß ich auf Gedichte wie »Brief aus dem Herzbad« – geschrieben übrigens in Bad Nauheim, dem Ort, an dem ich operiert worden bin –, und »Tagebuch eines Herzkranken«. Einem Hermann Hesse gab die Gicht zu sagen, was er litt, jedenfalls in jenen Momenten, da sie sich gnädig zeigte:

An Tagen, wo ich meine Finger biegen kann,
Vergehn mit Verseschreiben mir die Stunden,
Und wenn ich einen guten Vers gefunden,
Geht mich die Welt, die Gicht, der Schmerz nichts an.

An andern Tagen geht das Schreiben nicht.
Dann lausch ich dem, der tief in meinen Knochen
Sich dehnt und immer weiter kommt gekrochen.
Es ist der Tod, doch nennen wir ihn Gicht.

Und ich fand drei Gedichte dreier Dichter, die alle an Krebs litten und die buchstäblich auf dem Sterbebette Auskunft darüber gaben, was mit ihnen geschah.

Am 30. November 1926 erfährt Rilke nach einer Untersuchung daß er – wie es sein Biograph Wolfgang Leppmann formuliert –: »Leukämie hat, in einer seltenen, besonders schmerzhaften Form.« Am 13. Dezember schreibt der Erkrankte an Lou Andreas-Salome nach Göttingen: »Das siehst Du also wars, worauf ich seit drei Jahren durch meine wachsame Natur vorbereitet und vorgewarnt war.«

Und Mitte Dezember, zwei Wochen vor seinem Tod, trägt er laut Leppmann »in kaum veränderter Handschrift sein letztes Gedicht in das Notizbuch ein, das er immer bei sich hat«:

> KOMM du, du letzter, den ich anerkenne,
> heilloser Schmerz im leiblichen Geweb:
> wie ich im Geiste brannte, sieh, ich brenne
> in dir; das Holz hat lange widerstrebt,
> der Flamme, die du loderst, zuzustimmen,
> nun aber nähr' ich dich und brenn in dir.

Heiner Müller litt an Kehlkopfkrebs. Im Dezember 1995 ging es mit ihm zuende, fünf Jahre später erinnert Jörg Magenau auf den ›Berliner Seiten‹ der ›F.A.Z.‹ an die letzten Wochen des Dichters: »Kein Anlaß zu Sentimentalitäten. Stolz auf den unbesiegten Tumor und das offene Grab in den Augen der Ärzte nach der letzten Endoskopie. Der Tod ist: Müllermaterial und das Sterben Anlaß für letzte Gedichte. Auch in diesen Versen in eigener Sache blieb er angenehm ungerührt. [...] Strenge Formen sind gut gegen Schmerzen, entdeckte er im Krankenhaus und verriet es dem Forscherfreund Alexander Kluge. Allerdings dürfe der Reim nicht fehlen. Ohne Reim reicht die lindernde Wirkung nicht aus.« Eines der letzten Gedichte Heiner Müllers hat den folgenden Wortlaut:

> im schädel königreiche universen
> der trübe rest an schläuchen aufgehängt
> ein sack chemie den krebstod auf den fersen
> ein wirbelsturm in ein staubkorn gezwängt
>
> zu stillem rasen aus den eingeweiden
> giftwälder blühn landschaften in orange
> schlaflos die nacht vom tag nicht mehr zu scheiden
> der tod wird heimat göttliche melange

Aller schlimmen Dinge sind drei, und der dritte Dichter treibt es auf den ersten Blick wirklich schlimm, wirklich zu weit, wirklich mit Entsetzen Scherz: »Cancer's a Funny Thing« hat er sein Gedicht überschrieben.

Ja, der Mann ist Engländer, nein, man muß ihn nicht als Dichter kennen, doch, man sollte von ihm wissen.

Ich wußte nichts von ihm, dafür tat das Wiard Raveling aus Westerstede. Nachdem er mich 1996 in Oldenburg hatte »Herz in Not« lesen hören, schickte er mir Gedicht und Begleitbrief: »Das Gedicht ist übrigens entnommen der Sammlung ›The Oxford Book of Twentieth-Century English Verse, chosen by Philip Larkin‹, 1973 – ein durch und durch seriöses Unternehmen.«

Der Herausgeber spart mit Angaben über den Autor, äußert sich jedoch zum Poem: »A rare example of the truly public poem. ›The main functions of my rhyme‹, wrote Professor Haldane, who died in 1964 at the age of 73, were ›to induce cancer patients to be operated on early and to be cheerful about it.‹«

Das klingt nach wohlfeiler, möglicherweise mild humorig getönter Lebenshilfe, doch Haldanes Gedicht wagt und gelingt weit mehr: Unter der leichten Hand wird dem mit allen Wassern komischen Dichtens gewaschenen Professor und Wissenschaftshistoriker das schwere Schicksal Krebs wirklich und wahrhaftig zu einem Funny Thing:

> I wish I had the voice of Homer
> To sing of rectal carcinoma,
> Which kills a lot more chaps, in fact,
> Than were bumped off when Troy was sacked.

Nach diesem homerisch hochangesiedelten Einstieg erzählt Haldane von den Niederungen des Krebses, davon, wie sich bei ihm der Krebsverdacht bestätigte und wie er nach einem Eingriff einen künstlichen Darmausgang erhielt:

> So now I am like two-faced Janus
> The only god who sees his anus.

Vor allem aber redet dieser krebsgeschlagene Gott den Menschen ins Gewissen. Sie sollten sich rechtzeitig untersuchen und behandeln lassen, vor allem aber nie den Humor verlieren:

> My final word, before I'm done,
> Is ›Cancer can be rather fun.‹
> Provided one confronts the tumour
> With a sufficient sense of humour.
> I know that cancer often kills,
> But so do cars and sleeping pills;
> And it can hurt one till one sweats,
> So can bad teeth and unpaid debts.
> A spot of laughter, I am sure,
> Often accelerates the cure;
> So let us patients do our bit
> To help the surgeons make us fit.

Rilke, Müller, Haldane – drei nun wirklich nicht vergleichbare Dichter, die dennoch der Krankheit mit Gedichten begegnen, die sich in einem Punkt gleichen: Sie alle sind gereimt.

»Wer reimt, hat sich noch nicht aufgegeben«, habe ich den lebens- und lyrikerfahrenen Rühmkorf sagen hören –: ich versage es mir, tiefer in die Leidens- und Schmerzensgeschichte der drei Dichter hinabzusteigen, schärfer das Miteinander und Gegeneinander von wuchernden Zellen und gebundenen Zeilen ins Auge zu fassen, ich belasse es bei der Feststellung, daß es der viel geschmähte und von heutigen Dichtern meist verschmähte Reim gewesen ist, der es den zitierten Dichtern ermöglicht hat, Krankheit und Schmerz nicht herauszuschreien, sondern mitzuteilen.

Womit wir die Doppeltüren zum cleanen Kranken- und Sterbetrakt endgültig schließen, um uns für den Rest der Führung noch ein wenig in abgelegeneren Fluren herumzutreiben und vor absonderlicheren Türen innezuhalten, beispielsweise vor dieser hier, welche mit »Fundus« beschriftet ist.

Wer sie öffnet, erblickt ein prima vista äußerst verwirrendes Ineinander von Garderobe, Kostümverleih, Schminkraum und Umkleidezimmer: Da hängen Lorbeerkranz und Toga neben Schiebermütze und Blaumann, Strohhut und Bauernkittel neben Zylinder und Cut, Wollmütze und Jeans neben Heiligenschein und Engelsflügeln, Turban und Pumphose neben Helm und Harnisch, ganz zu schweigen von den zahllosen kleinen Accessoires, unter denen wir Rilkes milde Unangepaßtheit vermittelnden, übergroßen Hemdkragen ebenso zu erblicken glauben wie Heiner Müllers scharfen Durchblick signalisierende, schwarzgefaßte schmale Brille sowie Haldanes bis zum bitteren Ende nicht abgelegte Clownsnase – ein scheinbares Tohuwabohu, das ein intimer Kenner dieses Raumes ebenso plausibel wie elegant entwirrt hat, der deutsche Dichter Bertolt Brecht.

Die scheinbare Rollenvielfalt im Dichterfundus nämlich läßt sich Brecht zufolge auf zwei Hauptrollen reduzieren, auf die pontifikale und die profane.

Brecht spricht nicht von Rollen, sondern von »Linien«, ist aber selber das beste Beispiel dafür, wie nachhaltig Rollenwahl und Selbststilisierung eines Dichters die Wahrnehmung der Mit- und Nachwelt prägen: Haarschnitt und Garderobe zumal des mittleren und späten Bertolt Brecht signalisieren ein sehr signifikantes und suggestives Ineinander von Cäsarenschnitt, Mönchskutte und Intellektuellenfasson einerseits sowie Arbeiterkluft und Ordenshabit andererseits. Die vielen Zeichen aber dienen einem einzigen Zweck. Sie versinnbildlichen Brechts Anspruch auf jene Doppelrolle, welche er in der deutschen Literatur zu spielen gedenkt, die des Pontifex *und* die des Mannes aus dem Volke und für das Volk.

Einer hatte diese Doppelrolle schon einmal mit Bravour gegeben, aber – ich zitiere eine Eintragung Brechts aus dem Jahre 1940, »sofort nach GOETHE zerfällt die schöne widersprüchliche einheit, und HEINE nimmt die völlig profane, HÖLDERLIN die völlig pontifikale Linie. In der ersten linie verlottert die sprache in der folge immer mehr, da die natürlichkeit durch kleine verstöße gegen die form erreicht werden soll. Außerdem ist die witzigkeit immer ziemlich unverantwortlich [...], der ausdruck wird mehr oder weniger schematisch, die spannung zwischen den wörtern verschwindet, überhaupt wird die wortwahl, vom lyrischen standpunkt aus betrachtet, unachtsam [...]. die pontifikale linie wird bei GEORGE unter der maske der verachtung der politik ganz offen konterrevolutionär [...].«

Brecht strebte die schöne Widersprüchlichkeit der von ihm geschilderten Doppelrolle an, nachdem es ihm bereits gelungen war, mit zum Teil großem Erfolg in einer ganzen Reihe anderer Rollen zu paradieren: Er hatte seinen gutdeutschen Namen Berthold zu Bert amerikanisiert, er hatte sich vom Augsburger Bürgersohn zum Münchener Bürgerschreck und Baal stilisiert, er hatte, Stadtkind, das er war, sich zum Geschöpf der Wildnis mystifiziert – »Ich, Bertolt Brecht, bin aus den schwarzen Wäldern« –, er hatte in Berlin als angehender zorniger junger Mann zielstrebig und rollenkonform das derzeit regierende Gewissen der Nation angemacht – »Ich greife Thomas Mann heraus, weil er der erfolgreichste Typ des bourgeoisen Herstellers künstlicher, eitler und unnützlicher Bücher ist« –, und er endete programmgemäß als zugleich pontifikales und proletarisches Gewissen des ersten Arbeiter- und Bauernstaats auf deutschem Boden – unter seinen prophylaktisch und eigenhändig verfaßten Grabinschriften findet sich auch die folgende:

Ich benötige keinen Grabstein, aber
Wenn ihr einen für mich benötigt
Wünschte ich, es stünde darauf:
Er hat Vorschläge gemacht. Wir
Haben sie angenommen

Nicht alles ist zu jeder Zeit möglich, doch bestimmte Dichter-Rollen ziehen sich derart hartnäckig durch die Poesie-Geschichte, daß sie wie zwangsläufig von Generation zu Generation stets von neuem neu besetzt werden. Um bei Brechts Typologie zu bleiben: Die profane Linie wird zur Zeit wohl am plakativsten von Wolf Biermann reklamiert und deklamiert; der Thron des Pontifex scheint nach Paul Celans Tod vorübergehend verwaist, obwohl an Ernstmachern und Verächtern ›verantwortungsloser Witzigkeit‹ kein Mangel unter Deutschlands Dichtern herrscht. Wer wird den Thron besteigen? Ein Älterer, wie der prophetenhaft mit seinem Ex-DDR-Volk zürnende Volker Braun?

Ein Jüngerer wie Durs Grünbein, bereits Büchner-Preisträger und laut ›F.A.Z.‹ ein »Götterliebling«, wie es ihn seit Hugo von Hofmannsthal nicht mehr in der deutschen Dichtung gegeben hatte? Lassen wir uns überraschen.

Wobei es natürlich eines ist, eine Rolle zu reklamieren, und ein anderes, sie auch zugesprochen und vom Publikum beglaubigt zu bekommen. Wenn es denn überhaupt erstrebenswert ist, sich aus dem vorliegenden Rollenangebot zu bedienen. Christoph Meckel, Jahrgang 1935, hat darüber nachgedacht und in seiner Rede vor der Deutschen Akademie für Sprache und Dichtung in Darmstadt deutliche Worte an seine Dichterkollegen gerichtet: »Ein Schriftsteller kann zum Beantwortungsspezialisten, zum Entertainer, Verkünder, Alleinunterhalter, zum Trostapostel und Bildungslieferanten und schließlich zur Karikatur seiner selbst werden. Zur Produktion – ich spreche von mir selbst – gehört vor allen Dingen das Nichtproduzieren, zur Sprache die Sprachlosigkeit und das Nichterscheinen.«

Das las ich auf einer Einladung des Münchener Lyrik-Kabinetts zu einer Christoph-Meckel-Lesung am 1. Februar 2001, auf welcher auch einige Angaben zur Person des mit Fleiß nichtproduzierenden und beredt sprachlosen Dichters zu finden waren: »1956 erschien sein erstes Buch mit Gedichten und Radierungen: Tarnkappe. Seither erschienen weit über 100 Bücher ...«

Weit über 100 Bücher in 44 Jahren – das macht nach Adam Riese deutlich mehr als zwei Bücher pro Jahr. Und unter *einem* Buch per anno tut es auch der reife Meckel nicht; ich zitiere den Schluß der Einladung: »Bei C. Hanser erschienen zuletzt u. a. – *unter anderem!* (Anm. d. Verf.) –: Ein unbekannter Mensch (1997); Komm in mein Haus (1998); Dichter und andere Gesellen (1999); Zähne, Gedichte (2000).«

Ein sehr fleißiger Dichter, dieser Christoph Meckel. Aber ob ausgerechnet er als der große Schweiger in die deutsche Literaturgeschichte eingehen wird?

Zumindest belegt er eins: Wenn das Haus der Poesie schon unüberschaubar riesig ist, wie erst die darin bis auf den heutigen Tag betriebene Produktion. Wir erinnern uns der Klage Rühmkorfs, in der Poesie sei ein jahrhundertealter Zusammenhang zerschnitten. Dem widerspricht sein Jahrgangsgenosse und Dichterkollege Hans Magnus Enzensberger: »Die Behauptung, die Poesie sei tot, läßt sich beim besten Willen nicht aufrecht erhalten. Es gibt in Deutschland keinen Redakteur, keinen Lektor, keinen Kritiker, der sie nicht widerlegen könnte ... Sie sehen sich von Versen förmlich eingeschneit und wissen, daß es nicht nur Zehn-, sondern Hunderttausende von Dichtern gibt.«

Die Poesieproduktion lebt also – doch die ist ja nur die eine Seite der Medaille. Wie steht es um die Poesierezeption? Ach aber ach – da nun weiß auch Enzensberger keinen Trost. Schneidend befindet der Dichter, »daß weit mehr Gedichte geschrieben als gelesen werden«.

Er streut Salz in die Wunde: »Die Poesie ist das einzige Massenmedium, bei dem die Zahl der Produzenten die der Konsumenten übertrifft.« Und er kommt zu dem traurigen Befund:

»Hand in Hand mit dem Bedürfnis, Gedichte zu verfassen, geht nämlich der Abscheu davor, sie zu lesen ...«

Hand aufs Herz: wer kennt ihn nicht, diesen – aber ist es wirklich Abscheu? Nicht vielmehr Widerwillen? oder lediglich eine diffuse Unlust? –: wer, sagen wir es verbindlicher, kennt diese instinktive Abwehr nicht, wenn er sich im Feuilleton seiner Tageszeitung dem durch einen Kasten herausgehobenen – man könnte auch sagen: eingesargten Gedicht gegenüber sieht?

Bedenkenlos wird der drumrum plazierte Dreispalter zum Thema in Angriff genommen, ob genveränderte Nanoroboter ohne das Placet der Ethikkommission in geklonte Stammzellen implementiert werden dürfen – das bestenfalls zwanzigzeilige eingekastelte Gebilde dagegen – links bündig, rechts flatternd – wird entweder links liegen gelassen oder lediglich mit einer gewissen Flatter wahrgenommen: Wahrscheinlich mal wieder zu hoch für mich. Bzw. zu tief. Bzw. zu dunkel. Bzw. zu erleuchtet.

So jedenfalls ging es mir, als ich am 20. 6. 1995 in einem der erwähnten Kästen der ›F.A.Z.‹ das folgende, auf spanisch und deutsch abgedruckte Gedicht von José Emilio Pacheco erst wahrnahm, dann las, nicht gerade mit Abscheu, aber doch mit einer gewissen Scheu:

Stein

Was der Stein sagt,
kann allein die Nacht entziffern.

Er schaut uns mit seinem augenhaften Körper an.
Mit seiner Unbeweglichkeit fordert er uns heraus.
Unerbittlich weiß er, dauerhaft zu sein.

Der Stein ist die Welt, die wir anderen zerbrechen.

Ist das nun rätselhaft? Oder verrätselt? Tiefsinnig oder unsinnig? Dunkel oder dünkelhaft? Ich beließ es nicht bei meiner Abwehr, ich schritt zu Gegenwehr. Ich unterwarf das Gedicht der Umkehrprobe, und die geht so:
Pacheco hebt folgendermaßen an:

Was der Stein sagt,
kann allein die Nacht entziffern.

In der Umkehrung heißt das:

Was die Nacht sagt,
kann allein der Stein entziffern.

Pacheco fährt fort:

Er [der Stein] schaut uns mit seinem augenhaften Körper an.
Mit seiner Unbeweglichkeit fordert er uns heraus.
Unerbittlich weiß er, dauerhaft zu sein.

Die Umkehrung macht daraus:

Sie [die Nacht] schaut uns mit ihrem augenlosen Körper an.
Mit ihrer Veränderlichkeit fordert sie uns heraus.
Unerbittlich weiß sie, wechselhaft zu sein.

Pacheco endet:

Der Stein ist die Welt, die wir anderen zerbrechen.

In der Umkehrung lautet das folgendermaßen:

Die Nacht ist die Welt, an der wir anderen zerbrechen.

Die Zeit drängt, fassen wir uns kurz: Wenn sich ein Gedicht derart umstandlos und ohne Substanzverlust umkehren läßt, dann kann es sich

– behaupte ich – um kein allzu gut gefühltes, gut gefügtes, gut gedachtes und gut gemachtes Wortgebilde handeln; das nämlich hätte einer solchen Manipulation einen ganz anderen Widerstand entgegengesetzt. Nicht so »Stein« mit seinem – behaupte ich weiter – doch reichlich gestaltlosen und haltlosen Geraune –, und trotzdem bin ich weder dem Dichter noch dem Gedicht gram. Auch ein fragwürdiges, auch ein schlechtes Gedicht teilt mit dem guten Gedicht die fabelhafte Eigenschaft, daß es kurz und bündig ist. Weshalb sich der Gedichtleser leichthin eine Freude gönnen kann, für die ein Romanleser mit allzu teurer Lebenszeit bezahlen müßte: die Freude am schlechten Kunstwerk.

Was das Gedicht alles kann: Alles – das beinhaltet naturgemäß auch, daß es unfreiwillig komisch oder unaussprechlich töricht sein kann.

Beides Eigenschaften, die ungemein erheitern können, weshalb Lyrikliebhaber aller Zeiten besonders mißlungenen Gedichten einen besonderen Ehrenplatz in ihrem Poesie-Kuriositätenkabinett eingerichtet haben.

So geschehen am 14. Juli 1878, als die satirisch-humoristische Zeitschrift ›Fliegende Blätter‹ den ersten einer darauf folgenden Flut von Versen abdruckte, die als »Klapphornverse« in die deutsche Lyrik- und Komikgeschichte eingehen sollten. Dabei war der Urklapphornvers von seinem mutmaßlichen Verfasser, dem Göttinger Notar Friedrich Daniel, wohl ernst gemeint und bildete nur den Anfang eines längeren ländlichen Gedichts. Ein Bekannter Daniels muß die unfreiwillige Komik der Verse bemerkt und das Werk an die ›Fliegenden Blätter‹ eingesandt haben.

Und so lautete der erste und ernstgemeinte Urklapphornvers:

Zwei Knaben gingen durch das Korn;
Der Andere blies das Klappenhorn.
Er konnt' es zwar nicht ordentlich blasen;
Doch blies er's wenigstens einigermaßen.

Ein Vers, der zu freiwillig komischen Weiterdichtungen anregte, so ausdauernd, daß die Ausläufer der durch ihn 1878 ausgelösten Lyrik-Trash-Welle noch meinen Schulhof der 50er Jahre bespülten, wo ein Klassenkamerad die verschiedensten Klapphornverse aufzusagen wußte, darunter auch den hier:

Zwei Knaben gaben sich einen Kuß.
Der eine, der hieß Julius.
Der andere, der hieß Gretchen.
Ich glaube, der war ein Mädchen.

Ich auch, ich auch – nicht nur gute Gedichte stacheln den Nachahmungstrieb an, auch schlechte tun dies; und immer wieder sind auch große Dichter dieser Versuchung erlegen, selbst – und das zu meinem großen Erstaunen – jemand wie der Freiherr Joseph von Eichendorff, der bei Gelegenheit einer verlorenen Wette in den zwanziger Jahren des 19. Jahrhunderts sein sogenanntes »Mandelkerngedicht« verfaßte, das sehr geschickt metrische Ungeschicklichkeit thematisiert:

Zwischen Akten, dunkeln Wänden
Bannt mich, Freiheitbegeh*renden*,
Nun des Lebens strenge Pflicht,
Und aus Schränken, Akten-Schichten
Lachen mir die belei*digten*
Musen in das Amts-Gesicht.

Gerne würde ich das gesamte vierstrophige Gedicht verlesen, liebend gern die Schätze meines Kuriositätenkabinetts vor Ihnen ausbreiten, Sie mit den Versen des bayrischen Königs Ludwig des Ersten bekanntmachen, mit denen des schlesischen Schwans Friederike Kempner, mit den Verirrungen der Expressionisten Werfel und Däubler und dem Nachgesang, welchen der Kultusminister der DDR und Poet dazu Johannes R. Becher 1953 auf den just verstorbenen großen Führer der Werktätigen Josef Wissarionowitsch Stalin anstimmte – aber nein, soviel Zeit muß einfach sein; hören Sie wenigstens drei der vierundzwanzig Vierzeiler, die dem Verfasser, hört man, Jahre später selber unfaßbar gewesen sein sollen:

Es wird ganz Deutschland einstmals Stalin danken.
In jeder Stadt steht Stalins Monument.
Dort wird er sein, wo sich die Reben ranken,
Und dort in Kiel erkennt ihn ein Student.

[...]

Dort wirst du, Stalin, stehn, in voller Blüte
Der Apfelbäume an dem Bodensee,
Und durch den Schwarzwald wandert seine Güte
Und winkt zu sich heran ein scheues Reh.

[...]

Mit Lenin sitzt er abends auf der Bank,
Ernst Thälmann setzt sich nieder zu den beiden.
Und eine Ziehharmonika singt Dank,
Da lächeln sie, selbst dankbar und bescheiden.

Ein berauschendes Getränk, und noch ist der Becher längst nicht leer, gestatten wir uns einen letzten Schluck von dem trunkenen Gesang:

Wenn sich vor Freude rot die Wangen färben,
Dankt man dir Stalin, und sagt nichts als: »Du!«
Ein Armer flüstert »Stalin« noch im Sterben,
Und Stalins Hand drückt ihm die Augen zu.

Und nicht etwa die Kehle ... Aber nein, nicht wohlfeiler Spott, gesamtdeutscher Trash ist angesagt, und wer könnte die BRD bei diesem Vergleich würdiger vertreten als der unvergessene Karl Gerold, Gründer, Eigner, Verleger, Herausgeber und Chefredakteur der ›Frankfurter Rundschau‹, den kraft dieser Machtfülle nichts und niemand davon abhalten konnte, in den 60er und 70er Jahren selbstgefertigte Gedichte in seine Zeitung einzurücken, vorzugsweise auf die Seite drei, »Meinung und Bericht«, wo denn auch am 26. Oktober 1971 sein Gedicht »Obskur« die Leser teils grübeln, teils lächeln ließ:

Obskure Welt
Man sagt Natur –
Schau näher hin:
obskur, obskur ...

Der Reden viel
So mancher Schwur —
Paß auf mein Volk:
obskur obskur.

Viel Kanzelwort
Der Schafe Schur —
hör zu denk nach:
obskur obskur!

Also dichtete Friderikus Kempner, der schwäbische Schwan, und ich weiß von Menschen, die Karl Gerolds Gedichtsammlung »Ein Leben lang«, herausgegeben von Heinrich Rumpel, nie herausrücken würden«, da sie sich ein Leben ohne Verse wie den folgenden ganz einfach nicht mehr vorstellen können:

Drum lieb ich die in Irrenhäusern,
sie sind der Menschheit Schmachgesang,
sie können sich nicht selbst entäußern,
sie sind normal in ihrem Gang.

Was aber lehrt uns der rasche Blick ins Kuriositätenkabinett? Vielleicht dies: Gedichte sind Menschenwerk, und wie der Mensch ist auch das Gedicht zu wirklich allem fähig.

Eine Tatsache, die ich nicht beklage: Gäbe es keine schlechten Gedichte, wüßten wir nichts von guten, richtiger: Wüßten wir die guten nicht wirklich zu würdigen – weshalb ich dankbar und bescheiden die Tür zum Kabinett schließe, um Sie zum Abschluß vor meine Schatzkammer der Poesie zu führen. Vor sie, nicht in sie: Ein solcher Besuch würde den Rahmen einer Vorlesung leider vollständig sprengen. Dennoch werden Sie drei von mir so hoch geschätzte wie tief geliebte Gedichte kennenlernen, da ich sie – wenigstens zu Teilen – dort herumtrage, wo Gedichte schon immer am sinnvollsten aufgehoben waren: im Gedächtnis. Ganz ohne Spickzettel geht es nicht, doch schaun wir mal, wie weit wir kommen:

Drei Gedichte, drei letzte Belege dafür, was das Gedicht alles kann.

Das erste stammt von Paul Fleming, einem Dichter, der in der ersten Hälfte des 17. Jahrhunderts lebte. Ich lernte ihn durch Zufall kennen: Als Student auf dem Weg zur Berliner FU hatte ich für eine Mark aus einer Krabbelkiste Will Vespers einst ungemein populäre und bis auf den heutigen Tag äußerst fragwürdige Gedichtsammlung »Die Ernte der deutschen Lyrik« herausgefischt, nun blätterte ich darin in der U-Bahn, die mich nach Berlin-Dahlem trug. Lebensumstände hatten mich in einen Zustand der Erregung und Unruhe versetzt, ich las unkonzentriert und fahrig, bis mir Verse vor Augen kamen, die mich sogleich auf wundersame Weise beruhigten, nicht durch ihren Inhalt, sondern aufgrund des sedierenden Singsangs der Strophen: Das Gedicht kann besänftigen.

Laß dich nur nichts dauren
mit Trauren;
Sei stille!
Wie Gott es fügt,
so sei vergnügt,
mein Wille.

Was willst du heute sorgen
auf morgen?
Der Eine
steht allem für,
der gibt auch dir
das Deine.

Sei nur in allem Handel
ohn Wandel,
Steh feste!
Was Gott beschleußt,
Das ist und heißt
das Beste.

Das zweite Gedicht heißt »Reiselied«; es stammt von Hugo von Hofmannsthal. Zwei Strophen, die mir deshalb lieb und teuer sind, weil ich kein verläßlicheres, rascheres und billigeres Transportmittel in den vielgeliebten Süden kenne: Das Gedicht kann beschleunigen.

Wasser stürzt, uns zu verschlingen,
Rollt der Fels, uns zu erschlagen,
Kommen schon auf starken Schwingen
Vögel her, uns fortzutragen.

Aber unten liegt ein Land,
Früchte spiegelnd ohne Ende
In den alterslosen Seen.

Marmorstirn und Brunnenrand
Steigt aus blumigem Gelände,
Und die leichten Winde wehn.

Jakob van Hoddis, der Verfasser des dritten Gedichts, hat nicht viel gedichtet, sich jedoch mit acht Zeilen eine kleine Unsterblichkeit erschrieben. Sein Gedicht »Weltende« wurde 1911 erstmals veröffentlicht und sogleich ebenso laut gefeiert wie häufig nachgeahmt: Das war ein neuer, aufrüttelnder Ton. Er war es noch in den späten 50er Jahren, als ich das Gedicht kennenlernte, in der Berliner Kunstakademie und aus dem Munde von Horst Drexel, einem Kommilitonen der Grafikklasse. Noch heute erinnere ich mich des ersten Hörens: Das Konzentrat grotesker Weltuntergangsbilder wirkte wie ein Stromstoß: Das Gedicht kann beleben:

Dem Bürger fliegt vom spitzen Kopf der Hut,
In allen Lüften hallt es wie Geschrei.
Dachdecker stürzen ab und gehn entzwei,
Und an den Küsten – liest man – steigt die Flut.

Der Sturm ist da, die wilden Meere hupfen
An Land, um dicke Dämme zu zerdrücken.
Die meisten Menschen haben einen Schnupfen.
Die Eisenbahnen fallen von den Brücken.

So endet die Welt – with a bang, not with a whimper, um das Ende von T. S. Eliots »The Waste Land« zu paraphrasieren –, meine Poetik-Vorlesungen will ich anders enden lassen: mit Musik.

Das Wort Lyrik leitet sich von Lyra her, dem griechischen Wort für Leier – im goldenen Zeitalter der Dichtung war der Dichter zugleich Sänger.

Er ist es nicht mehr, doch haben die Komponisten vergangener Jahrhunderte zuverlässig dafür gesorgt, daß Gedichte gesungen werden konnten: Schubert vertonte Goethe, Schumann Heine, Mahler Rückert und Kurt Weill Bert Brecht.

Nur mich vertonte lange Zeit niemand, weshalb ich mich zu einem ungewöhnlichen Schritt entschloß: Da die Komponisten nicht zu mir kamen, ging ich zu den Komponisten.

Ja, gleich zu zweien, zu John Lennon und Paul McCartney, und das kam so: Als ich mal wieder den Lennon/McCartney-Titel »Paperback Writer« hörte, ging es mir durch den Kopf, daß das Wort »Bodenseereiter« eine schöne deutsche Entsprechung wäre.

Also begann ich damit, zur Melodie passende Bodenseereiter-Verse zu ersinnen, als ich mich einer Ballade von Gustav Schwab erinnerte: »Der Reiter und der Bodensee«.

Ich schlug sie nach und erlebte eine freudige Überraschung, als ich feststellte, daß sich Schwabs Zweizeiler bruchlos auf die Lennon/McCartney-Melodie übertragen ließen, da der englische und der deutsche Text das gleiche Metrum hatten:

It's a dirty story of a dirty man
And his clinging wife doesn't understand

– hatten die Beatles getextet, und bei Schwab hieß es:

Da bricht der Abend, der frühe herein:
Von Lichtern blinket ein ferner Schein.

Also verwob ich Schwabsche und eigene Zeilen zur Lennon/McCartney-Melodie, und das hörte sich im Wortlaut folgendermaßen an:

Ein Mann wollte schnellstens von A nach B,
zwischen A und B lag der Bodensee,
der im kältesten Winter seit hundert Jahr
von A bis B zugefroren war:

Bodenseereiter, Bodenseereiter,
wie kommst du weiter?

Frischer Schnee, der deckte das blanke Eis,
doch was einer nicht weiß, das macht ihn nicht heiß.
Unser Mann ahnte nichts von dem See unterm Schnee,
also ritt er über den Bodensee:

Bodenseereiter, Bodenseereiter,
wie geht es weiter?

Bald schon bricht der Abend, der frühe, herein,
aus Häusern im Schnee blinkt der Lichter Schein.
Das ist endlich A, denkt der Reitersmann,
da staunt eine Frau groß den Fremden an:

Seltsamer Reiter, eisiger Reiter,
kommst du von weither?

Von dahinten, sagt er, und sie fragt: Vom See?
Ist hier nicht A? fragt er – Nein, sagt sie, hier ist B.
Da stocket sein Herz, er sinkt vom Roß herab,
und am Ufer ward ihm ein trocken Grab:

Bodenseereiter, Bodenseereiter,
da sind wir gescheiter:

Wir alle müssen von A nach B,
unser aller Weg führt übern Bodensee.
Doch um faktisch vorm trocknen Grab sicher zu sein,
brechen wir prophylaktisch ins nasse ein:

Bodenseereiter, Bodenseereiter,
kommt, es geht weiter!
Bodenseereiter, Bodenseereiter,
das Leben geht weiter!

Schon ganz schön, doch es kommt noch besser: Otto Waalkes las das Gedicht, und da er mir zu meinem 60sten Geburtstag am 13. 12. 1997 eine Freude bereiten wollte, spielten er und seine Band »Die Friesenjungs« den Titel im Original-Arrangement ein – erleben Sie zum Abschluß meiner Führung durch das Haus der Poesie bitte den hochsymbolischen Brückenschlag von alt und neu, Wort und Ton, Ballade und Pop Song, Ostfriesland und England, Schwab und Gernhardt, Lennon und McCartney –
Musik ab!

ZU DICHTERN

DER SCHILLER-PROZESS
Eine Verteidigungsrede

Hohes Literaturgericht, meine Damen und Herren Geschworenen, liebe Zuhörer,

bevor ich mich anschicke, ein nach Maßgabe meiner Kräfte gutes Wort für den Angeklagten Friedrich Schiller einzulegen, möchte ich drei heikle Punkte ansprechen.

Der erste betrifft meine Rolle in diesem Prozeß: Ich trete hier – und das sei laut und deutlich gesagt – als Pflichtverteidiger vor die Schranken des Gerichts. Nicht Neigung bewog mich, mich des Lyrikers Schiller anzunehmen – und nur um den geht es in der heutigen Verhandlung –, ein Jubiläum, der 200ste Todestag, sowie eine damit verbundene dringliche Anfrage bewogen mich, für die Gedichte eines Poeten einzutreten, den ich zu keinem Zeitpunkt unter meine Lieblingsdichter gezählt habe.

Warum ich dennoch glaube, etwas zur Wahrheitsfindung beitragen zu können? Weil ich selber Gedichte schreibe, die dem hohen Ton der Schiller'schen Gedichte denkbar fremd und ihm dennoch auf untergründige Weise verpflichtet sind: Erst vor dem Hintergrund pathetischen Tönens kann der profane Ton seine Eigenart zu Gehör bringen, erst die Sprache poetischer Ernstmacher schafft und garantiert jene Fallhöhe, von welcher das komische Gedicht stets profitiert, während sie die hochgemuten Sänger nicht selten blamiert, jene mutigen Männer, die beim Dichten kein Risiko scheuen, auch das nicht, von ihren selbsterrichteten Kothurnen zu purzeln. Zu denen auch Schiller zählt, weshalb ich mich bei allem guten Willen hin und wieder genötigt sehen werde, die Verteidigungswaffen zu strecken: Laß fallen, was da fällt – um es mit den Worten eines Dichters unserer Tage zu sagen. Unnötig hinzuzufügen, daß ich dennoch davon überzeugt bin, eine genügende Anzahl der Gedichte Schillers werde einer kritischen Prüfung standhalten – eine Pflichtverteidigung in aussichtsloser Lage hätte ich nicht übernommen. Soviel zum ersten der drei heiklen Punkte.

Der zweite bezieht sich auf den Zeitrahmen, innerhalb dessen ich mein Amt auszuüben habe: Er beträgt eine Stunde, was notwendig zur Folge hat, daß ich nur wenige der Gedichte Schillers in voller Länge werde in den Zeugenstand rufen können – der Angeklagte war ein Dichter, dem man sowohl einen langen Atem nachrühmen wie auch Langatmigkeit nachsagen kann.

Der dritte Punkt aber ist der heikelste: Er betrifft die Anklage. Die nämlich präsentiert sich nicht klar und deutlich, sondern als bunter Strauß von Vorwürfen, Vorurteilen und Vorverurteilungen, die zum großen Teil einem Schiller und einem Schiller-Bild gelten, die beide sich im Laufe der Zeit so gut wie verflüchtigt haben: Wo zum Beispiel ist der Schülerschreck Schiller verblieben, der Sänger jener »Glocke«, die so manchem jungen Menschen, der sie vor der Klasse auswendig vorzutragen hatte, das Gefühl gab, nun habe seine letzte Stunde geschlagen?

Ich selber, Abitursjahrgang 1956, habe noch einen Abglanz des Groß- und Zentralklassikers Schiller kennengelernt, ich mußte noch Teile der erwähnten »Glocke« auswendig hersagen können. Doch bereits Anfang der 60er erlosch die – manchmal grausam helle – Gloriole, welche den Dichter mehr als ein Jahrhundert lang umstrahlt hatte. Als der Dichter Hans Magnus Enzensberger sich die Freiheit herausnahm, »Das Lied von der Glocke« nicht in seine Auswahl Schillerscher Gedichte für den Insel Verlag aufzunehmen, war zwar noch ein Rauschen im Blätterwald zu vernehmen, doch als der Dichter Peter Rühmkorf Anfang der 70er der heranwachsenden Aleke Gedichte aus eigener Feder nahezubringen versucht, macht er eine einschneidende Erfahrung, welche er in seinem Tagebuchband »Tabu II« folgendermaßen festhält:

»Hatte ihr erste Auflage vom ›Irdischen Vergnügen‹ mit Widmung u. Selbstporträtchen zugeschickt, aber es fehlt [...] an den schlichtesten Sach- u. Vokabelkenntnissen. ›Sentimentalisch‹ (Nie gehört, weil Schiller nicht mehr auf dem Stundenplan steht [...])« – dessen Stelle hatte vermutlich zu diesem Zeitpunkt bereits Brecht eingenommen, aber weiter im Text: »Hatte ja immer geglaubt, aus allgemein verfüglichen Wörterkübeln zu schöpfen – Volkslied – Bibel – Abzählreimen – Hausmärchen – Kindersversen – Proverbs and sayings – möglicherweise Gesangbüchern – und merkte plötzlich nicht ohne gewisses Erschrecken, daß selbst schlichtere Anspielungen kaum noch mit einem öffentlichen

Resonanzboden rechnen können. Ergo: Auch meine eigenen Hervorbringungen bereits im Deutschen eines Übersetzers bedürftig.«

Auch das ein Grund, Hohes Gericht, meine Damen und Herren Geschworenen, für Schiller in die Schranken zu treten: Jeder Tonfall, der dem Bewußtsein einer Sprachgemeinschaft entschwindet oder ganz entfällt, bedeutet nicht nur eine Verarmung des Rezipienten von Literatur, sondern auch eine Behinderung des Produzenten: Aus geleerten Wortkübeln ist schlecht schöpfen, und »schöpferisch« kommt nun mal von »schöpfen«.

Eine Zeitlang galt es als progressiv, den »elaborierten Code« gegen den »restringierten« aus- und herunterzuspielen, was zur Folge hatte, daß der elitäre Schiller von den Lehrplänen gestrichen und durch die wie immer kritische Lektüre der *Bild-Zeitung* ersetzt wurde, nun, da der Zeitgeist sich gedreht hat, ist auch der Zeitpunkt gekommen, erneut die Frage zu stellen, was denn vom Dichter Schiller zu halten sei. Ist er nach wie vor abgetan? Ist er erneut im Kommen? Hat er uns gar etwas voraus?

Sagen wir es vorsichtig: Als heutiger lyrischer Dichter hätte Schiller immer noch schlechte Karten. Damit sie kein bloßer Verdacht bleibt, hohes Gericht, meine Damen und Herren Geschworenen, sei diese Einschätzung kurz begründet, verbunden mit der Hoffnung, auf diesem Wege zumindest *einen* Anklagepunkt gegen den Dichter Schiller etwas präziser in den Griff zu kriegen und in Worte fassen zu können.

Anfang der 90er machte ich mir »Gedanken zum Gedicht« und überprüfte die derzeit jüngste lyrische Produktion, versammelt in der von Hans Bender betreuten Anthologie »Was sind das für Zeiten. Deutschsprachige Gedichte der achtziger Jahre«. Mein Befund, ich zitiere: »viel mürrisches Parlando, dessen ästhetischer, sentimentaler oder gar intellektueller Ertrag naturgemäß gering ist. Das gibt zu denken: Zu denken gibt es in dem ganzen Buch wenig [...]. Epigrammatische, lehrhafte – kurz: jede Form von Gedankenlyrik fehlt ganz. Auch jede Art erzählender Lyrik. Jede Tendenzlyrik. Schließlich jedwedes dezidiert komische Gedicht.«

Ein Zitat, das einerseits seine Gültigkeit behalten hat – auch Gedichtanthologien der 90er Jahre weisen die gleichen weißen Flecken auf –, das andererseits aber als Musterkarte der Schillerschen Dichtung gelesen werden kann, da der Lyriker Schiller mit Inbrunst all das praktizierte, was heutige Dichter – oder sind es die Anthologisten von heutiger Dichtung? – mit vergleichbarer Inbrunst links liegen lassen: das polemische Gedicht, das philosophische Gedicht, das erzählende Gedicht. Auch das komische Gedicht?

Die Antwort, Hohes Gericht, meine Damen und Herren Geschworenen, bleibt meinem Plädoyer vorbehalten, halten wir an dieser Stelle lediglich fest, daß es eine weitverbreitete Stimmung gibt, die jemandem wie Schiller ein Daseinsrecht auf dem deutschen Lyrikparnaß absprechen will: zu kopflastig seine Gedichte, zu anekdotisch, zu klar, zu streng gefügt – während doch wahre Lyrik heutzutage gefühlsbetont, bildhaft, dunkel und vom Reime befreit zu sein hat.

Weshalb sich meine Verteidigung Schillers darauf konzentrieren wird, dem Angeklagten zumindest ein Bleiberecht auf erwähntem Musenberg zu erstreiten – als Beweismaterial dient mir die im Hanser Verlag erschienene Ausgabe der Werke Schillers, vor allem deren Bände I und V. Zudem werde ich einen weiteren Hanser-Autor in den Zeugenstand rufen, Rüdiger Safranski, dessen Schiller-Biographie »Schiller oder Die Erfindung des Idealismus« ich eine Vielzahl lebensgeschichtlicher Details und ideengeschichtlicher Fakten verdanke.

Doch genug der einleitenden Worte! Auf der Richterbank macht sich Unruhe breit, die Damen und Herren Geschworenen beginnen zu tuscheln, der Pegasus, welcher den Angeklagten hergetragen hat, scharrt mit den Hufen: Hohes Gericht – ich beginne!

Als der Angeklagte Friedrich Schiller am 9. Mai des Jahres 1805 im Alter von nur sechsundvierzig Jahren starb, sah das deutsche Volk in ihm bereits einen Klassiker, ein Ehrentitel, der ihn fortan begleiten sollte, bis er in der zweiten Hälfte des 20. Jahrhunderts endgültig zu einem zweifelhaften Kompliment zu werden drohte, da ›Klassiker‹ in Verbindung gebracht wurde mit ›marmorn‹, mit, schlimmer noch, ›gipsern‹, mit leblos, zeitlos, denkmalhaft also, während dem ›klassischen‹ Werk unterstellt wurde, es sei langweilig, schwierig und weltfremd.

Auch heute ist kein Künstler davor sicher, als Klassiker zu sterben – mit Sicherheit aber wurde und wird keiner als Klassiker geboren.

Das gilt auch für Johann Christoph Friedrich Schiller, der am 10. 11. 1759 im schwäbischen Marbach zur Welt kam und schon früh Anzeichen dichterischen Ehrgeizes zu erkennen gab. Am Vortag seiner

Konfirmation soll der Herumtollende auf Bitten seiner ruhebedürftigen Mutter sein erstes Gedicht verfaßt haben, ein derart gefühlvolles Poem, daß der Vater dem Vernehmen nach ausrief: »Bist du närrisch geworden, Fritz?«

»Närrisch« – spätere Schiller-Apologeten haben in ähnlichen Fällen das Wort »enthusiastisch« gewählt, und ein vergleichbares Doppelgesicht kennzeichnet auch Schillers ersten öffentlichen Auftritt als Dichter, da gibt er sich zugleich clever und närrisch, hemdsärmlig und hochpathetisch. Clever war die Idee, eine »Anthologie auf das Jahr 1782« zusammenzustellen – der Gedichtalmanach, ein aus Frankreich importierter Buchtyp, erfreute sich seit 1770 in deutschen Landen großer Beliebtheit, zumal bei Damen, und eben erst hatte sich Gotthold Friedrich Stäudlin, ein Altersgenosse Schillers, mit seinem »Schwäbischen Musenalmanach auf das Jahr 1782« einen Namen und gut Kasse gemacht. Närrisch hingegen darf die Idee des 23-jährigen Medizinstudenten Schiller genannt werden, seine Anthologie wegen Beiträgermangels weitgehend selber zu füllen, sich für den Druck zu verschulden, das Buch im Selbstverlag herauszubringen, es »Meinem Prinzipal dem Tod« [NA 22, 83] zu widmen und es – der »Schwäbische Almanach« war ja bereits vergeben –, als »Sibirische Anthologie« zu deklarieren und zu behaupten, sie sei »Gedrukt in der Buchdrukerei Tobolsko« [NA 1, 40].

Zumal das sibirische Element lediglich durch die Vorrede geistert – der Inhalt selber ist gut schwäbisch. Wiederholt wird eine gewisse Laura besungen, im Leben Luise Fischer, eine Hauptmannswitwe mit Kindern, bei welcher Schiller zur Untermiete wohnte, eine Frau, die von Augenzeugen wahlweise als »gutes Weib« und als »wahre Mumie« bezeichnet wurde, in jedem Fall eine bildungsbeflissene Person, des Klavierspiels mächtig, was Schiller zu seinem Gedicht »Laura am Klavier« inspirierte, einem wilden, wahrhaft närrisch zu nennenden Wortschwall:

Wenn dein Finger durch die Saiten meistert –
Laura, itzt zur Statue entgeistert,
   Itzt entkörpert steh ich da.
Du gebietest über Tod und Leben,
Mächtig wie von tausend Nervgeweben
   Seelen fordert Philadelphia; –

So feiernd hebt an, was derart donnernd endet:

> Neuer Geister Sonnensize
> Winken durch zerrißner Himmel Rize –
>   Ueberm Grabe Morgenroth!
> Weg, ihr Spötter, mit Insektenwize!
>   Weg! Es ist ein Gott – – – –   [NA 1, 53f.]

Hier entfaltet er sich erstmals zu voller Blüte, der Schwerpathetiker Schiller, der in den Folgejahren Myriaden von Insekten samt ihrem Spötterwitz anlocken sollte, ABER Hohes Gericht, meine Damen und Herren Geschworenen! – und dieses ABER ist das erste einer Reihe von ABERS, die mein Plädoyer durchziehen werden –: Aber in der gleichen Anthologie zeigt auch ein ganz anderer Schiller Flagge, einer, der selber dem Spotte nicht abgeneigt ist, vor allem aber einer, der seine Worte so aufzuladen weiß, daß ihnen Flügel wachsen, was sie naturgemäß zu »Geflügelten Worten« werden läßt. »Kastraten und Männer« ist das Gedicht überschrieben, in welchem Schiller dieses Kunststück erstmals gelingt. Ein Gedicht des zehn Jahre älteren Gottfried August Bürger hatte seinen Widerspruch erregt. »Männerkeuschheit« war es überschrieben, und so hebt es an:

> Wer nie in schnöder Wollust Schoos
> Die Fülle der Gesundheit gos,
> Den ziemt's, daß er sich brüsten kan;
> Ihn ziemt das Wort: Ich bin ein Man!   [NA 2.II.A, S. 89]

Von gleicher Keuschheit singen die folgenden sechzehn Strophen und den summa summarum siebzehn Vierzeilern tritt Schiller mit sage und schreibe siebenundzwanzig Strophen entgegen, deren erste sogleich mit Bürgers Heldenwort anhebt:

> Ich bin ein Mann! – wer ist es mehr?
>   Wers sagen kann, der springe
>   Frei unter Gottes Sonn einher
>   Und hüpfe hoch und singe!

Was aber ein richtiger Mann ist, der zeigt's dem anderen Geschlecht:

> Und röther wird das Mädchen dann,
>   Und 's Mieder wird ihr enge –
> Das Mädchen weißt, ich bin ein Mann,
>   Drum wird ihr's Mieder enge.

Drum Pfui auch über jene Männer, welche Keuschheit predigen, sie sind:

> Wie Wein von einem Chemikus
>   Durch die Retort getrieben,
> Zum Teufel ist der Spiritus,
>   Das Flegma ist geblieben. [NA 1, 96–98]

Treffer! Soeben Hohes Gericht, meine Damen und Herren Geschworenen, haben Sie das erste geflügelte Wort des Angeklagten gehört – es findet sich im »Büchmann« –, und das zweite – Schiller selber hat es kursiv gesetzt – folgt sogleich. Immer noch gilt der Spott des Dichters den Keuschen:

> Drum fliehn sie jeden Ehrenmann,
>   Sein Glük wird sie betrüben –
> *Wer keinen Menschen machen kann,*
>   *Der kann auch keinen lieben.* [NA 1, 99]

Volltreffer! Präzis anvisiert und eiskalt plaziert – wie verträgt sich dieser coole Friedrich mit dem erhitzten Schiller der »Laura«-Gedichte? Gut, da diese Dioskuren lediglich die zwei Seiten *einer* Medaille sind, auf welcher beidseitig groß und deutlich das verbindende Credo der beiden eingraviert ist: Wirkung.

Wirkung setzt Publikum voraus, und das braucht Schiller nicht nur aus hoch künstlerischen, sondern auch aus platt finanziellen Gründen. 1784 geht er erstmals unter die Blattmacher. – Hohes Gericht, meine Damen und Herren Geschworenen, hören Sie bitte, wie Schiller seinen Zeitschriftenerstling, ein Theaterorgan namens ›Rheinische Thalia‹ dem geneigten Publikum schmackhaft zu machen versucht. Er verspricht einerseits »*Gemälde merkwürdiger Menschen und Handlungen*. [...] *Philosophie für das handelnde Leben*. [...] *Gedichte und Rhapsodien*«, aber auch »*Schöne Natur und schöne Kunst in der Pfalz*« sowie »*Geständnisse von mir selbst*«. [NA 22, 95–98]

Eines dieser Geständnisse findet sich bereits in der Ankündigung der Zeitschrift. Es lautet: »Das Publikum ist mir jetzt alles, mein Studium, mein Souverain, mein Vertrauter. Ihm allein gehör ich jetzt an. Vor diesem und keinem andern Tribunal werd ich mich stellen. Dieses nur fürchte ich und verehr ich. Etwas Großes wandelt mich an bei der Vorstellung, keine andere Fessel zu tragen als den Ausspruch der Welt – an keinen andern Thron mehr zu appellieren als an die menschliche Seele.« [NA 22, 94f.]

In diesem überaus publikumsfreundlichen Organ erscheint 1786 eines der publikumswirksamsten Gedichte Schillers, die nicht zuletzt durch Beethovens Vertonung weltweit bekannte Ode »An die Freude«. Ein hochgestimmter – die Anklage, ich weiß, ich weiß, formuliert: überspannter – Gesang und zugleich ein Gelegenheitsgedicht, erlebt und verfaßt im Loschwitzer Landhaus des Freundes Körner und in weinfroher Runde. Schiller habe derart heftig angestoßen, daß sein Rotweinglas zersplittert sei, berichtet Körners Ehefrau Minna, worauf der Dichter die Anwesenden aufgefordert habe, ihre Gläser als Gabe an die Götter auf das Tischtuch zu entleeren und sie sodann über die Gartenmauer zu werfen, begleitet von Schillers Ausruf: »Keine Trennung! keiner allein! sei uns ein gemeinsamer Untergang beschieden!« [NA 42, 103]

Da war Alkohol im Spiel, als das Glas zu Boden fiel – um es in Abwandlung einer Gedichtzeile von Max Goldt zu sagen, und es stellt sich die Frage, wie weit er auch bei der Abfassung der Ode seine Hand im Spiel hatte. Auf jeden Fall wird in den 18 Strophen des Gesangs so viel weggetrunken, daß man ihn auch »An die Freude an mehr als einem Viertele« überschreiben könnte:

Freude trinken alle Wesen
   an den Brüsten der Natur,
Alle Guten, alle Bösen
   folgen ihrer Rosenspur.

Küße gab sie *uns* und *Reben*,
　einen Freund, geprüft im Tod.
Wollust ward dem Wurm gegeben,
　und der Cherub steht vor Gott.

– lesen wir, und einige Strophen weiter wird Schiller noch deutlicher:

Freude sprudelt in Pokalen,
　in der Traube goldnem Blut
trinken Sanftmut Kannibalen,
　Die Verzweiflung Heldenmut – –
Brüder fliegt von euren Sitzen,
　wenn der volle Römer kraißt,
Laßt den Schaum zum Himmel sprützen:
　Dieses Glas dem guten Geist.

Nein, Hohes Gericht, ich gestatte jetzt keine Zwischenfragen. Wieso aus weingefüllten Römern bierbedingter Schaum sprützen kann, das wird ebenso Schillers Geheimnis bleiben, wie die Begründung seiner Behauptung, Menschenfresser seien ausgerechnet durch Alkohol zu besänftigen. Bleiben wir lieber dem Dichter auf den Fersen, der die versprützten Gläser bereits wieder gefüllt hat:

Schließt den heilgen Zirkel dichter,
　schwört bei diesem goldnen Wein:
　Dem Gelübde treu zu sein,
schwört es bei dem Sternenrichter!

Rettung von Tirannenketten,
　Großmut auch dem Bösewicht,
Hoffnung auf den Sterbebetten,
　Gnade auf dem Hochgericht!
Auch die Toden sollen leben!
　Brüder trinkt und stimmet ein,
Allen Sündern soll vergeben,
　und die Hölle nicht mehr seyn.　[NA 1, 170–172]

Das sind Zeilen, die Schiller in voller Fahrt zeigen, manchmal haarscharf am Nonsens vorbeischrammend – »Wollust ward dem Wurm gegeben«, »Auch die Toten sollen leben!« –, manchmal Sprach- und Weinrausch ununterscheidbar mengend. ABER, Hohes Gericht, meine Damen und Herren Geschworenen –: aber der Dichter kann auch ganz anders. Nüchtern, um nicht zu sagen: ausgenüchtert, wird er zum Verspotter seiner eigenen berauschten Gesänge. Das Loschwitzer Landhaus, Schauplatz von Schillers sommerlichem Höhenflug, ist nun der Ort seiner herbstlichen Bauchlandung. Zum besseren Verständnis sei vorausgeschickt, daß Schiller zu dieser Zeit an seinem Schauspiel »Don Karlos« arbeitet – der Rest versteht sich von selbst:

UNTERTHÄNIGSTES PRO MEMORIA
an die Consistorialrath Körnerische weibliche Waschdeputation
in Loschwiz eingereicht von einem niedergeschlagenen Trauerspieldichter

Bittschrift

Dumm ist mein Kopf und schwer wie Blei,
    die Tobaksdose ledig
Mein Magen leer – der Himmel sei
    dem Trauerspiele gnädig.

Ich kraze mit dem Federkiel
    auf den gewalkten Lumpen;
Wer kann Empfindung und Gefühl
    aus hohlem Herzen pumpen?

Feur soll ich gießen aufs Papier
    mit *angefrornem* Finger? – –
O Phöbus, haßest du Geschmier,
    so wärm auch deine Sänger.

Die Wäsche klatscht vor meiner Thür,
    es scharrt die Küchenzofe –
und mich – mich ruft das Flügelthier
    nach König Philipps Hofe.

Ich steige mutig auf das Roß;
　　in wenigen Sekunden
seh ich Madrid – am Königsschloß
　　hab ich es angebunden.

Ich eile durch die Gallerie
　　und – siehe da! – belausche
die junge Fürstin Eboli
　　in süßem Liebesrausche.

Jezt sinkt sie an des Prinzen Brust,
　　mit wonnevollem Schauer,
in *ihren* Augen Götterlust,
　　doch in den *seinen*, Trauer.

Schon ruft das schöne Weib Triumph
　　schon hör ich – Tod und Hölle!
Was hör ich? – einen naßen Strumpf
　　geworfen in die Welle.

Und weg ist Traum und Feerey,
　　Prinzessin, Gott befohlen!
Der Teufel soll die Dichterei
　　beim Hemderwaschen hohlen.

　　gegeben　　　　　　　　　　　　　　F. Schiller.
in unserm jammervollem　　Haus- und Wirthschafts Dichter.
　　Lager
　　ohnweit dem Keller.　　[NA 1, 159 f.]

Schiller als Inbild des Dichtersängers – Schiller als Vorbild des stets verhinderten Poeten Balduin Bählam, einer Figur Wilhelm Buschs –: Schiller, Hohes Gericht, meine Damen und Herren Geschworenen, ist nicht auf eine Formel zu bringen, weder als Praktiker des Gedichts noch als dessen Theoretiker. In seiner berühmten – die Anklage, ich weiß, ich weiß, formuliert: berüchtigten – Rezension der Gedichte des zehn Jahre älteren Gottlieb August – jawohl, desselben Bürger, den Schiller bereits wegen seiner Männerkeuschheit hochgenommen hatte –, in dieser Kritik also verabschiedet sich Schiller vom stürmischen Drang seiner Jugendgedichte und fordert dem Älteren für das bisher von ihm Geleistete das ab, was er, der Jüngere, sich gerade zu leisten vorgenommen hat: klassische, schlackenlose Kunstwerke. In Schillers Worten: »Eine der ersten Erfodernisse [sic!] des Dichters ist Idealisierung, Veredlung, ohne welche er aufhört, seinen Namen zu verdienen.«

Harmonie, Reinheit und Vollkommenheit verlangt Schiller jedoch nicht nur vom Gedicht, sondern auch vom Dichter: »Alle Ideale [...] sind gleichsam nur Ausflüsse eines innern Ideals von Vollkommenheit, das in der Seele des Dichters wohnt.«

Wenn es denn da wohnt. »*Diese* Idealisierkunst vermissen wir bei Hn. Bürger« [NA 22, 253], befindet Schiller und versündigt sich – das, Hohes Gericht, meine Damen und Herren Geschworenen, sei in aller Freimütigkeit eingeräumt –, versündigt sich gegen ein Grundgebot aller Kritik: Du sollst nicht von einem fehlerhaften Kunstwerk auf moralische Verfehlungen des Künstlers schließen.

ABER – und dieses »Aber«, Hohes Gericht, wird ihnen mittlerweile vertraut sein –: Aber Schiller malt keine zehn Jahre später ein gänzlich anderes Bild der Poesie. 1797 beklagt sein in Frankfurt weilender Freund Goethe die in seiner Heimatstadt grassierende »Scheu gegen poetische Produktionen«. In einem Antwortbrief sinnt Schiller auf Abhilfe:

»Soviel ist auch mir bei meinen wenigen Erfahrungen klar geworden, daß man den Leuten, im Ganzen genommen, durch die Poesie nicht wohl, hingegen recht übel machen kann, und mir däucht, wo das eine nicht zu erreichen ist, da muß man das andere einschlagen. Man muß sie incommodieren, ihnen ihre Behaglichkeit verderben, sie in Unruhe und in Erstaunen setzen. Eins von beiden, entweder als ein Genius oder als ein Gespenst muß die Poesie ihnen gegenüber stehen. Dadurch allein lernen sie an die Existenz einer Poesie glauben und bekommen Respect vor den Poeten.« [NA 29, 117]

Genius oder Gespenst – das meint: Poesie, die wirken will, hat extrem zu sein. Bye bye Harmonie, Reinheit, Ideal und Klassik, hello Reiz, Kick, Mischung und Moderne. In seiner berühmten Marburger Rede über »Probleme der Lyrik« wird Gottfried Benn dem Kollegen vollinhaltlich zustimmen: »Lyrik muß entweder exorbitant sein oder gar nicht. Das gehört zu ihrem Wesen.«

Jedoch, Hohes Gericht, meine Damen und Herren Geschworenen, ich greife vor. Noch steht Schiller am Anfang seiner klassischen Periode, noch glaubt er an die Möglichkeit, die bildbaren Menschen durch vorbildliche Gedichte zu veredeln, noch greift er in eine hoch-, vor allem aber langtönende Leier. Er besingt »Die Götter Griechenlands« – 25 achtzeilige Strophen –, »Die Künstler« – 33 bis zu 36-zeilige Strophen – und die »Würde der Frauen« – 17 alternierend sechs- und achtzeilige Strophen.

In dieser Länge jedenfalls erscheint das Gedicht in Schillers »Musenalmanach auf das Jahr 1796« – vier Jahre später, in der ersten Ausgabe seiner Gedichte hat der Dichter das Werk auf neun Strophen zusammengestrichen. Weil er die Würze in der Kürzung suchte? Oder weil er stillschweigend seinen Kritikern recht gab?

Zwei Brüder sind's, die dem Klassiker am Zeug flicken, die beiden Frühromantiker August Wilhelm und Friedrich Schlegel. Besonders letzterer erregt Schillers Zorn, weil er die Frechheit besitzt, den Dichter allen Ernstes – doch bevor ich mit den Stimmen der Kritiker fortfahre, Hohes Gericht, meine Damen und Herren Geschworenen, sollte ich zuerst den Kritisierten zu Wort kommen lassen:

Ehret die Frauen! Sie flechten und weben
Himmlische Rosen ins irdische Leben,
Flechten der Liebe beglückendes Band,
Und, in der Grazie züchtigem Schleier,
Nähren sie wachsam das ewige Feuer
Schöner Gefühle mit heiliger Hand.

Ewig aus der Wahrheit Schranken
Schweift des Mannes wilde Kraft,
Unstät treiben die Gedanken
Auf dem Meer der Leidenschaft.
Gierig greift er in die Ferne,
Nimmer wird sein Herz gestillt,
Rastlos durch entleg'ne Sterne
Jagt er seines Traumes Bild.

Aber mit zauberisch fesselndem Blicke
Winken die Frauen den Flüchtling zurücke,

– und der folgt wie willenlos ihrem daktylischen Singsang, freilich nur, um sich in der vierten Strophe wieder trochäisch loszureißen:

Feindlich ist des Mannes Streben,
Mit zermalmender Gewalt
Geht der wilde durch das Leben,
Ohne Rast und Aufenthalt.
Was er schuf, zerstört er wieder,
Nimmer ruht der Wünsche Streit,
Nimmer, wie das Haupt der Hyder
Ewig fällt und sich erneut. [NA 2.I, 205]

– halten wir hier ein, Hohes Gericht, meine Damen und Herren Geschworenen, um uns erneut den beiden Brüdern Schlegel zuzuwenden, zwei Männern, die dem Poem nicht mit zermalmender Gewalt, sondern mit zersetzendem Spott begegnen, wobei beide kurioserweise auf den Spuren des Verspotteten wandeln.

August Wilhelm Schlegel, der Ältere, antwortet mit einem Gegengedicht in Schillers Manier, einer Parodie, die den blutleeren Idealzuständen des Originals die traurige Realität entgegensetzt:

Schillers Lob der Frauen

Ehret die Frauen! Sie stricken die Strümpfe,
Wollig und warm, zu durchwaten die Sümpfe,
Flicken zerrissene Pantalons aus;
Kochen dem Manne die kräftigen Suppen,
Putzen den Kindern die niedlichen Puppen,
Halten mit mäßigem Wochengeld Haus.

Doch der Mann, der tölpelhafte
Find't am Zarten nicht Geschmack.
Zum gegohrnen Gerstensafte

Raucht er immerfort Tabak;
Brummt, wie Bären an der Kette,
Knufft die Kinder spat und fruh,
Und dem Weibchen, nachts im Bette
Kehrt er gleich den Rücken zu.

Soweit der vollständige Wortlaut einer der allerfrühesten Schiller-Parodien, ein Genre, das sich bald insektenhaft vermehren und den Gefeierten in riesigen Schwärmen begleiten sollte, getreu dem Schiller-Wort: »Es liebt die Welt, das Strahlende zu schwärzen, und das Erhabne in den Staub zu ziehn« [NA 2.I, 129].

Freilich wird der Parodierte diese frühe Stechmücke gar nicht wahrgenommen haben –: Ihr Autor, ein gutbezahlter Mitarbeiter der von Schiller herausgegebenen Zeitschrift »Die Horen«, hat seine Parodie wohlweislich nicht öffentlich gemacht.

Anders sein Bruder Friedrich. Schiller hatte »Würde der Frauen« in seinem »Musenalmanach auf das Jahr 1796« veröffentlicht, und den kritisiert der junge Schlegel in der Zeitschrift »Deutschland«, auch er im Fahrwasser des Kritisierten. Hatte der als Dreiundzwanzigjähriger die »Männerkeuschheit« des älteren Bürger verlacht, so lacht nun der vierundzwanzigjährige Friedrich Schlegel über Schillers Bild vom rastlosen Mann: »Männer, wie diese, müßten an Händen und Beinen gebunden werden.«

Schlimmer noch – und das wird ihm Schiller nie verzeihen –: er spricht dem Dichter Kunstverstand und Selbstkritik ab: »Strenge genommen kann diese Schrift nicht für ein Gedicht gelten: weder der Stoff noch die Einheit sind poetisch. Doch gewinnt sie, wenn man die Rhythmen in Gedanken verwechselt und das Ganze strophenweise rückwärts liest.«

Dieser Stich tut weh! Schiller versucht, mit einem Zweizeiler zurückzustechen, weiß aber dem Kritiker nicht mehr vorzuwerfen als dessen Jugend:

Geschwindschreiber

Was sie gestern gelernt, das wollen sie heute schon lehren,
Ach! Was haben die Herrn doch für ein kurzes Gedärm!

[NA 1, 349]

Jawohl, Hohes Gericht, ganz meiner Meinung: Alt sieht er aus, unser Klassiker, wenn er auf solch wohlfeile Weise versucht, mit der kritischen Jugend fertig zu werden. ABER – meine Damen und Herren Geschworenen, Sie ahnen bereits, was Sie erwartet: Aber es ist niemand anderes als Schiller selber, der in einem weiteren Distichon die Würde des Menschen vom idealistischen Kopf auf realexistierende Beine stellt, und er tut dies mit einer Verve, als hätten die Sänger weltentrückter Würde ihn persönlich mit ihren Gesängen belästigt:

Würde des Menschen

Nichts mehr davon, ich bitt euch. Zu essen gebt ihm, zu wohnen,
Habt ihr die Blöße bedeckt, giebt sich die Würde von selbst.

[NA 1, 278]

Das, Hohes Gericht, meine Damen und Herren Geschworenen, hat auch ein Brecht nicht besser gesagt, lediglich kürzer: »Erst kommt das Fressen, dann kommt die Moral.«

Ein geistiger Brückenschlag über gut hundertdreißig Jahre deutscher Dichtung, der ebensowenig zufällig ist, wie der zu Benn: Schiller ist darin unser Dichter-Zeitgenosse, daß er nicht singt, weil er muß, naiv und vogelgleich, sondern weil er etwas will. Wie Benn will er bisher unbekannte Sprachreize ausfindig machen, erprobt er unermüdlich den »Wallungswert« der Worte, wie Brecht wechselt er die Dichterrollen und die Sängerkostüme. Hatte er seine Leier in seinen philosophischen Gedichten auf den ganz hohen Ton gestimmt, ja getrimmt, so schlägt er unmittelbar darauf ganz andere Töne an. In parlandohaft heiter daherkommenden, bei näherem Zuhören jedoch hochraffiniert gefügten Strophen zieht ausgerechnet er alles philosophische Erkenntnisstreben gnadenlos durch den Kakao einer Komik, die es verdient hat, sich – fast – in voller Länge entfalten zu können:

Die Thaten der Philosophen

Doch weil, was ein Professor spricht,
Nicht gleich zu allen dringet,
So übt *Natur* die Mutterpflicht,
Und sorgt, daß nie die Kette bricht,
Und daß der Reif nie springet.
Einstweilen bis den Bau der Welt
Philosophie zusammenhält,
Erhält *sie* das Getriebe
Durch Hunger und durch Liebe. [NA 1, 269]

Blühende Mutter Natur contra graue Philosophie – was mag Schiller zu diesem überraschenden Blickwechsel bewogen haben?

Der Hanser-Ausgabe entnehme ich, das Gedicht sei vermutlich kurz vor dem 16. 10. 1795 entstanden – ein Jahr zuvor hatte Schiller mit jemandem Freundschaft geschlossen, der – ebenfalls ein Dichter –, für den obigen Sachverhalt ein ebenso gewagtes wie poetisches Bild gefunden hatte: »Grau, teurer Freund, ist alle Theorie,/Und grün des Lebens goldner Baum.« Die Rede ist natürlich von Johann Wolfgang Goethe, der vom zehn Jahre jüngeren Schiller im Rückblick von seinem »unvergeßlichen Freunde« spricht, nach dessen frühem Tode im Jahre 1805 er »geistreiche Anregung« vermißt habe und »was nur einen löblichen Wetteifer befördern konnte«.

»Löblicher Wetteifer« – das, Hohes Gericht, meine Damen und Herren Geschworenen, ist ganz und gar wörtlich zu nehmen und zugleich ein besonders glänzendes Ruhmesblatt im ohnehin dichten Lorbeerkranz, der jedem der beiden Dichterfreunde von Mit- und Nachwelt zugesprochen und aufgesetzt worden ist. Wann hätte es das zuvor und hernach in deutscher Dichtung gegeben: daß zwei Männer des Wortes das Entstehen des Werkes des je anderen nicht nur begleiten, befördern und kritisch begutachten, sondern auch gemeinsam ans Werk gehen?

So geschehen in besagtem Jahr 1795 und Schritt für Schritt nachzulesen im Briefwechsel der beiden Dichter, den der greise Goethe im Jahre 1829 selber edieren und auf den Weg bringen sollte.

Noch freilich stehen die beiden am Anfang ihrer Zusammenarbeit. Am 17. Dezember signalisiert Schiller, daß er sich wieder der Poesie zuwenden wolle: »Ich habe mich lange nicht so prosaisch gefühlt, als in diesen Tagen und es ist hohe Zeit, daß ich für eine Weile die philosophische Bude schließe. Das Herz schmachtet nach einem betastlichen Objekt.« [NA 28, 132]

Am 26. desselben Monats wirft Goethe dem Schmachtenden einen Köder hin: »Mit 100 Xenien, wie hier ein Dutzend beiliegen, könnte man sich sowohl dem Publico als seinen Kollegen aufs angenehmste empfehlen« – zu den Xenien gleich mehr, lassen wir zunächst Goethe ausreden, der dem frischgewonnenen Freund eine erstaunlich unverkrampfte Hand entgegenstreckt: »Daß man uns in unsern Arbeiten verwechselt, ist mir sehr angenehm; es zeigt[,] daß wir immer mehr die Manier los werden und ins allgemeine Gute übergehen. Und dann ist zu bedenken[,] daß wir eine schöne Breite einnehmen können, wenn wir mit Einer Hand zusammenhalten und mit der andern so weit ausreichen[,] als die Natur uns erlaubt hat.«

Schiller zögert nicht, zuzugreifen. Bereits drei Tage später antwortet er: »Der Gedanke mit den Xenien ist prächtig und muß ausgeführt werden.« [NA 28, 151]

Das hört Goethe nicht ungern. Schon tags darauf, am 30. Dezember, schreibt er: »Ich freue mich sehr, daß die Xenien bei Ihnen Eingang und Beifall gefunden haben[,] und ich bin völlig der Meinung, daß wir weiter um uns greifen müssen.«

Von da ab geht es rege hin und her. Am 27. Januar 1796 schreibt Schiller an Goethe: »Sie haben mich mit dem reichen Vorrat von Xenien, den Sie geschickt haben, angenehm überrascht.« [NA 28, 174] Am 30. Januar vermeldet Goethe, die Xenien nähmen täglich zu: »sie steigen nunmehr gegen zweihundert.« Und so fortan, bis Schiller am 24. Juni vermelden kann: »Die Xenien erhalten Sie Montag früh gewiß. Es sind [...] noch sechshundertdreißig bis -vierzig [...] Da der Zusammenhang und die Vollständigkeit wohl noch achtzig neu nötig machen, so wird die Zahl wohl auf siebenhundert bleiben.« [NA 28, 230]

Siebenhundert Xenien, meine Damen und Herren Geschworenen, und die in sechs Monaten – wissen Sie, was das heißt? Ach – Sie wissen nicht einmal, was Xenien bedeutet?

Xenien – mit diesem griechischen Wort bezeichnete der römische Dichter Martial seine zweizeiligen Gastgeschenke, Epigramme, die er zu Speisen geschrieben hatte, die dem Gast aufgetischt worden waren.

Xenien – Goethe greift das Wort auf und macht Schiller den Vorschlag, auf »alle Zeitschriften Epigramme, iedes in einem einzigen Distichco, zu machen«.

Xenien – Schiller wittert sogleich die Möglichkeit, Krach und Wonne sowie Publikumserfolg unter einen Hut zu bringen, indem man die Zahl der Beschenkten auf den gesamten Literaturbetrieb der Zeit erweitert: »Welchen Stoff bietet uns nicht die Stolbergische Sippschaft, Rackenitz, Ramdohr, die metaphysische Welt, mit ihren Ichs und NichtIchs, Freund Nicolai unser geschworener Feind, die Leipziger GeschmacksHerberge, Thümmel, Göschen als sein Stallmeister. u. d. gl dar!« [NA 28, 151]

Xenien – die Bezeichnung Gastgeschenke ist also satirisch gemeint, und das Projekt ist von vornherein als Gemeinschaftsarbeit ohne spezielle Verfasserangaben angelegt, da beide Dichter sich Ende des 18. Jahrhunderts gleichermaßen isoliert sahen, vom Publikum unverstanden und von der Kritik ungerecht behandelt. Ein bekanntes Lied, meine Damen und Herren Geschworenen: Welcher Dichter hätte sich je verstanden, welcher sich je gerecht kritisiert geglaubt, ABER: Goethe und Schiller sind ehrlicher als das Gros der Poeten. Sie geben nicht vor, daß sie über Publikum und Kritik erhaben seien, sie schlagen zurück und werfen dem Publikum Unverständnis und der Kritik Niedermache vor, und sie landen damit einen Publikumserfolg, der von der Kritik – wie zu erwarten – niedergemacht wird, was zusätzliche Auflagen garantiert: 414 dieser polemischen Distichen nimmt Schiller in seinen »Musenalmanach für das Jahr 1797« auf, und im Oktober des Jahres 1796 kann er dem Mitstreiter Erfolge allerorten melden: »Humboldts waren noch in den letzten Tagen, als unser Almanach dahin kam, in Berlin. Er soll gewaltiges Aufsehen da gemacht haben.« [NA 28, 322]

Und Aufsehen verkauft sich: »Von Leipzig habe ich auch wieder einen Brief, worinn man meldet, daß die sämtlichen Exemplarien [...] vergriffen seyen, und dringend um neue schreibt.« [NA 28, 36]

Das hört Goethe nicht ungern. Sie hätten mit dem Werklein »den gehörigen Effekt getan«, schreibt er dem Freund und sieht sogar das Publikum mit freundlicheren Augen: »Man steht denn doch am Ziel, es mag nahe oder fern gesteckt sein, wenn einen der Leser gewahr wird.«

Am Jahresende aber blicken die beiden Kampfgefährten nach vorn: »nach dem tollen Wagestück der Xenien müssen wir uns blos großer und würdiger Kunstwerke befleißigen und unsere proteische Natur, zu Beschämung aller Gegner, in die Gestalten des Edlen und Guten umwandeln«, schreibt Goethe hochgestimmt, während Schiller sehr viel profanere Sorgen plagen: »An den Almanach für das nächste Jahr wage ich jetzt noch gar nicht zu denken, und alle meine Hofnung ist nach Ihnen gewendet.« [NA 29, 9]

Hohes Gericht, meine Damen und Herren Geschworenen – es liegt mir ferne, Sie in einem Zustand der Ungewißheit, gar der schwer erträglichen Spannung zu belassen. Daher sei bereits jetzt verraten, daß die Sache gut ausgeht: Der »Musenalmanach auf das Jahr 1798« wird als »Balladenalmanach« den Erfolg des Xenien-Almanachs noch übertreffen, er wird Schillers bekannteste und wirkungsmächtigste Gedichte enthalten, er wird ihn in edlem Wettstreit mit Goethe zeigen und nach landläufiger Meinung sogar siegen lassen – von all dem gleich mehr, hier noch ein letztes Wort zu den Xenien. Zwei Beispiele habe ich Ihnen, Hohes Gericht, meine Damen und Herren Geschworenen, bereits zitiert, das Distichon über die Würde des Menschen und den Strafzweizeiler gegen Schlegel – anstatt Sie in weitere, längst abgetane Literaturhändel zu verstricken, möchte ich einem zeitgenössischen Spottinsekt das Wort erteilen. Der junge Klaus Cäsar Zehrer hatte den fruchtbaren Einfall, sich bei den Klassikern ins Gespräch zu bringen, indem er die Xenien nach solchen absuchte, die mit einem Fragezeichen endeten. »Klassiker fragen – Zehrer antwortet« hat er seine Blütenlese überschrieben: Horchen wir doch mal in dieses Jahrhunderte überbrückende Gespräch hinein:

Blinde, weiß ich wohl, fühlen, und Taube sehen viel schärfer;
Aber mit welchem Organ philosophiert denn das Volk?
Das Organ nennt sich *BILD*, das Blatt für gefühlstaube Blinde,
Seine Verbreitung beträgt vier Millionen pro Tag.

Wer ist der Wütende da, der durch die Hölle so brüllet
Und mit grimmiger Faust sich die Kokarde zerzaust?
Nun, es handelt sich vermutlich um Willi, den Wüter,
Den man in Fachkreisen auch Kokardenzerzauserer nennt.

Nicht gerade die feinste Art, unsere Klassiker auflaufen zu lassen – aber macht nicht gerade das die Klassiker aus, daß Mit- und Nachwelt nicht davon ablassen können, sich an ihnen zu reiben? Ein folgenreiches Wort! Reibt sich die Sau an der Eiche, so tut sie das in der Erwartung herabfallender Eicheln. Reibt jemand ein Zündholz über die Zündfläche, dann erhofft er aufflammendes Licht. Und was, Hohes Gericht, meine Damen und Herren Geschworenen, sind Klassiker anderes, als Eichen im deutschen Dichterwald oder Reibeflächen für zündende Ideen und nicht nachlassende Erleuchtung?

Ich möchte diese Fangfragen im deutschen Sprachraum stehen lassen, um mich endlich mit gebotener Gründlichkeit jenen Werken Schillers zuwenden zu können, die bis auf den heutigen Tag unauslöschlich mit seinem Namen verbunden sind, seinen Balladen.

Was ist das: eine Ballade? Diesmal kann ich mich – anders als bei den Xenien – auf wenige Worte beschränken. »Ballade«, das meint wörtlich übersetzt »Tanzlied«, ist aber, folgt man Goethe, vor allem eine Gedichtform, die drei ansonsten geschiedene Dichtarten vereint, das Epos, die Lyrik und das Drama: »In dem kleinsten Gedicht findet man sie oft beysammen […], wie wir an den schätzenswerthesten Balladen aller Völker deutlich gewahr werden.«

Goethe wußte, wovon er sprach. In seiner Geniezeit hatte er im Elsaß Volksballaden aus den »Kehlen der ältesten Müttergens aufgehascht«, wie er 1771 an Herder schrieb; er hatte in der Folgezeit selber Balladen verfaßt, den »Erlkönig«, den »König von Thule«, Musterbeispiele stimmungsvoller Erzählgedichte, sprich: Kunstballaden.

Ein Vorlauf, der Schiller gänzlich fehlte, als er sich 1797 daran machte, auf dem Balladenfeld mit dem zehn Jahre älteren und so viel erfahreneren Kollegen zu wetteifern. Unter seinen frühen Gedichten findet sich lediglich ein längeres erzählendes Gedicht, dessen Titel bereits geballten Unernst verrät: »WUNDERSELTSAME/HISTORIA/DES/BERÜHMTEN FELDZUGES/als welchen/HUGO SANHERIB/König von Aßyrien/ins Land Juda unternehmen wollte / aber unverrichteter Dinge wieder einstellen mußte / Aus einer alten Chronika gezogen / und in schnakische Reimlein bracht / von SIMEON KREBSAUGE/Bakkalaur«. Das Werk hebt denn auch in vergnüglichem Moritatenton an:

> In Juda – schreibt die Chronika –
> War olim schon ein König,
> Dem war von Dan bis Berseba
> Bald alles unterthänig.   [NA 1, 142]

Ein nicht ganz reiner Reim, was freilich den reifen Schiller nicht hindern wird, ihn in einer seiner bekanntesten Balladen erneut einzusetzen, im »Ring des Polykrates«, welch letzterer seinem Gast die folgende Mitteilung macht:

> Dieß alles ist mir unterthänig,
> Begann er zu Egyptens König,   [NA 1, 363]

– aber verlassen wir die beiden Herrscher, um noch eine schöne Strophe lang bei Schillers Jugendwerk zu verweilen:

> Ein groser Herre, wie man weißt,
> Ist nicht wie unser einer –
> Wenn *unsre* Seele weiter reis't,
> Drob kümmert sich wol keiner –
> Ein Schnuppen den ein Groser klagt,
> Wird in der Welt herumgesagt.   [NA 1, 143]

So keß tönt der Schiller von 1783; noch, Hohes Gericht, meine Damen und Herren Geschworenen, deutet nichts, aber auch gar nichts darauf hin, daß die gleiche Feder vierzehn Jahre später dazu imstande sein wird, Balladenhit auf Balladenhit zu landen. Hit – ein Begriff aus der Pop-Kultur, ganz recht, ein Terminus, den ich mit Bedacht nutze, wobei ich mich auf jemanden berufen kann, der noch am Ende des 20. Jahrhunderts so kühn war, Balladen nicht nur zu bedenken, sondern auch zu verfassen, auf Peter Hacks: »Unter den Schlagern sind solche, die balladeske Züge aufweisen. Jede Ballade aber will und sollte ein Schlager sein.«

Schiller hat mindestens fünf solcher Schlager gelandet, fünf absolute *smash hits*, von denen noch die Rede sein wird, und das bei einer Gesamtproduktion von – und nun raten Sie mal, Hohes Gericht, meine Damen und Herren Geschworenen –: von wie vielen Balladen eigentlich? Von 20 Balladen? Von 40 Balladen, wie ein Schulmann jüngst auf mein Befragen meinte? Gar von 100 Balladen – so die Schätzung einer belesenen Bekannten –? Auf 25 Balladen tippt der bereits angeführte Peter Hacks, wenn er schreibt: »Von den hundert Balladen, die die Deutschen besitzen, sind je ein Viertel von Goethe, Schiller und Heine und ist das verbleibende Viertel von sonstigen Dichtern verfaßt.«

Klingt überzeugend, Hohes Gericht, meine Damen und Herren Geschworenen, ist aber nachweislich falsch. In Schillers »Gesammelten Gedichten« finden sich lediglich elf ausgewiesene Balladen – fast alle 1797 und 1798 verfaßt –, und es ist wohl ihr strahlender Ruhm, welcher den hochgebildeten Hacks dermaßen blendete, daß er sich um sage und schreibe 14 Balladen vertun konnte.

Wobei fünf dieser Gedichte die restlichen sechs noch in den Schatten stellen, fünf – ich sagte es bereits – *smash hits, golden oldies, everlasting evergreens*, hier ihre Titel: »Der Ring des Polykrates«, »Die Kraniche des Ibykus«, »Der Taucher«, »Der Handschuh« und, last not least, »Die Bürgschaft« –: Als was werden sie hier vor Gericht auftreten – als Entlastungszeugen? Als Zeugen der Anklage?

Hohes Gericht, meine Damen und Herren Geschworenen –: Es liegt mir fern, Ihrem Urteil vorgreifen zu wollen, doch nach gründlicher Berücksichtigung aller Fakten kann es nicht anders als »teils – teils« ausfallen.

Im »edlen Wettstreit« seien Schiller und Goethe ans Balladenverfassen gegangen, schreibt Schillers Biograph Safranski; der Ältere habe die Überlegenheit des Jüngeren neidlos anerkannt, befindet er. Ich, Hohes Gericht, wage es nicht, die Balladen der beiden aneinander zu messen, das, meine Damen und Herren Geschworenen, liefe denn doch allzusehr auf schülerhafte Vergleichsveralberungen hinaus à la: Wer ist größer, Goethe oder Schiller? Antwort: Goethe, denn Schillers »Handschuh« paßt nicht über Goethes »Faust«.

Gewiß – da werden Äpfel und Birnen, sprich: Drama und Lyrik miteinander verglichen, doch welchen Erkenntnisgewinn brächte ein Vergleich von zwei Balladen der beiden, von Schillers »Der Taucher« etwa und Goethes »Der Gott und die Bajadere«? Außer der Einsicht, daß in beiden Fällen gestorben wird? Das freilich war bereits einem der beiden Dichter aufgefallen. Am 10. Juni 1797 beendet Goethe ein Schreiben an Schiller mit den Worten: »Leben Sie recht wohl und lassen Sie Ihren Taucher je eher je lieber ersaufen. Es ist nicht übel[,] da ich meine Paare ins Feuer bringe, daß Ihr Held sich das entgegengesetzte Element aussucht.«

Enthalten wir uns also haltloser Vergleiche, stützen wir uns auf harte Tatsachen. Tatsache aber ist – und die eben zitierte Briefstelle belegt dies aufs Schönste –, daß die beiden Balladendichter ihr Vorhaben nicht als Konkurrenzunternehmen, sondern als Gemeinschaftsprojekt betrachtet haben, jeder bestrebt, den anderen zu stützen und dessen jeweiliges Vorhaben zu befördern, wobei Goethe sich beim Korrigieren und Initiieren besonders hervortut. Selbst Kleinigkeiten sind ihm der Erörterung wert: »Unsere Balladen habe ich in diesen Tagen vorgelesen und guten Effekt davon gesehen. Bei Ihrem Handschuh hat man den Zweifel erregt[,] ob man sagen könne *ein Tier lecke sich die Zunge[;]* ich habe wirklich darauf nicht bestimmt zu antworten gewußt.«

Ein Einwand, welchen Schiller aufgreift; in der Endfassung seiner Ballade »Der Handschuh« heißt es denn auch vom Tiger: »Schlägt mit dem Schweif/Einen furchtbaren Reif,/Und recket die Zunge«. [NA 2.I, 275]

Kann man Gedichte verbessern? Für Goethe und Schiller war das keine Frage – geradezu exemplarisch wird ihre Einstellung durch die Entstehungsgeschichte einer der bekanntesten Schiller-Balladen belegt, und damit, Hohes Gericht, meine Damen und Herren Geschworenen, meine ich: »Die Kraniche des Ibykus«.

Ein antiker Stoff, den ursprünglich Goethe behandeln wollte. Am 26. Juni 1797 schickt ihm Schiller seinen »Ring des Polykrates« zu und nennt ihn »ein Gegenstück zu Ihren Kranichen«. [NA 29, 89]

Innerhalb eines Monats aber scheint der Stoff seinen Bearbeiter gewechselt zu haben, da Schiller am 21. Juli meldet, er werde nun sein »Glück an den Kranichen versuchen.« [NA 29, 105]

Kurz darauf tritt Goethe eine mehrmonatige Reise nach Frankfurt und anderswohin an – die »Kraniche« werden ihn bis in den Herbst begleiten.

Am 17. August schreibt Schiller: »Endlich erhalten Sie den Ibykus. Möchten Sie damit zufrieden seyn.« [NA 29, 119] Am 22. August bereits antwortet Goethe aus seiner Heimatstadt: »Die Kraniche des Ibykus finde ich sehr gut geraten« – doch nach solch unspezifischem Pauschal-Lob steigt er tief in die Detailkritik: »Nun auch einige Bemerkungen: 1.) der Kraniche sollten, als *Zugvögel*, ein ganzer Schwarm sein, die sowohl über den Ibykus als über das Theater wegfliegen, sie kommen als Naturphänomen und stellen sich so neben die Sonne und andere regelmäßige Erscheinungen. Auch wird das Wunderbare dadurch weggenommen, indem es nicht eben dieselben zu sein brauchen, es ist vielleicht nur eine Abteilung des großen wandernden Heeres[,] und das Zufällige macht eigentlich, wie mich dünkt, das ahndungsvolle und sonderbare in der Geschichte.«

Tags darauf kommt Goethe in einem weiteren Brief auf das Thema zurück: »Zu dem[,] was ich gestern über die Ballade gesagt[,] muß ich noch heute etwas zu mehrerer Deutlichkeit hinzufügen: Ich wünschte, da Ihnen die Mitte so gelungen ist, daß Sie auch noch an die Exposition mehrere Verse wendeten[,] da das Gedicht ohnehin nicht lang ist. Meo voto würden die Kraniche schon von dem wandernden Ibykus erblickt, sich, als Reisenden, verglich er mit den reisenden Vögeln, sich, als Gast, mit den Gästen, zöge daraus eine gute Vorbedeutung. Und rief alsdann unter den Händen der Mörder die schon bekannten Kraniche, seine Reisegefährten, als Zeugen an. Ja[,] wenn man es vorteilhaft fände, so könnte er diese Züge schon bei der Schiffahrt gesehen haben. Sie sehen[,] was ich gestern schon sagte, daß es mir darum zu tun ist[,] aus diesen Kranichen ein langes und breites Phänomen zu machen.«

Bereits am 30. August – ein Lob der damaligen Post! – kann Schiller antworten, und er tut dies in gewohnter Offenheit: »Vor einigen Augenblicken trift Ihr lezter Brief ein zu unsrer unerwarteten großen Freude. Herzlichen Dank für das, was Sie mir über den Ibykus sagen, und was ich von Ihren Winken befolgen kann, geschieht gewiß. Es ist mir bei dieser Gelegenheit wieder recht fühlbar, was eine lebendige Erkenntniß und Erfahrung doch beim Erfinden so viel thut. Mir sind die Kraniche nur aus wenigen Gleichnißen, zu denen sie Gelegenheit gaben, bekannt und dieser Mangel einer lebendigen Anschauung machte mich hier den schönen Gebrauch übersehen, der sich von diesem Naturphænomen machen läßt. Ich werde suchen, diesen Kranichen, die doch einmal die

Schicksalshelden sind, eine größere Breite und Wichtigkeit zu geben.«
[NA 29, 122 f.]

Hier spätestens, Hohes Gericht, muß ich mich der Frage stellen: Warum erzählt der uns das alles? Weshalb diese ganzen Briefzitate? Die Antwort, meine Damen und Herren Geschworenen, liefert Schillers Gedicht, das ihn als ebenso lernfähigen wie verbesserungsbereiten Dichter ausweist:

> Zum Kampf der Wagen und Gesänge,
> Der auf Corinthus Landesenge
> Der Griechen Stämme froh vereint,
> Zog Ibycus, der Götterfreund.
> Ihm schenkte des Gesanges Gabe,
> Der Lieder süßen Mund Apoll,
> So wandert er, an leichtem Stabe,
> Aus Rhegium, des Gottes voll.
>
> Schon winkt auf hohem Bergesrücken
> Acrocorinth des Wandrers Blicken,
> Und in Poseidons Fichtenhayn
> Tritt er mit frommem Schauder ein.
> Nichts regt sich um ihn her, nur Schwärme
> Von Kranichen begleiten ihn,
> Die fernhin nach des Südens Wärme
> In graulichtem Geschwader ziehn.
>
> Seid mir gegrüßt, befreundte Schaaren!
> Die mir zur See Begleiter waren.
> Zum guten Zeichen nehm ich euch,
> Mein Loos, es ist dem euren gleich.
> Von fernher kommen wir gezogen,
> Und flehen um ein wirthlich Dach.
> Sei uns der Gastliche gewogen,
> Der von dem Fremdling wehrt die Schmach! [NA 1, 385]

Wie Sie hören konnten, hat Schiller alle Anregungen des Freundes aufgegriffen, und nach dieser ausgefeilten Exposition kann die Ballade Fahrt aufnehmen: Zwei Mörder stellen sich dem Sänger in den Weg:

> Und schwer getroffen sinkt er nieder,
> Da rauscht der Kraniche Gefieder,
> Er hört, schon kann er nicht mehr sehn,
> Die nahen Stimmen furchtbar krähn.
> »Von euch ihr Kraniche dort oben!
> Wenn keine andre Stimme spricht,
> Sey meines Mordes Klag erhoben!«
> Er ruft es, und sein Auge bricht. [NA 1, 386]

Lassen wir die Frage unberücksichtigt, ob Kraniche »furchtbar krähen« – die Vogelbücher sprechen übereinstimmend von »trompetenden Rufen« –, überspringen wir den Beginn der Festspiele, den Auftritt des Chors der Eumeniden und deren Verfluchung des bisher noch unentdeckten Mörders, werden wir Zeuge, wie er sich in der 20. Strophe selbst verrät:

> Da hört man auf den höchsten Stufen
> Auf einmal eine Stimme rufen:
> »Sieh da! Sieh da, Timotheus,
> Die Kraniche des Ibycus!« –
> Und finster plötzlich wird der Himmel,
> Und über dem Theater hin,
> Sieht man, in schwärzlichtem Gewimmel,
> Ein Kranichheer vorüberziehn. [NA 1, 389]

Die Umstehenden schöpfen Verdacht, den Mörder ereilt die Strafe in der 23. und letzten Strophe, wobei der Dichter sich einer Ökonomie befleißigt, die er selber am besten zu begründen weiß. Am 7. September schreibt er an Goethe: »Dem Eindruck selbst, den seine Exclamation macht, habe ich noch eine Strophe gewidmet, aber die wirkliche Entdeckung der That, als Folge jenes Schreyes, wollte ich mit Fleiß nicht umständlicher darstellen, denn sobald nur der *Weg* zur Auffindung des Mörders geöfnet ist (und das leistet der Ausruf, nebst dem darauf folgenden verlegenen Schrecken) so ist die Ballade aus, das andere ist nichts mehr für den Poeten.« [NA 29, 126]

Goethe antwortet erfreut, wenn auch mit leisen Vorbehalten: »Ich freue mich[,] daß durch meinen Rath der Anfang Ihres *Ibykus* eine größere Breite und Ausführung gewinnt, wegen des Schlusses werden Sie denn wohl auch recht behalten. Der Künstler muß selbst am besten wissen[,] in wie fern er sich fremder Vorschläge bedienen kann.«

Fremder Vorschläge und fremder Stoffe. Denn in der Regel haben Goethe und Schiller die Stoffe ihrer Balladen nicht selber erfunden, sie schöpften sie ungeniert aus griechischen, römischen, indischen, französischen und anderen Quellen. »Die Kraniche des Ibykus« geht auf ein griechisches Sprichwort aus dem 6. vorchristlichen Jahrhundert zurück, für Schillers populärste Ballade, den »Taucher«, freilich ist keine direkte Quelle nachzuweisen.

Auch scheint Goethe keinen erkennbaren Einfluß auf die Handlung genommen zu haben – ein Umstand, Hohes Gericht, meine Damen und Herren Geschworenen, welcher – und das räume ich in aller Offenheit ein – der Ballade nicht zum Vorteil gereicht hat. Der ohnehin nicht allzu naturkundige – oder sollte ich sagen: naturinteressierte? – Schiller, jemand, der die selbst heute häufig zu beobachtenden Kraniche lediglich aus Fabeln kannte – wieviel verbreiteter müssen sie zu seiner Zeit gewesen sein! –, dieser Mann wußte vom Meer noch weniger, um nicht zu sagen: Gar nichts. Anders als der weitgereiste Goethe hatte er es nie gesehen, und dieser, um mit Schiller selber zu reden, »Mangel einer lebendigen Anschauung« hatte Ungereimtheiten zur Folge, die diesmal kein Freund zu beheben half. Die Exposition freilich läßt davon noch nichts ahnen, sie ist bester Schiller – Suggestion pur:

Wer wagt es, Rittersmann oder Knapp,
Zu tauchen in diesen Schlund?
Einen goldnen Becher werf ich hinab,
Verschlungen schon hat ihn der schwarze Mund.
Wer mir den Becher kann wieder zeigen,
Er mag ihn behalten, er ist sein eigen.   [NA 1, 372]

Zweimal wiederholt der König seine Aufforderung, dann, in der achten Strophe springt ein Edelknecht ins aufgewühlte Meer, das sich in der siebenten für einen Moment zurückgezogen hat:

> Doch endlich, da legt sich die wilde Gewalt,
> Und schwarz aus dem weißen Schaum
> Klafft hinunter ein gähnender Spalt,
> Grundlos als giengs in den Höllenraum,
> Und reissend sieht man die brandenden Wogen
> Hinab in den strudelnden Trichter gezogen.

Ausgerechnet in diesen »strudelnden Trichter« läßt Schiller seinen Helden springen:

> Jetzt schnell, eh die Brandung zurückekehrt,
> Der Jüngling sich Gott befiehlt [...]. [NA 1, 373]

Und damit tut der auf Geheiß seines Dichters das Falscheste, was ein Taucher in dieser Situation tun kann. Wer jemals ins aufgewühlte Meer gesprungen ist, der weiß, daß nur Brandungshöchststand eine Gewähr dafür bietet, daß der Springer sich nicht den Schädel einschlägt oder von der Drift aufs offene Meer hinausgerissen wird. – Hohes Gericht, ich kann nur hoffen, daß keiner der ungezählten Schüler, die sich mit dem »Taucher« beschäftigen mußten, zur Ferienzeit am Meer Schillers Tauchratschlag Folge geleistet hat, auszuschließen freilich ist es nicht, denn wie heißt es doch so schön: Man soll von den Klassikern lernen. Nein, meine Damen und Herren Geschworenen – man muß ihnen im Gegenteil genau auf die Finger schauen, zumal einem Schiller, der dem unguten Rat weit fragwürdigeren Bericht folgen läßt. Vier Strophen lang läßt er den Hofstaat bangen, dann kehrt der Jüngling mit dem Becher zurück, um ausführlich Bericht von seinen Abenteuern zu erstatten. Hören wir ihm einmal zwei Strophen lang zu:

> Denn unter mir lags noch, Bergetief,
> In purpurner Finsterniß da,
> Und obs hier dem Ohre gleich ewig schlief,

Das Auge mit Schaudern hinunter sah,
Wies von Salamandern und Molchen und Drachen
Sich regte in dem furchtbaren Höllenrachen.

Schwarz wimmelten da, in grausem Gemisch
Zu scheußlichen Klumpen geballt,
Der stachlichte Roche, der Klippenfisch,
Des Hammers gräuliche Ungestalt,
Und dräuend wies mir die grimmigen Zähne
Der entsetzliche Hay, des Meeres Hyäne. [NA 1, 375]

Die dichterische Freiheit, Hohes Gericht, meine Damen und Herren Geschworenen, ist ein hohes Gut. Daß der Jüngling im Nordmeer Korallen und im Salzmeer Drachen gesehen haben will, mag seiner Unkenntnis oder seiner blühenden Phantasie geschuldet sein, daß ihn Schiller jedoch in diesem Meer Molche und Salamander gesehen lassen haben will, ist nicht zu entschuldigen. Lebt doch der Molch – und das lehrte zur Schillerzeit ein Blick in den nächstbesten Tümpel – ausschließlich im Süßwasser, während der Salamander selbst darauf verzichtet, da er feuchtes Festland bevorzugt. Und was ist von der Behauptung zu halten, solch wunderbare Geschöpfe wie Rochen und Hammerhai seien von »greulicher Ungestalt«? Was von der vorgeblichen Beobachtung, diese makellosen, raumgreifenden Schwimmer würden sich zu »scheußlichen Klumpen« ballen? Da möchte man dem Dichter doch in Abwandlung einer seiner Zeilen zurufen: »Zurück, du rettest dein Werk nicht mehr!« [NA 1, S. 424] – Doch Schiller macht weiter, indem er den König den Becher ein zweites Mal ins Meer werfen und den Edelknecht fragen läßt:

Versuchst dus noch einmal und bringst mir Kunde,
Was du sahst auf des Meers tiefunterstem Grunde? [NA 1, 376]

Wozu es – ich, Hohes Gericht, muß es so kraß formulieren – glücklicherweise nicht mehr kommt, da der Jüngling, diesmal betört vom Versprechen, er werde neben dem Becher auch noch die Königstochter zur Frau erhalten, vom zweiten Tauchversuch nicht mehr zurückkehrt:

Es kommen, es kommen die Wasser all,
Sie rauschen herauf, sie rauschen nieder,
Den Jüngling bringt keines wieder. [NA 1, 376]

Klappe zu, Jüngling tot – der merkwürdigerweise namenlose Freund, der es dem Damon in der Ballade »Die Bürgschaft« ermöglicht, die Schwester dem Gatten zu frein, hat mehr Glück. Gerade noch vor Ablauf der Dreitagefrist kehrt der des versuchten Tyrannenmords Überführte zurück, rettet den Freund davor, statt seiner ans Kreuz geschlagen zu werden, und rührt dadurch das Herz des Tyrannen derart, daß der statt auf Rache auf Freundschaft dringt, was er in geflügelten Worten zum Ausdruck bringt: »Ich sey, gewährt mir die Bitte,/In eurem Bunde der dritte.« [NA 1, 425]

Ein solch blitzsauber pointierter Schluß ist bester Schiller, meine Damen und Herren Geschworenen, ebenso wie die Exposition der Ballade, ein rasanter Beginn, welcher in unglaublicher Verdichtung alle für den Fortgang des Gedichts relevanten Fakten in sieben vierhebigen Zeilen mitteilt:

Zu *Dionys* dem Tyrannen schlich
Damon, den Dolch im Gewande,
Ihn schlugen die Häscher in Bande.
Was wolltest du mit dem Dolche, sprich!
Entgegnet ihm finster der Wüterich.
»Die Stadt vom Tyrannen befreien!«
Das sollst du am Kreutze bereuen.   [NA 2.I, 250]

Hohes Gericht, meine Damen und Herren Geschworenen – spätestens hier sei zweierlei festgehalten, zwei Tatsachen, die allein bereits genügen würden, den Angeklagten vor jedem Literaturgericht glänzend zu rehabilitieren: Schiller rief nicht nur mit einzigartig rhetorischem Genie in den Wald der deutschen Sprache, es – und das wiederum ist ein Ruhmesblatt für seine Landsleute – es schallte auch ungewöhnlich laut heraus. Sage und schreibe 15 Seiten räumt der »Büchmann« jenen Worten Schillers ein, die zu geflügelten wurden, in dichter Folge reihen sich Wortpaarungen, Sätze und Gedichtfragmente, die bis auf den heutigen

Tag unseren Sprachgebrauch bereichern, ohne daß wir sie in jedem Fall noch mit ihrem Schöpfer verbänden:

Fest gemauert in der Erden,
Steht die Form, aus Lehm gebrannt.
Heute muß die Glocke werden,
Frisch, Gesellen! seyd zur Hand.
Von der Stirne heiß
Rinnen muß der Schweiß,
Soll das Werk den Meister loben,
Doch der Segen kommt von oben.   [NA 2.I, 227]

Da, Hohes Gericht, reiht sich erkennbar Zitat an Zitat, ABER, meine Damen und Herren Geschworenen – aber wußten Sie, daß auch die folgenden Wortfindungen von Schiller stammen? »Donner und Doria« [NA 4, 21], »Kirchhofsruhe«, »Leben und leben lassen« [NA 8, 21], »das ewig Gestrige« [NA 8, 185], »Man soll den Tag nicht vor dem Abend loben« [NA 8, 339], »Bretter, die die Welt bedeuten« [NA 2.I, 226], »Was da kreucht und fleucht« [NA 10, 193]. Brechen wir hier ab, um uns noch – in gebotener Kürze – einem ganz speziellen Echo auf Schillers Schaffen zuzuwenden, das er selber ahnungsvoll »Insektenwitz« genannt und »Spöttern« [NA 1, 54] zugeschrieben hatte, ich meine die Schiller-Parodien.

Die füllen heute noch Bände; in vergangenen Zeiten haben sie Bibliotheken gefüllt. Parodiert wird nicht unbedingt das, was gefällt, Vorbedingung jeder Parodie jedoch ist, daß da was aufzufallen wußte. 1798 schreibt Caroline Schlegel, damals noch Gattin August Wilhelm Schlegels, an ihre Tochter Auguste Böhmer: »Über ein Gedicht von Schiller, das Lied von der Glocke, sind wir gestern Mittag fast von den Stühlen gefallen vor Lachen« [NA 2.II.B., 165], und ahnungsvoll berichtet sie einem anderen Adressaten: »Die ›Glocke‹ ließe sich herrlich parodieren.«

Und ob sie das tat! Schillers Parallelführung von Glockenguß und Bürgertugend setzte zahllose Federn in Gang, die das lang und breit ausmalende Vorbild – oft unter akribischer Wahrung von Umfang, Metrum, und Wortwahl – dadurch profanierten, daß sie es auf das Nähen und Bügeln einer Jacke übertrugen, auf das Schweineschlachten, auf die Herstellung einer Wurst oder auf den Beischlaf. Ignaz Franz Castelli heißt der wackere Wiener, welcher die gesamte »Glocke« Zeile für Zeile in eine »Sauglocke« transponierte, ein derart unverstellt schweinöses Unternehmen, daß ich Ihnen, Hohes Gericht, meine Damen und Herren Geschworenen, lediglich die erste Strophe, und die auch noch zensiert zumuten möchte:

Die Sauglocke

Strozend, steif emporgerichtet,
Steht der Schwanz in stolzer Kraft,
Deine Jungfrauschaft zernichtet
Er, und heilt mit Lebenssaft.
Aus dem Schwanze heiß
Sprizt es in die Gaiß,
Soll das Werk den Meister loben,
Nur recht tüchtig nachgeschoben.

Castelli schweinigelte in Österreich – ein schöner Beleg dafür, daß Schillers Dichtung nicht nur sein eigenes Volk zum mit- und gegenschreibenden Stift greifen ließ, sondern auch über die Landesgrenzen hinaus wirkte, so weit die deutsche Zunge reichte.

Schiller, und damit verrate ich Ihnen, Hohes Gericht, meine Damen und Herren Geschworenen, nichts neues, war Schwabe, ich bin, und das dürfte Ihnen neu sein, Balte, geboren in Tallin, vormals Reval. Meiner ebenfalls baltischen Kusine Gita Körbel verdanke ich den Hinweis auf eine Schiller-Parodie, die sie von ihrem Vater gehört und in Bruchteilen im Gedächtnis behalten hat. Doch noch diese Trümmer sind so ansprechend, daß ich sie in baltischem Tonfall zu Gehör bringen möchte. Vorausgeschickt sei, daß »Estipoeg« »Estenjunge« bedeutet, und »Sax« einen »Deutschen« meint.

Fer wagt es, Estipoeg oder Sax
Zu tauchen in diese tiefe Grund?
Dies Snapsuklas, das werf ich »placks«,
ferschlunken schon hat es der schwarze Schlund.
Und fer mir das Snapsklas wieder kann zeichen,
ter mag es behalten, es ssei ssein eichen.

Nun geht es weiter wie gehabt: Der Jüngling taucht ins Wasser und kehrt mit dem Schnapsglas zurück, worauf der König es ein weiteres Mal ins Meer wirft und dem Jüngling bei erfolgreichem zweitem Tauchgang die Hand seiner Tochter verspricht. Daraufhin springt der Jüngling erneut ins Wasser – und wird nicht mehr gesehen, denn:

> Kroch an andrer Stell heraus,
> Tochter sah wie Deibel aus.

Ob Heinz Erhardt, auch er ein Balte, da aus Riga gebürtig, dieses Happy end gekannt hat? Seine »Taucher«-Version beginnt zwar deutlich anders:

> »Wer wagt es, Knappersmann oder Ritt
> zu schlunden in diesen Tauch?«

Sie endet jedoch mit einer sehr ähnlichen Pointe. Denn als der König sein Töchterlein verspricht,

> Da schlichen die Mannen
> Und Knappen von dannen
> Bald waren alle verschwunden – – –
> Sie wußten verläßlich
> Die Tochter war gräßlich
> Der Becher liegt heute noch unten.

Das, Hohes Gericht, meine Damen und Herren Geschworenen, sind selbstredend keine Parodien im strengen Sinne des Wortes mehr. Da macht sich nicht jemand über Schiller lustig, indem er dessen Pathos der Lächerlichkeit überführt, wie es die Jenaer Frühromantiker taten, da belustigt jemand die Schiller-Kenner, indem er das allseits bekannte Schiller-Material durch den Witz-Wolf dreht. Für den Verursacher all des Gealbers und Gelächters aber gilt neben Goethes Vermutung, der von großen Wirkungen auf große Ursachen schließt, auch die Faustregel »Viel Spaß, viel Ehr.«

Gib Gas, ich will Spaß – ich gestehe gerne, daß ich mir beim Lesen all der ernstgemeinten Schiller-Parodien aus zwei Jahrhunderten, welche Grawe und Hildebrandt zwischen vier Buchdeckeln versammelt haben, oft wünsche, die Schiller-Parodisten möchten doch einen Gang zulegen. Während Schillers Gedichte aus unterschiedlichen Gründen noch immer zu fesseln vermögen, provozieren die Gegengedichte meist ein diskretes Gähnen: Im Zweifelsfall ist Schillers hochernster O-Ton immer noch komischer als der seiner Nachahmer. Zwei Zeilen aus Schillers Ballade »Der Gang nach dem Eisenhammer« mögen das belegen; die Gesprächsteilnehmer sind der Graf von Savern und der tückische Jäger Robert. Gegenstand des Gesprächs aber sind die tugendhafte Gräfin Kunigund von Savern sowie ihr treuer Knecht Fridolin:

»Wer hebt das Auge zu Kunigonden?«
»Nun ja, ich spreche von dem Blonden.«   [NA 1, 393]

Das, Hohes Gericht, meine Damen und Herren Geschworenen, ist von einer abgehobenen Komik, welche diejenigen, die auf Schillers Dichtung angemessen zu reagieren suchen, erst dann erreichen, wenn sie dem angestrengt hohen Ton des ständig nach Sinn suchenden Dichters ein unangestrengt plattes, jeglichen Sinn über Bord werfendes Echo folgen lassen.

Die beiden baltischen Taucher waren Beispiele solch gelassener Unsinnstiftung; noch entspannter, durch ein geradezu unmenschliches Desinteresse an jedwedem Sinn und aller Kritik geadelt, tritt uns die meines Erachtens komischste Reaktion auf Schillers Werk entgegen,

Die numerierte Bürgschaft:

Zu Dionys, *einem* Tyrannen, schlichen *zwei* Dämone,
Drei Dolche in *vier* Gewändern;
Ihn schlugen fünf Häscher in *sechs* Bande.
»Was wolltest du mit den *sieben* Dolchen, sprich!«
Entgegnen ihm finster *acht* Wüterich'. –
»*Neun* Städte von *zehn* Tyrannen befreien!«
»Das sollst du an *elf* Kreuzen bereuen.«

»Ich bin«, spricht jener, »*zwölfmal* zu sterben bereit
Und bitte nicht *dreizehnmal* um mein Leben;
Doch willst du Gnade mir geben,
So fleh' ich dich um *vierzehn* Tage Zeit,
Bis ich *fünfzehn* Schwestern *sechzehn* Gatten gefreit,
Ich lasse die *siebzehn* Freunde als Bürgen,
Sie magst du, entrinn' ich, *achtzehnmal* erwürgen.«

Der Verfasser: Unbekannt. Die Quelle: »Parodien Schillerscher Gedichte«, Berlin o. J. Der Schluß: göttlich:

Nehmt mich zum *neunundsiebzigsten* Genossen an:
Ich sei, die Sache macht sich,
In Eurem Bunde Nummer *achtzig*.

Hohes Gericht! Ich komme zum Schluß meines Plädoyers: Meine Damen und Herren Geschworenen – sprechen Sie den Angeklagten Schiller in allen Punkten der Anklage frei! Schiller ist kein gipserner Klassiker! Entlastungszeugen: seine ganz und gar unklassischen Gedichte, mit denen er sich selber ins Wort fällt.

Schiller ist kein abgetaner Dichter! Entlastungszeugen: seine immer noch quicklebendigen Sprachfunde und Worterfindungen.

Schließlich und endlich: Schiller ist kein kopflastiger Bebilderer von Ideen, im Gegenteil! Zuerst waren die Bilder da, dann suchte der Dichter den Ideenrahmen, in welchen er sie einpassen konnte. Am Anfang war der Ausdrucksdrang, der Ausdruckszwang, ja die Ausdruckswut, dann erst trat der Marxismus auf den Plan, der Drang, Zwang und Wut kanalisierte und instrumentalisierte. Bertolt Brecht. – Hohes Gericht, meine Damen und Herren Geschworenen: Ich korrigiere mich, ohne mich doch im Kern berichtigen zu müssen. So wie der ausdruckswütige Brecht der Gefahr eines sinnfernen und dadurch in seinen Augen wertlosen Nihilismus nur dadurch entkommen zu können glaubte, daß er sich als Artist-Leninist bewährte, so wünschte auch Schiller sein zwanghaftes Produzieren – sprich: seinen Zwang, unter allen Umständen wirken zu wollen – dadurch zu adeln, daß er sich als kantianisch geschulter, philosophisch versierter Idealist gab, während er doch in Wahrheit Künstler war und blieb, ein Ideartist, dem wir Werke der Kunst verdanken, welche Maßstäbe gesetzt haben: Wer immer ihm am Zeuge flicken will, muß eine verdammt heiße Nadel führen.

Lassen Sie mich daher mit jenen Worten enden, die Schiller im Jahre 1800 ans Ende der Ausgabe seiner »Gesammelten Gedichte« gesetzt hat. Sie sind »Abschied vom Leser« überschrieben und heben folgendermaßen an.

Die Muse schweigt, mit jungfräulichen Wangen,
Erröthen im verschämten Angesicht,
Tritt sie vor dich, ihr Urtheil zu empfangen,
Sie achtet es, doch fürchtet sie es nicht.   [NA 1, 244]

Ohne Ihrem Urteil, Hohes Gericht, meine Damen und Herren Geschworenen, vorgreifen zu wollen, erlaube ich mir dennoch einen allerletzten Schlußsatz: Musse auch nicht fürchten, die Muse unseres Jubilars – Freispruch für Friedrich Schiller!

NACHLASS ODER NACHLAST?
Fragen zu Friedrich Rückert

Ein Gerücht ist dabei, Gestalt anzunehmen. Oder sollte ich sagen: Ein Gespenst droht, sich zu materialisieren? Die Rede ist vom dichterischen Nachlaß des Orientalisten und Lyrikers Friedrich Rückert, verstorben 1866 in seinem Landhaus zu Neuseß bei Coburg, und der hat es in sich.

Bereits die Tatsache, daß gut 150 Jahre vergehen mußten, bis mit Hans Wollschläger und Rudolf Kreutner zwei Herausgeber auf den Plan traten, gewillt, Rückerts Hinterlassenschaft vollständig zu publizieren, wirft Fragen auf: Weshalb diese Zurückhaltung früherer Generationen von Literaturfreunden und Germanisten? Zählt nicht Friedrich Rückert zu jenen Dichtern des 19. Jahrhunderts, die noch heute jede Literaturgeschichte mit Achtung nennt – im Gegensatz zu all den vergessenen poetae minores der Goldschnittlyrik-Ära?

Eine denkbare Antwort liefert Richard Dove, der den Dichter im Bertelsmann-Literaturlexikon vorstellt. Friedrich Rückert sei »zeitlebens ein Vielschreiber« gewesen, sagt er und nennt Zahlen: »Sein Ausstoß war derart immens, daß er es allein im Herbst 1833 auf rund 150, in seiner sechs Jahrzehnte umfassenden Schaffensperiode auf weit mehr als 10 000 Gedichte brachte.«

Eine Zahl, die wir uns merken wollen; vorerst sei noch die Tatsache erwähnt, daß Rückert »nach seinem durch mehrere Verrisse bedingten Publikumsverzicht« in seinen letzten zwanzig Jahren so gut wie nichts mehr veröffentlichte, jedoch mit ungebrochener Schaffenskraft weiterdichtete: »Die etwa 2000 Gedichte in klassizistischen Versmaßen stellen ein wichtiges Seitenstück zum Spätklassizismus Mörikes dar.«

Obgleich bedeutende zeitgenössische Dichter den Dichter Rückert immer wieder gewürdigt hätten, sei er in Vergessenheit geraten, beklagt Dove, doch »Hans Wollschlägers angekündigte Gesamtausgabe (einschließlich des unveröffentlichen Nachlasses) wird die sachl. Auseinandersetzung mit diesem bedeutenden Progonen fördern«.

Zu Druck befördert im Jahre 1991, und zehn Jahre später, seit dem November 2001, ist es soweit: »Mit dem dritten Band der historisch-kritischen Ausgabe der Werke Friedrich Rückerts werden nun erstmals ungedruckte Texte aus dem poetischen Nachlaß vorgelegt.«

Das las ich in einer Mitteilung des Wallstein Verlags, und *das* hörte ich, als ich beim Verlag anfragte, ob der rund 450 Seiten starke Band bisher irgendwelche Auseinandersetzungen provoziert hätte, seien es sachliche oder unsachliche.

Nein, kritische Reaktionen habe es noch keine gegeben, erfuhr ich. Anders als »Gedichte von Rom« und »Die Weisheit des Brahmanen«, die beiden ersten Bände der »Schweinfurther Edition«, sei der dritte Band so gut wie gar nicht wahrgenommen worden. Weshalb nicht? Da könne man nur spekulieren ...

Spekulieren auch wir. Drei Gründe scheinen mir das Schweigen zum Rückert-Nachlaß zu begünstigen, wenn nicht zu begründen: Erstens die schiere Menge des Nachgelassenen. Zweitens der Rang, den die Herausgeber der Nachlaß-Menge zuweisen. Und drittens die Tatsache, daß von dieser bisher nur die Spitze überschaubar und überprüfbar ist.

Im Jahre 1847, im Alter von 58 Jahren, hatte Rückert seine Berliner Lehrtätigkeit aufgegeben und sich nach Franken zurückgezogen; im November dieses Jahres beginnt »Rückert ein Konvolut, das den Titel *Altersverse* erhält: Beginn dessen, was er in Folge sein *Liedertagebuch* nennt.«

Der erste dieser »Altersverse« lautet:

Einst auf unscheinbaren Schnitzeln
Mit unleserlichem Kritzeln
Bald mit Witz und bald mit Witzeln
Schrieb ich Vers' und Verschen hin,
Die mir beßer doch gefielen
Als was nun mit feinsten Kielen
Auf den glättsten Blätterdielen
Ich imstand zu schreiben bin.

Trotz dieses selbstkritischen Einstiegs wird Rückert die nächsten zwanzig Jahre an seinem »Liedertagebuch« weiterschreiben. Nicht Tag für Tag, doch wird jede Pause durch besonders fruchtbare Tage wettgemacht, durch Daten, an welchen dem Dichter fünf Eintragungen und mehr aus den »feinsten Kielen« fließen.

Die Summe dieser gesammelten und in eigens geschreinerten Fächern abgelegten »glättsten Blätterdielen«, war nicht, wie noch von Dove geschätzt, 2000, sondern 10 000 Gedichte stark, eine Nachlast, die – folgt man den beiden heutigen Rückert-Herausgebern – bereits die Kinder des Dichters überforderte. Sowohl Sohn Heinrich als auch Tochter Marie hätten »bedenkenlose« Auswahlbände vorgelegt, nach eigener Anordnung, mit eigenen Überschrifts-Vorgaben und in völliger Verkennung des Umstands, »daß die zahllosen Blätter und Blättchen mit nur immer einem Datum als Titel allesamt Bausteine einer Architektur waren, die einem einzigen konstruktiven Plan folgte.«

Diesen Bau könne nur der würdigen, welcher ihn zur Gänze kenne – weshalb für die Herausgeber Abstriche am großen Ganzen nicht in Frage kommen: »Rückerts Liedertagebuch, vor anderthalb Jahrhunderten privat geführt, könnte, nach anderthalb Jahrhunderten erstmals als Ganzes veröffentlicht, nicht nur als das größte geschlossene Poesiewerk des Neunzehnten Jahrhunderts erkannt werden, sondern auch als ein Alterswerk exemplarischer Art.«

Hochgemute Worte. Und nicht genug damit, daß die Herausgeber Kreutner und Wollschläger dem Rückert-Nachlaß ein solch prächtiges Podest gemauert haben, sie heben – hebeln? – ihn noch höher, wenn sie ihn schlankweg zum »Großkompendium objektiver menschlicher Weisheit« erklären.

Ebenso einschüchternde wie – noch zumindest – unüberprüfbare Bewertungen: Von Rückerts zwanzig Altersjahren sind vorerst nur zwei erschlossen, von den geschätzten 10 000 Gedichten sind erst rund 420 publiziert – wer wollte unter diesen Umständen ein Urteil darüber wagen, ob die großen Worte der Herausgeber angesichts des kleinen Teils des Herausgegebenen belegt oder widerlegt werden können?

Der Wallstein Verlag rechnet mit insgesamt acht Nachlaßbänden – jeder der folgenden sieben Bände müßte demnach rund 1300 Gedichte enthalten, damit die Rechnung aufgeht.

Wann das der Fall sein wird? Da könne man abermals nur spekulieren, hörte ich vom Verlag. Vielleicht würden bereits wir den ganzen Rückert kennenlernen können, vielleicht erst unsere Kinder, wenn nicht Kindeskinder ...

Was aber macht ein Kind unserer Zeit, was mache *ich* mit dem, was *mir* bisher von Rückerts Nachlaß vorliegt? Ich mache ein Experiment.

Da jedwede Gedichtauswahl zufällig ausfallen muß, da zudem jedwede Wertung angreifbar ist, habe ich eine zufallsgesteuerte Schneise durch die vielen Gedichte des vorliegenden Bandes gewählt. Beim Lesen nämlich war mir aufgefallen, daß Rückerts Gedichte häufig Fragen formulieren und aufwerfen – warum nicht einfach in sieben chronologisch gereihten Stationen dieser Fragespur durch Rückerts Liedertagebuch der Jahre 1846 und 1847 folgen?

Am 11. Dezember 1846 notiert Rückert fünf Gedichte. Eines ist an Aennchen gerichtet:

Was dir brachten
Die Weihnachten
Sieh nur, liebes Aennchen!
Rings mit goldner Frucht behangen,
Hell in Lichtglanz aufgegangen,
Dieses Weihnachtstännchen,
Siehst du, liebes Aennchen?

Fünfmal wiederholt der Dichter diese Schlußfrage, wobei er die Aufmerksamkeit Aennchens nach und nach auf »Silberpfännchen«, »Kaffeekännchen«, »Badewännchen«, »Hahn und Hennchen« lenkt, bis das Poem mit »Zuckermännchen« ein sozusagen natürliches Ende wegen akuten Reimwortmangels findet.

Anderntags bedichtet Rückert kein Kind, sondern ein Tier, an das er höflich formulierte, in der Sache jedoch etwas abwegige Fragen richtet:

Frau Meise,
Blaumeise,
Wo findest du nun deine Kost?
Hat dich so scharf durchweht der Ost,
Daß dir der Hals ward blau vor Frost?

Frau Meise kommt nicht dazu, dem Dichter die prosaische Wahrheit über ihre artbedingte Blaufärbung mitzuteilen, da der in sieben weiteren Strophen auf sie einredet, wobei er diesmal besondere Kunstfertigkeit auf die ständig wechselnden Anreden verwendet, von »Frau Meise/Graumeise« über »Schlau, Meise/Frau Meise« bis zu »Trau, Meise/Frau Meise« – bei soviel einleitendem Wohlklang fällt kaum auf, daß Rückert auch anders kann, z. B. wenn er in der sechsten Strophe nach »Beet« und »zugeweht« das Reimwort »Fensterbret« wagt.

Der 17. Dezember des gleichen Jahres bringt mit sieben Gedichten reichen Ertrag und weiteren Anlaß für Fragen. Nach Kind und Tier ist es nun eine Pflanze, an die sich der Dichter wendet:

> Immergrün
> Immergrün!
> Müssen alle Rosen welken?
> Können nicht Viol' und Nelken
> Immer blühn?
> Immergrün!

Gleich den zuvor Befragten findet auch das Immergrün keine Zeit zu einer wie immer gearteten Antwort, da Rückert nicht abläßt, nachzuhaken: »Werden alle mir verblühten,/Werden alle mir verglühten/Nimmer blühn,/Nimmer glühn?«

Fragen über Fragen – am 23. Dezember richtet Rückert eines der sechs Gedichte dieses Tages an ein Insekt:

> Rosenkäferchen, o so sage,
> Wie du dich hieher verirrtest,
> Aus dem Sommer in den Winter –

– es folgen vierundzwanzig weitere, diesmal reimlose Zeilen, in welchen Rückert dem räumlich offenbar nicht ganz orientierten Käfer eindringlich seine Lage vorhält: Nicht auf »grünen Blättern« befinde er sich, sondern auf den »dürren dieses Buches,/Wo statt Rosen Reime sprossen/Und statt Knospen Worte keimen ...«

»Findest du hier deine Rechnung?« fragt er besorgt, »Findest du hier deine Nahrung?« Doch Rosenkäferchen schweigt. Aus Entkräftung? Oder weil ein Dichter mehr zu fragen imstande ist, als 1000 Käfer beantworten können?

Am Weihnachtstag dieses fruchtbaren Jahresendes – von einem »erstaunlichen, jäh einsetzenden Kreativitätsschub« sprechen die beiden Herausgeber – schreibt Rückert vier Gedichte, deren letztes meteorologische Fragen aufwirft:

Gestern hats geschneiet,
Heute hats geregnet;
Oder hats geregnet
Gestern, heut geschneiet?

Das dürfte sich doch wohl noch feststellen lassen, hofft der Leser, und so ist es. Der Dichter erinnert sich:

Gestern hats geschneiet
Nachts, und Tags geregnet.
Heute hats geregnet
Nachts, und Tags geschneiet.

Alles klar? Mitnichten. Es gibt ja auch noch ein »morgen«:

Wird es morgen schneien,
Oder wird es regnen?
Oder wird es regnen
Morgen auch und schneien?

Ein lyrischer Minimalismus, der seinerseits Fragen aufwirft: Sehen so die von Dove annoncierten »klassizistischen Versmaße« aus? Oder nützt Rückert ganz einfach die von den Herausgebern konstatierte »Chance einer erhöhten artistischen Rücksichtslosigkeit«?

In jedem Fall fragt er rücksichtslos weiter, um das wie immer geartete Wortgebilde sodann mit einer frommen Sentenz zu krönen:

> Wird es morgen schneien
> Nachts, und Tages regnen?
> Oder wird es regnen
> Nachts, und Tages schneien?
>
> Ob es regnend schneie,
> Oder schneiend regne;
> Daß es Gott gesegne,
> Und es uns gedeihe.

Wir überspringen ein Jahr, um uns im Dezember 1847 letzten, richtiger: den beiden letzten Fragen des Dichters zu stellen.

Am 28. dieses Monats schreibt Rückert vier Gedichte. Das vierte endet mit einer an Menschen gerichteten Frage: »Warum baun sie auf die Welt?«

Sie, das sind Bettler und Held, und »Held« ist das Reimwort, welches das Gedicht vermutlich in Gang gesetzt hat, das es auf jeden Fall bis zu besagter Schlußfrage in Gang hält, über »Feld«, »Zelt«, »Geld«, »fällt«, »hält« und »geprellt« – fast verwunderlich, daß Rückert nicht auch noch die Möglichkeiten bellt, vergällt, entstellt, zerschellt usw. berücksichtigt hat.

Bleibt seine vorerst allerletzte Altersfrage. Er stellte sie am 31. Dezember des Jahres 1847, und beide, Frage wie Antwort, zeigen den Dichter von einer überraschend praktischen und, jawohl, witzigen Seite:

> Da nun sovil Maschinen,
> Den Menschen zu bedienen,
> In Jahren und in Stunden
> Von Menschen sind erfunden;
> O möchte man auch eine
> Erfinden, die ich meine!

Dichters Problem: Daß er beim Zubettgehen die Pantoffeln so stehen läßt, wie er sie verlassen hat – mit den Spitzen dem Bett zugewandt. Die Folge: Er muß sie mühsam mit Füßen oder Händen wenden, will er nach dem Erwachen Gebrauch von ihnen machen. Seine Frage:

> Ist es nicht auszudenken
> Und künstlich so zu lenken,
> Daß, während ich im Schlummer
> Vergeße meinen Kummer,
> Sie sich von selber drehen,
> Und mir zu rechte stehen,
> Wenn ich aus meiner Decke
> Die Füß' am Morgen strecke?

Vor dieser so schönen wie sinnvollen Schlußfrage sollten alle weiteren Fragen verstummen. Beispielsweise die, wie wohl eine Architektur beschaffen sein mag, die sich solch fragwürdigen Baumaterials bedient. Oder die, wieviel lyrische Kindlichkeit – poetische Kinderei? – ein »Großkompendium objektiver menschlicher Weisheit« zu verkraften imstande ist.

Noch wissen die Antwort ganz allein der Wind und die beiden Herausgeber Hans Wollschläger und Rudolf Kreutner – erst nach 9500 weiteren Altersgedichten werden wir alle in Sachen Rückert-Nachlaß mitreden können.

EIN VERBÜNDETER

Ich lernte Wilhelm Buschs Bildergeschichte »Die fromme Helene« im Alter von acht Jahren kennen, und es war Liebe auf den ersten Blick.

Wir schreiben das Jahr 1945, ein Jahr, in dem ich weit herumgekommen bin: Im Januar die Flucht aus Posen, dem heutigen Poznań, zusammen mit der Mutter und zwei jüngeren Brüdern; der Zwischenaufenthalt im thüringischen Bad Blankenburg; erneuter Aufbruch, als deutlich wird, daß die Amerikaner den Russen weichen werden; glückliche, ganz und gar schwerelose Sommertage im Walde bei Hannover – im Wilhelm Busch-Land, wie ich heute weiß –; dann der Sturz: Da es den Anschein hatte, als seien dort Erziehung und Ernährung gesicherter als auf dem platten Lande, kam ich in ein Kinderheim der Kleinstadt Bückeburg, das von überwiegend bigotten und lieblosen Schwestern geleitet wurde – dem typischen Wilhelm Busch-Personal, wie ich es heute einschätzen würde.

Graue Wintertage, ein Weihnachtsfest fern der Familie, das der Gipfel der Tristesse zu werden drohte, als hinter ihm unversehens ein heller Lichtstrahl sichtbar wurde: Mein in Bückeburg wohnender Vetter Arne schenkte mir Wilhelm Buschs Versepos »Die fromme Helene«, und auf einmal wichen die Mauern des Heims zurück, weitete sich der Blick, überschaute ich gleichzeitig ferne Zeiten, fabelhafte Orte und verwunderliche Schicksale. Rätselhaft und verlockend bereits der Beginn der Erzählung:

> Wie der Wind in Trauerweiden
> Tönt des frommen Sängers Lied,
> Wenn er auf die Lasterfreuden
> In den großen Städten sieht.
>
> Offenbach ist im Thalia,
> Hier sind Bälle, da Konzerts.

Annchen, Hannchen und Maria
Hüpft vor Freuden schon das Herz.

»Offenbach ist im Thalia« – ich begriff kein Wort, und da war auch niemand, den ich um eine Erklärung hätte bitten können, schon gar nicht die Schwestern, die mir das auf den ersten Blick harmlos erscheinende Bilderbuch nach gründlicherer Prüfung vermutlich rigoros entzogen hätten. So las ich denn alleine weiter, mit roten Ohren, heißem Herzen und wachem Verstande.

Las davon, wie Lenchen, anders als ich, aus der sündigen Stadt aufs platte Land zu Onkel und Tante verschickt wurde, erfuhr, wie sie dort den Vetter Franz kennen und lieben lernte, während sie zugleich die reife Verwandtschaft mit Streichen piesackte, verfolgte, wie sie in kühler Berechnung den dicken, reichen Schmöck und Companie heiratete, bestaunte ihre Wandlung zur frommen Helene, die mit dem »heiligen« Vetter Franz auf zweifelhafte Wallfahrt ging, und belachte schließlich ihre trotz aller Frömmigkeit unausweichlich gewordene Höllenfahrt:

Hinein mit ihr,
Huhu, Haha,
Der heilge Franz
Ist auch schon da!

Da, wo ich auch die Schwestern des Kinderheims gerne gesehen hätte, Quälgeister, die uns Kinder sonntags in stundenlangen Gottesdiensten schmoren ließen, bevor wir gerädert von Langeweile und halbverhungert Essen fassen durften, und welche noch dazu die Stirn besaßen, uns von den abgezählten drei Bonbons Nachtisch eines wieder abzuverlangen, für Kinder, die es angeblich noch schlechter hatten als wir.

In Busch, das spürte ich, hatte ich einen Verbündeten. Bei ihm gab es etwas zu lachen, und das war in Zeiten rar, als die spärlichen Kinderbücher moralisierten und Unterhaltungskanäle wie Radio und Fernsehen ganz fehlten. Und bei Busch gab es etwas zu lernen, auch und gerade dann, wenn die behandelten Themen die Kenntnisse und das Vorstellungsvermögen des Kindes und auch noch des Knaben überforderten. Die hohen Gefilde der Liebe, Ehe, Erziehung, Religion und der sonstigen Werte – Busch hat sie alle mit solch gnadenloser Heiterkeit beackert, daß bereits das Kind begreifen konnte, wie sich da zwischen Anspruch und Wirklichkeit, zwischen Schein und Sein jene klaffenden Widersprüche auftaten, die seit jeher den besten Nährboden für Komik abgegeben haben.

Das Älterwerden hat seine Nach- und Vorteile. Heute birgt der Zauberspruch meiner Kindheit für mich keinerlei magische Mysterien mehr. Des Rätsels Lösung fand ich in Friedrich Bohnes vierbändiger Ausgabe der Werke Wilhelm Buschs. Der Vater der »Frommen Helene« habe in das Buch Frankfurter Lokalkolorit einfließen lassen, schreibt er und fügt hinzu: »›Offenbach ist im Thalia‹ – damals dirigierte der berühmte Operettenkomponist im Thalia-Theater u.a. seine ›Schöne Helena‹«. Ob wohl der Name der »schönen« auch auf die »fromme« Helene abgefärbt hat?

Dafür lernte ich im Laufe der Jahre das zu genießen, was das lachlustige und lustsuchende Kind achtlos verschlungen hatte: Wilhelm Buschs große Kunst, in Bildern ebenso begeisternd und erheiternd zu erzählen wie in Worten. Ein Lernprozess, der vermutlich kein Ende finden wird – unlängst kam die dreibändige, historisch-kritische Wilhelm Busch-Ausgabe ins Haus, und schon wieder fand ich ungezählte Anlässe, zu bestaunen und –, denn auch das Kapitel ist gottlob noch nicht abgeschlossen – zu belachen.

Christian Morgenstern war vieles: Er war Journalist und Verehrer Friedrich Nietzsches, er war Übersetzer Ibsens und Hamsuns, war Dramaturg, Lektor und Herausgeber der Zeitschrift »Das Theater«, war Anhänger der Anthroposophie Rudolf Steiners, und er war bereits seit Jugendjahren durch eine Krankheit gefährdet, die ihn 1914 trotz aller Aufenthalte in warmem Klima und Lungenheilstätten das Leben kosten sollte: 42jährig starb Christian Morgenstern in Meran Untermais. Vor allem aber war er ein Dichter, der auf zwei Schultern trug.

Das bezeugen bereits die Titel seiner Gedichtbände, die einerseits Spaßiges und Skurriles versprechen, andererseits hochseriöse Lyrik signalisieren: Dem »Horatius Travestitus« von 1897, den »Galgenliedern« von 1905, dem »Palmström« von 1910, der »Palma Kunkel« von 1916 und dem »Gingganz« von 1919 stehen gegenüber die Gedichtbände »Auf vielen Wegen« von 1897, »Ich und die Welt« von 1898, »Einkehr« von 1910, »Ich und Du« von 1911, »Wir fanden einen Pfad« von 1914 und »Stufen« von 1918.

Eine solche Zweigleisigkeit gibt zu denken, und über Morgenstern ist viel nachgedacht worden, auch und nicht zuletzt von Germanisten.

Richard Alewyn hat sie beide in gleicher Weise ernst genommen, den grotesken und den gottsuchenden Morgenstern:

> Auch die Kalauerpoesie Morgensterns war die Poesie sowohl eines Heiligen wie eines Dichters. Morgenstern war nicht nur Possenreißer, sondern auch ein Gottsucher. [...] Und es geschieht, daß zwei Menschen, die sich nie zuvor im Leben begegnet sind, in einer gegebenen Situation wie auf Verabredung gleichzeitig in die Worte ausbrechen: »Weil – so schließt er messerscharf – nicht sein kann, was nicht sein darf.« Kann ein Dichter sich etwas Höheres wünschen als dies: Als Zitatenborn fortzuleben und Tausenden den Alltag zu erheitern und zu erhellen? Gibt es ein sichereres Kennzeichen für das, was wir einen Klassiker nennen?

Alfred Liede, ein Schweizer Germanist, geht Mitte der 60er Jahre mit Morgenstern hart ins Gericht:

> Wie die Aphorismen Lichtenbergs und Balls sind die Galgenlieder die Trümmer eines ungeschriebenen Werks. Jedes Galgenlied, das sein Motiv virtuos überspielt, steht anstelle eines ernsten lyrischen Gedichts, für das Morgenstern die dichterische Kraft fehlte. ...

Was ist darauf zu erwidern? Vielleicht dies: Daß jedes komische Galgenlied für ein verfehltes ernstes Gedicht steht, ist so triftig wie die Behauptung, Hölderlin habe eigentlich ständig Limericks schreiben wollen, nur seien immer Hymnen herausgekommen.

Mal im Ernst: Wie haltlos Liedes Anwürfe sind, lehrt jeder Blick in den 320 Seiten starken Band »Galgenlieder«, erschienen im Jahre 2000 im Haffmans Verlag und zugleich ein historisches Dokument, wie das Impressum mitteilt: »Textfassung nach dem ersten Sammelband mit sämtlichen ›Galgenliedern‹, ›Palmström‹, ›Palma Kunkel‹ und ›Der Gingganz‹ von 1932 bei Bruno Cassirer in Berlin.«

Wann habe ich diese Gedichte erstmals gelesen? Ich vermute Anfang der 50er. Wie lese ich sie heute?

Voller Freude, Überraschung und Hochachtung.

Freude darüber, daß der komische Geist der Verse dem Komikkiller Nummer Eins, dem Zahn der Zeit, glorreich getrotzt hat. Überraschung deswegen, weil mir vieles in dem Buch regelrecht neu, ja taufrisch vorkam. Und Hochachtung dafür, wie unbedenklich Morgenstern angefangen hatte und wie stilsicher er seinen Weg weitergegangen ist:

Himmel und Erde

Der Nachtwindhund weint wie ein Kind,
dieweil sein Fell von Regen rinnt.

Jetzt jagt er wild das Neumondweib,
das hinflieht mit gebognem Leib.

> Tief unten geht, ein dunkler Punkt,
> querüberfeld ein Forstadjunkt.

So lautet ein typisches »Galgenlied«, in welchem skurriles Personal in drei fast plakativ gereimten Zweizeilern seinem grotesken Tun nachgeht.

Feiner gebaut und sehr viel feiner gesponnen ist der folgende, fünf Jahre ältere Sechszeiler, in welchem uns Morgenstern in zwei Strophen Palmströms Freund von Korf und dessen herzwärmende Erfindung vorstellt.

Korf erfindet eine Art von Witzen

> Korf erfindet eine Art von Witzen,
> die erst viele Stunden später wirken.
> Jeder hört sie an mit langer Weile.
>
> Doch als hätt' ein Zunder still geglommen,
> wird man nachts im Bette plötzlich munter,
> selig lächelnd wie ein satter Säugling.

Ach, wer da mitlächeln könnte, mag nun manche denken und mancher meinen. Sie kann es! Er vermag es! Beide müssen lediglich Morgenstern lesen!

ÜBERALL IST RINGELNATZ

Eine Lanze für diesen Dichter brechen zu wollen hieße Ringel nach Natz tragen – warum dann dieser Hinweis? Darum: Zwar ist Hans Bötticher alias Joachim Ringelnatz beileibe kein verkannter Dichter, doch ein Großteil seiner Gedichte – darunter einige seiner besten – ist herzlich unbekannt. Woher ich das weiß? Ich schließe ganz einfach von mir auf andere.

Vom Dichter Ringelnatz weiß ich seit Jahrzehnten, und jahrzehntelang glaubte ich auch, seine Gedichte so einigermaßen zu kennen. Was aber kannte ich von seinen Gedichten? Das, was ich in Auswahlbänden, vor allem aber in Anthologien, zu Gesicht bekommen hatte. So ist mir seit Schülerzeiten der Bumerang ein Begriff, der ein kleines Stück zu lang und damit gut für zwei geflügelte Zeilen war: »Publikum – noch stundenlang –/Wartete auf Bumerang.« Auch sind mir von jeher die Ameisen vertraut, die nach Australien reisen wollten, aber: »Bei Altona auf der Chaussee/Da taten ihnen die Beine weh«, weshalb aus der Reise nichts wird und so fortan: Turngedichte kamen im Laufe der frühen Jahre hinzu, der Seemann Kuttel Daddeldu kreuzte auf, zarte Gebilde wie das Reh im Park, welches nach einem Stips aus Gips ist, rundeten mein Ringelnatz-Bild ebenso ab wie kauzig-weise Zeilen, die, einmal gehört, nicht mehr aus dem Gedächtnis zu tilgen waren:

> Überall ist Wunderland.
> Überall ist Leben.
> Bei meiner Tante im Strumpfenband
> Wie irgendwo daneben ...

Ein durchaus achtens- und liebenswerter Ringelnatz, und doch einer aus zweiter Hand: Auswahlbände spiegeln nicht zuletzt den Geschmack der Auswählenden wider, und Anthologisten neigen dazu, sich an Vorgänger-Anthologien zu orientieren. Mit dem Ergebnis, daß eine vieltausendfache, äußerst disparate Gedicht-Ernte zu einem allgemeinverträglichen Instant-Ringelnatz eingedampft wurde, hirnschonend und herzfreundlich, an welchem auch ich immer wieder gerne nippte, ohne daß er mein Leib-und-Magen-Dichter geworden wäre. Da war – beispielsweise – Morgenstern doch ein ganz anderes Kaliber!

Daran hat sich nichts geändert, doch Ringelnatz sehe ich mit anderen Augen, seitdem ich seine »Sämtlichen Gedichte« kenne. Mitte der neunziger Jahre bekam ich sie in die Hände, reichlich spät, wenn man bedenkt, daß Walter Papes Ringelnatz-Ausgabe, »Das Gesamtwerk in sieben Bänden«, bereits Anfang der achtziger Jahre komplett vorlag. Diese erste Auflage war noch im Berliner Henssel Verlag erschienen. 1994 brachte der Zürcher Diogenes Verlag eine zweite, korrigierte und ergänzte auf den Markt, und heuer kann man zwei dieser sieben Bände en bloc hier erwerben: Ein ansprechender Schuber vereint »Sämtliche Gedichte«, ganz in rotem Karton, und »Sämtliche Erzählungen«, ganz in blauem.

»Sämtliche Gedichte« auf 850 Seiten, im Schnitt drei Gedichte pro Doppelseite, das macht rund 2500 Gedichte. Sie verteilen sich auf siebzehn Buchveröffentlichungen in chronologischer Reihenfolge, auf verstreut Gedrucktes und auf den Nachlaß – erst wer sich einigermaßen gewissenhaft durch diese riesige Retrospektive gelesen hat, darf sicher sein, »seinen« Ringelnatz zu kennen. Das klingt nach Arbeit, ist aber ein vielschichtiges Vergnügen, das um so größer wird, je weiter die Lektüre fortschreitet.

Ringelnatz' Anfänge freilich lassen nichts dergleichen erwarten. 1910 sticht er in die See der Literatur mit zwei sehr unterschiedlichen Gedichtbänden, die doch eines verbindet: Das Kinderbuch »Kleine Wesen« ist bemüht lustig und der »Gedichte« betitelte Band angestrengt ernst.

Es war einmal ein kleiner Funke.
Das war ein großer Erzhallunke

– so etwas zündet ebensowenig wie jene dunkel rilkisierenden Zeilen, welche die »Gedichte« einleiten:

Ich werde nicht enden zu sagen:
Meine Gedichte sind schlecht.
Ich werde Gedanken tragen
Als Knecht.

Was Ringelnatz glücklicherweise nur einen Gedichtband lang versucht, zwei Jahre später kreuzt er in einem ganz anderen Fahrwasser. »Die Schnupftabakdose« enthält bereits einige seiner Klassiker, die reiselustigen Ameisen ebenso wie das Suahelischnurrbarthaar »des Nachts um drei am Kattegatt«. Erstmals setzt Ringelnatz ganz auf Komik, lediglich die irritierend demütige Unterzeile »Stumpfsinn in Versen« verrät, daß er sich seiner Sache noch nicht ganz sicher ist. Wie anders Morgenstern, der zwei Jahre zuvor einem Kritiker den vorauseilenden Verweis erteilt hatte, er möge doch bitte die Begriffe »Blödsinn oder Stumpfsinn« in seiner Kritik meiden, »wenn auch noch so glänzend epithetiert« – seine helle und schnelle Komik dürfe nicht mit gängigem Bierbankhumor in einen Topf geworfen werden.

Was selbstredend auch für Ringelnatz gilt. Dessen Lyrik-Schiffchen gewinnt in den Folgejahren zunehmend an Fahrt und steuert durch immer schnellere Gewässer in immer hellere Regionen. 1920 ist nicht nur das Jahr der »Turngedichte« – »Deutsches Mädchen – Grätsche! Grätsche!« –, da entert nicht nur der Seemann Kuttel Daddeldu den mit immer origineller Fracht beladenen Kahn, da erklingt in der »Ansprache eines Fremden an eine Geschminkte vor dem Wilberforcemonument« jener durch und durch persönliche Ringelnatz-Sound der meist diskret gereimten, stets gewagten und immer traumhaft sicher landenden Gedankensprünge:

Ich bin etwas schief ins Leben gebaut.
Wo mir alles rätselvoll ist und fremd.
Da wohnt meine Mutter. – Quatsch! Ich bitte dich: Sei recht laut!

Doch Ringelnatz kann und traut sich noch mehr. Ein Jahr drauf leitet er das Bändchen »Die gebatikte Schusterpastete« mit einem programmatischen Gedicht ein, welches belegt, was in den verstrichenen elf Jahren aus dem verzagten Gedankenträger der »Gedichte« geworden ist, ein Hecht im Lyrik-Karpfenteich:

Ich darf den Sau, das Klops, das Krokodil
Und jeden andern Gegenstand bedichten [...].
Was könnte mich zu reinem Geist und Reim,
Was zu Geschmack und zu Humor verpflichten? –

Natürlich nichts und niemand. Dann schon lieber Ungeist, unreiner Reim, Geschmacklosigkeit und – nein: nicht Humorlosigkeit, sondern Bedenkenlosigkeit – alles Disziplinen, in welchen Ringelnatz alle dichtenden deutschen Zeitgenossen weit hinter sich läßt, Brecht natürlich immer und Benn hin und wieder ausgenommen.

Die erweiterte Ausgabe von »Kuttel Daddeldu«, 1923, gefolgt von »Geheimes Kinder-Spiel-Buch«, 1924, markieren je nach Blickwinkel Höhe- beziehungsweise Tiefpunkte deutschen Dichtens, in welchen viel von dem vorweggenommen wird, was Brecht an schlagenden Argumenten ins Gedicht einbringen sollte:

Der Mensch ist gar nicht gut.
Drum hau ihn auf den Hut.

Fünf Jahre zuvor bereits hatte Ringelnatz sein Gedicht »Vier Treppen hoch bei Dämmerung« folgendermaßen beginnen lassen:

Du mußt die Leute in die Fresse knacken.
Dann, wenn sie aufmerksam geworden sind, –
Vielleicht nach einer Eisenstange packen, –
Mußt du zu ihnen wie zu einem Kind
Ganz schamlos fromm und ärmlich einfach reden
Von Dingen, die du eben noch nicht wußtest.

Schlimm, doch in diesem Gedicht wird wenigstens noch argumentiert:

Und bittest sie um Verzeihung – einzeln jeden –,
Daß du sie in die Fresse schlagen mußtest.

– nichts davon in besagtem »Kinder-Spiel-Buch«, das, seinerzeit polizeilich verboten, auch heute noch wegen Anstiftung zur Sach- und Personenbeschädigung in jeden besser sortierten Giftschrank gehört. Da entpuppt sich Ringelnatz als ein genuiner Schreckensmann der deutschen Hochkomik, und er wird diesem Ruf bis in seine späten Jahre gerecht:

> Kinder, ihr müßt euch mehr zutrauen!
> Ihr laßt euch von Erwachsenen belügen
> Und schlagen. – Denkt mal: Fünf Kinder genügen.
> Um eine Großmama zu verhauen.

Nachzulesen im »Kinder-Verwirr-Buch« aus dem Jahre 1931, in welchem sich neben solch erschreckend großmutterfeindlichen Zeilen auch überraschend kleinkräuterfreundliche finden:

> Sah Züge schwinden, Züge nahn.
> Der arme Sauerampfer
> Sah Eisenbahn um Eisenbahn.
> Sah niemals einen Dampfer.

Ein inhaltliches Oszillieren und formales Changieren, die kennzeichnend für die von Ringelnatz selbst zusammengestellten Gedichtsammlungen sind: Anders als Morgenstern, der seine komischen und seine ernsten Gedichte sorgsam schied, vereinigt Ringelnatz zwischen zwei Buchdeckeln, was immer ihm in einem bestimmten Zeitraum bedichtens- und berichtenswert erschien. Kaum hat der Leser der 1927 veröffentlichten »Reisebriefe eines Artisten« die drastischen Folgen von zuviel Heurigem auf den Geist, vor allem aber den Körper des Dichters verdaut, so steht er fünf Seiten später auf einmal vor ihm, der »zarte« Ringelnatz:

> Überall ist Dunkelheit.
> Kinder werden Väter.
> Fünf Minuten später
> Stirbt sich was für einige Zeit.
> Überall ist Ewigkeit ...

Und auch diese zarte ist nur eine von vielen Stimmen, welche je länger je mehr durch Ringelnatz' »Sämtliche Gedichte«, manchmal auch durch ein und dasselbe Gedicht geistern. So beispielsweise endet, was Ringelnatz mit dem Strumpfenband der Tante begonnen und mit der allgegenwärtigen Dunkelheit weitergeführt hatte:

Wenn du einen Schneck behauchst,
Schrumpft er ins Gehäuse.
Wenn du ihn in Cognac tauchst,
Sieht er

– nein, was er sieht, wird hier nicht verraten. Ja, das sollte jeder Interessierte in »Sämtliche Gedichte« nachlesen.

DEN BENN ALLEINE LESEN
Eine 50er-Jahre-Reminiszenz

Warum liest wer was wann? Weshalb und von wem wußte der sechzehnjährige Oberschüler im verschlafenen Göttingen der 50er Jahre, daß er Benn gelesen haben mußte, wollte er auf der Höhe der Literatur seiner Zeit sein?

Und das wollte er. Bloß nicht die rundum niederziehende Provinzialität auch noch durch die Lektüre provinzieller Literaten verdoppeln. Provinziell aber kam uns heranwachsenden Kunstjüngern – einer Handvoll von Mitschülern der Oberstufe – so gut wie alles vor, was uns an zeitgenössischer Literatur aufgetischt wurde, vom späten Bergengruen bis zum jungen Böll: Wie wertvoll das alles, wie abendländisch-christlich, wie überraschungsfrei! Wie unmodern mit einem Wort, wie grundverschieden von Hemingway und Faulkner, Sartre und Camus, T. S. Eliot und Ezra Pound, bei deren Lektüre man sich mit der Kunst jener glücklicheren Kulturkreise verbunden wußte, in denen die Moderne seit ihren Anfängen um die Jahrhundertwende ununterbrochen weitergekämpft und gesiegt hatte.

»Man muß absolut modern sein« – kannten wir das schneidende Postulat des jungen Arthur Rimbaud? Auf jeden Fall hätten wir vorbehaltlos dem zugestimmt, was unser Altersgenosse rund achtzig Jahre zuvor einem Brieffreund zugerufen hatte und was uns nun überall dort eingetrichtert wurde, wo man in Deutschland den abgerissenen roten Faden der Moderne neu knüpfte, auf der ersten documenta von 1955, in Kellertheatern und Filmkunststudios.

Der Bürger mochte die heimischen Produkte für Kunst halten, unsereins wußte es besser. So, wie man nicht in zeitgenössische deutsche Filme ging, las man Mitte der 50er auch keine der zur Zeit gängigen deutschen Autoren, mit zwei Ausnahmen: Arno Schmidt und Gottfried Benn. Man – denn ich scheue mich, »ich« zu sagen. Zu sehr waren meine damaligen Wertungen ein Widerschein jener Leuchtfeuer, die rings signalisierten, wo es gerade lang ging; wobei ich kaum zu sagen wüßte, welche Botschaften ich damals wahrzunehmen in der Lage war: Was lag eigentlich an Zeitschriften und Zeitungen im »British Center« aus, was in der Göttinger Stadtbücherei? Was bliesen mir die Rundfunksender der Nachtstudios in die Ohren? Wann las oder hörte ich das erste Mal etwas von Gottfried Benn?

Genug der Mutmaßungen − rasch ein Blick auf die Eckdaten der unglaublichen Gottfried-Benn-Revival-Story, die sich in den ersten Nachkriegsjahren abspielte: Zwölf Jahre lang, zwischen seinem 50sten und seinem 60sten Geburtstag, hatte der Dichter nichts veröffentlichen dürfen, zuerst als Kulturbolschewist verschrien, später als Mitläufer eingestuft, dann, seit 1948, erscheinen in nicht abreißender Folge Gedichte, Prosa und Autobiographisches. Bis zu seinem Tode 1956 zählt man 21 Veröffentlichungen, darunter sieben Gedichtbände. Allein 1949 kamen sechs Benn-Titel auf den Markt, hymnisch begrüßt vom tonangebenden Kritiker Friedrich Sieburg: »Erst Benn ist es gelungen, diesem letzten Rückzug auf sich selbst eine süße, fast schluchzende Sangbarkeit zu geben.«

Warum Mitläufer oder Mittäter der vorangegangenen Epoche, seine Herolde Sieburg und Holthusen beispielsweise, Benn auf den Schild hoben, wurde um so deutlicher, je überschaubarer die Nachkriegszeit sich im Rückblick darbot. Da hatte man − Benn eingeschlossen − kräftig dazu beigetragen, die Karre in den Dreck zu manövrieren, und nun, da sie darin stak, wollte es keiner gewesen sein. Statt dessen wurde die Existenz von Karre, Dreck, Geschichte, ja jedweder Realität schlicht geleugnet und der gescheiterte Täter zum heldischen Opfer stilisiert: »Es gibt nur zwei Dinge: die Leere/und das gezeichnete Ich.«

Eine heroisierende Attitüde, für die auch der Heranwachsende dann nicht unempfänglich war, wenn er sich in seinem leidvoll erfahrenen Anderssein angesprochen fühlte: »Einsamer nie als im August« − genau wie ich! − »Wo alles sich durch Glück beweist/und tauscht den Blick und tauscht die Ringe« − und macht nach der Schule auch noch die Rotraut an, zu der ich nicht einmal den Blick zu heben wage − »im Weingeruch, im Rausch der Dinge −:« − oder im Freibad beim schamlosen Eckzeck-Haschmichspiel, Rotraut, ach Rotraut! − »dienst du dem Gegenglück, dem Geist« −: ein »du«, das der Lesende nur zu gern auf sich bezog. Mochten *die da* zeitverfallen durchs Wasser tollen − *ich* diente höheren

Zielen. Nein: *wir!* Der große Gottfried Benn und der kleine Robert Gernhardt Arm in Arm gegen die Weiber und die Spießer dieser Welt!

Doch dieser heroische Benn war keineswegs der ganze. Von Publikation zu Publikation offenbarte der Dichter immer neue, verwirrende, manchmal verstörende Facetten, da steigende Nachfrage und undurchsichtige Verlagspolitik zu einem regelrechten Benn-Puzzle führten. In kunterbunter Reihe folgte beispielsweise auf »Fragmente. Neue Gedichte« von 1951, ein Jahr später der Band »Frühe Lyrik und Dramen«, tauchte also neben dem sechsundsechzigjährigen Heldentenor –

Bleiben und stille bewahren
das sich umgrenzende Ich

– unvermittelt der sechsundzwanzigjährige Straßensänger Benn auf:

Europa, dieser Nasenpopel
Aus einer Konfirmandennase
Wir wollen nach Alaska gehn.

Das traf den Kleinstadtschüler ins Mark: Nimm mich mit, Gottfried Benn, auf die Reise! Und der Doktor kannte noch andere, noch unerhörtere Routen:

O Nacht! Ich nahm schon Kokain
Und Blutverteilung ist im Gange.

Das waren keine Reisen mehr, das waren schon regelrechte Trips:

O Seele, futsch die Apanage
Baal – Bethlehem, der letzte Ship,
hau ab zur Augiasgarage,
friß Saures, hoch der Drogenflipp

– reimt der Benn des Jahres 1922; ein verbaler Clip, den ich 1955 mit heißen Ohren las, ebenso wie

Schlächterrote Moose
in Lianengewirrn,
wahllos fallen die Loose –
ach Afrika im Hirn

– da zappte sich einer bedenkenlos durch die Wallungswerte der Worte, das war trotz der dreißig Jahre, die seit der Erschaffung solcher Bilderfluchten vergangen waren, absolut modern, und ihr Schöpfer, der 1912 seine erste Gedichtsammlung »Morgue« veröffentlicht hatte, der 1919 mit acht Gedichten in Kurt Pinthus' legendärer Anthologie »Menschheitsdämmerung« vertreten gewesen war – dieser Benn war nicht nur einer der Dichterväter der Moderne, sondern nach wie vor ein moderner Dichter, auch in seinen späten Gedichten. Neben rauschhaftem – berauschtem? – Dunkel

Zerstörungen –
o graues Siebenschläferwort
mit Wolken, Schauern, Laubverdunkeltheiten

– finden sich in seinen Gedichten glasklare Zeilen, die es wie einst im Mai darauf anlegen, den Bildungsbürger zu schrecken:

Ein Schlager von Rang ist mehr 1950
als 500 Seiten Kulturkrise

las der Schüler ein wenig konsterniert: Hatte man ihm nicht beigebracht, Schlager als Inbegriff der Unkultur zu verachten? Und wie vertrug sich *das* mit jenen Werten, die konservative Lehrer und christlichsoziale Politiker dem jungen Menschen predigten: »dumm sein und Arbeit haben: /das ist das Glück.« – ?

»Doppelleben«, so hatte der vielgesichtige Dr. Benn einen autobiographischen Text aus dem Jahre 1950 betitelt, und als der frischgebackene Abiturient 1956 ins Leben entlassen wurde, da wußte er die Unübersichtlichkeit des bisher Erlebten nicht anders in Worte zu fassen, als dadurch, daß er Geist, Tonfall und Collagetechnik seiner Verse beim vielstimmigen Dichter Benn entlieh:

Wohin man sieht: Zerbrochne Konturen
Eiris sazun idisi.
Habe nun ach, ich kann nicht anders.
Nicht mitzuhassen, mitzulie.

BRECHT LESEN UND LACHEN
Ein strikt sachlicher Parcours mit drei persönlichen Abschweifungen

Große Männer sind – unter anderem – auch Spiegel: Wer sie wahrzunehmen versucht, nimmt nicht zuletzt sich selber wahr. Das vorausgeschickt, muß ich zunächst einmal von mir selber reden – Brecht kommt rasch genug und dann sehr ausführlich zu Wort.

Nach zweijähriger Vorarbeit wird im Frühjahr dieses Jahres ein gewichtiges Werk das Licht der Welt nicht nur erblicken, sondern auch alle Welt erleuchten. Sein Titel: »Hell und Schnell«. Sein Untertitel: »555 komische Gedichte aus fünf Jahrhunderten.« Seine Herausgeber: Klaus Cäsar Zehrer und ich. Seine Botschaft: Auch der Deutsche hat Humor. Seine Beweisführung: schlagend.

Das rund 600 Seiten starke Werk setzt mit »Zehn Thesen zum komischen Gedicht« aus meiner Feder ein. Sie heben folgendermaßen an:

1. Es gibt ernste und komische Gedichte.

Bertolt Brecht unterschied zwei Linien, welchen das deutsche Gedicht der Neuzeit folge, die pontifikale und die profane. Goethe sei der letzte Dichter gewesen, welcher noch beide Stränge in seinem Werk vereinigt habe; schon Hölderlin nehme die »völlig pontifikale«, bereits Heine ganz die profane Linie ein. Der Dichter Brecht deutet an, daß ihm die Zusammenführung beider Linien erneut gelinge; zumindest ist nicht zu bestreiten, daß er den hohen Ton ebenso beherrscht wie den kessen. Beileibe nicht alle Gedichte der profanen Linie sind komisch, doch liegt auf der Hand, daß kein – mit Absicht – komisches Gedicht der pontifikalen Linie zugerechnet werden kann.

Wir überspringen acht weitere Thesen, um erwartungsgemäß bei der zehnten zu landen:

10. Das komische Gedicht markiert einen deutschen Sonderweg zur Hochkomik.

Die Deutschen gelten im In- und Ausland als humorlos, was gerne damit begründet wird, daß ihnen ein großer Lustspieldichter vom Schlage eines Shakespeare ebenso fehle wie ein großer komischer Roman vom Range des »Don Quichote«. Nun könnte ein Zweifler die Frage stellen, ob es denn so ausgemacht sei, daß die naturgemäß durch Helligkeit und Schnelligkeit wirkende Komik in langen und breiten Zusammenhängen besonders gut aufgehoben ist. Nicht eher in Kurzformen?

Ein Kundiger aber könnte darauf verweisen, daß sich eine seit Lessings Tagen nicht abgerissene Kette komischer Gedichte durch die deutschsprachige Hochliteratur zieht, welche in dieser Dichte und Qualität in keiner anderen kontinentaleuropäischen Nationalliteratur zu finden ist.

Jeder Generation des 19. und 20. Jahrhunderts erwuchs hierzulande ein Dichter, dessen komische Kraft ihn dazu drängte, die sich ständig erneuernden Anlässe zum Belachen und Verlachen aus neuen Blickwinkeln zu erfassen und mit neuen Redeweisen festzuhalten. Heine, Busch, Morgenstern, Ringelnatz, Tucholsky, Brecht, Jandl – jeder aus diesem Siebengestirn ist ein Stern erster Ordnung und zugleich ein Original. Bei jedem ergäbe eine Spektralanalyse seiner Aura ganz unterschiedliche U- und E-Wellen-Anteile, und doch bilden alle zusammen eine Plejade, deren Helligkeit – verstärkt durch eine Vielzahl von weiteren Komik-Sternen unterschiedlicher Größe – bei Licht betrachtet zweierlei bewirken müßte: Den düsteren Vorwurf fehlender deutscher epischer oder dramatischer Hochkomik zu überstrahlen und das finstere Bild vom humorlosen, ja zum Humor unfähigen Deutschen in den Herzen aller rechtlich Denkenden für alle Zeiten aufzuhellen.

Ende der zehnten These, doch wir stehen erst am Anfang: Was eigentlich hat der Brecht im Kreise der als komisch ausgewiesenen deutschen Dichter von Heine aufwärts zu suchen? War er nicht im tiefsten Herzen ein Verächter der »profanen« Linie und damit aller komischen Dichtung? Hören wir noch einmal in seine bereits zitierte Eintragung vom 22. August 1940 hinein:

> Sofort nach *Goethe* zerfällt die schöne widersprüchliche Einheit, und *Heine* nimmt die völlig profane, *Hölderlin* die völlig pontifikale Linie. In der ersten Linie verlottert die Sprache in der Folge immer

mehr, da die Natürlichkeit durch kleine Verstöße gegen die Form erreicht werden soll. Außerdem ist die Witzigkeit immer ziemlich unverantwortlich [...], der Ausdruck wird mehr oder weniger schematisch, die Spannung zwischen den Wörtern verschwindet, überhaupt wird die Wortwahl, vom lyrischen Standpunkt aus betrachtet, unachtsam [...]. Die pontifikale Linie wird bei *George* unter der Maske der Verachtung der Politik ganz offen konterrevolutionär [...]. *George* ist unsinnig und setzt dafür verfeinerten Kulinarismus. Auch *Karl Kraus*, der Repräsentant der zweiten Linie, ist unsinnig, weil rein spirituell. Die Einseitigkeit beider Linien macht eine Beurteilung immer schwieriger.

Noch einmal: Wie verträgt sich dieses Verdikt der Witzigkeit mit der Behauptung, Brecht sei nicht nur ein komischer, sondern einer der großen komischen Dichter deutscher Zunge? Gut, da der reife, zweiundvierzigjährige Brecht dem jungen, zwanzigjährigen zwar über den Mund fahren, ihn aber nicht mundtot machen kann. Und das gilt nicht nur für den. In fast allen Epochen seines Schaffens hat Brecht seiner äußerst unterschiedlich gestimmten Leier Töne entlockt, die zum Lachen waren – nicht zufällig ist der Witzverächter Brecht mit vierzehn Beispielen einer der meistvertretenen Dichter in unserer dezidert dem witzigen Gedicht gewidmeten Anthologie.

Das will begründet werden – folgen wir also, wenn auch sehr summarisch, drei Marschrichtungen: Den beiden von Brecht für die Dichtung allgemein, also auch für seine Dichtung postulierten Linien, der profanen und der pontifikalen, sowie einer dritten, der Werkspur nämlich, die Brechts Leben seit früher Jugend bis zum allzu frühen Tod durchzieht.

Seit frühester Jugend, besser gesagt: Die »Große kommentierte Berliner und Frankfurter Ausgabe« setzt mit Gedichten und Gedichtfragmenten aus dem Jahre 1913 ein, also mit Arbeiten des fünfzehnjährigen Gymnasiasten Eugen Berthold Friedrich Brecht.

Der weiß bereits in zartem Alter, wann er welcher Linie zu genügen hat: Eine hochgestellte Person wie der Kaiser wird pontifikal bedichtet, eine niedere wie der Klassenkamerad Kohler profan:

Der Kaiser
Silhouette

Steil. Treu. Unbeugsam. Stolz. Gerad.
König des Lands
Immanuel Kants
Hart kämpfend um der Schätze hehrsten
Den Frieden. So: im Frieden Streiter und Soldat.
Einer Welt zum Trotz hielt Er Frieden dem Staat. –
Und – trug ihn am schwersten.

Soviel zur »Silhouette« des Kaisers, und nun zum Portrait Kohlers, des Kameraden der Klasse 6 a:

Ein Kohler! Wie ist er so schmal und klein
Wie sind so dünn seine Gliederlein – [...]
Die Kleinen sind der Erde Salz
Die Großen, die sind dumm und faul –
Die Kleinen haben jedenfalls
Ein ziemlich großes Maul.

Zu Gunsten des jungen Dichters kann festgestellt werden, daß sich seine pontifikale Linie heroischer Prägung in dem Maße verflüchtigt, in welchem der Verlauf des Ersten Weltkriegs mit allen Illusionen über den Kaiser aufräumt. Um so wichtiger werden die Freunde, um so unbefangener wird der profanen Linie gefolgt. Die erste Gedichtsammlung des Augsburgers nennt sich »Lieder zur Klampfe von Bert Brecht und seinen Freunden« und stammt aus dem Jahre 1918, wobei der Löwenanteil Brechts unumstritten sein dürfte.

Ein kleines Lied dieser Collection ist »Kleines Lied« überschrieben:

Kleines Lied

1
Es war einmal ein Mann
Der fing das Trinken an

Mit achtzehn Jahren und –
Daran ging er zugrund.
Er starb mit achtzig Jahr
Woran, ist sonnenklar.

2

Es war einmal ein Kind
Das starb viel zu geschwind
Mit einem Jahre und –
Daran ging es zugrund.
Nie trank es: das ist klar
Und starb mit einem Jahr.

3

Daraus erkennt ihr wohl
Wie harmlos Alkohol …

Eine überzeugende Argumentation, an die ich meine erste persönliche Abschweifung anknüpfen will: Als ich vor vielen Jahren auf den ›WimS‹ genannten Nonsens-Seiten der Satirezeitschrift ›pardon‹ eine vergleichbare Ehrenrettung des Alkohols versuchte, da wandelte ich, ohne von dessen Dreh zu wissen, auf Brechts Spuren: Ich schloß ganz einfach aus der Tatsache, daß zwanzig Prozent der Unfälle von alkoholisierten Fahrern verursacht werden, darauf, daß achtzig Prozent aller Karambolagen auf nüchterne Fahrer zurückzuführen, letztere also viermal so gefährlich sind wie die betrunkenen.

Daran erkennt, wer irgend ehrlich: Kein Alkohol ist hoch gefährlich – doch zurück zum »Kleinen Lied«. Zu ihm heißt es im Kommentar der »Großen Ausgabe«:

Das Gedicht parodiert Scherzverse, die nach der Erinnerung von Friedrich Mayer in Brechts Augsburger Jugendzeit Kindern und Jugendlichen geläufig gewesen sind. »Es war einmal ein Mann,/Der hatte einen Schwamm,/Der Schwamm war ihm zu naß,/Da ging er auf die Gaß.«

Zeilen, die sich Brecht in der Tat eingebrannt haben müssen. Siebzehn Jahre später, 1934, zu einer Zeit der Emigration also und der Indienstnahme des Gedichts für den Kampf gegen Nazi-Deutschland, taucht der »Mann« in einem Gedicht unversehens wieder auf, freilich nicht als Hauptperson:

> *Es war einmal* ein Schwamm
> Der hatte einen Mann.
> Der Mann war ihm zu trocken
> Da nahm er nur die Socken.
> Die Socken waren ihm zu hohl
> Da nahm er nur die Sohl.
> Die Sohl war ihm zu warm
> Da nahm er nur das Garn.
> Das Garn war ihm zu schade
> Da nahm er nur den Faden.
> Der Faden war ihm zu lang
> Da nahm er wieder den Mann.

Den Original-Wortlaut hat Brecht selber notiert:

> Es war einmal ein Mann
> Der hatte einen Schwamm
> Der Schwamm war ihm zu naß
> Da ging er auf die Gass
> Die Gass war ihm zu kalt
> Da ging er in den Wald
> Der Wald war ihm zu grün
> Da ging er nach Berlin
> Berlin war ihm zu klein
> Da ging er wieder heim.

Das sind Verse, die Peter Rühmkorf jenem anonymen Autorenkollektiv zuschreibt, das er auf den Namen »Volksvermögen« getauft hat, und Brecht hat nicht nur dieses eine Mal von den starken, oft obszönen Tränken dieser unerschöpflichen Quelle geschlürft. Auch das folgende hielt er 1921 für notierenswert:

Komm Mädchen, laß dich stopfen
Das ist für dich gesund
Die Dutten werden größer
Der Bauch wird kugelrund.

Pures Volksvermögen, vermute ich, während mir der folgende Vierzeiler aus dem Jahre 1922 reiner Brecht zu sein scheint:

Was druckt es keiner von euch in die Zeitung
Wie gut das Leben ist! Maria Hilf:
Wie gut ist Schiffen mit Klavierbegleitung!
Wie selig Vögeln im windtollen Schilf!

Klavierbegleitung ist beim Schiffen eher die Ausnahme, aber auch ohne Musik erfreut das Wasserlassen nicht nur den Jungmann, es reizt auch den jungen Dichter. Der freilich blickt bereits 1920, also gerade mal zweiundzwanzigjährig, mit umflortem Blick auf seine »Jugendzeit« zurück und auf die Abenteuer mit den Freunden der Lieder zur Klampfe, auf Heigei, alias Otto Müllereisert, auf Cas, alias Caspar Neher und auf Orge, alias Georg Pflanzelt:

Aus verblichenen Jugendbriefen
Geht hervor, daß wir nicht schliefen
Eh das Morgenrot verblich.
Frühe auf den braunen Ästen
Hockten grinsend in durchnäßten
Hosen Heigei, Cas und ich.

Orge im Zitronengrase
Rümpfte seine bleiche Nase
Als ein schwarzer Katholik.
Hoffart kommt zu schlimmem Ende
Sprach die Lippe, aber Bände
Sprach der tiefbewegte Blick.

Braunen Sherry in den Bäuchen
Und im Arme noch das Säuchen
Das uns nachts die Eier schliff.
Zwischen Weiden tat ein jeder
In den morgenroten Äther
Einen ungeheuren Schiff.

Ach, das ist zur gleichen Stunde
Wo ihr alle roh und hunde-
häutern den Kaffee ausschlürft
Daß der Wind mit kühlem Wehen
Ein paar weingefüllte Krähen
In die kalten Häuser wirft.

Ein ebenso komisches wie gekonntes Gedicht! Man beachte die elegante Engführung der profanen und der pontifikalen Linie, zumal in der letzten Strophe! Der Sachverhalt ist ja der denkbar profanste: Achtzehnjährige Bürgerkinder haben nach Art Achtzehnjähriger eine Nacht durchgemacht, durchgesoffen und durchgeknutscht, doch nun, zur Frühstückszeit der berufstätigen Erzeuger, geruht die Clique zum Schlafen in die Elternhäuser zurückzukehren. Ein unerhört platter Vorgang also – doch wie lädt Brecht den auf! Mit dem tieflyrischen Seufzer »Ach« beginnt, was in hochgestelten Metaphern gipfelt: Krähen in einer Hundewelt sind die Heimkehrer, Geworfene, bemitleidenswerte Opfer, die nach der Kühle des Windes auch noch die Kälte der Häuser zu erdulden haben – dieses kalkulierte Mißverhältnis von hohem Ton und niederem Anlaß aber sorgt für die Voraussetzung jedweder komischen Wirkung, für Fallhöhe.

Eine Fallhöhe, deren Niveau in einigen Fällen bereits durch den Gedichttitel markiert wird. »Auslassungen eines Märtyrers« ist ein Gedicht des zwanzigjährigen Brecht überschrieben, das mit »Ich« beginnt und unverstellt von ihm selber handelt. Der Dichter also ist ein Märtyrer. Was aber ist ein Märtyrer? Laut Lexikon jemand, der »wegen seines Glaubens oder seiner Überzeugungen (körperliche) Leiden ertragen (und den Tod erleiden) muß.« Welche Leiden aber drohen dem Augsburger Direktorensohn, im Namen welchen Glaubens erduldet er sie?

Auslassungen eines Märtyrers

1
Ich zum Beispiel spiele Billard in der Bodenkammer
Wo die Wäsche zum Trocknen aufgehängt ist und pißt
Meine Mutter sagt jeden Tag: es ist ein Jammer
Wenn ein erwachsener Mensch so ist

2
Und so etwas sagt, wo ein anderer Mensch nicht an so etwas denkt
Bei der Wäsche, das ist schon krankhaft, so was macht
        ein Pornografist
Aber wie mir dieses Blattvordenmundnehmen zum Hals
        heraushängt
Und ich sage zu meiner Mutter: was, kann denn ich dafür,
        daß die Wäsche so ist!

3
Dann sagt sie: so etwas nimmt man nicht in den Mund,
        nur ein Schwein
Dann sage ich: ich nehme es ja nicht in den Mund
Und dem Reinen ist alles rein
Das ist doch ganz natürlich, wenn einer sein Wasser läßt,
        das tut doch jeder Hund

4
Aber dann weint sie natürlich und sagt: von der Wäsche! und
        ich brächte sie noch unter die Erde
Und der Tag werde noch kommen, wo ich sie werde mit den
        Nägeln auskratzen wollen
Aber dann sei es zu spät, und daß ich es noch merken werde
Was ich an ihr gehabt habe, aber das hätte ich dann früher
        bedenken sollen.

5
Da kannst du nur weggehen und deine Erbitterung nieder-
  schlucken
Wenn mit solchen Waffen gekämpft wird, und rauchen bis du
  wieder auf der Höhe bist
Dann sollen sie eben nichts von der Wahrheit in den Katechismus
  drucken
Wenn man nicht sagen darf, was ist.

Die eigene Mutter also bedroht den Jüngling, mit ihr streitet er für seine Wahrheit, welche in nichts weiter besteht als darin, in Gegenwart dieser Mutter sagen zu dürfen, daß die Wäsche »pißt« – das allen Ernstes als Martyrium zu bezeichnen, zeugte von unfreiwillig komischer Verblendung, doch solcher Bierernst ist das letzte, was dem hellen und hellsichtigen Knaben droht. Der sieht nicht nur die der unangemessenen Reaktion seiner Mutter innewohnende Komik, der wirft nicht nur jenen habituell scharfen Blick der jüngeren Generation auf die Ticks und Lebenslügen der Älteren, der durchschaut dank einer erstaunlich reifen Selbstironie auch seine eigene komische Rolle in der Bodenkammer-Passion.

Sie bewährt sich und beschirmt ihn auch in anderen Lebenslagen, die Liebe und den Tod eingeschlossen. Mitte 1920 notiert Brecht ein Gedicht, das er mit »Sentimentales Lied Nr. 78« überschreibt und folgerichtig mit einem Seufzer beginnen läßt:

Sentimentales Lied Nr. 78

Ach in jener Nacht der Liebe
Schlief ich einmal müde ein:
Und ich sah voll grüner Triebe
Einen Baum im Sonnenschein.

Und ich dachte schon im Traume
Vor dem Baum im Sonnenschein:
Unter diesem grünen Baume
Will auch *ich* begraben sein.

Als ich dann an dir erwachte
In den Linnen weiß und rein:
Ach, in diesen Linnen, dachte
Ich, will ich begraben sein.

Und der Mond schien nun ganz sachte
Still in die Gardinen ein
Und ich lag ganz still und dachte
Wann wird mein Begräbnis sein?

Als ich dann an deinem warmen
Leiblein lag und deinem Bein
Dachte ich: In diesen Armen
Will ich einst begraben sein.

Und ich sah euch wie ein Erbe
Weinend um mein Bette stehn
Und ich dachte: Wenn ich sterbe
Müssen sie mich lassen gehn.

So weit, so sentimental, doch in der letzten Strophe läßt Brecht unvermittelt die Komikkatze aus dem Gefühlssack, da nimmt er vorweg, was ein Sponti-Spruch der 70er Jahre auf die Formel bringen sollte »Wir wollen alles und das sofort«:

Die ihr viel gabt: euch wird's reuen
Daß ihr mir nicht alles gabt:
Und es wird euch nimmer freuen,
Daß ihr mich beleidigt habt.

Die bisher angeführten Gedichte hat Brecht zu Lebzeiten nicht veröffentlichen lassen, Die »Historie vom verliebten Schwein Malchus« fand Aufnahme in »Bertolt Brechts Hauspostille«, die 1927 erschien und sich aus Gedichten speist, die zwischen 1916 und 1925 entstanden waren. Dem Gedichtband hat Brecht eine »Anleitung zum Gebrauch der einzelnen Lektionen« vorausgehen lassen, in welcher wir erfahren, daß besagtes Gedicht »eine Warnung darstellt, durch Gefühlsüberschwang Ärgernis zu erregen.«

Doch stellt das Gedicht selber nicht ebenfalls ein Ärgernis dar?

In überaus holprigen Versen erzählt es in unermüdlichen zwanzig Strophen eine zugleich unverhältnismäßig platte und undurchsichtig dunkle Geschichte:

> Hört die Mär vom guten Schwein
> Und von seiner Liebe!
> Ach es wollt geliebet sein
> Und bekam nur Hiebe.

So hebt an, was uns sodann mitteilt, die Sonne selber sei die große Liebe des Schweins:

> Doch die Sonne sieht wohl nicht
> Jedes Schwein auf Erden
> Und sie wandt ihr Augenlicht
> Ließ es dunkel werden.

> Dunkel um das arme Schwein
> Außen und auch innen.
> Doch da fiel ihm etwas ein
> Um sie zu gewinnen.

> Und mit einem anderen Schwein
> Übte es zusammen
> Mit dem Rüssel Gift zu spein
> Mit den Augen Flammen.

Seltsam genug, doch es kommt noch merkwürdiger:

> Und ein altes schwarzes Schwein
> Zwang es (nur durch Reden)
> Ihm und seinen Schweinerein
> Algier abzutreten.

Was geht da vor? Kein Kommentar hilft an dieser Stelle weiter – zu Algier schweigt der Germanistenwitz. Dafür kann *ich* eines mit Gewißheit sagen: Als ich diese Zeilen erstmals las, 1958, als Kunststudent in Westberlin, der gerade in Ostberlin eine preiswerte Ausgabe der »Hauspostille« erstanden hatte, da schlugen diese Zeilen pfeilgrad in meinem Lachzentrum ein: »Algier abtreten! Was denn noch alles?!« Doch es kommt noch besser:

Und so legt nun diese Sau
Auf 'ner kleinen Wiesen
Tieferschüttert seiner Frau
Afrika zu Füßen.

Und diktiert zur selben Stund
Daß es einfach alle
Die ihm diesen Seelenbund
Störten, niederknalle.

Halten wir hier inne, um das Dunkel rund um das Schwein Malchus wenigstens ein wenig aufzuhellen. Vor allem dank Werner Hechts »Brecht Chronik« weiß ich heute, wer mit dem Tier gemeint ist und weshalb der Dichter das verliebte Wesen derart verhöhnt: Seit Beginn des Jahres 1921 trifft sich Brecht mit der Augsburger Schaupielerin Marianne Zoff, doch er ist nicht der einzige Mann in ihrem Leben. Da ist noch ein Nebenbuhler, ein Spielkartenfabrikant mit dem sprechenden Namen Oskar Camillus Recht, es kommt zu Auseinandersetzungen zwischen den ungleichen Männern, indes die Frau sich nicht für einen der beiden zu entscheiden vermag. Im Juni beschwert sich Brecht brieflich bei ihr: »Im übrigen habe ich Dich vielleicht etwas lieb. Und ich bemühe mich auf meine Weise, gegen die unerträgliche Situation anzukommen; d.h. mit Humor. Willst Du mir nicht helfen?«

Ein Humor, den er bereits drei Monate zuvor mobilisiert hatte, als er am 8. März die »Historie vom verliebten Schwein« niederschrieb, vom Schwein Recht also, dem zum guten Schluß des Gedichts freilich ein anderes Schwein über ist, das Über-Schwein alias der Dichter selber. Der straft das Schwein Malchus erst mit Leiden:

Und man sah dort, wie das Vieh
Das erschreckend blaß war
Wütend in die Wolken spie
Bis es selber naß war

– dann zwingt er es zum resignierenden Verzicht auf die Liebste:

Aber jedes Schwein ist schlau
Weiß, die Sonn im Himmelsblau
Ist stets nur die liebe Frau
Von der jeweils größten Sau.

1955, in seinem vorletzten Lebensjahr, blickt Brecht zurück in Verdüsterung:

War traurig, wann ich jung war
Bin traurig, nun ich alt
So wann kann ich mal lustig sein?
Es wäre besser bald.

Um ein auf Goethe gemünztes Germanisten-Urteil zu variieren: Hier irrt Brecht. Sogar John Fuegi, der dem Dichter so manches abspricht, menschliche und körperliche Sauberkeit, Zahlungs- und Sexualmoral sowie einen Großteil der ihm zugeschriebenen Werke, spricht dem jungen Brecht dies zu: einen ausgeprägten Hang zum Lustigsein:

Brecht war ruhelos in München und wechselte häufig die Wohnung. An die Tür seines Zimmers heftete er Notizen und Sinnsprüche, oft verdrehte Sprichwörter wie »Der Apfel fällt nicht weit vom Gaul«. Er hatt einen Hang zur skatologischen Wendung und zu bewußt unkonventionellen Vorstellungen von Moral und gutem Geschmack, wie sie in den künstlerischen Kreisen in München und des nahen Zürich, der Heimat der frühen Dadaisten, in Mode waren. Auch die Münchener Kabarettisten Liesl Karlstadt und Karl Valentin, die, wie Frank Wedekind, die bürgerlichen Konventionen seit Jahren attackierten, lernte er dort bald kennen. Brecht liebte diese Art von Humor und schrieb nicht nur selbst Derartiges, sondern blieb auch zeitlebens ein dankbarer Zuhörer dafür, der sich vor Lachen ausschütten konnte, bis er Seitenstiche bekam.

Von einem Komik-Projekt dieser Zeit weiß Hechts Chronik unter dem Datum des 20. August 1921 zu berichten: »Brecht geht mit Hans Otto Münsterer schwimmen. Sie dichten gemeinsam Lieder zu ›Des Knaben Plunderhorn oder Schatzkästlein des schweinischen Hausfreunds‹.«

Überliefert ist lediglich eines dieser Lieder, »Die Ballade vom Hauptman Köpenick«, eine etwas undurchsichtige, leider weder plundrige noch schweinische Militär-Satire.

Dafür sehe ich mich zu einer weiteren Abschweifung gezwungen, die ich unkommentiert im deutschen Kultur- und Spaßraum stehen lassen möchte. Ohne auch nur ein Wort vom Vorhaben der Brecht/Münsterer zu wissen, hat ein weiteres Autoren-Duo Jahrzehnte später die damals im Schwimmbad liegengebliebene Fackel aufgegriffen und zu erneutem Aufflammen gebracht: In den »Gesammelten Gedichten« meines Freundes und Mitstreiters F. W. Bernstein findet sich der achtteilige Zyklus »Aus dem Schmatzkästlein des Schweinischen Hausfreunds«, und in meinem letzten Gedichtband »Im Glück und anderswo« ist ein vierteiliger Reigen angeblich neuer Volkslieder mit »Des Knaben Plunderhorn« überschrieben. Ende der Abschweifung.

Komische Fallhöhe kann der Dichter auf zweierlei Art herstellen. Indem er angesichts profaner Anlässe den hohen Ton anschlägt oder indem er von hohen Themen in betont niederer Sprache redet.

Liebe und Liebesleid waren solche Themen, die Frage »Was ist der Mensch?« ist solch ein hoher Gegenstand, und der heranreifende Brecht wird nicht müde, ihn so kraß wie möglich auf den Boden der Tatsachen, wenn nicht in Grund und Boden zu dichten:

Jeder Mensch auf seinem Eiland sitzt
Klappert mit den Zähnen oder schwitzt
Seine Tränen, seinen Schweiß
Sauft der Teufel literweis –
Doch von seinem Zähneklappern
Kann man nichts herunterknappern.

So hebt an, was mit Zeilen endet, die alles andere als menschlich korrekt, dafür teuflisch komisch sind:

Die Enttäuschten und Vergrämten
Sind die wahrhaft Unverschämten.

Niedergeschrieben 1922, doch die Frage nach dem Menschen geht Brecht nach, und spätestens 1928 hat sie ihn wieder eingeholt. Im August dieses Jahres findet die Uraufführung der »Dreigroschenoper« statt, in welcher auch »Das Lied von der Unzulänglichkeit menschlichen Strebens« zu Gehör gebracht wird. Es endet mit der folgenden Strophe:

Der Mensch ist gar nicht gut
Drum hau ihn auf den Hut.
Hast du ihn auf den Hut gehaut
Dann wird er vielleicht gut.
Denn für dieses Leben
Ist der Mensch nicht gut genug
Darum haut ihn eben
Ruhig auf den Hut!

Eine schlagende Beweisführung, deren Konsequenz, das Dreinschlagen, fünf Jahre zuvor bereits ein anderer Dichter angemahnt hatte, der – im Gegensatz zu Brecht – noch heute vielfach als harmloser Humorist mißverstanden wird. Es ist Joachim Ringelnatz, der sein 1923 veröffentlichtes Gedicht »Vier Treppen hoch bei Dämmerung« mit den Worten beginnen läßt:

Du mußt die Leute in die Fresse knacken.
Dann, wenn sie aufmerksam geworden sind, –
Vielleicht nach einer Eisenstange packen, –
Mußt du zu ihnen wie zu einem Kind
Ganz schamlos fromm und ärmlich einfach reden

– der Rest ist nachzulesen in Joachim Ringelnatz' »Sämtlichen Gedichten«, ich möchte mich hier auf den Hinweis beschränken, daß Brecht und Ringelnatz einander nicht nur kannten, sondern auch miteinander aufgetreten sind. Das war am 30. September 1922, anläßlich der Uraufführung der Revue »Die rote Zibebe« in den Kammerspielen München, einem Gemeinschaftswerk von Bert Brecht und Karl Valentin, der uns sogleich noch einmal über den Weg laufen wird.

Dabei sind die Ereignisse der 30er Jahre, die Machtergreifung der Nazis und die erzwungene Emigration vorerst jeder komischen Weltsicht abträglich. Doch urplötzlich kommt es im Svendborger Exil zu einer erneuten Fusion von Volks- und Brechtvermögen. Zweimal greift der 36jährige Familienvater, der unter ständigen Geldsorgen leidet, zur Feder, um jemandem kostenlos und unentgeltlich eine Freude zu machen, seinem Sohn Stefan, genannt Steff. Für ihn schreibt er das fünfundzwanzigstrophige »Alfabet«, das von A wie »Adolf Hitler« angeführt wird:

Adolf Hitler, dem sein Bart
Ist von ganz besondrer Art.
Kinder, da ist etwas faul;
Ein so kleiner Bart und ein so großes Maul.

Anders als seinerzeit den pontifikal besungenen Kaiser bedichtet der reife Brecht das hohe Tier diesmal in denkbar niederem Stil – und nicht nur ihn. Auch noble Geistesgrößen erleiden das gleiche Schicksal:

Xantippe sprach zu Sokrates:
»Du bist schon wieder blau.«
Er sprach: »Bist du auch sicher dess'?
Kein Mensch weiß was genau.«
Er gilt noch heut als Philosoph
Und sie als böse Frau.

Zum guten Schluß aber legt Brecht ein weiteres Mal seine von ihm selber so titulierte »Laxheit in Fragen des geistigen Eigentums« an den Tag. Zum Buchstaben Z dichtet er:

Zwei Knaben stiegen auf eine Leiter.
Der obere war etwas gescheiter.
Der untere war etwas dumm.
Auf einmal fiel die Leiter um.

– und das ist eine wortwörtliche Übernahme aus einem Buch Karl Valentins, das unter dem Titel »Neue Klapphornverse« um 1920 in München erschienen war.

Kein zufälliger Rückgriff, vermute ich; eher bin ich geneigt, an einen Rückfall zu glauben. »Lustig« kommt von Lust, und Kinder sind nicht nur unersättliche Lustsucher, sondern auch ein Jungbrunnen für die Erwachsenen. Die Lachlust des kleinen Steff provoziert den großen Brecht, sich jener Zeit zu erinnern, da das Lachen noch geholfen hatte. Und der gibt seinem kleinen Affen Zucker. Nicht nur im »Alfabet«, auch in dem »Kleine Lieder für Steff« überschriebenen Zyklus von Tiergedichten:

Es war einmal ein Adler
Der hatte viele Tadler
Die machten ihn herunter
Und haben ihn verdächtigt
Er könne nicht schwimmen im Teich.
Da versuchte er es sogleich
Und ging natürlich unter.
(Der Tadel war also berechtigt.)

Da ist er wieder, der »Es war einmal ein Mann«-Sound der »Lieder zur Klampfe« aus dem Jahre 1918, doch es sollte lange dauern, bis sich in Brechts Lyrik wieder vergleichbar muntere Töne hören ließen. Vorerst waren institutionalisierter Ernst und instrumentalisierte Komik gefordert, Komik als Mittel zum Zweck also, sprich politische Satire, und auch die trat in Brechts Dichten in dem Maße in den Hintergrund, in welchem uneigentliches Sprechen alias Ironie nicht mit der Forderung nach unmißverständlicher Parteilichkeit in Einklang zu bringen war. Was zur Folge hatte, daß Brecht im Jahre 1950 so tief sank, daß er den hochgestellten Mann Stalin besang wie weiland den Kaiser – mit pontifikalem Timbre:

Josef Stalin sprach von Hirse
Zu Mitschurins Schülern, sprach von Dung und Dürrewind
Und des Sowjetvolkes großer Ernteleiter
Nannt die Hirse ein verwildert Kind.

– so lautet die zwanzigste Strophe des zweiundfünfzigstrophigen Poems »Tschaganak Bersijew oder Die Erziehung der Hirse«, und beim Lesen dieser personenkultgeilen Zeilen gedachte ich des armen, alten BB zwar mit Nachsicht, wünschte mir aber den jungen, juxversessenen zurück, der dem tristen Anlaß vermutlich mit ganz anderen Tönen zu Leibe gerückt wäre:

Die Hirse ist nicht gut
Drum hau sie auf den Hut

beziehungsweise:

Zwei Knaben stiegen auf einen Ernteleiter.
Der obere war etwas gescheiter.
Der untere war etwas dumm.
Auf einmal fiel der Ernteleiter um.
Das müssen die Knaben bezahlin:
Der Ernteleiter hieß Stalin!

Aber zurück auf den Boden der Tatsachen! Tatsache ist zweierlei: Daß Brecht noch einmal aus dem Volksvermögen schöpfte, als er 1950 auf Eislers Bitte hin neue Kinderlieder schrieb, wobei er sich auch das folgende nicht verkneifen konnte, obwohl es in jeder Hinsicht unkorrekt war und ist:

Eins. Zwei. Drei. Vier.
Vater braucht ein Bier.
Vier. Drei. Zwei. Eins.
Mutter braucht keins.

»Liedchen aus alter Zeit (nicht mehr zu singen!)« hat Brecht das Opus überschrieben – ein Schelm, wer Böses dabei denkt.

Und Tatsache ist ebenfalls, daß sich Brecht kurz vor seinem Ableben noch einmal seiner Anfänge erinnerte. 1956, in seinem Todesjahr, stellt er die Hauspostille von 1927 erneut zusammen und fügt ein neues Gedicht ein, das »Orges Wunschliste« betitelt ist. Bei Orge handelt es sich wie erinnerlich um den Jugendfreund Georg Pflanzelt, der bereits als weingefüllte Krähe unseren Parcours gekreuzt hat. Auch in der Erstausgabe der Hauspostille ist er mehrfach mit von der Partie, beispielsweise in »Orges Gesang«, der mit den Worten anhebt:

Orge sagte mir:

    Der liebste Ort, den er auf Erden hab
Sei nicht die Rasenbank am Elterngrab. [...]

    Orge sagte mir: der liebste Ort
Auf Erden war ihm immer der Abort

Nun also, in einem seiner letzten Gedichte, läßt Brecht den Orge aus verblichnen Jugendstreichen wiederauferstehen und mit »Orges Wunschliste« zu Wort kommen. Und da erscheint er noch einmal, der Geist, der stets verlacht. Was Orge sich da wünscht, steht quer zu allem, was Realitätssinn und Staatsraison dem Menschen und Bürger abverlangen. Orge nämlich wünscht sich unter anderem:

Von den Geschichten, die unverständlichen.
Von den Ratschlägen, die unverwendlichen.

Von den Mädchen, die neuen.
Von den Weibern, die ungetreuen.

Von den Orgasmen, die ungleichzeitigen.
Von den Feindschaften, die beiderseitigen.

Von den Künsten, die unverwertlichen.
Von den Lehrern, die beerdlichen.

Und Orge endet mit dem Wunsch:

Von den Leben, die hellen.
Von den Toden, die schnellen.

Der Tod kam schneller zu Brecht als gedacht, doch sein Dichterwort lebt weiter: Orges Tonfall wurde aufgegriffen und seine Wunschliste modifiziert. Von wem, werden Sie nun fragen. Von mir, lautet die Antwort – erlauben Sie mir also eine dritte, die letzte Abschweifung. 1990 fragte das Wochenblatt ›Die Zeit‹ die intellektuelle Crème dieses Landes, was der jeweils Befragte dem Land zum 3. Oktober, dem Tag der Wiedervereinigung, wünsche und was er vom vereinten Deutschland erwarte. Ich erinnerte mich des Brechtschen Tonfalls und formulierte meine Antwort folgendermaßen:

Deutsche! Frei nach Bertolt Brecht
rate ich euch, wählet recht:

Von den Zielen die wichtigen
Von den Mitteln die richtigen
Von den Zwängen die spärlichen
Von den Worten die ehrlichen
Von den Taten die herzlichen
Von den Opfern die schmerzlichen
Von den Wegen die steinigen
Von den Büchern die meinigen.

IN ALLTAGS KRALLEN

Allem Anfang wohnt ein Zauber inne – doch was haust im Ende? Erste Gedichtsammlungen junger Dichter lassen nicht selten durch einen neuen Ton aufhorchen – was aber ist aus den letzten Gedichtbänden der gealterten Dichter herauszuhören? Wobei mit »letzte Gedichtbände« nicht solche gemeint sind, die eher zufällig ein Œuvre beschließen, sondern jene, die das derart bewußt tun, daß bereits der Titel vom Finale kündet: »Zu guter Letzt« nannte Wilhelm Busch seine letzte Veröffentlichung, »Aprèslude« ist Gottfried Benns Spätestwerk überschrieben, und »Gewitter Epilog« hat Zbigniew Herbert den Gedichtband getauft, der kurz vor seinem Tod im Jahre 1998 im polnischen Original veröffentlicht wurde.

Ich habe das 78 Seiten starke Buch mit gemischten Gefühlen in die Hand genommen. Wovon mag einer schon reden, wenn es mit ihm zu Ende geht? Vom Ende vermutlich, vom Leid wahrscheinlich, vielleicht vom Schmerz. Will man das hören? Zugleich umstrahlt noch das banalste letzte Wort die Aura des zeitverfallener Kritik entrückten Unwiderruflichen. Will man da weitere Worte machen? Hieße das nicht zwangsläufig: Worte verlieren? Versuchen wir es trotzdem. Sagen wir vorweg, daß Zbigniew Herbert in der Tat von all dem redet, was der Epilog eines Lebens erwarten – befürchten? – läßt, von Alter, Krankheit, Abschied. Und fügen wir sogleich hinzu, daß damit wenig gesagt ist, da solche Aufzählung mit keinem Wort verrät, wie Herbert das alles zur Sprache bringt.

Da er das Wie selber in Worte gefaßt hat, kann ich sie mir sparen. Etwa zur Mitte des Gedichtbands läßt Zbigniew Herbert Herrn Cogito, sein seit Jahren bewährtes Alter ego, eine dankenswert deutliche, »Ars longa« überschriebene Poetik formulieren:

in jeder generation
kreuzen leute auf mit einem starrsinn

der einer besseren sache würdig wäre
bestrebt die poesie aus den krallen
des alltags zu reißen

schon in jungen jahren
gehören sie zum orden
der Allerheiligsten Subtilität
und Himmelfahrt

Für die Mitglieder dieses Ordens aber haben der Herr Cogito und sein Dichter nur kopfschüttelndes Mitleid übrig:

und sie ahnen nicht einmal
welche verheißungen
welche schönheiten
und überraschungen
jene sprache in sich birgt
die alle sprechen
scherge und Horaz

»Sprache die alle sprechen« – das könnte alltägliche Sprache meinen, kämen nicht unvermutet der nicht ganz alltägliche Scherge und der einzigartige Poet Horaz ins Spiel. Und was heißt schon »alltäglich«, wenn der Alltag etwas so Aufregendes ist wie ein Raubtier, das die Poesie in den Fängen hält? Was schließlich geschähe der Poesie, versuchte man, sie diesem Alltag zu entreißen? Würde sie diesen Versuch unbeschadet überstehen? Nicht vielmehr dabei verenden und unter dem unseligen Beifall der Allerheiligsten Subtilität gen Himmel fahren?

Andererseits: Darf der Dichter die Poesie den Krallen des Alltags überlassen? Muß er vor dem scheinbar allmächtigen Raubtier die Waffen strecken, um sich bescheiden darauf zu beschränken, in nun wirklich alltäglicher Sprache Alltägliches mitzuteilen? Natürlich nicht. Was dabei herauskommt, haben uns die letzten Jahrzehnte des letzten Jahrhunderts gelehrt: Befindlichkeitsgedichte und Laberlyrik.

Wie also dann? Auf welche Weise vermag es der Dichter, dem heiklen Mit- und Ineinander von Poesie und Alltag jene Verheißungen, Schönheiten und Überraschungen abzugewinnen, von denen der Orden der Allerheiligsten Subtilität nichts ahnt?

Das führt Zbigniew Herbert Seite für Seite derart exemplarisch und inspiriert vor, daß es eine – es sei eingestanden: auch unheimliche – Freude ist, seinem Leidensweg zu folgen.

Dichters Alltag ist hart, und er beschönigt nichts. Gleich zu Beginn des Buches spricht er von »spritzen mitsamt nadeln, dick oder hauchdünn«, von »bandagen«, »tropf« und »heftpflaster«.

»Ich weiß meine tage sind gezählt«, beginnt ein Gedicht, ein anderes antwortet auf die klassische Krankenhausfrage »Was kann ich noch für Sie tun«. Herbert nennt die Krankheit beim Namen, »Parkinson«, er spricht vom Schmerz und vom Behindertsein, und er überschreibt ein Gedicht umstandslos mit »Das Ende«.

Der Alltag hat die Krallen ausgefahren – wie also die Poesie retten? Da Herbert weiß, daß mit Gewalt nichts zu machen ist, greift er zur List: Er luchst dem Raubtier die Beute ab. Das Gedicht beispielsweise, in welchem er die medizinischen Utensilien aufzählt, ist nicht der erwartete Klagegesang, sondern ein Dankgebet:

> Herr, dank sag ich Dir für all die spritzen mitsamt nadeln
> dick oder hauchdünn, bandagen, heftpflaster

– und bereits die Nennung eines Adressaten macht aus der Aufzählung eine Anrufung, aus eindeutigen Alltagsworten eine zweideutige Litanei:

> dank für den tropf, die mineralsalze und ganz
> besonderen dank für all die schlaftabletten mit namen
> wohllautend wie die der römernymphen

– schön, dieser helle und schnelle Brückenschlag von antiker Mythologie zu den Produkten der modernen Medizin:

> die gut sind, weil sie den tod erbitten, an ihn erinnern,
> stellvertretend.

Das ist rasch gegangen: von ironischer Anrufung zu unverstellter Lagebeschreibung, und es ist dieser stete Wechsel der Tonfälle und Blickwinkel, der den Leser zunehmend aufmerksamer zuhören läßt und ihn immer genauer hinsehen lehrt.

Herbert liebt es, Redeweisen wörtlich zu nehmen. Er kämpft um sein Leben? Dann aber richtig!

»Die letzte Attacke. Für Mikołaj« hat er jenes Gedicht überschrieben, in welchem der Feind beim Namen genannt wird. Zunächst aber spricht er sehr förmlich, von Kompaniechef zu Kompaniechef:

Laß mich zuerst mein freudiges staunen äußern
daß wir nun beide unsre kompanien anführen
verschiedene uniformen verschiedene kommandos
doch ein gemeinsames ziel: überleben

Sodann läßt er Mikołaj zu Wort kommen, der ebenfalls für einen Abbruch der Kampfhandlungen plädiert:

der krieg macht nur auf paraden einen schönen eindruck

– doch haben beide die Rechnung ohne den Gegner gemacht:

während du das sagst geht ein mächtiges artilleriefeuer
auf uns nieder der schurke Parkinson hat so lange gewartet
bis er uns erwischte als wir lässig vor uns hintrotteten
die kragen aufgeknöpft die hände in den taschen
in gedanken im urlaub nun macht Parkinson uns plötzlich klar
der krieg ist noch nicht aus ist noch nicht zu ende
dieser verdammte krieg

Anrufung, Grußwort, Bericht, Verwünschung – der Dichter schlüpft von einer Rolle in die andere, und sei es nur zu dem Zweck, aus der Rolle fallen zu können und Klartext zu reden:

> ein schwacher hüter
> des nichts bin ich
> nie im leben
> ist es mir gelungen
> eine anständige abstraktion
> zustande zu bringen

Nein, das hat Zbigniew Herbert auch in seinem Epilog nicht geschafft. Selbst »Das Ende« kann er sich nicht anders als bildhaft vorstellen. Er ist nicht mehr? Dann wird man sich ja wohl auch kein Bild mehr von ihm machen können:

> Fortan werde ich auf keinem
> gruppenfoto zu sehen sein (stolzer beweis
> meines todes in allen literaturblättern der welt)

– so beginnt ein fünfzehnzeiliges Gedicht, das mit einer jener Volten endet, welche den Herbert-Leser immer wieder überrascht aufhorchen und aufschauen läßt. Woran erinnert dieses Fehlen auf Fotos noch mal? Zumal den, der den kommunistischen Alltag erlebt hat? Ja, richtig:

> bin so tyrannisch weg als wäre ich wie einer
> den eben noch die gunst des führers schützte
> plötzlich ein volksfeind

Rollenspiel, Gedankenspiel, Spiel mit Worten, Spiel mit Bildern – mal ist das Ende eine Art Foto-Finish, mal eine Abreise des Herrn Cogito in die Ferien:

> man kann doch die abreise
> in die ferien
> nicht auf den St. Nimmerleinstag
> aufschieben

Mal ist vom »Abflug« des Herrn Cogito die Rede, dann, in dem Gedicht »Herr Cogito und die derzeitige Position seiner Seele«, ist sie es, die sich von heute auf morgen davonmachen könnte:

vorerst aber
sitzt sie auf der schulter
abflugbereit

Zbigniew Herbert hat die Zeit bis zu ihrem Abflug dazu genutzt, dem verrinnenden Alltag und seiner Beute mit Witz, Einbildungskraft und Kunstverstand beizukommen. Und er hatte wohl noch andere, sehr persönliche Methoden parat, die Poesie zumindest ein Gedicht lang auf wundersam unangestrengte Weise ganz und gar von jeder Alltäglichkeit zu befreien. Anders sind jene Zeilen nicht zu erklären, die wie Zaubersprüche wirken, zugleich dunkel und einleuchtend. In »Der Kopf«, dem letzten Gedicht des Buches, schreitet Theseus »in die zeit der erneuerung«, den skalpierten Kopf von Minotaurus in der Faust hochhaltend, und die letzte der beiden Strophen lautet:

Des sieges bitterkeit der eulenschrei
des tagesanbruch mißt mit kupfermaß
damit des süßen scheiterns warmen atem
er bis ans ende spürt im nacken

PETER RÜHMKORF UND WIR

Als Peter Rühmkorf 1981 eine Auswahl von Erich Kästners Gedichten herausgab, da beschloß er den Band 677 der Bibliothek Suhrkamp mit einem Nachwort, in dem es heißt: »Daß die Poesie von ihren psychosozialen Funktionen her ein Gesellungsmedium für aus der Bahn getragene und verstreute Einzelne ist, mag eine Binsenweisheit sein, wir müssen sie uns trotzdem bei jedem Dichter noch einmal von Anfang an zurechtbuchstabieren.«

Wie ging das also los mit Rühmkorf und mir? Welcher Art war mein Gesellentum? Und: Sollte ich nicht der Korrektheit halber gleich von »Rühmkorf und uns« sowie »unser Gesellentum« reden?

»Ab 1956 Entfaltung allgemein segensreicher und unbezahlter Aktivitäten beim ›Studentenkurier‹ (ab Oktober 57 ›konkret‹)«, heißt es in Rühmkorfs 1972 vorgelegtem biographischen Bericht »Die Jahre die ihr kennt«.

Ab 1958 studierten Fritz Weigle alias F. W. Bernstein und ich an der damals noch »Hochschule für bildende Künste« genannten Ausbildungsstätte für Freie Künstler in der Berliner Hardenbergstraße, und wenn wir die Mensa der benachbarten Technischen Universität aufsuchten, dann kehrten wir einmal im Monat mit einem neuen ›konkret‹-Heft in unsere Grafikklasse zurück, das nämlich gab es dort »umme«, wie der Volksmund das Wort »gratis« gern verballhornt. Wieso das großformatige Blatt derart preiswert war? Jahrzehnte später offenbarte der damalige Herausgeber Klaus Rainer Röhl, ›konkret‹ habe in den 50ern Geld aus dem Osten bekommen – sollte es sich so verhalten haben, dann war das gut angelegtes Geld. Denn was immer es sonst in ›konkret‹ zu gucken und zu lesen gab – im Gedächtnis sind mir noch die Karikaturen von, so hieß er doch? Zietzaro – für uns war die Zeitschrift vor allem der Auftrittsort eines Kritikers mit anheimelnd heterogenem Namen, eines Schreckensmannes, der unsere Herzen und Hirne fesselte durch sein »Polemisches Literar-Glossarium ›Leslie Meiers Lyrik-Schlachthof‹ (mit Adressaten

Holthusen, Krolow, Weyrauch, Poethen, Heißenbüttel, Härtling u. a.)« – so Rühmkorf in seinen Erinnerungen. Leslie Meier aber war kein anderer als der Erinnernde selber, der sich bereits Anfang der 50er, zu Zeiten seiner zusammen mit Werner Riegel herausgegebenen hektographierten Monatsschrift »Zwischen den Kriegen« in mehrere Existenzen aufgespalten hatte: »Schreibe als Johannes Fontara Literaturpolemiken, schicke für lyrische Extravaganzen einen Leslie Meier ins Feld und bürde Leo Doletzki das Sorgerecht für meine abgelegten Sachen auf. Als der Hinterlassenschafts-Koffer leer ist, rufe ich Doletzki zusammen mit seiner eigenen Vergangenheit als überfällig ab.«

Totgesagte leben länger. Während Leslie Meier anfangs gleich doppelt auftrumpft, als Lyrik-Metzger und als Lyriker, dann aber merklich in Rühmkorf aufgeht – »Dez. 58. Erhielt den ersten und einzigen Literaturpreis meines Lebens, den freilich gleich in zweifacher Ausfertigung. Hans Bender hatte für Peter Rühmkorf votiert und Ferdinand Lion für Leslie Meiers abgelegte Sachen« –: während Rühmkorf und Meier in Personalunion DM 1000,- erhalten, die darauffolgenden Literaturpreise aber allesamt und zur Gänze an Rühmkorf gehen – u. a. 1979 der Erich-Kästner-Preis, 1980 der Bremer Literatur-Preis, 1986 der Arno-Schmidt-Preis und 1993 der Büchner-Preis – während also Leslie Meier pausiert und Rühmkorf kassiert, wird Leo Doletzki 1988 unerwarteterweise noch einmal reanimiert: »Vermißt wird seit dem 24. Oktober der Übergangsreisende Leo Doletzki. Er ist neunundfünfzig Jahre alt, einmeterachtzig groß, schlank, und trug zuletzt einen cognacfarbenen Wildledermantel und eine karierte Schirmmütze. Der alte Herr ist vermutlich geistesgestört und irrt orientierungslos in der Gegend umher. Hinweise nimmt jede Polizeidienststelle entgegen« – so endet »Selbst III/88«, Rühmkorfs langes und großes Selbstporträt aus dem angeführten Jahr. Aber zurück in die 50er!

Leslie Meier schlachtete, wir Kunststudenten lasen, lernten und lachten. Ein witziger Kopf, dieser Metzger Meier! Zwar waren Bernstein und ich weit davon entfernt, uns als kommende, gar werdende Dichter zu begreifen, doch der Mensch lebt nicht vom Bild allein. Wie aber war es Mitte der 50er Jahre um das einheimische aktuelle Wortangebot bestellt?

Die Poesie sei ein »Gesellungsmedium«, sagt Rühmkorf. Welche

Art Gesellschaft erhofften wir von ihr? Gesellentum unter Anleitung eines Meisters? Oder Geselligkeit dank der Kumpanei eines Spießgesellen?

Als Bernstein und ich uns über den Weg liefen, verstanden und verständigten wir uns nicht zuletzt über all das, was wir bereits alles an Literatur unseres Landes und unserer Zeit in Töpfchen und Kröpfchen sortiert hatten. Wobei das Kröpfchen für den Ausschuß gut gefüllt war mit vielem, was uns abgetan schien oder modernistische Weihen zu erschleichen suchte, durch hohen Ton langweilte oder durch vorgespielte Simplizität nervte. Da fanden sich Dichter der heilen Welt neben Kahlschlaglyrikern, Trümmerprosaisten neben poetischen Kunstgewerblern – doch wie sah es im Töpfchen aus?

Reichlich leer. Hätten wir nicht Benn und Brecht samt ihren älteren Arbeiten als Zeitgenossen und als zeitgenössisch empfunden, das Töpfchen hätte wenig mehr enthalten als Wolfgang Hildesheimers »Lieblose Legenden«, »Am grünen Strand der Spree« von Hans Scholz sowie alles von Arno Schmidt. Wir wußten also ohne Absprache ziemlich genau, wie wir es gern hatten – artistisch, handfest, zeitgenössisch, komisch –, überließen uns jedoch nach Dilettantenart den Wirkungen literarischer Kunstwerke, ohne vor Dichtung und Dichter jene Fragen zu stellen, die wir vor Bildern und Malern zu erwägen nie müde wurden: Was hat er bezweckt? Wie hat ers gemacht? Wo hat ers her?

Solche Fragen nun beantwortete der Lyrik-Metzger Leslie Meier auf eine Weise, die Genuß bereitete und Nutzen stiftete. Genuß, weil er artistisch, handfest, zeitgenössisch und komisch schrieb, und Nutzen, weil er so viel über die Herkunft der Dichter, über das Handwerk der Dichtung und über Glanz und Elend der Gedichte zu sagen wußte. Ein Lehrer also war er uns mit Sicherheit, dieser Rühmkorf. Was noch?

In seinem bereits erwähnten Rückblick berichtet Rühmkorf von seiner Teilnahme an den Weltjugendfestspielen in Moskau 1957: »Interessant!: die Reihen der Volksfrontler beginnen sich aufs Bunteste zu füllen. Mit den Lyrikern Reinhard Opitz und Reimar Lenz kommt jetzt schon eine völlig neue Generation ins Spiel (beschleunigter Generationswechsel; fünf Jahre Altersunterschied als Bedingung stark abweichender Bewußtseinsentwicklungen)« –: Wenn es sich so verhielt, dann trennte Rühmkorf – Jahrgang 1929 – und uns – Jahrgang 37 resp. 38 – mehr als nur der Graben einer Generation, ohne daß wir den Älteren deshalb gleich als Vater empfunden hätten, dafür haute er denn doch allzu lausebengelhaft auf den Pudding.

Auch waren wir ja keine Dichter und wußten noch nichts vom Dichter Rühmkorf. Der hatte zwar bereits 1956 zusammen mit Werner Riegel im Limes Verlag das Buch »Heiße Lyrik« veröffentlicht, doch allzu viel Öffentlichkeit war dem Doppeldebut der Jünglinge nicht beschieden gewesen. Deutlichere Kontur sollte der Lyriker Rühmkorf erst 1959 gewinnen, mit dem Gedichtband »Irdisches Vergnügen in g«, zuvor aber mußte noch ein Vater gefunden und nach rechter Sohnesart gestürzt werden. Wenn es denn überhaupt lediglich ein *Vater* gewesen war, den Riegel und Rühmkorf gesucht hatten, bzw. nur *ein* Vater.

1995 blickte Rühmkorf während eines Bellman-Symposions im Nordkolleg Rendsburg auf die Stars seiner Jugend zurück: Bellman sei nicht die »einzige Gottheit« gewesen, »der wir damals verfielen. Da gab es einerseits Benn neben Brecht, unsere höchst brisante deutsche Sondermischung. Dann wieder Hans Henny Jahnn neben Döblin, Trakl neben Majakowskij, Walt Whitman neben dem Berliner Frühexpressionismus« – ein munterer Polytheismus, der, folgt man Rühmkorfs Erinnerungen, 1957 in Monotheismus zu erstarren drohte: »Dies war die dunkle Stunde, wo uns Gottfried Benn als eine leuchtende Beispielfigur erschien [...] Wir warben um seine Anerkennung, schrieben ihm Briefe, schickten ihm unsere Gedichte zu; immerhin empfanden wir ihn als einzige uns vergleichbare Qualität, bis dann die Geschichte aufkam, daß er einen Spezialschrank besäße, eine Art Dauerpapierkorb, in dem die unverlangt eingesandten Briefe und Manuskripte ungeöffnet zu landen pflegten. Teils in der Reaktion verschmähter Liebhaber, teils als Antwort auf die politische Reaktion, die zunehmend Anteil an ihm nahm, schickten wir später Schmähverse, Parodien auf seine neueren Gedichte:

Wenn du die Mythen und Worte
Entleert hast, kannst du gehn.
Den Qualm aus deiner Retorte
Kaufen sie unbesehn.
Steig denn nieder von deinem Throne

à bas Vertrieb und Versand.
Reiche Al Capone
Dem Doktor Benn die Hand.

Womit die Gottheit zwar gestürzt, aber noch nicht tot war – Benn-Klänge nicht immer nur parodistischer Art sollten einige Zeit durch Rühmkorfs Gedichte geistern: »Wir haben um neunzehn Uhr Syringen gebrochen/und brachen Duft und Gram ...« Mit den Jahren aber wandelte sich der abtrünnige Jünger und enttäuschte Liebhaber in den gereiften Dichter Rühmkorf, der 1986 dem dämonischen Doktor zu dessen 100stem Geburtstag seinen kollegialen Respekt nicht verweigerte: »... so beiläufig, so schmissig, so ohne jede Kraftanstrengung bringt die berühmte Alterselegie *teils-teils* die Brüchigkeit des Daseins auf einen beinah schon populistischen Nenner, worin man vielleicht bescheidene Selbstzurücknahme sehen mag, vielleicht aber auch eine absolut grandios aus dem Handgelenk hingelegte Weltaufhebungsnummer.«

Drei Jahre nach »Irdisches Vergnügen in g«, 1962, folgte Rühmkorfs zweiter Gedichtband: »Kunststücke«; im gleichen Zeitraum hatten Bernstein und ich uns aus bildenden Künstlern mit literarischen Interessen zu Germanistikstudenten an der Freien Universität mit Spielbein in der Hochschule für bildende Künste gemausert. Aus den literarischen Interessen waren zwar noch keine literarischen Ambitionen geworden, doch machte sich bereits zart knospende literarische Praxis bemerkbar: Tagsüber folgten wir mit gebotenem Ernst den theoretischen Ausführungen der Professoren und Dozenten zum jeweils abzuhandelnden sprachlichen Kunstwerk, abends aber versuchten wir uns selber in den abgehandelten Formen und Tonfällen, zum Teil aus handwerklichem Interesse – »Wie geht ein Sonett?« –, hauptsächlich aber als Lustsucher und Spaßstifter: »Welcher Unsinn mag vom Tisch der hoch über uns tafelnden Sinnsucher und Sinnstifter abfallen?«

Da konnte es nicht ausbleiben, daß wir abermals Rühmkorf über den Weg liefen, der ebenfalls, freilich auf ganz anderem Niveau, alte Formen aufspürte und mit neuem Sinn – bei Bedarf auch: Unsinn – zu füllen suchte. Er begegnete uns in Gestalt einer Rühmkorfschen Dreieinigkeit aus Lyriker, Lehrer und Lästerer, und wenn ich das, was die drei uns damals bedeuteten im nachhinein auf Formeln zu bringen versuche, dann immer unter dem Vorbehalt, daß wir die Volten des Lyrikers auf dem Hochkunstseil bewunderten, ohne es ihm gleichtun und den Boden handfester Komik verlassen zu wollen. Alsdann: Was gab es bei Rühmkorf zu loben? Was zu lernen? Was zu lachen?

Alles, was die Rühmkorf-Lektüre bis auf den heutigen Tag lohnt: Daß der Lyriker etwas kann und sich etwas traut. Daß der Lehrer einen klaren Begriff von dem geben kann, was sich der Lyriker getraut hat. Und daß beide sich traun, dem Lacher oder Lästerer unbedenklich stets dann das Wort zu erteilen, wenn es der Kunstherstellung bzw. der Wahrheitsfindung dienen kann.

Kunstgeschichte ist immer auch Erfolgsgeschichte: Die damaligen »Kunststücke« des heutigen Büchner-Preisträgers Rühmkorf gehören mittlerweile zum Kanon der deutschen Nachkriegslyrik. Das aber war ihnen nicht an der Wiege gesungen worden. Rühmkorfs einsamer Versuch, die Suggestionstechniken vergangener Lyrik-Epochen dadurch zu reanimieren, daß er Oden, Sonette und Liedformen von zeitgenössischen Themen in manchmal unflätig deutlicher Sprache reden ließ – diese auf den ersten Blick weder konservierende noch modernisierende, vielmehr alles und jedes parodierende Haltung ließ den Dichter derart zwischen sämtliche Stühle geraten, daß auch sein energischer Hinweis auf den »Platz auf meinem Seile« die Literaturplatzanweiser nicht aufblicken ließ: In den »Daten deutscher Dichtung« von Herbert A. und Elisabeth Frenzel aus dem Jahre 1962 – *die* eiserne Informationsration eines jeden Germanistikstudenten – fehlt Rühmkorf ebenso wie in der Neuauflage 1997: Auch in der 30. Auflage taucht er lediglich als Herausgeber einer Wolfgang-Borchert-Novelle auf und belegt dadurch eindrucksvoll, wie beflissen und hartnäckig der Wissenschaftsbetrieb jene übersieht, die ihn zu unterlaufen bzw. zu überspringen wissen.

Es liegt in seiner Natur, daß der Eigensinn nicht jedermanns Sache ist; allerdings ist keineswegs ausgemacht, daß es sich auch immer auszahlt, wenn einer nur lange genug sein Ding macht. Gerade die Künste kennen genügend Beispiele vom hell lockenden Stern, der sich als Unstern entpuppt und den ihm blindlings folgenden Künstler nicht zu Glück, Glanz, Ruhm führt, sondern in den Sumpf der Manier lockt, ins Geröll der Marotte oder gar ins Eis der Macke – um so wärmender wirkt ein Werk wie das Rühmkorfsche, das trotz deutlicher Spuren von Anfechtung nicht nur Kurs halten, sondern sich zunehmend entfalten und welthaltiger werden konnte – doch ich greife schon wieder vor.

Heute, in Zeiten des *anything goes*, fällt es schwer, begreiflich zu machen, was zu Zeiten einer noch reichlich sendungsbewußten »Modernen Kunst« und eines auch die Künste mobilmachenden »Kalten Krieges« alles nicht oder nicht mehr ging: Der Gegenstand, das Erzählen, der Reim, die Tonalität waren in Malerei, Literatur und Musik verpönt, wenn nicht verboten, und es brauchte an allen Fronten Unerschrockene, die den Versuch wagten, all die scheinbar todgeweihten Mitteilungsformen nicht dadurch zu retten, daß sie in den Lazaretts der Etappe an den wertkonservativen Tropf kamen, sondern durch beherzte Flucht nach vorn, quer durch die Gräben und Stellungen einer festverschanzten Avantgarde und über sie hinweg: Attacke!

Einer, der damit durchkam, war der Zeichner Horst Janssen – nicht zufällig hat er einige der Umschläge zu Rühmkorfs Büchern gestaltet, nicht zufällig hat ihm Rühmkorf ein Gedicht zum 50sten Geburtstag gewidmet. Und natürlich gelang auch dem Dichter der Durchbruch durch die verhärteten Fronten zwischen Tradition und Moderne, Ost und West, Engagement und Artistik, Reim und Nichtreim: Die »Kunststücke« beginnen mit Oden, die sich bereits im Titel als Oden absonderlicher Art zu erkennen geben – »Anode«, »Methode«, »Marode«, »Kommode« –, und sie enden mit einem Prosa-Rundumschlag gegen Hoffnungen und Haltungen von Künstlern in Ost und West, gegen »Heilsbotschaften fortschreitender Menschheitsentwicklung« dort und »Stillhalteabkommen zwischen Kunst (ihr eigener Gegenstand) und politischer Restauration« hier: »zwischen Ungesängen hier wie dort« stimmt Rühmkorf an: »Gegengesänge, Parodien«.

Wer parodierend in Zungen redet, läuft Gefahr, nicht zu eigener Sprache zu finden – wundersamerweise war Rühmkorf zeitlebens dagegen gefeit, mehr noch: Ich wüßte in der Lyrik der letzten Jahrzehnte keinen Sound zu nennen, der sich strahlender vom Grau in Grau kurrenten mürrischen Parlandos abhöbe.

Als Rühmkorf den »Platz auf meinem Seile« kartographierte, definierte er auch seinen Begriff von Parodie: »Das, was als Parodie in Deutschland geläufig ist, ist an die Namen und Beispiele der Arno Holz und Robert Neumann gebunden, und, abgelenkt durch solcher Popularparodisten Unterwanderungskünste, bestimmt man Parodie meist schnell als jene Methode der Literaturpolemik, die einen Autor, einen Epochenstil, eine literarische Mode insofern bloßstellt, als sie gewisse stilistische Eigentümlichkeiten überdehnt.« Damit aber, insistiert Rühmkorf, habe er nichts zu schaffen: »Hier nämlich wird von einer Parodie zu handeln sein, deren Objekt und eigentlicher Streitgegenstand nun gar nicht mehr die Literaturvorlage ist, sondern – vorerst ganz allgemein genommen – ein Zeitproblem, ein Gegenwartsbefund, Gesellschaftszustand.«

Unübersehbar nämlich sei, »daß Parodie zu einer literarischen Methode mit eigenem Ausdruckswert erst wurde, werden konnte, als dringende Zweifel in die politische Haltbarkeit des Bürgertums auch den Fortbestand seiner Kultur immer fragwürdiger erscheinen ließen«. Daher fänden sich Parodisten dieses gehobenen Schlages mittlerweile auch in allen Lagern und in den höchsten Rängen der Literatur: »Wie nahe sich hier scheinbar antinome Gestalten kommen konnten und wie sehr Kritik als Zeit- und Gesellschaftskritik verstanden sein muß, mögen die Namen Thomas Mann und Bertolt Brecht hinreichend verdeutlichen. Sie waren, beide Dichter, dem vermögenden Bürgertum entsprossen, beide vom Ende des bürgerlichen Zeitalters so überzeugt wie angezogen, beide ein Leben lang mit alten Stoffen, ausformulierten Motiven, vorgeprägten Formen in Kontakt, beide bemüht, dem Zeitalter sein Alter zu beweisen und durch die Verstellung von Uhren recht zu stellen: sie glaubten nicht mehr an die ›harmonische Subjektivität‹ des bürgerlichen Idealismus, gaben in hundert Masken sinnfällig Zeugnis von der Hinfälligkeit des herkömmlichen Individualbegriffs und – demonstrierten wiederum Individualität als: persönliche Brechungskonstante, als Beugefaktor und spezifisches Scheideprinzip.«

Eine kunsttypische Dialektik, die naturgemäß den Diagnostiker ebenso betrifft und kennzeichnet wie die Diagnostizierten: Auch die hundert Maskeraden, mittels derer der Dichter Rühmkorf im Laufe der Jahrzehnte zu uns gesprochen hat, lassen niemals vergessen, daß da Gedicht für Gedicht stets *the one and only* Peter Rühmkorf singt, ob er sich nun Leslie Meier nennt, ob er sich mit brüderlichem »du« anredet oder ob er das unverfänglichere genossenschaftliche und gemeinschaftstiftende »wir« wählt –: Gibt es auch nur *ein* Gedicht Rühmkorfs, in dem nicht ein

Ich redete oder in dem nicht von einem nach Urlyriker-Sitte leidenden, liebenden, lobenden, lachenden, lärmenden oder lästernden Ich die Rede wäre?

Auch in seiner reflektierenden und reminiszierenden Prosa nahm Rühmkorfs Ich in den 70er Jahren fortlaufend Gestalt an; 1972 erinnerte er an »Die Jahre die ihr kennt«, 1975 nannte und bedachte er »Walther von der Vogelweide, Klopstock und ich« in einem Atemzuge und Buche. Und was taten wir derweil?

Wir ließen uns Zeit. 1964, nach dem Staatsexamen, waren Bernstein und ich in die Redaktion der in Frankfurt erscheinenden satirischen Monatsschrift ›pardon‹ eingetreten, 1976 erschien unser erster – und einziger gemeinsamer – Gedichtband »Besternte Ernte«, die Summe unserer bis dahin gediehenen Bemühungen um das komische Gedicht, zumal das Nonsensgedicht. Zwanzig Jahre zuvor war der Dichter Rühmkorf erstmals an die Öffentlichkeit getreten, auch er, ein rarer Fall bei den habituell ungeselligen Poeten, Arm in Arm mit einem Gesinnungsgenossen – zwischen den beiden Debuts lagen nicht nur inhaltlich Welten, sondern auch zeitlich: vier ganze Generationen, wenn wir der Rühmkorfschen Genealogie folgen.

Trotzdem war der für uns ganz und gar kein poetischer Ur-Urgroßvater, sondern ein Zeitgenosse, keine entrückte Gottheit, sondern, bei allem schuldigen Respekt, so etwas wie ein Wahlverwandter, ein Hochkünstler, aber doch auch ein Artist auf dem Hochseil, von dem wir Verständnis für unsere zwar kunstfernen, aber, wie wir meinten, nicht ganz unartistischen Produkte erhofften.

Denn als wir, Bernstein und ich, Anfang der 80er, die Summe unserer nun je eigenen und individuellen Anstrengungen um Unsinn und Form zogen, Bernstein in seinem Gedichtband »Reimwärts« und ich in meinem Gedichtband »Wörtersee«, da traute sich Bernstein, was ihm nachzutun ich mich beeilte: Er sandte Rühmkorf sein Buch, zusammen mit einem Schreiben, das sein, mein, unser Verhältnis zum Adressaten auf die kürzeste und triftigste Formel brachte –: Bernstein annoncierte einen »Fan-Brief«.

Anders als Benn hatte Rühmkorf offenbar keinen Dauerpapierkorb für unverlangt eingesandte Briefe und Bücher. Er antwortete jedem von uns eingehend, herzlich und – worauf wir nicht wenig stolz waren – über unsere bisherigen Umtriebe unterrichtet. Weder Bernstein noch ich hatten je zuvor ein Dedikationsexemplar oder gar einen »Fan-Brief« verschickt, keiner von uns sollte solch eine Geste jemals wiederholen – mit dieser vielsagenden Tatsache möchte ich die Geschichte »Rühmkorf und wir« beschließen; was folgt, sind einige Worte zu meiner Auswahl.

Als Klaus Wagenbach 1992 einen – formal weitergefaßten – Rühmkorf-Reader zusammenstellte, gab er dem »Komm raus!« titulierten Buch eine Vorbemerkung mit auf den Weg: »Es gibt kaum einen deutschen Autor, bei dem ästhetische Anstrengung und inhaltliche Absicht, Vergewisserung (und Kenntnis!) der Tradition wie Lust am Experiment so nahe beieinander, ja fast aufeinander liegen wie bei Peter Rühmkorf. Wenn diese Überzeugungen und Leidenschaften zudem auch noch dem Herausgeber sehr naheliegen, muß er sich dafür entschuldigen, daß seine Auswahl wahrscheinlich zu persönlich geworden ist: er tut es hiermit.«

Besagter Gefahr versuchte ich dadurch zu steuern, daß ich zwei überpersönliche Auswahlkriterien einschaltete: Erstens nahm ich alle von Rühmkorf als »Selbstporträts« gekennzeichneten Gedichte auf, das »Selbstporträt 1958«, das »Selbstporträt« aus »Haltbar bis Ende 1999«, wohl Ende der 70er entstanden, und »Mit den Jahren/Selbst III/88«, ein in vieler Hinsicht ungewöhnliches Gedicht.

Als Rühmkorf 1989 die Ehrendoktorwürde der Gießener Justus-Liebig-Universität verliehen wurde, erwähnt er in seiner Dankesrede ein monumentales Buch, »Selbst III/88, Aus der Fassung«, dessen »poetisches Bestreben« er folgendermaßen umreißt: »Die Konstruktion einer lyrischen Galaxis aus Tausenden von disparaten Einzeleinfällen einmal an einem handlichen Modell vorzuführen. Es verzeichnet auf – sage und schreibe – 730 Seiten DIN A 4 den Bildungsgang eines einzigen Gedichtes, eine einigermaßen singuläre Wahnsinnsunternehmung« – 730 Seiten voll faksimilierter handgeschriebener oder getippter Aufzeichnungen, die der Dichter Schritt für Schritt zu sieben Druckseiten komprimiert hat – fürwahr ein Verdichter! Und eine Verdichtungsmühe, die sich gelohnt hat: Im September 1989, dem letzten, der dem Auftrittsgebiet beschieden sein sollte, tourt Rühmkorf zusammen mit den Musikern Naura und Schlüter in Sachen »Jazz und Lyrik« durch die in jeder Hinsicht herbstliche DDR. In sein Tagebuch, nachzulesen in »Tabu I«, notiert er: »20.00 Concerto mit zunächst nur matter Resonanz ... Im 2. Teil dann Musikduo ›Motor‹, von Naura launig als ›Widmung an den Zweitakter‹ annonciert, was wenigstens paar Gefälligkeitslacher auslöste. Dann: ›Mit den Jahren/Selbst III/88‹ und – wie darf ich sagen, ohne vor der Nachwelt allzu selbstgefällig dazustehen? –: kaum zu fassen, daß mir auf meine alten Tage noch solch ein populistischer Reiserenner gelungen ist. Ging auch in diesem (mauerbeschränkten) Ländchen ab wie der Intercity ›Max Stirner‹ und raste mit Honky-Tonk-Train-Blues schließlich hochgefeiert an allen beschrankten und unbeschrankten Bahnübergängen vorbei.«

Soviel zum ersten der beiden überpersönlichen Auswahlkriterien. Das zweite aber bestand darin, unterschiedslos alle Gedichte aufzunehmen, in welchen Rühmkorf vom »Flieder« redet. Wie oft – und wann – das im Laufe der berücksichtigten sechsunddreißig Jahre Rühmkorfschen Dichtens der Fall gewesen ist, mag jeder nachlesen; warum es gerade der Flieder dem Rühmkorf angetan hat, darf jedweder im stillen Kämmerlein ebenso bedenken wie die Frage, was eigentlich »Flieder« derart hartnäckig auf »Lieder« und »immer wieder« reimt.

Sechsunddreißig Jahre versammle dieses Buch, sagte ich; mit zwei Ausnahmen, muß ich hinzufügen. Das erste Gedicht der Auswahl ist ein Rühmkorf avant Rühmkorf; es stammt noch aus seiner Schülerzeit: »Machte Anfang Fünfzig mein Abitur (mit Hängen und Kotzen), dachte aber nicht im Ernst dran, das als ›Reifeprüfung‹ zu nehmen, hatte die meine gerade bei Döblin laufen, der wollte was bringen von mir, im ›Goldenen Tor‹« – worauf Rühmkorf in seinem Erinnerungsbuch »Die Jahre die ihr kennt« das Gedicht »Und ich war da« einrückt.

Aus noch früheren Schichten von Rühmkorfs Trachten und Dichten aber speist sich der Titel dieses Auswahlbandes. Zwar findet sich die Fassung »Lethe mit Schuß« erstmals in einem Gedicht der 60er, 70er Jahre, in »Jetzt mitten im Klaren«, doch der Einfall ist irgendwelche zwanzig Jahre älter und ein unheimliches Beispiel dafür, in welch festgefügten Sprachzusammenhängen diese oft doch so zerrissen wirkenden Dichter – ja was nun: eingesponnen sind? Selber spinnenartig agieren?

Die Antwort mag jeder selber finden. Das letzte Wort aber soll der zwanzigjährige Peter Rühmkorf haben, dieser strahlend helle, auftrumpfend einsame Kopf, der bereits Ende der 40er jene Witzwellen entlangsurfte, die erst Anfang der 60er ins Blickfeld von Bernstein und mir geraten sollten:»... und ich blieb allein auf der Welt mit meinem Notizbuch: ›Der Kalif von Kalifornien – In Sekten/Insekten – Wortspieler/Sportwühler – Der Philphras – Das Niedersachsophon – TSV Sodom gegen FC Gomorrha – Herr Ober, zwei Lethe – Kunst ist wo man einen bei hoch kriegt –« – oder: einen randvollen »Lethe mit Schuß«: Prost allerseits!

BEDEUTUNG? GEPFIFFEN!

Warum es mir leichtfallen sollte, über F. W. Bernstein zu schreiben, und warum es mir dennoch schwerfällt, erklärt ein Blick auf unser beider Biographien.

Alte Freunde gibt es, und ältere – Bernstein ist mein ältester, und er ist auch über die Jahre mein wichtigster Freund geblieben. Ob ich ohne ihn die Weichen hätte stellen können, die mich jetzt instand setzen, über Bernsteins Gedichte zu schreiben und zugleich meinen Dichterweg zu bedenken?

Die nackten Fakten: Nachdem wir uns, beides Kunststudenten, bereits in der Stuttgarter Kunstakademie, noch folgenlos, über den Weg gelaufen sind, ändert sich das in der Grafikklasse Hoffmann, der Kunstakademie an der Berliner Hardenbergstraße. Dort wurden die freien Künstler ausgebildet, die Kunsterzieher in einer Dependance an der Grunewaldstraße.

Zwar wollten weder Bernstein noch ich zu diesem Zeitpunkt freie Künstler werden, obwohl wir uns unverbissen an Picasso, Beckmann und den anderen Verdächtigen abarbeiteten, doch da wir die Kunsterzieherprüfungen in Stuttgart abzulegen beabsichtigten, nahm man uns unter die Freien auf, mich 1957, Bernstein ein Semester später.

Zunächst waren wir denn auch nichts als Kunststudenten, doch dann, Anfang der 60er, nach in Stuttgart abgelegter Kunsterzieherprüfung und erneutem Berlinaufenthalt – in einem geschockten Berlin nach dem Mauerbau –, begann ein Coming-out, und was da rauswollte, war so etwas wie eine Vis Comica, eine komische Kraft, die auf Picasso – Schmicasso ebenso pfiff wie auf Wirklichkeit – Schnirklichkeit.

Noch immer waren wir Studenten, haupteingeschrieben in der Akademie, zugleich aber Nebenhörer an der Freien Universität, beide auf dem Wege, nach dem Hauptfach Kunst auch das Nebenfach Deutsch zu packen, was wir dann auch taten, 1963.

Zuvor aber wohnten wir einige Jahre lang mit wechselnden anderen Kunststudenten in einer 6-Zimmer-Wohnung in der Habsburger Straße 7, eine WG ante litteram, in der so manches abging, nicht nur die Post.

Die Habsburger Straße ist dem Nollendorfplatz benachbart, für jede Menge Pinten, Kneipen, Beizen war gesorgt, und Bernstein und ich nutzten die für abendliche Seancen, bei welchen wir schreibend und zeichnend mit ersten, noch zögernden Schritten dem Lockruf der Komik ins Weite Land des wie immer Belachbaren folgten.

Sicherer geworden, stellten wir ein ganzes Textbildbuch zusammen, eine »Anleitung zur Kunstfälschung und zum Kunstdiebstahl«, schickten den Packen an einen der damals florierenden Komik-Verlage, an den Bärmeier und Nikel Verlag – und erhielten eine Absage. Aber: Man sei in Frankfurt dabei, eine satirische Zeitschrift zu konzipieren, ob wir der nicht etwas beisteuern wollten?

Wir konnten, wurden gedruckt, erhielten fürs komisch-satirische Tun auch noch Geld – da lag es nahe, dem Lockruf einer festen Anstellung zu folgen: Am 1. April 1964 traten Bernstein und ich in die Redaktion von ›pardon‹ ein, wo wir zugleich auf F. K. Waechter stießen, den Chefgrafiker des Blattes, jenen überaus komischen Zeichner, mit dem wir uns von Anfang an blind verstanden.

Eins, zwei, viele: Die Runde war komplett, und ihr erstes, zwölf Jahre lang gespeistes und in Bewegung gehaltenes gemeinsames Kind nannte sich ›Welt im Spiegel‹, kurz WimS, eine Nonsens- und Spielwiese, auf welcher – und damit sind wir endlich beim Thema –: auch die ersten veröffentlichten Gedichte Bernsteins sprießen konnten. Was natürlich auch für meine galt.

Genug ist nicht genug: 1966 fügten Bernstein, Waechter und ich zusammen, was wir in den letzten Jahren produziert und nicht im WimS hatten verbraten wollen. All das, was wir für wirklich komisch hielten: Ausgefallene Cartoons, Bildergeschichten, Erzählungen, dramatische Fragmente und eine Reihe von Gedichten. Auch Waechter hatte das eine oder andere Gedicht beigesteuert, doch brillierte er vor allem auf seiner Domäne, der komischen Zeichnung. Bernstein und ich jedoch füllten Seiten mit Poemen, welche z. T. noch auf die Berliner Kneipenabende zurückgingen.

»Die Wahrheit über Arnold Hau« hieß das Gefäß, in welchem wir unsere Einfälle versammelt hatten, ohne hilfreiche Verfasserangaben, da uns bewußt war, daß wir keinen Personalstil vertraten, sondern einen Gruppengeist verkörperten, der sich jeder Individuierung widersetzte.

Eins, zwei, weniger: Waechter begann mit seinen sehr erfolgreichen Kinderbüchern eigene Wege zu gehen, doch Bernstein und ich saßen immer noch zusammen, nun weniger zeichnend, häufiger dichtend, so häufig, daß sich ein Gedichtband füllte, »Besternte Ernte«, ein Werk, das sowohl den Großteil unserer Gedichte reinlich in F. W. Bernstein und Gernhardt scheiden als auch gemeinsam verfaßte Werke enthalten sollte.

Ein Vorhaben, das zunächst auf wenig Gegenliebe stieß: Rund zehn Verlage lehnten es ab, bis Lutz Kroth von Zweitausendeins sich des Bankerts annahm, ihn schön ausstatten ließ und dafür sorgte, daß unsere Wort- und Bildgedichte auf die richtige Klientel stießen, auf die wie immer geartete Alternativszene, welche wenig mit dem meist verrätselten Ton der 70er-Jahre-Lyrik anfangen konnte und viel mit F. W. Bernsteins »Die schärfsten Kritiker der Elche/waren früher selber welche«. Ein Zweizeiler aus dem »Hau«, doch da auch der das Glück gehabt hatte, bei Zweitausendeins eine Auferstehung nach jahrelanger Verramschtheit zu erleben, war der Boden bereitet für Verse wie

Horch ein Schrank geht durch die Nacht
Voll mit nassen Hemden,
Den hab ich mir ausgedacht,
Um euch zu befremden.

Eins – zwei und drei fehlen: Mit dem »Hau« und mit der »Besternten Ernte« hatten F. W. Bernstein und ich das gemeinsam zu Sagende gesagt, nur gingen wir nolens volens den Weg vieler Künstler, die als Gruppenkünstler beginnen, als Mitglieder der »Brücke« oder des »Blauen Reiter«, um sodann als Originalkünstler zu enden: F. W. Bernstein und ich dichteten immer häufiger erst solistisch, dann ganz und gar jeder für sich, blieben einander jedoch durch den Geist unserer Solo-Gedichtbände verbunden: Als wir 1981 je einen Gedichtband veröffentlichten, F. W. Bernstein den Gedichtband »Reimwärts«, ich den »Wörtersee«, hätten wir noch einmal, zum letzten Mal, Gedichte austauschen können. Doch das sollte sich ändern.

1987 lege ich den Gedichtband »Körper in Cafés« vor, in welchem ich erstmals jenen Spagat zwischen Standbein und Spielbein, Ernstbein und Spaßbein, Verschlüsselbein und Entschlüsselbein versuche, den ich in meiner bisher letzten Gedichtesammlung auch habe Titel werden lassen: »Später Spagat«.

1988 zieht Bernstein mit »Lockruf der Liebe« nach, und er bleibt dem dezidiert komischen Gedicht treu, bis hin zur Summe seines Dichtens: 2003 bringt der Antje Kunstmann Verlag Bernsteins »Gesammelte Gedichte« heraus, eine durch und durch komische Blütenlese, die mich nachdenklich stimmte.

Im Laufe meiner Überlegungen zur Ernst- und zur Spaßdichterei glaubte ich, einen einleuchtenden Merksatz gefunden zu haben: »Es gibt keine komischen Dichter, nur Verfasser komischer Gedichte« – ergänze: weil all unsere Verfasser herausragend komischer Gedichte auch, manchmal sogar vorwiegend, ernste Gedichte geschrieben haben: Heine, Morgenstern, Ringelnatz.

Im deutschen Dichterraum wüßte ich nur eine Ausnahme zu nennen, einen durchgehend auf Komik kaprizierten Dichter: Es ist Heinz Erhardt.

Doch geht es an, den Schwaben F. W. Bernstein und den Balten Heinz Erhardt in einen Topf zu werfen? Keineswegs!

Der Bernstein kommt aus Göppingen,
der Erhardt kommt aus Riga.
Sie dichten Komisches, jedoch
nicht in der gleichen Liga.

Die Unterschiede fallen ins Auge, seien jedoch auf die Schnelle festgehalten. Heinz Erhardt ist zeit seines Lebens bedacht, seinem Publikumsaffen das zu geben, was er erwartet: komischen Zucker. Er dichtete, um Erwartungen zu erfüllen.

F. W. Bernstein aber biedert sich zu keinem Zeitpunkt irgendeiner Klientel an, er erkundet statt dessen immer persönlichere Bereiche der Komik und wagt sich seit seinen Berliner Tagen in immer riskantere Tiefen der Scherzbergwerke vor. Kein Wunder, daß er meine Suchbewegungen im Grenzreich der Ernst- und Komikregionen mit Mißtrauen verfolgt und mit leiser, aber deutlicher Kritik bedenkt.

Am deutlichsten, und zugleich am schönsten, tut er dies in einem Gedicht, das mit »Lieber Robert« anhebt, um zuerst mein Gedicht vom »Weinreinbringer« zu preisen. Dann aber:

> Einige Gedichte wirken auf mich zu ökonomisch
> Mit nur Pointen, die sind schon komisch,
> Doch ist nur ein einziger Effekt
> Bezweckt.

Das reicht lang hin! ruft mir F. W. Bernstein zu, andere Gedichte aber seien ihm lieber, solche »wo Wörter rumpeln, wo der Sinn entflieht, wo die Sprache sich wutsch dem Verständnis entzieht«. Worauf Bernstein – krabatsch – sein Credo auf den Tisch legt:

> Überhaupt Bedeutung – darauf ist gepfiffen!
> Was taugen Gedichte, die man begriffen?

Was taugen unbegriffene? könnte die Gegenfrage lauten, doch verlassen wir dieses verminte Gelände, um im hellen Licht der Hochkomik festzustellen, daß F. W. Bernstein in seinen Gedichten aber auch nichts ausgespart hat, was abendländisches Denken, Dichten und Dämmern so alles an bedeutungsvollem Personal hat Wort oder Bild werden lassen: den Sündenfall samt seinem Gegenstück, der Apokalypse, dem Weltuntergang schließlich.

Und natürlich spielt auch der Tod mit, begleitet von der Liebe, von Luscht und Geischt, von Künstlern aller Couleur, von Tyrannen, Attentätern, Politikern und Skinheads – nur daß F. W. Bernstein all den Zumutungen nicht mit abwehrenden Tendenzgedichten begegnet, sondern daß ihm das alles Anlaß ist, die ganze Bedeutungshuberei daraufhin abzuklopfen, was ihnen an Komik abzugewinnen ist: Wenn die Sinnstifter tafeln, sammelt sich unter ihren hohen Tischen der Abfall, sprich: der Unsinn.

Unsinn, der nicht mit Blödsinn, Blödelei, Stumpfsinn gar verwechselt werden darf, und der schon dadurch geadelt wird, daß F. W. Bernstein ihn bei Bedarf in den Prachtgewändern der Dichtkunst auffahren läßt, in Form von Sonetten, Hymnen, Xenien und anderen vertrackten Reimspezialitäten. Er beherrscht sie alle, der Bernstein, doch gewinnt er mit der gleichen Souveränität dem simplen Schüttelreim dadurch letzten Glanz ab, daß er ihn der Aufgabe, Sinn zu transportieren, entbindet, auf daß der sich schrankenlos und schamlos der schieren Sprache bemächtige.

Bernsteins Insistieren auf Komik, seine Unbedingtheit, dieser Komik nicht das zu verwehren, was ihr gemeinhin von der wohlmeinenden Kritik angekreidet wird, die Bandbreite zwischen Feinsinnigkeit – »köstlich, köstlich« – und Grobsinnlichkeit – »pubertär« –: Das macht ihn und sein Dichten zu einem einzigartig exemplarischen Sonderfall deutscher Komik und Nonsenspoesie. Wer immer ins weite Feld des komischen Gedichts einzudringen sich anschickt, er wird, fürchte ich, immer wieder auf Bernsteins Markierungen stoßen: »Ik bün all dor!«

Auf die Bedeutung ist doch gepfiffen, Fritz? Nimm's mir nicht übel, wenn ich deinem dichterischen Lebensweg nicht nur ein »Bedeutsam« zuspreche, sondern dir zusätzlich nach Staatsmännerart den Orden »Bedeutend« umhänge: »F. W. Bernstein hat sich um die deutsche Komik verdient gemacht.«

ZU GEDICHTEN

PEIN UND LUST

Wonne der Wehmut

Trocknet nicht! trocknet nicht.
Tränen der heiligen Liebe.
Ach nur den halbtrocknen Augen schon
Wie öde, tot ist die Welt.
Trocknet nicht, trocknet nicht
Tränen der ewigen Liebe!

Johann Wolfgang von Goethe

Als Goethe diesen Sechszeiler schrieb, 1775, befand sich der Mittzwanziger – vermutlich nichtsahnend – in jener Phase seines Dichtens, die Germanisten später als die »Lili-Lyrik« klassifizieren und sorgsam von den früheren »Friederike-Gedichten« und der späteren »Lida-Lyrik« trennen sollten.

Sechs Zeilen, die kaum der nachsinnenden Interpretation bedürfen – klar wie eine Zauberformel und deutlich wie ein Gebet bannt, klagt und fordert dieses Liebesgedicht. Freilich: Nicht um erfüllte Liebe geht es, sondern um ewige, also einseitige.

So selbstgenügsam, ja selbstherrlich ist dieser Liebende, daß er kein einziges Wort an die Geliebte richtet, sondern ausschließlich die eigene Liebe beschwört, sein eigenes allumfassendes Ergriffensein, dank dessen er die Welt als unaufhörlich beredt und unendlich bedeutsam erlebt – doch halt! All das steht ja bereits im Gedicht, schöner kann man es nicht sagen, seltsamerweise aber hat es Goethe selber, vierzehn Jahre später, weniger schön gesagt.

1789, in den bei Goeschen verlegten »Goethes Schriften«, wurde »Wonne der Wehmut« erstmals veröffentlicht, und dort lauten die Zeilen deutlich anders als in der zitierten, auf eine frühe Abschrift Herders zurückgehenden Fassung:

> Trocknet nicht, trocknet nicht,
> Tränen der ewigen Liebe!
> Ach! nur dem halbgetrockneten Auge
> Wie öde, wie tot die Welt ihm erscheint!
> Trocknet nicht, trocknet nicht,
> Tränen unglücklicher Liebe!

Sechs Zeilen, die ich nicht ohne Wehmut lese. Das hochgemute »heilig« gestrichen und durch das erst am Ende als Ausblick und Verheißung so recht funktionierende »ewig« ersetzt! Das »halbtrockne« Auge zum »halbgetrockneten« gemacht, zur unschönen Vorstufe eines noch befremdlicheren »ganzgetrockneten«. Die »ewige« Liebe schließlich zur »unglücklichen« vergröbert, wodurch das Gedicht seine ursprüngliche Zweideutigkeit verliert: so unglücklich war der ja gar nicht gewesen, der da die Lust der Pein gefeiert, ja erfleht hatte – aber genug!

Gedichte sind keine Regierungserklärungen, und der vierzigjährige Goethe hatte vom Lieben eben derart eindeutige Vorstellungen, daß er dem Zwanzigjährigen nicht nur ins Wort, sondern geradezu in den Rücken fiel: »Liebesqual verschmäht mein Herz,/Sanften Jammer, süßen Schmerz« – so beginnt sein Gedicht »Frech und froh«, 1788 geschrieben, und so endet es: »Mädchen gib der frischen Brust/Nichts von Pein, und alle Lust.«

CRIME UND REIM

Gold

FRED wird in einem braunen Tabakballen
Vom Hafen auf die Zollstation getragen.
Dort schläft er, bis die Schiffsuhr zwölf geschlagen.
Erwacht und schleicht sich in die Lagerhallen.

Am Gold-Depot, wo trunkne Wächter lallen,
Läßt er den kleinen Mörtelfresser nagen,
Bis wie beim Kartenhaus die Mauern fallen.
Dann lädt er Gold in einen Grünkohlwagen.

Als Bauer fährt er sächselnd durch den Zoll.
Doch dort verraten ihn zwei blanke Barren.
Berittne jagen den Gemüsekarren.

Fred sinnt verwirrt, wie er sich retten soll.
Da sitzt DER FREUND in hoher Eberesche
Und schießt ihm pfeiferauchend eine Bresche.

Ludwig Rubiner
Friedrich Eisenlohr
Livingstone Hahn

Ein ungewöhnliches Gedicht, und das gleich in dreifacher Hinsicht: Gewöhnlich hat ein Gedicht einen Verfasser, dieses hat drei. Gewöhnlich handelt ein Gedicht nicht vom Verbrechen, dieses wird von seinen Verfassern als »Kriminalsonett« bezeichnet. Gewöhnlich ist ein Gedicht ernst, dieses ist komisch.

»Kriminalsonette« – so hieß der schmale Gedichtband, den der Verlag Kurt Wolff im Jahre 1913 herausbrachte, vermutlich kurz nach deren Abfassung, da die drei Dichter der gegenseitigen Widmung der Verse noch eine Orts- und Zeitangabe hinzugefügt haben: »Paris, im Frühjahr 1913«.

Ein Ort, den wir uns merken wollen, doch zunächst ein Wort zu den Autoren Rubiner, Eisenlohr und Hahn. Sie waren Jugendfreunde und, als sie die »Kriminalsonette« verfaßten, noch leidlich junge Menschen, einzig Rubiner hatte die Dreißig überschritten. Er ist bis auf den heutigen Tag der Bekannteste der drei geblieben, wenigstens unter Kennern, die bereits über Eisenlohr wenig und über Hahn so gut wie nichts zu sagen wissen – der scheint nie wieder zur Feder gegriffen zu haben, die Spur des Kaufmanns (?) verliert sich in Spanien (?).

Kein Wunder, daß dem Dichter Rubiner das Hauptverdienst an den »Kriminalsonetten« zugesprochen wird, doch ob das nun zutrifft und wie die Gedichte denn nun wirklich entstanden sind, ob die drei einander lediglich zu einzelnen Sonetten angeregt oder wirklich zu dritt an einem Sonett gearbeitet haben – das alles ist nicht mehr feststellbar, zumal auch die Verfasser nur dunkle Angaben machen, etwa in dem letzten, »Das Ende« überschriebenen Sonett: »Man sieht drei Männer sich zusammenrotten./Die Feder wühlt in ungeheuren Dingen.«

Das tat sie in der Tat. FRED und DER FREUND sind zwei Kriminelle *par excellence,* Meister der Maske und weltweit gefürchtet. Immer wieder glaubt Detektiv GREIFF, ihrer habhaft zu werden, immer wieder entkommen die beiden, entweder um neue Schandtaten zu begehen – »Schon barg DER FREUND im Beinkleid den Giorgione« – oder um nach mißglückter Tat wenigstens dem Laster zu frönen: »Zum Trost führt Fred den Freund in kleine Bars.«

»Auf steilen Dächern rennt ein Herr im Frack« – so beginnt das erste der Kriminalsonette. »Dem Bürger fliegt vom spitzen Kopf der Hut« – so hatte Jakob van Hoddis sein Gedicht »Weltende« begonnen. Der Gleichklang der fünfhebigen Zeilen ist unüberhörbar, unübersehbar auch, mit welch bewegten Bildern die Katastrophen in beiden Gedichten anheben – kein Zweifel, das berühmte Gedicht von 1911 war einer der beiden Paten der »Kriminalsonette«. Der andere ist gleichaltrig, jedoch französischer Herkunft. Er heißt »Fantomas«, ein Serienheld und Meisterverbrecher, stets verfolgt und nie gestellt von Detektiv Juve, dafür heißgeliebt von Leuten wie Apollinaire, der 1914 schrieb: »Die Lektüre von Fantomas ist in vielen Künstlerkreisen in Mode.«

Daß es nicht beim Lesen blieb, beweisen die »Kriminalsonette«; daß sie mehr sind als ein Jux für Eingeweihte, ist das Verdienst der drei Verfasser, die gleich drei Grundbedürfnisse des Lesers befriedigen, das nach *crime,* das nach Reim und das nach einer Komik, die keiner Pointe hinterherzujagen braucht, sich vielmehr zwanglos von Zeile zu Zeile entfaltet, bis hin zu so krönenden Blüten wie einer Bresche, die naturgemäß von einer Esche aus geschossen wird.

SCHÖN UND GUT

Juni

Schön wie niemals sah ich jüngst die Erde.
Einer Insel gleich trieb sie im Winde.
Prangend trug sie durch den reinen Himmel
Ihrer Jugend wunderbaren Glanz.

Funkelnd lagen ihre blauen Seen,
Ihre Ströme zwischen Wiesenufern.
Rauschen ging durch ihre lichten Wälder,
Große Vögel folgten ihrem Flug.

Voll von jungen Tieren war die Erde.
Fohlen jagten auf den grellen Weiden,
Vögel reckten schreiend sich im Neste,
Gurrend rührte sich im Schilf die Brut.

Bei den roten Häusern im Holunder
Trieben Kinder lärmend ihre Kreisel.
Singend flochten sie auf gelben Wiesen
Ketten sich aus Halm und Löwenzahn.

Unaufhörlich neigten sich die grünen
Jungen Felder in des Windes Atem,
Drehten sich der Mühlen schwere Flügel,
Neigten sich die Segel auf dem Haff.

Unaufhörlich trieb die junge Erde
Durch das siebenfache Licht des Himmels.
Flüchtig nur wie einer Wolke Schatten
Lag auf ihrem Angesicht die Nacht.

Marie Luise Kaschnitz

Ein in vieler Hinsicht schönes Gedicht. Es fängt schön an, mit einem jener hochfahrenden Sätze, die sogleich die Einzigartigkeit des Anlasses betonen, wie Hebbels »Dies ist ein Herbsttag wie ich keinen sah« oder Benns »Einsamer nie als im August«. Es redet von schönen Dingen, und es tut dies auf schöne Weise, in fünfhebigen Trochäen, deren langer Atem gut zum gewagten Vorhaben paßt, einer Erdenfeier, welche die Dichterin von hoher Warte aus anstimmt: Wie eine Insel sieht sie unseren blauen Planeten unaufhörlich im Winde treiben, Jahrzehnte vor irgendeinem Astronauten.

Marie Luise Kaschnitz lebte zwischen 1932 und 1937 in Königsberg, in diesen Jahren hat sie »Juni« geschrieben. Sie veröffentlichte das Gedicht 1947, in ihrem ersten Gedichtband. Wie die Leser im Nachkriegsdeutschland »Juni« gelesen haben mögen, weiß ich nicht, wie es heute wirkt, weiß buchstäblich jedes Kind: »Daß sie als Kind jugendlich schön die Erde gesehen hat und jetzt halt mit dem verschmutzten Meer und Seen«, antwortet der kleine Maxl auf die Frage von Ute Andresen: »Ist es euch denn fremd, was da erzählt wird?«

Ute Andresens Buch »Versteh mich nicht so schnell, Gedichte lesen mit Kindern« erschien 1992, gut fünfundzwanzig Jahre zuvor hatte Marie Luise Kaschnitz bereits dem Maxl zugestimmt: »Auf den Gedanken, daß in der Natur alles heil sei und daß die Natur alles heile, käme ohnehin niemand mehr«, schreibt die Siebenundsechzigjährige in »Tage, Tage, Jahre« und: »Während der vorangegangenen ostpreußischen Jahre ... war ich von der Natur bis zur Besessenheit angerührt ... aber sie war vorüber, auch die Zeit der Naturgedichte.« Nach dem Kriege habe sie keines mehr geschrieben: »Nachmittag im August großes Glücksgefühl ... aber ein Gedicht wird daraus nicht, heute nicht mehr«, notiert sie am 10. August 1967. Alles hat seine Zeit; so gesehen sind alle Gedichte Gelegenheitsgedichte, auch jene, die sich so zeitlos und so unpersönlich geben wie »Juni«.

Schön, daß es einmal Dichter gegeben hat, die von Wolke, Regen oder Ozon reden konnten, ohne an Tschernobyl, sauer oder Loch denken zu lassen. Gut, daß die Dichterin ihrer Naturbesessenheit noch rechtzeitig Worte verliehen hat – oder hatte die Natur der jungen Marie Luise Kaschnitz eines schönen Tages Worte eingegeben, die, bei Licht betrachtet, gar nicht die ihren waren? Eine Aufzeichnung der älter gewordenen Marie Luise Kaschnitz lässt derlei vermuten: »Der Herbst war meine Jahreszeit seit jeher«, schreibt sie 1967, »vom 21. Juni, dem Tag der Sonnenwende, an begann ich aufzuatmen, jetzt konnten die Tage nicht länger werden«.

LIEBE CONTRA WAHRHEIT

Auslassungen eines Märtyrers

1
Ich zum Beispiel spiele Billard in der Bodenkammer
Wo die Wäsche zum Trocknen aufgehängt ist und pißt
Meine Mutter sagt jeden Tag: es ist ein Jammer
Wenn ein erwachsener Mensch so ist

2
Und so etwas sagt, wo ein anderer Mensch nicht an so etwas denkt
Bei der Wäsche, das ist schon krankhaft, so was macht
         ein Pornografist
Aber wie mir dieses Blattvordenmundnehmen zum Hals
         heraushängt
Und ich sage zu meiner Mutter: was, kann denn ich dafür,
         daß die Wäsche so ist!

3
Dann sagt sie: so etwas nimmt man nicht in den Mund,
         nur ein Schwein
Dann sage ich: ich nehme es ja nicht in den Mund
Und dem Reinen ist alles rein
Das ist doch ganz natürlich, wenn einer sein Wasser läßt,
         das tut doch jeder Hund

4
Aber dann weint sie natürlich und sagt: von der Wäsche! und
         ich brächte sie noch unter die Erde
Und der Tag werde noch kommen, wo ich sie werde mit den
         Nägeln auskratzen wollen

Aber dann sei es zu spät, und daß ich es noch merken werde
Was ich an ihr gehabt habe, aber das hätte ich dann früher
    bedenken sollen.

5
Da kannst du nur weggehen und deine Erbitterung nieder-
    schlucken
Wenn mit solchen Waffen gekämpft wird, und rauchen bis du
    wieder auf der Höhe bist
Dann sollen sie eben nichts von der Wahrheit in den Katechismus
    drucken
Wenn man nicht sagen darf, was ist.

Bertolt Brecht

»Du sollst Vater und Mutter ehren«, verlangt das vierte Gebot, doch scheint diese Forderung die Dichter, zumal die der Neuzeit, nicht sonderlich beeindruckt zu haben. Während sie in ihren Werken die Väter bis zum Mord befehden, wird der Mutter in der Regel statt bloßer Verehrung schiere Liebe entgegengebracht, so, als habe es der Sprößling nicht mit einem Elternpaar zu tun, sondern mit zwei einander fremden, ja feindlichen Prinzipien, mit Hirn und Herz, Schwarz und Weiß, Böse und Gut. Brecht macht da eine Ausnahme: Er hadert mit seiner Mutter. Ja, seiner, da das Gedicht getrost autobiographisch gelesen werden kann: Nicht irgendein lyrisches Ich redet da, der Jungdichter Brecht sagt »Ich«, weil er das Wort in eigener Sache ergreifen muß. Sein unaufdringlich kunstvolles Plädoyer wendet sich in kreuzgereimter Alltagssprache an einen Zuhörer, den er zum Zeugen, wenn nicht zum Richter in Sachen Sohn contra Mutter aufruft: Wer hat nun recht – Berthold (der sich später Bertolt nannte) oder Sophie Brecht?

Der neunzehnjährige Sohn hat – offenbar nicht zum ersten Mal – von der Wäsche gesagt, sie »pisse«. Ein Vater hätte sich solche Ausdrucksweise brüsk verbeten, die Mutter arbeitet mit subtileren Strategien. Sie sorgt sich: Du bist krank, mein Sohn. Sie grämt sich: Du bist kein Mensch, mein Sohn. Und sie wehrt sich, indem sie den Sohn unter Tränen zum potentiellen Muttermörder stempelt: »Und der Tag werde noch kommen, wo ich sie werde mit den Nägeln auskratzen wollen.«

Die Mutter klagt nicht Gehorsam ein, sondern Liebe. Wer seine Mutter liebt, unterdrückt ihr zuliebe Worte wie »pissen«. Ja, er denkt sie nicht einmal, schon gar nicht »von der Wäsche!«, wenn er nicht den Tod der Mutter riskieren will. Der Sohn hat auf den ersten Blick denkbar schlechte Karten. Muß er denn wirklich so von der Wäsche reden? Handelt es sich bei deren »Wasserlassen« nicht lediglich um die Übertragung von Belebtem auf Lebloses, um eine Metapher also? Wiegt metaphorischer Sprachgebrauch den möglichen Tod der Mutter auf?

Im Namen der Wahrheit des Katechismus verweigert der Sohn jedwedes Blattvordenmundnehmen, doch meint er – in Wahrheit – die Wahrheit der Kunst und die Freiheit des Dichters, koste es, was es wolle, aber auch wirklich alle Worte und Bilder zu denken, zu sagen und niederzuschreiben, die dieser Kunstwahrheit dienen.

Brecht hat sein Plädoyer in eigener Sache zu Lebzeiten nicht veröffentlicht, den Prozeß jedoch in weiteren Gedichten fortgeführt. 1920 starb die Mutter an Krebs, und der Sohn gedachte ihrer im achten seiner im selben Jahre veröffentlichen Psalmen, »Lied von meiner Mutter«, deren sechste und siebte Strophe lauten:

Oh, warum sagen wir das Wichtige nicht, es wäre so leicht und wir werden verdammt darum. Leichte Worte waren es, dicht hinter den Zähnen, waren herausgefallen beim Lachen, und wir ersticken daran in unserem Halse.

Jetzt ist meine Mutter gestorben, gestern, auf den Abend, am 1. Mai! Man kann sie mit den Fingernägeln nicht mehr auskratzen!

Ein Schuldbekenntnis? Vielleicht. Aber keine Abbitte. Ein Gedicht, das zwei Jahre später entstand und sieben Jahre später die Sammlung der »Hauspostille« beschließen sollte, »Vom armen B. B.«, redet eine deutliche Sprache. »Ich, Bertolt Brecht, bin aus den schwarzen Wäldern./ Meine Mutter trug mich in die Städte hinein/Als ich in ihrem Leib lag«, heißt es da, aber auch: »Gegen Morgen in der grauen Frühe pissen die Tannen.«

Was die aus dem Schwarzwald stammende Mutter wohl dazu gesagt hätte? Vermutlich: »Von den Tannen!«

DICHTER UND RICHTER

Wachtel Weltmacht?

Schaut Euch nur die Wachtel an!
Trippelt aus dem dunklen Tann;
tut grad so, als sei sie wer.
Wachtel Wachtel täuscht sich sehr.

Wär sie hunderttausend Russen,
hätt den Vatikan zerschussen
und vom Papst befreit – ja dann:
Wachtel Wachtel Dschingis-Khan!

Doch die Wachtel ist nur friedlich,
rundlich und unendlich niedlich;
sie erweckt nur Sympathie.
Weltmacht Wachtel wird sie nie!

                    F. W. Bernstein

Horaz zufolge sollen die Dichter dem Leser entweder nützen oder ihn ergötzen – das vorliegende Gedicht erfüllt beide Postulate, da es zugleich lehrreich und schön ist.

    Freilich bekommt der Leser nichts geschenkt. Bevor er den doppelten Gewinn einstreichen kann, wird ihm einiges abverlangt: Eine Wachtel soll er sich anschauen. Nicht irgendeine, sei es in der Natur oder in einem Lehrbuch, sondern jenes ganz bestimmte Exemplar, das vor dem geistigen Auge des Dichters steht beziehungsweise trippelt: Es bewegt sich durch einen finsteren Wald und ist in eine vergleichbar düstere Lebenslüge verstrickt. Das bleibt nicht ungerügt. Unversehens wandelt sich der Dichter zum Richter, der seinem Urteil durch hämmernde Wiederholung Nachdruck verleiht: »Wachtel Wachtel täuscht sich sehr.«

Doch auch täuscht sich, wer glaubt, ihm werde nach solch rasantem Einstieg ein Moment der Besinnung gegönnt. Noch damit beschäftigt, sich ein Bild von der Wachtel, wie sie ist, zu machen, konfrontiert ihn die Urteilsbegründung bereits mit der Aufgabe, sich vorzustellen, wie die Wachtel sein könnte und was sie getan haben müßte, wollte sie ihrem Anspruch, »wer« zu sein, genügen. Ja, es kommt noch ärger. War der Leser nach der ersten Strophe durchaus bereit, sich der vehement vorgetragenen Wachtelkritik anzuschließen, sieht er sich nach der zweiten Strophe gezwungen, Kritikerkritik zu üben und sich ein Urteil über den offensichtlich delirierenden Richter zu bilden, der das noch moderate Hämmern der vierten Zeile in der achten zur Sinn und Syntax zertrümmernden Raserei treibt: »Wachtel Wachtel Dschingis-Khan!«

Letzte Strophe, letzte Herausforderung: Unversehens ist die Welt wieder in Ordnung, moralisch und grammatikalisch. Unerwartet steuert der eben noch rasende Richter in ruhiger Parataxe auf einen Vergleich zu, dem Wachtel wie Leser bedenkenlos zustimmen können, ohne das Gesicht oder den Verstand zu verlieren: »Weltmacht Wachtel wird sie nie.«

»Wollte ich auch nie werden«, wird sich die Wachtel denken, »Gottlob!«, mag der Leser seufzen, wenn er nicht – und das ist wahrscheinlicher – befreit auflacht.

Das Lachen sei »ein Affekt aus der plötzlichen Verwandlung einer gespannten Erwartung in Nichts« lehrt Kant; demnach hat F. W. Bernstein mit »Wachtel Weltmacht?« ein geradezu exemplarisches komisches Gedicht geschrieben.

Das macht es lehrreich. Schön aber ist seine Wachtelkritik, weil er sie uns im komischen Gedicht mitteilt. Unmöglich, dessen Inhalt in noch so geschliffene Prosa zu übersetzen, undenkbar, sie anders als in gebundener Rede vorzutragen, in vierhebigen Zeilen bei strikt gewahrtem Paarreim: Je haltloser die Vorwürfe, desto mehr bedürfen sie der straffen Form, um nicht in schierer Beliebigkeit zu versickern und zu versanden.

Anfängerfehler, die einem F. W. Bernstein selbstredend nicht unterlaufen können. Der publiziert seit 1962, und bereits in dem ersten Buch, das er zusammen mit F. K. Waechter und dem Schreiber dieser Zeilen veröffentlicht hat, in »Die Wahrheit über Arnold Hau« von 1966, findet sich sein lapidarer, mittlerweile Volksgut gewordener Zweizeiler: »Die schärfsten Kritiker der Elche/waren früher selber welche.« Kein Zweifel – F. W. Bernstein ist sich und dem so raren wie umwitterten Thema der Tierkritik über die Jahrzehnte treu geblieben: Er wird als der schärfste Kritiker der Wachtel in die deutsche Lyrikgeschichte eingehen.

UNFAMILIÄRE VERSE

Familiäre Stanzen

Wenn sich Leute, die sich lieben, hassen,
tun sie das auf unerhörte Art.
Noch in allem, was sie unterlassen,
bleibt ihr Haß aufs sorglichste gewahrt.
Keiner will vorm anderen erblassen.
Selbst die falschen Zähne sind behaart.
Und auch bei den höflichsten Gesprächen
sieht es aus, als ob die Herzen brächen.

Denn sie kennen sich auf jede Weise,
tags und nachts und viele Jahre schon.
Und sie teilten Schlaf und Trank und Speise
und die Sorgen und das Telefon.
Jetzt verletzen sie sich klug und leise.
Lächeln ist noch nicht der schlechtste Hohn.
Jeder Ton ist messerscharf geschliffen.
Und der Schmerz wird, eh es schmerzt, begriffen.

Und sie mustern sich wie bei Duellen.
Beide kennen die Anatomie
ihrer Herzen und die schwachen Stellen.
Und sie zielen kaum. Und treffen sie!
Ach, es klingt, als würden Hunde bellen.
Und die Uhr erschrickt, wenn einer schrie.
Alles, was sie voneinander wissen,
wird wie Handgranaten hingeschmissen!

Aber plötzlich ist ihr Haß verschwunden.
Krank und müde blicken sie sich an.
Und sie staunen über ihre Wunden.
Keiner wußte, daß er beißen kann ...
Beide sind beim gleichen Schicksal Kunden.
Und sie spielen wieder Frau und Mann.
Denn die Liebe wird nach solchen Stunden
endlich wieder angenehm empfunden.

Erich Kästner

Er schreibe »Gebrauchslyrik«, hat der dreißigjährige Erich Kästner von sich gesagt und selbstbewußt hinzugefügt: »Es gibt wieder Lyriker, die wie natürliche Menschen empfinden und die Empfindungen (und Ansichten und Wünsche) in Stellvertretung ausdrücken.« Darum scheint es Kästner auch in den angeführten Strophen zu gehen. Ihr Inhalt wird jeden familiär anmuten, der etwas Zeit unter Menschen oder mit einem anderen Menschen verbracht hat: Kein Feind weiß so gut zu verletzen wie der Freund oder die Freundin.

Das ist nicht neu, doch das kümmert den Gebrauchslyriker nicht: »Und weil sie nicht für sich selber und um ihrer Sechseroriginalität willen schreiben, finden sie inneren Anschluß.« Fast demütige Dichterworte – aber treffen sie auch auf das angeführte Gedicht zu? Daran sind Zweifel erlaubt, die bereits vom Gedichttitel genährt werden: »Familiäre Stanzen«.

Ein Titel, der für Kästner so ungewöhnlich ist wie die Strophenform der Stanze ungebräuchlich. Das typische Kästner-Gedicht ist in volksliedhaften vier- oder fünfzeiligen Strophen verfaßt, und der typische Kästner-Gedicht-Titel bezieht sich auf den Inhalt, nicht die Form der Mitteilung: Es heißt – beispielsweise – »Möblierte Melancholie« oder »Und wo bleibt das Positive, Herr Kästner?«.

Nicht so hier, und das wirft Fragen auf. Warum wählte der Dichter die Stanzenstrophe? Weshalb nennt er sie in der Überschrift? Glaubte er den ungebildeteren unter seinen Lesern einen Hinweis darauf schuldig zu sein, daß es sich bei den folgenden Zeilen nicht um die normale Kästner-

Kost handeln werde? Wollte er den gebildeteren Appetit auf einen besonderen sprachlichen Leckerbissen machen?

»Ein wirklich achtzeiliges Gefüge ist die Stanze (Oktave)«, lese ich in Wolfgang Kaysers »Kleiner deutscher Versschule«. »Festlich« nennt er sie, »eine Fürstin unter den Strophenformen«. Wesentlich sei ihr »die klare Zweiteiligkeit«, schreibt Kayser und wird unversehens selber zum Sänger: »Denn das dreimal wiederkehrende Zeilenpaar stellt doch nur die große Freitreppe dar, über der sich nun der krönende Abschluß des Reimpaars erhebt.«

Eine feierliche Strophe also, die denkbar große Distanz zu jeder Art von Gebrauchslyrik wahrt und die von großen Dichtern auch nur dann genutzt wurde, wenn sie Gewichtiges zu besingen oder Bedeutendes zu sagen hatten – Goethe beispielsweise vertraute der Stanze seine tiefsinnigen »Urworte. Orphisch« an. Und was tut Kästner? Formal ist die von ihm errichtete Freitreppe makellos: Die fünfhebigen Jamben mit wechselnd männlichem und weiblichem Ausgang, der dreifach gekreuzte Reim samt abschließendem Paarreim – alles stimmt. Und doch paßt nichts zusammen.

Nicht große Gedanken paradieren, kleinliche Gefühle randalieren auf dem feierlichen Bau, und auch die Wortwahl ist nicht gerade die, welche man von einer Fürstin erwarten würde: »Alles, was sie voneinander wissen,/wird wie Handgranaten hingeschmissen«. Dieser schreiende Widerspruch zwischen feierlicher Hülle und banalem Inhalt war es wohl, der Kästner zu seinen Stanzen gereizt und ihn – vermute ich – während der Abfassung der vier Strophen belustigt hat.

»Wer gutsitzende Frackanzüge liefern will, muß fürs Schneidern begabt sein. Und wer Gedichte schreibt, muß es können«, hat Kästner in der bereits zitierten »Prosaischen Zwischenbemerkung« postuliert – nun zeigt er, was er kann: Selbst einem so ein-, wenn nicht unförmigen Thema wie »Familienstreit« verpaßt er tadellos geschneiderte Stanzen, sogar mit kleinen, feinen Extras versehen wie dem, daß der Paarreim der letzten Strophe das Reimwort von deren erster Zeile aufnimmt, wodurch das glückliche Ende der familiären Ungereimtheiten nicht nur inhaltlich behauptet, sondern auch formal aufs Überzeugendste belegt wird.

All das hat mit Sechseroriginalität nichts zu tun, ist jedoch originell.

Allerdings bezweifle ich, daß es Kästner auch nur einen Moment lang darum ging, mit seinen »Familiären Stanzen« die Empfindungen »natürlicher Menschen« auszudrücken. Ich glaube vielmehr, daß er auf jenen subtilen Spaß aus war, den das Spiel mit der Sprache dem beschert, der es beherrscht, und jenen, die es begreifen, aufgeweckteren Lesern also.

FASSE DICH KURZ

Kindergeburtstag

Wir hatten alles geregelt.
Meine Frau schlief ihren Rausch aus.
Ich besorgte die Kuchen
und was sonst noch
dazugehört. Ich dachte
an mein Konto.
Dann verbrachten wir Stunden
mit Tischdecken, dem Wecken
meiner Frau und der Frage
wann das Ganze denn anfängt.
Dann kamen die anderen Kinder
und wir hörten nicht mehr hin
wenn irgendwo in der Wohnung
etwas klirrte. Gegen
sechs kamen die Eltern
und holten ihre Kinder
aus der zertrümmerten Wohnung.
Eine Mutter sprach von dem schweren
Los eine Mutter zu sein.
Meine Frau trank sich einen Rausch an.
Ich brachte die Kinder zu Bett
und schlief mit der Mutter
die übrigblieb.

      Peter Maiwald

Daß »Kindergeburtstag« von Peter Maiwald stammt, ist auf den ersten Blick nicht auszumachen. Das für Maiwald typische Gedicht ist gereimt und durch Vers oder Strophe gegliedert. Gern nimmt es die Sprache beim Wort, und oft geht es in ihm so schlüssig zu, daß sich beim Leser ein Gefühl von Ordnung, ja Harmonie selbst dann einstellt, wenn im Gedicht von Unordnung und Zerrissenheit die Rede ist.

»Kindergeburtstag« findet sich in dem Gedichtband »Lebenszeichen« aus dem Jahre 1997. Neunundsechzig der sechsundsiebzig Gedichte des Bandes sind gereimt. Bleiben also sieben reimlose, unter denen »Kindergeburtstag« dadurch auffällt, daß es das mit Abstand prosaischste dieser Gedichte ist: Weder behandelt es gehobene, weil antike Sujets wie »Odysseus« oder »Ikarus«, noch handelt es von der besonnten Vergangenheit des Dichters wie »Schwäbische Legende« – »Kindergeburtstag« spielt in einem Hier und Jetzt, das am treffendsten durch das Wort »ungeschönt« gekennzeichnet ist.

Wie viele Dichter vor ihm hat sich auch Peter Maiwald Gedanken zum Gedicht gemacht. »Wortkino« sind seine »Notizen zur Poesie« überschrieben; zum Stichwort »Gedichtelesen« notiert er: »Gedichte sind Wortzocker, Satzzauberer, Versmagier.« Damit liefert er nach Dichterart eine treffende Beschreibung der eigenen Dichtung und des typischen Maiwald-Gedichts. Doch hilft auch nur eine dieser Metaphern beim Lesen von »Kindergeburtstag« weiter?

Auf jeden Fall redet der, welcher in diesem Gedicht Bericht erstattet, nicht in Bildern, sondern Klartext. Weniger klar ist, wer da eigentlich redet. Haben wir es mit einer persönlichen Konfession des Autors zu tun oder mit einem Rollengedicht? Darüber läßt sich spekulieren – halten wir uns an die Tatsachen.

Ein Kindergeburtstag hat stattgefunden, und er war eine rundum heillose Angelegenheit. Zwar schien anfangs alles geregelt, doch was helfen Regeln, wenn die Hauptpersonen eines Kindergeburtstages, die Kinder, nicht gewillt sind, sich um Regeln zu scheren, und wenn die Erwachsenen unfähig sind, sich an Regeln zu halten. Kein Wunder, daß alles in Haltlosigkeit, Ziellosigkeit und Freudlosigkeit endet.

Den ganzen trostlosen Vorgang berichtet der Ehemann und Vater in nur zehn Sätzen beziehungsweise in dreiundzwanzig kurzen Zeilen, links bündig, rechts flatternd. Dreimal decken sich Zeilen- und Satzlänge. Zwei dieser Sätze lasten kommentarlos über dem Einstieg und dem Ausgang des Gedichts: »Meine Frau schlief ihren Rausch aus« und »Meine Frau trank sich einen Rausch an.«

Wer über Gedichte redet, wird in der Regel das hervorheben, was sie auszeichnet an Gehalt und kunstvoller Gestalt. Je länger ich über »Kindergeburtstag« nachdachte, desto mehr häuften sich Worte für das, was dem Gedicht alles fehlt. Die auftretenden Personen sind namenlos, gesichtslos und wesenlos, der Berichtende referiert den Vorgang mitleidlos. Angesichts des schnörkellos prosaischen Berichts mag sich jemand die Frage stellen, ob das ganze Gedicht nicht reichlich kunstlos sei.

Darauf ist zu erwidern, daß Peter Maiwald mit »Kindergeburtstag« ein veritables Kunststück gelungen ist. Indem er auf alle »Wortzockerei« verzichtet, läßt er ein reichlich abgegriffenes Wortspiel in frischem Glanz erstrahlen: Sein Gedicht verdichtet. Es liefert die Essenz einer Familienfeier, der alles Zufällige und Beiläufige entzogen ist.

EIN HOCH DEM FUFFZEHNTEN JULEI

Auf Sommers Grill

Auf dem Grill des Sommers hingebreitet,
sonnen-krosses Laub am Ellenbogen,
und der Himmel wie ein Präser Gottes
über die entflammte Welt gezogen.

Hochgehaucht am fuffzehnten Julei,
blau, das zarte Fell des Absoluten –
mein zerfahrenes Gesicht an deinem ausgeruhten
stimmt im Letzten doch dem Flugsand bei.

Ausgeworfen oder umgehetzt,
halb im Brand und schon im Schlamm des Jahres ...
nun, mein Hundeherz, mein wunderbares,
wie's zum Sprung ansetzt!

Zögernd an der westlichen Empore,
– schwenkt der Abend schon sein Chiffon-Tuch –
und hiiinein mit Spruch und Widerspruch
in die ausgelaufne Trikolore!

Wo die Schöpfung schon ins Jenseits überlappt,
abtrimo! und ins Gewölk wie niscHt ...
Goldener Schaum vorm äsenden Maul des Sommers,
losgeflockt und aus der Welt gewischt.

        Peter Rühmkorf

Im Jahr 1960 machte sich der damals dreißigjährige Peter Rühmkorf Gedanken über »Das lyrische Weltbild der Nachkriegsdeutschen« und sein Befund fiel harsch aus: Seit 1945 seien die jüngeren deutschen Lyriker ständig auf der Flucht gewesen. Zuerst in die heile Welt des traditionellen Naturgedichts, dann in das preziöse Reich einer surrealistisch aufgetakelten Neoromantik, schließlich in den Leerlauf der konkreten Poesie und des völlig sinnfreien Lettrismus.

Doch wo die Gefahr am größten, wächst das Rettende auch, und Rühmkorf weiß gleich zwei Retter zu nennen: »Was nämlich die Gedichte von Grass und Enzensberger bei aller Unterschiedlichkeit auszeichnend verband, war die willentliche Offenheit gegenüber Weltstoff und Wirklichkeit.« Schiere Bescheidenheit, so vermute ich, verbot es dem Kritiker Rühmkorf, dem Retter-Duo einen Dritten im Bunde hinzuzugesellen: den Dichter Rühmkorf. Der nämlich, zwei Jahre jünger als Grass und vom gleichen Jahrgang wie Enzensberger, hatte 1959 im Rowohlt Verlag seinen ersten Gedichtband veröffentlicht. Sein Titel lautet »Irdisches Vergnügen in g«, und seinen Inhalt beschreibt Rühmkorf in »Die Jahre die ihr kennt«, seinem Lebensrückblick aus dem Jahre 1972, mit den folgenden Worten: »Schreiben als Wutanfall: Politische Oden, Hymnen, Gesänge.«

Ein volles Programm, doch was hat »Auf Sommers Grill« mit alldem zu tun? Denn auch dieses Gedicht findet sich in besagter Sammlung, und es steht vollständig quer zu allem, was der Dichter seiner Dichtung nachsagt: Kein Wutanfall, ein Glücksfall hat seine Feder geführt, nicht im Odenton spricht der Dichter über den geglückten »fuffzehnten Julei«, sondern im Volksliedton, nicht die reaktionäre politische Lage im Adenauer-Deutschland wird gegeißelt, sondern eine glorreiche Großwetterlage gefeiert, Voraussetzung für schamlos privatistischen Genuß: »Auf dem Grill des Sommers hingebreitet« – diesem Fuffzehnten sind viele heiße Tage vorangegangen, anders wäre das Laub nicht »sonnen-kroß«, eine so schöne wie hilfreiche rühmkorfsche Wortfindung, die es seither seinen Lesern ermöglicht zu benennen, was zuvor keinen Namen hatte: sommerbedingt vertrocknete Blätter.

Daß die sich in den Ellenbogen gedrückt haben, ist kein Zufall. Der Dichter ist nicht allein. Er stützt sich auf, beugt sich hinab, »mein zerfahrenes Gesicht an deinem ausgeruhten« – er durchlebt und feiert äußerst commune Wonnen, Wonnen der Gewöhnlichkeit geradezu.

Daß Rühmkorf das einfache Glück des Fleisches feiert, hat allerdings kein schlichtes Gedicht zur Folge. Im Gegenteil: Auf den ersten simplen, gebrochenen Reim folgen drei raffiniertere, umarmend gereimte Strophen, bevor die Schlußstrophe das abcb der ersten wieder aufnimmt, nicht aber die suggestive Anfangsmetapher: War der Sommer dem Dichter eingangs ein Rost gewesen, so mutiert er nun zu einem Roß, das abendlich-himmlischer Äsung nachgeht. Ist das noch dichterische Freiheit oder schon dichterische Dreistheit? Und was ist von der Keßheit zu halten, mit der Rühmkorf hohes Sprechen und niederen Jargon mischt: »Hochgehaucht am fuffzehnten Julei« – ?

Rühmkorf hat all seinen Sprachwitz und seinen gesamten Kunstverstand aufwenden müssen, um seiner Feier des fuffzehnten Julei jegliche Feierlichkeit auszutreiben. Dabei half ihm neben dichterischer Freiheit, Dreistheit und Keßheit auch poetische Kühnheit: »Und der Himmel wie ein Präser Gottes über die entflammte Welt gezogen.« Eine lebendigere, bis auf den heutigen Tag belebende Lyrik findet sich schwerlich in den politisch verhockten und ästhetisch verschmockten späten fuffziger Jahren.

LETZTE RUNDE

Hör zu

Hör zu, so wird der letzte Abend sein,
wo du noch ausgehn kannst: du rauchst die »Juno«,
»Würzburger Hofbräu« drei, und liest die Uno,
wie sie der »Spiegel« sieht, du sitzt allein

an kleinem Tisch, an abgeschlossenem Rund
dicht an der Heizung, denn du liebst das Warme.
Um dich das Menschentum und sein Gebarme,
das Ehepaar und der verhasste Hund.

mehr bist du nicht, kein Haus, kein Hügel dein,
zu träumen in ein sonniges Gelände,
dich schlossen immer ziemlich enge Wände
von der Geburt bis diesen Abend ein.

mehr warst du nicht, doch Zeus und alle Macht
das All, die grossen Geister, alle Sonnen
sind auch für dich geschehn, durch dich geronnen,
mehr warst du nicht, beendet wie begonnen –
der letzte Abend – gute Nacht.

                        Gottfried Benn

Ein auf den ersten Blick herzlich konventionelles Gedicht: fünfhebige Jamben, umarmende Reime, vierzeilige Strophen, die in eine fünfzeilige Strophe münden – lyrische Mitteilungsformen also, denen bereits zu Beginn des zwanzigsten Jahrhunderts etwas Überkommenes anhaftete und die spätestens seit dem Erscheinen von Gottfried Benns erstem Gedichtband »Morgue« von 1912 zum veralteten Poesie-Eisen gehörten. Der Dichter Benn hatte reimlos und schnörkellos begonnen – »Ein ersoffener Bierkutscher wurde auf den Tisch gestemmt« –, und wenn er in der Folgezeit reimte, dann, um der so sinnlosen wie hoffnungslosen Lage des Menschen mit Hilfe der Dichtung und unter Zuhilfenahme all ihrer Mittel etwas Geformtes und Dauerndes entgegenzusetzen, das Kunstwerk:

Ob Rosen, ob Schnee, ob Meere,
was alles erblühte, verblich,
es gibt nur zwei Dinge: die Leere
und das gezeichnete Ich.

So heroisch, ja pathetisch dichtete Benn noch im Jahre 1953, kurz darauf freilich beginnt er, dem hohen Ton zu mißtrauen. Am 12. März 1955 schreibt er an seine junge Freundin Ursula Ziebarth: »Ich habe seit langem eine solche Abneigung gegen das idealistische, erhabene, seraphische Gedicht (Carossa, Binding, Bergengruen, Stadler, Schnack, Weinheber), daß ich immer ein Nicht-Gedicht dagegen hauen muß. Also die journalistischen Gedichte meiner letzten Periode.«

Zu welchen auch »Hör zu« zählt. Der Dichter, der kurz vor seinem siebzigsten Geburtstag steht, führt ein mitleidloses Selbstgespräch, dem vorerst zumindest – jegliche »idealistische« Verklärung fremd ist. Als welterfahrener Realist listet Benn auf, was ihm den letzten Abend – wie schon die Abende zuvor – verschönen wird: Zigarette, Bier, Lektüre. Genüsse, denen er jedwedes poetisch umschreibende, mystifizierende oder verniedlichende Mäntelchen verweigert, indem er sie beim Namen, sprich: beim Markennamen nennt. Nicht von »blauem Dunst« oder »edlem Gerstensaft« ist die Rede, sondern von »Juno« und »Würzburger Hofbräu«, sogar die selbstverordnete Biermenge wird dem Leser en passant mitgeteilt: »drei«. Und der späte Gast meidet eine weitere, damals in den Medien gängige Umschreibung. Er liest kein »Hamburger Nachrichtenmagazin«, sondern den »Spiegel«.

Drei Markennamen in drei Zeilen – nähme man die Anfangsworte »Hör zu« hinzu, man käme sogar auf vier Produktbezeichnungen – ein in der deutschen Nachkriegslyrik unerhörter Vorgang. Ich jedenfalls weiß von keinem vergleichbaren Einbruch der Warenwelt in das so feinsinnig wie sorgsam geschützte Gehege unserer Fünfziger-Jahre-Poesie. Auch wenn der Dichter in der letzten Strophe den Versuch unternimmt, dem finalen Wirtshausbesuch doch noch höhere Weihen abzugewinnen, indem er erst »Zeus«, dann »das All« und schließlich »die großen Geister« anruft, vermag es selbst dieser »pontifikale« Schlußakkord nicht, den »profanen« Dreiklang des Gedichtanfangs zu übertönen – um jenes Gegensatzpaar anzuführen, das laut Bertolt Brecht die Dichtung der Deutschen seit Goethe durchzieht und in zwei Linien aufteilt.

Benn wußte, in welcher Zwickmühle er sich befand. Am 27. April 1955 schickt er »eine ganze Reihe von Gedichten, die niemand kennt« an Ursula Ziebarth, verbunden mit der Bitte um Beurteilung. »Welche kämen eventuell für den neuen Band in Frage«, fragt er, und »Welche sind unmöglich«. Sie solle »schonungslos« urteilen, ermuntert er sie, denn »ich weiß, daß ich mich in einer Krise hinsichtlich Gedicht befinde. Das alte idealistische schwungvolle Gedicht kriege ich nicht mehr über die Lippen. Was mich daran hindert, weiß ich selbst nicht. Es kommt mir unecht, unreal und unreell vor. Trotzdem bleibe ich ihm verhaftet.«

Die Adressatin folgt der Bitte des Dichters. In einem langen Antwortschreiben beurteilt sie Gedicht für Gedicht. »Hör zu« solle er in den neuen Band aufnehmen, schreibt sie, verbunden mit einer befremdlichen, den Schlußreim kappenden Empfehlung: »Bei diesem Gedicht würde ich allerdings die letzte Zeile fortlassen!«

Am 4. Mai dankt der Dichter der Leserin: »Dein Urteil ist brillant!«, folgt ihr aber nicht in allen Punkten: »Ich streiche ferner: ›Hör zu‹ albern u. gemütlich«. Hier irrt Benn, und fast will es mir scheinen, als habe ihn in diesem Fall Angst vor der eigenen Courage gepackt. Von Zeit zu Zeit muß das Gedicht entpoetisiert werden, und Gottfried Benn war zweimal dazu berufen, ihm diesen Dienst zu leisten. So, wie sein »ersoffener Bierkutscher« am Jahrhundertbeginn das Ende von Goldschnittlyrik und Décadence-Gedichten einläutete, so räumen seine drei Gläser »Würzburger Hofbräu« auf mit dem Gräserbewisper und dem falschen Trost der Nachkriegsdichtung.

Auch wenn »Hör zu« nicht schon 1956 in Gottfried Benns letztem Gedichtband »Aprèslude« zu lesen war – das Gedicht wurde erst 1960 in der Zeitschrift »Merkur« veröffentlicht –, so haben doch vergleichbar »reale« und »reelle« Stimmen und Tonfälle des späten Benn junge Dichter dazu ermutigt, sich unbefangen auf – wie es Peter Rühmkorf nannte – »Weltstoff und Wirklichkeit« einzulassen.

Gottfried Benn starb 1956; noch bevor das Jahrzehnt zu Ende ging, hatten die Debüts von Enzensberger, Grass und Rühmkorf dem »idealistischen, erhabenen, seraphischen Gedicht« endgültig den Garaus gemacht.

DIE BLANKE WAHRHEIT

Rote Sommer

Derweil der große Haufen sich, in überengen
Behältern drangvoll duldend wie auf Viehtransporten,
Aus Deutschlands nördlich milden Breiten oder Längen
Hinquält zu seinen grauenhaften Urlaubsorten,

Begeben Preußens dünkelhafte Kommunisten,
Gewohnt, in völliger Absonderung zu glänzen,
In Linnen leichtgewandet, duftenden Batisten,
Nach ihren Dörfern sich und Sommerresidenzen.

Und sie verharren vor Parterren mit Verbenen
Und nippen edlen Wein in schattigen Remisen.
Manchmal, nicht allzu oft, empfängt wohl dieser jenen,
Beziehungsweise jener bewillkommnet diesen.

Dann nehmen sie den Tee aus köstlichen Geschirren,
Plaudernd vom Klassenkampf, während ein Pfau, ein bunter,
Gekrönter Mohrenvogel, mit metallnem Flirren
Durch Heckenwege schreitet und zum See hinunter.

        Peter Hacks

Der 2003 im Alter von fünfundsiebzig Jahren verstorbene Peter Hacks ist vor allem als Dramatiker bekannt geworden, doch wie Bertolt Brecht, das Vorbild seiner frühen Bühnenstücke, war auch er zeitlebens Lyriker.

 Rund fünfhundert Seiten füllt die Ernte seiner überwiegend in der DDR verfaßten Gedichte: 1955 war Peter Hacks von München nach

Ostberlin gegangen, 1989 war das von ihm gewählte Staatswesen vergangen und der Kommunist und Dichter Hacks gezwungen, sich einen Reim auf die neue Zeit zu machen. Der fällt in einem achtundzwanzigteiligen, mit »Jetztzeit« überschriebenen Zyklus so überraschend wie unterhaltend aus: Die Lage ist hoffnungslos, aber nicht ernst.

Noch zu DDR-Zeiten hatte Peter Hacks das Recht auf Ungerechtigkeit eingeklagt: Man dürfe einen Dichter nur dann für »übertrieben oder ungerecht« halten, wenn »er es verabsäumt anzudeuten, daß er selbst weiß, wie sehr er übertreibt oder sich dem Unmut hingibt«.

Dem Unmut oder dem Übermut – beiden gibt Hacks in seinem Gedicht »Rote Sommer« derart die Sporen, daß alles in Grund und Boden gereimt wird, was dem Kommunisten lieb und dem Sozialisten teuer sein sollte.

Mitleidlos hält Hacks in der ersten Strophe jenem »großen Haufen« den Spiegel vor, dem einst als »Volk« angeblich Betriebe und Ländereien eigen waren. Wohl nur auf dem Papier – müßten sie sich sonst nach dem Mauerfall in den grauenhaft heißen Süden quälen?

Indes hat sich für »Preußens dünkelhafte Kommunisten« nichts geändert. Wie schon zu DDR-Zeiten können sie sich ungestört auf ihre nahe gelegenen »Sommerresidenzen« zurückziehen, in welchen es sich zugleich klassenbewußt und klasse leben läßt: Reimten sich sonst »Kommunisten« auf »Batisten«?

Und es kommt noch klassischer. Der bereits gehobene Tonfall der zweiten Strophe schwingt sich in der dritten vollends zum hohen Ton empor, Gedicht wird zu Gesang, George läßt grüßen.

»Und sie verharren vor Parterren mit Verbenen« – welch edle e-a-a-e-Parade, die in der Folgezeile in ein nicht minder kostbares i-e-e-i-Defilee mündet: »Und nippen edlen Wein in schattigen Remisen« – ach, wer da mitnippen könnte!

Hoch, höher, am – tiefsten. Denn in der vierten Zeile plumpst der Dichter in den Graben: »Beziehungsweise jener bewillkommnet diesen« – ja, »béwillkómmnet«, anders als falsch betont ist das viersilbige Wort nicht in der sechshebigen Zeile unterzubringen.

Dichterpech? Dichterglück! Denn der in Metrum und Reim bestens bewanderte Hacks hat den Ton ja nur deswegen so hoch geschraubt, um desto tiefer plumpsen zu können. »Fallhöhe« – dieser von Komiktheoretikern gern verwandte Begriff entfaltet beim Praktiker Hacks sein komisches Potential, nicht zuletzt dann, wenn der Dichter abschließend seine Kommunisten vom Klassenkampf plaudern läßt, indes ein Pfau, ein bunter, durch Heckenwege schreitet, »zum See hinunter« denn natürlich besitzen sie allesamt Wassergrundstücke, diese vorgeblichen Verlierer der Geschichte – ach, wer da hätte mitverlieren dürfen!

Ganz wie dem Grimmelshausenschen »Simplicius Simplicissimus« hat es Hacks »wollen behagen, mit Lachen die Wahrheit zu sagen«. Wann hätte es *das* vor der von ihm so benannten »Schreckenswende« gegeben: daß ein dünkelhafter Kommunist in duftendem Batist die linnenen Hosen runterläßt, um allem Volk die blanke Kehrseite der Geschichte zu zeigen?

DER WEG IST DAS ZIEL

Der Gaul

Es läutet beim Professor Stein.
Die Köchin rupft die Hühner.
Die Minna geht: Wer kann das sein? –
　Ein Gaul steht vor der Türe.

Die Minna wirft die Türe zu.
Die Köchin kommt: Was gibt's denn?
Das Fräulein kommt im Morgenschuh.
　Es kommt die ganze Familie.

»Ich bin, verzeihn Sie«, spricht der Gaul,
»der Gaul vom Tischler Bartels.
Ich brachte Ihnen dazumaul
　die Tür- und Fensterrahmen!«

Die vierzehn Leute samt dem Mops,
sie stehn, als ob sie träumten.
Das kleinste Kind tut einen Hops,
　die andern stehn wie Bäume.

Der Gaul, da keiner ihn versteht,
schnalzt bloß mal mit der Zunge,
dann kehrt er still sich ab und
　geht die Treppe wieder hinunter.

Die dreizehn schaun auf ihren Herrn,
ob er nicht sprechen möchte.
Das war, spricht der Professor Stein,
ein unerhörtes Erlebnis! ...

Christian Morgenstern

Das Gedicht »Der Gaul« ist gut hundert Jahre alt, es findet sich bereits in Christian Morgensterns 1905 erstmals erschienenen »Galgenliedern«. Den dort versammelten Gedichten wird bis auf den heutigen Tag nachgerühmt, daß sie komisch seien. Aus gleichem Grund werden auch Witze geliebt und weitergetragen. Und doch wüßte ich keinen hundertjährigen Witz zu erzählen, während ich komische Gedichte aufsagen könnte, die weit älter als der »Gaul« sind, Scherzverse Lessings, Spottverse Heines, Sprichwörtliches von Wilhelm Busch. Ich frage mich: Wieso? Welcher Haltbarkeitsfaktor unterscheidet die Komik des Witzes von der Komik eines Gedichts?

Witze – sind sie überhaupt Menschenwerk? Nicht eher ein Naturvorgang? Ganze Witzwiesen sprießen, erblühen und verwelken in regelmäßigem Turnus: Irrenwitze, Ostfriesenwitze, Mantawitze – allesamt verweht, die meisten vergessen. Ebenso die Tierwitze. Wer kennt noch einen der ungezählten Häschenwitze? Wer mag noch herzhaft über all die Hunde in all den Bars lachen, die dort, beispielsweise, beim Schachspiel mit Herrchen angetroffen werden: »Ihr Hund kann Schach? Der ist aber klug!« »Ach was, das ist ein ganz Dummer – hat schon dreimal verloren!«

Wollte man Morgensterns Gedicht »Der Gaul« auf ähnlich lakonische Weise erzählen, gäbe es sicherlich noch weniger zu lachen: »Kommt ein Pferd zu Professor Stein« – aber lassen wir das. Hat doch Morgenstern nicht einen Witz in Reime fassen, sondern ein komisches Gedicht verfassen wollen. Veraltete Witze werden mit den Worten abgetan »Witz mit Bart«. Das Verdikt »Gedicht mit Bart« ist mir nicht geläufig – was verleiht gelungenen komischen Gedichten eine Art Frischegarantie? Was bewegt mich, das mir doch wohlbekannte »Gaul«-Gedicht immer wieder mal zu lesen, und das nie ohne Vergnügen?

Daß einprägsamer Reim das Gedicht vom Witz unterscheide, könnte jetzt vorgebracht werden, doch gerade den Reim nutzt Morgenstern in einer Weise, die aller Eingängigkeit widerspricht: Er reimt nicht, wie aus ungezählten Gedichten gewohnt, die vierte auf die zweite Zeile, sondern die dritte auf die erste. Zeile zwei und vier aber werden durch Assonanzen verklammert, durch doppelte, ja dreifache Vokalparallelen, mal weniger les- und hörbar wie in »was gibt's denn« – »Familie«, mal unüberhörbar wie in »Bartels« – »Rahmen«. Ist das nun schon witzig? Nein, aber nicht ohne Witz, da der Dichter dem Leser einerseits das Gefühl gibt, sich auf tragfähigem Reimboden zu befinden; »Stein« – »Sein«, und ihm andererseits den Reim da verweigert, wo er ihn erwartet: »Hühner« – »Türe«.

So, auf mal festem, mal schwankendem Grund geht es durch ein Gedicht, das einen Vorgang von bodenloser Nichtigkeit schildert: Daß da ein Gaul bei Professor Stein vorstellig wird, mag ja noch angehen, auch, daß das Tier sprechen kann. Der Rede kundige, sie gern mit einer vernünftigen Moral beschließende Tiere kennen wir aus den Fabeln, doch Morgensterns Protagonist weiß statt eines nachvollziehbaren Anliegens, einer hilfreichen Weisheit gar, nichts weiter vorzubringen als belanglose Angaben zur Person, und die noch in einer Art von Reim-dich-oder-ich-freß-dich-Sprache. Wen interessiert schon, was der Gaul »dazumaul« bei Professor Stein vorbeigebracht hat? Der überraschenderweise auf vierzehn Köpfe angewachsenen Zuhörerschar jedenfalls fehlt jedes Verständnis für die Worte des Tiers, welches sich im Gegenzug ebenfalls unverstanden fühlt und den Rückzug antritt. Wir befinden uns in der fünften Strophe – jetzt spätestens, in der sechsten und letzten, sollte uns der Dichter durch eine überraschende Pointe dafür belohnen, daß wir ihm solange gefolgt sind, aber nichts da.

Im Gegenteil: Konnten wir uns bisher wenigstens an den Ordnungssystemen Reim und Assonanz durch das Gedicht hangeln, so läßt uns Morgenstern unvermutet ins Leere fallen, da die sich in der letzten Strophe völlig verflüchtigt haben. Wenn uns wenigstens der Inhalt auffangen würde! Doch statt mit einer tragfähigen Pointe speist uns Morgenstern mit Professor Steins denkbar schlichtestem aller Schlußworte ab: »Das war ein unerhörtes Erlebnis!«

Das ist, könnte man hinzufügen, eine Pointenverweigerung von unerhörter Dichter-Dreistigkeit – warum erleben wir den Vorgang dennoch als belustigend? Es ist die Erkenntnis, daß der Dichter sich mit uns und unseren Erwartungen ein Spielchen erlaubt hat. Nun, da wir keine Pointe mehr zu erwarten haben, können wir uns ganz den raffinierten Stolpersteinen widmen, mit denen der Dichter den Weg in die Nichtigkeit gepflastert hat. Während der Witz möglichst schnörkellos auf eine möglichst überraschende Pointe zusteuert, kann das komische Gedicht sich und seinen Lesern das Vergnügen an Verzögerung und Irreführung leisten: Der Weg ist das Ziel. Vorausgesetzt, der wegbereitende Dichter hat etwas zu bieten, was Lust macht, ihm zu folgen. Dann kann der wiederholte Gang durch das Gedicht noch lustiger werden als die erste Lektüre.

AN DER ANGEL

Des Nachbars Perlhuhn schreit wie eine Uhr
so unentwegt und immer in demselben
verrückten Abstand, während sich die gelben
Blätter der Weide lösen und als Schnur
im kleinen Dorfbach schaukelnd weitergleiten.
Der schwarze Hund hebt heftig an zu streiten
Wider die Schreie, die er nicht verträgt.
Ein tauber Bettler, der durch Nägel sägt,
lächelt voll Hoffnung auf das Abendbrot.
Die letzten Hängenelken blühen rot,
und wenn der Wind will, duften sie herüber.
Sehr tief im Osten steigt ein dunstig-trüber
Herbstmond herauf und äugt uns alle an.
Das Perlhuhn schweigt, – ein rostig-brauner Hahn
Kommt ihm fast höflich durch die Nacht entgegen.
Der Bettler sitzt schon unterm Küchensegen,
und in der Hundehütte rauscht das Stroh.
Jetzt dürfte man vom Tage nichts mehr wissen!
Ich aber wende immerfort das Kissen;
denn unter meinem Schädel irgendwo
verbarg das Perlhuhn seine schrillen Schreie.
Der Mond tritt langsam aus der Sternenreihe
Und an mein Fenster als ein gelber Hahn.
Wie eine Uhr fang ich zu beten an.

Christine Lavant

Für Goethe waren Gedichte »gemalte Fensterscheiben«, man könnte diese glänzenden Kunstgebilde auch anders, herzloser deuten. Als Blinker beispielsweise, die Leser aber wären die Fische, die geradezu reflexhaft nach einleuchtenden Worten, Zeilen oder Versen schnappen und dann oft ein Leben lang an der Angel hängen, weil sie die aufgeschnappten Brocken einfach nicht mehr aus dem Kopf kriegen: »Ich zoch mir einen valken«, »Der Mond ist aufgegangen«, »Gedichte sind gemalte Fensterscheiben«.

Freilich: Nicht jeder Blinker funktioniert. Leserinnen und Leser schnappen keineswegs nach allem, was Dichterinnen und Dichter ihnen im Wörtersee der Poesie vor Augen führen, im Gegenteil. 99 Prozent der Köder werden, fürchte ich, verschmäht, und in der Regel wird es nicht schwer fallen, derlei Verweigerung zu begründen: Der Blinker ist zu unscheinbar, zu unattraktiv, zu kompliziert konstruiert, zu ungenau plaziert, zu schlecht gemacht, zu hoch gedacht oder zu tief gefühlt. Um so aufregender, wenn es klappt, um so schwieriger freilich auch die Erklärung, warum das so ist: Was hat dieses eine Gefühl, was andere – auch Gedichte des gleichen Urhebers – nicht haben?

»Des Nachbars Perlhuhn schreit wie eine Uhr« – das Gedicht, welches mit dieser Zeile beginnt, hat überdurchschnittlich häufig eingeleuchtet, und dafür gibt es Zeugen. Rudolf Helmut Reschke gehört zu ihnen, Axel Marquardt, auch Thomas Bernhard. Sie alle haben Lyrik-Anthologien herausgegeben – die ersten beiden trugen eine Blütenlese der deutschsprachigen Dichtung dieses Jahrhunderts zusammen, der eine für den Bertelsmann Club, der andere für den Haffmans Verlag, Bernhard schließlich traf für die Bibliothek Suhrkamp eine Auswahl aus den vier Gedichtbänden der Christine Lavant – und bei keinem der drei fehlt »Des Nachbars Perlhuhn schreit wie eine Uhr«.

Daß ich von dieser Übereinstimmung weiß, ist Zufall – ich habe keineswegs alle erreichbaren Anthologien überprüft. Es war allerdings eine Anthologie, in welcher ich das erste Mal etwas von Christine Lavant las. In Karl Otto Conradys Sammlung »Das große deutsche Gedichtbuch« stieß ich auf – nein, nicht auf das »Perlhuhn«, das fehlt –, sondern auf die Zeilen »Es riecht nach Weltenuntergang/viel stärker als nach Obst und Korn«. Da bereits biß ich an, ganz und gar gefangen nahmen mich dann die letzten Zeilen der ersten Strophe: »Ergreifend flach ohne Schein/

schiebt sich der Mond herein.« Auch dieses Gedicht traf übrigens nicht nur Conradys und meinen Nerv, ich fand es auch bei Reschke und Bernhard.

Lavant – so heißt ein Fluß in Kärnten, und unter diesem Namen veröffentlichte Christine Habernig zwischen 1956 und 1962 ungefähr 400 Gedichte. »Des Nachbars Perlhuhn« findet sich in ihrem ersten Gedichtband »Die Bettlerschale« und hat seither offenbar nicht aufgehört, Leser zu finden und zu blenden, obgleich sein packender Beginn mit so suggestiven anderen Gedichtanfängen konkurriert wie »O Mond, dir steht das Kranksein gut«, »Aus den Steinen bricht der Schweiß«, »Alter Schlaf, wo hast du deine Söhne« oder »Es riecht nach Weltenuntergang«.

Zugegeben: »Des Nachbars Perlhuhn« ist ein perfekter Köder, in fast jeder Zeile beißt man sich fest. Der »verrückte Abstand«, der schwarze Hund, der »heftig wider die Schreie streitet«, der Mond, der »uns alle anäugt«, der »fast höfliche rostig-braune Hahn«, die Schlußzeile schließlich – alles Widerhaken, die in solcher Häufung auch bei Christine Lavant selten sind. So, wie der Trakl-Leser mit jedem Gedicht zuverlässig ins Trakl-Land gelangt, so entführt auch jede Lavant-Lektüre ins Lavant-Tal, jene nicht ganz geheure Gegend, in welcher ein leidendes Ich mit einem krankmachenden Gott, einer verrückten Weltordnung und einer bedrohlichen Natur hadert und für all diese Kränkungen immer neue Worte und unerwartete Bilder findet, manche freilich noch neuer und noch unerwarteter als die anderen. Und aus denen sind dann wohl auch diejenigen Gedichte der Christine Lavant gemacht, die sich so besonders hartnäckig festsetzen.

DIE LEHRE DER LEERE

Exil I
(Meran 1964)

Frau Kunkel spricht: O nennt mich, bitte,
hinfort nicht Palma; denn ich mag
Mallorca nicht. Ich wandle lieber
auf der Alm, da geht's hinüber
mit leichtem Tritte ins Gefelse,
der Gemse und dem Steinbock nah
steig' ich zur Höh' hinauf und grüße
den Tag und meine Tante Else
fern in Amerika.

Als Tante Else emigrierte,
da stand der Kerl, der mich verführte,
im grellen Ruh, wir schrien Heil
vor der Attrappe eines Herrn
und lagen gern auf unseren Knien
vor diesem Götzen, bis das Beil
– als gäb's ihn doch, den Gott der Fülle
und seinen Zorn – ja, bis das Beil
der Weltgeschichte, die, so heißt es,
das Weltgericht ist, ihn und uns zerhieb.

Doch bald war, was am Leben blieb,
schon wieder obenauf und tanzte dumm
um das bekannte Kalb herum
und blieb im Herzen stumm.
(Und meine Flucht beweist es.)

Drum liebe ich den Gang zur Gipfelstille
durch Eis und Schnee, den Sternen nah,
die ich als Kind noch kannte, als die Süße
im Saft des Daseins, den ich gierig schleckte,
mir noch wie ferner Welten Honig schmeckte
und nicht wie Pappe, ach, ich grüße
die Tante in Amerika.

Peter Voß

Palma Kunkel, Geburtsjahr unbekannt, aus dem Stamme jener Palms, dem vor ihr bereits Palmström entsprossen war, gehört zu den vergeistigsten, und das meint auch unwirklichsten Figuren, die jemals aus der »Lever« des Christian Morgenstern ans Licht getreten sind.

Wie bereits Palmström wurde ihr die Ehre zuteil, als Buchtitel zu figurieren, doch anders als ihr Halbnamensbruder macht sie keine Anstalten, besagtem, 1915 veröffentlichtem Nachlaßband ihren Stempel aufzudrücken. Nicht mehr als drei der 53 Gedichte beschäftigen sich mit ihr, und die umreißen vor allem, was Palma Kunkel nicht ist und nicht sagt: »Nicht vom Wetter spricht sie, nicht vom Schneider,/höchstens von den Grundproblemen beider« – was immer die sein mögen: Der stete Wechsel der Fronten und Moden? Der immerwährende Vorwurf unpassender bzw. nicht passender Arbeitsresultate?

Peter Voß, Jahrgang 1941, legt sich da weit weniger rhetorische Zurückhaltung auf. Als Intendant des SWR äußert er sich zu Fragen der Gebührenordnung und zu Problemen der Schleichwerbung, als Gastgeber der »Bühler Gespräche« unterhält er sich mit Gästen aller Berufsgruppen, als Mitglied des »Presseclubs« kommentiert er das Zeitgeschehen, als Professor lehrt er an der Hochschule für Gestaltung in Karlsruhe –

Und als ob ihm all diese Mitteilungsformen noch nicht genügten, dichtet er.

Gedichte seien ihm der »Gegenpol zum dürren Code des Faktischen«, merkt er im Klappentext seines Gedichtbandes an – was nicht ausschließt, daß Voß hin und wieder dem Hang zum Didaktischen nachgibt, wobei die vermittelte Lehre sich freilich meist sehr bedeckt hält.

»Exil I (Meran 1964)« ist ein solches camoufliertes Lehrgedicht. Daß sich der Dichter Voß 1964 in Meran aufgehalten hat, geht aus der eingeklammerten Mitteilung hervor, unerwähnt bleibt, daß Christian Morgenstern fünfzig Jahre zuvor, 1914, in dem gleichen Alpenort gestorben ist. Eine Koinzidenz mit Folgen: Ausgerechnet Morgensterns redeunlustige Palma Kunkel meldet sich in dem umwitterten Ort zu Wort, und sie hat einiges zu sagen, mehr als Morgenstern ihr je in den Mund gelegt hat bzw. ihrem Mund zu entlocken wußte. In fließendem, ganz und gar nicht dürrem, eher saftigem Parlando, hier und da durch kaum merkbare, wie zufällige Reime akzentuiert, äußert sich eine sehr handfeste Frau Kunkel, die in den vergangenen Jahrzehnten viel durchgemacht und einiges falsch gemacht hat. Als sie das Licht der Welt erblickte – in das zu treten sie sich freilich laut Morgenstern weigerte –, da stand Europa am Vorabend des Ersten Weltkriegs, und Kriegs-, Nachkriegs- sowie eine weitere Kriegszeit scheinen Palma Kunkels strikt esoterischer Existenz derart die Grundlagen entzogen zu haben, daß sie nicht nur auf dem Boden der Tatsachen, sondern geradewegs in den Fängen des angeblichen Heilsbringers landete.

Muhme Kunkel auf den Knien vor Hitler – ein trauriges, leider jedoch nicht abwegiges Exempel dafür, wie verführbar der im luftleeren Raum scheinbar frei schwebende reine Geist immer dann ist, wenn pure Gewalt ihm einen verlockend fest umrissenen Platz in der Welt zuweist: Knieten unweit von Muhme Kunkel seinerzeit nicht auch Ohm Heidegger und Onkel Benn?

1964 – die Wirtschaftswunderhochzeit lockt mit neuen Verführungen, doch Frau Kunkel hat aus ihren Fehlern gelernt. Statt den altbösen Götzen »Goldenes Kalb« alias Mammon anzubeten, legt sie ihren Namen Palma aus guten Gründen ab, besinnt sie sich auf ihr wahres Selbst, zieht es sie aus den Niederungen von Freizeit und Kommerz nach oben, zu Eis, Schnee und Gipfelstille: Sie geht ins Exil.

Damit folgte sie spät, aber nicht zu spät dem Beispiel ihrer Tante Else, die sich bereits vor Jahrzehnten ins ferne Amerika retten mußte und die nun von ihrer Verwandten aus dem Hochgebirge gegrüßt wird –: Else who? Ist auch sie irgendwann und irgendwo aus Morgensterns »Leyer« an Licht getreten? Ich wüßte weder Ort noch Zeit zu nennen und vermute daher in besagter Tante eine Voßsche Erfindung, deren schieres Dasein ihre Nichte Kunkel dazu ermutigen soll, wieder dorthin zu streben, woher sie gekommen ist: ins Schweigen.

Ein steiniger, ein steiler Weg, der offenbar zum Ziel geführt hat. Seit dem Entstehungsjahr des Gedichts, seit mehr als vier Jahrzehnten also, hat sich Frau Kunkel nicht mehr zu Wort gemeldet:

»Nicht vom Wetter spricht sie, nicht vom Schneider, nicht mal von den Grundproblemen beider« –: oder hortet Voß noch unbekannte Kunkeliana in irgendeiner Kunkel-Kladde? Dann immer heraus damit!

ENDE SCHLECHT, ALLES GUT
Erich Kästners Weltuntergang

Das letzte Kapitel

Am 12. Juli des Jahres 2003
lief folgender Funkspruch rund um die Erde:
daß ein Bombengeschwader der Luftpolizei
die gesamte Menschheit ausrotten werde.

Die Weltregierung, so wurde erklärt, stelle fest,
daß der Plan, endgültig Frieden zu stiften,
sich gar nicht anders verwirklichen läßt,
als alle Beteiligten zu vergiften.

Zu fliehen, wurde erklärt, habe keinen Zweck.
Nicht eine Seele dürfe am Leben bleiben.
Das neue Giftgas krieche in jedes Versteck.
Man habe nicht einmal nötig, sich selbst zu entleiben.

Am 13. Juli flogen von Boston eintausend
mit Gas und Bazillen beladene Flugzeuge fort
und vollbrachten, rund um den Globus sausend,
den von der Weltregierung befohlenen Mord.

Die Menschen krochen winselnd unter die Betten.
Sie stürzten in ihre Keller und in den Wald.
Das Gift hing gelb wie Wolken über den Städten.
Millionen Leichen lagen auf dem Asphalt.

Jeder dachte, er könne dem Tod entgehen.
Keiner entging dem Tod, und die Welt wurde leer.
Das Gift war überall. Es schlich wie auf Zehen.
Es lief die Wüsten entlang. Und es schwamm übers Meer.

Die Menschen lagen gebündelt wie faulende Garben.
Andre hingen wie Puppen zum Fenster heraus.
Die Tiere im Zoo schrien schrecklich, bevor sie starben.
Und langsam löschten die großen Hochöfen aus.

Dampfer schwankten im Meer, beladen mit Toten.
Und weder Weinen noch Lachen war mehr auf der Welt.
Die Flugzeuge irrten, mit tausend toten Piloten,
unter dem Himmel und sanken brennend ins Feld.

Jetzt hatte die Menschheit endlich erreicht, was sie wollte.
Zwar war die Methode nicht ausgesprochen human.
Die Erde war aber endlich still und zufrieden und rollte,
völlig beruhigt, ihre bekannte elliptische Bahn.

Erich Kästner

Heute, am Samstag, dem 12. Juli des Jahres 2003, beginnt das letzte Kapitel der Menschheitsgeschichte, und wir können sagen: Wir werden dabeigewesen sein. Ein Funkspruch wird den Anfang machen, ausgesandt von der Weltregierung. Er wird uns mitteilen, daß wir im Interesse des Weltfriedens am morgigen Sonntag alle werden sterben müssen. An diesem 13. Juli dann werden eintausend Flugzeuge der Luftpolizei mit Hilfe von Massenvernichtungsmitteln alles Leben von der Erde tilgen, und es wird niemand übrigbleiben, uns von diesem Todeskampf zu berichten: »Keiner entging dem Tod und die Welt wurde leer.«

Was tun? Ein, zwei, viele Apfelbäumchen pflanzen? Ich weiß einen besseren Vorschlag. Schauen wir uns die triste Botschaft und ihren Überbringer doch einmal genauer an: Sind die überhaupt vertrauenswürdig? Da sind Zweifel erlaubt.

Beim ersten Lesen vermag das katastrophale Szenario noch Bedenken zu übertönen. Leben wir nicht alle mit der seit archaischen Zeiten tiefverwurzelten Gewißheit, daß uns, dem Menschengeschlecht, irgendwann die Rechnung für unsere verfehlte Lebensweise präsentiert werden wird? Eine Zweitlektüre aber offenbart einen verdammten Bruch in der Logik: Der ganze Weltuntergang wird ja im Präteritum erzählt! Einer muß demnach überlebt haben. Wie reimt sich das auf »Keiner entging dem Tod«? Natürlich gar nicht, es sei denn, man unterstellte ein lyrisches Ich, dem kein Gift der Welt etwas anzuhaben vermag. Doch weshalb erhebt es die Stimme, wo doch niemand mehr zuhören kann?

Halten wir uns also lieber an den Lyriker selbst, den bei Abfassung des Gedichts einunddreißigjährigen Erich Kästner. Der legt 1930 nach »Herz auf Taille« und »Lärm im Spiegel« seinen dritten, ungewohnt düsteren Gedichtband vor: »Ein Mann gibt Auskunft«. Im vorletzten Gedicht dieser Sammlung wirft er eine Frage auf:

> Und wie immer wieder schickt ihr mir Briefe,
> in denen ihr, dick unterstrichen, schreibt:
> ›Herr Kästner, wo bleibt das Positive?‹
> Ja, weiß der Teufel, wo das bleibt.

In weiteren sieben Strophen macht er sich auf die Suche, ohne Erfolg:

> Die Spezies Mensch ging aus dem Leime
> und mit ihr Haus und Staat und Welt.
> Ihr wünscht, daß ich's hübsch zusammenreime,
> und denkt, daß es dann zusammenhält?

»Das letzte Kapitel« beschließt die Sammlung, ein Gedicht, das auch als Antwort auf die Frage »Herr Kästner, wo bleibt das Negative?« gelesen werden kann. Davon nun weiß Kästner eine Menge aufzutischen, wobei er sich einige aparte Zutaten hat einfallen lassen: Er verlegt die endgültige Ausrottung der Menschheit auf einen Zeitpunkt, der seinen eigenen Lebenshorizont deutlich übersteigt, er reimt das böse Ende hübsch kreuzgereimt zusammen, und er bricht mit dem Futur, in welchem Prophezeiungen üblicherweise vorgebracht werden: »Ich will die Menschen, die ich geschaffen habe, vertilgen von der Erde, vom Menschen an bis auf das Vieh und bis auf das Gewürm und bis auf die Vögel unter dem Himmel, denn es reut mich, daß ich sie gemacht habe.«

So spricht Gott im ersten Buch Moses, Kapitel sechs, und hätte er nicht ein Wohlgefallen an Noah gefunden, dann wäre das letzte Kapitel bereits viel früher geschrieben worden. So aber konnte sich Kästner den subtilen Scherz erlauben, rückblickend vom Ende der Menschheit zu berichten – der Rest freilich ist nicht so lustig.

Wie mögen Kästners Zeitgenossen »Das letzte Kapitel« gelesen haben? Kurt Tucholsky, der »Ein Mann gibt Auskunft« kurz nach Erscheinen in der »Weltbühne« eingehend und eindringlich besprochen hat, erwähnt mehrere der Gedichte des Bandes, auch »das unsereinem aufs Fell geschriebene Gedicht ›Und wo bleibt das Positive, Herr Kästner‹«. Zum »Letzten Kapitel« findet er keine Worte. Weil's noch so weit weg war?

Zeit vergeht, und als Eva Demski das Gedicht am 13. Oktober 2001 in der »Frankfurter Anthologie« vorstellte, war nicht nur die Frist bis zum 13. Juli 2003 schon erheblich zusammengeschmolzen, da hatte auch vor allem ein Vorgang den Blick auf das Gedicht entscheidend verändert: »Die jüngsten Ereignisse haben den Staub von diesen Zeilen gefegt, und die Katastrophenbilder des Gedichts können nicht mehr als Metaphern gelesen werden.« Bei den »jüngsten Ereignissen« denkt Eva Demski selbstredend zuerst an den 11. September, dann aber auch an Öko-Fanatiker, »die die Abschaffung des Menschengeschlechts zur Rettung der Natur für geboten halten«.

Was aber verbindet all jene, denen jedes Mittel genehm ist, sofern es nur dem einen, dem großen, dem alles rechtfertigenden Ziel dient? Es ist der totalitäre Terrorismus, der sich in der Wahl seiner Ausrottungsmethoden je länger, desto enger dem Kästnerschen Endzeit-Szenario angeglichen hat: Sind sie uns nicht allesamt schrecklich vertraut, diese fliegenden Selbstmordkommandos mit ihren biologischen und chemischen Massenvernichtungswaffen? Selbst daß der finale Flug ausgerechnet in Boston gestartet wird, bewirkt einen gewissen Wiedererkennungseffekt.

Kein Zweifel – Kästners Visionen sind zum Teil von der Wirklichkeit eingeholt worden, und Kästner-Lesern ist das nicht entgangen. Das Gedicht, höre ich, wurde der Redaktion dieser Zeitung in den letzten Monaten ungewöhnlich häufig zugeschickt, unverlangt und unaufgefordert. Weshalb? Ich vermute, als Botschaft. Ihr Inhalt: Da sagt's mal einer!

Aber was sagt er eigentlich, der Kästner? Hat er wirklich bereits vor Jahrzehnten Totalitarismus und Terrorismus angeprangert? War er nicht vielmehr im tiefsten Grunde seines Herzens davon überzeugt, die Menschheit habe kein besseres Ende verdient?

»Die Zeit liegt im Sterben. Bald wird sie begraben«, heißt es im Gedicht von der Frage nach dem Positiven. Und in einer makabren Ballade, in »Maskenball im Hochgebirge«, läßt Kästner alle Gäste eines Berghotels verrückt werden und nachts über die Hänge rasen. Nicht ohne Folgen:

Das Gebirge machte böse Miene.
Das Gebirge wollte seine Ruh.
Und mit einer mittleren Lawine
deckte es die blöde Bande zu.

Hat dieses Ende nicht eine verfluchte Ähnlichkeit mit dem der Erde, die endlich still und zufrieden, »völlig beruhigt«, ihre bekannte Bahn rollt? Und steckt hinter solch finaler Ruhestiftung letztlich nicht noch immer ER, der zu Zeiten Noahs schon einmal das letzte Kapitel geplant und eingeleitet hatte? Nur ER kann vom Weltuntergang in der Vergangenheitsform reden, da allein ER außerhalb der Bedingtheiten von Zeit und Raum steht. Ja, ich kann mich des Eindrucks nicht erwehren, als ob ER im »Letzten Kapitel« sein Inkognito fast überdeutlich lüftet: ERich KästnER.

INGEBORG BACHMANN: DIE GESTUNDETE ZEIT

Die gestundete Zeit

Es kommen härtere Tage.
Die auf Widerruf gestundete Zeit
wird sichtbar am Horizont.
Bald mußt du den Schuh schnüren
und die Hunde zurückjagen in die Marschhöfe.
Denn die Eingeweide der Fische
sind kalt geworden im Wind.
Ärmlich brennt das Licht der Lupinen.
Dein Blick spurt im Nebel:
die auf Widerruf gestundete Zeit
wird sichtbar am Horizont.

Drüben versinkt dir die Geliebte im Sand,
er steigt um ihr wehendes Haar,
er fällt ihr ins Wort,
er befiehlt ihr zu schweigen,
er findet sie sterblich
und willig dem Abschied
nach jeder Umarmung.

Sieh dich nicht um.
Schnür deinen Schuh.
Jag die Hunde zurück.
Wirf die Fische ins Meer.
Lösch die Lupinen!

Es kommen härtere Tage.

      Ingeborg Bachmann

Ein guter, vielversprechender Titel: Eigentlich stundet man ja Schulden, doch solcher Aufschub währt, wie schon das Wort verrät, immer nur kurz: Sie sind nicht vertagt, die Schulden, nicht gewocht, gemonatet, gar gejahrt, sondern lediglich gestundet.

Diese kleine aufschiebende Zeiteinheit auf die Zeit selbst und in toto zu übertragen, ist ein Einfall, der Beifall verdient – doch gilt dies auch für das Gedicht?

Es ist seit seiner ersten Veröffentlichung im ersten Gedichtband der Bachmann, »Die gestundete Zeit«, 1953, häufig gerühmt worden – auch deswegen, weil das Gedicht im Umfeld der damaligen metaphernseligen, spätsurrealen, wenn nicht verspäteten, deutschen Lyrik ungewohnt deutlich, sogar zeitbezogen daherkam. Oder doch nur daherzukommen schien?

»Es kommen härtere Tage« – ein guter Einstieg, unmißverständlich und unpoetisch! Doch die Poesie wird dadurch rasch nachgeliefert, daß »die auf Widerruf gestundete Zeit« sich – ganz unzeitgemäß – materialisiert, indem sie am Horizont sichtbar wird. Was freilich zunächst wieder ganz handfeste Folgen zu haben scheint, zumindest gilt das für ein lyrisches »Du«, das da nicht zu bleiben vermag, wo es sich gerade befindet: »Bald mußt du den Schuh schnüren.« »Den« Schuh, nicht »die Schuhe«, ein pars pro toto, das noch keine Rätsel aufgibt. Doch gilt das auch für die Vorhersage, bewußtes »Du« werde die Hunde in die Marschhöfe zurückjagen müssen?

Erstmals erfahren wir etwas über den Ort des Gedichts. Die Marschhöfe verweisen auf norddeutsches, seenahes Flachland, das sich in wenig fruchtbare Geest und ertragreiche Marsch teilt – dunkel freilich bleibt, welcher Tätigkeit das angesprochene Du des Gedichts in diesem ländlichen Zusammenhang nachgegangen ist. Auf den Marschhöfen kann er kaum tätig geworden sein – die Tatsache, er werde die Hunde in besagte Höfe zurückjagen müssen, läßt den Schluß zu, die Tiere seien ihm nachgelaufen. Weil das »Du« möglicherweise ein Fischer ist?

Auf jeden Fall ist von »Fischen« die Rede, wenig überraschend, da der Fisch geradezu als Wappentier der deutschen 50er-Jahre-Lyrik gelten kann, nie zuvor und nie hernach tauchte er in derart vielen Gedichten unterschiedlichster Dichterinnen und Dichter auf. Nun also auch bei Ingeborg Bachmann – soweit so überraschungsfrei, lieferten besagte

Fische nicht eine weitere, erklärungsbedürftige Begründung dafür, warum das Du die Marschen samt ihren Hunden werde verlassen müssen: »Denn die Eingeweide der Fische/sind kalt geworden im Wind.«

Nun sind Fischeingeweide ohnehin keine allzu warme Angelegenheit, und daß sie an trüben und windigen Sommertagen nicht unbedingt wärmer werden, lehrt die Lebenserfahrung. Doch ist das Erkalten besagter Eingeweide bereits ein Grund, den Schuh zu schnüren? Müßte nicht – träfe die Begründung denn zu – die gesamte Weltbevölkerung ständig auf Achse sein? Die Dichterin freilich beläßt es nicht bei den Fischen. Sie reicht ein weiteres Indiz nach, das den Aufbruch unaufschiebbar macht: »Ärmlich brennt das Licht der Lupinen« – eine Feststellung, die es erlaubt, nach dem Ort des Gedichts auch die Zeit genauer zu fixieren: Da Lupinen in diesen Monaten zu blühen pflegen, befinden wir uns im Frühsommer. Der freilich wenig Sommerliches zu bieten hat. »Dein Blick spurt im Nebel« – eine ungewöhnlich verhangene Wettersituation, welche auch das ärmlich brennende Licht der Lupinen klären dürfte, während die erneut festgehaltene Tatsache, »die auf Widerruf gestundete Zeit« werde trotz besagten Nebels »sichtbar am Horizont«, getrost unter dichterische Freiheit abgeheftet werden kann: Ein Gedicht folgt anderen Gesetzen als denen platter Logik, und wenn einem solch immateriellen Phänomen wie der Zeit das Attribut der Sichtbarkeit zugesprochen wird, dann gilt das überall und immer, auch bei Nacht und Nebel.

Daß ein Gedicht *anderen* Gesetzen folgt, ist eine Behauptung, welche die Frage aufwirft, wie denn die dem Gedicht eigenen Gesetze beschaffen seien. Die Antwort wird von Gedicht zu Gedicht verschieden ausfallen.

Wenn sie denn überhaupt möglich ist und nicht mangels erkennbarer poetischer Gesetzmäßigkeiten für unmöglich erklärt werden muß. Was für viele Gedichte der 50er Jahre zutrifft, da in diesem Jahrzehnt die bis dato weitgehend noch beachteten Regelsysteme über Bord geworfen wurden, nicht nur Metrum, Rhythmus und Reim, sondern auch Wortwahl, nachvollziehbare Metaphern und überprüfbare Feststellungen. »Der Satz geht in Splitter«, befindet Walter Höllerer, Herausgeber der Anthologie »Transit. Lyrikbuch der Jahrhundertmitte«, und er begrüßt, ja feiert diesen Satzbruch: »Zugleich aber beginnt die Erhellungskraft der einzelnen Körner« – gerade war er noch in Splitter gegangen, der Satz, nun geht er in Körner, um sogleich wieder zu splittern, egal, Karl, sind ja eh alles nur Worte: »Im Einzelnen steckt das Ungeheuerste, in den Splittern offenbart sich neue Gewalt. Die Worte [...] entwickeln bei ihrer thematischen Zusammenhanglosigkeit eine Kohärenz im inhaltlich Fremden.« Und so, weil ausgerechnet durchgehende Zusammenhanglosigkeit wieder einen Zusammenhang stiftet, so vertraut ein Großteil der 50er-Jahre-Lyrik darauf, durchgehende Sinnfreiheit werde dem Gedicht schon irgendeinen Sinn verleihen, und bestünde der lediglich in der Einsicht: »Alles so schön sinnlos hier!«

Wenn Franz Mon die Frage stellt »Was kannst du mir tun«, und er dem angeredeten lyrischen Du nacheinander bescheidet: »Ich bin stärker als die Tsetsefliege« sowie »Ich bin demütiger als der Dienst der Wanderameise«, so läßt er spätestens nach dieser Mitteilung all jene Leser auflaufen, die da vermuten, der Dichter werde sich auch weiterhin Insekten und deren Tugenden vergleichen. Geschnitten!

»Ich bin die Holzkohle/Im Brot der Karawane«, trumpft Mon auf – und macht es dem Leser noch vergleichsweise einfach: Er hätte sich ja auch ungestraft als »die Karawane im Brot der Holzkohle« outen können.

Eine Willkür, die vor dem Gedicht der Bachmann zuschanden würde. Nicht in zersplitterten Worten, in festgefügten Sätzen redet sie – das macht ihr Gedicht ebenso lesbar wie angreifbar.

Das Gedicht ist in drei Strophen und eine alleinstehende letzte Zeile gegliedert; die zweite Strophe wartet mit einer überraschenden, bisher in keiner Zeile erwähnten Information auf. Das lyrische Du war die ganze gestundete Zeit über nicht allein: »Drüben versinkt dir die Geliebte im Sand.« Hatte sich die Zeit zur Sichtbarkeit materialisiert, so wird der Sand personalisiert: Er kann ins Wort fallen, befehlen und befinden, während die Geliebte klaglos in ihm untergeht – ein düsteres, wirkungsvolles Bild, das freilich der auf Widerruf gestundeten Zeit ihre unheilschwangere, endgültige, alles Leben betreffende Dimension nimmt: Was da zu Ende geht, ist offenbar doch wieder nur eine Beziehungskiste. Muß die sich derart sinister im Sande verlaufen? Könnte das lyrische Du nicht wenigstens den Versuch machen, der Versinkenden zur Hilfe zu kommen?

Nichts da, befindet das lyrische Ich, das sich nach einer Verszeile mit weiteren Anweisungen zurückmeldet, Befehlssätzen, welche die Eingangsbefunde aufgreifen, zuspitzen und – leider, leider – durch angestrengte Poetisierung Schritt für Schritt entwerten.

Dabei beginnen die letzten fünf Zeilen noch einmal schön lakonisch und strikt prosaisch: »Sieh dich nicht um.« Pech für die Geliebte, aber der ist auf Erden wohl nicht zu helfen. Also nichts wie weg: »Schnür deinen Schuh.« In Ordnung, wird gemacht. Und weiter? »Jage die Hunde zurück.« Auch den munteren Foxl? Na ja, wenn es sein muß – den würden die Kinder von diesem Marschhof vermutlich vermissen – obwohl, wenn er es auf dem Marschhof gut gehabt hätte, wäre der Foxl vermutlich ebenso wenig hier am Meer wie die anderen Hunde. Und zurückjagen ... Wie jagt man Hunde zurück? Marsch, marsch, zurück auf die Marschhöfe? Ein Vorgang, der vermutlich auf Versuch und Irrtum hinauslaufen wird. Er bewegt sich zumindest im Rahmen des Machbaren. Und weiter? »Wirf die Fische ins Meer.« Im Ernst? Die Tatsache der kalten Eingeweide und unsommerlichen Temperaturen läßt auf unverdorbene Fische schließen – sollte man die nicht lieber mit auf die Wanderschaft nehmen? Der Mensch muß doch was essen, der Hund hat dauernd Hunger. Die Fische aber sind eh schon tot, da nützt ihnen die Rückkehr in ihr angestammtes Element auch nichts mehr. Ist der Befehl nicht reichlich unüberlegt, lyrisches Ich?

»Lösch die Lupinen!« Dieser einzige Satz des Gedichts, den ein Ausrufezeichen beschließt, ist auch ein schönes, ein nachdenklich stimmendes, ein erkenntnisförderndes Beispiel dafür, wie ein einziger einzeiliger Satz ein ganzes, aus 18 Sätzen und 24 Zeilen bestehendes Gedicht derart ins Schlingern bringen kann, daß es kippt und mit Totalschaden liegenbleibt. »Lösch die Lupinen« – da ist die Poetin mit der Dichterin Bachmann durchgegangen, da kann sie einem – wie sie vermutlich meinte – höchst originellen Einfall nicht widerstehen, der sich freilich als Allerweltseinfall entpuppt, den, eine Metapher wörtlich zu nehmen: Neues aus Kalau.

Hatte sie zuvor vom ärmlich brennenden »Licht der Lupinen« gesprochen und mit dieser Metapher, die wegen der nebligen Witterung nur matt leuchtenden Lupinenblüten gemeint, so überträgt sie nun das, was im Zusammenhang mit elektrischem Licht oder Flammenschein sinnvoll und machbar wäre, das Löschen nämlich, auf eine Pflanze, bei der weder ein Schalter umgelegt werden kann noch eine Lichtverminderung durch Wassereinsatz zu erreichen wäre; im Gegenteil: die würde dann nur noch leuchtender aufblühen.

Nein, das sind keine philisterhaften Kritteleien, welche dem Gedicht eine Verständlichkeit und Plausibilität abverlangen, die poetischer Weltsicht und dichterischer Weltverarbeitung zutiefst widerstreben. Ingeborg Bachmanns Gedicht ist insofern ein bedenkenswertes Gedicht, weil es die Möglichkeit, es zu kritisieren, selber liefert, nach dem Gesetz, nach dem es angetreten, kann es be- und auch verurteilt werden, und in der vorletzten Zeile hat die Dichterin auf derart unbedachte Weise gegen das ihrem Gedicht innewohnende Gesetz metaphernarmen, wenn nicht metaphernfreien Sprechens verstoßen, daß das Urteil nicht anders lauten kann als »leider ungenügend«.

Als ob die Bachmann das geahnt hätte, schließt sie ihr auf der Schlußgeraden entgleistes Werk mit prophetischen Worten: »Es kommen härtere Tage.« Ja, die sind angebrochen.

WARUM GÜNTHER WEISENBORNS GEDICHT »AHNUNG« KEIN GUTES GEDICHT IST

Ich fand das Gedicht in der Anthologie »De profundis. Deutsche Lyrik in dieser Zeit«.

»Diese Zeit« – der Herausgeber Gunter Groll hat sie in einem weiteren Untertitel genauer definiert: »Eine Anthologie aus zwölf Jahren«. Da sie 1946 erschienen ist, handelt es sich bei besagten zwölf Jahren naturgemäß um die umwitterte Nazizeit, in welcher auch Weisenborns Gedicht entstanden ist: »Seine hier erscheinenden Gedichte entstanden 1942 im Berliner Gestapo-Gefängnis Prinz-Albrecht-Straße und im Zuchthaus Moabit.«

Und zur Person des Dichters weiß Gunter Groll zu sagen: »*Günther Weisenborn* (Berlin) wurde am 10. Juli 1902 im Rheinland geboren. Er veröffentlichte 1928 sein erstes Drama ›U-Boot S 4‹, das am gleichen Abend von 16 deutschen Bühnen uraufgeführt wurde. Danach wanderte er nach Argentinien aus, kehrte jedoch wieder nach Deutschland zurück und schrieb ›Die Arbeiter von Jersey‹, den Roman ›Barbaren‹ und zusammen mit Bert Brecht das Drama ›Die Mutter‹ (nach dem Roman von Maxim Gorki). […] Günther Weisenborn war einer der Aktivsten der illegalen Untergrundbewegung […] 1942 wurde er verhaftet […] und wurde schließlich aus dem Zuchthaus Luckau befreit.«

Eine achtungsgebietende Vita also, die allein freilich keine beachtliche Ars garantiert. Aber lassen wir erst einmal das Gedicht für sich sprechen:

Ahnung

Wer am Tisch sitzt und ißt,
hört schon vor der Tür
die Schritte derer,
die ihn hinaustragen werden ...

Der die Lampe andreht, weiß,
seine Hand wird kalt
wie die Klinke sein,
eh der nächste die Lampe ausdreht ...

Wer sich früh anzieht,
ahnt, daß er Ostern
mit diesem Anzug
unter der Wiese liegt ...

Wer den Wein trinkt, weiß,
dieser Rausch wird
sein Hirn nicht mehr erreichen ...
sondern auslaufen wie ein Ei ...

Leicht ist der Schrei
der eiligen Schwalben.
Sie sind rasch, aber rascher
als sie ist das Ende ...

Weisenborns Gedicht ist »Ahnung« überschrieben, doch der, welcher in der ersten Strophe am Tisch sitzt und ißt, ahnt nicht, er weiß. *Hört* er doch die Schritte derer, die ihn – zusammengeschlagen? ermordet? – hinaustragen werden.

Auch in der zweiten Strophe ist von Ahnung nicht die Rede. Hier heißt es ausdrücklich, daß die namenlose Hauptfigur des Gedichts, der Lampenandreher, *weiß*, seine Hand werde »kalt wie die Klinke sein, eh der Nächste die Lampe ausdreht ...«. Der Tod steht ihm also unmittelbar bevor, da zwischen An- und Abschalten – meinethalben auch An- und Ausdrehen – einer Lampe gemeinhin nicht allzu viel Zeit vergeht.

Von einer Ahnung ist erst in der dritten Strophe die Rede, welche zugleich das Zeitgefüge des Gedichts und das Zeitgefühl des Lesers empfindlich zerstört und verstört. Hatten die ersten beiden Strophen einen abendlichen Zusammenhang mit einem raschen, nicht geahntem, sondern gewußtem bösen Ende suggeriert –: da ißt einer, hört Schritte, schaltet das Licht ein, wird von Ungenannten tot oder gerade noch lebendig hinausgetragen –, so ist nun unvermittelt erstmals von jener Ahnung die Rede, welche die Überschrift durchgehend verheißt. Mehr noch. Nun spricht der Dichter dezidiert von Frühe und davon, daß sich der lyrische Er bekleidet, wobei er ahnt, er werde »Ostern mit diesem Anzug« unter der Wiese liegen – und damit springt das Gedicht endgültig aus jenem lose verlegten Gleis, auf welchem es sich die ersten beiden Strophen lang mehr schlecht als recht fortbewegt hat. Essen – Hinausgetragen werden, Lampe andrehen – Lampe ausdrehen –: In beiden Fällen bedeutet mir der Dichter, das Unheil vollziehe sich rasch, lauere bereits vor der Tür. Ganz anders die Zeitangaben der dritten Strophe: »Früh« und »Ostern« stellen zunächst einmal gar keinen zeitlichen Zusammenhang her, weiß ich doch nicht, welchem konkreten Tag die Tageszeit »früh« zuzuordnen ist. Dem Karfreitag? Von dem bis Ostern sind es zwar im Gegensatz zu den Zeitangaben der ersten beiden Strophen immer noch 48 Stunden, doch ließe dieser Zeitraum immerhin eine Erklärung dafür, warum der Ermordete noch im gleichen Anzug unter die Erde gebracht wird. Dennoch bleibt der Tageszeitenwechsel ebenso unerklärlich wie der Ostern-Einbruch in das bis dato jahreszeitlich nicht festgelegte Gedicht. Zumal wir uns in der vierten Strophe wieder in neutraler Jahres-, dafür jedoch definierter Tageszeit befinden: Wein wird gemeinhin zum Essen getrunken. Die lyrische Hauptperson sitzt also nach dem Intermezzo des morgendlichen Ankleidens erneut am abendlichen Tisch und wieder weiß – nicht: ahnt – er, daß das böse Ende so rasch naht, daß er nicht einmal mehr des Weins berauschende Wirkung spüren wird, und das ist nun wirklich verdammt schnell. Was konkret mit dem Trinker passiert, verschweigt der Dichter, dafür weiß er, welches Ende dem Rausch bevorsteht: Auslaufen wird er wie ein Ei ...

Was auslaufen kann, ist gemeinhin von einer Hülle umgeben oder einer Schale oder einem Behälter – dergleichen dem Rausch anzudichten, wird zwar durch die dichterische Freiheit gedeckt, gebiert aber ein herzlich sinnloses Bild, das zumal im vorliegenden Gedicht null zu suchen hat. Denn der Dichter ist ja mit dem Vorsatz angetreten, unmißverständlich lapidare Bilder für das unmittelbare Gefährdetsein zu finden, so wie es sein unüberhörbares Vorbild Brecht getan hatte. Auch Weisenborn setzt mit einer bedrohlichen Situation ein, welche in den

Folgestrophen gesteigert werden müßte, stattdessen verwässert er sie. Immer diffuser die Zeitangaben, immer matter und erklärungsbedürftiger die Bilder, bis der Dichter in der fünften und letzten Strophe endgültig das Handtuch wirft: Da wird nichts Beklemmendes mehr gezeigt, sondern nur noch Abwegiges behauptet. Daß der Schrei der Schwalbe »leicht« sei, sie selber rasch, das Ende aber noch rascher – so als ließe sich ein Wettstreit denken zwischen Schwalbe und Ende: Wer fliegt schneller? Beziehungsweise: Wer tritt eher ein?

Fragen, die kein Leser zu beantworten vermag und die kein Dichter aufwerfen sollte, sofern ihm am Gelingen seines Gedichts gelegen ist. Günther Weisenborn hat am Widerstand teilgenommen. Er wußte, worüber er schrieb, als er »Ahnung« verfaßte. Es stand vermutlich auch nicht wenig auf dem Spiel, als er seine Erfahrungen im Gefängnis niederschrieb. Dennoch hat er sein Gedicht durch Gedankenlosigkeit und Sorglosigkeit in den Sand der Kunstlosigkeit gesetzt.

FRAGEN ZUM GEDICHT

LANGT ES? LANGT ES NICHT?

Im Oktober 1929 brachte die Weltbühne ein Gedicht Erich Kästners, das »Ein gutes Mädchen träumt« überschrieben war und das er wenig später seiner Mutter zuschickte: »Das Gedicht von Ponys Traum lege ich bei.« Pony, so nannte Kästner seine damalige Freundin Margot Schönlank; sie persönlich hatte geträumt, was ihr damaliger Freund in acht Vierzeilern öffentlich machte:

Ihr träumte, sie träfe ihn im Café.
Er läse. Und säße beim Essen.
Und sähe sie an. Und sagte zu ihr:
»Du hast das Buch vergessen!«

Sie macht sich leichten Herzens auf, das Buch zu holen, doch drei Strophen später vergeht ihr die Heiterkeit, da er immer noch beim Essen sitzt und ihr erneut sein »Du hast das Buch vergessen!« zuruft.

Ein weiterer Versuch endet zwei Strophen weiter damit, daß sie den Vorwurf ein drittes Mal hören muß; der Rest ist Kommen und Gehen bis zum verzweifelten Aufwachen.

1930 nahm Erich Kästner das Traumprotokoll in seinen Gedichtband »Ein Mann gibt Auskunft« auf, den dritten innerhalb von drei Jahren – 1928 hatte er mit »Herz auf Taille« debütiert, 1929 »Lärm im Spiegel« hinterhergeschickt. Drei einander auf den ersten Blick sehr ähnliche Gedichtbände: Jeder umfaßte etwa fünfzig Gedichte, und alle enthielten jene Ingredienzen, die Kästner in einem Vorwort zum Neudruck seiner ersten Gedichtsammlung im Jahre 1965 folgendermaßen auflistete: »Anklage, Elegie, Satire, Feuilleton, Glosse, Ulk, Frivolität, Epistel, Pamphlet und Bänkeltext.«

Schon in den ersten beiden Büchern hatte es Gedichte gegeben, die in keine dieser Rubriken paßten, doch erst in »Ein Mann gibt Auskunft« finden sich derart häufig andere Töne, daß ein, zumindest ein Leser hell-

hörig wurde. Ende des Jahres 1930 rezensiert Kurt Tucholsky die Verse des Kollegen dort, wo viele von ihnen erstmals erschienen waren, in der »Weltbühne«: Einiges sei nur »reinlich und gut gemeint«, doch gebe es auch »prachtvolle politische Satiren«, und: »Der Band führt darüber hinaus, ins Dichterische, in echte Lyrik.«
Begriffe, die Kästner mit gemischten Gefühlen gelesen haben dürfte. Nicht zufällig hatte er seine Gedichte »Gebrauchslyrik« getauft und die »Gebrauchspoeten« säuberlich von »der Mehrzahl der heutigen Lyriker« geschieden. Erstere seien Dichter, »die wie natürliche Menschen empfinden und die Empfindungen (und Ansichten und Wünsche) in Stellvertretung ausdrücken«. Doch treffen diese edlen Absichten auch auf den Traum des guten Mädchens zu? Ist es noch lyrische Stellvertretung oder schon artistische Ausbeutung, wenn Kästner etwas aus dem Traum seiner Freundin macht, eine unheimliche Ballade, deren Refrain »Du hast das Buch vergessen« an das schauerlich stete »Nevermore« des Poeschen Raben erinnert?

Andererseits: Wurde anfangs aus Leben Kunst, so überwiegt am Schluß des Gedichts das Gefühl, die ganze Kunstanstrengung diene nicht so sehr dem Opfer, richte sich vielmehr gegen den Täter, sprich Dichter: »Sie weinte. Und er lachte.«

»Sie« und »er« tauchen in zahlreichen Gedichten dieser Sammlung auf, einmal bereits im Gedichttitel: Er weiß nicht, ob er sie liebt. Immer wieder versuchen »er« und »sie« miteinander ins Gespräch zu kommen, stets wird es ein – so heißt ein weiteres Gedicht – »Monolog mit verteilten Rollen«, der sich auch auf verschiedene Gedichte verteilen kann: Ein Mann gibt Auskunft, solo, versteht sich, eine Frau spricht im Schlaf – »und ihm (dem Mann im Bett) war nicht zum Lachen« –, alles Bruchstücke einer Konfession, von der noch nicht auszumachen ist, ob ihr einmal das Prädikat »groß« gebühren wird. Der Rezensent Tucholsky meldet Zweifel an. Als Beleg für »echte Lyrik« nennt er »mein Lieblingsgedicht«, »Ein gutes Mädchen träumt«, und er folgert: »Ich glaube, Kästner hat Angst vor dem Gefühl« – da er Lyrik so oft als »schmierigste Sentimentalität« gesehen habe –: »Aber über den Leierkastenklängen gibt es ja doch ein: Ich liebe dich – es gehört nur eine ungeheure Kraft dazu, dergleichen hinzuschreiben.« Diese Kraft aber möchte Tucholsky dem jüngeren Kollegen weder gänzlich zu- noch völlig absprechen: »Langt es? Langt es nicht?«

Heute wissen wir die Antwort. 1932 serviert Kästner mit seinem vierten Gedichtband »Gesang zwischen den Stühlen« noch einmal den typischen Kästner-Mix, wagt er noch einmal, wenn auch seltener als im Buch zuvor, »echte Lyrik«, Gedichte also, in denen er nicht anderen moralisierend den Spiegel vorhält, sondern selbst hineinschaut. Der Rest ist Schweigen.

Die Gründe für Kästners Verstummen scheinen auf den ersten Blick nur allzu zwingend: 1933 erlebt er die Verbrennung seiner Bücher, 1934 wird er von der Gestapo verhört. Der zweite Blick offenbart eine weniger plausible Biographie: Verstummt ist nach '33 nur der Dichter Kästner, der allerdings ganz und gar – weder der »Gebrauchspoet« noch der »echte Lyriker« sollten sich wieder zu Wort melden, sieht man von Epigrammen und der Auftragsarbeit »Die 13 Monate« ab. Als humoristischer Romancier, als Kinderbuchautor, als Drehbuchschreiber und als Kabarett-Texter schrieb und veröffentlichte Kästner vor beziehungsweise nach 1945 – der Ruhm des Dichters gründet sich ausschließlich auf jene rund 200 Gedichte der Vorhitlerzeit.

Warum ausgerechnet der Dichter verstummte? Ich weiß darauf keine Antwort, und ich habe auch keine gefunden. Die vier Biographien, die ich befragte, darunter die beiden brandneuen von Görtz/Sarkowicz und Hanuschek, stellen die Frage nach dem Schicksal des Dichters Kästner nicht einmal, da alle Biographen wie gebannt auf den Romancier Kästner starren und dessen uneingelöstes Versprechen, als Pendant zu seinem »Fabian« der Weimarer Republik auch den der Nazizeit zu schreiben.

Was Dichter verstummen läßt, hat die Leser und Exegeten eines Arthur Rimbaud, eines Hugo von Hofmannsthal oder einer Ingeborg Bachmann endlos rätseln und deuten lassen; weshalb auch ein Erich Kästner zum Club der verstummten Dichter gehört, ist eine seit fast siebzig Jahren offene Frage: »Hat es nicht gelangt?« Wenn ja, was ist »es«?

WIE ARBEITET DER LYRIKWART?

»Vielleicht sollte man doch noch einmal nach dem Handwerk fragen?«, fragt Harald Hartung im prächtigen Sonderheft des »Merkur«, das auf zwei Säulen ruht: »Lyrik. Über Lyrik«. An die »ehrwürdigen Metaphern Verseschmied, Verseschmieden« erinnert er, und daran, daß T. S. Eliot »The Waste Land«, »Haupt- und Bravourstück der lyrischen Avantgarde«, jemandem gewidmet hatte, der dem Poeten kürzend und präzisierend zur Hand gegangen war: »For Ezra Pound, il miglior fabbro«.

Das spielt, wir erinnern uns, auf Dante an und bedeutet, übersetzen wir's mal frei: »dem besten Handwerker«, und es ist dieser Brückenschlag über gut siebenhundert Jahre, der mir Mut und Lust macht, ihn bis in die Gegenwart der Hartungschen Frage zu verlängern, allerdings ohne deren Einschränkung. Nicht vielleicht, natürlich muß mal wieder nach dem Handwerk des Dichters gefragt, ja es sollte regelrecht eingeklagt werden – schließlich sind Gedichte Menschenwerk, und da zählt nun mal nicht das gut Gemeinte, sondern das gut Gemachte. Wer aber befindet in Sachen Gedicht über gut, passabel und schlecht gearbeitet? Eine Lyrikhandwerkskammer gibt es nicht, also bleibt es selbsternannten Lyrikwarten überlassen, nicht nur die Wirkung eines Gedichts zu referieren, sondern es auch als Werkstück zu kritisieren, zumal dann, wenn der Dichter sein Gedicht nach erkennbaren Regeln gebaut hat, also auch Regelerfüllung und Regelverstoß gelobt werden können beziehungsweise gerügt werden müssen. Klingt alles ein wenig abgehoben und theoretisch? Dann folgen Sie mir bitte auf den Boden der Tatsachen und erleben Sie einen Lyrikwart bei der Arbeit. Gerade schaut er auf die Uhr, und da kommt auch schon der zu diesem Termin angesagte Dichter, Sie kennen ihn alle – herzlich willkommen, Dr. Benn!

Warum ich Sie zu mir gebeten habe? Nun, neulich las ich mal wieder Ihre späten Gedichte, vor allem jene, die Sie 1955 in Ihrem letzten Gedichtband »Aprèslude« versammelt haben – eine beeindruckende Ernte!

Reimloses neben Gereimtem, Zynisches – »dumm sein und Arbeit haben: Das ist das Glück« – neben überraschend Anrührendem wie »Menschen getroffen«, ein reimloses Hohelied der Sanftmut und zugleich ein mutiges Gedicht, da das Preislied erfahrungsgemäß ungleich riskanter ist als der Schmähgesang.

Den Beweis dafür liefern Sie selber in einem anderen Gedicht dieser Sammlung, das sich »Kommt –« nennt und ebenfalls ganz schön mutig ist. Aber ist es auch schön?

Kommt, reden wir zusammen
wer redet, ist nicht tot,
es züngeln doch die Flammen
schon sehr um unsere Not.

Der Anfang – ein Gedicht! Hell wie eine Fanfare, einprägsam wie ein Sprichwort – wunderbar! Demgegenüber bleiben die Flammen, die da um »unsere Not« züngeln, leider etwas dunkel: Einerseits sind es ja die Flammen selber, die normalerweise eine Notsituation heraufbeschwören, andererseits züngeln sie um die Not und könnten diese daher auch in Asche verwandeln, also beseitigen – was eigentlich ist gemeint? Aber lesen wir weiter:

Kommt, sagen wir: die Blauen,
kommt, sagen wir: das Rot,
wir hören, lauschen, schauen
wer redet, ist nicht tot.

Eine Strophe, die ich ebenfalls mit gemischten Gefühlen lese. Einerseits begrüße ich es, daß die suggestive Zeile »Wer redet, ist nicht tot« erneut auftaucht und so etwas wie ein Refrain zu werden verspricht. Lobenswert auch die Wiederholung des auffordernden »Kommt« – doch was sich zwischen Auftakt und Schlußzeile abspielt, kann nicht wirklich Ihr Ernst sein. Wie schon die erste Strophe ist auch diese kreuzweis gereimt, und es ist, fürchte ich, der Zwang auf »tot« zu reimen, der jenen merkwürdigen Dialog in Gang setzt, der »die Blauen« gegen »das Rot« ausspielt: Wer so redet, mag zwar noch nicht ganz tot sein, etwas blöd ist er ohne Frage. Aber weiter im Text:

Allein in deiner Wüste,
in deinem Gobigraun –
du einsamst, keine Büste,
kein Zwiespruch, keine Fraun,

– ich unterbreche, um dreierlei zu konstatieren: Der Refrain fehlt. Statt des lyrischen Wir tritt unvermittelt ein lyrisches Du auf den Plan. Wo eben noch Flammen gezüngelt haben, ist dieses Du nun von einer Landschaft umgeben, die sich durch den Mangel an Brennbarem auszeichnet, von Wüste. Aber weiter im Text:

und schon so nah den Klippen,
du kennst dein schwaches Boot –
kommt, öffnet doch die Lippen,
wer redet, ist nicht tot.

Refrain und »Kommt« sind wieder da – mehr kann ich der Schlußstrophe beim besten Willen nicht abgewinnen. Eben litt das Du noch einsamst in der Wüste, da sitzt es schon – gottlob ohne Büste – im schwachen Boot und hat mit Wassermassen zu kämpfen. Lebensgefahr – doch seltsamerweise wird nicht das Du zum Reden aufgefordert, sondern das reaktivierte Wir. Sitzt dies, soeben noch von Flammen bedroht, etwa ebenfalls im Kahn?

Tja, Herr Benn – hier muß der Lyrikwart zu radikalen Eingriffen raten, um den rettenswerten Kern von den krausen Wucherungen zu befreien. Das bedeutet im Klartext: Beibehaltung des Kreuzreims, des Refrains, des »Kommt«. Verzicht auf Feuer- und Wüstenmetaphorik und Beschränkung auf ein Bild, das Wasser. Streichung der dritten Strophe inklusive des einsamsten Herrn, der sich dort nach »Büste« sehnt – offenbar der eigenen –, nach »Zwiesprache« – offenbar, weil »Zwiegespräch« nicht ins Metrum gepaßt hätte – und nach Fraun – offenbar ein Scheich.

Wie das Ergebnis der Operation aussehen könnte? Hier der Vorschlag Ihres Lyrikwarts:

Kommt, reden wir zusammen.
Wer redet, ist nicht tot.
Kommt, laßt uns den verdammen,
der uns mit Schweigen droht.

Kommt zu dem Fluß der Rede.
Das Wort sei unser Boot.
Als Sprache dien' uns jede:
Wer redet, ist nicht tot.

Kommt! Schon so nah den Klippen
des Schweigens tut eins not:
Das Öffnen eurer Lippen.
Wer redet, ist nicht tot.

Sie schweigen, Herr Benn? Kommt, reden wir zusammen! Oder möchten Sie meinen Vorschlag noch einmal überschlafen?

AUFGELADEN? AUFGEBLASEN?

Ein Jahrzehnt, ein Jahrhundert und ein Jahrtausend neigen sich dem Ende zu, da ist es Menschenart, zurückblickend Bilanz zu ziehen, und auch der Lyrikfreund und Gedichtekenner macht selbstredend keine Ausnahme. Einen Millenniumsrückblick auf das deutsche Gedicht habe ich bisher nicht zu Gesicht bekommen, dafür drei Jahrhundertbilanzen, von Axel Marquardt, von Rudolf Helmut Reschke sowie – last, aber auf keinen Fall least – von Harald Hartung, dessen Band »Jahrhundertgedächtnis« einen sehr verläßlichen und anregenden Lyrikspeicher des Saeculums bereitstellt.

Hier und heute freilich soll es um einen kürzeren Zeitraum gehen, um »Deutschsprachige Lyrik der neunziger Jahre«. So lautet der Untertitel der Sammlung »Das verlorene Alphabet«, herausgegeben von Michael Braun und Hans Thill, erschienen im Heidelberger Wunderhorn Verlag.

Die Herausgeber sind Wiederholungstäter. Im Nachwort erwähnt Braun das »Vorgängerprojekt dieser Anthologie, die Gedichtsammlung ›Punktzeit«, eine 80er-Jahre-Ernte also, die ich allerdings nicht kenne. Dafür habe ich mir vor fast zehn Jahren eine Konkurrenzunternehmung genauer angeschaut, die sich dem gleichen Zeitraum gewidmet hatte, Hans Benders Anthologie »Was sind das für Zeiten«, die 1988 im Hanser Verlag erschienen ist und die mir heute aufschlußreiche erste Vergleiche sowohl zwischen der Lyrik der 80er und der 90er Jahre erlaubt wie auch zwischen zwei recht unterschiedlichen Anthologie-Konzepten.

Vorab einige Zahlen: Bender stellte auf 282 Seiten 162 Dichterinnen und Dichter zusammen, Braun und Thill bringen es auf 256 Seiten und 127 Autoren. Immerhin 51 Poeten sind in beiden Sammlungen vertreten, angefangen vom 1915 geborenen Nestor der deutschen Poesie Karl Krolow bis zu einem vergleichsweise jungen Semester wie Jan Koneffke, Jahrgang 1960 – eine Poetenschar, die eindrucksvoll belegt, daß sich Dichter und Gedichte – anders als Popmusik und Klamotten – nicht so recht ins Dezennienraster pressen lassen, schon gar nicht jene Dichter, die seit Jahrzehnten unbeirrt ihr Ding machen, Stimmen wie Ernst Jandl, geboren 1925, Oskar Pastior, geboren 1927 oder Peter Rühmkorf, geboren 1929.

Beide Anthologien gedenken der im jeweiligen Jahrzehnt verstorbenen Dichter – Bender stellt Gedichte von Ernst Meister, Nicolas Born, Peter Huchel und anderen an den Beginn seiner Sammlung, Braun und Thill beenden die ihre mit Gedichten von Heiner Müller, Hermann Lenz, Helmut Heißenbüttel und anderen. Bender wie Braun schließen ihr Nachwort mit je einem Joseph-Brodsky-Zitat.

»Gedichte sind nichts anderes als ein Spiegel der Zeit«, zitiert Bender, und »innerhalb eines sehr kurzen Zeitraums legt ein Gedicht eine enorme geistige Strecke zurück und gewährt einem oft gegen Ende eine Epiphanie oder Offenbarung«, zitiert Braun – doch hier enden die Gemeinsamkeiten bereits: Während Bender die Autoren nach dem Prinzip ›Alter vor Schönheit‹ auftreten läßt, also schön den Geburtsjahrgängen nach, setzen Braun und Thill auf ein anspruchsvolleres und erkenntnisförderndes Konzept: »Dabei leisten sich die Herausgeber den Luxus, die einzelnen Texte nicht nach poetischen ›Schulen‹ oder literarischen ›Frontlinien‹ zu sichten und zu sortieren, sondern nach Motivbezügen zu suchen, lyrisch-ästhetische Gemeinsamkeiten und Differenzen zwischen den Texten aufzudecken, überraschende Korrespondenzen zu entschlüsseln. ›Das verlorene Alphabet‹ betreibt also – in elf Kapiteln – eine poetische Konfrontationsstrategie.«

Den Widerstreit der Stimmen zu organisieren, ist den Herausgebern immer wieder recht gut gelungen – doch wie steht es um die Kriterien, nach denen sie die Stimmen ins Buch haben gelangen lassen? »Das verlorene Alphabet‹ versucht eine umfassende Bestandsaufnahme all jener poetischen Texte und Stimmen am Jahrhundertende, die sich durch ästhetischen Eigensinn und eine – stets gefährdete, fragmentierte, mitunter als schroffe Dissonanz erscheinende, gleichwohl trotzig behauptete – Schönheit auszeichnen.«

Eigensinn und Schönheit – das klingt nach einer reichlich zeitentrückten, postmodern pluralistischen Ästhetik – haben denn »Avantgarde« und »Moderne« als Begriffe und Inbegriffe zeitgenössischer Dichtung abgedankt? Anfangs mag es so scheinen: »›Das verlorenen Alphabet‹ lehrt dagegen die Skepsis gegenüber dem angeblichen Fortschritt in der lyrischen Materialbeherrschung. Am Ende des Jahrhunderts lauern keine poetischen Revolutionen mehr auf ihren triumphalen Auftritt; es dominieren die Reprisen, Rekonstruktionen, Übermalungen und kunstvollen Fortschreibungen«, heißt es in Kapitel I des Nachworts. In Kapitel VI freilich läßt Braun dann doch die etwas abgespeckte Avantgarde-Katze aus dem Moderne-Sack: »Lyrikgeschichte, so belehrt uns der Literaturwissenschaftler Erk Grimm (1995), ist immer auch Mediengeschichte: Die avanciertesten Verfahrensweisen der zeitgenössischen Lyrik verortet er in der ›Kontaktzone zwischen Körper und Medien‹, in die das lyrische Subjekt abtauche, umflossen von ›polyglotten Informationsströmen‹. Nicht mehr von Natur, Liebe und romantischem Gefühl sei das moderne Gedicht beseelt, sondern von Sprache und Schrift als ›spaltbarem Material‹.«

Da sind sie also wieder, die »avanciertesten Verfahren« ebenso wie das »moderne« Gedicht, und darin, daß die Gedichte eines Thomas Kling solchen Standards am idealtypischsten entsprechen, sind sich der Literaturwissenschaftler und der Anthologist einig. Von Klings »hochaufgeladenen Texten« spricht Braun, und davon, daß sie das »Flimmern und Rauschen der schönen neuen Medienwelt« registrieren – mit vier Gedichten ist Kling denn auch der neben Pastior meistvertretene Dichter der Anthologie.

1990 war Hans Magnus Enzensberger nach der Lektüre von Benders 80er-Jahre-Bilanz zu einem verheerenden Urteil gekommen: Der Großteil der Gedichte sei unpolitisch, öde, harmlos, sturzbetroffen, tränentreibend dilettantisch, kritischer Kindergarten, S-Bahn-Gefasel, irgendwo zwischen Tief- und Schwachsinn angesiedelt. Ein Verdikt, das naturgemäß nicht allen Stimmen des Buches gerecht werden wollte und konnte – immerhin gehörte auch die Hans Magnus Enzensbergers zu ihnen –, aber doch das traf, was man als den mainstream der von Bender versammelten 80er-Jahre-Lyrik bezeichnen könnte.

»Mürrisches Parlando« – so hatte ich diesen personenübergreifenden, eigentlich herzlich prosaischen Redefluß seinerzeit genannt, und wenn er sich noch während der 90er hat weiterschlängeln können, dann lediglich als Rinnsal und mit Sicherheit nicht bis in die Anthologie von Braun und Thill. Durch die zieht sich ungeachtet all der Seiten- und Nebenflüsse ein mainstream ganz anderer Tönung, beileibe kein mürrisches

Parlando, sondern jenes aufgeladene, hin und wieder auch nur aufgeblasene Rauschen, dem wir jetzt mal genauer zuhören wollen.

TRIFTIGE WASSER oberflach wie ein Spaten
in denen standen die Väter bis zum Hals.

– so beginnt ein Gedicht von Hans Thill, Mitherausgeber der Sammlung und Dichter dazu. Zwei Zeilen von insgesamt sechzehn, die Sie sogleich zur Gänze hören werden, zuvor aber wollen wir uns kurz über den Anfang beugen, um uns auf den Rest einzustimmen.

TRIFTIGE WASSER oberflach wie ein Spaten
in denen standen die Väter bis zum Hals.

Zwei auf den ersten Blick dunkle Zeilen. »Triftig«, so lese ich in Hermann Pauls »Deutschem Wörterbuch«, kann dreierlei bedeuten »einsichtig«, »überzeugend«, seltener auch: »auf dem Wasser treibend«. Einsichtiges, überzeugendes, auf dem Wasser treibendes Wasser – alles nicht so furchtbar triftig, belassen wir es bei der Einsicht, daß das Wort »triftig« im Zusammenhang mit Wasser hier nicht wortwörtlich, sondern eher rauschhaft zu nehmen ist, »triften« mag mitschwingen, bairisch für »flößen«, »Drift« kann herausgehört werden, norddeutsch für »Strömung«. Diese rauschenden Wasser nun sind »oberflach wie ein Spaten« – anfangs hielt ich dieses »ober« für eine etwas kapriziöse Steigerungsform, eine Umschreibung für »sehr flache Wasser«, doch dann entschied ich mich angesichts der Tatsache, daß sehr flache Wasser auch ungewöhnlich kleine Väter bedeutet hätten – »in denen standen die Väter bis zum Hals« – für eine andere Deutung, die, daß Thill aus dem Substantiv »Oberfläche« das neologistische Adjektiv »oberflach« abgeleitet hat.

»Oberflach wie ein Spaten« – ein Vergleich, der verwundern mag, da die Wasseroberfläche immer, der Spaten jedoch nur in seiner Eigenschaft als Grabspaten flach ist, schon der Pflanzspaten ist leicht gerundet, so daß der Vergleich nach den Gesetzen der Logik hätte umgekehrt lauten müssen – »Triftige Spaten oberflach wie ein Wasser« – so, wie man zwar davon reden kann, daß der Briefträger blitzschnell um die Ecke biegt, jedoch nicht davon, daß der Blitz briefträgerschnell vom Himmel zuckt, aber nochmals: In diesen oberflachen Wassern geht es nicht um oberflächliche Verständlichkeit, die läuft spätestens dann auf platten Grund, wenn wir das Gedicht vollständig zu Gehör (Gesicht) bekommen – nämlich: jetzt!

TRIFTIGE WASSER oberflach wie ein Spaten
in denen standen die Väter bis zum Hals.
Jedes Runzeln war ein kleiner Tod fehlte
es an Heizmaterial fiel die Zeugung aus. So
waren wir schon im Feuchten verschüttet
bevor es uns geben sollte. So nickten wir
ein noch bevor es uns gab.
Bei sinkendem Pegel Kopfstand der Wasser:
wir mit Bricketts Gezeugten wurden in unseren
Schlaf gepreßt. Sterben bringen Glück?
Täuschende Wasser schmeckten bitter und
weckten uns auf. One man one vote? In biblischem Alter schnappte man wörtlich nach
des Großvaters hängender Frucht. Glaubwürdige
Wasser aus denen noch das exakte Plätschern
der Ahnen seufzte: sachliches Naß

Ein sechzehnzeiliges Gedicht, die Zeilen meist fünfhebig, seltener vierhebig, einmal dreihebig. Kein hörbares Metrum, kein erkennbarer Vers, keine sichtbare Strophe strukturiert das Gebilde, das besorgen all jene Wasser, die in unterschiedlichen, stets alogischen Zusammenhängen auftauchen: »Kopfstand der Wasser«, »täuschende Wasser«, »glaubwürdige Wasser [...] sachliches Naß« schließlich. Doch nicht nur von »Wasser« ist häufiger die Rede, auch von »Vätern«, »Zeugung« und »Schlaf« spricht da ein mit Bricketts gezeugtes lyrisches Wir; schon hat das lyriklesende Ich seinen Frieden mit den dahinplätschernden Fragwürdigkeiten gemacht, da schrecken ihn direkte Fragen auf, teils grelle Kalauer – »Sterben bringen Glück?« –, teils unbeantwortete Fangfragen aus der angloamerikanischen Verfassungsgeschichte, »One man one vote?« –: da heißt es Fassung bewahren, will man halbwegs trockenen Fußes über »Großvaters hängende Frucht« und das »exakte Plätschern der Ahnen« zum rettenden Gedichtende gelangen, nur noch rasch das »sachliche Naß« durchquert: geschafft!

Hans Thill ist Jahrgang 1954, und so wie er dichten viele der 50er und 60er Jahrgänge, so wie sein Gedicht sehen viele Gedichte im »Verlorenen Alphabet« aus, so wie sein Gedicht hören sich viele Gedichte dieser Anthologie an. Zum Aussehen der Gedichte: Linksbündige, unterschiedlich lange Zeilen, wahlweise im Blocksatz, reihen sich ohne Leerzeile aneinander, solange das Gedicht dauert. Durchgehende Kleinschreibung, seit den 50ern über Jahrzehnte Beleg unbedingt moderner Gesinnung, tritt nunmehr selten auf, dafür verwirrt in vielen Gedichten eine, sagen wir mal, schwankende Zeichensetzung samt zweideutiger, die grammatikalischen Bezüge verwischender Schreibweisen. Manchmal, so auch bei Thill, fehlen beispielsweise satzbeendende Punkte, was zur Folge hat, daß der neue Satz mitten in der Gedichtzeile kleingeschrieben anhebt, was für punktuelles Rätselraten sorgt.

Der Form nach ist das Mainstream-Gedicht der 90er also so etwas wie eine lyrische Dauerwurst, die je nach Füllmasse mal kürzer, mal länger ausfällt. Die idealtypische Füllmasse wiederum enthält ebenfalls Mainstream-Ingredienzen, man nehme: litaneihaft eingesetztes Wortmaterial, Neologismen, Wortspiele, fremdsprachliche Einschlüsse – beispielhaft verbindet drei der vier Bestandteile der Titel des Gedichtbands von Brigitte Oleschinski »Your passport is not guilty« – und verrühre das solange, bis erkennbare Sprach- und Sinnbezüge völlig in einem meist dunklen, oft zähen, stets schwer deutbaren Zusammenhang aufgehen.

1990 hatte ich versucht, das von mir konstatierte »durchgehende mürrische Parlando« dadurch zu belegen, daß ich Sätze und Absätze aus vier Gedichten von einer Dichterin und drei Dichtern so aneinanderhängte, daß das neuentstandene Gedicht – so meine Behauptung – weder Kleb- noch gar Bruchstellen aufwies.

Noch grün, die dürftige
Heimat, Deutschland
im Herbst, säuberlich
aufgeräumt wie immer.
Jetzt werden Ping Pong Tische
ins Freie gezogen

> weiße Gartenmöbel
> auf den Rasen gesetzt
> Ein rosiges Licht über den Banktürmen
> und Spatzen schwätzen an den Pfützen
> Von weitem erkennen
> einander Emigranten
> Unterm Efeu Modergeruch
> Wie sich Gras
> über die Kindergräber wellt.

Dies ist ein Gedicht aus Strophen und Zeilen von Peter Hamm, Michael Buselmeier, Ursula Krechel, wieder Hamm und abermals Buselmeier. Zehn Jahre später stellt sich die Frage erneut: Läßt sich aus den Gedichten der vorliegenden Anthologie ein ähnlich werk- und personenübergreifendes 90er-Jahre-Gedicht destillieren bzw. zusammenkneten?

Aber ja, aber gern, aber gleich – und das aus zwei Gründen. Der erste hat mit dem Konzept der 90er-Jahre-Mainstream-Lyrik zu tun: Da das Rauschen sich um so höher auflädt, je mehr Sprachebenen und Sprechweisen eingespeist werden, kommt jedes Collagieren und Kombinieren dem angestrebten Zweck entgegen. Mußte Thomas Kling in seinen Gedichten der Anthologie noch selbsttätig Seekarten und Sprachkarten mischen, Privatsprache und Bibelton, Lehrbuchexzerpte und Sprachklebe, so besorgen die Mischung nun und vollautomatisch Schere und Kleber. Zweitens kommt das Konzept der Anthologie dem entgegen, der sich an einer solchen Collage versucht: Da das Buch sich darum bemüht, themenverwandte Gedichte miteinander korrespondieren zu lassen, mußte ich die Bestandteile meines Zusammenschnitts nicht lange zusammensuchen – ich fand sie auf den Seiten 147 und 148.

Rund um Hans Thills Gedicht nämlich gruppieren sich dort weitere vaterdurchsetzte Texte von Dieter M. Gräf, Jahrgang 1960, Sabine Techel, Jahrgang 1953, und Hansjörg Schertenleib, Jahrgang 1957; und einer der vielen möglichen Zusammenschnitte aus diesem Material, nämlich der aus vier aneinandergereihten Gedichtanfängen, hört sich so an:

Speisen trifft der Vater, er lebt weiter:
im Messer, die sich auf weißem Tuch
ständig opfernde Mutter, sie dehnt
TRIFTIGE WASSER oberflach wie ein Spaten
in denen standen die Väter bis zum Hals.
Jedes Runzeln war ein kleiner Tod fehlte
Vater, du darfst nicht gegangen sein es
ist jetzt zuviel Frau im Haus. Überall Rohre
Von hinten her gestanzt Teil um Teil,
wird an den Müttern noch gearbeitet.

Soviel zu den avanciertesten Positionen der 90er-Jahre-Lyrik, die, das sei kurz angemerkt, denen nicht unähnlich sind, die ein Benn seit den 20ern postulierte und praktizierte – nun noch ein Wort zu Schönheit und Eigensinn.

Sie sind, das sei den Herausgebern hoch angerechnet, überall in der Anthologie zu finden, sowohl bei Mainstream-Dichtern, wie auch, naturgemäß häufiger und gehäufter, bei jenen, welche die Nebenarme des 90er-Jahre-Lyrik-Deltas befahren und erkunden. Eigensinnig beharren Enzensberger, Jandl und Rühmkorf darauf, daß in Sachen Spruchdichtung, Lehrgedicht und Lied das letzte Wort noch nicht gesprochen worden ist. Schön eigensinnig stapft Thomas Rosenlöcher in festem Jambenschritt durch frischgefallenen Schnee. Eigensinnig und ganz schön unverblümt reden Volker Braun, Kerstin Hensel und Karl Mickel von sich und dem, was ihnen vor und nach dem Zusammenbruch der DDR widerfahren ist. Eigensinn und Handwerkskunst beweisen Franz Josef Czernin und Heiner Müller, die die ehrwürdige Sonettform sowohl erfüllen, wie auch ihre Inhalte erweitern. Eigensinnig meldet sich sogar hier und da im meist sehr getragenen Chor der Dichtervogelschar jener verwegene Sänger zu Wort, den die Ornithologen »Spötter« nennen: Karl Krolow, Steffen Jacobs und Oskar Pastior singen in Benn-Daktylen, Durs Grünbein stimmt einen »Biologischen Walzer« an, und Adolf Endler erhebt eine schön witzige Klage, die so anfängt:

Resumé

Bis heute kein einziger *Seepapagei* in meinen vielen Gedichten
(stattdessen schon wieder 'n Dutzend grüne Fadennudeln im Bart):
auch dem *Sabberlatz* nicht das ärmste Denkmal gesetzt in Vers oder
Prosa,
so wenig wie der *Elbe-Schiffahrt* oder der *Karpfenernte* bei Peitz.

Wie sie weitergeht? Das bitte ich im »Verlorenen Alphabet« nachzulesen, da hier und jetzt das allerletzte Wort jemand haben soll, der seit Jahren schön entspannt und eigensinnig rauschfrei von dem redet, was er am besten kennt, von sich selber. So auch in dieser Antholgie der 90er-Jahre-Lyrik, so auch zum hochaufgeladenen Thema

Stiefelklang

Stiefel höre ich wie Schuhe als etwas Selbstverständliches.
Arme Leute gibt es immer weniger,
die sie hören auf Treppen
und hören donnernde Geschosse mit
oder des Feldwebels Stimme:
Vorwärts!

Angst
hab ich nur,
daß mir aus Versehen einer
auf den weichen Lederschuh tritt,
weil ich als Sonnengucker
mit Brille immer leicht geblendet bin.
Ich habe in guten Zeiten gelebt
und war nie im Krieg,
ich hör keine Schüsse beim Stiefelklang.

(Johannes Kühn)

WIE SCHLECHT WAR GOETHE WIRKLICH?

»Es liebt die Welt das Strahlende zu schwärzen und das Erhabene in den Staub zu ziehen ...«, hat Schiller ahnungsvoll gedichtet, und wenn es noch eines Beweises bedurft hätte, dann liefert ihn der diesjährige 250. Geburtstag seines Kollegen und Briefpartners Goethe. 1932 bereits hatte Leo Schidrowitz unter dem Titel »Der unbegabte Goethe« auf über 200 Seiten Stimmen mäkelnder Zeitgenossen des Dichters gesammelt, beispielsweise die Karl August Böttigers, der sich 1809 in der Bibliothek der redenden und bildenden Künste den Faust vorgeknöpft hatte: »Einige Verse hätte der Dichter doch wohl verbessern sollen, zum Beispiel:

Wo faß ich dich, unendliche Natur?
Euch Brüste, wo? Ihr Quellen allen Lebens,
An denen Himmel und Erde hängt,
Dahin die welke Brust sich drängt,
Ihr quellt, ihr tränkt, und ich schmacht so vergebens?

Wie ekelhaft, daß Faust die Natur bei ihren Brüsten fassen will! Diese Brüste verwandeln sich in Quellen und an diesen hängt Himmel und Erde, Fausts welke Brust drängt sich an diese Brüste der Natur, als Quellen allen Lebens, sie quellen, sie tränken, aber dem armen Faust kommen sie nicht zugute. Da ein Dichter, wie Goethe, solche Verse in die Ausgabe seiner Werke von letzter Hand aufnimmt, darf man sich wohl wundern, wenn die Franzosen den Deutschen den Ungeschmack zum Vorwurf machen?«

Nachlesen kann man den Verriß in einer leider arg gekürzten, nur noch 40 Seiten starken, dafür von Hans Traxler schön bebilderten Neuausgabe von »Der unbegabte Goethe«, die der Hanser Verlag herausgebracht hat. Im Original ist Böttigers Schelte etwa dreimal so lang; auch die Attacken Heines, Menzels und Börnes wurden stark gekürzt oder ganz getilgt – schade.

Dafür ist der Kern der Kritik eines gewissen Martin Spann erhalten geblieben: »Wir wollen nun die goldenen Gedichte des H. v. Goethe nach den noch älteren Gesetzen der Vernunft in den kritischen Schmelztiegel bringen.« Beispielsweise das Gedicht »An den Mond«: »H. v. Goethe apostrophiert allererst den Mond, und zwar in der Pöbelsprache, indem er nach Art ungebildeter Menschen in den ersten drei Strophen die Zeitwörter ohne ihre persönlichen Fürwörter setzt, also statt ›Du füllest wieder Busch und Tal‹ lediglich ›Füllest wieder etc.‹ sagt.« Entpuppt sich hier H. Spann als die Karikatur eines seriösen Lyrikwarts – der Dichter untersteht bestenfalls Reimgesetzen, nicht aber Grammatikregeln –, so ist ein weiterer Einwand zumindest nicht unkomisch: »Was ›die Seele lösen‹ heißen soll, bleibt dem Leser zu entziffern, es wird nur zu verstehen gegeben, daß der Mond bisher die übrigen Seelen ganz, die des Dichters seit langer Zeit nur zum Teile gelöst habe« – eine Lesart, welche immerhin die Frage provoziert, wie denn die Goethe-Zeile eigentlich zu betonen sei: »Lösest endlich auch einmal *meine* Seele ganz«, wie von Spann unterstellt, oder »meine *Seele* ganz«?

Spanns Verriß von Goethe als Lyriker erschien 1831 im Wiener Conversationsblatt – ist es bloßer Zufall, daß aus solch sicherer Entfernung dieser Tage eine weitere Breitseite gegen den Dichter Goethe abgefeuert worden ist? In Salzburg und Wien nämlich ist der Residenz Verlag beheimatet, für den der »Pisaner Universitätsbibliothekar Gottlieb Amsel« alias der Verlagsleiter Jochen Jung Goethes schlechteste Gedichte zusammengetragen hat.

Erster Eindruck: Welch magere Ernte! Gerade mal 40 durchweg kurze, herzlich unbekannte Poeme hat Jung für schlecht genug befunden; hätte nicht Walter Schmögner jedem Gedicht eine meist ansprechend obszöne zeichnerische Deutung zur Seite gestellt, das Büchl wäre vollends ein Heftl geblieben. Goethes Gedichte füllen überschlagsweise 2000 eng bedruckte Buchseiten; daß sich unter den weit über 2000 Gedichten lediglich 40 »schlechteste« finden sollen, ist eigentlich ein Armutszeugnis, fragt sich nur, für wen. Für den Kritiker? Für den Lyriker?

Schlechte Gedichte guter Dichter lassen sich in der Regel auf zwei Ursachen zurückführen. Entweder haben sich die Verfasser zu wenig Mühe gegeben oder zu viel. Im ersten Fall ist das Ergebnis ein mattes Selbstzitat, im zweiten eine überspannte Selbstparodie – seitdem die

Jenaer Romantiker um Caroline Schlegel bei der Lektüre von Schillers Glocke vor Lachen von den Stühlen gefallen sind, haben vor allem die Sänger unter den Dichtern, die Rilke, George, Hermlin unter anderem, für viel unfreiwillige Heiterkeit gesorgt.
Nichts wirklich Mattes und nichts richtig Überspanntes jedoch in Jungs Sammlung. Da Goethe sich als »Gelegenheitsdichter« begriff, ließ er zeit seines langen Dichterlebens kaum eine Gelegenheit zu dichten aus, ob er nun einer Bekannten ein Mützchen schenkte oder von einer Unbekannten mit Hosenträgern beschenkt wurde. Das Mützchenbegleitgedicht findet sich bei Jung, das Hosenträgerdankgedicht fehlt, obgleich es nach Anlaß und Machart durchaus in das Büchl gepaßt hätte. Das nämlich versammelt nicht so sehr schlechte als vielmehr schlichte Goethe-Gedichte, Verslein, die dem simplen Anlaß entsprechen, zum Beispiel der Freude über ein Leibgericht. »Die Welt ist ein Sardellen-Salat/Er schmeckt uns früh, er schmeckt uns spat« et cetera – beziehungsweise dem Ärger über Kritik:

O IHR Tags- und Splitterrichter,
Splittert nur nicht alles klein!
Denn, fürwahr! der schlechtste Dichter
Wird noch euer Meister sein.

Nein, auch an diesem Kurzgedicht ist nichts klein zu splittern – hat der große Goethe denn niemals vergleichsweise groß danebengelangt?
Wenn jemand sich um den Dichter Goethe in unseren Tagen verdient gemacht hat, dann Albrecht Schöne, viel gepriesener Herausgeber und Kommentator der beiden »Faust«-Bände im Deutschen Klassiker Verlag. Und wenn dieser so einfühlsame Göttinger Germanist in einem seiner Kommentare so richtig ausrastet, dann muß der Schwan von Weimar schon mächtig ausgerutscht sein: »Für die Berliner Aufführungen aus dem Faust I hat Goethe diese szenische Momentaufnahme« – gemeint ist die Szene »Ein Gartenhäuschen« – »1814 zur Vertonung durch den Fürsten Radziwill in unsäglich platte Singspielverse für Solo- und Duettpartien ausgewalzt.«
Ein Goethe, der sich an seinem »Faust« vergreift? Hören wir mal rein:

Margarete: Was soll denn aber das?
Warum verfolgst du mich?
Faust: Ich will kein ander Was,
Ich will nur dich!
Margarete: Verlangst du noch einmal
Was du genommen?
Komm an mein Herz! du bist
Du bist willkommen!
Faust: O welchen süßen Schatz
Hab' ich genommen!
So sey denn Herz an Herz
Sich hoch willkommen! etc.

In der Tat platt, matt und fad – nicht zu vergleichen mit dem, siehe oben, Sardellensalat. In solchen Reimereien bleibt der Dichter Goethe weit unter seinen Möglichkeiten. Gibt es auch Beispiele, in denen er sie so weit überspannt, daß unfreiwillige Selbstparodie aufblitzt? Im zweiten Teil des »Faust« macht der Türmer Lynceus die folgende Beobachtung:

Die Sonne sinkt, die letzten Schiffe
Sie ziehen munter hafenein.
Ein großer Kahn ist im Begriffe
Auf dem Kanale hier zu sein.

Lässt sich die Ankunft eines Bootes noch geheimratsmäßiger, noch gravitätischer, noch umständlicher mitteilen? Sooft mir diese Zeilen einfallen, lassen sie mich zuverlässig schmunzeln, zugleich aber muß der Lyrikwart eingestehen, daß er das wunderliche Versgebilde nicht so recht zu klassifizieren weiß: Ist das nun schlecht? Oder schlicht? Oder aber – mach einer was gegen den alten Goethe! – schlechterdings nicht ganz von dieser Welt und schlichtweg genial?

WARUM GERADE DAS SONETT?

Zwei Nachrichten, das Sonett betreffend, eine gute und eine bessere. Zuerst die gute: Das Sonett ist wohlauf. Sodann die bessere: Das Sonett ist nicht unumstritten – ein probater Beleg für seine Lebendigkeit. Nicht daß in diesem unserem Lande ein Sonettstreit wogte. Doch ist es sicherlich kein Zufall, daß der Lyrikwart kurz nacheinander zwei dezidierte Meinungen zum Sonett zu Gesicht bekam.

Ruth Klüger preist es. In ihrer Dankesansprache zur Verleihung des Preises der Frankfurter Anthologie sagt sie: »Wie ein Schachspiel an und für sich ein ästhetisches Vergnügen ist, weil die Regeln aufeinander abgestimmt sind und sich zu einem Ganzen schließen, selbst da, wo gar nicht aufregend gespielt wird, so hat zum Beispiel das Sonett einen Reiz, der auch dem mittelmäßigsten Produkt der Gattung einen erfreulichen Anstrich gibt. Darum ist es so unverwüstlich.«

Dem widerspricht Jakob Stephan, ohne sich auf Ruth Klüger zu beziehen – die hielt ihre Rede erst nach Erscheinen des Hefts 2 der ›Neuen Rundschau‹. Jakob Stephan? Der firmiert dort als »Ihr allzeit dienstbarer Lyrikdoktor«.

Lyrikdoktor? Ja, Lyrikdoktor. Denn seit 1996, lange bevor der Lyrikwart erstmals zur Feder griff, veröffentlicht der Lyrikdoktor Stephan in besagter Dreimonatsschrift die Befunde seiner Lyrischen Visiten. Hartnäckig schürt der S. Fischer Verlag das Gerücht, der alte Herr Doktor, »1928 in Greifswald geboren«, veröffentliche unter dem Namen Steffen Jacobs und als deutlich jüngeres Semester selber Lyrikbände – halten wir uns lieber an die Tatsache, daß der in der zwölften seiner durchweg bedenkenswerten Visiten befindet: »Ein Sonett zu machen ist eine einfache Sache ... Gerade die vergleichsweise rigide Formvorschrift macht es dem Bastler einfach: Man wähle ein Thema, assoziiere zwei nicht allzu ausgefallene Wörter dazu und finde für jedes der Wörter drei Reimwörter. Dann stelle man einen möglichst logischen Zusammenhang zwischen den insgesamt acht Reimwörtern her« – und schon hat man laut

Stephan die zwei Quartette im Sack, denen nur noch die beiden Terzette zu folgen brauchen, und fertig ist das vierzehnzeilige Werk, der um 1350 von Petrarca zu erster Blüte geführte »kleine Tonsatz«, das Sonett. Was nun ist das Sonettschreiben? Ein dem Schach vergleichbares »Spiel«? Eine »einfache Sache«? Auf jeden Fall ist es umstritten, mal wieder, und das ist dieser Gedichtform seit jeher gut bekommen, da die Sonettgegner ihren Sonettärger gern in Sonettform niedergelegt haben, was naturgemäß die Sonettmenge regelmäßig hat wieder anschwellen lassen. So geschehen auch zu Beginn des 19. Jahrhunderts, als die Romantiker eine regelrechte »Sonettwut« in die deutsche Literatur eingeschleppt hatten. Das beflügelte Johann Heinrich Voß, den Homer-Übersetzer und Feind allen neumodisch welschen Tands, zur konzisesten Sonettverspottung deutscher Zunge:

Mit	Süd	Kling-	Sing
Prall-	Tral-	Klang	Sang
Hall	Lal-	Singt;	Klingt.
Sprüht	Lied.		

Der wackere Voß stritt für antike Versmaße und Strophenformen, die jungen Dichter focht das nicht an. Sie grasten mit wachsendem Eifer auf südländischen, ja orientalischen Lyrikauen, banden Stanzen, Terzinen, Ritornelle und Ghaselen zu den anmutigsten Sträußen – mittlerweile ist das alles Herbarium, und heute wäre die deutsche Lyrikwiese frei von allen tradierten und fremdländischen Gewächsen, wüchse da nicht ständig dieses staunenswert unverwüstliche Sonett nach.

Nicht erst Ruth Klüger begründete dessen Zähigkeit mit seiner Regelmäßigkeit.

Schon Goethe, selbst ein Opfer der »Sonettwut« um 1800, beschloß ein Sonett mit der programmatischen Sentenz: »In der Beschränkung erst zeigt sich der Meister, / Und das Gesetz nur kann uns Freiheit geben.« Rund 150 Jahre später ist Johannes R. Becher in seinen Überlegungen nicht sehr viel weitergekommen.

In seinem – vom Sozialismus – »Trunkenen Sonett« läßt er das Sonett zunächst agitieren: »Ich möchte Stimme sein auch eurer Zeit«, dann lamentieren: »Ich fühle mich bedrängt in meinen Engen«, sodann delirieren: »Ich möchte sein ein trunkener Gesang« – und schließlich weise resignieren: »Sagt: oder leb ich viele Leben lang/Der Kürze wegen und dank meiner Strenge?!«

Doch streng ist auch die achtzeilige Stanze, kurz auch das zweizeilige Distichon – was hat das Sonett, was sie nicht haben? Ich vermute: dreierlei.

Den ersten, wichtigsten Grund fand ich in Wolfgang Kaysers »Kleiner deutscher Versschule«: »Echte Gedichtformen gibt es wenige.« Neben dem Sonett nennt er lediglich Sestine und Glosse, beides ziemlich langatmige Gedichtformen: der klassischen Sestine verlangt es nach 39 Zeilen, die Glosse tut es nicht unter 44. Aber Stanze, Terzine, Ritornell und so weiter? Alles Strophenformen, zwar regelmäßig gebaut, doch ohne Regel für den Bau, also die Länge des Gedichts.

Ein weiterer Grund für die anhaltende Beliebtheit des Sonetts könnte der sein, daß es dem Dichter trotz aller Regelmäßigkeit erlaubt, den Schwierigkeitsgrad – darin einem Heimtrainer vergleichbar – je nach Bedürfnis und Vermögen individuell einzustellen. Der Lyrikdoktor hält es für eine »einfache Sache«, vierzehn Zeilen mit dem Minimum von vier Ausgangswörtern zu bestreiten? Da kann der Lyrikwart nur zweifelnd das Haupt schütteln. Er hat's versucht, und siehe: es war doch eine ziemliche Arbeit. Einfacher jedenfalls macht es sich, wer nicht abba abba cdc cdc reimt, sondern abba cddc efg efg und was dergleichen Varianten mehr sind.

Der dritte Grund dafür, daß immer noch Sonette geschrieben werden, könnte darin liegen, daß bereits so viele von so vielen berühmten Dichtern geschrieben worden sind. Petrarca, Michelangelo, Shakespeare, Goethe – sie alle haben ihre Kräfte am Sonett gemessen, mit ihnen mißt sich daher auch noch der letzte Reimeschmied, der sich am Sonett versucht.

Welch – in der Literatur, ja auch in allen anderen Künsten – einzigartige Arena! Da treten die Künstler grosso modo noch immer nach den italienischen Regeln von 1350 an, während das Volk auf den Rängen das rare Vergnügen hat, Gelingen und Mißlingen der Kunstwerke wie zu Zeiten der real existierenden normativen Ästhetik prima vista erkennen, beklatschen oder ausbuhen zu können: Wer sein Sonett bereits mit der zwölften Zeile beschließt, wird gnadenlos disqualifiziert, mag dessen Inhalt noch so unerhört und mögen seine Metaphern noch so kühn sein.

All das hätte in den Händen von Hobbysonettisten und Lyriknostalgikern enden und verenden können. Daß dem Sonett ein solches Schicksal erspart geblieben ist, belegt ein Blick in so unverfängliche wie beweiskräftige Quellen, in Lyrikanthologien jüngeren Datums. Unverfänglich, weil alle Anthologisten nachweislich keine rückwärtsgewandte Lyrikblütenlese im Sinn hatten, beweiskräftig, weil keiner der Anthologisten auf das Sonett verzichten konnte. Harald Hartung hat sein »Jahrhundertgedächtnis« der deutschen Lyrik in Zeitabschnitte gegliedert: mit Sonetten sind vertreten »Im neuen Jahrhundert« Rainer Maria Rilke, Rudolf Alexander Schröder und Rudolf Borchardt; Paul Zech und Georg Heym in »Das expressionistische Jahrzehnt«; Franz Werfel und Bert Brecht in »Die zwanziger Jahre«; Erich Arendt und Reinhold Schneider in »Hitlerreich und Emigration«. Erst im Kapitel »Nachkrieg und kalter Krieg« fehlt das Sonett, taucht jedoch mit Robert Schindel und Ulla Hahn »Zwischen Mauer und Mauerfall« wieder auf. Und auch in Lyrikanthologien der achtziger und der neunziger Jahre wuchert es weiter. In Hans Benders Sammlung »Was sind das für Zeiten« finden sich Sonette von Thomas Rosenlöcher und Ludwig Harig.

»Das verlorene Alphabet« von Thill und Braun bringt abermals Harig sowie Heiner Müller und Franz Josef Czernin – sie hätten auch eines der Sonette Peter Maiwalds aus »Springinsfeld« oder eines der »November«-Sonette des Günter Grass aufnehmen können. Zu spät für derlei Anthologien, doch rechtzeitig zum Jahrhundertende ist auch Durs Grünbein mit »Nachbilder«, einem elfteiligen Sonettzyklus, in die Arena gestiegen, nachzulesen in seinem Gedichtband »Nach den Satiren«.

Wenn man es denn nachlesen kann. Der Spanier – Paul Ingendaay beklagte es unlängst in der ›F.A.Z.‹ – könne es nicht, da von Durs Grünbein noch nichts ins Spanische übersetzt worden sei. Ein Befund, der den Lyrikwart zu einem – nein, nicht: Sonett, aber immerhin: Distichon angeregt hat, auf daß auch dieser altehrwürdige Schlauch mal wieder mit neuem Inhalt gefüllt werde:

Nichts, der Schreiber beklagt es, weiß der Hispanier von Grünbein.
Ihm, der Leser beseufzt's, fehlt's wohl an Wissensdurs.

Oder hätte ich besser »Schönheitsdurs« schreiben sollen?

DÜRFEN DIE DAS?

»Das Jahrhundertende reizt zum Rückblick«, lese ich auf der Rückseite des gewichtigen, 300 Seiten starken ›Text + Kritik‹-Bandes »Lyrik des 20. Jahrhunderts« sowie: »Den Untersuchungen und Analysen des Bandes vorangestellt ist eine Anthologie von Gedichten, die Durs Grünbein, Thomas Kling, Barbara Köhler, Friederike Mayröcker und Peter Waterhouse als ihre Gedichte des Jahrhunderts gewählt haben.«

Die Vorbemerkung der Anthologie präzisiert das Vorhaben: »Zwei Lyrikerinnen und drei Lyriker haben wir gebeten, ihre zehn deutschsprachigen Gedichte des 20. Jahrhunderts für diesen Band zu nennen, und zwar möglichst aus jeder Dekade eines. Nicht alle haben sich an diese Vorgaben gehalten ...«

Das kann man laut sagen. Die Auswahl hebt an mit Friedrich Hölderlins »Hälfte des Lebens«, »ausgewählt von Friederike Mayröcker«, und wirft die Frage auf, wie weit die auswählenden Dichterinnen und Dichter zeitlich orientiert waren, als sie *ihre* Auswahl trafen. Beziehungsweise räumlich: Unmittelbar auf Hölderlins Gedicht aus dem Beginn des 19. Jahrhunderts nämlich folgt »Meditation« des Italieners Umberto Saba, »ausgewählt von Peter Waterhouse«, ein Poem, dessen überraschendes Auftauchen in einer Anthologie »deutschsprachiger Gedichte« sich offenbar dem Umstand verdankt, daß der Auswähler es sich geistig angeeignet hatte: »Hier Erstdruck der Übersetzung von Peter Waterhouse«.

Im Laufe der Lektüre nehmen die räumlichen Irritationen zu: Wiederholt taucht der Russe Mandelstam auf, die vierziger Jahre werden von E. E. Cummings und Michael Hamburger mit englischsprachigen Gedichten abgedeckt; auch bleiben poetologische Verwunderungen nicht aus: Was eigentlich hat Robert Walsers anderthalbseitige Prosa »Spazieren« in einer Gedichtsammlung verloren?

Doch solches Stutzen wird während der ersten sieben Anthologie-Jahrzehnte durch die im Schnitt überraschungsfrei kanonische Auswahl neutralisiert: Dreimal ist Rilke vertreten, dreimal Benn, zweimal Trakl, zweimal Brecht, dreimal Celan, zweimal Prießnitz, dreimal Jandl, zweimal Artmann – da begrüßt der Lesende Barbara Köhlers Insistieren darauf, daß im vergangenen Jahrhundert auch Frauen gedichtet haben, nicht nur Eingemeindete, sprich Kanonisierte wie Else Lasker-Schüler oder Ingeborg Bachmann, sondern auch Eigensinnige und Abseitige, Christine Lavant oder Inge Müller.

Halten wir, bei der Dekade 1970 bis 1980 angelangt, inne, um eine Zwischenbilanz zu ziehen, so stellt sich die Ernte der fünf Anthologisten als ebenso konsensfähig wie flusig dar, weitgehend der – mit Brecht zu reden – »pontifikalen« Linie der deutschen Dichtung verpflichtet und kaum an der »plebejischen« interessiert, auch bei jenen Dichtern nicht, die in beiden Zungen zu reden vermochten, ja sogar komischer Töne mächtig waren: »Ich bin nichts Offizielles/ich bin ein kleines Helles« (Benn); »Eins. Zwei. Drei. Vier./Vater braucht ein Bier./Vier. Drei. Zwei. Eins./Mutter braucht keins.« (Brecht).

Umso überraschender dann die letzten beiden Jahrzehnte des Jahrhunderts – die haben die Anthologisten weitgehend für sich und ihresgleichen reserviert.

Auswähler Kling wählt ein Gedicht von Auswähler Waterhouse aus, der im Gegenzug ein Gedicht von Kling auswählt, und unterm Strich summiert sich solch Geben und Nehmen zu insgesamt sechs Gedichten aus den Federn dreier Anthologisten, was einen gewissenhaften Leser, den Rezensenten Steffen Jacobs, im SFB die Rechnung aufmachen ließ, die drei hätten demnach »zehn Prozent der wichtigsten Gedichte des 20. Jahrhunderts geschrieben«.

Ein Befund, der bei genauem Hinschauen noch deutlicher zugunsten der Auswähler ausfällt: Da die Sammlung nicht 50, sondern lediglich 43 deutschsprachige Gedichte von insgesamt 27 deutschen Dichterinnen und Dichtern enthält, bringen die drei Anthologisten nicht ein mattes Zehntel, sondern ein sattes Siebtel auf die »Lyrik-des-20.-Jahrhunderts«-Waage.

»Hier können Familien Kaffee kochen«, lockten Berliner Ausflugslokale früherer Zeiten – warum sollen sie nicht heutzutage in Jahrhundertrückblicken abkochen dürfen? Dürfen sie natürlich, so wie ja auch jede neue oder sich zumindest als neu begreifende Generation die sie betreffenden Moden und Manien dergestalt auf den Punkt bringen darf, daß alle bisherigen Strebungen aller vorangegangenen Generationen daran gemessen werden, ob sie auf den je eigenen Standort hinauslaufen – gut! – oder ihn verfehlen: Ab in den Papierkorb der Historie!

Klappern gehört zum Handwerk – erst wenn dieses Klappern zur trommelnden Selbstfeier ausartet – »Als wir in den frühen 80er Jahren die bundesdeutsche Lyrik wieder aufbauten – es war ja nichts da ...« –, erst dann ist der Lyrikwart aufgefordert, mahnend den Finger zu heben. Womit wir bei Thomas Kling wären.

Der nämlich hat nicht nur drei Gedichte, sondern auch einen Aufsatz beigesteuert, »Zu den deutschsprachigen Avantgarden«, in welchem er in jeder Beziehung mächtig weit und breit ausholt: »Seit Catull street talk als angemessenes Instrument erkannte, um das Gedicht städtisch zu machen ... das Paris Baudelaires ... Slangverwender Arno Holz ... T. S. Eliot sagt ... Sprache des sprachenvereinigenden (Jahrmarkt)-Platzes ... Werbe-jingles ... popular speech ... Anton Kuh, berühmte Fachkraft für spoken word ... Gegen die trostlose Lesung ist eine jüngere Dichtergeneration angetreten ... Die Lesung, auch als Austausch zwischen Musik und Poesie begriffen, wie er seit Anfang der achtziger Jahre durch Auftritt-Teams stattfindet: Köllges/Kling machten für den Köln-Düsseldorfer Raum 1983 den Anfang« – welch gewaltiger Bogen vom Anglolateiner Catull zum Auftrittsavantgardisten Kling, welch luftige, Jahrtausende überspannende Konstruktion! Oder sollte ich sagen: windige?

Wo bleibt Peter Rühmkorf, wo Arno Schmidt?

Sagen wir es so: Je länger ich mich auf Klings 14seitiger Brücke bewegte, inmitten all der erlauchten Vorgänger und Vorbilder aus weit entfernten Zeiten und Regionen, desto verwunderter registrierte ich das Fehlen zweier Figuren, die im Hier und Jetzt des Nachkriegsdeutschlands Prosa und Poesie durch street talk und popular speech bereichert hatten, als man die noch Gassen-, wenn nicht Gossensprache und Umgangs- beziehungsweise Alltagsdeutsch nannte: Arno Schmidt und – vor allem – Peter Rühmkorf.

Über beide schweigt sich Kling derart dröhnend aus, daß selbst beim langmütigen Leser verärgerter Widerspruch laut wird: Was soll diese verbissene Originalitätsmeierei?

Wer hat denn schon in den frühen sechziger Jahren den literarischen Volksmund-Untergrund durchfischt und seinen Fang in seiner streettalk-Anthologie »Über das Volksvermögen« präsentiert? Wer hat bereits 1966 im Hamburger Raum mit den Musikern Michael Naura und Wolfgang Schlüter für den Austausch von Musik und Poesie gesorgt, beispielsweise während der legendären Lesung »Lyrik auf dem Markt«, vom Lastwagen aus und vor 3000 Zuhörern? Wer kann zum »Zauberwort« »Intertextualität« anmerken, er habe sich »mit solchen sphären- und epochenübergreifenden Vermischungsphänomenen schon seit Jahrzehnten beschäftigt«, wer darf von sich behaupten, er habe sein »gesamtes literarisches Leben lang immer gern auch Bezug auf die Sphäre des Marktes und der Werbung genommen«? Die Antwort lautet natürlich in allen Fällen: »Peter Rühmkorf«, von dem – sofern er wirklich noch nichts von ihm gelernt haben sollte – Kling lernen könnte, wie entspannt und ehrlich das heikle, zur Verstellung wie Täuschung verlockende Thema der Lehrer und Meister abgehandelt werden kann.

Im Rechenschaftsbericht »Wo ich gelernt habe«, erschienen in der Reihe der ›Göttinger Sudelblätter‹, ist nicht nur nachzulesen, welche erlauchten Fackeln toter und lebender Dichter der junge Rühmkorf aufgegriffen und weitergetragen hat – von Gryphius bis Benn und Brecht –, sondern auch, welche Irrlichter ihn einstmals vom rechten Wege abzubringen suchten, vom Scherzdichter Viktor von Scheffel bis zum Nazibarden Heinrich Anacker. Welch wildwüchsiges Gewusel rund um Rühmkorf! Wie plan dagegen Klings Prominentenparade! Die beiden Dichter trennt ein Abgrund von 30 Jahren. Sollte es lediglich eine Frage der Zeit sein, bis auch der Jüngere reif ist für eine vergleichbar uneitle Herkunftsbeschreibung?

WAS WIRD HIER GESPIELT?

Die in »Der Pudding der Apokalypse« versammelten Gedichte Adolf Endlers haben mir aus vielen Gründen viel Freude gemacht, einer liegt mir besonders am Herzen.

»Die subjektivste der drei Gattungen der Dichtung; unmittelbare Gestaltung innerseelischer Vorgänge im Dichter« – so definiert Gero von Wilpert in seinem Sachwörterbuch der Literatur das Stichwort Lyrik.

»Warum kommt es uns manchmal so vor, als hafte der ganzen Sache, der Lyrik etwas Trübes, Zähes, Dumpfes, Muffiges an?« fragt Hans Magnus Enzensberger im Vorwort seiner Anthologie »Das Wasserzeichen der Poesie« und fährt fort: »Aber war da nicht irgendwann irgendwo was Anderes? Ein Lufthauch? Eine Verführung? Ein Versprechen? Ein freies Feld? Ein Spiel?«

Adolf Endlers Sammlung seiner »Gedichte 1963–1998« enthält all das, was Enzensberger als vergangen betrauert, ja mehr noch: nicht nur Spiel, sondern auch – nicht immer, aber immer wieder – Unterhaltung, ja Belustigung.

Wer da spielt? Selbstredend der Dichter. Womit? Natürlich mit der Sprache.

Gegen wen? Gegen die Sprache und sich selber. Zu wessen Unterhaltung? Vorerst zur eigenen, sodann, wenn das Spiel funktioniert, auch zu der des Lesers.

Zum Spiel gehört die Regel, und um deren Ansehen steht es in einer Zeit, die dem erweiterten Kunstbegriff huldigt, nicht gut.

Regel wird einerseits gern mit Beschränkung, ja Beschränktheit und unpersönlichem Zwang gleichgesetzt, andererseits gilt sie als *starr, leblos*, wenn nicht *tot*. Auf jeden Fall ist sie *streng, rigide* und *unerbittlich*, ein *Korsett*, das dem, der sie befolgt, abverlangt, sich ihr *sklavisch* zu unterwerfen – eigentlich ein Wunder, daß diesem Repressionssystem trotz der im Grundgesetz verankerten Freiheit der Kunst noch nicht der juristische Garaus gemacht worden ist ...

Dem milderen Blick manches Lyrikliebhabers mag sich die Regel weniger totalitär darstellen. Er wird die Tatsache, daß da jemand noch reimt, Strophen metrisch strukturiert oder tradierte Gedichtformen nutzt, mit höflichem Interesse konstatieren, ihr vielleicht sogar applaudieren: Chapeau!

Regelrechte Terzinen! Oder was der Reimeschmied noch so alles auf der Pfanne hat: regelrechte Stanzen! Ein regelrechtes Sonett!

Mit all dem kann und will Adolf Endler nicht dienen. Statt sich überkommenen Regeln zu fügen, und das auch noch sklavisch, ist er so frei, selber Regeln zu erfinden und im Gedicht, meist nur in einem einzigen, zu erproben.

Im »Lied vom Fleiß« führt Endler auf exemplarische Weise vor, wie diese Art Regelerfindung und Regelerfüllung das Gedicht provoziert und produziert:

Laßt mich allein nun! Endlich laßt michs singen
Das Lied vom Fleiße, das ich singen will.
Einhundert Zeilen will mein Fleiß erzwingen
Und fünfzig Doppelreime. Also still!

Wir schreiben das Jahr 1972. Endler lebt und dichtet im Arbeiter- und Bauernstaat. Doch der Dichter übertrifft all die Helden der Arbeit:

Der ich nicht Wochen-, Monatslohn empfange,
Ich übertreffe alle! Freunde, geht,
Ein Hymnus, lang wie eine Bohnenstange
Und spannend wie ein Defa-Film entsteht!

Immer wieder vergewissert sich der Fleißige seiner Fortschritte, zeilenweise ist dieses Fortschreiten auch schon alles, was er zu sagen hat:

Die Zeile einundvierzig ist errungen!
Die Zeile zweiundvierzig liegt schon vor!
Die Zeile dreiundvierzig wird gesungen!
Die Zeile vierundvierzig summt ums Ohr!

Und so fortan. Der Dichtermann Endler hält sein Dichterwort:

Die siebnundneunzig! Stolz verwundert
Seh ich das Lied auf meinem Fleiß gereift.
Hier ist der Gipfel, hier die Zeile hundert:
– »Gebt mir den Strick da, doch gut eingeseift!«

Neues Spiel, neues Glück. Dem Gedicht »Abenteuerbuch« hat Endler einen Satz von Federico García Lorca vorangestellt, der zugleich die Regel errichtet: »Grün, wie ich dich liebe, Grün.«

Die einsame Spur in der endlos grünen Savanne
Das Grün auf das wir dann endlich wie wahnsinnig schossen
Im Herzen der grünen Hölle die Lastwagenpanne

– durchgehendes »Grün« also ist angesagt, auch wenn Endler es nicht immer hinschreibt, sondern vom Leser mitdenken läßt –

Der Pfefferminzlikör als Letztes runtergegossen
Das seltsame Grün von dem Konsul Meyer berichtet
Das Diamantengrün das Graugrün des Elefanten
Der grüne Mantel auf dem Amazonas gesichtet

– und wieder überläßt es Endler dem Leser, das Spiel mitzuspielen und das zum Loden gehörige »Grün« zu imaginieren:

Ein alter Lodenmantel wie wir deutlich erkannten

– so weit acht von insgesamt zwanzig grüngetränkten Zeilen, die gut und gern ebenso viele Abenteuerbücher aufwiegen: das Gedicht verdichtet.

Aller guten Spiele sind drei, und diesmal nennt Endler im Gedichttitel sogar seinen Spielpartner: »Für Edgar«. Aber natürlich kann, ja muß jeder Leser mitspielen, sobald ihm Endlers Vorgabe eingeleuchtet hat, jedem Menschen sei eine schicksalhafte Silbe zugeteilt, dem Edgar beispielsweise – aber hören wir den Dichter:

Geheime Schicksalssilbe RI, *wen* macht sie wild?
Wer, wenn er solch ein RI hört, schwankt, ja, wirkt zerknittert?
Jetzt wißt Ihr: Edgar Schmoll! (Ich hab mirs eingedRIllt!)
Die meine lautet ... Daß es Edgar nur nie wittert!

Das walte Gott! Denn wer im Besitz der Geheimsilbe des anderen ist, hat den praktisch in der Hand:

RI ist die Silbe Edgars, meint nicht Hinz und Kunz,
Hört er ein RI, muß er sogleich erschütternd niesen,
Falls ihm nichts Schwärzres dank der Silbe widerfährt,
Ein Herzinfarkt vielleicht, Koliken –

Und kaltblütig beginnt der Dichter damit, seine RIs auf den Wehrlosen zu feuern:»RIalto, RImini, RIenzi – tut das gut!« – also mehr davon:»RInaldo RInaldini! RItter! RIngelnatz!« werden ins Feld geführt, vor»REvival« wird nicht zurückgeschreckt, Edgar zeigt Wirkung:

Ich bin gespannt – oh RIeselfeld, URIn, verRInnend! –,
Ob er, Ihr Tod, RIgid kommt, RÜstig ... RIdi-kühl?
(Noch dutzendweise RIs halt ich für Sie in petto!)
Wird Ihnen, Edgar, nicht bei RÜbezahl schon schwül?

Wie dann erst beim»RIng von RIchard Wagner«, der angeblich in »RIo de Janeiro« auf dem Spielplan steht oder gar bei der»RIngeRInnenRIege« – so um die Zeile 40 kommt Endler in die Gänge, um die Zeile 50 in Fahrt und bei Zeile 60 ins Schleudern:»RI in Radieschen – nein, nun dies gerade nicht!« Erst bei Zeile 70 kommt der Dichter mit kreischenden Bremsen zum Stehen:

Ein Verslein mehr des Werks hier –
Edgar bräch zusammen!

Spiel-Ende, doch der animierte Leserkopf kommt nicht so rasch zur Ruhe: PRIma Schiene! Wie kam der Dichter auf *den* TRIchter?
»Für Edgar« findet sich in einem Zyklus, welcher»Aus den Heften des

Irren Fürsten M.« überschrieben ist. Der sei »einem Tiefpunkt meiner Existenz gedankt«, merkt Endler an, »Gedichte, in denen mit der Gefahr des Absturzes ins Irre-Sein wohl nicht nur kokettiert wird. (Oh, die wahnwitzige Vielzahl der Reime!)«
Der Spieler nämlich ist nur eine der vielen Rollen, die der Dichter Endler im Laufe der letzten 35 Jahre verkörpert und in seinem Buch versammelt hat.

1971, ein Jahr vor dem 100-Zeilen-Fleiß-Gedicht, schrieb der häufig und gern Ausschweifende ein regelrechtes Epigramm, den so einprägsamen wie lebenswahren Zweizeiler »Der Unbequeme«:

Daß man ihn endlich aus dem Land rausschlage
Auf jede Antwort weiß das Schwein die Frage

Im Nachwort bezeichnet sich Endler als »eine der verwachsensten Gurken der neuen Poesie«. Da kann der Lyrikwart nur zweifelnd den Kopf schütteln: Müßte es nicht »eine der erwachsensten Gurken« heißen?

KEIN BEIFALL FÜR DEN MAUERFALL?

Als der Aufbau Verlag 1988 »Die Gedichte« des damals sechzigjährigen Peter Hacks herausbrachte, steckte die DDR noch in den Geburtstagsvorbereitungen für das vierzigste Wiegenfest. Es sollte ihr allerletztes werden; eine Neuauflage des 1989 dahingeschiedenen Staatswesens ist nicht in Sicht.

Anders die Hacksschen Gedichte. Die hat die Edition Nautilus zwölf Jahre nach der Erstausgabe unter gleichem Titel herausgebracht, begleitet von einer »Editorischen Notiz«: »Die letzte Sammlung nun ist es, die hier wiederveröffentlicht wird, vermehrt um 70 Gedichte.«

Da die Erstausgabe etwa 270 Gedichte enthielt, bedeutet das einen reellen Zugewinn, der es erlaubt, eine weitere, ideelle Rechnung aufzumachen: Was hat der Fall der Mauer bzw. der Zusammenbruch der DDR bzw. die Wende bzw. die Wiedervereinigung dem Dichter Hacks eingebracht?

Auf den ersten Blick jene siebzig Gedichte, doch die müssen ja nicht notwendig Folge politischer Umwälzung oder Reaktion auf den Umsturz sein. Verraten wir also sogleich, daß es sich so verhält: Die Vermehrung der Gedichte verdankt sich vor allem dem Verschwinden der DDR und den damit verbundenen politischen und persönlichen Konsequenzen.

Stellen wir sogleich die auf der Hand liegende Folgefrage, ob die dazugekommenen Gedichte auch einen ästhetischen Gewinn bedeuten. Da nun müssen wir etwas weiter ausholen, zugleich aber sieht sich der Lyrikwart gezwungen, vom majestätischen »Wir« zum modesten »Ich« zu wechseln und allen weiteren Wertungen ein Geständnis voranzustellen: Ich weiß von Peter Hacks herzlich wenig.

Ich kenne weder seine Dramen noch seine Erzählungen, ich weiß so gut wie nichts von seinen Kinderbüchern oder seinen Essays und nur wenig über seine Vita. Lediglich seine Gedichte sind mir vertraut, und das bereits seit längerem: 1985 las ich seine Anthologie »Balladen und

Kein Beifall für den Mauerfall? 429

Historien«, 1988 – und heuer – »Die Gedichte«: Alles, was ich zu Hacks zu sagen weiß, habe ich aus seinen Versen herausgelesen.
Nein – nicht alles. Dem Klappentext der Nautilus-Sammlung entnehme ich, daß Peter Hacks, Jahrgang 1928, 1951 in München promoviert habe und 1955 nach »Berlin, DDR« gegangen sei.
Und im Klappentext der Aufbau-Sammlung lese ich eine Ermahnung des Dichters an seine Zeitgenossen: »Sie finden einen Dichter übertrieben oder ungerecht, aber Sie haben nur Grund, ihn für einen Querkopf zu halten, wenn er verabsäumt anzudeuten, daß er weiß, wie sehr er übertreibt oder sich dem Unmut hingibt.«
Ein Vergleich der beiden Sammlungen ergibt als erstes, daß Hacks Gedichte hinzugefügt, jedoch keine weggelassen hat. Keine Gedichte zur Feier der DDR, da die bereits in der 88er Anthologie fehlten, und keine, die seinem Unmut über das Gemeinwesen zu DDR-Zeiten mal freieren, meist gebremsteren Lauf ließen. Die DDR ist provinziell und hellhörig:

Mein Dörfchen, das heißt DDR,
Hier kennt ein jeder jeden.
Wenn Sie in Rostock flüstern, Herr,
Hört Leipzig, was Sie reden.

Die DDR achtet den ihr ergebenen Dichter gering:

Was ich tu oder lasse, es ist zum Besten des Landes.
Aber dem Vaterland paßt das nun gar nicht so sehr.
Eher Bescholtne bevorzugts, Leute mit scheuem Gewissen;
Wenn sie in Schwärmen gehn, wenigstens stören sie nicht

Die Mächtigen der DDR haben nicht die Größe eines Alten Fritz, der professionellen Beistand zu schätzen wußte:

Auch Verse kennt man, die er sang.
Voltaire half sie verfassen.
Von mir hat sich mein Leben lang
Kein König helfen lassen.

Schlimmer noch. Statt erbetener Hilfe hagelt es ungebetene Kritik. In dem Vierzeiler »Zeitgedicht« begehrt der Kritisierte auf:

Gerecht zu sein, die Zeiten sind nicht schlecht.
Doch wer nur Dresche kriegt, ist manchmal nicht gerecht.
Sie haben so viel Steine in die Leier mir geschmissen,
Da ist mir die lobende Saite gerissen.

Nein, er lobt sie nicht, die DDR, die seit dem 1. 8. 1973 ihre besten Tage bereits hinter sich hat. Mit diesem Datum ist eine Elegie überschrieben, und was damals geschah, verrät bereits die erste der vier Zeilen:

Ulbricht ist leider tot und Schluß mit der Staatskunst in Deutschland

Und was wurde aus diesem, so früh bereits von seinem guten Geist verlassenen deutschen Staat? In dem Sonett »Alte Charité« zieht der Patient Hacks eine einigermaßen trübe Bilanz:

Durch hohe Fenster blick ich in den Westen.
Von Osten blick ich und von oben her:
Aus jenem üblen von den deutschen Resten
In den, worin mir noch viel übler wär.

Seit 1992 lebt Hacks so unfreiwillig wie unabänderlich in jenem übleren und Übelkeit erregenden Rest – wie also ist diese Veränderung seinem Dichten bekommen? Gar nicht so übel.

Dichter ist bestellt zum Rühmen.
Dichter darf von Herzen hassen.
Doch vor allem Mittelmaße
Muß des Dichters Leier passen.

– nein, das ist nicht von Peter Hacks, das stammt von einem apokryphen Sänger der Nach-Goethe-Zeit, und doch belegt Hacks' Dichten das Dictum des Poeten. In der Abteilung »Liebesgedichte« war und ist er durchgehend auf der Höhe seiner Kunst, ob er nun in Sonetten seine schönen Geliebten besingt oder in Hexametern davon berichtet, wie gut er all diesen Frauen ist oder doch tut.

Auch dann, wenn er klagte oder verdammte, lief Hacks regelmäßig zu großer Form auf:

Wenn erst die Anspruchslosen jeder Richtung,
Das Zwergenmaß in Wirtschaft und Partei,
Mit einem einzig letzten Feind, der Dichtung,
Sich einig werden, wie zu leben sei,
Entsteht bei uns, auf andre Art, dasselbe
Zweckmäßig triste Reich wie links der Elbe

– prophezeite der Dichter Hacks lange vor der Wende in Sizains resp. sechszeiligen deutschen Stanzen. »Wenn erst« – noch war es nicht so weit und die DDR jenes trübe Mittelmaß, das der Hacksschen Leier kein rechtes Lob, aber auch keine richtigen Verdammungen zu entlocken wußte.

Wie anders nach dem Ende dieser »Staatseinrichtung«! Im Rückblick erst findet Hacks zu hohen Tönen für das, was ihm einst »Dorf« gewesen war. Jetzt preisen feierliche Sechszeiler »Das Vaterland«, das wie Einhorn, Demant, Kaviar, Panter und Greta Garbo eine Klasse für sich gewesen ist:

Wer kann die Pyramiden überstrahlen?
Den Kreml, Sanssouci, Versailles, den Tower?
Von allen Schlössern, Burgen, Kathedralen
Der Erdenwunder schönstes war die Mauer.
Mit ihren schmucken Türmen, festen Toren.
Ich glaub, ich hab mein Herz an sie verloren.

Hacks weiß natürlich, wie sehr er mit solchen Zeilen übertreibt und sich dem Übermut hingibt, und er weiß es erst recht, wenn er seiner Schwermut die Sporen gibt:

Man weint um Hellas. Sonst geschieht es selten,
Daß einer Staatseinrichtung Tränen gelten.

Für den ihn heutzutage umgebenden übleren Rest aber hat Hacks nur Hohn und Spott übrig, so viel, daß auch noch etwas für jene abfällt, die in bester Umgebung den besseren Zeiten nachtrauern. Derweil der große Haufen der Deutschen sich zu »grauenhaften Urlaubsorten« hinquält, »begeben Preußens dünkelhafte Kommunisten ... nach ihren Dörfern sich und Sommerresidenzen«, um »plaudernd vom Klassenkampf« in »völliger Absonderung zu glänzen«:

Und sie verharren vor Parterren mit Verbenen
Und nippen edlen Wein in schattigen Remisen.
Manchmal, nicht allzu oft, empfängt wohl dieser jenen,
Beziehungsweise jener bewillkommnet diesen.

Ja: béwillkómmnet. Die Betonung ist so verfehlt wie der George-Ton fehl am Platz, und doch summieren sich all diese Falschheiten zu einem richtig schönen, durchgehend suggestiven Gedicht: Wer wollte nicht schon immer vor Parterren mit Verbenen verharren, und sei es nur des anregenden a-e-Bades wegen, und wozu wohl sind Remisen in der Welt als dazu, in ihnen mit diesem oder jenem dieses oder jenes aus dem nie versiegenden e-i-Trinkkelch zu nippen?

Die Abteilung »Jetztzeit« enthält einen Großteil der 70 neu hinzugekommenen Gedichte. Eine »große Schreckenswende« hat stattgefunden, eine »finale Niedergangsepoche« bricht an, die »Herrschaft von Verbrechern«:

Kurz, mir ward das Vaterland zur Fremde.
Andrerseits, gern heb ich dir das Hemde

– wenn es der Dichter nicht vorzieht, ein weiteres schneidendes Couplet, einen 20-silbigen Zweizeiler in der Art des englischen Renaissancedichters John Donne gegen das schlechte Bestehende zu schleudern, gegen »den Überwachungsstaat«, gegen die »Dauer der Unterdrückung«.

Wahrlich – er lebt in finsteren Zeiten, dieser Peter Hacks, und dennoch sorgen ausgerechnet die Gedichte für Lichtblicke der unterschiedlichsten Art. Da finden sich nicht nur immer wieder einleuchtende

Kein Beifall für den Mauerfall? 433

Spottgedichte auf die BRD und golden besonnte DDR-Reminiszenzen, da überstrahlt vor allem *eine* Ballade das Grau-in-Grau all seiner zu DDR-Zeiten verfaßten DDR-Gedichte. »Der Fluch« ist sie überschrieben, und in einer Fußnote erklärt Hacks, wer da flucht und warum: »Das Politbureau der SED vollzog Ulbrichts Sturz, an welchem Honecker und Leonid Breschnew seit 1964 gearbeitet hatten, auf der Tagung vom 27. 4. 1971.« Walter Ulbricht also ist der Flucher, doch bevor er ihn seine Stimme erheben läßt, erzählt Hacks in vier, diesmal echten, achtzeiligen Stanzen die traurige Mär vom einst Mächtigen, den die Entmachter dem Volk als Clown in Schlafrock und Zipfelmütze abgelichtet vorführen. Doch dieser Entmachtete ist nicht wehrlos. Schweigend verflucht er die von Honecker usurpierte DDR, und deren Zukunft malt Hacks in 15 Paarreimen schwarz in schwarz:

Rost wird ganze Industrieanlagen,
Weil ein Zahnrad mangelt, niedernagen,
Während ab die Blätter, die entfärbten,
Von den Bäumen gehn, den schmutzverderbten

– so weit ein Ausschnitt aus dem so großen wie realistischen Untergangspanorama, das der Fluchende in strahlendem Neubeginn enden läßt:

Also zwischen Abfällen und Müllen
Soll sich deine Jammerzeit erfüllen.
Aber dann, am Rande der Vernichtung,
Folgt des Vaterlandes Neuerrichtung

– und hier, wo dem Fluch die Verheißung folgt, irren Ulbricht und sein Dichter, weil sie es nicht besser wußten. Noch nicht. Denn was so klingt wie eine rückwärts gewandte Prophezeiung, ist durchaus in die Zukunft geflucht. Vollständig lautet die bereits angeführte Fußnote: »Die Ballade wurde verfaßt 1983, spätestens am 17. März.«

Sie fehlt in Hacks' Gedichten von 1988, was den Schluß zuläßt, erst die Beseitigung des schönsten Erdenwunders habe den Abdruck dieses visionären Gedichts ermöglicht. Wie immer man über den Mauerfall denken mag – hat er dafür nicht einen kleinen Applaus verdient?

SIMON WHO?

Kein schlechter Einfall. Axel Kutsch und Anton G. Leitner klopften im Jahre 1999 bei Dichterinnen und Dichtern an: Sie planten eine Anthologie »erster Gedichte aus einem neuen Jahrtausend«, ob die verehrte Dichterin, der werte Dichter wohl etwas beisteuern könnten.

Und ob sie das konnten! »Dreiundfünfzig schickten uns schließlich ihre ersten Zweitausender-Gedichte, die meisten von ihnen auch Begleittexte« – also Kommentare zum Wann, Wo, Wie, Was und Warum des Erstlings.

»Unterwegs ins Offene« heißt die Sammlung. Sie schlägt eine generationenüberspannende Brücke von Kurt Marti, Jahrgang 1921, zu Bastian Böttcher, Jahrgang 1974; sie erfreut durch die Vielfalt der versammelten Stimmen, und sie nützt durch die sekundierenden Zweitstimmen der Kommentare.

Zweitstimmen ganz unterschiedlicher Länge. Johannes Kühn steuert vier Zeilen bei, zu seinem 53-zeiligen Gedicht »Dem Frühling« zu. Dieter M. Gräf bedenkt die zehn Zeilen seines Gedichts »Simon Rodia geht weg aus Watts« mit einem 62-zeiligen Kommentar, der ebenso vielsagend wie bedenkenswert ist. Aber hören wir zunächst das Gedicht:

Simon Rodia geht weg
aus Watts

seine
erbetonierte Vergrößerung,
der Türme Knochenbau,

all das Zerbrochene
belassen geheilt;

wie er wächst,

ins 7-Up-Grün,
im ertrunkenen Amber.

Ein auf den ersten Blick rätselhaftes Gedicht. Ein Mann – Simon who? – verläßt Watts – wo lag das noch mal? –, und was er dort getrieben hat – oder ist er noch da und wächst? –, kann der Leser bestenfalls ahnen. Durch vier bedeutungsvolle Leerzeilen getrennt, liegen fünf Puzzle-Teile vor ihm, die sich nicht zu einem schlüssigen Ganzen zusammenfügen lassen wollen, da jedes Einzelteil Rätsel aufgibt.

Wer ist da vergrößert worden? Dieser Simon Rodia? Was hat man sich unter dem Vorgang des »Erbetonierens« vorzustellen? Und warum folgt eine kursiv gesetzte Zeile? Ist sie Zitat? Wenn ja – woraus? Und so fortan bis zur dunklen Mitteilung, »er« – immer noch dieser Simon? – wachse »im ertrunkenen Amber«.

»Amber«, lese ich im Brockhaus, »ist eine wachsartige graue bis schwarze Masse, die im Darm der Pottwale abgesondert wird«, und wenn diese Masse eines nicht kann, dann ertrinken: »Sie wird aus erlegten Tieren gewonnen, zum Teil aber auch auf dem Meer treibend gefunden und an Küsten angeschwemmt. Die Amber-Stücke können bis zu 400 kg schwer sein.«

Fragen über Fragen also, die sich in der so vertrauten wie gefürchteten einen Frage aus Schulzeiten bündeln lassen: Was wollte uns der Dichter sagen?

Wenn einer das weiß, dann Dieter M. Gräf, und bereits mit dem ersten Satz seines Kommentars lichtet er einen Großteil jener Nebel, die sein Gedicht so undurchsichtig gemacht hatten: »SIMON RODIA GEHT WEG AUS WATTS, das war 1955, er schenkte die WATTS TOWERS, die er in mehr als dreißig Jahren ohne jegliche Helfer mit seinen Händen erbaut hat, einem Nachbarn, lebte noch zehn Jahre, aber sah seine Türme nie wieder, all ihre Muschelschalen, Kachelteile, Flaschenscherben, sein kinderbuntes Knochenwerk.«

Ach, so ist das! Simon Rodia: ein naiver Baumeister. Seine erbetonierte Vergrößerung: die Watts Towers, laut Gräf »ein Kunstwerk, das nunmehr zu den markantesten Gebäuden von Los Angeles zählt« – richtig! Watts ist ja ein Stadtteil dieser kalifornischen Metropole!

Ist es, bestätigt Gräf, im Sommer 1999 sei er dort gewesen, »in der Hoffnung«, den Ort »als auratischen erfahren zu können. Dann entsteht eine Berührtheit, eine Fülle, ein Zufallen von Sprache.« Das aber – Zufall oder Schicksal – habe sich in Watts nicht ereignet. Die Türme seien wegen Restaurierung eingerüstet gewesen, »meine Wahrnehmungen und das, was ich« über Simon Rodia »in meinen Stadtbüchern nachschlagen konnte, war zu wenig« – doch Gräf hat Glück, er findet einen Watts-Towers-Bildband, »von Bud und Arloa Paquin Goldstone bei Thames und Hudson vorgelegt«, er kauft das teure Buch, »obgleich ich nicht sehr zuversichtlich war, daß mir da noch ein Gedicht gelingen mag« – und was Gräf dann beschreibt, las ich mit äußerst gemischten Gefühlen: »Ich exzerpierte, und heute machte ich mich an den künstlerischen Teil der Arbeit.«

»Heute« – das meint den 17. Januar 2000, an welchem Gräf das Gedicht geschrieben hat, und ich las die zehn Zeilen Monate später mit gemischten Gefühlen, weil ich es als Lyrikwart zwar schätze, wenn der Lyriker sich schlau macht, ich als Lyrikleser jedoch ungern für dumm verkauft werde.

Beides aber tut Gräf. Dank Ortsbegehung und Kunstbuch weiß er, der Verfasser des Gedichts, alles über diesen Simon Rodia, während er mich, den Leser, in völligem Dunkel tappen läßt.

In einer, wohlgemerkt nicht genuin lyrischen, Dunkelheit, der des Zauberspruchs etwa, des poetischen Wahnsinns oder der hermetischen Metapher, sondern in einem Duster, das durch mutwillige Verdunkelung herbeigeführt worden ist: Gräfs Gedicht ist nicht rätselhaft, also platter Deutung entzogen, Gräf hat sein Sujet verrätselt und damit das lyrische Pendant zu jenen Krimis geschrieben, in welchen der Detektiv am Ende im Kreise der üblichen Verdächtigen all die mysteriösen Vorgänge der vorangegangenen Auflösung enträtselt: Ach, so war das!

Vielleicht trägt das Gedicht »auch ein klein wenig dazu bei, daß jemand auf diesen seltsamen Mann aufmerksam wird«, beschließt Gräf seine erklärenden Worte. Sein Kommentar, Frucht seiner Exzerpte, leistet das mit Sicherheit.

Aber hätte es darüber hinaus wirklich noch des »künstlerischen Teils der Arbeit« bedurft?

WAS GIBT'S DENN DA ZU LACHEN?
Über komische Lyrik

»Alles ist schlechter geworden, nur eines ist besser geworden: Die Sexualmoral ist auch schlechter geworden« – so las man es in den sechziger Jahren auf so mancher Wand. Erfreulich, wo doch sonst alles den Bach runter geht. Aber es kommt noch besser. Keine vierzig Jahre später ist von einem weiteren Aufschwung zu berichten: Auch mit dem deutschsprachigen komischen Gedicht ist es bergauf gegangen.
Wann? Im Laufe des letzten Jahrhunderts.
Weshalb? Weil das Genre fortwährend spaßsuchende Geister angelockt hat, die nichts Ehrenrühriges darin sahen, in die Fußstapfen der Väter und Großmeister zu treten oder sich ungeniert auf deren Schultern breit zu machen: Zwerge auf den Schultern von Riesen sehen bekanntlich ein Stückchen weiter als die Träger.
Wie eine solche Behauptung belegt werden kann? Anhand der Anthologie »Lieber Gott, Du bist der Boß, Amen! Dein Rhinozeros«.
Dieser Titel ist ein komplettes Gedicht von Harry Rowohlt; zum besseren Verständnis hat ihm der Herausgeber Christian Maintz noch einen Untertitel beigegeben: »Komische deutschsprachige Gedichte des 20. Jahrhunderts«.
Vor nunmehr gut siebzig Jahren hat Kurt Tucholsky in einem vergleichbaren Kompendium, dem »Bänkelbuch«, geblättert und seine Überlegungen in der »Weltbühne« veröffentlicht: »Das Genre ist nicht groß. Es sind immer wieder dieselben sechs oder acht, die diese leichten Verse machen, die Spaß am Spaß haben und Freude an der Ironie. Dergleichen ist bei uns nicht so übermäßig beliebt. Darüber ragt steil die Hornbrille einer verstandesmäßig kühlen Lyrik, die keine ist, darunter riecht es nach dem Humor des Bieres. Wir anderen stehen in der Mitte.«
»Wir«, denn auch Kurt Tucholsky alias Theobald Tiger ist in der Anthologie vertreten. Ihr Herausgeber heißt Erich Singer, und folgt man der Rezension Tucholskys, dann enthält sie durchaus mehr als die erwähnten sechs bis acht Autoren, nämlich dreizehn, von denen zwei frei-

lich nur im Vorwort auftauchen: Bertolt Brecht und Joachim Ringelnatz hatten es abgelehnt, in das »Bänkelbuch« aufgenommen zu werden. Beide sind jedoch im »Rhinozeros« vertreten, ebenso wie die »Bänkelbuch«-Dichter Frank Wedekind, Erich Kästner, Klabund, Tucholsky und jemand, den dieser in seiner Rezension mit wundersamen Worten gefeiert hatte: »Hier ist mein allerliebstes Lieblingsgedicht, eines, darin die deutsche Sprache selber dichtet, man hört ihr Herz puppern; das ist überhaupt nicht auf Papier geschrieben, das ist in den Blumentöpfen des Balkons gewachsen ...« Das Lieblingsgedicht stammt von Konrad Weichberger und hebt folgendermaßen an:

Laß du doch das Klavier in Ruhe;
Das hat dir nichts getan;
Nimm lieber deine Gummischuhe
Und bring mich an die Bahn.

Mehr hat Tucholsky seinerzeit nicht zitiert – dank Maintz weiß ich nun endlich, wie das Gedicht weitergeht. Zunächst nicht ganz auf der Höhe der ersten Strophe, erst die vierte und letzte erreicht wieder das alte Niveau:

Wirst du im Album einst entdecken
Mein Antlitz, rund vor Bier,
So sage: Wo mag der nun stecken!
Das war ein Freund von mir.

»Das Genre ist nicht sehr groß« – wie er begonnen hatte, endet Tucholsky seine Rezension von 1929. Das Genre ist erheblich größer geworden – das lehrt ein Blick in die Anthologie des Jahres 2000. Drei Autorinnen sind darin vertreten und so um die fünfzig Autoren. Rund zwanzig dieser Dichter gehören noch jener Generation an, aus welcher sich auch das »Bänkelbuch« speiste, der Rest ist seit den zwanziger Jahren nachgewachsen – und zum Teil auch schon wieder vom Schicksal gefällt worden: H. C. Artmann (1921–2001) und Ernst Jandl (1925–2000) machen den Anfang, Simone Borowiak (1964) bildet das Schlußlicht.

»Eine augenfällige formale Gemeinsamkeit der meisten komischen Gedichte ist ihr Traditionsbezug«, schreibt Maintz in seinem Nachwort; im Gegensatz zur »ernsten Lyrik« seien sie vorwiegend gereimt und bedienten sich regelmäßiger, periodischer Vers- und Strophenformen. Das ist richtig gesehen, sagt aber noch nichts über das Gelingen des komischen Gedichts aus. Zumal für den Reim gilt, was Schiller vom Feuer gesagt hat: »Wohltätig ist des Feuers Macht,/wenn sie der Mensch bezähmt, bewacht« – aber –: »Wehe, wenn sie losgelassen!«

Ohne Wort, ohne Wort
rinnt das Wasser immerfort,
andernfalls, andernfalls
spräch' es doch nichts andres als:

– so sinnig und mitreißend fängt ein Gedicht Christian Morgensterns an – den wunderschönen Rest mag jeder selber nachlesen.

Wie ein Gedanke
Saß auf der Banke
Ein Fräulein Franke.
Da kam der Herr Piesewitt
Und nahm die Dame mit.

– so unsinnig und niederziehend beginnt das siebenzeilige Gedicht »Fräulein Franke« des Merz-Künstlers Kurt Schwitters, dessen Rest pointenfrei versandet:

Da hat Piesewitten die schönsten Stunden
In Fräulein Frankes Arm empfunden.

Gedanke – Banke – Franke: Noch bis in die fünfziger Jahre sind die Folgen solch unbedarfter Freude an der Unsinn-Stiftung qua Reim nachzulesen. Dada- und Merz-Künstler hatten das komische Gedicht infantilisiert, kindlich und kunstlos läßt auch Paul Celan den Reim querbeet hoppeln:

In der R.-Mitage,
da hängt ein blauer Page.
Da hängt er, im Lasso:
Er stammt von Pik-As(so?)
Wer hängt ihn ab?
Das Papperlapapp.

– und so fortan bis zur zwölften und – uff! letzten Zeile.

»Sprachspielerisch-reimfidel« nennt Maintz derlei Geklingel – da hat, fürchte ich, den ansonsten verdienstvollen Sammler und Nachworter die schiere Tatsache geblendet, auch mal den allseits verehrten Ernstmacher Paul Celan im Kreise der Fünfziger-Jahre-ff-Spaßmacher begrüßen zu dürfen.

Das Gros dieser Spaßmacher – auch sie, wie Schwitters und Celan, selten Vollzeit-, meist Gelegenheitsspaßmacher –, ließ sich glücklicherweise nicht vom reimfidelen Ungeist anstecken. Sie knüpften vielmehr an formstrenge Traditionen des komischen Gedichts an, die bis zum Jahrhundertbeginn und weiter zurückreichen: Ror Wolfs »Rammer- und Brecher«-Sonette sind nach dem gleichen überzeitlichen Reimschema abba/abba/et cetera/und so weiter gebaut, welchem sich um 1910 bereits das Autorentrio Rubiner, Eisenlohr und Hahn gebeugt hatte, um seinen fabelhaften »Kriminalsonetten« jene Dauer zu verleihen, welche Klassiker nun mal auszeichnet, nicht zuletzt Komikklassiker.

Daß trotz der gemeinsam genutzten Form von keiner Nachahmung die Rede sein kann, liegt nicht nur an den verschiedenen Inhalten – hie Verbrechen, hie Fußball –, sondern an den grundverschiedenen Erzählweisen. Die »Kriminalsonette« referieren äußerst geraffte Kriminalfälle, die beispielsweise so beginnen:

FRED wird in einem braunen Tabakballen
Vom Hafen in die Zollstation getragen.
Dort schläft er, bis die Schiffsuhr zwölf geschlagen.
Erwacht und schleicht sich in die Lagerhallen.

Mächtig was los beim Autorentrio! Während der eine – Ror Wolf – das Kunststück fertig bringt, ausgerechnet das haltlose und inhaltslose Gerede am Rande eines Fußballplatzes in die strenge Sonettform zu gießen:

Das ist doch nein die schlafen doch im Stehen.
Das ist doch ist denn das die Möglichkeit.
Das sind doch Krücken. Ach du liebe Zeit.
Das gibt's doch nicht. Das kann doch gar nicht gehen.

Auf noch ältere Traditionen des komischen Gedichts greift Markus Werner zurück. Seit dem 19. Jahrhundert kursieren die unterschiedlichsten gereimten Alphabete. Im bekanntesten, dem von Wilhelm Busch illustrierten »Naturkundlichen Alphabet«, geht es um Tiere und Pflanzen. Zum Buchstaben L lesen wir:

Die Lerche in die Lüfte steigt,
Der Löwe brüllt, wenn er nicht schweigt.

Im dreistesten, dem »Goldenen Alphabet«, geht es darum, jedwedes Sachgebiet mit dem Thema Nummer eins zu verkuppeln. Das liest sich zum Buchstaben B folgendermaßen:

Die Bibel ist ein gutes Buch.
Vom Beischlaf kriegt man nie genug.

Um Geschlechtliches dreht es sich auch in Markus Werners »Kleine Liebes-Organologie«, doch zieht er sein Programm noch strenger durch als seine Vorgänger. Von A bis Z geht es Zeile für Zeile durchweg um Körperliches in allen Spielarten. Schauen wir mal unter O wie Organ nach:

Das Ohr küßt man bei Kerzenlicht,
Den Oberkieferknochen nicht.

Gelegenheit macht Späße – neben Markus Werner sind im »Rhinozeros« noch weitere Teilzeit- oder Gelegenheitsspaßmacher mit komischen Gedichten vertreten, beispielsweise der Zeichner Horst Janssen mit seinen wunderbar dreisten Caspar-David-Versen.

Da zudem die Gedichte von – zum Beispiel – Fritz Eckenga und Thomas Gsella belegen, daß auch die Profession der komischen Dichter nicht ausstirbt, könnte ich mit Tucholskys Worten enden – »Das wärs. Ein hübsches Buch« –, würde das Buch nicht noch eine weitere, zutiefst finstere Tradition ins taufrische Millennium fortführen.

Rund hundert Jahre ist es her, da wandte sich Christian Morgenstern, der Verfasser der »Galgenlieder«, mit einem geradezu flehenden Brief an einen Kritiker: »Ich habe nur eine Bitte: Sollte (was ja immerhin möglich wäre) in Ihrem Aufsatz das Wort Blödsinn oder Stumpfsinn, wenn auch noch so glänzend epithetiert, vorkommen, so ersetzen Sie es meinethalben durch Wahnwitz oder Tollheit oder dergleichen; da Sie es wahrlich begreifen werden, daß es auf Dauer nicht angeht, einen Humor, dessen vielleicht einziger Vorzug in einer gewissen Helligkeit und Schnelligkeit besteht, mit diesen zwei üblen Philister- und Bierbankausdrücken, in denen sich, wie Sie hieraus erraten, die Mehrzahl meiner ›Kritik‹ gefällt, abzustempeln.«

Hundert Jahre später stempelt der Klappentexter des Sanssouci Verlages munter weiter ab: »Hier begegnet man Palmström von Christian Morgenstern und seinem ›Nasobem‹ … ein hochvergnügliches Kompendium geistreicher Blödeleien …«

Und Morgenstern ist nicht der Einzige, auf den solche Philister- und Bierbankausdrücke niedersausen: »Ernst Jandl jandlt, Peter Rühmkorf frotzelt, Robert Gernhardt witzelt« – ja, auch ich bin in dem Buch vertreten, auch mir wird »Humor des Bieres« da unterstellt, wo ich glaubte oder doch zumindest hoffte, Geistesgegenwart an den Tag gelegt zu haben …

Bleibt die Frage, ob der Lyrikwart berechtigt ist, über ein Buch zu befinden, in welchem er als Lyriker vertreten ist. Kurt Tucholsky hatte seinerzeit keine Skrupel: »T wie Tiger darunter einige Jugendsünden, aber wir wollen sie lassen stahn.« Sollten wir es nicht ebenso halten?

STIFTEN SIE NOCH WAS, DIE DICHTER?

Von einer Recherche will ich berichten, von ihrem mäandernden Verlauf und von ihrem Ende im Ungewissen. Dabei schien über Jahrtausende alles klar: »Exegi monumentum aere perennius«, dichtete Horaz bereits vor Christi Geburt, »Ein Denkmal habe ich mir gesetzt dauerhafter als Erz« – womit er seine Dichtung meinte.

»Was bleibet aber, stiften die Dichter«, stimmte ihm Hölderlin gut 1800 Jahre später zu und prägte damit ein weiteres jener »landläufigen Zitate«, welche Georg Büchmann im Jahre 1864 erstmals unter dem Titel »Geflügelte Worte« vorlegte, ein bereits von Homer gebrauchtes Bild, das jedoch im deutschen Sprachraum erst durch den Berliner Gewerbeoberlehrer zum geflügelten Wort wurde.

Natürlich stammen nicht alle geflügelten Worte aus den Federn der Dichter. »Biblische Zitate« und »Historische Zitate« nehmen breiten Raum ein, werden jedoch von »Zitaten aus deutschsprachigen Schriftstellern«, ja von »Zitaten aus lateinischen Schriftstellern« übertroffen: In der letzten, der »41. durchgesehenen Auflage« des »klassischen Zitatenschatzes« beispielsweise füllen die Bibelzitate 64 Seiten, während es die Zitate deutschsprachiger Schriftsteller auf satte 159 Seiten bringen.

Es sind also immer noch die Dichter, die Zeilen zu stiften imstande sind, welche in der Erinnerung bleiben – aber gilt das auch für die Dichter unserer Tage?

1990 war ich dieser Frage erstmals nachgegangen. »Wo zum Teufel bleiben die Lyrik-Hämmer der Saison?«, hatte ich einen kleinen Aufsatz überschrieben, welcher das Fehlen besagter »Lyrik-Hits« nicht nur beklagte, sondern auch zu belegen suchte.

Als Kunststudent hatte ich in den fünfziger Jahren damit begonnen, Gedichte zu lesen, die mir zeitgenössisch oder wichtig schienen, und war dabei immer wieder auf Zeilen gestoßen, die sich mir derart einhämmerten, daß ich sie Hammerzeilen taufte, Zeilen von – beispielsweise –

Morgenstern, »Die Möven sehen all so aus«, von Benn, »Einsamer nie als im August« oder von Brecht, »Was sind das für Zeiten ...« –: In der ersten Jahrhunderthälfte hatten es Dichter wiederholt vermocht, höchstpersönliche Einfälle, Gefühle und Erlebnisse derart auf den Punkt zu bringen, daß es Zeitgenossen und Nachgeborenen aus der Seele gesprochen schien – anders ist das »geflügelte« und beflügelnde der Worte nicht zu erklären.

Während der sechziger, siebziger und achtziger Jahre versuchte ich in Sachen neuer Lyrik auf dem Laufenden zu bleiben, nicht immer, aber immer wieder, doch als ich Anfang der Neunziger besagte Zwischenbilanz zu ziehen versuchte, hatte ich Schwierigkeiten, auch nur eine Hand voll geflügelter Zeilen aus dem erwähnten Zeitraum zu nennen. Weil sie noch nicht flügge waren? Weil es sie nicht gab? Weil ich sie nicht kannte?

Mit dieser Frage auf dem Herzen erwarb ich die 37. Auflage des »Büchmann«, Erscheinungsjahr 1986, jedoch identisch mit der 33. Auflage von 1980 – und sah meine subjektive Erfahrung prima vista objektiviert: Ein Gedichtanfang Erich Kästners aus den frühen dreißiger Jahren ist der letzte Beitrag eines deutschen Lyrikers, der in diese Ausgabe der »Geflügelten Worte« aufgenommen wurde, »Einst haben die Kerls auf den Bäumen gehockt.« Weitere Befunde dichterischer Breitenwirkung werden nicht mehr durch Zitate aus Werken, sondern durch Titel von Werken bestritten: Grass ist vertreten mit »Die Plebejer proben den Aufstand« von 1966, Handke bildet das Schlußlicht mit »Die Angst des Tormanns beim Elfmeter« von 1970 – beides also in Zeitungen und Zeitschriften hundertfach variierte Schauspiel- und Prosatitel, wobei zumindest der erste seinen Verständlichkeitszenit bereits überschritten haben dürfte: »Die Köchinnen proben den Auflauf« – wird das noch breit begriffen?

Ich freilich begann im Laufe des letzten Dezenniums, etwas anderes zu begreifen: daß es mit der Verläßlichkeit meines Kronzeugen, des »Büchmann« also, in Fragen neuerer Lyrik nicht allzu gut bestellt sein konnte. Wieso eigentlich fehlte in der 86er Ausgabe Paul Celans »Der Tod ist ein Meister aus Deutschland«, wieso Ernst Jandls »lechts und rinks«? Hatte der Bearbeiter Winfried Hofmann diese Zitate aus den fünfziger und sechziger Jahren übersehen? Hatte er abgewartet, ob Flügelansätze sich zu veritablen Flügeln auswachsen würden?

Mit solchen Hintergedanken erstand ich die 41. Auflage des »Büchmann«, erneut bearbeitet von Winfried Hofmann, Erscheinungsjahr 1998. Also noch mal: Was haben deutsche Lyriker und Lyrikerinnen in der zweiten Hälfte des verflossenen Jahrhunderts zum Grundstock deutscher geflügelter Worte beigetragen? Die Antwort des Standardwerks lautet: gar nichts.

Ein verheerender Befund – doch der trifft nicht die deutschen Dichter, sondern deren Richter Winfrid Hofmann. Dieser vorgebliche Bearbeiter nämlich läßt die 98er Zitatensammlung »aus deutschsprachigen Schriftstellern« ganz einfach da enden, wo er bereits 1980 den Scheidehammer hatte fallen lassen, mit Handkes ängstlichem Torwart, während das lyrische Schlußlicht nach wie vor von Erich Kästner gebildet wird – nicht einmal der nun wahrlich oft zitierte Benn wurde in den »klassischen Zitatenschatz« aufgenommen.

In seiner Einleitung dankt Prof. Dr. Winfried Hofmann seiner Tochter Mechthild, seiner Frau Sibille sowie der Katholischen Fachhochschule Paderborn für ihr »vielfältiges Mittun« – er selber scheint derweil seine Hände in den Schoß gelegt oder doch zumindest keinen nach 1932 erschienenen Lyrikband in die Hand genommen zu haben.

Als »unentbehrliches Hilfsmittel« bezeichnet Hofmann den von ihm unbearbeiteten »Büchmann« in seiner Einleitung, »Autorität« spricht er ihm zu, von einem »Standard, der gehalten«, ja »gehoben« werden solle, raunt er, und da gibt es in der Tat viel zu tun – heben wir es an.

Als Anhebehilfe dient mir »Reclams Zitaten Lexikon« von Johannes John aus dem Jahre 1992. Im Vorwort bekennt sich der Herausgeber zum »Kanon«, versteht er sein Buch als »Sammlung von Zitaten, die ihre Beständigkeit ... bewiesen haben«, doch sieht er diese Qualität nicht nur durch das Alter eines Zitats gegeben, sondern auch durch dessen Verbreitung.

Ein Blick ins Autorenregister genügt, um die deutschen Dichterinnen und Dichter der zweiten Jahrhunderthälfte ansatzweise zu rehabilitieren. Ingeborg Bachmann ist mit vier Zitaten vertreten, zum Beispiel mit »Es kommen härtere Tage«, Celan mit zwei Zeilen aus der »Todesfuge«, darunter »Der Tod ist ein Meister aus Deutschland«, je ein Zitat steuern Günter Eich und Hans Magnus Enzensberger bei, »Wer möchte leben ohne den Trost der Bäume« respektive »Lies keine Oden, mein Sohn, lies die Fahrpläne«, von Jandl wurden »ottos mops« und »lechts und rinks« berücksichtigt, und von Heinz Erhardt gibt es einen veritablen Vierzeiler:

Das Leben kommt auf alle Fälle
aus einer Zelle.
Doch manchmal endet's auch – bei Strolchen! –
in einer solchen.

Endet damit auch die Zitatenausbeute? Nein – noch fehlen die, zumindest von John, meistzitierten deutschen Dichter der letzten 50 Jahre, beide freilich Poeten, die, bei Licht betrachtet, in einer anderen Gewichtsklasse antreten: Es sind die Liedermacher Franz Josef Degenhardt mit sechs Zitaten von den »Schmuddelkindern« bis »Sonntags in der kleinen Stadt« und der elfmal zitierte Wolf Biermann mit musikunterlegten Kalendersprüchen, deren Haltbarkeit unterschiedlich ausfallen dürfte – die Aussage »O Gott, laß du den Kommunismus siegen« ist vermutlich zeitverfallener als die Behauptung, daß sich Soldaten alle gleich sind, »lebendig und als Leich«.

Aber damit hat es sich auch schon, und das ist ein wenig wenig: Mehr als rund dreißig zitierfähige Sätze, Zeilen und Bilder scheinen deutschen Lyrikern der zweiten Jahrhunderthälfte, Lyrikerinnen und Liedermacher inbegriffen, nicht gelungen zu sein. Wie mager diese Bilanz ausfällt, zeigt ein Vergleich mit den Lyrikern der ersten Jahrhunderthälfte: Mit 79 Zitaten bringt allein Brecht mehr als das Doppelte auf die Waage, und dann sind da ja auch noch Morgenstern (19 Zitate), Rilke (18 Zitate), Benn (15 Zitate) – um nur die meistzitierten zu nennen.

Woher dieses Mißverhältnis rührt? Das ist ein »weites Feld« (Fontane), zu weit, um es hier und heute auszuschreiten. Fragen wir uns lieber, wer eigentlich noch Zitate braucht. Gehören sie nicht zu jenem »Urväter Hausrat« (Goethe), auf den unser ohnehin allzu ungehemmt »tintenkleksendes Saeculum« (Schiller) getrost verzichten sollte?

Darauf hat bereits Heinrich Heine die passende Antwort gewußt, wenn er im »Buch Le Grand« des zweiten Teils der Reisebilder so richtig sagt – aber versuchen wir es mit eigenen Worten:

Denken Sie sich einen einsamen Lyrikwart, der sich an einem warmen Augustabend auf toskanischer Terrasse so seine Gedanken zu Hammerzeilen und geflügelten Worten macht, indes vom Tal her verlockendste Töne erklingen, ein zaubrisches Gemisch von Gitarrenmusik, Frauenlachen, Männerscherzen und Gläserklingen. »Wieso sitze ich eigentlich vor meinen Papieren?«, fragt sich der Nachdenkliche nicht ohne einen zweifelnden, ja verzweifelnden Unterton: »Wo alles sich durch Glück beweist, und tauscht den Blick und tauscht die Ringe, im Weingeruch, im Rausch der Dinge – was mache ich da eigentlich an meinem Schreibtisch?« – »Dienst du dem Gegenglück, dem Geist!«, erschallt es herrisch im Hirn des Hadernden, und »Richtig!«, erinnert er sich, nun aller Zweifel ledig: »Danke, Gottfried Benn! Wo war ich noch mal stehen geblieben?«

ÜBER DEN UMGANG MIT GEDICHTEN

HERR GERNHARDT, WARUM LESEN SIE IHRE GEDICHTE VOR? DAS IST EINE KURZE GESCHICHTE. ICH BITTE UM IHR OHR:

Das Gedicht verdichtet, sagte mein Deutschlehrer, der Oberstudienrat Kraus, gerne, und in gebotener Verdichtung habe ich einmal versucht, die alte Frage zu beantworten, wie ein gutes Gedicht beschaffen sein sollte:

Gut gefühlt
Gut gefügt
Gut gedacht
Gut gemacht.

Das sind wohlgemerkt keine guten Vorsätze, das ist eine Checkliste. Doch auf welche Weise checkt ein Dichter sein Gedicht durch?
Erst einmal natürlich solo oder doch unter Ausschluß der Öffentlichkeit. Gedichte sind Früchte des Alleinseins, wenn nicht der Einsamkeit. Wie der »arme Poet« auf dem Bild Carl Spitzwegs wird auch der Dichter von heute das Ergebnis seiner Einbildungskraft laut skandierend und manchmal unter Zuhilfenahme seiner Finger daraufhin überprüfen, ob es gut gefügt ist. Läuft es metrisch sauber oder vom angestrebten Rhythmus durchpulst? Klingt es wohllautend oder zeigt der beabsichtigte Mißlaut Wirkung? Punkt zwei der Checkliste ist auch ohne Zuhörer abzuhaken. Nicht so die anderen drei.
Gut gefühlt – das meint ja nicht nur, welche – fürs Gedicht guten – Gefühle den Dichter zum Dichten bewegten, sondern auch, ob sein Gedicht Gefühle hervorzurufen imstande ist, beim Leser oder besser noch, weil überprüfbarer, beim Zuhörer.
Zumal für komisch gemeinte Gedichte zählt nur ein Prüfstein, das Gelächter.
Eine Reaktion, die zugleich die Punkte drei und vier bestätigt und belohnt: Ohne die Lust am Mitdenken und ohne die Freude an der gelun-

genen, manchmal auch gegen alle Erwartung geglückten Machart, sind weder Klatschen oder Lachen denkbar.

Zuhörer einer Dichterlesung sind keine Parteitagsteilnehmer oder Studiogäste. Sie reagieren nicht auf Meinungen oder aus Gehorsam, sondern als wohlwollend kritische Individuen: Na dann. Lassen wir uns überraschen ...

Um so schöner, wenn der Vorlesende spürt, wie nicht nur die Überraschung glückt, sondern auch so etwas wie Überwältigung greift, wie sich aus den anfangs noch individuierten Zuhörern eine Zuhörerschaft formt, die schlußendlich fast unisono reagiert.

Keineswegs nur lachend. Es gibt auch so etwas wie ein gemeinsames Aufseufzen, ein personenübergreifendes Stutzen, ein flächendeckend hörbares Fallen des Groschens – und all das kann ein Gedicht seiner Natur nach rascher und eindeutiger bewirken, als ein Text. Ganz einfach deswegen, weil es sich, Verdichtung hin, Verdichtung her, in der Regel kurz faßt.

Spürt ein Prosa-Autor das Ausbleiben einer Reaktion seiner Zuhörer, kann er sich noch immer mit dem Gedanken trösten: Ja – wenn die erstmal die ganzen 800 Seiten des Werks kennen ...

Ein Trost, der dem Dichter von Gedichten versagt bleibt. Gerade hat er sein letztverfaßtes Sonett erstmals vorgetragen, nun horcht er gespannt in den dunklen Saal: Ist es angekommen?

In den vom Sonett zwingend vorgeschriebenen vierzehn Zeilen hat er versucht, das zu Sagende zu sagen: Ist es verstanden worden?

Vierzehn Zeilen. Mehr gibt es nicht. Jedenfalls nicht im Sonett. Ist wenigstens das begriffen worden?

Als er das Sonett schrieb, da hatte der Dichter die Latte bewußt hochgelegt: Lediglich vier Ausgangsreimwörter, zwei für die Quartette, zwei für die Terzette; stetig fortschreitende fünfhebige Jamben in durchweg elfsilbigen Zeilen; jede Menge erlesene Enjambements und allüberall anmutige Alliterationen: Konnte das alles, dieser Großeinsatz von Kunstgriffen, Suggestionstechniken und rhetorischen Kniffen – vom packenden Inhalt mal ganz abgesehen –, seine Wirkung verfehlen?

Lassen wir den Dichter weiter in den Raum lauschen, verlassen wir den Ort der Dichterlesung.

Er wird den Prüfbericht noch früh genug erfahren, und Sie haben

noch viel vor sich: Schließlich wollen zwei ganze CDs voller Gedichte weggehört werden – alle vom Dichter selber gelesen.
Warum er sie Ihnen vorliest?
Hörnmermal, dann wernmersehn.

BERÜHRT, NICHT GERÜTTELT
Warum der Leopard kein Jaguar sein kann

Zwei Seelen wohnen, ach, in meiner Brust. Wollemerse rauslasse? Eine rhetorische Frage, da ich die beiden ohnehin nicht daran hindern kann, sich zu Wort zu melden, und das tun sie oft und gern. Wann? Wenn ich Gedichte lese zum Beispiel. Warum? Weil sie sich uneins sind. Und warum das? Da muß ich etwas weiter ausholen: Beide meiner Seelen lieben das Gedicht, und doch geraten sie sich wegen einzelner Gedichte immer wieder in die Haare. Ein Streit stets nach ähnlichem Muster, da die beiden Seelen, nennen wir sie A und B, den immergleichen Part spielen: A den des Anklägers, Angreifers, Allwissenden, und B den des Besänftigers, Bedenklichen und Belustigten.

Wie solch ein Streit abläuft? Wollemer mal reinhöre?

A, von einem Gedichtband aufblickend: »Ha! Also auch er ein Schluri!«

B: »Was ist ein Schluri?«

A: »Hugo von Hofmannsthal!«

B: »Aber warum das denn?«

A: »Wegen unhaltbarer Tatsachenbehauptungen.«

B: »Wo soll er die denn aufgestellt haben?«

A: »In einem Gedicht selbstredend.«

B: »Aber ein Gedicht ist doch keine Textsorte, die verifiziert oder falsifiziert werden könnte!«

A: »Nein? Dann hören Sie mal zu:

Es läuft der Frühlingswind
Durch kahle Alleen
Seltsame Dinge sind
In seinem Wehn.«

B: »Kenn ich! Das Gedicht heißt ›Vorfrühling‹ und ist eines der suggestivsten Werke des frühreifen Dichters. Was ist dagegen zu sagen?«

A: »Vorerst nichts. Merken wir uns lediglich die ›kahlen Alleen‹ und folgen wir dem Wehen des Frühlingswinds auf seinem weitern Weg durch Wien:

Er hat sich gewiegt
Wo Weinen war
Und hat sich geschmiegt
In zerrüttetes Haar.«

B: »Ich begreife beim besten Willen nicht, worauf Sie hinauswollen! Ist doch alles sehr schlüssig und poetisch: Hofmannsthal macht dem Frühlingswind Beine, er läßt ihn laufen, sich wiegen, sich schmiegen – seit jeher war es ein Privileg des Dichters, sich in fühllose Natur sympathetisch einzufühlen, sie zu animieren, sie zu personalisieren, mit ihr zu kommunizieren. Alles Haltungen, die als ›dichterische Freiheit‹ seit Jahrtausenden legitimiert sind!«

A: »Ganz Ihrer Meinung! Aber gilt diese Freiheit auch für die folgende Strophe? Er – also immer noch der Frühlingswind –:

Er schüttelte nieder
Akazienblüten
Und kühlte Glieder,
Die atmend glühten –?«

B: »Ich bin so frei, diese Zeilen schön zu finden. So schön wie den U-Umlaut, der in jeder dieser extrem kurzen Zeilen zuverlässig auftaucht, geradezu frühlingshaft durch sie hindurchweht: ›schütteln, Akazienblüten, kühlen, glühen‹ – das ist doch die Musik, die reinste Musik!«

A: »Die reinste Ignoranz! Haben Sie schon mal im Vorfrühling – also im März und in Wien – Akazien blühen, gar verblühen sehen?«

B: »Sie meinen also –«

A: »Ich meine nichts, ich weiß. Was immer der Vorfrühlingswind in den Alleen Wiens niedergeschüttelt haben mag, Akazienblüten können es auf keinen Fall gewesen sein. Die Akazie nämlich blüht und verblüht in unseren Breiten Ende Mai, Anfang Juni.«

B: »Im wirklichen Leben hat das wohl seine Richtigkeit. Aber gilt das auch für das Gedicht? Können in ihm nicht Akazien erblühn, wann sie wollen bzw. wann der Dichter es will – selbst im Winter?«

A: »Sofern sie eine Metapher für Schnee oder Hoffnung oder das Wunderbare sind – warum nicht? Aber im Falle des explizit ›Vorfrühling‹ überschriebenen Gedichts gelten andere Maßstäbe. Hier wird an der Elle des in der Wolle gefärbten Dichters Rilke gemessen. Und die lautet: ›Er war ein Dichter und haßte das Ungefähre.‹ Um wie viel mehr müßte ein Dichter das Verfehlte hassen!«

B: »Hofmannsthal hätte also auf die Akazienblüten ebenso verzichten müssen wie auf die schöne U-Umlautmelodie?«

A: »Auf die Akazienblüten unbedingt, auf die Melodie keineswegs. Die hätte er sogar noch volltönender erklingen lassen können, wenn er biologisch korrekt gedichtet und von ›Forsythienblüten‹ geredet hätte: Forsythien sind allseits bekannte Frühblüher und haben in Gestalt des Y noch einen weiteren U-Umlaut aufzuweisen! Habe ich Sie überzeugt?«

B: »Nein, nein und nochmals nein! Ich kann mich mit ihrem faktizistischen Blick auf poetische Produkte nicht befreunden. Ist denen ein Schuß Unvernunft, ja Wahnsinn nicht geradezu wesenseigen? Denken Sie an Goethes ›Grau, teurer Freund, ist alle Theorie und grün des Lebens goldner Baum‹ – wollen Sie diesen holden Unfug ebenfalls auf das Prokrustesbett Ihrer vernunftvermittelten Fakten spannen?«

A: »Das ist doch etwas ganz anderes!«

B: »Ist es nicht!«

A: »Ist es wohl!«

B: »Ist es nicht!«

Tja, so pflegen sie zu enden, die Streitgespräche meiner beiden Seelen, und ich bin der Erste zuzugeben, daß ein solches Ergebnis nicht geeignet ist, solch einen Streit zu schlichten. Wer hat denn nun Recht? Zugleich bin ich der Letzte, das entscheiden zu können, da ich als Behausung der beiden Seelen so oder so Partei bin. Was tun? Da ich nicht selber richten kann, muß ich vor Gericht ziehen. Und da ich Sie, verehrte Leserinnen und Leser, für unbefangen halte, erkläre ich Sie zu Richtern. Zwei Musterfälle A versus B habe ich mitgebracht: Wollemerse auftische?

Beginnen wir mit der Streitfrage, ob Dichter sich in Säugetieren auskennen sollten.

»Müssen sie sogar«, behauptet A und zitiert Rilkes Erkenntnis aus »Die

Aufzeichnungen des Malte Laurids Brigge«: »Denn Verse sind nicht, wie die Leute meinen, Gefühle (die hat man früh genug), – es sind Erfahrungen. Um eines Verses wegen muß man viele Städte sehen, Menschen und Dinge, man muß die Tiere kennen« – und das, sagt A, »dürfte sich ja wohl nicht nur auf Gestalt und Verhalten der Tiere beziehen, sondern auch auf deren Herkunft und Verbreitung.«

B nickt abwartend.

»Was aber tut Wolf Biermann?«

»Was soll er schon groß tun? Lieder wird er singen, und Gedichte wird er schreiben.«

»Schlimmer, viel schlimmer! Er verwechselt den afrikanischen Leoparden mit dem südamerikanischen Jaguar.«

»Nein!«

»Doch!«

»Wo denn um Himmels willen?«

»In einem Gedicht selbstredend!«

Auftrumpfend verweist A auf die bebilderte Seite 121 des Biermannschen Gedichtbands »Affenfels und Barrikade«. Dem Gedicht »Affenfelsen« ist ein Foto vorangestellt, auf welchem sich ein geflecktes Raubtier und ein zähnebleckender Affe gegenüberstehen. Ein dramatisches, häufig veröffentlichtes Motiv, das den Dichter zur Schere greifen ließ: »Tolles Bild! Ausschneiden und aufbewahren!«

So beginnt ein langes prosamäßiges Lehrgedicht, das davon handelt, wie der Dichter sich mit seinen Kindern Til und Benjamin über das Foto beugt:

»Du, Til, schau dir das Bild an. Der Jaguar und der Affe. – Seh ich, sagt Til, der Jaguar will den Affen töten. – Findest du das Bild schön?«

»Danke, das genügt!« sagt A. »Nicht genug, daß Biermann eine Zoologieschluri ist, er gibt sein Unwissen bedenkenlos an seinen Nachwuchs weiter.«

Dem hält B besänftigend entgegen, daß man Jaguar und Leopard schon mal verwechseln könne, zumal auf einer kleinen Abbildung. »Aber der Pavian ist unverwechselbar und nur in Afrika heimisch«, antwortet A. »Woraus folgt, daß es sich bei dem gefleckten Raubtier auf keinen Fall um den lediglich in Südamerika anzutreffenden Jaguar handeln kann.«

Doch dann zeigt sich A überraschend konziliant: Vermutlich seien im

Biologieunterricht der DDR alle gefleckten Großraubtiere des kapitalistischen Auslands aus durchsichtigen Gründen dem amerikanischen Jaguar zugeschlagen worden, weshalb des Dichters Verwechslung verzeihlich sei, zumal auch der Austausch des falschen Jaguars mit dem korrekten Leopard am durchweg fehlenden Biß des Gedichts nichts geändert hätte. »Aber was der Hermann Hesse da in seinem Gedicht ›Fluß im Urwald‹ anstellt ...«

»Was in drei Teufels Namen stellt er denn da an?«

»Er verpflanzt den südamerikanischen Jaguar in den asiatischen Dschungel!«

»Nein!«

»Doch!«

In einen Dschungel, ereifert sich A, den der Dichter dank einer ausgedehnten Asienreise aus eigener Anschauung und aus einer Zeit kennt, als Tier- und Pflanzenwelt noch weitgehend intakt waren:

Hier leb ich stille Tage hin im Wald,
in röhrner Hütte und im leichten Einbaum
Und selten rührt ein Klang der Menschenwelt
Verschlafene Erinnerungen wach.

Zeit genug, sich umzuschauen und die vielgestaltige Tierwelt rund um den Dschungelfluß wahrzunehmen, doch der Dichter watet lieber im Ungefähren:

Nachts kommt der Tiger und der Elefant
Und badet gierig seine schwülen Kräfte
Und brüllt in dumpfer Wollust durch den Wald.

»Urwaldstereotypen, um derentwillen Hesse sich nicht von Calw nach Ceylon hätte bemühen müssen«, braust A auf, und vom Ungefähren zum Unwahren sei es bekanntlich nur ein kleiner Schritt:

              scheu und schlank
Bricht durch den Schilf der wilde Jaguar.

»Kein Ruhmesblatt für den reisenden Dichter«, räumt B ein, aber »Unwahrheit« halte er denn doch für ein zu starkes Wort – »Unrichtigkeit« sei angemessener. Nein, befindet A, nun ohne einen Hauch von Konzilianz, Hesses Gedicht »Fluß im Urwald« sei nicht nur zoologisch inkorrekt, sondern auch poetisch unwahr. Da sich der Dichter seinem Gegenstand ohne jedes Erkenntnisinteresse genähert habe, sei sein Gedicht noch flüssiger als sein Anlaß, nämlich überflüssig.

»Gedichte müssen notwendig sein, oder sie müssen gar nicht sein!« schließt A. »Gedichte sind Menschenwerk und dürfen fehlbar sein wie ihr Schöpfer«, entgegnet B.

Wie würden Sie entscheiden?

Möglicherweise trägt der zweite Fall dazu bei, das Urteil zu erleichtern: Er behandelt die Streitfrage, ob den Dichtern Kenntnisse der Vogelwelt abverlangt werden dürfen.

Mit erhobenem Zeigefinger zitiert A seinen Kronzeugen Peter Rühmkorf, der seinerseits jemanden zitiert: »In seinem berühmten und seit seinem Erscheinungsjahr 1863 unzählige Male nachgedruckten Winterstück ›Vereinsamt‹ schreibt Friedrich Nietzsche: ›Die Krähen schrein/Und ziehen schwirren Flugs zur Stadt:/– Bald wird es schnein,/ Weh dem, der keine Heimat hat‹, was natürlich zu Herzen geht. Zum anderen erinnere ich mich außer an meine eigene Begeisterung für das Gedicht fast noch lebhafter an eine ornithologische Mängelrüge meines Philosophielehrers Günter Ralfs, der auch ein exzellenter Vogelkundler war: Wer jemals Krähen beim Flug beobachtet hat, der weiß, daß sie im Gegensatz zu Kolibris nicht schwirren, sondern schaufeln. Das ist für blinde Liebhaber eine etwas ernüchternde Einlassung. Sie unterstellt, daß auch in so genannten Meisterwerken nichts derart hoch gehängt wird, daß es der Nachfrage schon von sich aus enthoben sei.«

»Niedriger hängen«, stimmt A begeistert zu, doch B will die Mängelrüge nicht gelten lassen: »Erstens begreife ich nicht, wieso man nicht auch vom schwirren Flug der Krähe reden kann, und zweitens mißfällt mir die korrigierte Version: ›Die Krähen schrein/Und schaufeln trägen Flugs zur Stadt.‹ Klingt doch nicht!«

Doch A beharrt darauf, daß Schwirrflug und Schaufelflug ornithologische Fachbegriffe seien, die auch ein Dichter nicht wahllos auf die Vogelwelt anwenden dürfe: »So, wie auch Benn fahrlässig formuliert, wenn er in seinem Gedicht ›Bitte wo‹ – ein etwas undurchsichtiges Vogel-Du mit den Worten ›Wenn du noch flügelrauschend/über den Anden schwebst‹ anredet, da der Schwebe- oder Segelflug sich doch gerade dadurch auszeichnet, daß der Vogel nicht die Schwingen rührt, sondern die Thermik nutzt.«

Aber es sei doch die Grenze zwischen Fachsprache und Umgangssprache stets fließend, wirft B ein, und da sie es gerade mit den Krähen gehabt hätten, biete es sich an, aus einem naturkritischen Gedicht Michael Krügers zu zitieren, das just mit »Die Krähe« überschrieben sei, aber auch von anderen Vögeln handele: »Während die Amseln mit devoten Verbeugungen über die Wiese hampeln« – ebenfalls unstatthaft?

Aber nein, wehrt A ab. Da das »Hampeln« als Fortbewegungsart seines Wissens keiner speziellen Vogelart zugeordnet sei, etwa der Trottellumme, sei die Wortwahl des Dichters als persönliche Meinungsäußerung zulässig und durch die allgemeinen Sprachgesetze gedeckt: »Amseln dürfen hampeln. Bei ›watscheln‹ hätte ich allerdings bereits Bedenken. Und bei ›rütteln‹ schließlich heißt es: unstatthaft!«

Von »rütteln« sei doch in besagtem Gedicht überhaupt nicht die Rede, verwundert sich B.

»Aber im Gedicht ›Zwei Welten‹ von Michael Krüger:

> Links das Maisfeld
> eine ernste Gemeinde, rechts die Sonnenblumen
> die verzückt die Augen verdrehen

– so beginnen Strophe eins und zwei, und so lautet die dritte:

> In der Mitte ein Steg
> für Mohn, Wegerich, Unkraut
> In der Kanzel darüber
> der Habicht, er rüttelt auch mich.«

A starrt B herausfordernd an, doch der zeigt sich wenig beeindruckt: Das alles sei doch metaphorisch zu lesen – so wenig wie es über dem freiem Feld eine Kanzel in den Lüften samt einem Pfarrer als Habicht gebe, so wenig rüttle Letzterer den wahrnehmenden Dichter. Sondern nur bildlich.

»Weder – noch!« fährt da A auf. »Der Habicht meidet offenes Gelände, und er rüttelt auch nicht. Das tut der Falke, speziell der Turmfalke; ich zitiere aus Dr. Einhard Bezzels ›Vögel Mittel- und Nordeuropas‹: ›Biotop: Waldränder, offenes Gelände. Rüttelt oft.‹ Während es vom Habicht heißt: ›Biotop: Nadel- und Laubwälder. Jagdflug mit raschen Flügelschlägen, dazwischen Gleitstrecken.‹ Woraus folgt, daß der Dichter fraglos einen Falken wahrgenommen hat, als er durch die zwei Welten des Maises und der Sonnenblumen schritt. Warum schreibt er dann nicht auch ›Falke‹? Was hat ›Habicht‹, was ›Falke‹ nicht hat? Beide Raubvögel, beide zweisilbig, beide fast vokalgleich – doch nur der eine rüttelt.«

Da B keine Anstalten macht, an dieser Behauptung zu rütteln, spielt A seinen »Haupttrumpf« in Sachen Gedicht und Vogelkunde, ja in Gedicht und Tatsachenwissen aus: »Das folgende Gedicht wäre uns mit Gewißheit erspart geblieben, hätte die Dichterin auch nur ein klein wenig im Biologieunterricht aufgepaßt oder vor der Abfassung ihres Poems den ›Schmeil‹, den Naturkundeklassiker ihrer Zeit, konsultiert.«

Sie tat beides nicht, und so nahm das Verhängnis seinen Lauf, bis auf den heutigen Tag, da Ina Seidels Gedicht »Schwalben und Sterne über Berlin« noch durch die Anthologien geistert, zum Beispiel solche, die Berlin zum Thema haben.

Da B vorerst schweigt, will ich das Debakel in gebotener Kürze referieren. Die in Berlin ansässige Dichterin blickt aus dem Fenster, sieht Vögel und ist ergriffen:

> Du aus der göttlichen Hand schwingendes Federballspiel
> Schwalbe in blaugoldner Luft, kreisend auf sausendem Kiel!

Schwalben über der Großstadt? Da sind Zweifel angebracht:

> Ach, wie erbeb' ich vor Glück, wenn du dich abwärts schnell senkst,
> und mir mit schrillem Schrei Gruß deiner Seligkeit schenkst!

Spätestens hier ist klar, daß es sich bei den besungenen Vögeln um Mauersegler handelt: »Stimme: Durchdringendes srii«, während es von der Schwalbe bei Bezzel heißt: »Gesang: Plauderndes Gezwitscher mit schnell gereihten Tönen und einem Schnurrer.«
Obwohl die Dichterin nichts von der Sprache der Vögel weiß, duzt sie die vermeintlichen Schwalben ungeniert, lädt sie in ihren Hinterhof ein:

Das wär des Glücks zu viel, kämest du voller Vertraun
Hier in dem schattigen Schacht dir deine Wohnung zu baun.

– aber nein, die Schwalbe gehört nachts ins Dorf, weshalb die Sängerin den Mauersegler – »Brütet an Gebäuden und Felswänden; häufig in Städten« – huldvoll aufs Land und ins Haus verschickt:

Unter der niedrigen Tür, unter dem Balken im Stall

muß der Arme Platz nehmen und im Nest eine letzte Aufwallung der Dichterin über sich ergehen lassen, die im familiären Ausruf »Schwalbe, Schwester!« gipfelt. Freilich: Hätte »Mauersegler, Bruder!« den poetischen Kohl fetter gemacht? Natürlich nicht, meinen A und B unisono, dann bricht der alte Streit noch einmal auf:
»Na endlich!« triumphiert B. »Endlich geben Sie zu, daß das Gedicht der Seidel nicht deswegen ein schlechtes ist, weil die Dichterin Vogelarten verwechselt, sondern aus ganz anderen Gründen: Weil ihr Blick aufs Tier sentimental ist, ihr Enthusiasmus fürs Tier hohl und ihr Reden übers Tier konventionell.«
»Richtig«, erwidert A. »Dennoch trifft es sich gut, daß die Dichterin selbst einen unwiderleglichen Beweis liefert, wie sentimental, hohl und konventionell ihr Poem ist. Ob sie sich im Tonfall vergriffen hat, mag diskutiert werden – daß sie sich zudem im Adressaten irrt, macht ihr Gedicht indiskutabel.«
Aber das sei doch ein guter Grund, die Existenz solch zumindest fehlerhafter Gedichte gutzuheißen, meint B: »Nur dank schlechter Gedichte wissen wir von guten, nur dank fehlerhafter von makellosen. Weshalb ich nach der Devise lebe: Lasset die Gedichte zu mir kommen

und wehret ihnen nicht, wie mühselig und beladen sie immer sein mögen.«

»Und meine Devise lautet: Reinigt den Kunsttempel von allem Gutgemeinten und Falschgedachten, auf daß das Richtiggedachte und Gutgemachte Platz habe, um so heller zu erstrahlen«, erwidert A.

»Oberlehrer.«

»Schlurispezi.«

Eine Schimpfkanonade, die kaum der Wahrheitsfindung dient. Wollemerse abbreche? Dann erkläre ich die Beweisaufnahme für abgeschlossen und warte auf das Urteil: Wie werden Sie entscheiden?

EINER FLOG AUS DEM AMSELNEST

»Der Gedichtband ›Blackbird Singing‹, der in diesem Jahr in den renommiertesten Verlagen vieler Länder erscheint, versammelt erstmals die Gedichte Paul McCartneys, ergänzt um eine Auswahl seiner poetischsten Songtexte«, erzählt mir die Werbeabteilung des Kiepenheuer & Witsch Verlags, der sich demnach zu diesen »renommiertesten Verlagen« rechnet. Der Hinweis auf die singende Amsel, »Blackbird Singing«, erscheint auf dem Titel der deutschen Ausgabe nur in kleinen Lettern; groß lesen wir »Paul McCartney, Gedichte und Songs 1965–1999«.

Die Auswahl traf der Autor zusammen mit dem befreundeten Lyriker Adrian Mitchell, der auch die »Einführung« verfaßte. Aus ihr geht hervor, daß die beiden einander seit 1963 kennen, daß Mitchell ein klarer Kopf ist und daß er Paul McCartneys Lyrik folgendermaßen einordnet: »Paul hat nichts mit akademischen oder modernistischen Lyrikern zu tun. Er ist ein populärer Dichter in der Tradition populärer Poesie.« Mitchell nennt Texter und Lyriker, die McCartney beeinflußt haben; seine Liste reicht von Chuck Berry und Bob Dylan bis zu Alan Ginsberg. Die Verlagswerbung setzt noch einen drauf: »Die Gedichte in ›Blackbird Singing‹ entfalten einen Zauber und eine Magie, die wir aus zahlreichen McCartney-Songs kennen.«

Dem soll bereits an dieser Stelle energisch widersprochen werden. Die deutsche Ausgabe der Gedichte Paul McCartneys nämlich ist zur Hälfte fauler Zauber, genauer gesagt: zur deutschen Hälfte. Der renommierteste Verlag der zweisprachigen Ausgabe hat zwei der unbedarftesten Lyrik- und Lyrics-Übersetzer sich an McCartneys Gedichten und Songtexten vergreifen lassen und damit einen Blackbird-Bastard in die deutschsprachige Welt entlassen, dessen Lektüre hin und her reißt zwischen angeregtem Kopfnicken und angewidertem Kopfschütteln. Doch beginnen wir mit dem erfreulichen Teil, dem englischen.

Songtexter ist Paul McCartney seit fast vierzig Jahren. Ebenso lange wird er in einem Atemzug mit John Lennon genannt; hartnäckig hält sich die Fama, dieser sei der Kopf hinter allen Beatles-Titeln gewesen, mit einer Ausnahme, die er selber dem Kollegen Paul in einer hinterhältigen Song-Zeile konzediert: »All you did was Yesterday«. »Blackbird Singing« widerlegt dieses Verdikt. Der Band enthält einige der bekanntesten Songs der Beatles, und lediglich zweimal heißt es »Written with John Lennon«, bei »She's Leaving Home« und bei »Penny Lane«. Demnach stammen so unterschiedliche Songtexte zu Hits wie »Eleanor Rigby«, »When I'm Sixty-Four« und »Lovely Rita« allein von Paul McCartney, und das ist nur eine kleine Auswahl jener Titel, bei deren Lektüre sich zuverlässig die Tonspur im Beatles-geprägten Kopf einschaltet: Insgesamt enthält der Gedichtband 52 vertonte Texte, die sich laut Index auf 26 Alben verteilen – von »Revolver« aus dem Jahre 1966 bis »A Garland for Linda« von 1999.

»Poems and Lyrics« versammelt das Buch, die Gedichte sind leicht in der Minderzahl und deutlich jünger. In seinem Vorwort berichtet Paul McCartney davon, wie, warum und wann es mit dem Dichten begann: »Ich schrieb ein Gedicht, als ich von dem Tod meines guten Freundes Ivan Vaughan hörte. Es schien mir, ein Gedicht könne vielleicht besser als ein Song ausdrücken, was ich fühlte. Das ›Ivan‹ betitelte Gedicht hatte weitere zur Folge, von denen viele in diesem Buch zu finden sind.«

»Ivan« beginnt damit, daß am 18. Juni desselben Jahres in Liverpool zwei Kinder geboren wurden, Ivan und der Dichter: »Two doors open«. Und das Gedicht endet mit der Nachricht, am 16. August 1993 habe sich eine der Türen geschlossen: »Bye bye Ivy«. Der Betrauerte und der Trauernde sind Jahrgang 1942 – der Songtexter McCartney begann demnach als Mittzwanziger zu schreiben, während der Dichter sich erst zu Wort meldete, nachdem er die Fünfzig passiert hatte. Das hätte den Herausgeber dazu veranlassen können, chronologisch vorzugehen, womöglich mit dem versteckten Hinweis darauf, der Texter populärer Hits sei mit den Jahren und dank verschiedener Schicksalsschläge zum veritablen Dichter gereift.

Dankenswerterweise hat Mitchell auf diese schlichte pädagogische Attitüde verzichtet, freilich nur, um einen raffiniert erzieherischen Weg einzuschlagen. Im Vorwort spricht McCartney davon, der Freund habe ihn davon abgebracht, einen reinen Lyrikband zu veröffentlichen, einen ohne »lyrics« also: »Jetzt stimme ich seiner Meinung zu, daß beide Arten

des Schreibens die gleiche Möglichkeit besitzen, große Gefühlstiefe zu vermitteln.«
Glücklicherweise straft das Buch diese weihevollen Worte Lügen. Beide Arten des Schreibens können noch ganz andere Mitteilungen transportieren, und um das deutlich zu machen, hat Mitchell die Arten bunt gemischt und nach neun Themengruppen geordnet. Sie beginnen mit »Playing at Home«, streifen unter anderem »Friends and Enemies« und »The Business«, um mit »Nova« zu enden. Außer bei den allbekannten Golden Oldies weiß der Leser demnach nie, ob er es mit einem Gedicht oder einem Songtext zu tun hat, und das ist gut so: Sofern ihm an der Unterscheidung überhaupt gelegen ist, wird er sorgfältiger lesen und auf das Trennende sowie das Verbindende der beiden Arten des Schreibens zu achten beginnen: Ist das noch ein poetischer Songtext? Schon ein liedhaftes Gedicht?

Die Grenzen zwischen ›Poem and Lyrics‹, Gedicht und Lied waren solange fließend, wie beide Mitteilungsformen unter Verwendung der gleichen Techniken versuchten, mit wenig Worten viel Wirkung zu erzielen. Doch in dem Maße, in welchem die Dichter auf so bewährte sprachliche Ordnungssysteme und Wirkungsverstärker wie Rhythmus, Metrum, Strophe, Vers, Reim, Assonanz und Refrain verzichteten, lebten diese unangefochten allein im Songtext weiter, und es gehört zu den ironischen Listen der Literaturgeschichte, daß ausgerechnet der unangepaßte »rocking roller« der kulturrevolutionären sechziger Jahre als Texter peinlich genau jene bewährten Regeln beachtete und somit tradierte, mittels derer Lyrik jahrhundertelang Interesse erregt, Gefühle erweckt, Spannung erzeugt und sich im Gedächtnis eingenistet hatte.

Das gilt auch für die Songtexte von Paul McCartney. Mögen ihre Inhalte wechseln, mag die Ernst-Einwaage manchmal gegen Null tendieren: Ob Ballade (»Rocky Racoon«), ob Schunkellied (»Yellow Submarine«), ob Love Song (»Yesterday«), ob Song-Parodie (»Back in the USSR«) – allen gemein ist, daß sie nach allen Regeln einer Kunst funktionieren, die zweierlei weiß: Ich muß meinen Zuhörer mit der ersten Zeile kriegen; sowie: Ich habe nur drei Minuten Zeit, ihm meine Botschaft einzuhämmern. Zugleich weiß der Songtexter, daß ohne die Musik aller verbale Kunstverstand verschwendet wäre, doch das gilt auch umgekehrt. Eine eingängige Zeile, ein einprägsamer Refrain sind manchmal schon die halbe Song-Miete, wobei eingängig nicht mit einfach verwechselt werden sollte. Exemplarisch tut dies Rolf Dieter Brinkmann, der im Vorwort zu seinem Gedichtband »Westwärts« bekennt: »Ich hätte gerne viele Gedichte so einfach geschrieben wie Songs. Leider kann ich nicht Gitarre spielen« – als ob gute Songtexte der Gitarre entströmten und nicht aus Worten bestünden, die dank Inspiration und Transpiration, Formgefühl und Kunstverstand, Wortwitz und Sprachernst zu so einprägsamen Sätzen gerinnen, daß ein deutscher Dichter dem Irrtum erliegt, er könne das auch, könnte er nur Gitarre spielen.

Obwohl Paul McCartney Gitarre spielen kann, und obwohl der Songtexter McCartney schier dreißig Jahre verstreichen ließ, bis er begann, Gedichte zu schreiben, war das keine vertane Zeit. Die Songtexterei hat ihren Mann ernährt und war ihm zugleich eine praxisorientierte Schule der Dichtkunst, die nun späte Früchte zu tragen beginnt: McCartneys Gedichte. Was unterscheidet sie von den Songtexten?

Dreierlei: Sie sind häufig reimlos, sie sind häufig recht kurz, und sie sind häufig sehr persönlich. Vor allem aber sind es Gedichte von jemandem, der sich nicht groß als Dichter aus einem Guß beweisen muß: Da steht Gereimtes neben Nichtbereimtem, Zeitkritik neben Nonsens, Oratorientext neben Gelegenheitsgedicht, Rollengedicht neben Konfession – eine Vielfalt, die, vermute ich, die kalkulierte Unbekümmertheit des professionellen Texters aufnimmt und fortsetzt. Wie dieser darauf achtete, daß sich ein Album aus unterschiedlichen, jedoch korrespondierenden Titeln zusammensetzte, so beugt auch der Dichter jeder Leserlangeweile dadurch vor, daß er sich selber beim Dichten keine langweiligen Zügel anlegt: Anything goes.

Alles könnte also so schön sein, wäre nicht alles so traurig: Was der Kiepenheuer & Witsch Verlag als »zweisprachige Ausgabe« verlegt, hat teils wenig, teils nichts mit der englischsprachigen Vorlage gemein, und die Schuld daran tragen deutsche Setzer und Übersetzer. Zum deutschen Satz der englischen Originaltexte nur so viel, daß er sich unbegreifliche Freiheiten herausnimmt: Mal fügt er eine Leerzeile da ein, wo der Dichter keine vorgesehen hat, schlag nach beim Gedicht »Moon's A Mandarin«, mal läßt er das streng linksbündige Gedicht »Fly by Night« egalweg flattern, häufig verändert er Wortlaut und Schreibweise der Vorlage, bei einem Gedicht wie »Trouble is« ebenso wie beim Songtext von »Penny

Lane« –: Ich versichere, nicht eigens nach solchen Eingriffen gesucht zu haben – die drängen sich bei der Lektüre einfach auf, und ich lasse dahingestellt, ob ihre Ursache noch Schludrigkeit oder schon Selbstherrlichkeit genannt werden muß. Wichtigeres ist zu verhandeln, da alle Ungereimtheiten der Setzer neben den Untaten der Übersetzer verblassen.

Das erkläre ich in vollem Wissen um die Lückenhaftigkeit meiner Englischkenntnisse. Drehe mir daraus keiner einen Strick. Der bleibe den Herren Kristian Lutze und Werner Schmitz vorbehalten. Wenn bereits mein Schulenglisch ausreicht, belastendes Material en masse zu häufen, wie muß da erst das Urteil von sprachfühligen Englischkennern ausfallen? Würde auch nur eine der Übersetzungen als fehlerfrei oder als nicht verfehlt durchgehen?

»Wenn es sich um Worte handelt, ist Paul ein Juwelier und ein Jongleur«, schreibt Mitchell in seiner »Einführung«. Daß der arme Paul in Deutschland den Schrotthändlern und Kegelbrüdern Lutze und Schmitz in die Hände fallen mußte, ist für alle Fans von Paul McCartney und alle Freunde der Dichtkunst gleichermaßen bitter. Versuchen wir dennoch das Beste aus dem Debakel zu machen: eine Warntafel für künftige Lyrikübersetzer.

Der sei zweierlei vorausgeschickt: Ich weiß nicht, wie Lutze und Schmitz gearbeitet haben, ob solo oder im Verbund, und es kümmert mich auch nicht. Ihre Namen werden auf der Titelseite gleichberechtigt als Übersetzer genannt, also haften sie auch gemeinsam.

Sowie: Es geht nicht darum, den beiden simple Übersetzungsfehler nachzuweisen. Die ließen sich mühelos finden.

Nein, es geht um mehr, viel mehr. Lutze und Schmitz haben sich derart exemplarisch gegen alle Regeln des Übersetzens von Gedichten versündigt, daß man anhand ihrer Verfehlungen einen vollständigen mahnenden Katalog aufstellen kann. Sein Titel: Die fünf Todsünden des Übersetzers von Gedichten. *Erste Todsünde: Der Übersetzer läßt etwas weg.*

Beispielhaft tun das Lutze/Schmitz in dem bereits erwähnten Gedicht »Fly by Night«, das im Original neun Zeilen lang ist, in der Übersetzung jedoch nur sieben aufweist, da zwei Zeilen aus welchen Gründen auch immer unter den Tisch fielen. Weggelassen wurde ferner ein vom Dichter präzis benannter Gegensatz, so etwas wie das verbale und inhaltliche Rückgrat des kleinen Zusammenhangs. »Du warst die Eine«, beginnt er, um dann von den Vielen zu reden, die diese Eine nie erreichen und nie belehren konnten:

You were the one
they could never reach
they could never teach

Das liest sich in der Übersetzung folgendermaßen:

Du warst der/die eine
der/die unerreichbar blieb
sich nicht belehren ließ.

– und der Leser reibt sich die Augen: Weg sind »sie«. Sie tauchen, anders als bei McCartney, auch nicht mehr auf, dafür zieht sich der fragebogenhafte Nachtflugstimmungstöter »der/die« bis zum überraschend frühen Ende durch, das die Übersetzer, anders als der Dichter, mit einem Schlußpunkt beenden. Womit wir bereits beim nächsten Punkt wären.
Zweite Todsünde: Der Übersetzer fügt etwas hinzu. Lutze/Schmitz praktizieren das so unbekümmert wie häufig, als Beispiel mag die letzte Strophe des Gedichts »Full Moon's Eve« genügen, das bei McCartney fünf, bei den Übersetzern sieben Zeilen lang ist:

Old loves return
To kiss the lips
In case the empty gallery
Should fill with whispering strangers
Like a flood.

Das könnte man mit den Worten wiedergeben:

Alte Lieben kehren zurück
Um die Lippen zu küssen
Für den Fall, daß die leere Galerie
Sich mit flüsternden Fremden füllen sollte
Wie eine Flut.

– Was dem Übersetzerduo offenbar zu plan war. Das Gedicht heißt doch »Vollmondnacht«, werden sie sich gedacht haben, wieso kommt in dem Gedicht eigentlich keine Vollmondnacht vor? Wenn man nicht alles selber macht ... :

Alte Lieben kehren wieder
Küssen sich auf den Mund
In der Vollmondnacht
Doch verweile nicht zu lange
Falls die leere Galerie
Sich mit fremdem Flüstern füllt
Wie eine Flut.

Wer sagts denn?! Und sage keiner, die Übersetzer hätten nicht originalgetreu »whispering strangers«, sondern selbstherrlich »strange whisperings« übersetzt – ist doch eh alles eine Soße.

Dritte Todsünde: Der Übersetzer dichtet um. Der konkurrenzlos minimalistischste Song Paul McCartneys besteht aus zwei Zeilen, die unterschiedlich oft wiederholt werden, aus »Why don't we do it in the road?« und »No one will be watching us.« Als Übersetzer kann man da wohl nichts falsch machen, mutmaßt der Laie, doch Lutze/Schmitz zeigen ihm, wo der Hammer hängt: Sie machen alles falsch.

Aus der Frage machen sie eine Aufforderung, aus der leeren Straße das Zentrum des Gemeinwesens und aus fehlenden Zuschauern solche, denen egal ist, was sich da vor ihren Augen vollzieht. Ihre beiden Sätze lauten: »Komm, machen wir's doch auf dem Markt« sowie »Keiner wird sich daran störn«. Nein, ich verkenne nicht das Bemühen der Übersetzer, eine singbare Fassung herzustellen.

»Warum tun wir's nicht auf der Straße?« endet zweisilbig, und die Melodie erfordert einen einsilbigen Schluß. Doch der darf nicht zum Trugschluß »Markt« führen. Da guckt bestimmt jeder zu. Und wenn der Dichter fragt, sollte der Übersetzer dies fraglos nachvollziehen. Wie wäre es mit: »Warum tun wirs net uff de Gaß?« und »Kein Schwein will be watching us«? Denken Sie darüber nach und sammeln Sie Kraft für den nächsten Lutze/Schmitz-Hammer. Denn der ist echt heavy!

Einer meiner All-Time-Favorites der Beatles ist »Back in the USSR«, ein rundum witziger Blickwechsel-Song: Was wäre, wenn eine sowjetische Pop-Gruppe die Mädchen ihrer kalten Heimat so feiernd besänge wie – beispielsweise – die Beach Boys die Girls im warmen California? Da berichtet ein junger Sowjetrusse von seiner schrecklichen Heimreise aus Miami in einer Maschine der britischen Luftfahrtgesellschaft BOAC; aber nun hat er sie ja glücklich hinter sich, die USA und den Flug:

I'm back in the USSR
You don't know how lucky you are, boy
Back in the USSR.

Auch das sollte sich einigermaßen stimmig übersetzen lassen, doch Lutze/Schmitz schaffen es, die Signale bereits in den vier einleitenden Zeilen derart falsch zu stellen, daß der Flug nur ins Verderben führen kann. Die BOAC haben sie gestrichen, dafür heißt es: »Aeroflot ist übel, Mann.« Spricht so ein linientreuer Sowjet-Boy über seine nationale Fluglinie? Natürlich nicht. Und schon gar nicht singt er den Quatsch, den ihm das Übersetzerpaar aus dem kapitalistischen Ausland als Refrain zumutet:

Hey, Moskau, ich bin wieder da
Ich liebe die rote Gefahr, ja
Genossen, ich bin wieder da.

Vergessen wir den Rest der deutschen Version! Lassen wir unerwähnt, daß sie »Well the Ukraine girls really knock me out« mit »In Wladiwostok sind die Mädchen wild« übersetzt, schweigen wir davon, daß die deutsche Fassung das Original um zwei Zeilen überragt, da Lutze/Schmitz noch ein unerhörtes Spitzenwortspiel loswerden mußten, das um den Doppelsinn von »Genossen« und – und nun halten Sie sich gut fest! – »genossen« kreist. Nein kein Wort mehr. Nur das noch: Von alldem steht kein Wort bei Paul McCartney. Warum steht dann sein Name auf dem Buchtitel und nicht der von Lutze/Schmitz?

Vierte Todsünde: Der Übersetzer tut des Guten zu wenig. Gedichte zu übersetzen, ist nicht einfach, gereimte Gedichte zu übersetzen, ist schwer. Wem das Talent zu reimen nicht gegeben ist, der bleibe bei einer metrisch sauberen Prosa-Version, die wenigstens den Inhalt korrekt wiedergibt. Wer aber wie Lutze/Schmitz glaubt, reimen zu müssen, der hasche nicht nach den erstbesten Reimwörtern, die ihm über den Weg laufen, sondern lege sich auf die Lauer. Mit etwas Glück, Geduld und Kunstverstand lassen sich manchmal überraschende Schnäppchen machen. »Waterfalls« heißt ein weniger bekannter Song von Paul McCartney. »And I need love, yeah I need love«, bekennt der Sänger, um ebenso vierhebig fortzufahren:

Like a second needs an hour
Like a raindrop needs a shower
[...]
Like a castle needs a tower
Like a garden needs a flower

– unterschiedlich plausible Behauptungen, die einzig der durchgehende Reim zusammenhält und adelt. Das freilich ficht Lutze/Schmitz nicht an, die Zeilen metrisch wacklig und sprachlich holprig einzudeutschen:

Ich brauche Liebe [...]
Wie ein Tropfen den Regen
Wie der Pfarrer den Segen
[...]
Wie ein Schloß den Turm
Wie den Apfel der Wurm

– und das ist ebenso sinnlos wie kunstlos: Seit wann braucht der Pfarrer den Segen? Er spendet ihn doch. Warum der Wechsel von zweisilbigen zu einsilbigen Reimwörtern, wo es doch darum gegangen wäre, ein deutsches Pendant zu hour/shower etc. zu finden? Ausgangspunkt der Suche hätte der ungewöhnliche Gleichklang und Gleichsinn von »shower« und »Schauer« sein können. Dem Blick ins Reimlexikon wäre sodann die Einsicht gefolgt, daß sich da was machen läßt:

Ich brauche Liebe [...]
Wie die Sekunde die Dauer braucht
Wie der Tropfen den Schauer braucht
[...]
Wie das Schloß die Mauer braucht
Wie das Land den Bauer braucht

– wie der Reim die Lauer braucht, und – das sei hinzugefügt –: Wie dieser Text die vierhebige Zeile braucht, um als Song zu funktionieren.
Fünfte Todsünde: Der Übersetzer tut zuviel des Schlechten. Übersetzen ist eine Dienstleistung, ist Dienst am fremdsprachigen Gedicht, und damit an seinem Dichter, und Dienst am heimischen Leser, der dieser Fremdsprache nicht mächtig ist. Wer glaubt, brillanter zu sein als der Dichter, der schreibe seine eigenen Gedichte. Als Übersetzer ist er ebenso fehl am Platz wie der Restaurator, der das ihm anvertraute Bild dazu mißbraucht, dem Maler mal zu zeigen, wie er hätte malen sollen.

Wenn Lutze/Schmitz dem Song »Lovely Rita« eigenmächtig das kursiv gesetzte Motto »Rita, Parkometermaus« voranstellen, handeln sie mit der Dreistigkeit von Restauratoren, die der Mona Lisa eine Karnevalsnase verpassen: Man will ja auch ein bißchen Spaß haben. Und wenn ich alle Verfehlungen des Übersetzerduos auflistete, würde das ein Buch füllen. Daher soll ein letztes Beispiel ansatzweise vor Augen führen, wie vielfältig man sich am fremden Text vergreifen kann, wer meint, daß eh egal ist, was der Dichter da verzapft hat.

Als Paul McCartney den Text zum Song »All Together Now« schrieb, war er entweder sehr entspannt oder sehr im Druck:

One, two, three, four,
Can I have a little more?
Five, six, seven, eight, nine, ten,
I love you.

– Ist das nun sehr kindlich? Oder very british? Unsinn oder Nonsens? Wie immer man über den Wert dieser Zeilen denken mag – nichts rechtfertigt den Übersetzer, ohne Not von ihrem Wortlaut abzuweichen. Er darf nicht aus Wörtern Ziffern machen und aus einer Frage einen Befehl;

er darf nur da reimen, wo der Dichter gereimt hat und nicht da, wo es ihm, dem Übersetzer, grad in den Kram paßt; und schließlich darf er die Satzzeichen nicht nach eigenem Gusto setzen, sondern nur dort, wo sie schon der Dichter plazierte.

Wie aber übersetzen Lutze/Schmitz? Erraten! Ohne jeglichen Respekt dem Text gegenüber und ohne Punkt und Komma:

1 2 3 4
Gib mir noch ein bißchen mehr
5 6 7 8 9 10
Du bist schön.

– Schön blöd, kann man da nur sagen, doch es kommt noch blöder. Nicht einmal die schlichte Refrainzeile »All together now. All together now« können oder wollen die beiden korrekt übertragen. Sie machen daraus: »Und jetzt alle. Alle zusammen jetzt«. Womit wir alle fünf Todsünden des Übersetzens zusammen hätten, stünde da nicht noch eine Frage im Raum: Aber gegen die deutsche Sprache haben sich Lutze/Schmitz sicherlich nicht versündigt – oder?

Doch, das haben sie. In ihrer zum Erbarmen miesen Version des vertrackt kunstvollen Textes von »Penny Lane« übersetzen sie die Zeilen »And then the fireman rushes in from the pouring rain, / Very strange« mit folgenden Worten: »Und auch der Bobby kommt herein, weil's in Strömen gießt / Unverdrießt«.

Ich meine: Solche »Übersetzer« gehören aus der Sprachgemeinschaft ausgeschlossen. Ich finde: Lutze/Schmitz können von Glück reden, daß die Umgangsformen so verteufelt human geworden sind. Ich bin sicher: In unverzärtelteren Zeiten hätte man sie aufgespossen oder erschießt.

Bleiben zwei allerletzte Fragen: Wie konnte einer der renommiertesten Verlage solch ein Blackbird-Windei in die Welt setzen? Sowie: Was hätten informierte und inspirierte Übersetzer wie Harry Rowohlt und Ursula Runde ausgebrütet, wären sie nur ins Amselnest gebeten worden? Aber da saßen ja schon Kristian Lutze und Werner Schmitz.

SIEBEN AUF EINEN STREICH
So gut wie alles über Lyrik-Anthologien

Hätte man mich vor – sagen wir einmal – einem Monat gefragt, ob ich ein Freund von Anthologien deutschsprachiger Lyrik sei, dann hätte ich so fest wie unbedarft geantwortet: »O ja! Ich bin ein großer Freund deutschsprachiger Lyrik-Anthologien!« Doch diese unschuldige Zeit gehört leider für immer der Vergangenheit an. Heute würde ich mit einer Gegenfrage antworten: »Von welchem Typ deutschsprachiger Lyrik-Anthologien reden wir eigentlich?«

Mittlerweile nämlich habe ich mich über eine, zwei, viele Lyrik-Anthologien gebeugt, und in je mehr Lyrik-Anthologien ich schaute, desto mehr erweiterte sich mein Problembewußtsein.

Da es aber nicht gut ist, daß der Mensch mit seinen Problemen allein sei, beeile ich mich, sie an die Leser dieser Zeilen weiterzureichen. Mir sind im Laufe meiner Lektüre jüngst erschienener Lyrik-Anthologien sieben substantiell unterschiedliche Typen von Lyrik-Anthologien zu Augen gekommen. Wer bietet mehr?

Populistische Anthologien

Da wäre zunächst und *erstens* die populistische Lyrik-Anthologie, ein fragwürdiges, wenn nicht unseriöses Unterfangen, das dennoch heuer gleich zweimal versucht worden ist. »Des Sommers letzte Rosen. Die 100 beliebtesten deutschen Gedichte« nennt sich die Sammlung, welche Dirk Ippen vorgelegt hat, und »Die Lieblingsgedichte der Deutschen« heißt eine herausgeberlose Anthologie, die laut Klappentext auf einer Radio- und Internet-Befragung von WDR und Patmos Verlag basiert: »Das Ergebnis nach sorgfältiger Durchsicht und Auswertung des Materials: Über 900 Gedichte von etwa 300 Autoren aus 1000 Jahren. Die jeweils höchste Anzahl der Nennungen durch ihre Leser hat dann eine Hitliste der 100 beliebtesten deutschen Gedichte ergeben.«

Zwei Hitlisten also, nur daß Ippens Auswahl auf einem anderen Prinzip beruht: »Die vorliegende Anthologie versammelt 100 deutschsprachige Gedichte, welche am häufigsten in die 50 beliebtesten Anthologien des 20. Jahrhunderts aufgenommen wurden.« Hier hätte eine Auflistung besagter Anthologien folgen müssen, doch die bleibt uns Ippen schuldig. Glaubt man seiner Auszählung dennoch, so werden die ersten drei Plätze durch die folgenden Gedichte belegt: Ludwig Uhlands »Frühlingsglaube«, Johann Wolfgang von Goethes »Der Fischer« sowie Eduard Mörikes »Das verlassene Mägdlein«.

Zum ersten Platz hat es bei Goethen also nicht gereicht, dafür ist er mit 13 Gedichten der meistvertretene Dichter dieser Anthologie; ihm folgen Eichendorff und Mörike. Lebende Dichter fehlen völlig, der Jüngste im Kreis der 100 Dichter ist Paul Celan, Jahrgang 1920. Überraschungen sind rar. Der 94. Platz des gründlich vergessenen Paul Heyse – für sein herzlich unbekanntes Gedicht »Über ein Stündlein« – verwundert ein wenig; regelrecht erstaunt aber nahm ich wahr, daß es ein gewisser Ernst Freiherr von Feuchtersleben geschafft hat, den 90. Platz zu ergaunern. »Nach altdeutscher Weise« heißt sein Poem, und das weiß es von den Franzmännern zu singen:

Nur weiß ich nicht,
Was ihnen eigentlich gebricht
Die Rede will nicht recht heraus,
Der Blick geht nicht vom Herzen aus,
Es ist nicht wie bei uns zu Haus!

Heyse und Feuchtersleben tauchen in der Patmos-Anthologie nicht auf, und auch sonst differieren die Hitlisten derart, daß jedes Vertrauen in jedwede Lyrik-Top-Hundert schwindet. Die Spitzenreiter der Patmos-Liste lauten: Hermann Hesse, »Stufen«, Joseph von Eichendorff, »Mondnacht«, und Rainer Maria Rilke, »Herbsttag«. »Stufen« fehlt in der Ippen-Auswahl ganz und gar, »Herbsttag« steht auf dem 53. Platz. Celans »Todesfuge« wiederum rangiert bei Ippen auf 57. Stelle, während die Patmos-Liste dieses Gedicht auf Platz 16 sieht. Im Nachwort zur Patmos-Auswahl denkt sich Lutz Hagestedt seinen Teil zu den Lieblingsgedichten der Deutschen: »Die meisten Nennungen erfolgen bei Goethe,

im 19. Jahrhundert bei Eichendorff, Heine, Mörike.« Darin immerhin sind sich die beiden Sammlungen einig. Dann führt Hagestedt Namen an, die bei Ippen fehlen,»moderne Klassiker« wie Günter Eich und Ingeborg Bachmann, bis er schließlich bei der Gegenwart anlangt: »Von den zeitgenössischen Lyrikern schaffen nur wenige den Sprung auf einen Listenplatz, Ernst Jandl natürlich, Hilde Domin und Erich Fried.«
  Natürlich Ernst Jandl, denkt der Blätternde und schaut nach, mit welchem Gedicht denn Jandl in die Charts gelangt ist. Mit »ottos mops«? Oder mit »lichtung«, vierzitiert und wahrlich inspiriert – doch die Suche ist vergeblich: Verwunderlicherweise ist Ernst Jandl in der Patmos-Liste nirgends zu finden, dafür konnte sich Hilde Domin gleich zweimal plazieren, auf Rang 41 mit dem Gedicht »Nicht müde werden« und auf Rang 78 mit »Nur eine Rose als Stütze«. Damit ist sie nicht nur die einzige Lebende unter den Top-Hundert, damit ist auch mein Vertrauen in Listen dieser Art ganz und gar ermüdet, selbst ein ganzer Rosenstrauß könnte es nicht mehr stützen. Hilde Domin gleich doppelt – und Sarah Kirsch oder Ulla Hahn gleichermaßen abwesend? Wenn das nicht nach massiver Manipulation eines so hartnäckigen wie dreisten Hilde-Domin-Fanclubs riecht!

Annalistische Anthologien

Also rasch weiter auf seriöseres Anthologiegelände. Da haben wir *zweitens* die annalistische Lyrik-Anthologie. Was das nun wieder ist, verkörpert im wahrsten Sinne des Wortes die Taschenbuchausgabe der monumentalen Sammlung »Deutsche Lyrik von den Anfängen bis zur Gegenwart in zehn Bänden«, herausgegeben von Walther Killy.
  »Annalistisch«, das meint ein Verfahren, die Gedichte so zu präsentieren, wie sie im Erscheinungsjahr in Druck gegangen sind, im ursprünglichen Wortlaut also und in zeitlicher Reihenfolge. Die Folge ist, daß die Grenzen fließend werden, wenn nicht verschwimmen oder ganz verschwinden, Epochengrenzen wie Klassik und Romantik ebenso wie voneinander abgegrenzte Dichterbiographien, ja selbst Grenzen der Qualität: »Eben deshalb sind dilettantische, mittlere, ja auch sog. ›schlechte‹ Gedichte durchaus repräsentativ: sie stehen für das andeutend wieder-

herzustellende allgemeine Niveau, für den Durchschnittsgeschmack der Zeit«, schreibt Ralph-Rainer Wuthenow, der Herausgeber des achten Bandes, welcher die Lyrik-Jahre 1830–1900 dokumentiert. Stärken und Schwächen der annalistischen Ordnung mag ein Blick in den neunten Band, 1900–1960, belegen. Richard Dehmel lebte von 1863 bis 1920. Fünfmal ist er bereits im achten Band aufgetaucht, nun bringt er es auf dreizehn Gedichte. 1903 steht sein Gedicht »Drei Blicke« neben Gedichten von Stefan George und Otto Julius Bierbaum, 1918 rahmen Gedichte von Walter Mehring und Kurt Tucholsky sein Gedicht »Lichter Augenblick«, das mit den Worten beginnt:

Als du geboren wurdest, Kind,
mußte dein Vater morden helfen.
Die Menschheit war besessen vom Weltkriegswahnsinn

– ein Wahnsinn, den auch deutsche Dichter geschürt hatten, nicht zuletzt Richard Dehmel. 44 Seiten zuvor nämlich besingt er den Beginn des Mordens in höchsten Tönen:

O hört, sie rauscht: lieber Tod als Schmach,
hütet die Fahne!
Unsre Fraun und Mädchen winken uns nach,
herrliche Fahne!

So weit eine Kostprobe aus Dehmels »Deutschlands Fahnenlied«, das ihn Arm in Arm mit vergleichbar kriegstrunkenen Dichtern zeigt, mit Gerhart Hauptmann oder mit Rudolf Alexander Schröder. Der bereits bejahrte Dehmel war begeistert und freiwillig ins Morden gezogen, 1916 faßt er Urlaubserfahrungen in bereits sehr gedämpfte Worte: »Wieviel echtes Blut starb hin für euch!«, hält er den Daheimgebliebenen vor. »Habt ihr nicht die Eitelkeiten satt?«

Von der Fahne ist nicht mehr die Rede, jetzt begeistert sich der Kriegsmann lieber für das geliebte Weib, das ihm einst nachgewunken hat: »Komm, wir feiern stets ein Friedensfest« – es mußten zwei weitere Kriegsjahre vergehen, bis Dehmel begriff, daß er all die Jahre über ein Mordhelfer gewesen war.

Das Aufspüren solcher Entwicklungslinien und Zeitgenossenschaften macht die Lektüre dieser annalistischen Anthologie zu einer an-, ja, aufregenden Erfahrung: Geleitet zwar, doch nicht gegängelt, ist der Leser gehalten, sich selber einen Reim auf das Mit-, Nach- und Durcheinander der Dichterstimmen zu machen. Manchmal freilich muß er passen. Wenn ihm im Jahre 1952 urplötzlich ein Gedicht des Dichters Rainer Maria Rilke begegnet, nach einem Gedicht von Johannes R. Becher und vor einem Gedicht von Paul Celan, dann fragt sich der Lesende erschreckt, wer dieser 52er-Rilke wohl sein mag: Etwa ein Namensvetter des 1926 verstorbenen Elegikers?

Nichts dergleichen: Es handelt sich um *the one and only* Rainer Maria Rilke, dessen 1912 in Duino verfaßtes »Fragment einer Elegie«, aus welchen Gründen immer, erst im Jahre 1952 in der Zeitschrift »Merkur« veröffentlicht wurde. Ein editionshistorischer Zufall, der es eigentlich verbieten sollte, besagtes Gedicht in die Lyrik-Annalen der 50er Jahre aufzunehmen.

Ein weiterer Nachteil der annalistischen Ordnung liegt auf der Hand: Je länger ein Dichter gelebt und gedichtet hat, desto verstreuter seine Gedichte. Um sich ein Bild vom ganzen Dehmel zu machen, muß der Leser in zwei Bänden 17mal nachschlagen – was aber, wenn er es eilig hat?

Biographistische Anthologien

Dann sollte er, *drittens*, zu einem Anthologie-Typ greifen, den ich mangels eines eingeführten Begriffs »biographistisch« nennen möchte. In einer solchen Sammlung folgt Dichter auf Dichter nach Abfolge ihrer jeweiligen Geburtsjahre und Geburtstage, und innerhalb der dem jeweiligen Dichter zugestandenen Gedichte spannt sich der schlichte, aber effektive Bogen vom Früh- zum Spätwerk.

Der Klassiker unter den so gegliederten Lyrik-Anthologien ist zweifellos der Conrady. 1977 erstmals unter dem Titel »Das große deutsche Gedichtbuch« aufgelegt, liegt die Sammlung seit dem Jahre 2000 in dritter, leicht veränderter Form vor. Nun nennt sich das große deutsche Gedichtbuch »Der neue Conrady« und bietet auf 1306 großformatigen

Seiten deutsche Lyrik »von den Anfängen«, sprich: vom »Wessobrunner Gebet« aus dem 9. Jahrhundert, »bis zur Gegenwart«, lies: bis zum Rap-Poeten Bastian Böttcher, Jahrgang 1974 und Sieger des ersten deutschen »National Slam« von 1997.

»Das Buch soll ein übersichtliches Archiv deutschsprachiger Lyrik sein«, sagt Conrady im Vorwort. Keinen Kanon habe er aufstellen, sondern eine »Fundgrube« zusammenstellen wollen, »ein bequemes Hilfsmittel bei der Suche nach gewünschten Texten« einerseits, andererseits aber auch eine Sammlung, die Dichter und Gedichte zu Wort kommen lässt, »die sich feiernd und/oder in propagandistischer Absicht radikalen politischen Kräften verschrieben haben«.

Der Einfachheit halber habe ich diese Absichten erneut am Beispiel Richard Dehmels überprüft. Der ist mit sechs Gedichten im »Conrady« vertreten, darunter auch mit seinem wohl immer noch bekanntesten Gedicht, mit »Der Arbeitsmann«, dem nur eine Kleinigkeit fehlt, »um so frei zu sein, wie die Vögel sind: Nur Zeit.« Den Abschluß aber bildet »Deutschlands Fahnenlied« – eine gedrängte Dehmel-Auswahl, die dem Dichter dennoch gerecht wird.

Der neue Conrady wiegt fast zwei Kilogramm. Dem, der nicht ohne biographistische Lyrik-Anthologie verreisen will, sei die 400 Gramm schwere Sammlung »Deutsche Gedichte«, herausgegeben von Hans-Joachim Simm, ans Herz und ins Gepäck gelegt, eine Auswahl, die den Lyrik-Bogen vom »Wessobrunner Gebet« bis zu Albert Ostermaier, Jahrgang 1967, spannt. Dazwischen finden sich laut Nachwort »mehr als eintausend Gedichte von knapp vierhundert Autoren«. Und was erbringt die Dehmel-Probe?

Der ist im Simm mit zwei Gedichten präsent. Das »Fahnenlied« fehlt verständlicherweise, doch »Der Arbeitsmann« belegt den Zeitdichter Dehmel, »Manche Nacht« den Naturlyriker – alles in allem ein brauchbarer Dehmel-Einstieg.

Subjektivistische Anthologien

Nun aber Ring frei zur nächsten Runde – da hätten wir, *viertens*, die subjektivistische Lyrik-Anthologie. Ihr ist eigen, daß der Herausgeber jeden

Anschein von Objektivität entweder bereits im Titel oder spätestens im Vorwort weit von sich weist.

»Meine deutschen Gedichte. Eine Sammlung von Hartmut von Hentig« – das sind klare Worte, welche der Klappentext aufnimmt und verstärkt: Schon durch das »besitzanzeigende Fürwort im Titel« räume der Herausgeber ein, daß er nicht bedeutende oder beispielhafte Gedichte versammeln wolle, sondern solche, die ihn »angerührt oder verstört« hätten: »Die 530 Gedichte dieses Bandes hat er sich im Laufe seines 73jährigen Lebens angeeignet. Er sagt, sie hätten von ihm Besitz ergriffen.«

So engagiert, ja pathetisch spricht der reife Mensch gesetzten Alters, der jüngere aber gibt sich cool bis ans Herz hinan und in die Wortwahl hinein: »›Der Sprachspeicher‹ beinhaltet vielfältige Sprachwelten, zahlreich in ihren Schichtungen, und versucht zu zeigen, was die deutsche Sprache dichterisch zu bieten hat.«

Wer da spricht? Thomas Kling, Jahrgang 1957, also rund dreißig Jahre jünger als Hartmut von Hentig. Wovon er spricht? Von seiner Anthologie »Sprachspeicher«, ein Wort, das normalerweise mit dem mobilen Telefon in Verbindung gebracht wird. Worum es geht? Um »200 Gedichte auf deutsch vom achten bis zum zwanzigsten Jahrhundert, eingelagert und moderiert von ...« – aber das wissen wir bereits.

Kling, Herausgeber und Poet dazu, geht anders vor als Hartmut von Hentig. Hatte der seine 530 Gedichte Kapiteln zugeordnet, die »trauern und trösten« heißen oder »spielen, spotten, schmunzeln«, so lädt Kling seinen Speicher chronologisch auf, vom »Ersten Merseburger Zauberspruch«, um 800, bis Marcel Beyer, Jahrgang 1965.

Chronologisch, das meint bei Kling auch: teleologisch. Während Hartmut von Hentig in seinem Vorwort vorwiegend von den Gefühlen redet, die »seine« Gedichte in ihm ausgelöst haben oder die er ihnen entgegenbringt, spricht Kling in seinem Nachwort hauptsächlich von Zielen:

»Ziemlich genau hundert Gedichte habe ich von den althochdeutschen Anfängen bis zum Beginn des 20. Jahrhunderts ausgesucht und noch einmal knapp hundert bis zur Gegenwart ... die unmittelbare Gegenwart einschließend, bis in das Todesjahr von Ernst Jandl und H. C. Artmann, die 2000 gestorben sind. Daß »Sprachspeicher« den augenblicklich Dichtenden so viel Platz einräumt, wird nicht jedem gefallen; den daraus resultierenden Vorwurf der Frivolität nehme ich auf mich und verweise auf die Zeit, die das richten wird.« Eine mächtige Aufwertung einer gezielten Auswahl gegenwärtig Dichtender also, die naturgemäß auch den ebenfalls augenblicklich dichtenden Auswähler Thomas Kling miteinschließt – aber einverstanden, sprechen wir uns in hundert Jahren wieder.

Hier und heute soll lediglich eine allzu subjektive Wahrnehmung des Anthologisten zurechtgerückt werden:»Daß Ingeborg Bachmanns Stärke eher nicht im Gedicht zu suchen ist, dürfte sich inzwischen herumgesprochen haben, wogegen die Lavant, als schrillende, graue Kirchenmaus verkannt und vergessen, seit den 90ern ein hochverdientes Revival erfährt.«

Die Lavant verkannt und vergessen? Bereits im Band 9, »Deutsche Lyrik 1900–1960«, der von Killy herausgegebenen annalistischen Anthologie, Ersterscheinungsjahr 1974, ist Christine Lavant vertreten; ich lernte sie 1977 durch den »Conrady« kennen und bewundern, in den achtziger Jahren brachte die Bibliothek Suhrkamp eine von Thomas Bernhard besorgte Auswahl der Gedichte der Dichterin aus dem Lavant-Tal heraus, all die Jahre über waren alle ihre Gedichtbände aus den fünfziger und sechziger Jahren im Buchhandel erhältlich: Mag ja sein, daß die Lavant dem Kling erst in den 90ern über den Dichterweg gelaufen ist, verallgemeinern sollte er diese reichlich späte Begegnung besser nicht.

Geographistische Anthologien

Einiger Beliebtheit erfreut sich – auch bei mir – die, *fünftens*, geographistische Lyrik-Anthologie, also die Versammlung verschiedenster Dichterstimmen zu einer Landschaft oder zu einer Stadt. Je größer die Stadt, desto massierter die Stimmen, und da Berlin nun mal unsere größte Stadt ist, ist sie auch die meistbesungene.

»Berlin ist ein Gedicht« nennt Peter Geißler seine »Auswahl der schönsten, eigenwilligsten und unterhaltsamsten Gedichte über Berlin«, und mit berechtigtem Stolz weist er darauf hin, neben bekannten Texten der gegenwärtigen Lyrik einen besonderen Platz eingeräumt und viele »bislang unveröffentlichte Gedichte« vorgestellt zu haben.

Wer hat nicht alles Berlin besungen? Heym, Kerr, Benn, Brecht, Fuchs, Hacks – um lediglich die Einsilber zu nennen. Wer besingt nicht alles Berlin? Endler, Rothmann, Seiler, Grünbein, Techel – um nur die Zweisilber anzuführen. Als Appetithappen aber möchte ich den dreisilbigen Dichter Rautenberg zitieren und den Anfang seines Gedichts »Haikukränzchen im Café Kranzler«:

> Hier sitz ich halt rum
> Quäl mich mit meinen Versen
> Überm Schuttkuchen

Obgleich das Gedicht ohnehin eine Kurzform ist, hat Axel Kutsch überdies das Sondergebiet der »Kurzlyrik« ausgemacht und anthologisiert, »Blitzlicht« nennt er seine Sammlung von »Kurzlyrik aus 1100 Jahren«.

Minimalistische Anthologien

Kein Gedicht dieser – *sechstens* – minimalistischen Anthologie ist länger als acht Zeilen – ein Limit, das Goethe mit seinem achtzeiligen »Wanderers Nachtlied« vorgegeben hatte. Auf den ersten Blick verspricht diese rigide Begrenzung eine sehr homogene Sammlung, der zweite belehrt eines Schlechteren: 100 Kurzgedichte aus der Zeit zwischen dem 10. und dem 20. Jahrhundert bilden den Auftakt, fast durchweg gut abgehangene Klassiker von den »Merseburger Zaubersprüchen« bis zu Jandls »lichtung«. Im Hauptteil aber, der dem 21. Jahrhundert vorbehalten ist, geht es noch augenblicklicher – frivoler? – zu als selbst bei Kling: Der versammelt Hunderte von Kurzgedichten aus der Feder von rund zweihundert Einsenderinnen und Einsendern, die – wen wundert's? – nur äußerst selten vor der geballten Qualität der Vorgängergedichte bestehen können – mit zwei sauber geschiedenen Anthologien wäre beiden besser gedient gewesen, den Altzungen und den Neutönern.

Generations-Anthologien

Der Reigen der Lyrik-Anthologien rundet sich; noch fehlt, *siebentens*, ein Auswahlkriterium, das ich mangels eingeführter Begriffe »generationistisch« nennen möchte, wobei mit Generation traditionell ausschließlich die junge Generation gemeint ist: »Junges Deutschland« nannten sich die Poeten der Nach-Goethe-Zeit, »Jüngst-Berliner«, Dichter wie Heym und van Hoddis, propagierte Kurt Hiller 1910 in einer Schrift des »Neuen Clubs«, »charakteristische Dichtung der Jugend« annoncierte Kurt Pinthus 1919 in »Menschheitsdämmerung«, seiner längst klassischen Anthologie des lyrischen Expressionismus – und so fortan bis ins Jahr 2001, bis zu »Lagebesprechung. Junge deutsche Lyrik, Herausgegeben von Kurt Drawert«.

Der ist Jahrgang 1956, also bereits im gesetzteren Alter, und das gilt auch für den Großteil der von ihm ausgewählten Dichterinnen und Dichter: Köhler, Kling, Waterhouse, Kolbe, Oleschinski und andere mehr erblickten das Licht der Welt ebenfalls in den Fünfzigern.

»Was ist ›junge Lyrik‹, wenn nirgendwo steht, wann einer aufhört, als jung zu gelten?«, fragt Drawert etwas scheinheilig im Vorwort zu seiner Anthologie, denn er hat die Antwort bereits in petto: »Also bestimmt der Herausgeber und entscheidet sich, grob gerechnet, für die Generation der fünfziger Jahre aufwärts«, das meint bis zu, zum Beispiel, Silke Scheuermann, »geb. 1973«.

Kann man gelten lassen, aber dann will Drawert offenbar kein Unmensch sein und öffnet noch ein Hintertürchen für im Herzen jung gebliebene Dichter der vierziger Jahre, bis hinunter – biographisch gesehen – zu Michael Krüger, »geb. 1943«, und wo noch ein Fastsechziger zur »jungen Lyrik« gerechnet wird, da empfiehlt es sich, dieses schwammige Auswahlkriterium ganz und gar zu streichen und statt dessen jenen Begriff zu nutzen, den der Klappentext ins Feld führt: »Kurt Drawert legt hier eine Auswahl von sämtlich nach 1990 veröffentlichten Gedichten vor, eine höchst aktuelle Zusammenstellung also.«

»Aktuelle deutsche Lyrik« – unter diesem seriösen Hut fänden sie alle Platz, die wirklich jungen Zungen wie die von Drawert auf jung geschminkten Dichterinnen und Dichter, während der Jugendkappe, unter der er sie allesamt antreten lässt, etwas Karnevalistisches eignet.

Eins, zwei, drei, vier, fünf, sechs, sieben – ist was ungesagt geblieben? Meint: in Sachen Lyrik-Anthologien? Sagen wir es so: Ein Anfang immerhin ist gemacht worden.

ÜBER DAS DICHTEN

IN EIGENER SACHE

Wer in Zungen redet, steht, sofern er Dichter und nicht Apostel ist, hier und heute unter Rechtfertigungsdruck. Seit die Stürmer und Dränger im ausgehenden 18. Jahrhundert das Originalgenie auf den Schild hoben, verlangen Kritik und Leserschaft bereits vom dichtenden Anfänger die unverwechselbare, eigene, eben: originale oder doch zumindest originelle Stimme – wie erst vom reifen oder doch zumindest gereiften Dichter. Was wäre solchen Forderungen entgegenzuhalten? Vielleicht dies hier: ein vielfach abgetönter Blütenstrauß aus Feld, Wald und Buch, richtiger: aus Natur, Naturkunde und Literatur zum Thema.

Die Spötter und der Kuckuck

»Der Spötter« – wir zitieren Hermann Pauls »Deutsches Wörterbuch« – »wird auch ›Spottvogel‹ genannt«, und das ist einer, »der andere Tierlaute nachahmen kann.« Als Beleg wird eine Textstelle von Sebastian Brant aus dem Jahre 1494 angeführt: »der häher eyn Spottvogel ist.«
  Ausgerechnet der Häher? Seiner rätschenden Warnschreie wegen hat ihn der Volksmund zum »Polizisten des Waldes« ernannt, und sein avifaunistisches Tatütata hat wenig mit dem zu tun, was den wahren »Spötter« ausmacht. Der nämlich ist laut »Brockhaus Enzyklopädie« eine »den Grasmücken zugeordnete Gattung kleiner [...] Singvögel [...] mit sechs Arten«, und die Fähigkeit, welcher sie ihren Namen verdanken, ist das »Spotten, ornitholog. Bezeichnung für die völlige oder teilweise Übernahme artfremder Gesangs- oder Lautmotive aus der Umwelt durch Vögel [...]. Spotten kann im extremen Fall zum Nachsprechen von Sätzen des Menschen führen.«
  Bleiben wir beim Normalfall. Normalerweise singen Vögel. Warum? Hören wir das »Handbuch für Feldornithologie«: »Die Strukturen des angeborenen Gesangs sind ein Isolierungsmechanismus zwischen ver-

wandten Arten, die in demselben Lebensraum vorkommen, wie beispielsweise Sprosser und Nachtigall. Die Nachkommen erwerben die Anlagen ihrer artspezifischen Gesangsform. Sie kann durch Lernen von Gesangselementen der eigenen Art vervollkommnet werden, oder die Bestandteile anderer, artfremder Gesänge werden hinzugefügt.«

Nicht alle Sänger sind also Spötter, aber alle »Spötter« sind begnadete Sänger, nicht nur die, welche schon durch ihren Namen als des Spottens mächtig ausgewiesen werden. Hans Wilhelm Smolik kann in dem von ihm verfaßten »rororo-Tierlexikon« nicht vom Spötter reden, ohne zugleich einen weiteren Vogel zu nennen. Zum Stichwort »Gelbspötter, Orpheusspötter« sagt er – aber halt! An dieser Stelle ist mir ein schnödes »Weiter im Text« unmöglich. Hier drängt es mich, auf die wundersame Paarung des eindeutigen Urbilds aller Dichter und Sänger, Orpheus, mit dem so zweideutigen Begriff »Spötter« hinzuweisen: Was will uns unsere Sprache damit nun schon wieder sagen? Aber weiter im Text! »Baumbewohner und Sommervögel« seien die Orpheusspötter, schreibt Smolik, und er fährt fort: »Ihr Vermögen, andere Vogellieder nachzuahmen und mit eigenem zu verknüpfen, gab ihnen den endgültigen Namen. (Ähnlichkeit mit dem Gesang der Rohrsänger.) Doch sind ihre Lieder zweifellos wohltönender und abwechslungsreicher, obwohl sie von einigen Spöttern etwas leiernd vorgetragen werden.«

Der Name einer weiteren Grasmückengattung ist gefallen, der des Rohrsängers; zugleich hat sich Smolik als Vogelgesangskritiker geoutet, der dem Orpheusspötter die Palme reicht und den Rohrsänger ins zweite Glied verweist. Eine Meinung, in welche beileibe nicht alle Vogelkenner miteinstimmen: »Sein Gesang besteht fast nur aus Nachahmungen anderer Vogellaute«, schreibt Einhard Bezzel in seinem »Bestimmungsbuch Vögel«, und er befindet: »Sumpfrohrsänger sind die talentiertesten Nachahmer (›Spötter‹) in der einheimischen Vogelwelt.«

Bezzel ist nicht der einzige, den der Gesang der Teich-, Sumpf- und Schilfrohrsänger beeindruckt hat. In dem Buch »Vögel«, erschienen in der dtv-Reihe »Kleine Philosophie der Passionen«, rühmt Arnulf Conradi die äußerlich so unscheinbaren Vögel, ja, er besingt sie geradezu: »Die Gesänge aller drei, vor allem die von Schilfrohrsänger und Sumpfrohrsänger, sind ungeheuer vital und unterhaltsam. Die Vögel überschlagen sich vor Eifer, immer noch mehr Wendungen in den lauten, meist wohltönenden, manchmal meckernden, aber immer dahineilenden Strom einzubauen. Wenn man sie das erste Mal hört, will man einfach nicht glauben, daß ein einzelner Vogel solche Kaskaden von sich geben kann. Man ertappt sich dabei, wie man mit dem Oberkörper oder Kopf ›mitgeht‹.«

Doch Conradi weiß nicht nur seine eigene Bezauberung in schöne Worte zu fassen, er nennt und zitiert auch Rohrsänger-Sänger älterer Zeiten, zum Beispiel Hermann Löns, der in einem »wunderbaren, kleinen Aufsatz« über diese Vögel gesagt hat: »Urlehrmeister der Rohrsänger sind Rohr und Welle, Frosch und Wasserhuhn.«

»Die Nachtigall der Marschgegenden« habe Johann Friedrich Naumann den Sumpfrohrsänger genannt, schreibt Conradi, und zitiert ausführlich aus dem »Hymnus«, den dieser in der ersten Hälfte des 19. Jahrhunderts tätige Wegbereiter der Feldornithologie und künstlerisch hochbegabte Vogelmaler über das Lied des Sumpfrohrsängers verfaßt hat: »Es besteht aus einer Menge höchst abwechselnder Strophen, wovon viele sanftpfeifend und wirklich flötend sind, manche auch wieder eine täuschende Nachahmung anderer Vogelstimmen zu sein scheinen. Bald flötet die eine Strophe, als wenn sie aus dem Gesange einer Drossel entlehnt wäre; bald sind es zwitschernde und schirkende Töne, die auf einmal in hellpfeifende oder sanft lullende, in auf- und absteigende, in kurz abgebrochene oder in geschleifte übergehen; bald folgen Töne, wie aus einem der Gesänge der Garten- oder Mönchsgrasmücke erborgt, dann wieder die wiederholt nachgeahmten Lockstimmen der Rauchschwalbe, der Kohlmeise, selbst sperlingsartige Stimmen in dem buntesten Gemisch, daß man nicht satt wird, ihm zuzuhören.«

Fünf Vorbilder des Sumpfrohrsängers nennt Naumann – Drossel, Grasmücke, Rauchschwalbe, Kohlmeise und Sperling –, doch ist das nur ein Bruchteil der Zungen, in denen dieser Vogel zu singen weiß. Das jedenfalls weiß Conradi: »Die Nachahmung von bis zu fünfzig fremden Stimmen, darunter auch solchen, die er in Afrika aufgeschnappt hat, haben Ornithologen aus dem Gesang dieses Imitationskünstlers herausgehört.«

Halten wir für einen Moment inne, bevor wir uns dem zweiten Protagonisten der Überschrift zuwenden, dem Gegenspieler, wenn nicht Gegner des Rohrsängers, dem Kuckuck.

Wenn wir die Urteile über den Gesang der Rohrsänger in aller Eile Revue passieren lassen, so fällt auf, daß kein Kritiker an der unleugbaren Tatsache der Stimmenimitation Anstoß nimmt. Statt die Stimmenklauer des Plagiats, der Unpersönlichkeit oder mangelnder Originalität zu zeihen, verzeihen ihnen die bezauberten Zuhörer offenbar alles: »Talentiert« wird ihr Gesang genannt und »vital«, »wohltönend« und vor allem »unterhaltsam«, »höchst abwechselnd«: »daß man nicht satt wird, ihm zuzuhören.«

Bewahren wir diese Worte im Herzen, aber schalten wir rasch noch einmal unseren Verstand ein: Warum spotten die Spötter eigentlich?« Conradi wagt keine eindeutige Antwort: »Wie so vieles in der Ornithologie ist auch dieses Kapitel der Forschung keineswegs abgeschlossen. Eines scheint klar: die Männchen singen, um ein Weibchen anzulocken, und dann, um die Herrschaft über ein Revier anzumelden. Aber braucht es dazu dieses sängerischen Überschwangs? Vielleicht haben sie noch weit mehr mitzuteilen: ihre Art natürlich, ihr Geschlecht, ihren ›Familienstand‹, ihre Kraft, ihre Entschlossenheit, das Revier zu verteidigen und ähnliches.«

Vergleichbar zurückhaltend äußert sich auch »Herders Lexikon der Biologie«: »Die Funktion des Spottens ist unklar, da die imitierten Arten auf die (häufig stark verzerrten) Laute ihres Repertoires kaum oder nicht reagieren, so daß sie nicht der interspezifischen Revierabgrenzung dienlich sind. Es wird vermutet, das Spotten täusche generell fremden und eigenen Artgenossen eine höhere Besiedlungsdichte vor und vermindere so die Konkurrenz, oder es diene lediglich der Vergrößerung des eigenen Lautrepertoires ohne allzu großen Aufwand an Informationsverarbeitung. Letztere Annahme scheint zur Zeit am wahrscheinlichsten zu sein, aber angesichts der differenzierten Informationsleistung von Papageien oder Beos erscheint die Erklärung noch nicht befriedigend. Die ökologische bzw. sozialbiologische Rolle des Spottens muß daher als bisher ungeklärt gelten.«

Setzen wir hinzu: Auch die artistische bzw. künstlerische Rolle. Zumal dann, wenn die Kunst des Sängers nicht so sehr darin besteht, sein Publikum durch Variation und Imitation zu unterhalten, sondern sich darin beweist, dem Zuhörer die eigene Botschaft unauslöschlich einzuprägen. Und welchem gefiederten Sänger wäre das besser gelungen als dem Kuckuck?

Er ist nicht der einzige Vogel unserer Breiten, der es fertiggebracht hat, nach seinem Ruf benannt zu werden. Auch dem Zilpzalp ist Vergleichbares gelungen, ich zitiere Einhard Bezzel: »Der Gesang ist auffallend und hat dem Vogel seinen Namen gegeben; er besteht aus monotonen Folgen wie ›zilp zalp‹ oder ›fzi fzü‹« – war es dieses Schwanken zwischen »zilp zalp« und »fzi fzü«, das den Zilpzalp niemals die Popularität des Kuckucks erreichen ließ? Oder hat es bereits das zweivokalige »zilp – zalp« trotz allen Anklangszaubers nicht mit der schlichten Silbenverdoppelung des Konkurrenten aufnehmen können? Wie immer: Vom Zilpzalp ist höchst selten die Rede, indes der im Vergleich zum ersteren geradezu einsilbige Kuckuck zum Gegenstand volkstümlicher Lieder – »Kuckuck, Kuckuck rufts aus dem Wald« – und kunstvoller Gedichte geworden ist.

Zwei Dichter sollen hier zu Wort kommen, zwei Stimmen, die zweierlei eint: Beide bedienen sich kunstreich verschränkter Reime und beide üben unverstellte Kritik am Gegenstand ihres Gedichts. Den Anfang macht Christian Fürchtegott Gellert, der populärste Dichter deutscher Zunge in der zweiten Hälfte des 18. Jahrhunderts:

Der Kuckuck

Der Kuckuck sprach mit einem Star,
Der aus der Stadt entflohen war.
Was spricht man, fing er an zu schreien,
Was spricht man in der Stadt von unsern Melodeien?
Was spricht man von der Nachtigall?
»Die ganze Stadt lobt ihre Lieder.«
Und von der Lerche? rief er wieder.
»Die halbe Stadt lobt ihrer Stimme Schall.«
Und von der Amsel? fuhr er fort.
»Auch diese lobt man hier und dort.«
Ich muß dich doch noch etwas fragen;
Was, rief er, spricht man denn von mir?
Das, sprach der Star, das weiß ich nicht zu sagen;
Denn keine Seele redt von dir.
So will ich, fuhr er fort, mich an dem Undank rächen,
Und ewig von mir selber sprechen.

Ewig von sich selber zu sprechen – ist das lediglich die Rache des nicht wahrgenommenen Sängers? Nicht auch das Erfolgsrezept all jener Schriftsteller und Dichter, die so lange ihr »Ich Ich Ich« in den Wald hineinrufen, bis es endlich »Du Du Du« echot?
Wie Christian Fürchtegott Gellert sieht auch Rainer Maria Rilke im Kuckuck einen fragwürdigen, ja aufdringlichen Künstler. Sicherlich nicht zufällig sprechen beide Dichter vom »schreien« bzw. »Schrein« des Vogels:

O erster Ruf wagrecht ins Jahr hinein –,
die Vogel-Stimmen stehn.
Du aber treibst schon in die Zeit dein Schrein,
o Kukuk, ins Vergehn –

– so distanziert beginnt Rilkes Kukuk-Gedicht, doch in der zweiten Strophe wandelt sich der Dichter dem Gegenstand seiner Kritik spöttergleich an:

Da: wie du rufst und rufst und rufst und rufst,
wie einer setzt ins Spiel,

– ganz unbekümmert versucht sich der Dichter in kukukhaften, wenn auch jambisch betonten U-Paarungen, um dem Vogel sodann von Sänger zu Sänger, richtiger: von Spötter zu Kukuk fachmännisch seine Kunstlosigkeit unter den Schnabel zu reiben:

und gar nicht baust, mein Freund, und gar nicht stufst
zum Lied, das uns gefiel.

Eine Vorhaltung, die wir trotz des fehlenden Apostrophs getrost als »zum Lied, das uns gefiele« lesen dürfen, also als »Lied, das uns gefallen könnte.«
Dabei ist Rilke keineswegs unempfänglich für die eigenartige Kraft des weder gebauten noch gestuften, sondern schlicht eintönigen Kukuk-Schreis. Der wagrechte, plane, um nicht zu sagen platte Schrei des Kukuks durchstreicht nicht nur die anderen, vertikal in die Luft ge-

schmetterten Vogelstimmen, sondern auch den Dichter derart bedrängend, daß ihn nach vergeblichem Warten und Hoffen der kalte Hauch des Vergehens streift, ja durchstreift:

> Wir warten erst und hoffen ... Seltsam quer
> durchstreift uns dieser Schrei;
> als wär in diesem Schon ein Nimmermehr,
> ein frühestes Vorbei –

»Seltsam« nennt Rilke den Kukuk-Schrei. »Merkwürdig« nannte schon Goethe den Schreier. Am Montag, dem 8. Oktober 1827 notiert sein getreuer Eckermann die folgenden Worte: »Alles was ich über den Kuckuck gehört habe, gibt mir für diesen merkwürdigen Vogel ein großes Interesse. Er ist eine höchst problematische Natur, ein offenbares Geheimnis; das aber nichtsdestoweniger schwer zu lösen, weil es so offenbar ist.«

Prophetische Worte – doch konnte Goethe überhaupt ahnen, gar wissen, wie lange die Lösung des offenbaren Geheimnisses auf sich warten lassen würde?

Kein Dichter, ein Wissenschaftler öffnete mir die Augen für die ganze Abgründigkeit der problematischen Kuckucksnatur. Daß der seine Eier in fremde Nester lege, war schon dem Kind erzählt worden; daß der frischgeschlüpfte Jungkuckuck die Wirtseier und Stiefgeschwister stante pede aus dem Nest werfe, hatte der Heranwachsende mit schauderndem Widerwillen gehört; doch erst der Erwachsene erfuhr vom Schulfreund und Mitabiturienten, dem Literatur-, Kuckuck- und Kuckucksliteratur-Kenner Helmut Henne, wen der unverhältnismäßig große Kuckuck gern auf- und heimsuchte: Die Nester ausgesprochen kleiner Vögel wie Bachstelze, Baumpieper und Rotkehlchen – seine bevorzugten Wirte jedoch seien Sumpfrohrsänger und Teichrohrsänger.

Aber das bedeute ja, daß der eintönigste Schreier der heimischen Vogelwelt ausgerechnet den phantasievollsten und talentiertesten Sänger aus dem Nest werfe, um sich an seiner Stelle durchfüttern zu lassen, rief ich aus. Ob Mutter Natur uns damit eine nach Fabelart im Tierschicksal verkleidete Lehre erteilen wolle?

Wen ich mit »uns« meine, wollte der Freund wissen.

Nun – uns Literaturfreunden, gab ich zurück, vor allem aber uns Dichtern. Auch das Nest der Literatur biete ja nicht Platz für alle, auch in diesem Lebensraum tobe der Überlebenskampf um Atzung und Beachtung. Sei es da nicht hochbedeutsam, daß ausgerechnet derjenige, der so täuschend in anderen Stimmen zu singen vermöge, auf die plumpe Täuschung ausgerechnet dessen hereinfalle, der gesanglich zu keiner Imitation fähig sei?

Mutter Natur ist keine Schwarz-Weiß-Malerin, versetzte der Freund. Daher warne er vor der platten Konfrontation hie Spötter, hie Kuckuck. Schließlich seien bei etwa 90 von 130 in Deutschland heimischen Singvogelarten Kuckucksseier gefunden worden – der Gauch habe es also keineswegs nur auf die Nester der talentiertesten Sänger abgesehen.

Der Gauch? rief ich aus.

So wurde der Vogel einst in Deutschland genannt, entgegnete der Freund.

Bedeutet das Wort nicht auch »Betrüger«, fragte ich, mich des Fratzensteins an der Berger Oberpforte erinnernd und seiner rüden Aufforderung Zigeuner, fahrendes Volk, Gaukler und andere Künstler betreffend: »Far du Gauch!«

Das Wort hat laut Hermann Pauls »Deutschem Wörterbuch« –, setzte der Freund an,

– Bei dessen Neuausgabe du ja maßgeblich beteiligt warst, warf ich ein

– ursprünglich Kuckuck bedeutet, und das ist eine lautmalerische Bildung, fuhr der Freund unbeirrt fort, um erst in der Folgezeit auch auf menschliche Übeltäter, auf »Narr« und »Schelm« übertragen zu werden. Es kommen auch Vermittlungsformen wie »Guckgauch« vor. Außerdem wird Kuckuck in vielen Wendungen synonym zu Teufel gebraucht: Scher dich zum Kuckuck, hol mich der Kuckuck, in drei Kuckucksnamen – aber ob dieser Doppelsinn jenen, die solche Redewendungen heutzutage benutzen, noch bewußt ist? Weiß der Kuckuck… Fest steht lediglich, daß der Vogel Kuckuck ein umwittertes Tier ist, dessen Spektrum vom Gottseibeiuns bis zum Schwindler schillert. Aber apropos »Schwindler«, setzte er nachdenklich hinzu –: Seien das nicht auch die Spötter? In fremden Zungen zu singen – erfülle nicht auch das den Tatbestand der Täuschung?

Es sei ganz und gar unstatthaft, die Verhaltensweisen von Spötter und

Kuckuck in den einen mit »Täuschung« beschrifteten Topf zu werfen, rief ich aus, erfüllt von einer Empörung, deren Intensität mich selber überraschte. Schließlich diene der Gesang der Talentierten weitgehend der Unterhaltung anderer und der des Kuckuck ausschließlich dem eigenen Unterhalt. Wenn denn den Sängern überhaupt ein Vorwurf zu machen sei, dann der, daß sie, anstatt ihrer Sangeslust zu frönen, etwas besser auf Nest und Brut achten sollten, um beide vor den Übergriffen des monotonen Übeltäters zu schützen. Aber, so schloß ich mit erhobener Stimme, sei es nicht seit jeher das Los des echten Dichters gewesen, über dem Singen das eigene Fortkommen und das der ihm Anvertrauten aus den Augen zu verlieren? Indes diejenigen »Dichter«, die weniger zu sagen und schon gar nichts zu singen hätten, um so mehr Zeit darauf verwenden könnten, an die Fleischtöpfe ranzukommen, an Stipendien, Preise und Posten?

Ob er fehl in der Annahme gehe, daß ich dabei sei, vorwiegend, wenn nicht ausschließlich pro domo zu reden, fragte der Freund mit einem Lächeln, darin sich Spottlust und Amüsiertheit die Waage hielten. Könnte es sich nicht auch so verhalten, daß die Kuckucks die wahren Originalgenies in Natur und Literatur seien, denen daher auch aller bergende Platz und alles verfügbare Futter zuständen? Die Botschaft der Kuckucks sei simpel, zugegeben. Jedes Kind könne sie nachmachen – aber doch nur deswegen, weil der Kuckuck sie zuerst einmal vorgemacht habe. Dahingegen sei es ebenso unmöglich wie unsinnig, einen Spötter nachzuahmen. Warum jemanden imitieren, der seinerseits ein Imitator sei? Nein, nein, auf meinen Kuckuck lasse ich nun mal nichts kommen.

Und mit diesen Worten empfahl sich lachend der Freund und Kuckuckskenner, noch bevor ich ihm die Frage stellen konnte, wie dieser große »Gastvogel« es eigentlich schaffe, den kleinen Wirtsvögeln jene überlebensnotwendigen Futtermengen abzuluchsen, Portionen, die nach menschlichem Ermessen doch jene weit übertreffen müßten, welche ein, beispielsweise, Teichrohrsänger zum Groß- und Starkwerden braucht.

»Der grellrote Sperrachen stellt einen überoptimalen Fütterungsauslöser dar«, las ich wenig später in »Herders Lexikon der Biologie«, ebenso erfreut über die Worte »Sperrachen« und »Fütterungsauslöser« wie verwirrt dadurch, daß selbst ein Superlativ wie »optimal« steigerungsfähig war. Doch mehr noch fesselten die Folgesätze mein Interesse: »Das Gewicht steigt von anfangs 3 g auf ca. 100 g an, bis der Jungkuckuck nach 21 – 23 Tagen das Nest verläßt. Auch danach bettelt er noch sehr auffällig und wird dann nicht nur von den Stiefeltern, sondern auch von anderen Vögeln gefüttert.«

Genau wie im richtigen Leben, dachte ich grimmig. Sie lassen sich durchfüttern, diese Gauche, ganz gleich von wem –: Ob Arm ob Reich/ her mit dem Zeug./Ob Reich, ob Arm/rein in den Darm! Warum denn sollte der, welcher mit einem »überoptimalen Fütterungsauslöser« begabt ist, noch weitere Talente an den Tag legen? Weshalb einer Mitwelt, die ohnehin in Botschaften ertrinkt, mehr zumuten als lediglich eine, bzw. deren deren tautologische Verdoppelung? »Eine Rose ist eine Rose ist eine Rose« – hatte sich Gertrude Steins monotoner Ruf nicht ungleich eindrücklicher in die Hirne eingenistet, als jene kryptische Arabeske, welche der in vielen Stimmen bewanderte Rainer Maria Rilke erdacht und zu seinem Grabspruch erkoren hatte: »Rose, oh reiner Widerspruch, Lust, Niemandes Schlaf zu sein unter soviel Lidern« –?

Aber, kam ich ins Sinnen, hatte Rilke wirklich von »Lidern« gesprochen? Nicht eher von »Liedern«? Um so schlimmer für Rilke, dachte ich weiter. Was hat denn solche Zwei- bzw. Vieldeutigkeit in unserer zunehmend schlichteren Kuckuckswelt verloren? Was vermochte das Lied des Spötters gegen den Chor so eindeutiger Botschaften wie »Yeah,yeah, yeah«, »Ich bin der Größte« oder »Persil bleibt Persil« – ganz zu schweigen vom immergleichen Ruf unserer Hoch- und Großliteraten, beispielsweise dem von – aber halt! Keine Schriftstellerschelte soll folgen, sondern ein Aha-Erlebnis.

»Kuckuck als Stimmenimitator« – ich prallte geradezu zurück, als ich am 7. Oktober 1998 nichts Böses ahnend die Seite Zwei der »Natur und Wissenschaft« betitelten Beilage der »Frankfurter Allgemeinen Zeitung« aufschlug –: Was ging denn *hier* vor?!

Vorerst das bereits Vertraute: »Gerade aus dem Ei geschlüpft entledigt sich ein junger Kuckuck sofort aller Konkurrenten. Er wirft den Nachwuchs der Pflegeltern aus dem Nest. So erreicht er, daß deren Fürsorge ihm ganz alleine zugute kommt.«

Doch dann folgte eine Frage, die auch in mir weitergeschwelt hatte, obwohl doch der »überoptimale Fütterungsauslöser« sie bereits beantwortet zu haben schien: »Wie aber gelingt es ihm, sich eine ausreichende Verpflegung zu sichern? Schließlich hat er einen viel größeren Appetit als ein junger Gartenrotschwanz oder ein Rotkehlchen.«

Ja, wie macht er das? »Natur und Wissenschaft« wartet mit einer überraschenden Antwort auf: »Wie britische Zoologen der University of Cambridge herausfanden, ahmt der junge Kuckuck das vielstimmige Geschrei einer hungrigen Geschwisterschar nach. So kann er sich eine Futterration ergattern, die normalerweise mehreren Nestlingen zugedacht ist.«

Die Wissenschaftler, so der Bericht, hätten ein Sumpfgebiet bei Cambridge beobachtet: »Dort haben einige hundert Teichrohrsänger ihr Nest gebaut. Viele davon brüten einen Kuckuck aus.«

Sie seien leicht zu täuschen, diese Wirtsvögel: »Wer im Nest sitzt und den Schnabel aufsperrt, wird bereitwillig gefüttert. Das haben einige zusätzliche Experimente bestätigt. Als die eigene Brut etwa zeitweilig gegen eine junge Amsel oder eine junge Singdrossel vertauscht wurde, umsorgten die Teichrohrsänger ohne Zögern auch dieses fremdartige Pflegekind.«

Allerdings nicht ausreichend: »Wenn Teichrohrsänger eine junge Amsel oder Drossel betreuen, schleppen sie kaum mehr Nahrung herbei als für einen Jungvogel der eigenen Art – selbst wenn der Pflegling viermal so schwer ist.«

Und was ist mit dem noch erheblich schwereren Kuckuck?

»Ein junger Kuckuck überzeugt seine Pflegeeltern davon, daß ihm eine größere Ration zusteht, indem er seine Laute verändert. Statt einzelne klägliche Piepslaute von sich zu geben, läßt er ein hektisches Gezwitscher ertönen (›Proceedings of the Royal Society‹ B, Bd. 265, S. 673). Diese Bettelrufe klingen so ähnlich wie ein ganzes Nest voller Teichrohrsänger.«

Auch der Kuckuck beginnt also als Spötter! Sogar als einer der abgefeimtesten Art: Mag der herkömmliche Stimmenimitator fünfzig und mehr aufgeschnappte Motive aneinanderreihen, so bringt es der Jungkuckuck fertig, die vier von ihm entsorgten Nahrungskonkurrenten gleichzeitig zu Gehör zu bringen: »Die Teichrohrsänger fallen auf dies Geschrei stets herein. Selbst mit kleinen Lautsprechern, die in der Nähe der Nester angebracht waren, ließen sich die Vögel übertölpeln. Auf diese Weise kamen auch die Amseln und Drosseln, die in den Nestern von Teichrohrsängern einquartiert waren, in den Genuß einer doppelten Futterration. Das Gezwitscher spornt die Pflegeeltern in jedem Fall zu größerem Arbeitseifer an.«

»Die goldne Kette gib mir nicht« – mit diesen Worten hatte der Dichter Goethe in seinem Gedicht »Der Sänger« seinen Helden und greisen Barden jedweden materiellen Gewinn ausschlagen lassen. Er tut das mit der Begründung:

Ich singe, wie der Vogel singt,
Der in den Zweigen wohnt;
Das Lied, das aus der Kehle dringt,
Ist Lohn, der reichlich lohnet.

Hier irrt Goethe. Vögel sind nun mal keine dichtenden Geheimräte mit geregeltem Einkommen, sondern freie Künstler, die ohne Lied auch ohne Frauen, Nachwuchs und Fressen blieben. Das ist das offenbare Geheimnis dieser Gäuche, Schwindler allesamt, und am deutlichsten offenbart es sich im Gutzgauch, welcher dank seiner Fähigkeit zum vierstimmigen Lied in ihm von Natur aus fremden Zungen – neben teichrohrsängerisch muß er im Bedarfsfall ja auch bachstelzisch, baumpieperisch oder zaunkönigisch parlieren können – nicht nur größere Futtermengen erschwindelt, sondern auch längere Fütterungszeiten: »Während ein junger Teichrohrsänger schon im Alter von 23 Tagen für seinen Lebensunterhalt sorgt, muß ein junger Kuckuck bis zu 33 Tagen versorgt werden.«

So sorgt der Dauerspötter dafür, daß das waagrecht ins Jahr getriebene Schrein des Spötters auf Zeit nicht so rasch verstummen wird, und daß allüberall Abergläubische beim ersten Kuckucksschrei ostentativ auf ihre Geldbörse klopfen: So traktiert sollte die sich – zumindest dieses eine Jahr lang – nicht zur Gänze entleeren.

Ich aber möchte zum guten Schluß anderen Gewinn bilanzieren: Ganz ohne Spotten läuft die Chose nicht. Nicht in der Natur und nicht in der Literatur, wo ja auch keiner von Anfang an so singt, wie ihm der Schnabel gewachsen ist, sondern solange Aufgeschnapptes nachschnäbelt, bis sein so geübter Schnabel dazu in der Lage ist, für eigene Erfahrungen auch eigene Worte zu finden. Was nicht heißt, daß die durchweg als vielstimmige Spötter beginnenden Wortemacher auch allesamt als monotone Kuckucks enden müssen. Schon gar nicht die Vertreter jener literarischen Gattung, die sich jedwedem Gesang, zumal dem der Vögel, seit jeher verwandt gefühlt haben, die Dichter. Ihnen sind die folgenden Zeilen zugedacht; sollte jemand zudem die zusätzliche Widmung »Pro domo« heraushören, sei ihm das unbenommen:

Gesang vom Gedicht

Wer nicht mit tausend Zungen begabt,
Fangs Dichten gar nicht erst an.
Es macht den wahren Dichter aus,
Daß er so und auch anders kann.

Wer nicht von tausend Messern durchbohrt,
Halte als Dichter den Mund.
Wems Blut nicht aus tausend Wunden schießt,
Fehlt zum Dichten die Kraft und der Grund.

Wer nicht von tausend Furien gehetzt,
Bringt kein Gedicht aufs Papier.
Das Gedicht ist schnell wie der Igel mit
Seinem höhnischen »Ick bün all hier.«

Wer nicht in tausend Feuern geglüht,
Ist fürs Gedicht schlicht zu kalt.
Wer sich darauf keinen Reim machen kann,
Der wird als Dichter nicht alt.

Wer nicht auf tausend Hochzeiten tanzt,
Wird vom Gedicht nicht erwählt.
Da es nur jenen zu binden gewillt,
Der zu den Flüchtigen zählt.

Wer nicht in tausend Sätteln gerecht,
Wage sich nicht aufs Gedicht.
Jenes Roß, das unter dem Schweren entschwebt
Und unter dem Leichten zerbricht.

Wer nicht von tausend Frauen geliebt –
Wer solchen Satz komplettiert,
Weiß, wie man Scheiße zu Bonbons macht:
Er sei zum Dichter gekürt!

ZEHN THESEN ZUM KOMISCHEN GEDICHT

1. Es gibt ernste und komische Gedichte.

Bertolt Brecht unterschied zwei Linien, welchen das deutsche Gedicht der Neuzeit folge, die pontifikale und die profane. Goethe sei der letzte Dichter gewesen, welcher noch beide Stränge in seinem Werk vereinigt habe; schon Hölderlin nehme die »völlig pontifikale«, bereits Heine ganz die profane Linie ein. Der Dichter Brecht deutet an, daß ihm die Zusammenführung beider Linien erneut gelinge; zumindest ist nicht zu bestreiten, daß er den hohen Ton ebenso beherrscht wie den kessen.

Beileibe nicht alle Gedichte der profanen Linie sind komisch, doch liegt auf der Hand, daß kein – mit Absicht – komisches Gedicht der pontifikalen Linie zugerechnet werden kann.

2. Das komische Gedicht zielt auf das Lachen ab.

Weit älter als der von Brecht bemerkte Unterschied ist die Scheidung der Gedichte in solche, die von den Leiden und Freuden des einsamen Ich handeln und solchen, die es auf ein zuhörendes Du, wenn nicht sogar mitmachendes Wir abgesehen haben. Da es sich am besten in Gesellschaft lacht, ist unschwer zu erraten, welchem Strang das komische Gedicht angehört.

3. Das komische Gedicht erschöpft sich nicht im Lachen.

Anders als der Witz, der schnurstracks auf eine Pointe zumarschiert, deren Wirkung sich in einmaligem Gelächter entlädt, ist beim komischen Gedicht bereits der Weg das Ziel. Dieser Weg läßt sich auch dann nochmals mit Genuß zurücklegen, wenn der Leser oder Zuhörer weiß, worauf das Ganze hinausläuft: Um so aufmerksamer wird er sich den Schönheiten am Wegesrande zuwenden können.

4. Das komische Gedicht braucht die Regel.

Komik lebt von vorgegebenen Ordnungssystemen, ganz gleich, ob die außer Kraft gesetzt oder lachhaft penibel befolgt werden. Daher kann das komische Gedicht nur profitieren, wenn es von allen Regeln der Kunst tradierter Suggestionstechniken wie Reim und Metrum durchtränkt ist und wenn sein Dichter von allen bereits erprobten Drehs zur Herstellung komischer Wirkung weiß. Was er ererbt von seinen poetischen Vätern hat, sollte der Verfasser komischer Gedichte aus zweierlei Gründen erwerben: um es zu besitzen und um es bei Bedarf getrost zu belachen.

5. Das komische Gedicht bedarf der Inspiration.

Ohne Überraschung keine Komik, weshalb ein allein nach tradierten Regeln verfertigtes komisches Gedicht einen Widerspruch in sich selbst darstellt. Gerade der Verfasser komischer Gedichte ist stets dazu angehalten, jene Frage ernst zu nehmen, dank derer Ernst Lubitsch seinen Filmen den *Lubitsch touch* verlieh: »Wie kann man es anders machen?« Anders machen oder anders sehen: Manchmal genügt ein schlichter Blickwechsel, um Walten, Wähnen, Wesen und Worte in ein anderes, komisches Licht zu tauchen.

6. Es gibt komische Gedichte, aber keine komischen Dichter.

Alles Dichten, sofern es Reimen meint, ist schon deshalb nicht frei von Komik, da es mit Sprache spielt und den Sinn wie Wortlaut eines Gedichts einem herzlich sinnlosen – richtiger: sinnfreien – Selektionsprinzip unterwirft, dem, Worte mit gleichklingenden Bestandteilen zusammenzustellen. Dieser – zur Kenntlichkeit entstellten – Unsinnigkeit verdanken sich Kinderverse, Klosprüche und Kommerslieder ebenso wie die Klassiker der komischen Dichtung. Die freilich sind zugleich zutiefst den Klassikern hochernster Dichtung verpflichtet, da deren hoher Ton, ob gereimt oder ungereimt, erst jene Fallhöhe ermöglicht, die großes Wollen, große Werte und große Worte so richtig auf den Bauch fallen läßt. Auch gibt es keinen herausragenden Verfasser komischer Gedichte, der sich ein Leben lang ins Gatter des komischen Gedichts hätte einsperren lassen: Heine, Busch, Morgenstern sowie die weiteren üblichen Verdächtigen haben auch Gedichte ernster Art und Machart geschrieben.

7. Das komische Gedicht ist zeitverfallen.

Komische Gedichte wurden zu allen Zeiten verfertigt, ohne daß wir Heutigen sie durch die Bank belachen könnten. Wenn Lachanlässe in Vergessenheit geraten, wenn zeitbedingte religiöse, gesellschaftliche und politische Grenzziehungen und Tabus nicht mehr als bedrückend und verpflichtend empfunden werden, dann kann deren punktuelle Aufhebung kein befreites Gelächter zur Folge haben. Auch ist nicht zu übersehen, daß das komische Gedicht im Laufe der letzten Jahrhunderte deutlich heller und schneller geworden ist – darin der komischen Prosa vergleichbar, deren bräsiger »Schwank« im Laufe der Jahrhunderte zum raschen »Witz« mutierte.

8. Das komische Gedicht ist haltbar.

Zumindest gilt dies für deutschsprachige komische Gedichte seit der Aufklärung, und das ist kein Zufall. Die meisten Verfasser komischer Gedichte waren und sind ernsthaft darum bemüht, lachend die Wahrheit zu sagen: »Es gibt zwei Sorten Ratten,/die hungrigen und satten«, »Enthaltsamkeit ist das Vergnügen/an Dingen, welche wir nicht kriegen«, »Weil, so schließt er messerscharf,/nicht sein kann, was nicht sein darf«, »Es gibt nichts Gutes/außer: Man tut es« –: Seit Gellert und Lessing haben deutschsprachige Dichter nicht aufgehört, aus der Tatsache der gebrechlichen Einrichtung der Welt kein Drama zu machen, sondern handfeste komische Gedichte, und die Leserschaft hat es den Verfassern dadurch gedankt, daß es deren profane Pointen weit häufiger im Munde führt und von Generation zu Generation weiterträgt, als die pontifikalen Worte der Dichter-Priester. Wir zitieren Heinrich Heine und nicht Ernst Moritz Arndt, Wilhelm Busch und nicht Emanuel Geibel, Christian Morgenstern und nicht Stefan George, Erich Kästner und nicht Theodor Däubler.

9. Das komische Gedicht ist der Königsweg zum Lachen.

Obwohl der Mensch gerne lacht, fällt es ihm, auf sich gestellt, schwer, zum Lachen zu finden. Also muß er zum Lachen gebracht werden, und dabei haben sich kurze Mitteilungsformen als besonders effektive Transportmittel erwiesen: Fabel, Anekdote, Witz. Sie alle aber übertrifft das Gedicht. Rascher und umstandsloser als jeder Witz vermag es der Zweizeiler, einen nach Auflösung drängenden befremdlichen Sachverhalt aufzubauen, ja aufzustauen: »Die schärfsten Kritiker der Elche« – Wieso Kritiker? Weshalb Elche? – »waren früher selber welche« – Ach so! Deshalb!

Das Lachen sei »ein Affekt aus der plötzlichen Verwandlung einer gespannten Erwartung in Nichts«, lehrt Kant. Nichts nichtiger, ergo: erfreulicher, als daß der Dichter die befremdlichen Elche »um des Reimes willen« evoziert und abserviert hat. »In der Kürze liegt die Würze«, weiß der Volksmund und »Jedem Tierchen sein Plaisierchen«: Nicht alle Vierbeiner kommen so rasch zum Punkt wie obengenannte Elche. Doch auch wenn ein Kleinräuber aus der Familie der Marder sich ein wenig Ruhe gönnt und Zeit nimmt – »Ein Wiesel/saß auf einem Kiesel/inmitten Bachgeriesel« – muß der Lachlustige nicht lange auf die Erklärung des Warum? warten: »Das raffinier-/te Tier/tat's um des« siehe oben und der düpier-te Mensch ist mal wieder auf die Schnelle zum Lachen gebracht worden.

10. Das komische Gedicht markiert einen deutschen Sonderweg zur Hochkomik.

Die Deutschen gelten im In- und Ausland als humorlos, was gerne damit begründet wird, daß ihnen ein großer Lustspieldichter vom Schlage eines Shakespeare ebenso fehle wie ein großer komischer Roman vom Range des »Don Quichote«. Nun könnte ein Zweifler die Frage stellen, ob es denn so ausgemacht sei, daß die naturgemäß durch Helligkeit und Schnelligkeit wirkende Komik in langen und breiten Zusammenhängen besonders gut aufgehoben ist. Nicht eher in Kurzformen?

Ein Kundiger aber könnte darauf verweisen, daß sich eine seit Lessings Tagen nicht abgerissene Kette komischer Gedichte durch die deutschsprachige Hochliteratur zieht, welche in dieser Dichte und Qualität in keiner anderen kontinentaleuropäischen Nationalliteratur zu finden ist.

Jeder Generation des 19. und 20. Jahrhunderts erwuchs hierzulande ein Dichter, dessen komische Kraft ihn dazu drängte, die sich ständig erneuernden Anlässe zum Belachen und Verlachen aus neuen Blickwinkeln zu erfassen und mit neuen Redeweisen festzuhalten. Heine, Busch, Morgenstern, Ringelnatz, Tucholsky, Brecht, Jandl – jeder aus diesem Siebengestirn ist ein Stern erster Ordnung und zugleich ein Original.

Bei jedem ergäbe eine Spektralanalyse seiner Aura ganz unterschiedliche U- und E-Wellen-Anteile, und doch bilden alle zusammen eine Plejade, deren Helligkeit – verstärkt durch eine Vielzahl von weiteren Komik-Sternen unterschiedlicher Größe – bei Licht betrachtet zweierlei bewirken müßte: Den düsteren Vorwurf fehlender deutscher epischer oder dramatischer Hochkomik zu überstrahlen und das finstere Bild vom humorlosen, ja zum Humor unfähigen Deutschen in den Herzen aller rechtlich Denkenden für alle Zeiten aufzuhellen.

DICHTEN IN DER TOSCANA

Wer schreibt, bleibt. Wer spricht, nicht. Reden wir also über das Schreiben.

Über das Schreiben von Gedichten, genauer gesagt. Über meine Gedichte, um ganz genau zu sein, wobei es ausschließlich um solche Gedichte gehen soll, die mit der Toscana zu tun haben. Wer darüber mehr erfahren will, der wird nicht umhin können, mit mir in den Brunnen der Vergangenheit zu steigen: Avanti!

1972. Zusammen mit Freunden erwerben meine Frau Almut, die 1989 verstorbene Malerin, und ich ein baufälliges Bauernhaus unterhalb des Örtchens Montaio mit Blick aufs Arnotal ebenso wie auf den drei Kilometer entfernten Chianti-Kamm.

Spätsommer 1973. Wir verbringen erstmals mehrere Monate im sogenannten »Ospedale di Montaio«, eine bemooste Benennung, die darauf verweist, daß das alte Gemäuer zeitweise als Asyl und Herberge gedient hat. Almut und ich richten unsere Ateliers ein und beginnen mit dem Malen: Sie malt die Tiere, die sie vor Augen hat, vorzugsweise unsere Katzen, die Früchte der Gegend und die sie umgebende Landschaft; ich richte mein Augenmerk auf schrundige Wände und schlichte Gegenstände im südlich klaren Licht.

Noch nämlich schreibe ich, um mich und andere zu unterhalten, mich finanziell und andere mental und intellektuell. Noch male ich, um die Schönheit der Welt im Licht zu rühmen, in der Hoffnung, selber an diesem Glanz partizipieren zu können: Wer malt, strahlt.

Es brauchte seine Zeit, bis ich die Jahr für Jahr mehrfach aufgesuchte Toscana nicht nur abbildete, sondern auch bedichtete. 1979 war es so weit: Da entstand ein ganzer Gedichtzyklus, »Der Sommer in Montaio«, welcher – so der Untertitel – »Stimmungsgedichte« bündelte, die zwischen dem 29. Juni und dem 15. September besagten Jahres entstanden waren. Doch welche »Stimmung« kommt da eigentlich zu Wort? Ein recht ausgelassener, wenn nicht geradezu alberner Geist durchweht die dreizehn meist kurzen Verse. Kein Gedanke an Schönheitsfeier, statt dessen ungebremstes Sprach- und Reimspiel:

10.8.79
Rot ist der Wein aus Grimoli,
rot glänzt das Dorf im Tale,
rot wird mein Liebchen, wenn ich sie
mit Kadmium bemale.

– lautet eine der Eintragungen, eine andere wirft einen angestrengt naiven Blick auf das, was dem Dichter vor Augen liegt:

22.8.79
Ich blick' nach oben und seh' Wein.
Ich blick' nach unten und seh' Stein.
Der Wein hängt hoch, der Stein liegt nah,
des Rätsels Lösung: Pergola.

Niemand steigt zweimal in denselben Fluß – eine traurige Erfahrung, die sich dem Dichter noch eindrücklicher offenbart als demjenigen, der keine verbale Lebensspur überblicken und mit ihrer Hilfe Vergleiche anstellen kann.

Spätestens zum Jahresende 1985 hieß es in der Toscana »Schluß mit lustig«. Zwei, drei sehr kalte Tage, gepaart mit eisigem Tramontana-Wind, genügten, eine unerhörte Katastrophe heraufzubeschwören, ein Unglück, das die Region seit Menschengedenken verschont hatte. Achtzehn Millionen Ölbäume, grobgeschätzt, wurden Opfer der Kälte, und als ich im Frühjahr nach Montaio zurückkehrte, da fiel es mir schwer, die Tränen zurückzuhalten. Das »Ospedale« liegt inmitten eines Ölhaines, und der hatte sich in einen biologischen Totentanz von schrecklicher Ausdruckskraft verwandelt. So gut wie alle Bäume erfroren, die Rinden aufgeplatzt, die früher so beschwingt bewegten Äste blattlos – skelettartig starr und schwarz standen sie vor dem wie zum Hohn unverändert seidig blauen Himmel.

Jahre zuvor bereits hatten allüberall in unserer Gegend die Zypressen zu kränkeln begonnen, nun waren die hier und da bereits deutlich entnadelten Riesen von ganz und gar entlaubten Oliven umgeben – welch ein Jammer!

Wes des Herz schwer ist, des geht der Mund über: Im vierzehnten Jahr meiner Toscana-Existenz verfaßte ich eine vierzehnteilige »Montaieser Elegie«, der ein gewisser Galgenhumor nicht abzusprechen ist. Zumindest gilt das für den fünften Teil der Klage:

»Das Gelbe, was Sie da sehen,
sind die vertrockneten Kastanien.
Das Rosige, was Sie da sehen,
sind die befallenen Eichen.
Das Rote, was Sie da sehen,
sind die gestorbenen Tannen.
Das Braune, was Sie da sehen,
sind die erkrankten Zypressen,
Das Graue, was Sie da sehen,
sind die verbrannten Kiefern.
Das Schwarze, was Sie das sehen,
sind die erfrorenen Oliven –«
»Schön, so ein Häuschen im Grünen!«

Als ich das niederschrieb, war ich davon überzeugt, die Toscana werde sich von diesem Schlag nie wieder erholen, jedenfalls nicht zu meinen Lebzeiten. Wußte ich doch aus eigener Anschauung, wie lange ein Olivenbaum zum Heranwachsen braucht. Auf hundert, zweihundert Jahre wurde das Alter der Bäume unseres Hügels geschätzt – würden auf ihm in absehbarer Zeit jemals wieder Oliven geerntet werden können?

Selbst erfahrene Bauern schüttelten den Kopf. Man werde wohl für den Rest des Lebens auf kalabrisches Öl zurückgreifen müssen, ein schauerlicher Gedanke! Doch es kam anders.

Weil niemand bisher eine vergleichbare Katastrophe erlebt hatte, war guter Rat teuer, wie mit den abgestorbenen Bäumen zu verfahren sei. Da meldete sich die Natur zu Wort.

Rund um die toten Stämme sproß und grünte es, daß man nur staunen konnte. Die Wurzeln nämlich waren nicht erfroren, und sie sandten nun all die Kraft, die dem Baum gegolten hatte, in eine Unzahl von

Schößlinge. Ein Lebenszeichen, das die Bauern zu nutzen wußten: Die abgestorbenen Stämme wurden gefällt, die Wurzeltriebe bis auf zwei, manchmal auch drei gekappt, und in wenigen Jahren vollzog sich in staunenswerter Schnelligkeit eine wundersame Wiedergeburt: Die Triebe wuchsen heran, zu Bäumchen erst, dann zu veritablen Bäumen. Längst haben sie die alte Höhe erreicht, seit einiger Zeit bereits ist die Olivenernte ertragreicher als vor dem Frost, und jedesmal aufs Neue erfreut der Anblick des wie tänzerisch um den Baumstumpf gruppierten Nachwuchses:

Mittägliche Rast

Wie aus frostverschonter Wurzel
Drei Olivenstämmchen steigen,
Setz ich mich auf schattgen Baumstumpf
Überlaubt von Silberzweigen,

Übertönt vom Schrei der Schwalbe,
Überwölbt von Himmelsbläue:
Pan, uralter Gott des Mittags,
Überwältigst mich aufs Neue.

1997 verfaßt, ist auch dieses Gedicht Teil eines Zyklus, des dritten und bisher letzten, den ich der Toscana verdanke. »Würstchen im Schlafrock« lautet sein Titel, »September mit Goethe« signalisiert die Unterzeile – alles Hinweise darauf, daß ich mich, zumindest zu Beginn der Unternehmung, als Dichterfürst kostümiert hatte, um in der Diktion des alten Goethe und mit Hilfe einer stets gleichbleibenden Mitteilungsform – zwei schlicht gereimte Vierzeiler – dem legendären September besagten Jahres ein Denkmal zu setzen. Ein Vorhaben, das harmlos begann, jedoch rasch eine unerwartete Dynamik entwickelte: Hatte ich dem 16. September lediglich ein Gedicht abgerungen, so bescherte mir der 18. bereits deren drei, der 19. trumpfte mit sechs auf, und so fortan: Nach einer Reihe von weiteren Sechser-Tagen wartet der 29. September mit neun Gedichten auf, die der 30. noch locker übertrifft. Sage und schreibe vierzehn Gedichte entstehen an diesem einen Tage, was mich dazu bewegt, auf die Bremse zu treten: Nach dem Folgetag, dem 1. Oktober, will ich das Unternehmen abbrechen. Gedacht, getan: Noch einmal schwillt der Ausstoß an; mit siebzehn Gedichten endet, was so moderat begonnen hatte. Dafür hat sich der anfängliche Goethe-Ton ebenso verflüchtigt, wie die Haltung permanenter Feier. Das Wetter ist dabei, umzuschlagen, zugleich nimmt das Dichterauge wieder Grautöne wahr:

Ugo geht

Schön ist gutbestellter Boden.
Bauer ist das Salz der Erde.
Aber der gesteht uns seufzend,
Daß er's Land verlassen werde.

Allzu mühsam das Gelände,
Allzu müde seine Knochen.
Übers Jahr ist von dem Schönen
Wieder ein Stück weggebrochen.

Gut neunzig Gedichte in vierzehn Tagen – Segen oder Fluch? Einerseits denke ich gerne an diese inspirierten Wochen zurück, andererseits wird mir je länger je mehr bewußt, welchen Raubbau ich damals getrieben habe an poetischen Motiven und gedichthaltigen Anlässen. Seither jedenfalls sind weitere Toscana-Zyklen ausgeblieben, dafür ertappe ich mich immer häufiger dabei, daß ich mir in bestimmten, besonders anregenden Situationen selber ins keimende Wort falle: Mußt du nicht bedichten, hast du bereits bedichtet! Beispielsweise den gewohnten

Abendgang 18 Uhr

Anfangs geh ich frisch im Schatten
Abwärts in gewohnter Richtung,
Dann, am Bildnis der Madonna,
Trete ich in letzte Lichtung,

So denn weiter in die Sonne,
Schritt für Schritt zu reinster Sichtung
Steigt der Weg, und schrittweis fügt sich
Wort zu Satz und Satz zu Dichtung.

Wird mir die Toscana noch einen weiteren, einen vierten Zyklus bescheren? Zwischen dem ersten und dem zweiten lagen sieben, zwischen dem zweiten und dem dritten zehn Jahre. Bei vergleichbarer Progression wäre der vierte Zyklus in etwa fünf, sechs Jahren zu erwarten. Doch wovon soll er handeln, nachdem ich bereits soviel Toscana-Stoff verdichten durfte und damit auch vernichten mußte? Nicht nur in besagten Zyklen, auch in einer Vielzahl von eigenständigen toscanahaltigen Gedichten? Tja – da wird sich die Toscana wohl etwas einfallen lassen müssen ...

»ZUERST DIE POETIKEN ...«

ZU PETER RÜHMKORFS AUFFANGPAPIEREN

Ich bin gebeten worden, mir zu einigen Blättern von der Hand Peter Rühmkorfs so meine Gedanken zu machen, und ich kann bereits jetzt vorausschicken, daß sie mich sehr nachdenklich gestimmt haben.
Was liegt da vor?
Die nackten Fakten referiert ein handbeschriebenes DIN-A4-Blatt, das den mir zugedachten Beispielen beigelegt war und das allem Anschein nach von Archivarenhand stammt: »LYRIK, Haltbar bis Ende 1999«, heißt es da sowie: »Notizen/Fassung 1976/77«. Sodann geht es in die Details: »10 Bl hs A4 geknickt«, lesen wir oder »ca. 150 Bl A5-Format (auf A5 gefaltet) hs plus masch, z. T. geknickt«. Vor mir liegen sieben dieser Blätter, alle abgelichtet, manche beschrieben, einige bekleckst.
Alle geben Rätsel auf, am wenigsten die bekleckstesten. Da hat der Dichter wohl Kaffeetassen abgestellt, oder sollte auch das eine oder andere Glas Rotwein mit von der Partie gewesen sein? Gleichviel: All diese Kleckse teilen uns mit, daß der Dichter beim Dichten moderaten Nervengiften nicht abhold gewesen zu sein scheint, woraus ihm kein Fühlender einen Strick drehen wird. Freilich, mußte er Tasse oder Glas ausgerechnet auf einem poem in progress abstellen? Denn das macht den Inhalt der Blätter aus: rasch hingeschriebene Notizen, häufig Einzelworte, selten Sätze und alle so gut wie unleserlich. Hier und da lassen sich Anfänge erahnen, ja entziffern: »Soviel Blut«, doch wie lautet der Rest? Hilft da ein Blick in den Gedichtband »Haltbar bis Ende 1999« weiter?
Kursorische Prüfung der Gedichte führt zum Ergebnis: Fehlanzeige. Fündig hingegen wurde ich im weit ausholenden Nachwort. »Soviel Blut und keine Wirkung«, heißt es da nach Rühmkorfs Ankündigung, er notiere im folgenden die Anfälle und Ausschläge eines Tages, des Dienstags, den 20. Februar 1979. Worauf der Dichter drei Druckseiten voller Sätze und Sentenzen folgen läßt – ob wohl das mir vorliegende Blatt ebenfalls zu diesen Anfällen und Ausschlägen beigetragen hat? Es hat

nicht den Anschein:»‹ – keine Wirkung«, ist auch bei gutem Willen nicht aus den beiden schwungvollen Kürzeln herauszulesen, welche auf »Soviel Blut« folgen. Dafür fördert der Blick ins Nachwort Wichtiges oder doch Hilfreiches zutage, nämlich eine komplette Poetik, in welcher Peter Rühmkorf nicht müde wird, das zu benennen, was da bekleckst, geknickt und häufig unleserlich vor uns liegt: Es sind des Dichters ständige Begleiter, da »ein Autor nie ohne Pentel und Auffangpapiere angetroffen werden« sollte. Und was fängt sich auf diesen Papieren? »Anfälle und Einfälle«, »poetische Gedanken«, »partikulär empfangene Sprachmaterialien«, »Tausende von Niederschlagseinheiten«, »Splitter, Körner, Streusel, Funken, Blitze, Partikel«, »Ausschläge«, »unzählige Einzelkinder einer verstreuten Empfängnis«, »Ideen-Quanten/Energie-Proppen, Beschwingungskräfte. Optisch: Nu-Funken/Leuchtstaub// Hinteraugenblicke/ Fulminanzen«, »Ausfüllungen und Einfälle – Stoßstellen und Blütenstäube (Novalis) – Niederschläge und bewegte Quanten – Ausschläge und AUSSCHLÄGE, Zwangserscheinungen und ... kleine Flügelgenien« – das alles und noch einiges mehr geht laut Rühmkorf dem Gedicht voraus.

Danach erst, gestützt auf ungezählte Auffangpapiere, kann der Dichter an die Arbeit gehen: »Nach einigen hundert, vielleicht einem guten Tausend von Versuchsschaltungen und Probepaarungen beginnen die einerseits bedrängten, zum anderen mitsprachebegierigen und aufs Kräftemessen erpichten Energiebündel in Beziehungen zu treten (nicht immer erwartete) und aufeinander einzureden.«

Das klingt nicht nur nach Arbeit, das *ist* Arbeit: »Gedichte werden nämlich gar nicht, wie Gottfried Benn noch meinen durfte, aus Worten gemacht, sondern aus *Einfällen*, mithin ziemlich komplizierten und bereits belebten Wortverbindungen«, aus Einfällen wohlgemerkt, nicht aus einem Einfall oder deren zwei. »Bleibt nachzutragen, daß eine Handvoll Momentaufnahmen natürlich noch kein Gedicht bildet und eine sperrangelweit geöffnete Einfallspforte noch kein lyrisches Verfassungsorgan.«

Erst nach »Hunderten von formverlorenen Augenblicken« ist der Dichter dem Gedicht auf der Spur: »Ein halbwegs ernstzunehmendes Gedicht ist nämlich weder Augenblickssache noch nur Stunden- oder Tagewerk, sondern ein Arbeitskondensat von etwa einem Zwölftel Jahr«; und damit der Dichter das durchsteht, muß er eine Tugend an den Tag legen, die selten mit unseren Sängern in Verbindung gebracht wird: »eine Handwerksmoral (gemischt aus krankem Fleiß und dem absoluten Blick für Proportion)«.

Was sagt jemand zu alldem, der ebenfalls seit Jahrzehnten Gedichte verfaßt? Er freut sich, und er verwundert sich. Er freut sich darüber, daß der Kollege so ungeniert seine Lyrikkarten auf den Tisch legt, und er verwundert sich ob der Tatsache, daß der Auskunftgebende seinen höchstpersönlichen Zugang zum Gedicht ex cathedra zum allgemein verbindlichen Königsweg zur Poesie erklärt.

Gottfried Benn *durfte* noch meinen – das ist generös gedacht. Die Irrmeinung des Kollegen ist durch die Tatsache entschuldigt, daß er, gestorben 1956, Rühmkorfs Nachwort, geschrieben 1979, noch nicht kennengelernt haben konnte. Alle dichtenden Zeitgenossen aber und alle nachwachsenden Poeten können, nein müssen sich seit 1979 betreten an die Nase fassen, wenn sie sich mal wieder dabei ertappen, wie ihnen ein Gedicht einfach so aus der Feder fließt, durch nichts als einen einzigen Einfall provoziert, den zum Beispiel, einige Möglichkeiten der Reimverweigerung durchzuspielen:

Es liegt was in der Luft,
ein ganz besondrer Klang,
der viel zu viel verspricht,
jedoch er hält es auch.

Redet da jemand pro domo? Selbstredend, und ich tue das mit dem gleichen guten Gewissen, mit welchem Peter Rühmkorf vor nunmehr fast dreißig Jahren eine Poetik verkündet hat, welcher weltweit ein einziger Dichter zu genügen imstande war: er selber.

Und das – vermute ich – auch nur zum Zeitpunkt der Veröffentlichung von »Haltbar bis Ende 1999«, diesem Band voll langer, gegenwartspraller und faktengesättigter Gedichte. Mittlerweile faßt sich auch Rühmkorf gerne einmal kürzer, und wenn man ihn fragte, ob er an dem folgenden Sechszeiler, im Januar 2006 in dieser Zeitung abgedruckt, denn wirklich und wahrhaftig ein Zwölftel des Jahres gearbeitet hat, wäre er vermutlich der erste, dies lachend zu verneinen, was dem Gedicht freilich nichts von seinem Ernst nimmt:

Voll im Trend: Land's End

Gedichte, die den Lesenden enteilen,
flink wie bei ntv die Durchlaufzeilen,
a d e ! – a d e !
So en passant erledigt sich das Ende einer Gattung,
fragt sich nur, Feuer- oder Erdbestattung
Ich bin für See- ...

Ich dagegen bin für: Nee! Und wenn denn schon etwas Poesiebezogenes im Meer versenkt werden sollte, dann doch bitte zuerst die Poetiken ...

ANHANG

»SCHEIDEN, SIEBEN, MACHEN«
Robert Gernhardts Poetologie der Praxis

»Die Lust, Gedichte zu lesen, ist uns einfach abhanden gekommen«, konstatiert Andreas Thalmayr alias Hans Magnus Enzensberger 1985, und stellt die Frage in den Raum: »Vielleicht sind die Dichter schuld?«[1]
Wie sein Cento TEESTUNDE, ein Flickengedicht aus Versen von Günter Herburger, Michael Krüger, Jürgen Theobaldy und Rolf Dieter Brinkmann,[2] zu belegen scheint, tragen die Dichter zumindest eine Mitschuld an der »Ausdruckskrise« der Nachkriegszeit.[3]
Peter Rühmkorf zufolge haben die ›Jungen‹ seit den fünfziger und sechziger Jahren des 20. Jahrhunderts den »glänzenden Tricks« ihrer Zunft den Laufpaß gegeben und von den »atemberaubenden Fertigkeiten« der ›Alten‹ kaum noch Gebrauch gemacht: unter »Ästhetizismus, Isolationismus, Esoterismus« subsumierte er das »Kollektivphänomen« der zeitgenössischen Lyrik.[4]
Wie Rühmkorf lange vor Enzensberger vorgeführt hat, gibt es jedoch immer auch Ausnahmen: Dichter, die »Offenheit gegenüber Weltstoff und Wirklichkeit«[5] demonstrieren und gezielt mit dem tradierten Formenrepertoire arbeiten, ohne daß sich der saccharine »Sentimentalismus« der »Neuromantiker« oder die gefühlig-kunstgewerbliche »Schönmalerei«[6] der Naturlyriker wie Mehltau über die Strophen legte.
Zu den Autoren, die welthaltige, kulturell anschlußfähige, bei der Kritik wie beim Leser erfolgreiche Gedichte verfaßt haben, gehört ohne Zweifel Robert Gernhardt mit seinem eindrucksvollen Werk. Es erfüllt

---

[1] [Hans Magnus Enzensberger]: DAS WASSERZEICHEN DER POESIE. S. VI.
– Hier und im folgenden haben wir bei Mehrfachnennungen jeweils Kurztitel aufgeführt. Die vollständigen bibliographischen Angaben finden sich in der Bibliographie (S. 589–595).
[2] TEESTUNDE. A. a. O., S. 187.
[3] Peter Rühmkorf: DAS LYRISCHE WELTBILD DER NACHKRIEGSDEUTSCHEN, S. 447.
[4] Rühmkorf: DAS LYRISCHE WELTBILD, S. 454, 458.
[5] Ebd., S. 472.
[6] Ebd., S. 453, 455.

alle Anforderungen, die Rühmkorf an zeitgemäße Lyrik stellte, aber immer nur partiell-vereinzelt realisiert sah: »Rückgriffe auf die Tradition« sowie »Erweiterung und Belebung der poetischen Möglichkeiten«; »absolute Stilsicherheit« und »kluge Kombination von verschiedenen Ausdrucksweisen«; »Aufgeschlossenheit« und ein »leidenschaftliches Verhältnis zu Welt und Wirklichkeit«; »Anschauungs- und Einfühlungsbegabung« sowie »Individualität«.[7]

Robert Gernhardt verstand viel von Lyrik und er hat oft von seinen »Erfahrungen mit Gedichten« Zeugnis abgelegt. Als »Lyrikwart« hat er von der Lust und der Last aller Dichtungskritik gekündet, in seinen Poetikvorlesungen stimmte er sein Auditorium praktisch wie theoretisch auf das »Handwerk des Dichtens« ein: »Leiden, Lieben, Lachen – das reimt sich schließlich auf Scheiden, Sieben, Machen, alles Tätigkeitswörter, die davon künden, daß jedes Gedicht Menschenwerk ist, das getrost von anderen Menschen untersucht, gewogen und für gewichtig genug oder für zu leicht befunden werden kann.«[8] Darüber hinaus überzeugte er durch seine Autorentheorie, die sich als Fürsprache und Kritik des Gedichts verstehen läßt: denn alle »Rückzugspraktiken« und »Reduktionsverfahren« der Lyrik und der Lyriker lehnte er, wie schon Rühmkorf, ab, ihrer Selbstbescheidung und Selbstbeschneidung trat er entgegen.[9]

»Ich rühm Korf:«[10]

Der Grund, weshalb Peter Rühmkorf in Gernhardts Poetik ebenso wie in unserem Nachwort vergleichsweise prominent vertreten ist, dürfte nicht nur in der unermüdlichen Produktivität jenes Autors in Theorie und Praxis, sondern auch in gemeinsamen Überzeugungen und gegen-

---

[7] Ebd., S. 460f.
[8] Robert Gernhardt: VON NICHTS KOMMT NICHTS, Düsseldorfer Fassung, nicht veröffentlicht, vgl. unsere Anmerkung S. 556 zu S. 11. Zur Betonung des Gedichts als Menschenwerk vergleiche auch Gernhardt: SCHMERZ LASS NACH (in diesem Band, S. 217).
[9] Rühmkorf: DAS LYRISCHE WELTBILD, S. 464. Bei Gernhardt vergleiche: THESEN ZUM THEMA (in GEDANKEN ZUM GEDICHT, S. 14).
[10] Die Zeile entstammt Gernhardts Gedicht RUHMESBLATT (in: SPÄTER SPAGAT, S. 95).

seitiger Wertschätzung zu suchen sein. Seit den fünfziger Jahren hat Rühmkorf eine Fülle von Kritiken und Beiträgen zur Lyrik publiziert und daraus mehrfach Summen gezogen. Die deutsche Gegenwartslyrik bilanzierte er bereits 1962 mit unmißverständlicher Schärfe; in DAS LYRISCHE WELTBILD DER NACHKRIEGSDEUTSCHEN kritisiert er den poetischen Kleinmut und die Kleinmalerei der Kollegen Auctores und kommt zu dem Befund, daß die »Überkatastrophe« des ›Dritten Reiches‹ anscheinend »nichts Erheblicheres als die perfekte Mittelmäßigkeit« hervorgebracht habe: Denn wo »zeigte sich auch nur der Hauch einer Auf- und Umbruchsliteratur, ein Wagnis aus Stil, ein Neubeginn aus Sprache«?[11]

Rühmkorfs Positionsbestimmungen sind durchaus als Vorgriff auf Gernhardts Poetik lesbar: Wie jener beklagt Gernhardt die Dunkelheit und Wirklichkeitsentfremdung der kurrenten Lyrik; wie jener bekämpft er die diffuse Selbstbespiegelung, die dem Alltag die Gefolgschaft und der Gegenwart das Interesse aufkündigt; und wie jener scheut er sich nicht, selbst bei großen Namen Angelesenes statt Erlesenheit, Plastikperlen statt Rarissima, Flachsinn statt Tiefsinn, Wortbetrug statt poetischer Wahrheit zu konstatieren.

Beider, Gernhardts wie Rühmkorfs Unbehagen richtet sich gegen Strömungen und Tendenzen, die sich – wie das »Behelfsprogramm der Naturlyrik«[12] etwa – aus den »gesellschaftlich bedingten Erscheinungsformen«[13] herausstehlen. Die Aufgaben der Lyrik seien »Ortsbestimmung«, »Bestandsaufnahme«, »Besitznahme« und nicht Abkehr von der Wirklichkeit.[14] Beiden ist die Konzeption von »Kunst als Enklave des zeitlos Absoluten«[15] suspekt, beide erwarten von der deutschen Lyrik, daß sie deutlich, verständlich und zeitbezogen sei.

In WAS BLEIBT?, seiner vierten Düsseldorfer Vorlesung, zitiert Gernhardt Rühmkorfs Befremden darüber, daß »die ersten Nachkriegspubli-

---

[11] Rühmkorf: DAS LYRISCHE WELTBILD, S. 447f. Vgl. Gernhardt: WAS BLEIBT? (in diesem Band, S. 167).
[12] Ebd., S. 453.
[13] Ebd., S. 451.
[14] Ebd., S. 449f., 454.
[15] Ebd., S. 454. Vergleiche bei Gernhardt: WAS KANN ICH, WAS GOETHE NICHT KONNTE?, Einleitung, abgedruckt als Anmerkung zu SCHLÄFT EIN LIED IN ALLEN DINGEN? (in diesem Band, S. 565).

kationen mit Umbruch und Erschütterung, mit Wandlung oder Neubeginn nicht das mindeste zu tun hatten«: In direkter Bezugnahme auf dessen Essay DAS LYRISCHE WELTBILD DER NACHKRIEGSDEUTSCHEN diskutiert er Rühmkorfs Kritik an den »Nachkriegsidyllikern«, die der »Überkatastrophe anscheinend nicht viel mehr als die perfekte Mittelmäßigkeit« abzugewinnen wußten.[16]

Ähnlich wie Rühmkorf, der sich von Walther von der Vogelweide an in eine illustre Folge namhafter Lyriker einreiht, aber nach 1945 speziell die »schöpferische Revision des deutschen Expressionismus und eine Besinnung auf die eigenen modernen Traditionen«[17] vermißt, geht es Gernhardt um die Traditionsbestände lyrischen Sprechens insgesamt. Dabei ist ihm die Moderne, vielleicht aufgrund ihrer leerformelhaften Beschwörung durch seine Zeitgenossen, von vornherein suspekt, und sie ist bei ihm – anders ausgedrückt – nicht deshalb schon positiv konnotiert, weil sie ›modern‹ ist. Sie ist allzuoft, so suchen es Gernhardts Analysen zu erweisen, selbstvergessen, bezugslos, beliebig, realitätsfern. Gernhardt bemängelt die extrem reduzierte Wirklichkeit, die ihm etwa in den Gedichten der Anthologie TRANSIT vermittelt werden soll,[18] und er lehnt vor allem auch die esoterische Separiertheit und den ästhetischen Dünkel jener Anthologisten ab, die mit ihren Produkten offenbar unter sich bleiben wollen. Walter Höllerers Auffassung, wonach Gedichte »schon deswegen vernachlässigt werden« dürften, weil sie in Anthologien bereits »breiteren Raum einnehmen« würden, muß ihm absurd erschienen sein.[19] Denn er hat im Gegenteil nichts gegen die Prominenz einzelner Gedichte, nichts gegen die Signalwirkung berühmter Verse, die Beliebtheit bestimmter Genres (der Gedankenlyrik etwa); er hat keine Einwände gegen Texttypen und »Mitteilungsformen« (wie dem Sonett), in denen sich über alle Zeiten hin die Dichter versuchten.[20] Ihm geht es

---

[16] Vgl. Gernhardt: WAS BLEIBT? (in diesem Band, S. 167). – Eine weitere Bezugnahme auf Rühmkorfs Essay bietet EIN HOCH DEM FUFFZEHNTEN JULEI (in diesem Band, S. 357).
[17] Rühmkorf: DAS LYRISCHE WELTBILD, S. 459.
[18] Vgl. Gernhardt: WAS BLEIBT? (in diesem Band, S. 178).
[19] Walter Höllerer: TRANSIT, S. XV.
[20] Vgl. Gernhardt: ORDNUNG MUSS SEIN (in diesem Band, S. 74), WAS BLEIBT? (in diesem Band, S. 169), SCHMERZ LASS NACH (in diesem Band, S. 197), WARUM GERADE DAS SONETT? (in diesem Band, S. 415).

gerade um die bekannteren Texte und Texttypen, auf die sich der schmale Pfad der Anthologien verengt, weil sich anhand ihrer erst ein Kanon der Literaturgesellschaft formiert.[21] Erst der gemeinsame Nenner stiftet Identität, und deshalb ist er auch bemüht, für das, was dort hineingehört, zu werben, und gegen das, was dort nicht hineingehört, Argumente zu sammeln.[22]

»Große, gute Macher waren schon immer die besten Kritiker«,[23] sagt Gernhardt und begutachtet mit Anteilnahme und methodischem Bedacht die poetischen Mittel seiner Zeitgenossen. Er verwandelt sich nach Bedarf »in den gefürchteten ›Lyrikwart‹«[24] und gründet in dieser Rolle »seinen Stolz« auf die Fähigkeit, »ein Gedicht bereits nach kurzer, aber scharfer Musterung« klassifizieren, analysieren und kritisieren zu können.[25] Der Dichter müsse sich auf sein Handwerk verstehen, so seine Forderung, und er müsse sich der Kritik stellen. Folglich münden seine Ausführungen zur Theorie und Praxis der Lyrik in eine Poetik des Gedichts. Sie wurde laufend erweitert und strategisch arrondiert und läßt die Schwerpunktsetzungen erkennen, nach denen dieser Band gegliedert ist.

»So ein Gedicht, das
schreibt sich doch nicht selber hin!«[26]

Kein Autor ohne Autorentheorie. Die Selbstreflexion gehört zu den Erwartungen, mit denen sich jeder Autor der Moderne konfrontiert sieht, und auch wenn er sich der Moderne nicht zurechnet oder verpflichtet

---

[21] Vgl. Gernhardt: DIE MIT DEM HAMMER DICHTEN (in diesem Band, S. 35), WAS BLEIBT? (in diesem Band, S. 167) mit Anmerkung S. 566 zu S. 166, SIEBEN AUF EINEN STREICH (in diesem Band, S. 475).
[22] Vergleiche Gernhardt: WAS WILL UNS DER MITHERAUSGEBER DES JAHRBUCHS DER LYRIK SAGEN? (in JAHRBUCH DER LYRIK 9, S. 123–128), wo allerdings die Kriterien sehr subtil benannt werden.
[23] Gernhardt: WAS GIBT'S DENN DA ZU LACHEN?, S. 414.
[24] Vgl. Gernhardt: ORDNUNG MUSS SEIN (in diesem Band, S. 96)
[25] Vgl. Gernhardt: SEHR LANGSAM FALLENDER GROSCHEN, in ›K.West‹, Februar 2006 (Einleitung, insoweit hier nicht abgedruckt, vgl. Anmerkung S. 560 zu S. 88).
[26] Die zwei Zeilen enstammen Gernhardts Gedicht KEINE KUNST OHNE KÜNSTLER (in KÖRPER IN CAFÉS, S. 106).

fühlt, bleibt er doch auf sie bezogen. Es wird daher nur wenige Lyriker seit dem ausgehenden 19. Jahrhundert geben, die sich nicht poetologisch geäußert und nicht auch Gedichte mit autorentheoretischen Implikationen verfaßt hätten. Wenn es aber für selbstverständlich genommen werden kann, daß Dichter über die Bedingungen und Folgen ihrer poetischen Produktion Überlegungen anstellen, dann ist auch anzunehmen, daß wenigstens einige von ihnen damit ein Sendungsbewußtsein im Sinne einer Produktionsästhetik verknüpft haben.

Letzteres ist schon nicht mehr so selbstverständlich, denn nicht jede dichtungskundliche Überlegung kann oder muß zu einer Richtlinie auch für andere Autoren ausgestaltet werden. Nicht unüblich hingegen ist es, daß sich kleinere und größere poetologische Arbeiten zu einem Schwerpunkt im Œuvre aufsummieren, der für die Zeitgenossen attraktiv ist und die Stellung des Dichters im literarischen Feld begünstigt. Nimmt man nur die Lyriker der Nachkriegszeit in den Blick, so haben von Gottfried Benn über Peter Rühmkorf und Karl Krolow bis hin zu Hans Magnus Enzensberger und Robert Gernhardt nicht wenige Autoren ihre Selbstreflexion mit Konsequenz und Nachhaltigkeit betrieben und dabei ihre Zeitgenossen in den Blick genommen. Gottfried Benn (PROBLEME DER LYRIK) und Paul Celan (DER MERIDIAN) haben der Dichtungs- als Autorentheorie bedeutende Impulse gegeben; Peter Rühmkorf hat früh den Begriff des »Volksvermögens« (1967) geprägt und ihn argumentativ ebenso wie in seinem »virtuosen literarischen Spielertum« eingesetzt;[27] Karl Krolow hat eine fulminante »Phänomenologie des deutschen Gedichts im 20. Jahrhundert« (1980) vorgelegt, in der er die wichtigsten Leitlinien der Lyrik nach 1945 aufzeigt und benennt: Restauration, Überwindung der Tradition und der Naturlyrik, Auffächerung surrealistischer Ansätze, Formen des spielerischen und experimentellen, des politischen und des ›gewöhnlichen‹ Gedichts usw.; schön zu sehen ist auch, wie Krolow darin über sich selbst spricht, im distanzierten Gestus der dritten Person, so als könne er ein objektives Bild »von Krolows eigener Positions-Entwicklung« vermitteln.[28] Marie Luise Kaschnitz schließlich, von Krolow als »eigentliche Überwinderin« einer Phase

---

[27] Karl Krolow: DIE LYRIK IN DER BUNDESREPUBLIK SEIT 1945, S. 152.
[28] Krolow über Krolow: a. a. O., S. 77–82. Hier: S. 79.

hochartifizieller Restauration und »literarisch-konventioneller Anfänge« namhaft gemacht, meldet sich ebenfalls prominent mit Beiträgen zu Wort, die Büchnerpreisrede auf Paul Celan beispielsweise stammt aus ihrer Feder.[29] In der DDR bekommen die im Rahmen der Werkausgabe gesammelten Essays Johannes R. Bechers einen literaturpolitischen Akzent, versuchen Peter Hacks und Rainer Kirsch, die »bescheidenere«[30] Gattung durch Dichtungsreflexion vor ›schematischer‹ Vereinnahmung durch die Machthaber und einer kulturpolitisch verordneten ›progressiven‹ Ästhetik zu schützen.

Oft geht es den poetologischen Positionsbestimmungen darum, im Rückgriff auf das eigene Werk die Defizite in der poetischen Praxis der Zeitgenossen anzusprechen. Benns Bemerkung, vieles sei »nur Sesselgemurmel, nichtswürdiges Vorwölben privater Reizzustände«, kann zumindest so verstanden werden.[31] Den Klagegesängen über den Zustand des Gedichts entspricht die allgemeine »lyrische Bedürfnislosigkeit«; an ihr, so Erich Kästner, trage keineswegs »das Publikum« die Hauptschuld: »Schuld daran sind vor allem die Lyriker selber! Ihre Gedichte sind, wenn man von wenigen Autoren absieht, in keiner Weise verwendbar: der Fall ist nicht selten, daß sie nicht einmal verständlich sind.«[32]

Die Klagen sind folglich so neu nicht, sondern notorisch, und deshalb ist zwischen der »Strukturschwäche« der Lyrik und ihrer Erfolglosigkeit beim Leser einerseits und der forciert betriebenen Autorentheorie in der Moderne und speziell der Nachkriegszeit andererseits ein Zusammenhang zu unterstellen: Es geht offenbar um den Versuch, der »Lyrik im luftleeren Raum«[33] zu Bodenhaftung und zu mehr Respekt und Resonanz zu verhelfen. Und da das Gedicht keine Lobby hat – dem »Kartell lyrischer Autoren« um Richard Dehmel und Arno Holz, das zwischen seiner Gründung 1902 und seiner Auflösung 1933 versuchte, den eigenen Markt- und Stellenwert in der Gesellschaft zu verbessern, war eine Renaissance nicht vergönnt –, sind andere Instrumente der Krisenbewältigung vonnöten: Hans Bender entwickelt zwischen 1954 und 1980

---

[29] Karl Krolow: DIE LYRIK IN DER BUNDESREPUBLIK SEIT 1945, S. 24.
[30] Peter Hacks: DIE MAßGABEN DER KUNST II, S. 9.
[31] Gottfried Benn: PROBLEME DER LYRIK, S. 40.
[32] Erich Kästner: RINGELNATZ UND GEDICHTE ÜBERHAUPT, S. 226.
[33] Ebd.

seine Zeitschrift *Akzente* zu einem Forum aktueller Lyrik-Debatten, die der »instinktiven Abwehr« (Gernhardt) der Gattung auf den Grund gehen;[34] Walter Höllerer versammelt und ediert 1965 poetologische Texte der Moderne; Hans Magnus Enzensberger schließlich demonstriert mit seiner Anthologie DAS WASSERZEICHEN DER POESIE (1985, unter Pseudonym), wie man den »zähen, stummen, entschlossenen Widerstand« des Lesers brechen und die »Lust, Gedichte zu lesen«[35], erneut wecken kann: »ein Buch, das, wenn nicht den Leser selbst, so doch die *Art* seines Lesens auf spielerische Art verändern wird«, urteilte die Kritik.[36]

»war die Zeit unschuldigen Heckens vorbei, mußte ich
mich der Poesie erklären«[37]

Als der hier zu erörternde Autor 1990 die erste Zwischenbilanz seiner Bemühungen um die Gattung zieht, liegen die großen Lyrik-Debatten der Bundesrepublik schon einige Jahre zurück, doch sind ihre wichtigsten Argumentationslinien, wie nicht zuletzt Gernhardts Thesen belegen, aktuell geblieben. So erinnert die Sicht Gernhardts auf die zeitgenössische Lyrik, die er in der Sammlung GEDANKEN ZUM GEDICHT (1990) entwickelt, an die 1979 geführte, von Jörg Drews angestoßene Diskussion um »Selbsterfahrung und Neue Subjektivität in der Lyrik«. Der Literaturkritiker und Literaturwissenschaftler Drews konstatierte und kritisierte damals »Standard-Posen« statt poetischer »Individualität«, »Naivität« statt gedanklicher und sprachlicher »Reflexion«, einen spannungslosen »Parlando-Ton« statt »Überraschung, Abweichung, Spannung« im lyrischen Gestus; er beklagte explizit den »Verzicht auf entschiedene sprachliche Stilisierung« und fehlenden Mut zur formalen Gestaltung: nicht wenige Lyriker hätten sich von einem »emphatischen Kunstanspruch« abgewandt, und von den »strengen poetischen Verfah-

---

[34] Vgl. Gernhardt: SCHMERZ LASS NACH (in diesem Band, S. 212).
[35] [Hans Magnus Enzensberger]: DAS WASSERZEICHEN DER POESIE, S. Vf.
[36] Charitas Jenny-Ebeling: GEDICHTELESEN ALS SPIEL, S. 37f.
[37] Gernhardt: WAS EINER IST, WAS EINER WAR, BEIM SCHEIDEN WIRD ES OFFENBAR (in ALLES ÜBER DEN KÜNSTLER, S. 292).

ren«, seien es »Strophe und Reim«, seien es die Finessen der »Experimentellen Poesie«, könne kaum mehr etwas vernommen werden. Im Fazit: Die Poesie sei nicht nur ohne intellektuelle, sie sei auch ohne »politische Perspektive«.[38]

Diese Thesen wurden in den Folgenummern der Zeitschrift *Akzente* heftig attackiert, ließen sich aber nicht bagatellisieren. Der große Peter Wapnewski versuchte in der Wochenzeitung *Die Zeit* nachzuweisen, daß ein »eigener Ton« erst »mit Hilfe der Form« ins Gedicht Einzug halte: Lyrik müsse sich der »handwerklichen Kunst« bedienen, »die das Gesetz der Gattung ausmacht«.[39] Er sprach von Beliebigkeit, indem er Prosa-Formen (einen Handke-Text, eine Reparatur-Rechnung) in die Gestalt des Gedichts überführte und ein Gedicht von Rolf Dieter Brinkmann als Prosa präsentierte.

Stimmen und Kritik, die nicht ohne Widerspruch blieben: Vor allem wehrten sich die betroffenen Lyriker, an deren Texten die Vorwürfe exemplifiziert wurden; andere, wie Christoph Derschau in einem programmatischen Gedicht, hatten zuvor schon den bewußten Verzicht auf jeglichen »Kunstanspruch«[40] erklärt – sie riskierten damit die Marginalisierung der Dichtung und des Dichters und provozierten den Laien ebenso wie den Fachmann. Die 1978 geführte und noch im gleichen Jahr im LYRIKKATALOG BUNDESREPUBLIK dokumentierte Debatte glich einer aktuellen Bestandsaufnahme mit poetischen Texten und poetologischen »Statements«; zugleich demonstrierte sie, daß es auch anders, auch besser geht.

Als konstante Größe in Theorie und Praxis gilt damals Peter Rühmkorf, der »eine Poetik verkündet hat, welcher weltweit ein einziger Dichter zu genügen imstande war: Er selber«,[41] und der in den siebziger und achtziger Jahren seine Haltung bekräftigte, der zufolge aus einer »Handvoll Momentaufnahmen« noch kein Gedicht entstünde.[42] Sein Essay DER REIM UND SEINE WIRKUNG (1980) erblickt ironisch in den »geliebten

---

[38] Jörg Drews: SELBSTERFAHRUNG UND NEUE SUBJEKTIVITÄT IN DER LYRIK, S. 89–95.
[39] Peter Wapnewski: GEDICHTE SIND GENAUE FORM, S. 453.
[40] Christoph Derschau: GEDICHT-TITEL, S. 63.
[41] Gernhardt: ZU PETER RÜHMKORFS AUFFANGPAPIEREN (in diesem Band, S. 519).
[42] Peter Rühmkorf: EINFALLSKUNDE, S. 160. Vgl. Gernhardt: ZU PETER RÜHMKORFS AUFFANGPAPIEREN (in diesem Band, S. 518).

Massenmedien« ein letztes Reservat poetischer Praxis: »Tatsächlich durchwest der Reim«, so sein Plädoyer für die »formale Attraktion« der gebundenen Sprache, »unseren Konsumentenalltag weit ausgiebiger als uns gemeinhin bewußt ist«.[43]

An diese Entwicklungen und Positionsbestimmungen läßt sich mit Gernhardt nahtlos anknüpfen. In THESEN ZUM THEMA, seinem Referat von 1989, das er ein Jahr später in GEDANKEN ZUM GEDICHT aufnahm, verweist er darauf, daß »Werbung und Journalismus« den Fundus »suggestiver Mitteilungsweisen«, darunter Reim, Rhythmus, Vers und Strophe, »hemmungslos ausbeuten«, während die Dichter, die diese Techniken einst erst »entwickelt und unendlich verfeinert« haben, davon keinen Gebrauch mehr machten.[44] In Hans Benders Anthologie WAS SIND DAS FÜR ZEITEN (1988), einer »ganz auf unsere Zeit und Gegenwart konzentrierte[n] Gedicht-Auswahl«[45], erblickt er »viel mürrisches Parlando«, dessen »ästhetischer, sentimentaler oder gar intellektueller Ertrag naturgemäß gering« sei.[46] Er vermißt, ähnlich wie zehn Jahre zuvor Drews, »jede Form von Gedankenlyrik«: »Auch jede Art erzählender Lyrik. Jede Tendenzlyrik. Schließlich jedwedes dezidiert komische Gedicht.«[47]

»O ja! Ich bin ein großer Freund deutschsprachiger Lyrik-Anthologien!«[48]

In diesem Zusammenhang fällt auf, wie viel Beachtung Gernhardt Anthologien geschenkt hat. Er konsultierte und rezensierte sie, stellte sie immer wieder vergleichend gegeneinander, litt an ihnen und wurde Mitherausgeber des JAHRBUCHS DER LYRIK. Schließlich initiierte er selbst HELL UND SCHNELL – das Kompendium von »555 komische[n] Gedichten aus 5 Jahrhunderten«, und lud einen Jüngeren dazu ein, sein Mitherausgeber zu werden.

---

[43] Peter Rühmkorf: DER REIM UND SEINE WIRKUNG, S. 181.
[44] Gernhardt: THESEN ZUM THEMA (in GEDANKEN ZUM GEDICHT, S. 15).
[45] Hans Bender: NACHWORT, S. 281.
[46] Gernhardt: THESEN ZUM THEMA (in GEDANKEN ZUM GEDICHT, S. 14).
[47] Ebd. (S. 15).
[48] Gernhardt: SIEBEN AUF EINEN STREICH (in diesem Band, S. 475).

Gernhardt wertet die ›literarische Großgattung‹ der Anthologie als *das* zentrale Medium zum »Aufspüren« literarischer »Entwicklungslinien und Zeitgenossenschaften«.[49] So kontrastiert er 1990 die von Kurt Pinthus herausgegebene MENSCHHEITSDÄMMERUNG (1919) mit dem LUCHTERHAND JAHRBUCH DER LYRIK 1988/89.[50] In seiner sechzehn Jahre später gehaltenen Düsseldorfer Poetik-Vorlesung exemplifiziert er den lyrischen »Modernisierungsschub«[51] in der Lyrik der 1950er Jahre durch einen Vergleich von Gunter Grolls Anthologie DE PROFUNDIS (1946) mit Walter Höllerers TRANSIT (1956). An TRANSIT demonstriert Gernhardt zugleich, daß die Anthologie als Kanonisierungsinstanz für die Rezeption jedes Dichters praktisch unverzichtbar ist, und – damit einhergehend – sowohl zur Inthronisierung von Dichtern instrumentalisiert werden kann als auch zur Überprüfung, ob ein solches Unternehmen geglückt ist.[52] Anläßlich seiner vergleichenden Besprechung von neun Anthologien 2001 habe sich, so Gernhardt, sein »Problembewußtsein«[53] für dieses Instrument geschärft. Zusätzlich dürfte ihm seine Mitarbeit an der Frankfurter Anthologie Einblick in das Geschäft blütenlesender Kanonisierung vermittelt haben.

Daß entgegen manchem Vorurteil Anthologien als Aufbewahrungsort des Abgelegenen dienen können, zeigt sich in der hohen Zahl der Anregungen, die Gernhardt der schon erwähnten Anthologie, Gunter Grolls DE PROFUNDIS, verdankt. Diese gehörte zwar zu den ersten Veröffentlichungen aus den »Lagerbeständen«[54] der Inneren Emigration, doch ist sie lange schon vom Buchmarkt verschwunden und durch den moderneren Höllerer, den umfassenderen Conrady, den aktualisierten Echtermeyer, den vertieften und erweiterten Reiners-Brunnen usw. auch dauerhaft verdrängt worden. Grolls nicht unumstrittenes Programm war

---

[49] Ebd. (in diesem Band, S. 479).
[50] Gernhardt: GOLDEN OLDIES ODER WO ZUM TEUFEL BLEIBEN EIGENTLICH DIE LYRIK-HÄMMER DER SAISON (in GEDANKEN ZUM GEDICHT, S. 78).
[51] Gernhardt: WAS BLEIBT? (in diesem Band, S. 186).
[52] Ebd. (in diesem Band, S. 187).
[53] Gernhardt: SIEBEN AUF EINEN STREICH (in diesem Band, S. 475). Die Zahl »Sieben« bezieht sich auf die verschiedenen Arten von Anthologien, die Gernhardt herausbildet.
[54] Peter Rühmkorf: DAS LYRISCHE WELTBILD, S. 447.

es, ein repräsentatives Bild des ›inneren‹ Reichs als des »anderen Deutschlands« zu zeichnen und dabei »ausschließlich Gedichte von Autoren« zu bringen, die »während der letzten zwölf Jahre in Deutschland« gelebt hatten.[55]

In einem Text aus dem Nachlaß[56] (vermutlich 2005 entstanden) analysiert Gernhardt das Gedicht AHNUNG, das die existentielle Gefährdung eines politischen Gefangenen thematisiert.[57] Für dessen Autor Günther Weisenborn (1902–1969) spricht seine »achtungsgebietende Vita« (Gernhardt). Der Dramatiker und Erzähler ist »vereinzelt« auch mit Lyrik hervorgetreten, doch gibt es abgesehen von einem Schullesebuch überhaupt nur drei Nachkriegsanthologien, die davon etwas berücksichtigt haben.[58] Gernhardts Herangehensweise an Autor und Gedicht ist exemplarisch: Er kann sich für Weisenborn selbst, nicht aber für dessen ›Zeitdichtung‹ erwärmen. Er bemängelt die schwach ausgeprägte Textökonomie und Stringenz, den fehlenden »zeitlichen Zusammenhang«, die rätselhafte Ereignisfolge und ihre verrätselten Bilder, schließlich den progredienten Verlust an Stimmigkeit.[59] Gernhardt erkennt ausdrücklich die Not an, in der Weisenborn sein Gedicht verfaßte, doch das entbindet in seinen Augen nicht davon, auf das Werk auch Kriterien der Stimmigkeit, des ›Gutgemacht-Seins‹ anzuwenden.

Bereits für die Essener Vorlesung (2002) zeigte Gernhardt am Beispiel eines Gedichts der damals wie heute fast unbekannten Dichterin Dorothea Taeger (1892–19??) die komplementäre Konstellation. Es ist wie Weisenborns AHNUNG ebenfalls in DE PROFUNDIS erschienen. Taegers Sonett DER DEUTSCHEN DICHTUNG weist Gernhardt gerade keine handwerklichen Fehler nach, sondern im Gegenteil die Tendenz, über »strenge Form und hohen Ton« jeder Auseinandersetzung mit

---

[55] DE PROFUNDIS, S. [7].
[56] Gernhardt: WARUM GÜNTHER WEISENBORNS GEDICHT »AHNUNG« KEIN GUTES GEDICHT IST (in diesem Band, S. 388).
[57] DE PROFUNDIS. Das Gedicht AHNUNG findet sich auf S. 452, die Kurzbiographie Weisenborns auf S. 450.
[58] Scil. in Grolls DE PROFUNDIS (1946), in Altenbergs DEUTSCHE LYRIK (1947), in Manfred Schlössers AN DEN WIND GESCHRIEBEN (1960, ²1961) und in der Schulanthologie NEUE SILBERFRACHT (1965).
[59] Gernhardt: WARUM GÜNTHER WEISENBORNS GEDICHT »AHNUNG« KEIN GUTES GEDICHT IST (in diesem Band, S. 390).

eigener »Erfahrung, Verstrickung oder Verschuldung«[60] auszuweichen. Zur formalen Stimmigkeit der Ausführung muß demzufolge die inhaltliche Angemessenheit hinzutreten, die zum Beispiel in einer Verarbeitung des Erlebten und Erlittenen bestehen kann. Nur aus dem Zusammenspiel beider ergibt sich die Dignität des Gedichts – ein Ansatz, der nicht unbedingt ausgefallen wirkt. Originell und innovativ ist aber die Erkenntnislust und Argumentationsfreude, mit der Gernhardt seinen Ansatz verfolgt. Immer bleibt er konkret am einzelnen Gedicht, akzeptiert erst einmal jeden Weg, jede ›Spielregel‹, die ein Dichter vorgibt, stets aber ist er auch wachsam und empfindsam wie ein Seismograph, wenn dieser unter seinen Möglichkeiten bleibt oder das »Gesetz, nach dem er angetreten«,[61] bricht.

»Denn mit kleinen Verbesserungen allein wird es kaum getan sein«[62]

Das schlagendste Beweismittel ist nämlich immer das Gedicht. Hier hat auch – wie gezeigt – das kritikwürdige Gedicht seinen Ort, sogar das selbst verfaßte – denn hin und wieder hat Gernhardt auch eigene Gedichte ›verbessert‹. Evident erscheint uns, daß er einen ästhetischen Zweck damit verfolgt, dergestalt, daß er sein Publikum für Ordnungsmuster des Gedichts sensibilisieren möchte, indem er zu demonstrieren sucht, daß sich gerade eine per definitionem ›persönliche‹ und ›sensible‹ Gattung wie die Lyrik der Qualitätskontrolle unterziehen muß. Die gemeinsamen Auftritte mit Matthias Politycki etwa geben uns einen Eindruck davon, wie lustvoll diese erfolgen kann. Darüber hinaus legt der »Literaturdidaktiker«[63] dar, wie unverzichtbar literarische Bildung insgesamt und wie wertvoll speziell der Fundus lyrischer Sprechweisen ist. Entsprechend scharf verurteilt er die als Fehlentwicklungen apostrophierten Erscheinungen, darunter den Mangel an und den allmählichen

---

[60] Gernhardt, ORDNUNG MUSS SEIN (in diesem Band, S. 81).
[61] Vgl. Gernhardt: OTTO – DER NEUE FILM ODER: DER KOMIKKRITIKER SCHLÄGT ZURÜCK (in WAS GIBT'S DENN DA ZU LACHEN?, S. 433 f.).
[62] Gernhardt: DARF MAN DICHTER VERBESSERN? (in GEDANKEN ZUM GEDICHT, S. 63).
[63] Jochen Vogt: DAS MUSS DER REIMREINBRINGER SEIN, S. 175.

Verlust von formalen und literarhistorischen Kenntnissen aller Art – beim schreibenden Dichter ebenso wie beim lesenden Publikum.

Der Lyrikkritiker scheut sich nicht, auch bei prominenteren und gewichtigeren Stimmen die Probe aufs Exempel zu machen. So analysiert er DIE GESTUNDETE ZEIT, ein anthologisch gut belegtes[64] Bachmann-Gedicht, und kommt zu dem Befund mangelnder Konsequenz im poetischen Verfahren: Der Einstieg sei »ungewohnt deutlich, sogar zeitbezogen«, doch schon bald werde das Gedicht dunkel und zunehmend unplausibel, wenn es da etwa heißt: »Wirf die Fische ins Meer« (»Im Ernst? [...] Ist der Befehl nicht reichlich unüberlegt, lyrisches Ich?«[65]). Schließlich nehme Bachmanns Text im Widerspruch zu seiner Programmatik eine »angestrengte Poetisierung« vor. Darüber hinaus kontextualisiert Gernhardt das Gedicht mentalitätsgeschichtlich ebenso wie literarhistorisch.

Mit der Forderung nach dem Realitätsbezug nähert sich Gernhardt dem Dichter-Theoretiker Peter Rühmkorf wieder an, der 1962 seiner unmittelbaren, »akuten Gegenwart« eine »kopflose Zeit- und Wirklichkeitsflucht« bescheinigt hatte, die unweigerlich ins »stumpfsinnigste Klischee« führen müsse. Einen ›Beleg‹ dafür, Ingeborg Bachmanns Rede »vom ionischen Salz«, filterte Rühmkorf dabei aus ihrem Gedicht DAS ERSTGEBORENE LAND heraus.[66] Er bescheinigte den Dichtern im allgemeinen (und damit auch der Dichterin im besonderen) ein »seltsam verqueres, gespanntes und dennoch leidenschaftliches Verhältnis zu Welt und Wirklichkeit«.[67] Rühmkorf ließ damit ein ähnlich ambivalentes Verhältnis zu ihrem Werk erkennen wie der »Theoretiker und Zergliederungsmeister«[68] Hans Egon Holthusen. Dieser hatte sich von Bachmann beeindruckt, wenn auch nicht restlos begeistert gezeigt und im Titelgedicht ihres Bandes DIE GESTUNDETE ZEIT das »geschichtliche Lagebe-

---

[64] Die Datenbank von Hans Braam ergibt 22 Belege in Anthologien des Zeitraumes 1962–2007.
[65] Gernhardt: ZU INGEBORG BACHMANN: DIE GESTUNDETE ZEIT (in diesem Band, S. 386).
[66] Peter Rühmkorf: DAS LYRISCHE WELTBILD, S. 458.
[67] Ebd., S. 461.
[68] Ebd., S. 460. Mit dieser ›Zwillingsformel‹ charakterisiert Rühmkorf den Schriftsteller Hans Egon Holthusen.

wußtsein« einer zur »Mündigkeit« herangereiften Jugend vermutet,[69] während Hilde Spiel das Poem als »existentielles Gleichnis« las und die »Vielfalt« seiner »möglichen Assoziationen« feierte.[70] So repräsentiert Hilde Spiel im Spannungsfeld verschiedener Parteinahmen die emphatische Fürsprecherin, die den Reichtum an »Bildern, Gedanken, Gefühlen« würdigt, während Holthusen den kritischen Begleiter verkörpert, der angesichts der »Sinnfülle« der Gedichte von »freudiger Genugtuung« erfüllt ist.[71]

Demgegenüber diagnostizieren Rühmkorf wie Gernhardt assoziative Beliebigkeit und überflüssige Metaphern, und dabei ist es natürlich ein Unterschied, ob man Bachmann zu Beginn ihrer Autorschaft kritisiert oder mehr als vierzig Jahre später, als ihr Ruhm sämtliche anderen Dichterinnen des 20. Jahrhunderts weit überstrahlt. Gernhardt geht damit ein Risiko ein, ein höheres als Rühmkorf, aber er kann dies mit Sicherheit (und Selbstsicherheit) tun, weil er sich als Anwalt der Dichtung und des Gedichts versteht und nicht vorrangig als Kritiker. Jenseits des literaturpolitischen Arguments zielen Gernhardts Lesarten stärker vielleicht als die Rühmkorfs auf die innere Konsistenz des Gedichts und lehnen weniger Sprechweisen a priori ab. Seine Poetik ist zudem ›volksnäher‹ und besticht durch ihre absolute Vorurteilsfreiheit, die überall Perlen zu fischen hofft, wo Dichter dichten.

Gleichwohl hat Gernhardt der Literaturkritik einen hohen Stellenwert zugemessen – und zwar ebenso dort, wo sie erfolgte, wie dort, wo sie ausblieb. Sein Gedichtband WÖRTERSEE (1981) blieb, von einer Ausnahme abgesehen, bei der Kritik ohne Resonanz, was seine Kritik der Kritik provozierte;[72] sein Gedichtband IM GLÜCK UND ANDERSWO (2002) hingegen wurde häufig rezensiert und forderte dennoch seinen Widerspruch[73] heraus: Wo die Tugend des *genauen Blicks* nicht geübt wird, ist der Dichter selbst gefordert – und dem kommt er

---

[69] Hans Egon Holthusen: KÄMPFENDER SPRACHGEIST, S. 253.
[70] Hilde Spiel: DAS NEUE DROHT, S. 160 f.
[71] Ebd., S. 160. H. E. Holthusen: KÄMPFENDER SPRACHGEIST, S. 275 f.
[72] Vgl. Gernhardt: KEIN WÖRTCHEN FÜR DEN WÖRTERSEE (in GESAMMELTE GEDICHTE. 1954–2006. S. 1025–1028).
[73] Vgl. Gernhardt: LEBEN IM LABOR (in diesem Band. S. 135).

lehrreich, sorgfältig und umsichtig nach, wie nicht zuletzt seine akribischen Anmerkungen in den Gedichtsammlungen belegen.

In seiner Serie FRAGEN ZUM GEDICHT für *Die Zeit* entwickelt Gernhardt schließlich mit dem »Lyrikwart« den neuen Typus Rollenprosa weiter, den er in DARF MAN DICHTER VERBESSERN? (1990) begründet hatte: Eine Kunstrichter-Analytik, die sich strikt argumentativ mit Problemen tradierter und moderner Dichtung und Dichter befaßt. Darin wird gefordert, daß Poesie nicht nur zeitgerecht sei und das Niemandsland der Allerweltsbezüge meide, sondern auch im Detail den Ansprüchen der Überprüfbarkeit und Exaktheit genüge. Folglich muß der Kunstrichter mit gutem Beispiel vorangehen: Seine Kritik darf nicht zur Leerformel, zu Fehllektüren, zur kritiklosen Akklamation tendieren. Das besondere an der Rolle des »Lyrikwarts« ist, daß dieser der Forderung nachkommt, die seit Urzeiten jedem Kritiker entgegengeschleudert wird: »Machs doch besser!« Ja, der Lyrikwart scheut weder große Namen noch ehrwürdiges Alter. Seine Vorstöße, von Platen bis Grünbein Dichter verbessern zu können, mögen respektlos sein, auf jeden Fall sind sie höchst unterhaltsam. Und sie bringen die Gedichte auf die Erde, sie geben sie dem Leser zurück, denn bei aller Hochachtung, die Gernhardt vor Gedichten empfindet, er besteht immer darauf, daß sie Menschenwerk sind.[74]

Mochte seine Bezugnahme auf DE PROFUNDIS noch überraschen, so erweist sich Gernhardts Kritik der ungleich wirkungsmächtigeren Anthologie TRANSIT als geradezu folgerichtig. Dort nämlich, so sein zentraler Vorwurf, werde die Klassische Moderne als »Steigbügelhalter« für eine ›zweite Moderne‹ reklamiert – ein Vorgang, den ihr Kritiker nüchtern als »Form der Legitimationserschleichung« qualifiziert.[75] Die implizite wie explizite Modernitätsbehauptung, die der Band typographisch, argumentativ und durch sein Ordnungssystem vollführt, wird als »lupenreine Literaturpolitik« gebrandmarkt, mittels derer sich eine Gruppe ›Neugesalbter‹ literarisch ›inthronisiert‹ habe.[76] Die »Rechtmäßigkeit« des Unterfangens wird von Gernhardt klar in Abrede gestellt, ihr Erfolg bei der Nachwelt ebenso.[77] In Höllerers fast vorbehaltlose Feier der Moderne

---

[74] Vgl. nur Gernhardt: SCHMERZ LAß NACH (in diesem Band. S. 217).
[75] Vgl. Gernhardt: WAS BLEIBT? (in diesem Band, S. 175).
[76] Ebd. (in diesem Band, S. 176).
[77] Vgl. ebd. (in diesem Band, S. 187).

kann er ohnehin nicht einstimmen, und die »vornehmste Aufgabe des modernen Dichters«, das Gedicht »von tradierten Inhalten ebenso wie von überkommenen Regeln« zu befreien, kann er keinesfalls gutheißen.[78]

»*Gesang vom Gedicht*«[79]

Wollte man dafür plädieren, einer Autorentheorie alle literarischen und nicht-literarischen Texte zuzurechnen, die sich als implizite oder explizite Poetik lesen lassen, gleichviel, welcher Gattung sie angehören, fällt bei Gernhardt die große Zahl der explizit poetologischen Gedichte auf. Mehr noch: Poetologische Dichtung zieht sich durch das gesamte lyrische Werk, angefangen bei DIE WAHRHEIT ÜBER ARNOLD HAU und damit gut zwei Jahrzehnte früher als der Beginn seiner poetologische Essayistik (THESEN ZUM THEMA[80]). Unter motivischen Aspekten ist damit die ›Gattung‹ des poetologischen Gedichts eine der wenigen, die sich in jedem einzelnen von Gernhardts Gedichtbänden findet (ein anderes Beispiel wäre das Tiergedicht). Entsprechend der Entwicklung seines lyrischen Gesamtwerks, haben seine frühen poetologischen Gedichte überwiegend eine heitere Grundstimmung; andererseits besitzt das Gedicht FRAGE (»Kann man nach zwei verlorenen Kriegen ...«) im Vergleich zu seinen anderen frühesten Gedichten einen sehr ernsten Hintergrund, nämlich die metaliterarische Debatte, die seit Adornos Verbotsästhetik (»Nach Auschwitz ein Gedicht zu schreiben ist barbarisch«[81])

---

[78] Ebd. (in diesem Band, S. 177).
[79] Gernhardts Poem GESANG VOM GEDICHT erschien zuerst in IN EIGENER SACHE, dem Nachwort von IN ZUNGEN REDEN (in diesem Band, S. 501) und sodann mit dem expliziten Untertitel SIEBEN STROPHEN PRO DOMO in IM GLÜCK UND ANDERSWO. Wir haben uns bei der nun folgenden Auswahl von poetologischen Gedichten auf solche beschränkt, die Gernhardt *nicht* in seiner Essayistik zitiert.
[80] Als Referat gehalten 1989, veröffentlicht 1990 in GEDANKEN ZUM GEDICHT.
[81] Theodor W. Adorno: KULTURKRITIK UND GESELLSCHAFT (1951). Vgl. Petra Kiedaisch, LYRIK NACH AUSCHWITZ, S. 27–49. Der Band enthält und diskutiert neben Adornos Essay und Gernhardts FRAGE zahlreiche weitere Stellungnahmen aus der Debatte. Das Gedicht FRAGE erschien zuerst in DIE WAHRHEIT ÜBER ARNOLD HAU, S. 144.

um die Funktion und Zulässigkeit dichterischen Sprechens angesichts der Verbrechen des Hitler-Regimes und der poetischen und moralischen Depravation des Gedichts in der Nazizeit tobte.[82]

Letztlich findet jedes Charakteristikum von Gernhardts essayistischer Dichtungskunde eine Entsprechung in einem poetologischen Gedicht. Glanz und Elend des Reims thematisiert ANNO 24 (BESTERNTE ERNTE). Die Lust an der Präzision wird etwa in SPRECHEN UND SCHWEIGEN, dem letzten Gedicht in WÖRTERSEE gefeiert. Freude am Gelingen drückt WARUM DAS ALLES? (KÖRPER IN CAFÉS) aus. Die dichterische Verarbeitung des Leids und die lindernde Wirkung auf den Leser analysiert Gernhardt in ARME DICHTERIN[83] (in WEICHE ZIELE) – also *bevor* sein eigenes Leiden in HERZ IN NOT und DIE K-GEDICHTE zentral wird, und auch deutlich vor seinen essayistischen Erforschungen des Themas.[84] Das Lob der Textökonomie singt und exemplifiziert das Gedichtpaar LIED DES MÄDCHENS und LIED DES MÄDCHENS IN DER KURZFASSUNG FÜR DEN EILIGEN GEDICHTLESER (in LICHTE GEDICHTE). Und auch die profan-ökonomischen Rahmenbedingungen der Lyrik, die Gernhardt in seiner Essayistik nicht ausklammert,[85] bedichtet er in XV HEIMKEHR (in KLAPPALTAR[86]). Mit dem COUPLET VOM HAUPTSTADTROMAN (in BERLINER ZEHNER) demonstriert Gernhardt die Reaktionsfähigkeit des Gedichts auf kurrente Sprache und aktuelle Debatten im Wettstreit mit anderen Gattungen. Das Dichten als Selbsterkenntnis schildert das sehr persönliche Gedicht STIMMEN IM KOPF. 1. JUNI

---

[82] Vgl. dazu Günter Scholdt: AUTOREN ÜBER HITLER sowie Gustav Seibt: ZWEITE UNSCHULD.

[83] Es handelt um das vierte Gedicht im Zyklus WELT DER LITERATUR, der sich bemerkenswerter in der Abteilung UNTER GEIERN von WEICHE ZIELE findet und Texte auch »zum Literaturbetrieb« enthält.

[84] Gernhardt: KANN ES DAS DICHTEN RICHTEN? Dort bemerkt Gernhardt ausdrücklich, daß er sich zehn Jahre vor dieser Rede (die er 2004 hielt, also 1994) nicht Heines Leidensgedichten gewidmet hätte, sondern seiner Komik (S. 13f.).

[85] Vgl. etwa Gernhardt THESEN ZUM THEMA (in GEDANKEN ZUM GEDICHT, S. 9–17) und KEIN WÖRTCHEN FÜR DEN WÖRTERSEE (in GESAMMELTE GEDICHTE. 1954–2006, S. 1025–1028).

[86] Das Gedicht entstammt dem Zyklus LIED DER BÜCHER ODER JUNI MIT HEINE.

(in IM GLÜCK UND ANDERSWO[87]). Im SONETT VON DER GEBURT EINES KRITIKERS (in DIE K-GEDICHTE) wird die ständig dräuende Kränkung des Dichters durch den Kritiker deutlich sowie die Möglichkeit, auf Kritik zu reagieren. Das Dichten in seiner Qualität als Prozeß und dessen Rekonstruktion mit Hilfe der Aufzeichnungen des Dichters – ein Verfahren, das Gernhardt selbst für NACHDEM ER DURCH METZINGEN GEGANGEN WAR unternahm –,[88] stellt er selbstironisch-uneigentlich gebrochen in GENIAL (SPÄTER SPAGAT) dar. Überhaupt ist in Rechnung zu stellen, daß Gernhardts Gedichte in sehr vielen Fällen eine ironische Lesart zulassen. Stärker noch als in seiner Essayistik spielt er mit der Erwartungshaltung des Lesers und dessen mitgedachtem Widerspruch.

»*als ob nicht wenigstens ein Steg trage von der Produktion zur Reflexion und umgekehrt*«[89]

Besonders aufschlußreich für die Gernhardt-Philologie sind jene Ausführungen, in denen der Autor eigene Gedichte zitiert und analysiert. Bedeutsam sind diese Ausführungen nicht zuletzt deshalb, weil sie – über den Erweis seiner Fertigkeiten hinaus – eine individuelle Handschrift und ein persönliches Programm erkennen lassen: es geht darum, die Rolle der existentiell involvierten Person mit der Funktion des Poeta doctus aufs engste zu korrelieren. Immer öfter und immer gezielter greift er dabei auf selbst erprobte Techniken und Verfahrensweisen zurück; einiges davon ist publiziert, vieles noch zu entdecken, da Gernhardt die Gelegenheit, sich und sein Tun zu erklären, auch in Briefen gern genutzt hat. Selbst von seinen Lesungen und Vorlesungen dürfte so manches dokumentiert sein, was seine Deutungskunst belegt oder uns einen Begriff von der Spontaneität und Virtuosität des Dichters vermittelt. Ein Beispiel aus der vierten Frankfurter Poetikvorlesung mag diesen Ein-

---

[87] Es handelt sich um das dritte Gedicht des Zyklus MONTAIESER MITTAGSGEDICHTE.
[88] Gernhardt: WINTERREISE in GESAMMELTE GEDICHTE 1954–2006, S. 1040ff.
[89] Gernhardt: WAS EINER IST, WAS EINER WAR, BEIM SCHEIDEN WIRD ES OFFENBAR (in ALLES ÜBER DEN KÜNSTLER, S. 296).

druck belegen, denn einen Zwischenapplaus beantwortet Gernhardt, Brecht und Jesus paraphrasierend, wie folgt: »Ja, auch das sei bedankt. Ich habe Ihnen den Beifall nicht abverlangt, aber wenn er dann kommt, dann lasset ihn zu mir kommen.«[90]

Wer Gernhardts Dichtungskunde als lustvoll, engagiert und existentiell klassifiziert, sollte im gleichen Atemzuge ihre gedankliche und begriffliche Schärfe ansprechen: Präzision verbindet sich hier mit einem gelösten Duktus, wie man ihn sonst vielleicht in einer Rhetorik alter Schule vermuten möchte. Umsichtig wandert der Dichter und Essayist durch das Haus der Poesie, einem jeden Raume Bedeutung zuweisend, seiner Funktion entsprechend. Plausibilität und Stimmigkeit sind dabei Maßgabe auch der Theorie – sie darf nicht anders beschaffen sein als das gute Gedicht: »Gut gefühlt/Gut gefügt/Gut gedacht/Gut gemacht«. Die genuin literarische Qualität seiner Poetik erwächst genau aus diesem Anspruch.

Gernhardts Feldforschungen dienten nicht zuletzt der eigenen Kanonisierung. Die Beschäftigung mit Klassikern und Weggefährten, mit klassischen und modernen Formen, mit historischen und zeitgenössischen Stoffen erst erschafft das Bezugsfeld, in dem der Autor verortet werden möchte. Spätestens mit Erscheinen seines Gedichtbandes KÖRPER IN CAFÉS (1987) nahm ihn das Feuilleton als Lyriker wahr, wodurch er freilich auch neue Spielarten der Kritik erfuhr. Denn einige Stimmen, die sein Werk ausschließlich unter Komik verbucht hatten, sahen ihn plötzlich in die Domäne ›ernsthafter Lyrik‹ einbrechen und schienen dies bedauern zu müssen. Insgesamt aber hat hier eine zwar verspätete, jedoch machtvolle Rezeption eingesetzt, die auch von seiner dichtungskundlichen Begabung profitierte: Gernhardt erwies sich als hervorragender Vermittler seiner Profession. Bezogen auf das eigene Werk war er sogar dem literaturwissenschaftlichen wie auch dem literaturkritischen Zugriff oft eine Nasenlänge voraus: immer noch beschränken sich manche Gernhardt-Philologen auf das Nachbeten seiner Theorien, noch sind unabhängige, originäre Positionsbestimmungen wie die Gustav Seibts selten.

---

[90] Das Zitat ist, da wir kein Wortprotokoll bieten, sondern dem Vorlesungsmanuskript folgen, der im HörVerlag erschienenen CD (München 2010) zu entnehmen.

»Hab der Welt ein Buch geschrieben«[91]

Die Verbesserung von Gedichten ist ein zentrales Anliegen seiner poetologischen Grenzgänge zwischen Literatur und Kritik. Ob Gernhardt dabei mit der Einsicht der Dichtenden gerechnet hat? Die toten konnte er ohnehin nicht erreichen, aber auch die lebenden erwiesen sich nicht immer als belehrbar. Der quicklebendige Poet Günter Kunert jedenfalls ließ sein Bomarzo-Gedicht in der Auswahl SO UND NICHT ANDERS (2002) unverändert erneut erscheinen, obgleich Gernhardt ihm sachliche Fehler nachgewiesen hatte.[92]

Für diese weitgehende Resonanzlosigkeit seiner Bemühung um das gute, das bessere, das verbesserte Gedicht mag es viele Gründe geben, auch ganz prosaische. Denn als Gernhardt seine erste Zwischensumme poetologischer Arbeiten 1990 zu der Auslese GEDANKEN ZUM GEDICHT versammelt, läßt sein Zürcher Verlag sie prominent und doch verlegerisch halbherzig als ›Haffmans Taschenbuch 100‹ erscheinen: Offenbar hat man im Verlag dieser Textsammlung, die dem Hauptprogramm gut anstünde, keinen größeren Widerhall zugetraut. Zwar berief sich Peter Rühmkorf ausdrücklich auf Gernhardts Begriff der (Lyrik-) »Hämmer«[93] und teilte auch den Befund, daß es von diesen in der zeitgenössischen Lyrik zu wenig gäbe. Eine grundlegende Diskussion der Gernhardtschen Thesen zum Thema ist aber ausgeblieben, was schade ist, denn sie sind suggestiv gearbeitet und bieten Zündstoff für eine grundsätzliche Verständigung über das Gedicht und speziell über das Lyrikverständnis des Dichters. So mündet sein erster Argumentationsstrang in die These, das Gedicht sei »kurz, also rasch zu rezipieren«. Jedenfalls ist es schneller gelesen. Doch ist es deshalb rasch zu rezipieren«? Ist es nicht gerade das Kennzeichen von Lyrik, daß sie die intensive

---

[91] Die Zeile entstammt Gernhardts Gedicht DIE WELT UND ICH (aus WÖRTERSEE).
[92] Vgl. Gernhardt: DARF MAN DICHTER VERBESSERN? (in GEDANKEN ZUM GEDICHT, S. 57 f.). Gernhardts Kritik bezieht sich auf Kunerts VERLANGEN NACH BOMARZO, S. 29 f. – Doch muß eingeräumt werden, daß in Kunerts »Erinnerungen« der »Parco dei Mostri« richtig geschrieben wird. Vgl. ders.: ERWACHSENENSPIELE, S. 322.
[93] Peter Rühmkorf: RÜHMEN UND AM LATTENZAUN DER MARKTNOTIERUNG RÜTTELN.

und kreative Lektüre und Relektüre erfordert? Ist es nicht gerade seiner Dichte und formalen Gestalt geschuldet, daß wir – im Verhältnis – dem Gedicht mehr Zeit widmen müssen als der Prosa? Es gibt eben verschiedene Arten, Gedichte zu ›rezipieren‹: diejenige, die ›hell und schnell‹ das Wesentliche erfaßt, und diejenige, die nach allen Regeln der Interpretationskunst vorgeht, die umsichtig, für andere nachvollziehbar den Gehalt des Gesagten und nicht Gesagten, der formalen wie inhaltlichen Aspekte aufbereitet, eine Analyse, die der Komplexität des Gedichts angemessen ist.

Das zeigt: So prononciert und verführerisch Gernhardts Thesen sind, so diskutierenswert sind sie auch, zumal uns seine eigenen Gedichte, die leichtfüßig-nonsenshaft konventionellen ebenso wie die raffiniert gebauten, gewaltige Kopfnüsse aufgeben können. So bedarf es, wie Kurt Flasch demonstrierte, keines geringen intellektuellen Formats, das Gedicht vom SCHNABELTIER auszulegen, und eines hohen persönlichen Einsatzes, es auf den Punkt zu bringen.[94]

Gernhardts THESEN ZUM THEMA zielen darauf, Lyrik zur herausragenden »Mitteilungsform« zu bestimmen, die in der Vergangenheit hoch geschätzt gewesen sei, in der Gegenwart aber an Bedeutung verloren habe. Dieser Bedeutungsverlust, so seine These, ergebe sich aus formalen wie inhaltlichen Aspekten zeitgenössischer Lyrik. Die Lyriker treffe eine Mitschuld: »Allzu häufig nämlich stellt sich heraus, daß der viele weiße Raum nicht dazu dient, sprachlicher, emotionaler oder intellektueller Essenz den gebührenden Platz und Rahmen zu geben, sondern daß er als auratisierendes Passepartout mißbraucht wird, um ziemlich privaten Kurzmitteilungen von erheblicher Nichtigkeit größtmöglichen Respekt zu erschleichen.«[95]

Eine Diskussion dieser These hätte am Literaturbegriff ansetzen können. Wenn gelten soll, daß alle Privatheit durch Literarisierung transzendiert wird, dann – so könnte eine Gegenthese lauten – spielt die Nichtigkeit oder Erhabenheit der »Kurzmitteilung« keine Rolle, denn das Gedicht, zu dem sie wurde, enthebe sie der Nichtigkeit, und zwar

---

[94] Kurt Flasch: DAS SCHNABELTIER, S. 16–21. Das Gedicht entstammt dem Zyklus TIERWELT – WUNDERWELT aus DIE WAHRHEIT ÜBER ARNOLD HAU.
[95] Gernhardt: THESEN ZUM THEMA (in GEDANKEN ZUM GEDICHT, S. 13).

unabhängig davon, wie hoch der persönliche, sprachliche, emotionale oder intellektuelle Einsatz des Autors war – denn es dürfte einige nichtige Anlässe geben, die in großen Gedichten verhandelt werden. Als Beispiel könnten etliche Gedichte genannt werden, die Gernhardt selbst Jahre später in SCHLÄFT EIN LIED IN ALLEN DINGEN?[96] für eine erfolgreiche Poetisierung des Alltags genannt hat.

Schon dies zeigt, daß eine solche Diskussion nicht in einer Widerlegung einer von zwei sich ausschließenden Positionen münden müßte, daß vielmehr eine Klärung hätte erfolgen können, wie viel Nichtigkeit des Anlasses ein großes Gedicht verträgt, ob ein besonderer Kunstverstand nötig ist, um gerade das Nichtige zu erhöhen, oder unter welchen Voraussetzungen auch umgekehrt der Nichtigkeit des Anlasses mit einfachen Mitteln begegnet werden kann, ohne in Beliebigkeit zu enden. Wir sind überzeugt, daß Gernhardt auf diese Fragen höchst kompetente und unterhaltsame Antworten gefunden hätte, und mitunter hat er die recht harschen Thesen aus GEDANKEN ZUM GEDICHT in seinen späteren Äußerungen auch selbst – und ohne öffentliche Diskussion – relativiert.[97]

Gernhardts Gedanken wären also zu diskutieren – und es macht geradezu ihren Reiz aus, daß sie streitbar Gegenposition zu den geläufigen Überzeugungen bezogen haben. Man muß ihnen dabei keineswegs bedingungslos folgen, um den heuristischen Wert der Argumente zu erkennen. Seine Autorentheorie ›siedelt‹ nicht von ungefähr im »noch wenig kartographierte[n], schwer feststellbare[n] Grenzterrain, in welchem selbst Theorie und Praxis nicht mehr sauber voneinander geschieden werden können«[98], und ist demgemäß durch eine doppelte Fokussierung charakterisiert: Sie ist zunächst einmal auf das eigene Schaffen bezogen, bedarf aber auch der Parameter jenseits des Eigenen: Wie machen es die anderen? Was ist ihnen gelungen, was nicht? Was kann man ihnen abschauen, was muß man ihnen vorhalten?

Begriff sich Gernhardt lange als Lernender, so versteht er sich zum

---

[96] Gernhardt: SCHLÄFT EIN LIED IN ALLEN DINGEN? (in diesem Band, S. 138).
[97] Gernhardt: DIE MIT DEM HAMMER DICHTEN (in diesem Band, S. 64).
[98] Gernhardt: WAS EINER IST, WAS EINER WAR, BEIM SCHEIDEN WIRD ES OFFENBAR (in ALLES ÜBER DEN KÜNSTLER, S. 296).

Schluß auch als Lehrender, denn seine Poetikvorlesungen folgen dem Impuls, die kaum oder zu wenig geführte Debatte über den Wert und Unwert lyrischen Sprechens für unsere literarische Kultur in die Öffentlichkeit zu tragen und aus der Perspektive des handwerklich versierten Poeta doctus zu diskutieren. Seine Vorträge bestechen durch ihre gelungene Mischung aus Freundlichkeit und Verbindlichkeit, Helligkeit und Schnelligkeit – und Schärfe und Polemik. Als Polemik lesbar, enthält seine Apodiktik vor allem Thesen und weniger »Rechtfertigungen«.[99] Von der ersten Textsammlung, den GEDANKEN ZUM GEDICHT (1990) angefangen, bis hin zu den Poetikvorlesungen spricht ein starkes, ungebrochenes Sendungsbewußtsein aus seiner Autorentheorie und entspricht im Kern einer Produktionsästhetik. Im Unterschied zu Rühmkorf jedoch, der als Poetologe über die Zeitläufte hinweg pamphletistisch-scharf auf die Dichter zielte, entwickelte Gernhardt eine eher ausgleichende Dichtungskritik. In GEDANKEN ZUM GEDICHT dominiert noch Gernhardts Abgrenzung vom etablierten zeitgenössischen Lyrik-Betrieb. Seine damalige Intention ist, sich von den gängigen Sprechweisen *zu scheiden*, zu erklären, warum er diesen Weg nicht geht. In seinen späteren Texten, insbesondere den Poetikvorlesungen, nimmt er stärker auf seine eigene Lyrik Bezug, sieht in ihr einen Weg – keinesfalls den einzigen, aber doch einen gangbaren Ausweg – aus der Aporie, die er 1990 schilderte. Weggenossen, zeitgenössische Autoren also wie Rühmkorf oder Enzensberger werden hier deutlicher sichtbar, auch klarer als Vorbilder benannt, Gernhardt *siebt* also stärker unter den Gegenwartsdichtern. Vor allem aber rückt Gernhardt mehr in den Vordergrund, den Hörer und Leser daran teilhaben zu lassen, wie Gedichte entstehen – wie Gernhardt selbst ein Gedicht *macht*.

Wenn ihr poetologischer Impuls nicht immer ohne den polemischen auskommt, so tragen ihm seine Argumente doch auch viel Anerkennung ein: Die Ehrendoktorwürde der Universität Freiburg (Schweiz) gilt ausdrücklich auch dem Poetologen Gernhardt und seiner Dichtungstheorie der Praxis. Die heftigsten Anwürfe erntet Gernhardt ausgerechnet für den Titel seiner Vorlesungen »Was das Gedicht alles kann: Alles«. Seine

---

[99] Gernhardt: HERR GERNHARDT, WARUM SCHREIBEN SIE GEDICHTE? DAS IST EINE LANGE GESCHICHTE (in GEDANKEN ZUM GEDICHT, S. 18).

Gegner übersehen, daß er nicht von *seinem* Gedicht spricht, sondern von »dem Gedicht«, also dem »Gedicht aller Zeiten, Räume, Sprachen und Dichter« – wie Robert Gernhardt in einem Brief an einen Kritiker festhält.[100] Seine Losung mag hochfahrend sein, hochmütig ist sie nicht. Möge sie sich durchsetzen.

---

[100] Gernhardt, unveröffentlichter Brief an Christoph Schröder (Frankfurter Rundschau) vom 3.12.2002.

»IN DIESEM BUCH STEHT ALLES DRIN:«[1]
Editionsbericht

Im Mai 2001 hielt Robert Gernhardt seine vierteilige Poetik-Vorlesung an der Johann Wolfgang Goethe-Universität zu Frankfurt am Main unter dem Generalthema WAS DAS GEDICHT ALLES KANN: ALLES. Er entschied sich, seine Vorlesung nicht wie üblich im Rahmen der edition suhrkamp zu veröffentlichen, sondern sie für eine spätere, umfangreichere ›Poetik‹ aufzubewahren. Vermutlich gehen also Gernhardts Überlegungen, seine poetologischen Texte in einen größeren Zusammenhang zu stellen, auf das Jahr 2001 zurück. Schon ein dreiviertel Jahr später, im Februar 2002, realisierte er unter demselben Obertitel an der Universität Essen eine diesmal fünfteilige Poetik-Vorlesung. Seine letzte, ebenfalls fünf Vorträge umfassende Vorlesung schließlich stand im Januar und Februar 2006 an der Heinrich-Heine-Universität Düsseldorf unter der Überschrift LEIDEN, LIEBEN, LACHEN. In einer Liste künftiger Projekte vom 2. Juni 2006 – genau vier Wochen vor seinem Tod – nennt Gernhardt als eine Position: »Poetik – liegt als Vorlesung vor; muß ergänzt werden durch die Suche nach sämtlichen anderen poetologischen Texten, die ich noch so verfaßt habe.« Er wollte den Poetik-Band als drittes Projekt – nach SPÄTER SPAGAT und DENKEN WIR UNS – noch selbst in Angriff nehmen, kam aber leider nicht mehr dazu.

Die ›Poetik-Vorlesung‹ ist ein vielgestaltiger Textkorpus: In seinen Essener und Düsseldorfer Vorträgen griff Gernhardt teilweise inhaltlich auf seine schon gehaltenen Vorlesungen zurück und paßte sie den lokalen und aktuellen Gegebenheiten an, teilweise erweiterte er sie inhaltlich erheblich, teilweise konzipierte er sie völlig neu. Das bedeutet im einzelnen: Drei Vorlesungen, nämlich VON NICHTS KOMMT NICHTS, DIE MIT DEM HAMMER DICHTEN und SCHMERZ LASS NACH, wurden in jeweils drei verschiedenen ›Fassungen‹ gehalten. Von einer Vorlesung, nämlich ORD-

---

[1] Robert Gernhardt: HIER SPRICHT DER DICHTER, S. 91.

NUNG MUSS SEIN, liegen zwei Fassungen vor; drei Vorlesungen endlich, nämlich SCHLÄFT EIN LIED IN ALLEN DINGEN?, WAS BLEIBT? sowie die in diesem Band LEBEN IM LABOR betitelte, wurden jeweils nur einmal vorgetragen – wobei der letztgenannte Vortrag in Düsseldorf unter ORDNUNG MUSS SEIN firmierte, dem Titel also, unter dem in Frankfurt und Essen ein ganz anderer Vortrag gehalten wurde.

Unsere Auswahl für diesen Band haben wir nach folgenden Grundsätzen getroffen:

(1) Wir wollten die Überlegungen, die Gernhardt in seinen Vorlesungen als dem Kernstück seiner Poetik ausgeführt hat, möglichst vollständig versammelt wissen.

(2) Es war unser Ziel, bezogen auf die einzelne Vorlesung, möglichst konsequent *einer* von mehreren Fassungen zu folgen.

(3) Wir haben versucht, die Lesbarkeit der Vorlesungen als Gesamttext zu wahren, insbesondere Wiederholungen zu vermeiden.

Es liegt auf der Hand, daß diese drei Ziele miteinander konfligieren. Jede ›einfache‹ Lösung verletzt einen der genannten Grundsätze empfindlich: Wären wir ausschließlich den Vorlesungen einer einzigen, zum Beispiel der Frankfurter Reihe gefolgt, hätte dies zwar dem zweiten und dem dritten Grundsatz entsprochen, doch hätte eine Abweichung vom ersten Ideal darin gelegen, daß wir damit auf drei Einzel-Vorlesungen entweder komplett hätten verzichten müssen, oder doch darauf, sie in den Kontext der Gesamt-Vorlesung zu stellen. Die vollkommene Umsetzung des ersten und zweiten Grundsatzes hätte in der Wiedergabe aller 14 gehaltenen Einzelfassungen gelegen – unter Inkaufnahme größerer Wiederholungen.

Wir haben deshalb den ersten Grundsatz betont und die Lösung gewählt, *alle* sieben Einzelvorlesungen, die Teil mindestens einer Vorlesungsreihe waren, in eine Gesamtfolge zu stellen. Bei Vorträgen, die in unterschiedlichen Versionen gehalten wurden, geben wir jeweils in der ersten unserer Anmerkungen (ab S. 556) an, welcher Fassung wir folgen. Oft ist das die letzte, am stärksten ergänzte und erweiterte Fassung. Als Ausnahme vom zweiten Grundsatz halten wir es aber für vertretbar, Kürzungen, die Gernhardt offensichtlich nur aus Zeitgründen vornahm – etwa um eine thematische Erweiterung der Vorlesung gegenüber der Vorgängerfassung auszugleichen –, wieder rückgängig zu machen. Dazu sehen wir uns aufgrund der Textlage berechtigt, denn die nur ad hoc herausgekürzten (per Hand durchgestrichenen) Passagen sind Teil der jeweiligen Vorlesungsunterlagen geblieben. Das Gekürzte wieder hereinzunehmen, bedeutet nicht mehr, als die größeren formalen Freiheiten des Buches gegenüber dem Vortrag zu nutzen.

Variiert hat Gernhardt von Reihe zu Reihe auch die Art, die einzelnen Vorlesungen zu betiteln: Standen in Frankfurt die Titel für sich allein, faßte er in Essen jede Vorlesung in einem erläuternden Satz zusammen. In Düsseldorf reduzierte er diese Sätze zu Untertiteln. Die Essener Zusätze und Düsseldorfer Untertitel sowie die Daten, an denen die Vorlesungen gehalten wurden, sind in den Nachweisen (ab S. 581) dokumentiert, während wir die wichtigsten inhaltlichen Unterschiede zwischen den einzelnen Versionen in den Anmerkungen (ab S. 556) dargelegt haben.

Die geringfügigen Überschneidungen zwischen den hier nacheinander folgenden Vorlesungen ORDNUNG MUSS SEIN und LEBEN IM LABOR (die wohlgemerkt in keiner Vorlesungsreihe gemeinsam gehalten wurden) erschienen uns hinnehmbar. Auch sie sind in unseren Anmerkungen dokumentiert.

Die Texte der Vorlesungen liegen jeweils als handschriftlich überarbeitetes Typoskript vor. Außerdem existieren Computerdateien, die den Typoskripten entsprechen. Ausnahmen hiervon weisen wir in der jeweils ersten Anmerkung zur Einzelvorlesung nach, wobei wir den Terminus ›Manuskript‹ für handgeschriebene Aufzeichnungen reservieren. Daneben enthalten die Vorlesungskonvolute Fotokopien, in der Regel von Gedichten, die in den Vortrag einflossen. Nicht immer ließ sich mit letzter Sicherheit klären, ob Gernhardt die Texte im Vortrag gänzlich oder auszugsweise zitierte. Im Zweifel haben wir uns für die vollständige Wiedergabe entschieden. Wenn Gernhardt ein Gedicht zitierte, das in verschiedenen Versionen veröffentlicht vorlag, haben wir in der Regel die Fassung berücksichtigt, die sich aus den Vorlesungsunterlagen ergibt oder diesen in Kopie beiliegt. Bei einigen von Gernhardts Gedichten ergeben sich dabei auch Varianten zu den bislang veröffentlichten Fassungen, die wir in den Anmerkungen dargestellt haben. Bezüglich anderer Gedichte ließ sich die Herkunft der Kopien nicht immer zweifelsfrei bestimmen. Soweit den Unterlagen kein Abdruck des Gedichts beilag, dieses aber in

HELL UND SCHNELL aufgenommen wurde, haben wir uns für die dort berücksichtigte Fassung entschieden.

Grundsätzlich folgen wir den schriftlichen Vorlesungsunterlagen und geben kein Wortprotokoll der tatsächlich gehaltenen Vorlesung. Gernhardt war auch insoweit ein ausgezeichneter Vortragender, als er sich gegebenenfalls von dem vorformulierten Text zu lösen wußte, sei es, um etwas ganz Aktuelles einfließen zu lassen, sei es, um Reaktionen des Publikums oder auch die Störung durch ein klingelndes Handy schlagfertig zu kommentieren. Seine Vortragskunst kann anhand der im Hörverlag veröffentlichten Live-Mitschnitte studiert werden. Auch die interaktiven Elemente in Gernhardts Vorlesungen (»Hausaufgaben«[2]) haben in den ausformulierten Unterlagen[3] keinen Niederschlag gefunden, folglich bleiben sie in diesem Band unberücksichtigt. In einzelnen Zweifelsfällen haben wir zur Rekonstruktion der Vorlesung auf die Mitschnitte zurückgegriffen und dies in den Anmerkungen entsprechend ausgewiesen.

Gernhardt hat in seinen Vorlesungen mitunter so anlaß- und situationsbezogen argumentiert und zitiert, daß man aus ihnen ersehen kann, wo die Vorträge gehalten worden sind.[4] Diese kontextbezogene Sprechweise haben wir so belassen, denn die hier dokumentierten sieben Vorlesungen wurden eben nicht an einem Ort, sondern innerhalb von sechs Jahren an drei verschiedenen Orten gehalten. Wir haben deshalb solche

---

[2] Gernhardt gab den Zuhörern als »Hausaufgabe« auf, weitere Variationen zu NACHT DER DEUTSCHEN DICHTER (in Frankfurt und Essen) beziehungsweise zu BILDEN SIE MAL EINEN SATZ MIT ... (in Düsseldorf) zu schreiben und las die besten Einsendungen in einer der nächsten Stunden vor. Vgl. auch unsere Anmerkung S. 561 zu ORDNUNG MUSS SEIN. Über die Ergebnisse geben außer den im Hörverlag veröffentlichten Live-Mitschnitten im ersten Fall die Anmerkungen in GESAMMELTE GEDICHTE 1954–2006 (S. 1033 ff.) Auskunft, im zweiten Fall Robert Gernhardt, Klaus Cäsar Zehrer (Hgg.): BILDEN SIE MAL EINEN SATZ MIT ..., Frankfurt/M. (Fischer-Taschenbuch) 2007.
[3] Für Düsseldorf finden sich als Vorspann vor zu SCHMERZ LASS NACH – allerdings sehr lockere – Stichpunkte für die Vorstellung der Ergebnisse. Auch der Umstand, daß Gernhardt nach dieser Vorstellung noch einmal ganz neu mit der Vorlesung, einschließlich Begrüßung, ansetzt, belegt in unseren Augen die Richtigkeit, die ›Hausaufgabenbesprechung‹ als von der eigentlichen Vorlesung geschieden zu sehen.
[4] Beispielsweise VON NICHTS KOMMT NICHTS (in diesem Band, S. 11) und LEBEN IM LABOR (in diesem Band, S. 102).

Hinweise auf den situationellen Kontext (etwa Gernhardts Bezugnahme auf eine Passage »meiner letzten Vorlesung«[5]) in den Anmerkungen entsprechend erläutert. Entbehrlich erschienen uns lediglich vereinzelte Ausleitungsfloskeln, etwa Hinweise auf Ort und Zeit der kommenden Vorlesung; sie haben wir, selbst wenn sie schriftlich ausformuliert waren, nicht für den Druck übernommen.

Bei der Suche nach »anderen poetologischen Texten« sind wir von Gernhardts Sprachgebrauch ausgegangen, der auch in den Vorlesungen dokumentiert ist und – in Abweichung von der germanistischen Fachterminologie – ›Poetik‹ auf die Poetik der Lyrik beschränkt. Gernhardts zahlreiche Beiträge zur Poetologie der Satire (unter anderem aus LETZTE ÖLUNG) sowie komischer Texte (unter anderem aus WAS GIBT'S DENN DA ZU LACHEN?) haben wir daher nicht berücksichtigt. Nicht als Texte zur Poetologie gewertet haben wir die Anmerkungen zu *einzelnen* Gedichten im Anhang der GESAMMELTEN GEDICHTE – denn sie erfolgten in Gestalt von Nachweisen und scheinen uns eher eine Kommentierungsfunktion zu haben.

Die oben dargelegten Grundsätze haben wir mutando mutandis auf die Ergänzung der Vorlesungen um andere poetologische Texte angewandt. Dabei erschienen uns einerseits Überschneidungen zwischen den Vorlesungen und den weiteren Texten sowie innerhalb der letztgenannten eher vertretbar als innerhalb der Vorlesungen, die das Zentrum der Poetik bilden. Denn es versteht sich, daß bei einer Sammlung einzelner Texte, die aus den unterschiedlichsten Anlässen in einem Zeitraum von neunzehn Jahren entstanden sind, bestimmte Gedanken oder Aspekte mehrfach auftauchen. Andererseits konnten wir aus schlichten Platzgründen längst nicht jeden poetologischen Text aufnehmen, der uns wichtig erschien, sondern mußten uns auf eine Auswahl beschränken.

Wenn wir uns entschieden haben, die Aufsätze aus GEDANKEN ZUM GEDICHT *nicht* zu berücksichtigen, dann zum einen aus dem pragmatischen Argument, daß sie über diese Sammlung schon relativ gut zugänglich sind. Zum anderen griff Gernhardt in unterschiedlichen Zusammenhängen seiner Vorlesungen Überlegungen aus diesen frühen

---

[5] LEBEN IM LABOR (in diesem Band, S. 102).

Aufsätzen wieder auf, und zwar gerade solche, die Grundfragen der Lyrik betreffen, etwa ihre Abhängigkeit von der Regel oder ihren sinkenden Einfluß auf das kollektive Sprachbewußtsein. Dabei zitierte Gernhardt an einer Stelle seine damaligen Überlegungen sogar wörtlich und reduzierte sein altes Urteil in der Schärfe. Insoweit sind wir davon ausgegangen, daß Gernhardt seinen Überlegungen in den Vorlesungen die letztverbindliche Gestalt geben wollte. Auch auf andere bedeutsame Texte haben wir verzichtet, wenn ihr Gehalt zu einem Großteil in den Vorlesungen aufgegangen ist. Um diese Entwicklung nachvollziehbar zu halten, haben wir auf die Vorgängerversion(en) teilweise auch mit ihren Unterschieden in den Anmerkungen verwiesen (so zum Beispiel zu SCHLÄFT EIN LIED IN ALLEN DINGEN?). Was diese vergleichenden Nachweise betrifft, erheben wir keinesfalls den Anspruch auf letzte Vollständigkeit, zumal Gernhardts Autorentheorie ungeachtet seiner Präzisierungen den Begriff des ›poetologischen Textes‹ schillern läßt und eine Fülle von Übergangsformen ermöglicht.

Wir haben bei der Auswahl von Texten und bei der Akzeptanz gewisser Überschneidungen auch berücksichtigt, daß einige Texte in einem seriellen Zusammenhang stehen, der Vollständigkeit wünschenswert erscheinen läßt. Das gilt etwa für die jeweils elf Texte, die Gernhardt in der FRANKFURTER ANTHOLOGIE und der Zeit-Serie FRAGEN ZUM GEDICHT (von Gernhardt selbst oft als »Lyrikwart« bezeichnet, obwohl dieser Ausdruck nicht in jedem Text der Serie fällt) veröffentlichte. Daß sich in beiden Folgen jeweils ein Text befindet, der auf Peter Hacks' Gedicht ROTE SOMMER eingeht, bedingt Wiederholungen, die uns aber wesentlich besser vertretbar erschienen, als eine der genannten Serien nur unvollständig aufzunehmen. Unter demselben Aspekt haben wir die ersten beiden Gedichtinterpretationen Gernhardts, die in der FRANKFURTER ANTHOLOGIE erschienen sind, hier berücksichtigt, obwohl sie auch in GEDANKEN ZUM GEDICHT abgedruckt waren.

Unsere Gliederung des Bandes orientiert sich an den anderen großen theoretischen Sammlungen Gernhardts, also an WAS GIBT'S DENN DA ZU LACHEN? und an DER LETZTE ZEICHNER. Wir haben in Anlehnung an diese beiden ›großen Theoriebände‹ sowie auch an GEDANKEN ZUM GEDICHT nur ausnahmsweise Nachweise für die von Gernhardt zitierten Texte erbracht. Diese Leistung wäre nur bei der Ergänzung des Textes um Fußnoten bzw. um einen Stellenkommentar sinnvoll gewesen. Fußnoten aber erschienen uns als zu großer Eingriff in den Text, wie ihn sich Gernhardt höchstwahrscheinlich zur Veröffentlichung vorgestellt hat. Ausnahmen betreffen insbesondere solche Gedichte von Gernhardt, die sonst nicht leicht auffindbar sind, etwa weil sie Gernhardt in der Vorlesung mit einem Untertitel zitiert, der durch den Index der GESAMMELTEN GEDICHTE 1954–2006 nicht ermittelt werden kann; hier haben wir in den Anmerkungen entsprechende Nachweise erbracht.

Soweit uns für bereits erschienene Texte die entsprechenden Typoskripte und Computerdateien Gernhardts vorlagen, haben wir die Fassungen miteinander verglichen und sind im Zweifelsfall Gernhardts Dokument gefolgt. Größere Varianzen sind im Anmerkungsapparat dokumentiert.

Wir weisen in unseren Anmerkungen, in unserem Nachwort SCHEIDEN, SIEBEN, MACHEN sowie in diesem Editionsbericht selbständig erschienene Titel in VERSALIEN, unselbständige in KAPITÄLCHEN aus. WAS GIBT'S DENN DA ZU LACHEN? zielt folglich auf den erstmals 1988 erschienenen und zwanzig Jahre später auch als Fischer Taschenbuch vorliegenden Band zur Komik-Kritik. Mit WAS GIBT'S DENN DA ZU LACHEN? ist hingegen der unselbständig veröffentlichte Beitrag gemeint, der zuerst in der Wochenzeitung *Die Zeit* erschienen ist und auch in diesen Band aufgenommen wurde.

Offenkundige Unrichtigkeiten, wie Ungenauigkeiten beim Zitieren oder falsche Lebensdaten, haben wir stillschweigend korrigiert. Zweifelsfragen haben wir in den Anmerkungen niedergelegt.

Wir danken dem HörVerlag und der Heinrich-Heine-Universität für die Überlassung der Vorlesungsmitschnitte. Für Hinweise und wertvolle Auskünfte danken wir Herrn Professor Jochen Vogt von der Universität Essen und Herrn Günther Opitz, der bis 2006 das Werk Robert Gernhardts im S. Fischer Verlag betreute. Bedankt seien für Recherchen und vielfältige Unterstützung bei der Erfassung der Texte Hans Braam, Susanne Hagestedt, André Kischel, Matthias Kubitz, Sabine Landes, Esther-Maria Möller, Ragna Scharnow und Ricardo Ulbricht. Unser größter Dank aber gebührt Almut Gehebe-Gernhardt, die diese Edition vertrauensvoll in unsere Hände gelegt hat, uns bereitwillig Einblick in den Nachlaß gab, stets mit Auskünften und Ratschlägen zur Seite stand, unsere Recherchen unterstützte, unermüdlich bei der Entzifferung von Robert Gernhardts Handschrift half und uns für unsere Arbeit großherzig Gastfreundschaft gewährte.

Bei aller Hilfe, die wir erfahren durften, kann nichts darüber hinwegtäuschen, daß der vorliegende Band ein runderer, ein hellerer, ein unbeschwerterer geworden wäre, wenn Robert Gernhardt ihn noch selbst zusammengestellt hätte. Es war unser größter Wunsch, in seinem Sinne zu handeln. Ob dies gelungen ist, möge der Leser entscheiden.

ANMERKUNGEN

Vorlesungen zur Poetik

VON NICHTS KOMMT NICHTS

S. 11 Der Text folgt der Frankfurter Vorlesung. Die Düsseldorfer Fassung unterscheidet sich insbesondere in der Einleitung, die das abweichende Generalthema LEIDEN, LIEBEN, LACHEN erklärt und einen Bezug zum Heinejahr 2006 herstellt. Gernhardt führt in der Vorlesung unter anderem Überlegungen aus THESEN ZUM THEMA und HERR GERNHARDT, WARUM SCHREIBEN SIE GEDICHTE? DAS IST EINE LANGE GESCHICHTE (beide in GEDANKEN ZUM GEDICHT) sowie WAS WIRD HIER GESPIELT? (in diesem Band, S. 423 ff.) fort.
22 *Schlacht bei Issus.* Im Typoskript heißt es »Seeschlacht bei Issus«.
neunzehnhundertneunzehn – Lenin will sein' Freund sehn. Der zitierte Beitrag findet sich, neu gelesen von den Autoren, auf der Doppel-CD Robert Gernhardt, Bernd Eilert, Pit Knorr: PISA UND DIE VOLGEN, Freiburg (Audiobuch) 2008 (Live-Mitschnitt eines Auftritts von 2005), CD 1, Titel 7.
25 *kleinen Gedichtzyklus* KLASSIKER FRAGEN, ZEHRER ANTWORTET. In der Folgezeit gab Gernhardt mit Zehrer die Anthologie und die Reihe HELL UND SCHNELL heraus. In ersterer findet sich auch die Erstveröffentlichung KLASSIKER FRAGEN, ZEHRER ANTWORTET (S. 279 f.).
26 KRIMINALSONETTE. Zu den KRIMINALSONETTEN im allgemeinen und zu dem zitierten GOLD im besonderen siehe auch CRIME UND REIM (in diesem Band, S. 337 ff.).
29 *Die schärfsten Kritiker der Elche.* Dieser Zweizeiler F. W. Bernsteins erschien noch im Jahr seines Entstehens in DIE WAHRHEIT ÜBER ARNOLD HAU. Vergleiche auch DICHTER UND RICHTER (in diesem Band, S. 346).
30 *Der Nasenbär sprach zu der Bärin* und *Die Dächsin sprach zum Dachsen.* Diese Vierzeiler erschienen anders als Bernsteins Zweizeiler erst fünf Jahre nach ihrem Entstehen in pardon Juni bzw. August 1971 auf der Doppelseite WELT IM SPIEGEL in der Rubrik ANIMALEROTICA sowie in BESTERNTE ERNTE (1976). Dort finden sich kleine Varianten gegenüber der hiesigen Fassung, die dem Vorlesungstyposkript folgt.
31 *Politycki und ich tauschten solche Gedichtanfänge aus.* Siehe hierzu ausführlich GESELLIGES DICHTEN – EIN ERFAHRUNGSBERICHT (in ALLES ÜBER DEN KÜNSTLER).
ein klopstockinspirierter Vierzeiler animierte ihn zu einem langen Gedicht. Das Gedicht Polityckis mit dem Titel BUGS wurde veröffentlicht in Christoph Buchwald, Ror Wolf (Hgg.), JAHRBUCH DER LYRIK 97/98, München (C. H. Beck), 1997. Zweitab-

Anmerkungen 557

druck in ALLES ÜBER DEN KÜNSTLER. Die ersten beiden Zeilen von Gernhardts »klopstockinspiriertem Vierzeiler« zitieren fast wörtlich den Beginn von Klopstocks DER ZÜRCHERSEE. Zu dem Nachhall, den dieses Gedicht gefunden hat, siehe DIE MIT DEM HAMMER DICHTEN (in diesem Band, S. 53). Gernhardt selber verwendete den Beginn – allerdings fünfzeilig geschrieben und wie im Klopstockschen Original mit »Erfindung« statt »Erfindungen« – für sein Gedicht MUTTER NATUR (in IM GLÜCK UND ANDERSWO, 2002). Vgl. hierzu LEBEN IM LABOR (in diesem Band, S. 115 ff.).

DIE MIT DEM HAMMER DICHTEN

33 Grundlage des hier abgedruckten Textes ist die ausführlichste Fassung, nämlich das handschriftlich überarbeitete und ergänzte Typoskript, das Gernhardt für die Düsseldorfer Vorlesung verwendete. Von diesem Vortrag liegt uns keine Tonaufzeichnung vor. In zwei unten näher bezeichneten Einzelfällen haben wir zur Rekonstruktion von Überleitungssätzen auf die Essener Aufzeichnung zurückgegriffen. Gernhardt führt in der Vorlesung unter anderem Überlegungen aus DARF MAN DICHTER VERBESSERN? und GOLDEN OLDIES ODER WO ZUM TEUFEL BLEIBEN EIGENTLICH DIE LYRIK-HÄMMER DER SAISON? (beide in GEDANKEN ZUM GEDICHT) fort.

35 *Komm ins Offene, Freund.* Dieses ungenaue Hölderlin-Zitat übernimmt Gernhardt unverändert von Peter Geist (Hg.): EIN MOLOTOW-COCKTAIL AUF FREMDER BETTKANTE. LYRIK DER SIEBZIGER/ACHTZIGER JAHRE VON DICHTERN AUS DER DDR. EIN LESEBUCH. Leipzig (Reclam) 1991 (Reclam-Bibliothek 1399), S. 401.

37 *mir in einem Gedichtzyklus Klarheit zu verschaffen über das prekäre Verhältnis von Spaßmacher und Ernstmacher.* SPASSMACHER UND ERNSTMACHER erschien in KÖRPER IN CAFÉS und nahm dort das gesamte letzte Kapitel LEHRE ein.
Erst einmal das Distichon von Hölderlin komplett: In Frankfurt zitierte Gernhardt an dieser Stelle nur seinen Achtzeiler aus SPASSMACHER UND ERNSTMACHER. Im Typoskript für Essen und Düsseldorf findet sich die handschriftliche Anmerkung »Erst H. komplett«. Der hier wiedergegebene Satz entstammt dem Essener Mitschnitt. Das Distichon Hölderlins trägt den Titel DIE SCHERZHAFTEN.

38 *Und nun der Einbau eines Hölderlin-Zweizeilers in einen Gernhardt-Achtzeiler:* Dieser Satz entstammt dem Essener Mitschnitt.

47 *Ein Gedicht über Bäume.* Hervorhebung von Gernhardt.

48 *Seibt, Jahrgang 1959.* Im Typoskript fehlt die Jahreszahl, die Gernhardt offensichtlich nachtragen wollte, da die Lücke mit einem handschriftlichen Fragezeichen markiert ist.

56 *strophenweise rückwärts liest.* Diesen Passus zitiert Gernhardt auch in DER SCHILLER-PROZESS (in diesem Band, S. 239 f.).

58 *Hüte dich, bleib wach und munter!* Die Fassung dieser Zeile im Vorlesungstyposkript weicht in zwei Punkten von der in WÖRTERSEE (S. 105) ab. Statt wie in WÖRTERSEE »bleib« heißt es im Typoskript »sei«, und das Zitat endet in WÖRTERSEE mit Punkt, im Typoskript dagegen mit Ausrufezeichen. Letzteres stellt eine Präzisie-

rung des Eichendorff-Zitats dar. Ersteres ist unserer Ansicht ein unabsichtlicher Fehler und wurde hier nicht berücksichtigt.

Ein weiterer Sandwich gefällig? Gut – dann serviere ich noch einen ›Modern Sandwich‹. Diese hier einsetzende Passage findet sich als handschriftlicher Zusatz zum Manuskript und wurde ausschließlich in Düsseldorf gehalten. In Essen endete der Gang durch das »Lyrische Fitneß-Studio« mit dem »Classic Sandwich« zu Eichendorff. In Frankfurt fehlte auch dieser, statt dessen folgte auf die ›Profanierung‹ des George-Gedichts durch Enzensberger die Gernhardtsche Hofmannsthal-Paraphrase TERZINEN ÜBER DIE VERGESSLICHKEIT (aus WÖRTERSEE).

59 *Und so klingt mein Modern Sandwich.* Die Worte »Und so klingt mein« wurden eingefügt. Gernhardt hat den Übergang in Düsseldorf aller Wahrscheinlichkeit nach extemporiert.

ERINNERUNG AN DIE JUGEND DES SCHRECKENS. Diese Variation zum Enzensberger-Gedicht ERINNERUNG AN DIE SCHRECKEN DER JUGEND entstammt aus Robert Gernhardt, DIE WASSERLEICHEN DER POESIE. In seinem Band IN ZUNGEN REDEN (S. 157) resümiert Gernhardt die Entstehungsgeschichte wie folgt: »Im Frühjahr 1999 – Hans Magnus Enzensbergers 70. Geburtstag warf seine Schatten voraus – wurde ich gefragt, ob ich eine Hans-Magnus-Enzensberger-Lesung im Rahmen einer Hans-Magnus-Enzensberger-Woche im Rahmen der Salzburger Festspiele einleiten wolle. Ich erinnerte mich seiner schönen Gedichtsammlung DAS WASSERZEICHEN DER POESIE und wollte.«

64 *aus meiner 1990 erschienenen Aufsatzsammlung GEDANKEN ZUM GEDICHT.* Das Zitat stammt aus dem Aufsatz GOLDEN OLDIES ODER WO ZUM TEUFEL BLEIBEN EIGENTLICH DIE LYRIK-HÄMMER DER SAISON? (S. 89).

ORDNUNG MUSS SEIN

66 In allen drei Vorlesungsreihen war dies der Titel des jeweils dritten Vortrags. Inhaltlich entsprechen sich jedoch nur die in Frankfurt und Essen gehaltenen Vorlesungen. Die gegenüber Frankfurt deutlich erweiterte Essener Fassung ist Grundlage des hier abgedruckten Textes. Die dritte Düsseldorfer Vorlesung findet sich anschließend unter dem Titel LEBEN IM LABOR (vergleiche unsere dortige erste Anmerkung, S. 561). Gernhardt führt in der Vorlesung unter anderem Überlegungen aus HERR GERNHARDT, WARUM SCHREIBEN SIE GEDICHTE? DAS IST EINE LANGE GESCHICHTE und DARF MAN DICHTER VERBESSERN? (beide in GEDANKEN ZUM GEDICHT) sowie aus WIE ARBEITET DER LYRIKWART? (in diesem Band, S. 398 ff.) fort.

68 *Um die Jahrhundertwende polterte Arno Holz:* Explizit widerspricht Gernhardt dieser These von Arno Holz in HERR GERNHARDT, WARUM SCHREIBEN SIE GEDICHTE? DAS IST EINE LANGE GESCHICHTE (in GEDANKEN ZUM GEDICHT, S. 27).

69 *Und auf derselben Seite fand sich zudem eine Übersicht »Feuilleton heute«, die sich so las:* Dieser Satz und das nachfolgende Zitat wurden weder in Frankfurt noch in Essen vorgetragen, obwohl sich der Einleitungssatz im Typoskript und eine Kopie der Zeitungsseite in den Unterlagen finden. Wir vermuten, daß der Verzicht auf dieses Zitat aus Zeitgründen erfolgte.

74 *ein gewisser Johann Heß*. Johann Heß (geb. 1490 in Nürnberg, gest. 1547 in Breslau) wird teilweise als Autor des »geistlichen Sterbeliedes« genannt. Gernhardts Typoskript verwendet die weniger gebräuchliche Namensvariante Johannes Hesse. Andere Quellen, darunter das Evangelische Gesangbuch, geben die Autorschaft des Textes mit »Nürnberg, um 1555« an.
ich möchte Sie lieber mit einer Spezialität des Hauses der Poesie bekanntmachen. Die mit diesen Worten beginnende Passage über die »Sonderzone der Sonettisten« findet sich nur in der Essener Fassung.

75 *das rare Beispiel einer echten Gedichtform.* Zu den wenigen anderen Gedichtformen und zur Sonderstellung des Sonetts siehe auch WARUM GERADE DAS SONETT? (in diesem Band, S. 415).
zum konzisesten Sonett deutscher Zunge beflügelte. Gernhardt zitiert dieses Sonett auch im Zusammenhang mit eigenen einsilbigen Gedichten in LEBEN IM LABOR (in diesem Band, S. 131) sowie in WARUM GERADE DAS SONETT? (in diesem Band, S. 416).

76 *Schlegel hatte abba abba cde dce gedichtet.* Im Typoskript lautete dieser Teilsatz: »Schlegel hatte – wie auch Voß – abba abba cde cde gedichtet«. Doch hat Schlegel im Vergleich zu Voß das Reimschema der beiden Terzette leicht variiert. Gernhardt hat das Reimschema Schlegels auf der dem Typoskript beiliegenden Kopie zutreffend festgehalten, aber anscheinend die Varianz bei der Abfassung des Vorlesungstextes übersehen.

77 *und beginnt* nicht *mit den Worten »Sonette find ich sowas von beschissen«.* Zu dem mit diesen Worten beginnenden Sonett MATERIALIEN ZU EINER KRITIK DER BEKANNTESTEN GEDICHTFORM ITALIENISCHEN URSPRUNGS und dessen Wirkungsgeschichte siehe LEBEN IM LABOR (in diesem Band, S. 133 f.).

78 EHRENRETTUNG EINES ALTEN REIMLEXIKONS. Dieses Sonett kursiert gewöhnlich ohne Überschrift. In HELL UND SCHNELL (S. 115) trägt es den Titel WIR SIND ZU SEHR GENEIGT, UNS ZU VERZWIESELN ... Unabhängig von dieser Varianz befindet sich in dem Abdruck des Sonetts, der dem Vorlesungstyposkript in Kopie beilag, ein Fehler: statt »uns« heißt es in der vierten Zeile dort sinnentstellend »und«.

80 *die Zahl der Ausgangswörter beträgt sieben.* Im Typoskript und im Essener Vortrag wurde die Zahl versehentlich mit sechs angegeben.
war ich geneigt, dem zuzustimmen, auch öffentlich, als Lyrikwart. Siehe WARUM GERADE DAS SONETT? (in diesem Band, S. 415 f.).

81 *der Gedichtband* DE PROFUNDIS. Vergleiche hierzu WAS BLEIBT? (in diesem Band, S. 167 ff.) sowie WARUM GÜNTHER WEISENBORNS GEDICHT »AHNUNG« KEIN GUTES GEDICHT IST (in diesem Band, S. 388 ff.).

82 *Von den 1913 verfaßten* KRIMINALSONETTEN *des Dichtertrios Rubiner, Eisenlohr und Hahn war bereits die Rede.* Siehe VON NICHTS KOMMT NICHTS (in diesem Band, S. 26 ff.). Vergleiche ferner CRIME UND REIM (in diesem Band, S. 337 ff.).

83 *in seinen »Rammer und Brecher«-Sonetten trägt Ror Wolf.* Als RAMMER&BRECHER-SONETT 4 ist Wolfs Gedicht in Ror Wolf: DAS NÄCHSTE SPIEL IST IMMER DAS SCHWERSTE. Frankfurt/M. (Frankfurter Verlagsanstalt) 1994, S. 256 erschienen (Erstausgabe 1982). In HELL UND SCHNELL (S. 212 f.) trägt das Gedicht den Titel FUSSBALL-SONETT NR. 4.

erkunden wir lieber abgelegenere Winkel der poetischen Werkstatt. Ab hier entspricht die Vorlesung inhaltlich wieder der Frankfurter Fassung.
86 OTTOS MOPS *von Ernst Jandl.* Vergleiche dazu auch LEBEN IM LABOR (in diesem Band, S. 130).
87 *In weiser Zurückhaltung hat sich Jandl analoge monovokale Tier-Mensch-Gedichte auf a-, e-, i- undsoweiter-Basis versagt.* Der Wortteil »Tier-Mensch-« findet sich weder im Typoskript noch im Mitschnitt der Frankfurter Vorlesung, sondern ausschließlich in dem des Essener Vortrags. Wir sind ausnahmsweise hier dem gesprochenen Wort gefolgt, weil es wegen Ernst Jandls monovokalen Gedichts MAL FRANZ MAL ANNA (DRAMA) eine Präzisierung gegenüber dem Typoskript vornimmt.
88 *E und I werden als hell und spitz empfunden, O und U als orgelnd und dunkel.* Die anschließende Passage bildet den Kern der Veröffentlichung SEHR LANGSAM FALLENDER GROSCHEN. DER LYRIKWART ROBERT GERNHARDT GESTEHT BEGRIFFSSTUTZIGKEIT EIN. In: K.West. Essen 4 (2006) No. 2, S. 4–6. Hier: S. 6.
91 *Im LIED VOM FLEISS führt Adolf Endler.* Die mit diesen Worten beginnende Passage findet sich nur in der Essener Fassung. Vergleiche auch WAS WIRD HIER GESPIELT? (in diesem Band, S. 424 f.).
Er beginnt sein LIED VOM FLEISS mit folgenden Worten: Dieser Überleitungssatz findet sich nicht im Typoskript, sondern entstammt dem Essener Mitschnitt.
92 *und von solch einem Fall möchte ich aus eigener Erfahrung berichten.* Ab hier entspricht die Vorlesung inhaltlich wieder der Frankfurter Fassung.
Wird er auch so golden enden? Im August 2002, also nach der Frankfurter und der Essener Vorlesung, erschien im Gedichtband IM GLÜCK UND ANDERSWO das WETTERLEHRGEDICHT mit einer Varianz zu der hier berücksichtigten Fassung des Vorlesungstyposkripts. Dort lautet die zweite Zeile: »Wird er *wohl* auch so golden enden?« (Hervorhebung der Herausgeber)
Damit sind die Weichen gestellt. Nach diesem Satz findet sich im Typoskript der handschriftliche Einschub »Gedicht (1. Strophe) zur Gänze«. Gernhardt hat in Frankfurt an dieser Stelle die erste Strophe im Zusammenhang wiederholt, in Essen tat er dies *vor* dem Satz »Damit sind die Weichen gestellt«. Wir glauben, daß diese Wiederholung der ganzen Strophe der spezifischen Vorlesungssituation geschuldet ist und haben in der Druckfassung auf sie verzichtet.
97 DIE GERÄUSCHE. NACH FRIEDRICH SCHLEGEL »DIE GEBÜSCHE«. Die Druckfassung folgt einem Beiblatt des Vorlesungstyposkripts. Die Erstveröffentlichung erfolgte in LYRIK LESEN! EINE BAMBERGER ANTHOLOGIE. Herausgegeben von Oliver Jahraus und Stefan Neuhaus in Zusammenarbeit mit Peter Hanenberg. Wulf Segebrecht zum 65. Geburtstag, Düsseldorf (Grupello) 2000, S. 25. Dort lautete der Untertitel EINE FRIEDRICH-SCHLEGEL-PARAPHRASE, so wie das Gedicht in der Vorlesung später klassifiziert wird. Die ersten vier Zeilen, die Gernhardt von Schlegel unverändert übernimmt, sind dort kursiviert. In IM GLÜCK UND ANDERSWO (S. 208 f.) faßt Gernhardt unter dem Gesamttitel SCHLEGEL UND REGEL das Schlegelsche Original als I. DIE GEBÜSCHE. VON FRIEDRICH SCHLEGEL und seine Paraphrase als II. DIE GERÄUSCHE. NACH FRIEDRICH SCHLEGEL zusammen.
der jedoch von Gedichtband zu Gedichtband weniger zutraf, am wenigsten beim letzten,

LICHTE GEDICHTE, der zur Hälfte reimlose Gebilde enthält. Zum Zeitpunkt der Essener Vorlesung waren mit KLAPPALTAR (1998) und BERLINER ZEHNER (2001) bereits jüngere Gedichtbände als LICHTE GEDICHTE (1997) erschienen. Offensichtlich meint Gernhardt hier also den letzten ›großen‹ Gedichtband.

98 *in dem Vierzeiler WIE EIN GUTES GEDICHT BESCHAFFEN SEIN SOLLTE.* Das Gedicht erschien nach der Essener Vorlesung in IM GLÜCK UND ANDESRWO unter dem Titel ALS ER GEFRAGT WURDE, WIE EIN GUTES GEDICHT BESCHAFFEN SEIN SOLLTE.

100 NACHT DER DEUTSCHEN DICHTER. Die hier abgedruckte Fassung folgt dem Beiblatt zum Vorlesungstyposkript. Dieses besteht aus einer Kopie der Erstveröffentlichung des Gedichts in KÖRPER IN CAFÉS (1987), mit bedeutenden handschriftlichen Änderungen (Umstellungen und Hinzufügung der Günter-Grass-Strophe). Weitere Varianten weist die in GESAMMELTE GEDICHTE aufgenommene Fassung auf. In Frankfurt folgte Gernhardt völlig dem hier wiedergegebenen Typoskript, in Essen ließ er die Herrman-Kant-Strophe weg. Im Anschluß an diese Vorlesung forderte Gernhardt die Zuhörer auf, eigene Strophen nach diesem Muster zu dichten und bei ihm einzureichen. In späteren Stunden las er die gelungensten Schöpfungen vor. Eine Auswahl davon findet sich im Anmerkungesapparat von GESAMMELTE GEDICHTE. 1954–2006, S. 1033 ff.

LEBEN IM LABOR

102 Diese Vorlesung wurde in Düsseldorf als dritter Vortrag der Reihe unter dem Titel ORDNUNG MUSS SEIN – EIN BESUCH IN DER VERSSCHMIEDE UND WORTWERKSTATT DES VORTRAGENDEN gehalten. Inhaltlich bestehen kaum Überschneidungen zwischen dieser Düsseldorfer Vorlesung einerseits und der Frankfurter und Essener Vorlesung ORDNUNG MUSS SEIN andererseits (in diesem Band, S. 66 ff., siehe unsere dortige erste Anmerkung).
Die Vorlesungsunterlagen bestehen aus
- einer Manuskriptseite, die eine Gedichtveröffentlichung Peter Rühmkorfs vom 21. Januar 2006 (sechs Tage vor der Vorlesung) aufgreift (vgl. zu dieser: ZU PETER RÜHMKORFS AUFFANGPAPIEREN in diesem Band, S. 519 f.)
- zwei handschriftlich überarbeiteten Typoskriptseiten, die überwiegend den Beginn der Essener Vorlesung ORDNUNG MUSS SEIN darstellen, wobei die zweite Typoskriptseite darüber hinaus eine Überleitung zu der dritten und mit Abstand umfangreichsten Quelle enthält, nämlich
- der handschriftlich überarbeiteten, insbesondere gekürzten Kopie des 24-seitigen Aufsatzes LEBEN IM LABOR. Von diesem Aufsatz sind etwas mehr als die ersten dreizehn Zeilen gestrichen, wobei deren Inhalt in der Überleitung auf der zweiten Typoskriptseite wiedergegeben wird. Aus der Genese dieses Aufsatzes lag uns auch eine Computerdatei vor.

Eine Tonaufzeichnung der Vorlesung lag uns hingegen nicht vor. Wir haben uns angesichts der Veröffentlichungslage dafür entschieden, die ohnehin sehr geringen Übernahmen aus der in diesem Band bereits vollständig veröffentlichten Essener Vorlesung ORDNUNG MUSS SEIN hier nicht wiederzugeben. Statt dessen folgt auf die einen aktuellen Bezug herstellende Einleitung (die Manuskriptseite mit dem Rühmkorf-Bezug) sogleich der Aufsatz LEBEN IM LABOR, dessen Titel wir für diese Vorlesung übernommen haben. Dabei sind Verbesserungen und Umarbeitungen Gernhardts gegenüber der 2002 erfolgten Veröffentlichung berücksichtigt, sie werden aber in den Anmerkungen *nicht* einzeln nachgewiesen. Nicht berücksichtigt werden dagegen Streichungen, da diese ausweislich der Randbemerkungen lediglich der Zeitökonomie geschuldet waren. Daß die von Gernhardt für die Vorlesung geänderte Einleitung des Aufsatzes hier in der Ursprungsfassung abgedruckt wird, rechtfertigt sich nicht nur daraus, daß das Bedürfnis entfällt, eine Überleitung von der Essener Vorlesungseinleitung zum Aufsatz zu schaffen: Auch der überarbeiteten Aufsatzkopie kann man entnehmen, daß Gernhardt die Original-Einleitung des Aufsatzes ursprünglich zum Vortrag vorgesehen hatte.

Am Ende meiner letzten Vorlesung. Gemeint ist die in der Woche zuvor gehaltene Vorlesung DIE MIT DEM HAMMER DICHTEN (in diesem Band, S. 33). Dort wird Rühmkorf wörtlich zitiert: »In der Poesie ist ein *jahrhunderte*alter Zusammenhang *zerschnitten*« (Hervorhebung der Herausgeber).

103 *Und nun weiter in der Vorlesungsreihe.* Im Anschluß an diesen letzten handschriftlichen Satz übernehmen die Vorlesungsunterlagen die Einleitung der Essener Vorlesung ORDNUNG MUSS SEIN (in diesem Band, S. 66f.) von »Ich begrüße Sie zum dritten Teil meiner Führung durch das Haus der Poesie« bis »Die seien nicht gereimt, sondern geleimt«. Daran schließt in den Vorlesungsunterlagen eine Überleitung an, die inhaltlich der Einleitung des Aufsatzes LEBEN IM LABOR entspricht, der wir folgen.

So die Unterzeile seines Essays in der Frankfurter Allgemeinen Zeitung. Ab diesem Satz verlaufen die Vorlesungsunterlagen entlang dem Aufsatz LEBEN IM LABOR.

105 *Wer sich in DAS VERLORENE ALPHABET vertieft.* Vergleiche ausführlich hierzu AUFGELADEN? AUFGEBLASEN? (in diesem Band, S. 402).

107 *er konnte sich je nach Bedarf und Anlaß des italienischen Sonetts oder der spanischen Assonanz bedienen.* Zu Sonett, Assonanz und Strophenformen vergleiche auch ORDNUNG MUSS SEIN (in diesem Band, S. 66).

110 *Ich schrieb den Vierzeiler EIN SCHÜTTELREIM MIT FUSSNOTEN.* Diese Version des Schüttelreims weicht insbesondere in der von Gernhardt selbst vorgenommenen Setzung von der in BESTERNTE ERNTE und GESAMMELTE GEDICHTE veröffentlichten Fassung ab.

111 *Ich sorgte qua Thema und Personal.* Wir folgen an dieser Stelle dem Text der Computerdatei. In der Druckfassung des Aufsatzes LEBEN IM LABOR findet sich statt des Wortes »Personal« das Wort »Picasso«.

112 *Wir überspringen dreizehn weitere reiche Reimpaare.* Im Erstdruck des Aufsatzes LEBEN IM LABOR findet sich die Zahl »elf«.

113 *mein Gedicht DER (UN)BEUGSAME so zu drucken.* Im Erstdruck des Aufsatzes LEBEN IM LABOR findet sich ein Leerzeichen zwischen dem eingeklammerten und dem restlichen Wortteil. Wir haben demgegenüber die Schreibung der insoweit übereinstimmenden Fassung in den Gedichtbänden KÖRPER IN CAFÉS und GESAMMELTE GEDICHTE angepaßt. Da in den Gedichtbänden die Gedichtüberschriften stets in

Versalien stehen, wird die Frage, ob das ›b‹ groß oder klein geschrieben wird (was Auswirkungen darauf hat, ob das Wort primär als »Beugsame« oder »Unbeugsame« gelesen wird) nur für die Indizes relevant. Hier differieren KÖRPER IN CAFÉS (B) und GESAMMELTE GEDICHTE (b). Wir haben uns insoweit an die Computerdatei und den Erstdruck des Aufsatzes (b) gehalten.

115 *Im Zyklus WÜRSTCHEN IM SCHLAFROCK dichtete ich zwei Wochen lang.* Der Zyklus WÜRSTCHEN IM SCHLAFROCK ODER SEPTEMBER MIT GOETHE erschien in KLAPPALTAR. Zu diesem Zyklus und seiner Entstehung vergleiche DICHTEN IN DER TOSCANA (in diesem Band, S. 511).

Es liegt was in der Luft. Das hiermit einsetzende Zitat ist die erste Strophe von Gernhardts Gedicht NACHT DER NÄCHTE, erstveröffentlicht in KÖRPER IN CAFÉS. In der dritten Zeile findet sich sowohl im Erstdruck des Aufsatzes LEBEN IM LABOR als auch in der Computerdatei eine Varianz zu den Abdrucken in KÖRPER IN CAFÉS und GESAMMELTE GEDICHTE, wo es »vielzuviel« heißt. Vgl. auch ZU PETER RÜHMKORFS AUFFANGPAPIEREN (in diesem Band, S. 519).

Dabei hebt das Gedicht MUTTER NATUR. Das Gedicht MUTTER NATUR ODER VARIATIONEN ÜBER EINE ZEILE VON FRIEDRICH KLOPSTOCK ODER IN ZWANZIG STROPHEN UM DAS THEMA NUMMER EINS wurde in IM GLÜCK UND ANDERSWO erstveröffentlicht.

117 *Es ist schon hart, muß der Mann.* In den Gedichtbänden IM GLÜCK UND ANDERSWO und GESAMMELTE GEDICHTE lautet diese Zeile: »Es ist schon arsch, muß der Mann.« Auch bezüglich anderer Varianten folgen wir dem Aufsatz LEBEN IM LABOR.

119 *Im lichten Park von Herrnsheim schreit's.* Das hiermit einsetzende Zitat ist die erste Strophe von Gernhardts Gedicht EINE MERKWÜRDIGE BEGEGNUNG IM SCHLOSSPARK VON HERRNSHEIM, erstveröffentlicht in WEICHE ZIELE.

120 *DIE WERRA VOR KASSEL.* Das Gedicht trägt in der im Gedichtband IM GLÜCK UND ANDERSWO veröffentlichten Fassung den Titel DIE WERRA VOR KASSEL, FRÜHLINGSBEGINN 2001.

121 *»So könnt es in den Tod gehn:* Das so beginnende Gedicht trägt den Titel GESPRÄCH ÜBER DEN TOD aus IM GLÜCK UND ANDERSWO.

123 *Die Sonne stand schon tief.* Das hiermit einsetzende Zitat ist die erste Strophe von Gernhardts Gedicht DOPPELTE BEGEGNUNG AM STRAND VON SPERLONGA.

da anders sich die Botschaft des Rollengedichts nicht in voller Penetranz vermittelt. Es handelt sich um das Gedicht GEMACHTER MANN, erstveröffentlicht in KÖRPER IN CAFÉS.

125 *Wie hoch oder wie niedrig immer er den Schwierigkeitsgrad einstellen mag.* Zum variierbaren Schwierigkeitsgrad bei Sonetten sowie zu selbstreferentiellen Sonetten vergleiche auch ORDNUNG MUSS SEIN (in diesem Band, S. 75 ff.) sowie WARUM GERADE DAS SONETT? (in diesem Band, S. 417).

129 *dem Dozenten Gio Batta Bucciol, der die Verse ins Italienische übersetzt hat.* Die folgenden vier Strophen entstammen Gernhardts Gedicht GUISEPPES BOTSCHAFT aus IM GLÜCK UND ANDERSWO. Bezüglich kleiner Varianten folgen wir der dortigen Fassung statt derjenigen des Aufsatzes LEBEN IM LABOR. Die erwähnte Übersetzung ins Italienische erschien in der zweisprachigen und von Gernhardt illustrierten Aus-

gabe Robert Gernhardt: POESIE SCELTE con sei disegni inediti. Traduzione dal tedesco e cura di Gio Batta Bucciol, Rom (Casta Diva) 2003.

130 *Im Laufe von fünfzig Dichterjahren habe ich es auf drei Gedichte aus ausschließlich einsilbigen Wörtern gebracht.* Gegenüber dem Erstdruck des Aufsatzes LEBEN IM LABOR hat Gernhardt das Wort »vierzig« durch »fünfzig« ersetzt. Aus einer Lesung Gernhardts vom 12. Februar 1992 im Münchener »Hinterhoftheater« läßt sich schließen, daß Gernhardt neben dem Gedicht NACHDEM ER DURCH ROM GEGANGEN WAR (aus KÖRPER IN CAFÉS), aus dem im Anschluß zitiert wird, KLEINES LIED (aus BESTERNTE ERNTE) und INDIANERGEDICHT (aus WÖRTERSEE) im Sinn hatte. Unter seinen zur Zeit der Vorlesung veröffentlichten Gedichten finden sich zwei weitere, nur aus einsilbigen Wörtern bestehende Gedichte, nämlich ZUVIEL VERLANGT und MAN OH MAN (beide aus KÖRPER IN CAFÉS). Ein Grenzfall dürfte GELUNGENER ABEND (aus WEICHE ZIELE) darstellen, je nachdem, ob man die Zusammenziehung »aufn« als einsilbig ansieht. Posthum erschien in SPÄTER SPAGAT das ganz aus einsilbigen Wörtern bestehende VON VIEL ZU VIEL. Außerdem spielt die Regel der Einsilbigkeit eine prominente Rolle in dem Gedicht UNPERSON mit dem Untertitel EIN EINSILBIGES COUPLET (aus LICHTE GEDICHTE), das jede seiner drei Strophen jeweils mit viereinhalb Zeilen beginnen läßt, die nur aus einsilbigen Worten bestehen.

131 *Meine Reaktion? Ein DREISSIGWORTEGEDICHT.* Der hiesige Abdruck folgt dem Erstdruck des Aufsatzes LEBEN IM LABOR. Gegenüber der Erstveröffentlichung des Gedichts in WÖRTERSEE und der Fassung in den GESAMMELTEN GEDICHTEN bestehen kleine Varianten.

132 *eine Zeitung druckte es anläßlich meiner Ernennung zum Stadtschreiber von Bergen-Enkheim im Jahre 1991.* Näher zu den Reaktionen auf das GEBET siehe die Anmerkungen in GESAMMELTE GEDICHTE 1954–2006, S. 1022ff.

133 *Zuhauf griffen Zeit-Leserinnen und Zeit-Leser zur Feder, um dem vermeintlich angegriffenen Sonett zur Hilfe zu eilen.* Näher zu den Reaktionen auf MATERIALIEN ZU EINER KRITIK DER BEKANNTESTEN GEDICHTFORM ITALIENISCHEN URSPRUNGS siehe die Anmerkungen in GESAMMELTE GEDICHTE 1954–2006, S. 1030f., sowie ZWISCHENSPIEL: WAS DARF DIE SATIRE? in LETZTE ÖLUNG, S. 404 (409ff.). Letztgenannter Text zitiert ein Gegengedicht des Zeit-Lesers Claus Tegen aus Lüneburg, das mit der Zeile »Ich find den Gernhardt unheimlich beschissen« beginnt und endet.

134 *»Das Gedicht befaßt sich in eindeutig negativer bis böswilliger Absicht mit den Tiefkühl-Lebensmitteln.«* Näher zu den Reaktionen auf den MÜHLHEIM/MAIN-BLUES siehe die Anmerkungen in GESAMMELTE GEDICHTE 1954–2006, S. 1052ff. Dort wird dieser Satz aus dem Anwaltschriftsatz mit »Dieses« statt »Das« zitiert.

135 *Besagter Kritiker nun zitiert den Schluß des vierstrophigen Gedichts.* Bei dem folgenden wörtlichen Gernhardt-Zitat handelt es sich um den Beginn der dritten von vier Strophen. Die erwähnte Zeitungskritik zitiert anschließend die Schlußzeilen von EIN STAATSDICHTER VERKÜNDET DAS ENDE DER LITERATUR.

137 *Hören Sie lieber das hochkomplexe Gedicht.* Gegenüber dem Erstdruck des Aufsatzes LEBEN IM LABOR hat Gernhardt handschriftlich die Worte »Lesen wir« in »Hören Sie« geändert. Das sich anschließende Gedicht veröffentlichte Gernhardt überschriftslos zusammen mit dessen Entstehungsgeschichte als Anmerkung zu WETTERLEHRGEDICHT

in GESAMMELTE GEDICHTE (1954–2004, S. 991; 1954–2006, S. 1075). Unter dem Titel FLACHE LACHE ODER DIE SACHE MIT DEM S ODER DER SACHSE erschien das Gedicht in DICHTEN MIT ROBERT GERNHARDT (S. 37), sowie posthum in SPÄTER SPAGAT. Zum WETTERLEHRGEDICHT vergleiche ORDNUNG MUSS SEIN (in diesem Band, S. 92 f.).

SCHLÄFT EIN LIED IN ALLEN DINGEN?

138 Diese Vorlesung wurde nur in Essen gehalten. Sie entspricht in großen Teilen dem Vortrag WAS KANN ICH, WAS GOETHE NICHT KONNTE?, den Gernhardt am 18. Januar 2001 an der Technischen Universität Braunschweig im Rahmen des Hauptseminars »Lyrik und Linguistik« von Professor Helmut Henne hielt. Dieser Vortrag wurde als Nr. 25 der BRAUNSCHWEIGER UNIVERSITÄTSREDEN veröffentlicht. Einen ähnlichen Vortrag hielt Gernhardt im Februar 2001 beim 18. Römerbad-Colloquium in Badenweiler. Diese beiden Vorträge sind eine Erweiterung von Gernhardts LOBREDE AUF DEN POETISCHEN SATZ, veröffentlicht in Anne Duden/Robert Gernhardt/ Peter Waterhouse, LOBREDEN AUF DEN POETISCHEN SATZ, S. 17 ff.
Als Unterlagen für die Essener Vorlesung liegen vor: eine Manuskriptseite mit einer gegenüber dem Braunschweiger Vortrag geänderten Einleitung sowie die korrigierten Fahnen für die Veröffentlichung der Braunschweiger Rede.
Ausweislich seiner Korrespondenz plante Gernhardt sowohl in Frankfurt als auch in Düsseldorf eine Vorlesung mit dem Titel SCHLÄFT EIN LIED IN ALLEN DINGEN?, dabei sah er für Frankfurt eine Kursivierung des Wortes »allen« vor. In Frankfurt wich diese der Vorlesung DIE MIT DEM HAMMER DICHTEN. In Düsseldorf war ausweislich des in einem Schreiben vom 23. Juli 2005 eingesetzten Untertitels EIN GANG DURCH DEN SCHLAFRAUM DER POESIE UND DEN ZEITRAUM DER 50ER JAHRE ursprünglich eine Kombination mit dem Thema der dann tatsächlich gehaltenen Vorlesung WAS BLEIBT? vorgesehen.
die Führung durch das Haus der Poesie geht in die vierte Runde. Hiermit beginnt die Einleitung der Essener Vorlesung auf der Manuskriptseite und endet mit den Worten »da er mit einer unbegrenzten Zahl träumender Dinge vollgestellt ist.« Sie ersetzt folgende in der Einleitung der Braunschweiger Fassung: »Goethe hatte eine klare Vorstellung davon, wie ein Dichter zu sein hatte: zeitlos oder doch zumindest überzeitlich. Sein kreuzgereimtes vierzeiliges Credo lautete: Wer in der Weltgeschichte lebt,/ Dem Augenblick sollt' er sich richten?/Wer in die Zeiten schaut und strebt,/Nur der ist wert zu sprechen und zu dichten.
Es war der Romantiker Eichendorff, der die Anlässe des nachgoethischen Dichtens und die Möglichkeiten des Dichters nach Goethe in einem ebenfalls kreuzgereimten Vierzeiler ebenso schlagartig wie großartig ausweitete:«
in einem einzigen Raum aufhalten und zwar in einem Schlafraum. Gernhardt stellt also den Bezug zum Leitmotiv einer Führung durch das Haus der Poesie etwas anders her, als er es in seinem Erläuterungstext (in diesem Band, S. 582) ein dreiviertel Jahr vor der Vorlesung plante.

139 *also noch zu Lebzeiten Eichendorffs.* Eichendorff starb nach Heine.

162 SCHAMERFÜLLTER DICHTER. Das Gedicht gehört zum Zyklus WELT DER LITERATUR aus WEICHE ZIELE.
163 »BITTE NICHT WECKEN!« Wir folgen hier den Unterlagen der Vorlesung sowie der veröffentlichten Rede WAS KANN ICH, WAS GOETHE NICHT KONNTE? Es bestehen kleine Varianten zu BERLINER ZEHNER (S. 32). In den GESAMMELTEN GEDICHTEN (S. 678) heißt es in der ersten Strophe »Klingt es hohl?«

WAS BLEIBT?

166 Gernhardt hielt die Vorlesung in Düsseldorf als vierten Vortrag der Reihe. In einem Schreiben vom 5. Dezember 2005 legte er diesen Titel und als Untertitel EIN GANG DURCH DEN LYRIK-ZEITRAUM DER 50ER JAHRE fest. Am 23. Juli 2005 war er noch von einer Kombination mit dem Thema von SCHLÄFT EIN LIED IN ALLEN DINGEN? (in diesem Band, S. 138) ausgegangen (vgl. unsere Anmerkung hierzu S. 565).
Die Vorlesungsunterlagen bestehen aus einem handschriftlich geringfügig überarbeiteten Typoskript, dem eine Computerdatei entspricht und das in zwei Teile zerfällt: Der erste bezieht sich auf DE PROFUNDIS, TODESFUGE und ER, der zweite auf TRANSIT. Letzterer wurde von Gernhardt – wohl im Hinblick auf die Veröffentlichung in der Frankfurter Allgemeinen – noch einmal überarbeitet, insbesondere leicht gekürzt, mit der eigenen Überschrift WIEDERGELESEN: »TRANSIT« und abweichend vom Vorlesungsverlauf in der Computerdatei dem ersten Vorlesungsteil vorangestellt. Eine Tonaufzeichnung lag uns nicht vor.
In manchen Ankündigungen der Vorlesung fehlte das Fragezeichen im Haupttitel WAS BLEIBT? Auf dem Fragezeichen zu insistieren ist jedoch schon deshalb bedeutsam, weil die Vorlesung nicht mit Gernhardts Aufsatz von 1985 verwechselt werden darf: WAS BLEIBT. GEDANKEN ZUR DEUTSCHSPRACHIGEN LITERATUR UNSERER ZEIT, Abdruck in: ÜBER ALLES, S. 448–463.
Das letzte Mal haben wir uns in einem Arbeitsraum umgeschaut. Gemeint ist die hier LEBEN IM LABOR betitelte Vorlesung.
Wäre nicht ein Gang durch ein kürzer zurückliegendes Jahrzehnt für uns Heutige sehr viel aufschlußreicher? Tatsächlich plante Gernhardt zunächst, in der Vorlesung die Entwicklung der deutschsprachigen Lyrik bis in das letzte Jahrzehnt hinein darzustellen. Im Nachlaß findet sich ein 26-seitiges – teils ausformuliertes, teils stichpunktartiges – Manuskript, das »D'dorf-Vorlesung:« überschrieben ist. Es beginnt mit den Worten:
»Marschrichtung: wir wollen durch poetische/lyrische Zeiträume schreiten 40er Jahre/50er Jahre Zeitsprung mit Hilfe Enzensbergers (60er/70er Jahre), dann wieder 80er/90er Jahre. Roter Faden: Anthologien deutschspr. Lyrik: De Profundis (40er)/ Transit (50er)/Was sind das für Zeiten (80er)/Das verlorene Alphabet (90er)« Die dann folgenden Ausarbeitungen beziehen sich zum weitaus geringeren Teil auf DE PROFUNDIS und zum größten Teil auf TRANSIT. Letztere sind in großem Umfang in das Typoskript eingeflossen, das der hiesigen Veröffentlichung zugrunde liegt. Es erscheint gut möglich, daß Gernhardt für die anderen beiden Anthologien auf Vorarbeiten zurückgreifen wollte, nämlich für WAS SIND DAS FÜR ZEITEN

auf AUFGELADEN? AUFGEBLASEN? (in diesem Band, S. 402) und für DAS VERLO-
RENE ALPHABET auf THESEN ZUM THEMA (in GEDANKEN ZUM GEDICHT).
168 *und ebenso deutlich sagt das Vorwort.* Der Herausgeber Gunter Groll stellt DE PRO-
FUNDIS zunächst einen überschriftslosen, knapp einseitigen Abriß voran, sodann
eine 24-seitige, in 23 römisch bezifferte Abschnitte gegliederte EINFÜHRUNG, als deren
Zusammenfassung man den Abriß lesen kann. Gernhardt differenziert nicht zwischen
diesen beiden Texten. Das erste längere Zitat bis »unveröffentlicht« entstammt dem
Abriß.
die jenen offenen oder geheimen Kontakt mit dem Zeiterlebnis nicht haben. Dieses Zitat
stammt aus der EINFÜHRUNG, Abschnitt XVI. Die Hervorhebung ist original.
Dichter wie Friedrich Georg Jünger. Im Typoskript heißt es »Dichter wie Friedrich Georg
Jünger oder Anton Schnack«. Anton Schnack ist aber ebenso wie Rudolf Alexander
Schröder, Albrecht Goes und Elisabeth Langgässer in DE PROFUNDIS vertreten.
Neben Friedrich Georg Jünger fehlt somit als einziger der von Rühmkorf Genannten
Ernst Waldinger, und das könnte auch daran liegen, daß der in Wien wohnende Wal-
dinger bald nach dem ›Anschluß‹ Österreichs emigrierte.
171 *und damit im Versmaß bleiben können?* Es erscheint diskussionswürdig, ob nicht auch
metrische Gründe Edschmid dazu bewogen, das auf der zweiten Silbe betonte
»hebräsche« dem auf der ersten Silbe betonten »jüdische« vorzuziehen.
174 *Vor nunmehr fünfzig Jahren, also 1956.* Hier beginnt der Teil der Vorlesung, die Gern-
hardt zu dem in der Frankfurter Allgemeinen Zeitung veröffentlichten Aufsatz WENN
BEI CAPRI DIE WARE LYRIK IM MEER VERSINKT (nachfolgend: F. A. Z.-Fassung) umgear-
beitet hat.
178 *Wieland Schmied bedichtet die* TOSCANA, *Paul Celan das umbrische* ASSISI. Auf dieser
Höhe findet sich im Vorlesungstyposkript der wohl nur für die dortige Situation ge-
meinte handschriftliche Hinweis: »Alles Gedichtüberschriften«.
181 *Das zeugt von sozialer Empathie.* Die ersten drei Worte wurden von Gernhardt hand-
schriftlich im Vorlesungsmanuskript gegenüber der F. A. Z.-Fassung ergänzt. Die
Herausgeber haben den Casus des folgenden angepasst.
auf »Griffelkunst«-Graphiken. In der F. A. Z.-Fassung heißt es »auf ›Griffelkunst‹, Grafi-
ken« Wir folgen dem Typoskript.
durch »Kunst-am-Bau« verschönten. In der F. A. Z.-Fassung heißt es »durch ›Kunst am
Bau‹ verschönten«. Wir folgen dem Typoskript.
Schon ein oberflächlicher Fischzug quer durch »Transit« beschert derart prallgefüllte Netze.
Ausweislich der Materialien im Nachlaß hatte Gernhardt TRANSIT besonders nach
drei Motiven durchsucht. Neben dem von ihm selbst so genannten »Fisch-Suchlauf«
existieren Aufzeichnungen zu einem »Süden-Suchlauf« und einer »Antik-Spur«.
185 *F. K. Waechters bekanntem Cartoon »He Bauer, dein Huhn hat Fieber!«* In: WELT IM SPIE-
GEL, S. 262. Sowie in: F. K. Waechter: WAHRSCHEINLICH GUCKT WIEDER
KEIN SCHWEIN. Zürich (Diogenes) 1978, S. 69.

SCHMERZ LASS NACH

190 Grundlage des hier abgedruckten Textes ist die Düsseldorfer Vorlesung, die gegenüber der Frankfurter und Essener Fassung um einen längeren Abschnitt zu Heine ergänzt ist. Sie liegt als handschriftlich geringfügig überarbeitetes Typoskript vor. Diese Ergänzung übernahm Gernhardt teilweise aus KANN ES DAS DICHTEN RICHTEN?, seiner am 13. Dezember 2004 gehaltenen Dankesrede für den Heinrich-Heine-Preis. Kürzungen, die Gernhardt in Düsseldorf gegenüber der Essener und Frankfurter Vorlesungsfassung vorgenommen hat, erscheinen als lediglich der Zeitökonomie geschuldet und werden für die hiesige Fassung nicht berücksichtigt. Gernhardt führt in der Vorlesung unter anderem Überlegungen aus GOLDEN OLDIES ODER WO ZUM TEUFEL BLEIBEN EIGENTLICH DIE LYRIK-HÄMMER DER SAISON? (in GEDANKEN ZUM GEDICHT) sowie IN ALLTAGS KRALLEN (in diesem Band, S. 308) fort.

SCHMERZ LASS NACH ist die einzige Düsseldorfer Vorlesung, von der uns eine Tonaufzeichnung vorlag und damit die einzige Vorlesung, für die uns drei Mitschnitte zur Verfügung standen.

192 *Ja, selbst ein Pazifist wie Hermann Hesse, der in die Schweiz ausgewichen war, um nicht am Ersten Weltkrieg teilnehmen zu müssen.* Hesse lebte seit 1912 in der Schweiz. 1914 meldete er sich als Kriegsfreiwilliger bei der deutschen Botschaft. Seine Wandlung zum Pazifisten wird von seinen Biographen als ein Prozeß während des Ersten Weltkriegs geschildert.

Als Hesse dies schrieb, war er 37 Jahre alt. Zur gleichen Zeit war der Augsburger Schüler Berthold Brecht zwanzig Jahre jünger und zugleich Lichtjahre reifer. Im Vorlesungstyposkript heißt es: »Als Hesse dies schrieb, war er 28 Jahre alt. Zur gleichen Zeit war der Augsburger Schüler Berthold Brecht zehn Jahre jünger und zugleich Lichtjahre reifer.« Hesses Gedicht entstand im Februar 1915. (Für die Ermittlung der Altersdifferenz sind wir davon ausgegangen, daß dies nach dem 10. Februar, dem 17. Geburtstag Brechts geschah.) Der im Fortgang zitierte Schulaufsatz Brechts wird auf Juni/Juli 1916 datiert.

– also Horaz selber. Diese Erklärung findet sich nicht im Typoskript, sondern auf der Kopie, von der Gernhardt das Brecht-Müllereisert-Zitat verlas. Im Anschluß daran notierte Gernhardt einen Pfeil und die Worte »also Horaz«. Das Wort »selber« entnahmen wir dem Düsseldorfer Mitschnitt.

193 *Denkt euch, ich habe den Tod gesehn.* Das so beginnende Gedicht trägt den Titel DENKT EUCH und ist das letzte Gedicht des dreiteiligen Kleinzyklus DIE NACHT, DAS GLÜCK, DER TOD.

und er sollte für lange Zeit der letzte von mir bedichtete Knochenmann bleiben. Erst 1995 wurde er wieder zum Protagonisten. Die starke Personalisierung des Todes in dieser Aussage Gernhardts erscheint für sie essentiell. Denn Gernhardt thematisierte in seinen Gedichten zwischen 1980 und 1995 sehr wohl den eigenen Tod, nur machte er ihn eben nicht zum Protagonisten, beispielsweise in SIEBEN MAL MEIN KÖRPER aus KÖRPER IN CAFÉS oder in AM ABEND DER ERSTEN EXTRAKTION aus WEICHE ZIELE. Offensichtlich rechnet Gernhardt auch die ›Knochenmänner‹ seiner Bildgedichte (beispielsweise aus MEMENTO MORI oder TOD ODER LEBEN, beide aus HIER SPRICHT DER DICHTER) nicht in diese Kategorie.

194 *Im Schatten der von mir gepflanzten Pinien.* Das Gedicht trägt den Titel DER LETZTE GAST und wurde in LICHTE GEDICHTE veröffentlicht.
196 *der am 15. Mai 1996 zu einer vermeintlichen Routine-Untersuchung.* Im Typoskript findet sich das Datum 10. Mai, das handschriftlich zu 15. Mai korrigiert ist, daneben ein handschriftliches Fragezeichen, von dem nicht entscheidbar ist, welchem Datum es gilt. Mit der handschriftlichen Korrektur stimmt auch die Gedichtüberschrift 15. 5. 96 ROUTINE-EKG aus dem Zyklus HERZ IN NOT überein.
200 *Direkt gefragt: Gibt es neben dem Liebes-, dem Natur-, dem Sinn- oder dem Scherzgedicht.* Mit diesen Worten beginnt der nur in Düsseldorf vorgetragene Einschub. Er endet mit den Worten »von ihren ganz persönlichen Krankheiten ungeschönt und in Gedichtform zu berichten«. In der Frankfurter und Essener Fassung folgt an dieser Stelle ein einziger Satz zu Heine sowie ein Zitat aus dessen Gedicht VERMÄCHTNISS.
206 *Stolz auf den unbesiegten Tumor und das offene Grab in den Augen der Ärzte nach der letzten Endoskopie.* Dieser Satz aus Jörg Magenau: IM CLUB DES TOTEN DICHTERS. MÜLLERGEDICHTE, MÜLLERGESPRÄCHE UND MÜLLERSCHWEIGEN: GEDENKEN IM B[ERLINER] E[NSEMBLE]. In: Frankfurter Allgemeine Zeitung vom 2.1.2001, Nr. 1 paraphrasiert das Gedicht Heiner Müllers ICH KAUE DIE KRANKENKOST DER TOD.
208 *vor absonderlicheren Türen innezuhalten, beispielsweise vor dieser hier, welche mit »Fundus« beschriftet ist.* Der diesem ›Raum‹ gewidmete Abschnitt findet sich nicht in der Frankfurter Fassung der Vorlesung.
209 *läßt sich Brecht zufolge auf zwei Hauptrollen reduzieren, auf die pontifikale und die profane.* Vergleiche zu diesem Diktum Brechts auch BRECHT LESEN UND LACHEN (in diesem Band, S. 287) und ZEHN THESEN ZUM KOMISCHEN GEDICHT (in diesem Band, S. 503).
211 *Wir erinnern uns der Klage Rühmkorfs, in der Poesie sei ein jahrhundertealter Zusammenhang zerschnitten.* Vergleiche hierzu bereits DIE MIT DEM HAMMER DICHTEN (in diesem Band, S. 65) sowie LEBEN IM LABOR (in diesem Band, S. 102).
213 *Er [der Stein] bzw. Sie [die Nacht].* Im Typoskript finden sich die Klammerzusätze nicht. Gernhardt hat die Wörter »Stein« und »Nacht« handschriftlich über die entsprechenden Zeilen geschrieben. Wir haben die zusätzlich eingefügten Artikel aus dem Vorlesungsmitschnitt übernommen und machen durch die Klammern das Erklärende dieses Einschubs deutlich, was Gernhardt durch die Vortragsweise tat.
214 *Dabei war der Urklapphornvers von seinem mutmaßlichen Verfasser, dem Göttinger Notar Friedrich Daniel, wohl ernst gemeint und bildete nur den Anfang eines längeren ländlichen Gedichts.* Der Satz endet im Typoskript mit den dann von Hand gestrichenen Worten »daher auch der Titel ›Idylle‹«.
215 *wie der Freiherr Joseph von Eichendorff, der bei Gelegenheit einer verlorenen Wette in den zwanziger Jahren des 19. Jahrhunderts sein sogenanntes MANDELKERNGEDICHT verfaßte.* Das Mandelkerngedicht ist auch in HELL UND SCHNELL (S. 377 f.) aufgenommen. Wir folgen in der Drucklegung der dortigen Fassung.
gern die Schätze meines Kuriositätenkabinetts vor Ihnen ausbreiten. Die genannten Gedichte von Ludwig I. von Bayern, Kempner, Werfel und Däubler wurden in die Abteilung SECHSTER RAUM. DIE WUNDERKAMMER von HELL UND SCHNELL aufgenommen.
Nachgesang, welchen der Kultusminister der DDR und Poet dazu Johannes R. Becher. Das Gedicht Bechers trägt den Titel DANKSAGUNG und ist vollständig in HELL UND

SCHNELL (S. 491 ff.) aufgenommen. Aus dem Typoskript wurde »1952« zu »1953« verbessert.
216 *als der unvergessene Karl Gerold, Gründer, Eigner, Verleger, Herausgeber und Chefredakteur der ›Frankfurter Rundschau‹.* Vergleiche hierzu bereits Gernhardts Satire FRAGEN ZU KARL G. aus dem Jahr 1972, abgedruckt in LETZTE ÖLUNG (S. 137 ff.). Das Gedicht OBSKUR wurde in HELL UND SCHNELL (S. 497) aufgenommen.
220 *um das Ende von T.S. Eliots »The Waste Land« zu paraphrasieren.* Die letzten beiden Zeilen dieses Gedichts lauten: »This is the way the world ends / Not with a bang but a whimper.«
Nur mich vertonte lange Zeit niemand, weshalb ich mich zu einem ungewöhnlichen Schritt entschloß. Das Gedankenspiel, Gernhardt habe mit seinen Gedichten versucht, Komponisten zur Vertonung seines Werks anzuregen, durchzieht das Programm SCHÖNE TÖNE. Frankfurt/M. (Zweitausendeins) 2001.
Also verwob ich Schwabsche und eigene Zeilen zur Lennon/McCartney-Melodie. Das Gedicht BODENSEEREITER existiert in zwei verschiedenen Fassungen. Gernhardt trug in der Vorlesung die Erstfassung aus LICHTE GEDICHTE vor, der auch hier gefolgt wird. Zur Zweitfassung siehe GESAMMELTE GEDICHTE 1954–2006, S. 505 sowie die Anmerkung S. 1055 ff.

Zu Dichtern

DER SCHILLER-PROZESS. EINE VERTEIDIGUNGSREDE

225 Diesen Text hat Robert Gernhardt als den einzigen dieses Bandes durchgehend mit exakten Quellenangaben versehen. Der Abdruck folgt der Fassung, die Gernhardt auf einer Diskette am 5. 4. 2006 an Jan Bürger, Mitarbeiter am Marbacher Literaturarchiv, übersandte. Dort wurde der Beitrag für den Erstdruck gekürzt, auch gibt es Varianten im Wortlaut. Im Lektoratsgang wurden die Schiller-Zitate von der Ausgabe des Carl Hanser Verlages auf die Schiller-Nationalausgabe umgestellt. Da Gernhardt die Fahnen des Erstdrucks nicht mehr selbst korrekturlesen konnte, haben wir die Urfassung wiederhergestellt, ohne jede einzelne Varianz nachzuweisen. Die geänderte Zitierweise nach der maßgeblichen Schiller-Nationalausgabe (NA) wurde jedoch beibehalten.
227 *Anfang der 90er machte ich mir GEDANKEN ZUM GEDICHT.* Das folgende Selbstzitat entstammt THESEN ZUM THEMA (in: GEDANKEN ZUM GEDICHT, S. 14 f.), einem 1989 gehaltenen Referat. Vgl. auch AUFGELADEN? AUFGEBLASEN? (in diesem Band, S. 402).
244 *einem zeitgenössischen Spottinsekt das Wort erteilen.* KLASSIKER FRAGEN, ZEHRER ANTWORTET wurde in HELL UND SCHNELL (S. 279 f.) aufgenommen. Die beiden Frage-Antwort-Paare zitiert Gernhardt auch in VON NICHTS KOMMT NICHTS (in diesem Band S. 25).
256 *die folgenden Wortfindungen von Schiller stammen? ... »Kirchhofsruhe«.* Wörtlich nicht bei Schiller, der Ausdruck wurde in Anlehnung an einen Ausspruch des Marquis' im DON KARLOS geprägt: »Die Ruhe eines Kirchhofs« [NA 6, 190].

»*Leben und leben lassen.*« Schiller kannte diesen Ausspruch aus Goethes *Egmont* und zitiert ihn in einer Rezension am 20.9.1788. Vgl. Johann Wolfgang Goethe: SÄMTLICHE WERKE. I. Abteilung, Bd. 5. DRAMEN 1776–1790. Hg. von Dieter Borchmeyer. Frankfurt/M. (Deutscher Klassiker Verlag) 1988 (Bibliothek deutscher Klassiker, 32), S. 463. Und: NA 22, S. 206.

»*Man soll den Tag nicht vor dem Abend loben.*« In verschiedenen Varianten ist diese Redewendung allerdings seit dem 11. Jahrhundert belegt. Vgl. Lutz Röhrich: DAS GROSSE LEXIKON DER SPRICHWÖRTLICHEN REDENSARTEN. Bd. 3. Freiburg i. Br. (Herder) 1992, S. 1595.

259 Schillers Ballade DER GANG NACH DEM EISENHAMMER *möge das belegen.* Vgl. LEBEN IM LABOR (in diesem Band, S. 113).

261 *Freispruch für Friedrich Schiller!* Am Ende von Gernhardts Datei befindet sich der folgende Abstract: »FREISPRUCH FÜR FRIEDRICH SCHILLER?/Ein Plädoyer von Robert Gernhardt/Weit über ein Jahrhundert beherrschte der Lyriker Friedrich Schiller Deutschlands Lehrpläne, dann verkehrte sich feiernde Verehrung in fast geifernde Ablehnung: Schillers Popularität wurde als verdächtig empfunden, sein Pathos als hohl entlarvt und sein Idealismus als weltfremd belächelt./Als Pflichtverteidiger des Lyrikers Schiller tritt Robert Gernhardt vor die Schranken des Literaturgerichts und allen Vorurteilen und Vorverurteilungen entgegen. Seine Zeugen: Schillers Gedichte. Sein Fazit? Lassen Sie sich überraschen.«

NACHLASS ODER NACHLAST?

263 *Im Jahre 1847, im Alter von 58 Jahren, hatte Rückert seine Berliner Lehrtätigkeit aufgegeben und sich nach Franken zurückgezogen; im November dieses Jahres beginnt* »*Rückert ein Konvolut, das den Titel* ALTERSVERSE *erhält: Beginn dessen, was er in Folge sein Liedertagebuch nennt.*« Rückert verließ am 17. März 1848, knapp zwei Monate vor seinem 60. Geburtstag Berlin, das Liedertagebuch begann er bereits zuvor im November 1846. Wir sahen uns nicht in der Lage, in diesen Satz korrigierend einzugreifen.

EIN VERBÜNDETER

270 *Ich lernte Wilhelm Buschs Bildergeschichte* DIE FROMME HELENE *im Alter von acht Jahren kennen.* Seine erste Begegnung mit Busch thematisiert Robert Gernhardt in weiteren Texten, u.a. in AUF DEN BUSCH GEKLOPFT (in: Frankfurter Rundschau, Nr. 70, 23.3. 2004, S. 1); EIN DREIFACH-TUSCH FÜR WILHELM BUSCH, HÖRFUNK-PRODUKTION DES HESSISCHEN RUNDFUNKS, auch erschienen als Doppel-Audio-CD im Eichborn-Verlag, Die andere Bibliothek im Ohr, Frankfurt/M., 2000, auszugsweise Abschrift in: Robert Gernhardt, WEISSE WEIHNACHT AN DER CÔTE D'AZUR«, S. 55 ff.

MORGENSTERN 130

273 Der Text ist wahrscheinlich anlässlich des 130. Geburtstags von Christian Morgenstern am 6. Mai 2001 entanden. Wo er erschienen ist, konnten wir leider nicht ermit-

teln. Die Manuskriptlage spricht dafür, daß er von Robert Gernhardt selbst für einen Hörfunkbeitrag gesprochen wurde.
42jährig starb Christian Morgenstern. Im Typoskript heißt es »43jährig«. Morgenstern starb am 31. März 1914, also einen guten Monat vor seinem 43. Geburtstag.
Palma Kunkel. Vergleiche hierzu DIE LEHRE DER LEERE, in diesem Band, S. 373.

ÜBERALL IST RINGELNATZ

276 Der Text geht auf Gernhardts Besprechung der beiden Bände SÄMTLICHE GEDICHTE und SÄMTLICHE ERZÄHLUNGEN von Joachim Ringelnatz, Zürich (Diogenes) 2003 für die Frankfurter Allgemeine Zeitung zurück. Dabei beschränkte sich die Besprechung hinsichtlich des Erzählungsbandes auf Kritik am leseunfreundlichen Satzbild. Der auf den Gedichtband bezogene Teil der Besprechung erschien – noch einmal leicht gekürzt und mit einem anderen Schluß versehen – unter dem von Gernhardt ursprünglich vorgesehenen Titel ÜBERALL IST RINGELNATZ als Nachwort zu WARTEN AUF DEN BUMERANG.
Wir haben uns entschieden, der von Gernhardt bei der Frankfurter Allgemeinen eingereichten Fassung zu folgen, diese aber nur zu übernehmen, soweit sie sich auf den Gedichtband bezieht.
hieße Ringel nach Natz tragen. In der Frankfurter Allgemeinen wurde hieraus fehlerhaft »Ringel und Natz tragen«. Vergleiche auch Gernhardts Gedicht AUF DER FAHRT VON RINGEL NACH NATZ NOTIERT (in WÖRTERSEE, S. 161).

277 *Da war – beispielsweise – Morgenstern doch ein ganz anderes Kaliber.* Dieser Satz findet sich nicht im Nachwort zu WARTEN AUF DEN BUMERANG. Der Anschluß im folgenden Satz ist im Nachwort verändert.

280 *bedichtens- und berichtenswert erschien.* Dies ist der letzte Satz, der vom Nachwort zu WARTEN AUF DEN BUMERANG übernommen wird. Anschließend erläutert Gernhardt dort seine Werkauswahl und Illustrationen.
Stirbt sich was für einige Zeit. / Überall ist Ewigkeit ... Dies ist der letzte Satz von der Frankfurter Allgemeinen Zeitung abgedruckten Fassung der Besprechung, bevor sich diese dem Erzählungsband widmet.

281 *Ja, das sollte jeder Interessierte in »Sämtliche Gedichte« nachlesen.* Ringelnatz' Gedicht ÜBERALL, aus dem Gernhardt hier zum dritten Mal zitiert, findet sich auch in HELL UND SCHNELL.

DEN BENN ALLEINE LESEN

285 *Collagetechnik seiner Verse beim vielstimmigen Dichter Benn entlieh.* Die hier folgende Strophe ist die zweite aus Gernhardts Gedicht RETROSPEKTAKEL (in GESAMMELTE GEDICHTE, S. 12). Die Zeile »Eiris sazun idisi« ist die erste des ERSTEN MERSEBURGER ZAUBERSPRUCHES, der von Gernhardt auch im Gedicht AN DER STRECKE BERLIN – WEIMAR (in IM GLÜCK UND ANDERSWO, S. 122) verwendet wird.

BRECHT LESEN UND LACHEN

287 Die Brecht-Zitate folgen offensichtlich teils der Ausgabe der Gesammelten Werke und teils der Großen kommentierten Berliner und Frankfurter Ausgabe.

287 *setzt mit* ZEHN THESEN ZUM KOMISCHEN GEDICHT *aus meiner Feder ein*. Die kompletten Thesen finden sich in diesem Band, S. 503.

290 *Die erste Gedichtsammlung des Augsburgers nennt sich »Lieder zur Klampfe von Bert Brecht und seinen Freunden«.* Diese LIEDER ZU KLAMPFE werden allgemein nicht als eine Veröffentlichung angesehen. Die später von Gernhardt getroffene Feststellung, daß die Brecht die »bisher angeführten Gedichte« nicht veröffentlichen ließ, trifft also zu.

295 *AUSLASSUNGEN EINES MÄRTYRERS.* Vgl. zu diesem Gedicht: LIEBE CONTRA WAHRHEIT, in diesem Band, S. 343.

304 *Zwei Knaben stiegen auf eine Leiter.* Zu der Geschichte der Klapphornverse vgl. SCHMERZ LASS NACH, in diesem Band, S. 214.

IN ALLTAGS KRALLEN

308 Vgl. auch zur Verarbeitung von Krankheit und Todesnähe: SCHMERZ LASS NACH, in diesem Band, S. 190.

PETER RÜHMKORF UND WIR

314 Dieses Nachwort zu LETHE MIT SCHUSS ist auch integriert in PETER RÜHMKORF, in: Sabine Schneider (Hg.), LEKTÜREN FÜR DAS 21. JAHRHUNDERT. KLASSIKER UND BESTSELLER DER DEUTSCHEN LITERATUR VON 1900 BIS HEUTE, Würzburg (Königshausen & Neumann) 2005, S. 217–240.

ein Gesellungsmedium für aus der Bahn getragene und verstreute Einzelne. Kaum eine Formulierung hat Gernhardt häufiger in seiner Poetikvorlesung zitiert (vgl. VON NICHTS KOMMT NICHTS, S. 16, DIE MIT DEM HAMMER DICHTEN, S. 65, LEBEN IM LABOR, S. 102).

BEDEUTUNG? GEPFIFFEN!

326 Zum gemeinsamen Dichten von Gernhardt und Bernstein vgl. auch VON NICHTS KOMMT NICHTS (in diesem Band, S. 28).

Zu Gedichten

PEIN UND LUST

335 In GEDANKEN ZUM GEDICHT erschien die Besprechung ohne die Überschrift, sondern als römisch bezifferter erster Teil von DREIERPACK.

336 *so beginnt sein Gedicht* FRECH UND FROH, *1788 geschrieben, und so endet es.* J.W. Goethe: FRECH UND FROH. In ders.: SÄMTLICHE WERKE. BRIEFE, TAGEBÜCHER UND

GESPRÄCHE. I. ABTEILUNG, BD. 2. GEDICHTE 1800–1832. Hg. von Karl Eibl. Frankfurt/M. (Deutscher Klassiker Verlag) 1988 (Bibliothek deutscher Klassiker, 34), S. 416. Der Kommentar (ebd., S. 1021) bemerkt: »Die gelegentlich vorgenommene Datierung auf 1788 kann sich nur auf Atmosphärisches stützen (Rückkehr aus Italien, Christiane versus Charlotte).«

CRIME UND REIM

337 In GEDANKEN ZUM GEDICHT erschien die Besprechung ohne die Überschrift, sondern als römisch bezifferter zweiter Teil von DREIERPACK. Das Kriminalsonett GOLD thematisiert Gernhardt auch in VON NICHTS KOMMT NICHTS (in diesem Band, S. 26).

LIEBE CONTRA WAHRHEIT

243 Auf dieses Gedicht geht Gernhardt auch in BRECHT LESEN UND LACHEN (in diesem Band, S. 295) ein.

DICHTER UND RICHTER

346 Die Reaktion von Marcel Reich-Ranicki auf diese Gedichtinterpretation schildert Gernhardt in seinem Beitrag »GENIAL!« – GAB ES EIGENTLICH EINE ZEIT VOR MARCEL REICH-RANICKI? in Hubert Spiegel (Hg.), BEGEGNUNGEN MIT MARCEL REICH-RANICKI, Frankfurt/M. (Insel) 2005, S. 37–41.

348 *Die schärfsten Kritiker der Elche / waren früher selber welche.* Vergleiche hierzu VON NICHTS KOMMT NICHTS (in diesem Band, S. 29).

EIN HOCH DEM FUFFZEHNTEN JULEI

356 Diese Gedichtinterpretation ist integriert in Robert Gernhardt: PETER RÜHMKORF, in: Sabine Schneider (Hg.), LEKTÜREN FÜR DAS 21. JAHRHUNDERT. KLASSIKER UND BESTSELLER DER DEUTSCHEN LITERATUR VON 1900 BIS HEUTE. Würzburg (Königshausen & Neumann) 2005, S. 217–240.

357 *Zuerst in die heile Welt des traditionellen Naturgedichts.* Zu diesem Befund vgl. auch WAS BLEIBT? (in diesem Band, S. 167).

LETZTE RUNDE

360 *indem er sie beim Namen, sprich: beim Markennamen nennt.* Vergleiche hierzu SCHLÄFT EIN LIED IN ALLEN DINGEN? (in diesem Band, S. 145).

DIE BLANKE WAHRHEIT

363 Zu Peter Hacks' Gedichten und insbesondere ROTE SOMMER vgl. auch KEIN BEIFALL FÜR DEN MAUERFALL? (in diesem Band, S. 428) sowie das paraphrasierende Gedicht BLANKER NEID AUF ROTE SOMMER. EINE KLAGE FÜR PETER HACKS NACH MOTIVEN VON PETER HACKS (in SPÄTER SPAGAT). ROTE SOMMER wurde auch in HELL UND SCHNELL aufgenommen.

DER WEG IST DAS ZIEL

366 DER GAUL wurde auch in HELL UND SCHNELL aufgenommen. Für den Abdruck des Gedichts folgen wir der dort (nicht der in der Frankfurter Allgemeinen) berücksichtigten Fassung.

367 *Aus gleichem Grund werden auch Witze geliebt und weitergetragen.* Zum Vergleich zwischen Witz und Gedicht sowie zur »Haltbarkeit« komischer Gedichte vgl. ZEHN THESEN ZUM KOMISCHEN GEDICHT (in diesem Band, S. 503).

367 *Irrenwitze, Ostfriesenwitze, Mantawitze.* In der F. A. Z. ohne »Mantawitze«.
Er reimt nicht, wie aus ungezählten Gedichten gewohnt, die vierte auf die zweite Zeile, sondern die dritte auf die erste. Zeile zwei und vier aber werden durch Assonanzen verklammert. Vgl. zum ersten Verfahren auch LEBEN IM LABOR (in diesem Band, S. 119), zum zweiten ORDNUNG MUSS SEIN (in diesem Band, S. 89).

AN DER ANGEL

370 Der im Hörfunk gesendete Text liegt als Typoskript vor.

DIE LEHRE DER LEERE

373 Der bislang unveröffentlichte Text liegt als Typoskript vor.

INGEBORG BACHMANN: DIE GESTUNDETE ZEIT

382 Der bislang unveröffentlichte Text liegt als zehnseitiges Manuskript vor. Es entstand, wie Robert Gernhardt festhält, während zweier Chemotherapiesitzungen am 17. und 31. Mai 2005 im Klinikum Valdarno in der Nähe seines toskanischen Wohnsitzes. Wie WARUM GÜNTHER WEISENBORNS GEDICHT »AHNUNG« KEIN GUTES GEDICHT IST (in diesem Band, S. 388) befand sich auch dieser Text in den Unterlagen, die Gernhardt für seine Gastdozentur in Warwick (Ende April 2006) zusammengestellt hatte.

383 *Auf jeden Fall ist von »Fischen« die Rede.* Die Häufung des Fisch-Motivs in der 50er-Jahre-Lyrik, insbesondere in der Anthologie TRANSIT (in der auch DIE GESTUNDETE ZEIT enthalten ist), thematisiert Gernhardt ausführlich in WAS BLEIBT? (in diesem Band S. 181).

384 *Da Lupinen in diesen Monaten.* Zur besseren Verständlichkeit haben wir das im Manuskript vorfindliche »den« durch »diesen« ersetzt. Gernhardt hat den Satz mehrfach geändert.

Der Satz geht in Splitter. Die Walter-Höllerer-Zitate stammen aus dessen Randnote zum Gedicht BLATTLOSER SEGEN von Franz Mon in TRANSIT, S. 243.
385 *Was kannst du mir tun.* Die Franz-Mon-Zitate entstammen dessen Gedicht WAS KANNST DU MIR TUN in TRANSIT, S. 269.
Nicht in zersplitterten Worten, in festgefügten Sätzen. Nach diesen Worten, also mitten im Satz, vermerkt Gernhardt: »//ab hier Chemo 31.5. //«.
wartet mit einer überraschenden Information. Das Wort »einer« wurde ergänzt.
386 *Foxl.* Die Benennung dieses einen Hundes beschäftigte Gernhardt offenbar länger. Zunächst verwendete er den Namen »Plonzo«, diesen wechselte er sodann an beiden Stellen, an denen der Hundename im Manuskript auftaucht, gegen »Tommy« aus. Den Namen »Tommy« ersetzte er schließlich nur an der ersten der beiden Stellen durch »Foxl«. Wir gehen davon aus, daß dies auch für die zweite Stelle gelten sollte. Auf dem Manuskript findet sich sogar eine kleine Skizze des Hundes.
387 *Ja, die sind angebrochen.* Das letzte Notat auf dem Manuskript lautet: »Geendet Chemo 31.5.2005«.

WARUM GÜNTHER WEISENBORNS GEDICHT »AHNUNG« KEIN GUTES GEDICHT IST

388 Der bislang unveröffentlichte Text liegt als sechsseitige, undatierte Handschrift vor. Sie fand sich in den Unterlagen, die Robert Gernhardt für seine Gastdozentur in Warwick (Ende April 2006) zusammengestellt hatte. Vermutlich entstand der Text im zeitlichen Zusammenhang mit der Vorlesung WAS BLEIBT? (in diesem Band, S. 166), in der DE PROFUNDIS mit TRANSIT verglichen wird, zwischen 2005 und April 2006.
DE PROFUNDIS. Deutsche Lyrik in dieser Zeit. Eine Anthologie aus zwölf Jahren. Herausgegeben von Gunter Groll. München (Verlag Kurt Desch) 1946. Das Gedicht AHNUNG findet sich auf S. 452, die Kurzbiographie Weisenborns auf S. 450. Zu DE PROFUNDIS vergleiche ORDNUNG MUSS SEIN (in diesem Band, S. 81) und vor allem WAS BLEIBT? (in diesem Band, S. 168).
weiß Gunter Groll zu sagen. Es läßt sich dem Manuskript nicht mit letzter Sicherheit entnehmen, welche Passagen aus der Kurzbiographie zitiert werden sollen: Die genau bezeichneten Zitate sind sparsamer, doch bei einer Überarbeitung wurden diese ergänzt u. a. mit der Notiz »Brecht einfügen«. Wir haben den auf Brecht bezogenen Satz ganz zitiert.
390 *unüberhörbares Vorbild Brecht.* An dieser Stelle war im Manuskript ein Hinweis auf ein Brecht-Gedicht vorgesehen.

Fragen zum Gedicht

WIE ARBEITET DER LYRIKWART?

398 »*For Ezra Pound, il miglior fabbro*«. Dieses Zitat und der thematische Zusammenhang werden auch in ORDNUNG MUß SEIN? (in diesem Band, S. 66) aufgegriffen.

AUFGELADEN? AUFGEBLASEN?

404 »*Mürrisches Parlando*« – *so hatte ich diesen personenübergreifenden, eigentlich herzlich prosaischen Redefluß seinerzeit genannt.* Dieses Selbstzitat entstammt THESEN ZUM THEMA (in: GEDANKEN ZUM GEDICHT, S. 14 f.), einem 1989 gehaltenen Referat. Vgl. auch DER SCHILLER-PROZESS (in diesem Band, S. 227).

WARUM GERADE DAS SONETT?

415 Vergleiche zur Thematik: ORDNUNG MUSS SEIN (in diesem Band, S. 74).
417 *Der Lyrikdoktor hält es für eine »einfache Sache«, vierzehn Zeilen mit dem Minimum von vier Ausgangswörtern zu bestreiten?* Die folgenden kritischen Bemerkungen zu Stephan interpretiert Gernhardt in ORDNUNG MUß SEIN (in diesem Band, S. 80 f.) als Zustimmung zu Klüger, revidiert diese dann aber.

WAS WIRD HIER GESPIELT?

423 *etwas Trübes, Zähes, Dumpfes, Muffiges.* Vgl. auch VON NICHTS KOMMT NICHTS (in diesem Band, S. 16).
424 *Im* LIED VOM FLEISS *führt Endler*. Vgl. auch ORDNUNG MUSS SEIN (in diesem Band, S. 91).

KEIN BEIFALL FÜR DEN MAUERFALL?

432 *begeben Preußens dünkelhafte Kommunisten.* Vgl. zu dem Gedicht ROTE SOMMER von Peter Hacks DIE BLANKE WAHRHEIT (in diesem Band, S. 363).

STIFTEN SIE NOCH ETWAS, DIE DICHTER?

443 *1990 war ich dieser Frage erstmals nachgegangen.* WO ZUM TEUFEL BLEIBEN DIE LYRIK-HÄMMER DER SAISON? Dieser hier nur mit dem zweiten Titel bezeichnete Beitrag findet sich in GEDANKEN ZUM GEDICHT.

Über den Umgang mit Gedichten

BERÜHRT, NICHT GERÜTTELT

454 Gernhardt führt hier unter anderem Überlegungen aus DARF MAN DICHTER VERBESSERN? (in GEDANKEN ZUM GEDICHT) fort.

EINER FLOG AUS DEM AMSELNEST

464 Beim Erstdruck in der Süddeutschen Zeitung wurden durch einen Satzfehler einige der argumentativen Zusammenhänge des Beitrags zerrissen. Wir haben den Text, der uns in keiner anderen Fassung vorlag, soweit wie möglich rekonstruiert. Dabei wurden etwa vier Zeilen gekürzt, für die sich kein Anschluß herstellen ließ. Die kritisierten Übersetzer reagierten auf Gernhardts Rezension mit einem invektiven Leserbrief, der diesen Satzfehler thematisierte. Außerdem legte ihre Darstellung den Schluß nahe, daß das Robert Gernhardt überlassene Rezensionsexemplar nicht mit dem erschienenen Exemplar übereinstimmte.

Über das Dichten

IN EIGENER SACHE

501 *GESANG VOM GEDICHT*. Die Fassung dieses Gedichts folgt dem Erstdruck. In IM GLÜCK UND ANDERSWO und GESAMMELTE GEDICHTE hat das Gedicht den Untertitel »Sieben Strophen pro domo«. Neben kleinen Varianten lauten das letzte Wort der zweiten Zeile der vierten Strophe »heiß« statt wie hier »kalt« und das letzte Wort der ersten Zeile der sechsten Strophe »zuhaus« statt wie hier »gerecht«.

ZEHN THESEN ZUM KOMISCHEN GEDICHT

504 *Heine, Busch, Morgenstern sowie die weiteren üblichen Verdächtigen haben auch Gedichte ernster Art und Machart geschrieben.* In BEDEUTUNG? GEPFIFFEN! (in diesem Band S. 329), nennt Gernhardt explizit als Ausnahme zu dieser Regel zwei Dichter, die ausschließlich komische Gedichte geschrieben haben: F. W. Bernstein und Heinz Erhardt.

DICHTEN IN DER TOSCANA

508 Der Beitrag erschien in La Gazzetta di Nittardi. Nachrichten aus dem Herzen der Toscana, Ausgabe 2005. Hierbei handelt es sich um eine einmal jährlich erscheinende, deutschsprachige Hauszeitung der Fattoria Nittardi, eines toskanischen Wein- und Olivenguts. Der Text liegt als Typoskript und Computerdatei vor. Diesen hat

Gernhardt außerdem zu einem Vortrag mit vielen eigenen Gedichten umgearbeitet, den er vermutlich 2005 in Italien gehalten hat. Wir folgen der Aufsatzfassung.
510 *vierzehnteilige* MONTAIESER ELEGIE. Der aus vierzehn Gedichten bestehende Zyklus wurde unter dem Haupttitel DAS VIERZEHNTE JAHR mit dem Untertitel MONTAIESER ELEGIE im Gedichtband KÖRPER IN CAFÉS veröffentlicht und nimmt dort das gesamte dritte Kapitel KLAGE ein.
511 *des dritten und bisher letzten (Zyklus), den ich der Toscana verdanke.* Der Text stammt von 2005. Gernhardt erwähnt nicht den Gedichtzyklus der neun MONTAIESER MITTAGSGEDICHTE (entstanden zwischen dem 21. Mai und 20. Juni 1999, erschienen 2002 in IM GLÜCK UND ANDERSWO) im Zusammenhang dieser Zyklen, die er der Toscana verdanke, oder der »Toscana-Zyklen«, wie es später im Text heißt.
WÜRSTCHEN IM SCHLAFROCK. Erstveröffentlichung in KLAPPALTAR.
in der Diktion des alten Goethe. Im Anschluß an diesen Satz findet sich in der Vortragsfassung der handschriftliche Zusatz: »Hinweis auf Goethes Gedicht«. Gemeint ist

DORNBURG, SEPTEMBER 1828

Früh, wenn Tal, Gebirg und Garten
Nebelschleiern sich enthüllen
Und dem sehnlichsten Erwarten
Blumenkelche bunt sich füllen;

Wenn der Äther, Wolken tragend,
Mit dem klaren Tage streitet,
Und ein Ostwind, sie verjagend,
Blaue Sonnenbahn bereitet;

Dankst du dann, am Blick dich weidend,
Reiner Brust der Großen, Holden,
Wird die Sonne, rötlich scheidend,
Rings den Horizont vergolden.

wartet der 29. September mit neun Gedichten auf. In KLAPPALTAR veröffentlicht sind unter diesem Datum sieben Gedichte.
was mich dazu bewegt, auf die Bremse zu treten. Auch im Nachwort zu KLAPPALTAR, ebenfalls abgedruckt im Anmerkungsapparat von GESAMMELTE GEDICHTE 1954–2006 (S. 1057 ff.) referiert Gernhardt ausführlich die Entstehungsgeschichte des Zyklus – allerdings mit einer kleinen Abweichung zur hiesigen Version: Danach habe er »so um den 24. September herum« (S. 1062) – also früher als am 30. September – beschlossen, daß am Abend des 1. Oktober »alles vorbei sein« solle.
512 *welchen Raubbau ich damals getrieben habe.* Diese Sorge wird, auch in dieser Formulierung, zentral in der Erzählung VERBRANNTE ERDE (in DENKEN WIR UNS, S. 173 ff. [176]). In wohl keinen anderen epischen Text Gernhardts haben poetologische Überlegungen stärker Eingang gefunden.

»zuerst die Poetiken ...«

ZU PETER RÜHMKORFS AUFFANGPAPIEREN

519 *Es liegt was in der Luft.* Vgl. unsere Anmerkung S. 563 zu S. 115.
520 *Voll im Trend: Land's End.* Vgl. LEBEN IM LABOR (in diesem Band, S. 102).

NACHWEISE

Vorlesungen zur Poetik

VON NICHTS KOMMT NICHTS

Erste Frankfurter Vorlesung (8.5.2001). [Ungedruckt.] Varianten: Erste Essener Vorlesung (4.2.2002) mit dem Zusatz: »Die Führung beginnt mit raschen Einblicken in Krabbelstube, Kinderzimmer und Klassenraum des Hauses der Poesie, um sodann längere Zeit im Clubraum Dichtern beim geselligen Dichten zuzuschauen, Goethe und Schiller etwa oder Bernstein, Gernhardt und Waechter.« Erste Düsseldorfer Vorlesung (11.1.2006) mit dem Untertitel »Ein Gang durch poetische Krabbelstuben, Kinderzimmer, Klassen- und Clubräume«.

DIE MIT DEM HAMMER DICHTEN

Zweite Düsseldorfer Vorlesung (18.1.2006) mit dem Untertitel »Ein Gang durch die Kopierstuben, die Hallräume, den Chat-Room und das Fitneß-Studio der Dichter.« [Ungedruckt.] Varianten: Zweite Frankfurter Vorlesung (15.5.2001). Zweite Essener Vorlesung (5.2.2002) mit dem Zusatz: »Der Lesesaal des Hauses der Poesie ist Schauplatz eines Gedanken- und Gedichtaustausches, der Jahrhunderte überbrückt. Je nachdrücklicher Gedichte und Gedichtzeilen sich den Leserhirnen einzuhämmern vermögen, desto eindrucksvoller provozieren sie weitere Gedichte: Hommagen, Plagiate, Imitationen, Dekonstruktionen und Parodien.«

ORDNUNG MUSS SEIN

Dritte Essener Vorlesung (6.2.2002) mit dem Zusatz: »Ein Werkstattbesuch im Haus der Poesie macht mit gängigen Ordnungssystemen wie Vers und Strophe, Rhythmus und Reim bekannt, aber auch mit solchen, die bisher noch in keinem Lehrbuch, keiner Poetik zu finden sind.« [Ungedruckt.] Variante: Dritte Frankfurter Vorlesung (22.5.2001).

LEBEN IM LABOR

Dritte Düsseldorfer Vorlesung (27.1.2006), dort unter dem Titel ORDNUNG MUSS SEIN und dem Untertitel »Ein Besuch in der Versschmiede und Wortwerkstatt des Vortragenden.« Gekürzte Fassung des Essays LEBEN IM LABOR. ÜBER EINIGE ERFAH-

RUNGEN BEIM VERFASSEN VON GEDICHTEN. ED in Das Plateau. 13 (2002) H. 74. S. 4–24, 41–43.

SCHLÄFT EIN LIED IN ALLEN DINGEN?

Vierte Essener Vorlesung (7.2.2002) mit dem Zusatz: »Im Medienraum wird anhand von Beispielen untersucht, wo, seit wann und wie die Poesie Werbung, Konsum und Presse als Schlafplätze moderner Lieder nutzt.« [Ungedruckt.]

WAS BLEIBT?

Vierte Düsseldorfer Vorlesung (1.2.2006) mit dem Untertitel: »Ein Gang durch den Lyrik-Zeitraum der 50er Jahre«. ED [gekürzt] in: Frankfurter Allgemeine, Nr. 133 vom 10.6.2006. S. 47 unter dem Titel WENN BEI CAPRI DIE WARE LYRIK IM MEER VERSINKT. IM ZEICHEN DER FISCHE: »TRANSIT«. WALTER HÖLLERERS BERÜHMTE ANTHOLOGIE BEWAHRT DIE FÜNFZIGER JAHRE UND IHRE SEHNSUCHT NACH DEM SÜDEN.

SCHMERZ LASS NACH

Fünfte Düsseldorfer Vorlesung (8.2.2006) mit dem Untertitel »Ein Gang durch die Kranken- und Sterbezimmer der Dichter, der zum guten Ende in der Wunderkammer der deutschen Dichtung endet.« [Ungedruckt.] Varianten: Vierte Frankfurter Vorlesung (29.5.2001). Fünfte Essener Vorlesung (8.2.2002) mit dem Zusatz: »Die Führung droht, in den Kranken- und Sterbezimmern der Dichter zu enden, doch zum guten Schluß werden noch einige erfreulichere oder belustigendere Räume des Hauses der Poesie aufgesucht: Das Kuriositätenkabinett z.B., der Abstellraum und die Schatzkammer.«

Zu Dichtern

DER SCHILLER-PROZESS. EINE VERTEIDIGUNGSREDE

Rede auf der lit.Cologne am 17. März 2005. ED [gekürzt] in: FRIEDRICH SCHILLER. DICHTER, DENKER, VOR- UND GEGENBILD. Hg. von Jan Bürger. Göttingen (Wallstein) 2007 (marbacher schriften, neue folge 2). S. 235–257.

NACHLASS ODER NACHLAST?

ED in: Süddeutsche Zeitung, Nr. 70 vom 23./24.3.2002. S. IV unter dem Titel EINST AUF UNSCHEINBAREN SCHNITZELN. MÜSSEN ALLE ROSEN WELKEN, KÖNNEN NICHT VIOL' UND NELKEN IMMER BLÜHN? ERSTE EINBLICKE IN DAS »LIEDERTAGEBUCH« AUS DEM NACHLASS DES DICHTERS FRIEDRICH RÜCKERT.

EIN VERBÜNDETER

ED in: VERFÜHRUNG ZUM LESEN. ZWEIUNDFÜNFZIG PROMINENTE ÜBER BÜCHER, DIE IHR LEBEN PRÄGTEN. Hg. von Uwe Naumann in Zusammenarbeit mit der Stiftung Lesen. Reinbek bei Hamburg (Rowohlt) 2003. S. 67–69.

MORGENSTERN 130

Vermutlich Hörfunksendung anläßlich des 130. Geburtstags von Christian Morgenstern am 6.5.2001. [Wohl ungedruckt.]

ÜBERALL IST RINGELNATZ

ED in Frankfurter Allgemeine, Nr. 280 vom 2.12.2003. S. L7 unter dem Titel FÜNF KINDER GENÜGEN, UM EINE OMA ZU VERHAUEN. EINE ZWEIBÄNDIGE AUSGABE ZEIGT, WARUM JOACHIM RINGELNATZ IN JEDEN GUT SORTIERTEN GIFTSCHRANK GEHÖRT.

DEN BENN ALLEINE LESEN. EINE 50ER-JAHRE-REMINISZENZ

ED in Konkret unter dem Titel DEN BENN ALLEINE LESEN. REMINISZENZ. In: konkret. H. 22, 1997/98. S. 22f. Zitiert nach GERNHARDTS GÖTTINGEN. Hg. von Thomas Schaefer. Göttingen (Satzwerk) 1997. S. 41–44.

BRECHT LESEN UND LACHEN. EIN STRIKT SACHLICHER PARCOURS MIT DREI PERSÖNLICHEN ABSCHWEIFUNGEN

Rede zur Eröffnung des Literaturprojektes Bertolt Brecht der Stadt Augsburg am 15. Januar 2004, in der Teehalle des Hotels Steigenberger Drei Mohren. [Ungedruckt.]

IN ALLTAGS KRALLEN

ED unter dem Titel DER EULENSCHREI. ZBIGNIEW HERBERTS GEDICHTE in: Frankfurter Allgemeine, Nr. 222 vom 23.9.2000. S. V.

PETER RÜHMKORF UND WIR

ED in: Peter Rühmkorf: LETHE MIT SCHUSS. GEDICHTE. AUSGEWÄHLT UND MIT EINEM NACHWORT VERSEHEN VON ROBERT GERNHARDT. Frankfurt/M. (Suhrkamp) 1998 (Bibliothek Suhrkamp 1285). S. 127–139.

BEDEUTUNG? GEPFIFFEN!

ED in: F.W. Bernstein: LUSCHT UND GEISCHT. AUSGEWÄHLT UND MIT EINEM NACHWORT VON ROBERT GERNHARDT. Frankfurt/M. (S. Fischer)

2007 (Hell und Schnell. Die Sammlung komischer Gedichte 5. Fischer Taschenbuch 17373). S. 103–108.

Zu Gedichten

PEIN UND LUST

ED in: Frankfurter Allgemeine, Nr. 25 vom 30.1.1988. S. IV. Auch in: FRANKFURTER ANTHOLOGIE. Gedichte und Interpretationen. Bd. 12. Hg. von Marcel Reich-Ranicki. Frankfurt/M. (Insel) 1989. S. 32 f.

CRIME UND REIM

ED in: Frankfurter Allgemeine, Nr. 37 vom 13.2.1988. S. IV. Auch in: FRANKFURTER ANTHOLOGIE. Gedichte und Interpretationen. Bd. 12. Hg. von Marcel Reich-Ranicki. Frankfurt/M. (Insel) 1989. S. 157 f.

SCHÖN UND GUT

ED in: Frankfurter Allgemeine, Nr. 165 vom 18.7.1992. S. IV. Auch in: FRANKFURTER ANTHOLOGIE. Gedichte und Interpretationen. Bd. 16. Hg. von Marcel Reich-Ranicki. Frankfurt/M., Leipzig (Insel) 1993. S. 145 f.

LIEBE CONTRA WAHRHEIT

ED in: Frankfurter Allgemeine, Nr. 11 vom 13.1.1996. S. IV. Auch in: FRANKFURTER ANTHOLOGIE. Gedichte und Interpretationen. Bd. 19. Hg. von Marcel Reich-Ranicki. Frankfurt/M., Leipzig (Insel) 1996. S. 179–181.

DICHTER UND RICHTER

ED in: Frankfurter Allgemeine, Nr. 229 vom 2.10.1999. S. IV. Auch in: FRANKFURTER ANTHOLOGIE. Gedichte und Interpretationen. Bd. 23. Hg. von Marcel Reich-Ranicki. Frankfurt/M., Leipzig (Insel) 2000. S. 230–232.

UNFAMILIÄRE VERSE

ED in: Frankfurter Allgemeine, Nr. 123 vom 27.5.2000. S. IV. Auch in: FRANKFURTER ANTHOLOGIE. Gedichte und Interpretationen. Bd. 24. Hg. von Marcel Reich-Ranicki. Frankfurt/M., Leipzig (Insel) 2001. S. 133–135.

FASSE DICH KURZ

ED in: Frankfurter Allgemeine, Nr. 10 vom 12. 1. 2002. S. 44. Auch in: FRANK-FURTER ANTHOLOGIE. Gedichte und Interpretationen. Bd. 26. Hg. von Marcel Reich-Ranicki. Frankfurt/M., Leipzig (Insel) 2003. S. 201–204.

EIN HOCH DEM FUFFZEHNTEN JULEI

ED in: Frankfurter Allgemeine, Nr. 15 vom 18. 1. 2003. S. 36. Auch in: FRANK-FURTER ANTHOLOGIE. Gedichte und Interpretationen. Bd. 27. Hg. von Marcel Reich-Ranicki. Frankfurt/M., Leipzig (Insel) 2004. S. 208–210.

LETZTE RUNDE

ED in: Frankfurter Allgemeine, Nr. 85 vom 10. 4. 2004. S. 42. Auch in: FRANK-FURTER ANTHOLOGIE. Gedichte und Interpretationen. Bd. 28. Hg. von Marcel Reich-Ranicki. Frankfurt/M., Leipzig (Insel) 2005. S. 106–109.

DIE BLANKE WAHRHEIT

ED in: Frankfurter Allgemeine, Nr. 211 vom 10. 9. 2005. S. 44. Auch in: FRANK-FURTER ANTHOLOGIE. Gedichte und Interpretationen. Bd. 29. Hg. von Marcel Reich-Ranicki. Frankfurt/M., Leipzig (Insel) 2006. S. 212–214.

DER WEG IST DAS ZIEL

ED in: Frankfurter Allgemeine, Nr. 136 vom 17. 6. 2006. S. 46. Auch in: FRANK-FURTER ANTHOLOGIE. Gedichte und Interpretationen. Bd. 30. Hg. von Marcel Reich-Ranicki. Frankfurt/M., Leipzig (Insel) 2007. S. 91–93.

AN DER ANGEL

Hörfunksendung, gesendet am 13. 6. 1999 in der Reihe DAS ARCHIV DER POESIE im Radio 3 des Norddeutschen Rundfunks. [Ungedruckt.]

DIE LEHRE DER LEERE

[Ungedruckt.]

ENDE SCHLECHT, ALLES GUT

ED in: Frankfurter Allgemeine, Nr. 159 vom 12. 7. 2003. S. 33.

INGEBORG BACHMANN: DIE GESTUNDETE ZEIT

[Ungedruckt.]

WARUM GÜNTHER WEISENBORNS GEDICHT »AHNUNG« KEIN GUTES GEDICHT IST

[Ungedruckt.]

Fragen zum Gedicht

LANGT ES, LANGT ES NICHT?

ED in: Die Zeit, Nr. 8 vom 18. 2. 1999. S. 45 mit dem Untertitel »Fragen zum Gedicht«.

WIE ARBEITET DER LYRIKWART?

ED in: Die Zeit, Nr. 14 vom 31. 3. 1999. S. 50.

AUFGELADEN? AUFGEBLASEN?

ED [gekürzt] in: Die Zeit, Nr. 20 vom 12. 5. 1999. S. 61 mit dem Untertitel »Fragen zum Gedicht (3)«. Erste vollständige Veröffentlichung unter dem Titel AUFGELADENES RAUSCHEN. FRAGEN ZUM GEDICHT im Online-Rezensionsforum literaturkritik.de (www.literaturkritik.de/public/rezension.php?rez_id=316).

WIE SCHLECHT WAR GOETHE WIRKLICH?

ED in: Die Zeit, Nr. 25 vom 17. 6. 1999. S. 40 mit dem Untertitel »Fragen zum Gedicht (4)«.

WARUM GERADE DAS SONETT?

ED in: Die Zeit, Nr. 31 vom 29. 7. 1999. S. 41 mit dem Untertitel »Fragen zum Gedicht (5)«.

DÜRFEN DIE DAS?

ED in: Die Zeit, Nr. 7 vom 10. 2. 2000. S. 58 mit dem Untertitel »Fragen zum Gedicht (6)«.

WAS WIRD HIER GESPIELT?
ED in: Die Zeit, Nr. 14 vom 30.3.2000. S. 64 mit dem Untertitel »Fragen zum Gedicht (7)«.

KEIN BEIFALL FÜR DEN MAUERFALL?
ED in: Die Zeit, Nr. 40 vom 28.9.2000. S. 54 mit dem Untertitel »Fragen zum Gedicht (8)«. Im dort angegebenen Haupttitel fehlte versehentlich das Fragezeichen.

SIMON WHO? FRAGEN ZUM GEDICHT
ED in: Die Zeit, Nr. 50 vom 7.12.2000. S. 74 mit dem Untertitel »Fragen zum Gedicht (9)«.

WAS GIBT'S DENN DA ZU LACHEN?
ED in: Die Zeit, Nr. 18 vom 26.4.2001. S. 54 mit dem Untertitel »Fragen zum Gedicht (10)«.

STIFTEN SIE NOCH WAS, DIE DICHTER?
ED in: Die Zeit, Nr. 7 vom 7.2.2002. S. 38 mit dem Untertitel »Fragen zum Gedicht (11)«.

Über den Umgang mit Gedichten

HERR GERNHARDT, WARUM LESEN SIE IHRE GEDICHTE VOR?
DAS IST EINE KURZE GESCHICHTE. ICH BITTE UM IHR OHR:
ED im Booklet zu REIM UND ZEIT. DIE LESUNG. Doppel-CD. München (der hörverlag) 2002.

BERÜHRT, NICHT GERÜTTELT
ED in: Die Welt, Nr. 269, 17.11.2001. S. 1f., 7, mit dem Untertitel »Warum der Leopard kein Jaguar sein kann. Der Dichter Robert Gernhardt entlarvt die Fehler seiner Kollegen«.

EINER FLOG AUS DEM AMSELNEST
ED in: Süddeutsche Zeitung, Nr. 233 vom 10.10.2001. S. V3/11 mit dem Untertitel »Paul McCartneys Gedichtband ›Blackbird Singing‹ liegt jetzt in einer zweisprachigen

Ausgabe vor. Der deutsche Teil ist fauler Zauber – Eine deutliche Warntafel für alle künftigen Lyrikübersetzer«.

SIEBEN AUF EINEN STREICH. SO GUT WIE ALLES ÜBER LYRIK-ANTHOLOGIEN

ED in: Die Zeit, Nr. 51 vom 15.12.2001. S. 36–38 [Die Zeit Literatur-Sonderbeilage].

Über das Dichten

IN EIGENER SACHE

Nachwort zu IN ZUNGEN REDEN. Gekürzt abgedruckt in: Frankfurter Allgemeine, Nr. 166, 20.7.2000. S. 50 unter dem Titel WENN DIE VOGELMENSCHEN KOMMEN, DENKT DAS PUBLIKUM BEKLOMMEN. TIERISCHES IN EIGENER SACHE: VOM STREIT ZWISCHEN SPÖTTER UND KUCKUCK UM GESANG UND NESTWÄRME KANN AUCH DER DICHTER ETWAS LERNEN.

ZEHN THESEN ZUM KOMISCHEN GEDICHT

Vorwort zu HELL UND SCHNELL. S. 11–14.
Auch in Frankfurter Allgemeine, Nr. 36, 12.2.2004. S. 33 unter dem Titel ZUR HEITERKEIT BEREIT. ZEHN THESEN ZUM KOMISCHEN GEDICHT.

DICHTEN IN DER TOSCANA

ED in La Gazzetta di Nittardi. Nachrichten aus dem Herzen der Toscana, Ausgabe 2005. S. 1–2.

»... zuerst die Poetiken«

ZU PETER RÜHMKORFS AUFFANGPAPIEREN

ED (gekürzt) unter dem Titel SPLITTER, KÖRNER, STREUSEL, FUNKEN, BLITZE, PARTIKEL: PETER RÜHMKORFS DICHTERISCHE AUFFANGPAPIERE in: Frankfurter Allgemeine, Nr. 122 vom 27.5.2006. S. 37.

BIBLIOGRAPHIE

a) Texte von Gernhardt

BERLINER ZEHNER. Hauptstadtgedichte. Zürich (Haffmans) 2001. Taschenbuchausgabe: Frankfurt/M. (S. Fischer) 2002 (Fischer Taschenbuch 15850).

BESTERNTE ERNTE. Gedichte aus fünfzehn Jahren. [Zusammen mit F. W. Bernstein]. Frankfurt/M. (Zweitausendeins) 1976. Taschenbuchausgabe: Frankfurt/M. (S. Fischer) 1997 (Fischer Taschenbuch 13229).

DENKEN WIR UNS. Erzählungen. Frankfurt/M. (S. Fischer) 2007. Taschenbuchausgabe: Frankfurt/M. (S. Fischer) 2008 (Fischer Taschenbuch 17671).

DICHTEN MIT ROBERT GERNHARDT. Essen (Klartext) 2002 (Der neue Scheinwerfer Nr. 1).

DIE K-GEDICHTE. Frankfurt/M. (S. Fischer) 2004.

DIE WAHRHEIT ÜBER ARNOLD HAU. Hg. von Lützel Jeman [d. i. Robert Gernhardt], F. W. Bernstein [d. i. Fritz Weigle] und F. K. Waechter. Frankfurt/M. (Bärmeier & Nikel) 1966 (Pardon Bibliothek). Taschenbuchausgabe: Frankfurt/M. (S. Fischer) 1996 (Fischer Taschenbuch 13230).

DIE WASSERLEICHEN DER POESIE. In: DER ZORN ALTERT, DIE IRONIE IST UNSTERBLICH. Über Hans Magnus Enzensberger. Hg. von Rainer Wieland. Frankfurt/M. (Suhrkamp) 1999 (suhrkamp taschenbuch 3099). S. 210–235.

GEDANKEN ZUM GEDICHT. THESEN ZUM THEMA. HERR GERNHARDT, WARUM SCHREIBEN SIE GEDICHTE? DAS IST EINE LANGE GESCHICHTE. DREIERPACK. DARF MAN DICHTER VERBESSERN? GOLDEN OLDIES ODER WO ZUM TEUFEL BLEIBEN EIGENTLICH DIE LYRIK-HÄMMER DER SAISON? Zürich (Haffmans) 1990 (HaffmansTaschenBuch 100).

GERNHARDTS GÖTTINGEN. Hg. von Thomas Schäfer. Göttingen (Satzwerk) 1997.

GESAMMELTE GEDICHTE. 1954–2004. Frankfurt/M. (S. Fischer) 2005.

GESAMMELTE GEDICHTE. 1954–2006. Frankfurt/M. (S. Fischer) 2008.

HELL UND SCHNELL. 555 komische Gedichte aus 5 Jahrhunderten. [Hg. zusammen mit Klaus Cäsar Zehrer]. Frankfurt/M. (S. Fischer) 2004. Taschenbuchausgabe: Frankfurt/M. (S. Fischer) 2006 (Fischer Taschenbuch 15934).

HIER SPRICHT DER DICHTER. 120 Bildgedichte. Zürich (Haffmans) 1985. Frankfurt/M., Olten, Wien (Büchergilde Gutenberg) o. J. Taschenbuchausgabe: Reinbek (Rowohlt) 1994 (rororo 13557).

ICH ICH ICH. Roman. Zürich (Haffmans) 1982. Taschenbuchausgabe: Frankfurt/M. (S. Fischer) 2003 (Fischer Taschenbuch 16073).

IN ZUNGEN REDEN. Stimmenimitationen von Gott bis Jandl. Frankfurt/M. (S. Fischer) 2000 (Fischer Taschenbuch 14759).

IM GLÜCK UND ANDERSWO. Gedichte. Frankfurt/M. (S. Fischer) 2002. Taschenbuchausgabe: Frankfurt/M. (S. Fischer) 2008 (Fischer Taschenbuch 15751).

KANN ES DAS DICHTEN RICHTEN? In: VERLEIHUNG DES HEINE-PREISES 2004 DER LANDESHAUPTSTADT DÜSSELDORF AN ROBERT GERNHARDT. Hg. vom Heinrich-Heine-Institut der Landeshauptstadt Düsseldorf. Düsseldorf (XIM Virgines – Editio libri) 2004. S. 13–34. Zweitabdruck unter dem Titel: Reden zur Verleihung des Heine-Preises 2004. Dankrede. In: Heine-Jahrbuch 2005. Hg. von Joseph A. Kruse, Heinrich-Heine-Institut der Landeshauptstadt Düsseldorf. Stuttgart/Weimar (J. B. Metzler) 2005. S. 237–250.

KIPPFIGUR. Erzählungen. Zürich (Haffmans) 1986. Frankfurt/M. (S. Fischer) 2004 (Fischer Taschenbuch 16511).

KLAPPALTAR. Drei Hommagen. Zürich (Haffmans) 1998. Taschenbuchausgabe: Frankfurt/M. (S. Fischer) 2005 (Fischer Taschenbuch 16906).

KÖRPER IN CAFÉS. Gedichte. Zürich (Haffmans) 1987. Taschenbuchausgabe: Frankfurt/M. (S. Fischer) 1997 (Fischer Taschenbuch 13398).

REIM UND ZEIT. Gedichte. Mit einem Nachwort des Autors. Stuttgart (Reclam) 1990 (RUB 8652). Erweiterte Ausgabe: Stuttgart (Reclam) 2009 (RUB 18619).

LETZTE ÖLUNG. Ausgesuchte Satiren 1962–1984. Zürich (Haffmans) 1984. Taschenbuchausgabe in zwei Bänden: Bd. 1. Wie es anfing. 1962–1978. Zürich (Haffmans) 1989 (Haffmans Taschenbuch 1024); Bd. 2. Wie es weiterging. 1979–1984. Taschenbuchausgabe in einem Band: Frankfurt/M. (S. Fischer) 2008 (Fischer Taschenbuch 17913).

LICHTE GEDICHTE. Zürich (Haffmans) 1997. Taschenbuchausgabe: Frankfurt/M. (S. Fischer) 2008 (Fischer Taschenbuch 51054).

LOBREDEN AUF DEN POETISCHEN SATZ. [Zusammen mit Peter Waterhouse und Anne Duden]. Wolfenbüttel (Stiftung Niedersachsen) 1998 (Literarisches Collegium Wolfenbüttel). S. 17–29.

PISA UND DIE VOLGEN. [Zusammen mit Bernd Eilert und Pit Knorr]. Freiburg (Audiobuch) 2008.

PROSAMEN. Stuttgart (Reclam) 1995 (RUB 9385).

SCHÖNE TÖNE. [Von und mit] Robert Gernhardt [Stimme], Elisabeth Bengtson-Opitz [Stimme, Musik], Julia Möller [Violine], Ferdinand von Seebach [Klavier, Stimme, Musik]. Frankfurt/M. (Zweitausendeins) 2001.

SPÄTER SPAGAT. Gedichte. Frankfurt/M. (S. Fischer) 2006. Taschenbuchausgabe: Frankfurt/M. (S. Fischer) 2008 (Fischer Taschenbuch 17570).

ÜBER ALLES. Ein Lese- und Bilderbuch mit Satiren, Humoresken, Fabeln, Märchen, Erzählungen, Texten, Gedichten, Bildgedichten, Bildergeschichten, Bildern und Zeichnungen zu Kunst und Leben, Mensch und Tier, Mann und Frau, Wort und Bild, Zeit und Raum, Gott und die Welt, Spaßmacher und Ernstmacher. Hg. von Ingrid Heinrich-Joost. Zürich (Haffmans) 1994. Taschenbuchausgabe: Frankfurt/M. (S. Fischer) 1996 (Fischer Taschenbuch 12985).

[Ringelnatz, Joachim:] WARTEN AUF DEN BUMERANG. Gedichte. Ausgewählt und illustriert von Robert Gernhardt. Frankfurt/M. (Insel) 2008 (Insel Bücherei 1264).

WAS BLEIBT. Gedanken zur deutschsprachigen Literatur unserer Zeit. Zürich (Haffmans) 1985 (Haffmans' Freies Flugblatt 4). Neuausgabe: Zürich (Haffmans) 1990 (Haffmans' Aufklärungs-Buch 5).

WAS EINER IST, WAS EINER WAR, BEIM SCHEIDEN WIRD ES OFFENBAR. In: ALLES ÜBER DEN KÜNSTLER. Hg. von Lutz Hagestedt. Frankfurt/M. (S. Fischer) 2002 (Fischer Taschenbuch 15769). S. 287–299.

WAS GIBT'S DENN DA ZU LACHEN? Kritik der Komiker, Kritik der Kritiker, Kritik der Komik. Zürich (Haffmans) 1988. Taschenbuchausgabe: Frankfurt/M. (S. Fischer) 2008 (Fischer Taschenbuch 17679).

WEICHE ZIELE. Gedichte 1984–1994. Zürich (Haffmans) 1994. Taschenbuchausgabe: Frankfurt/M. (S. Fischer) 1998 (Fischer Taschenbuch 12986).

WEISSE WEIHNACHT AN DER CÔTE D'AZUR. Hg. von Johannes Möller. Frankfurt/M. (S. Fischer) 2007 (Fischer Taschenbuch 17677).

WELT IM SPIEGEL. WimS 1964–1976. Robert Gernhardt, F. W. Bernstein [d. i. Fritz Weigle] und F. K. Waechter. Frankfurt/M. (Zweitausendeins) 1979.

WÖRTERSEE. Frankfurt/M. (Zweitausendeins) 1981. Zürich (Haffmans) 1995. Frankfurt/M. (S. Fischer) 1996 (Fischer Taschenbuch 13226).

b) Texte von anderen

Adorno, Theodor W.: KULTURKRITIK UND GESELLSCHAFT (1951). »nach Auschwitz ein Gedicht zu schreiben, ist barbarisch«. Theodor W. Adornos Thesen. Zitiert nach: LYRIK NACH AUSCHWITZ? S. 27–49.

Altenberg, Paul (Hg.): DEUTSCHE LYRIK. Für die Oberschule vom 9. Schuljahr ab gedacht. Berlin (Pädagogischer Verlag Schulz) 1947.

Bender, Hans: NACHWORT. In ders.: WAS SIND DAS FÜR ZEITEN. Deutschsprachige Gedichte der achtziger Jahre. München (Hanser) 1988. S. 243–246.

Benn, Gottfried: PROBLEME DER LYRIK (1950). Vgl. ders.: SÄMTLICHE WERKE.
Bd. VI. Prosa 4. Hg. von Holger Hof. Stuttgart (Klett-Cotta) 2001. S. 9–44.

BESTANDSAUFNAHME. EINE DEUTSCHE BILANZ 1962. Sechsunddreißig Beiträge deutscher Wissenschaftler, Schriftsteller und Publizisten. Hg. von Hans Werner Richter. München, Wien, Basel (Desch) 1962.

Braam, Hans: DIE BERÜHMTESTEN DEUTSCHEN GEDICHTE. Auf der Grundlage von 200 Gedichtsammlungen ermittelt und zusammengestellt. Mit einem Vorwort von Helmut Schanze. Stuttgart (Kröner) 2004.

Buselmeier, Michael: [STATEMENT]. In: LYRIKKATALOG BUNDESREPUBLIK. 1979. S. 377.

DAS VERLORENE ALPHABET. Deutschsprachige Lyrik der neunziger Jahre. Hg. von Michael Braun und Hans Thill. Heidelberg (Wunderhorn) 1998.

Denneler, Iris: HÖHERER BLÖDSINN. Robert Gernhardts satirische Prosa und geschliffene Gedichte. In: Der Tagesspiegel, 25. 12. 1987. S. XIII.

DE PROFUNDIS. Deutsche Lyrik in dieser Zeit. Eine Anthologie aus zwölf Jahren. Hg. von Gunter Groll. München (Desch) 1946.

Derschau, Christoph: GEDICHT-TITEL. In ders.: DEN KOPF VOLL SUFF UND KINO. Gedichte von Liebe, Tod und dem täglichen Kleinkram. Gersthofen (Maro) 1976. S. 63.

DEUTSCHE LYRIK. Für die Oberschule vom 9. Schuljahr ab gedacht. Hg. von Paul Altenberg. Berlin (Pädagogischer Verlag Schulz) 1947.

DIE BERÜHMTESTEN DEUTSCHEN GEDICHTE. Auf der Grundlage von 200 Gedichtsammlungen ermittelt und zusammengestellt von Hans Braam. Mit einem Vorwort von Helmut Schanze. Stuttgart (Kröner) 2004.

DIE NEUE SILBERFRACHT. Ein Lesebuch. Hg. von Philipp Gottfried Maler und Oswald Stein. Frankfurt/M. (Hirschgraben) 1965.

Drews, Jörg: SELBSTERFAHRUNG UND NEUE SUBJEKTIVITÄT IN DER LYRIK. In: Akzente 24 (1977) H. 1. S. 89–95.

Drews, Jörg: ANTWORT AUF JÜRGEN THEOBALDY. In: Akzente 24 (1977) H. 4. S. 379–382.

[Enzensberger, Hans Magnus]: DAS WASSERZEICHEN DER POESIE ODER DIE KUNST UND DAS VERGNÜGEN, GEDICHTE ZU LESEN. In hundertvierundsechzig Spielarten vorgestellt von Andreas Thalmayr. Nördlingen (Greno) 1985 (Die andere Bibliothek 9).

Fischer, Ludwig: VOM BEWEIS DER GÜTE DES PUDDINGS. Zu Jörg Drews' und Jürgen Theobaldys Ansichten über neuere Lyrik. In: Akzente 24 (1977) H. 4. S. 371–379.

Flasch, Kurt: DAS SCHNABELTIER. In: ROBERT GERNHARDT. Text + Kritik (1997) H. 136. S. 16–21.

Goetz, Rainald: KLAGE. Frankfurt/M. 2008.

Groll, Gunter (Hg.): DE PROFUNDIS. Deutsche Lyrik in dieser Zeit. Eine Anthologie aus zwölf Jahren. München (Desch) 1946.

Hacks, Peter: DIE MASSGABEN DER KUNST II. Bestimmungen, schöne Wirtschaft, Ascher gegen Jahn, Ödipus Königsmörder. Berlin (Eulenspiegel) 2003 (Werke 14).

Höllerer, Walter: THEORIE DER MODERNEN LYRIK. Dokumente zur Poetik I. Hg. von Norbert Miller in Verbindung mit Thomas Markwart. München (Hanser) 2003.

Höllerer, Walter (Hg.): TRANSIT. Lyrikbuch der Jahrhundertmitte. Herausgegeben mit Randnotizen von Walter Höllerer. Frankfurt/M. (Suhrkamp) 1956.

Holthusen, Hans Egon: KÄMPFENDER SPRACHGEIST. Die Lyrik Ingeborg Bachmanns. In ders.: DAS SCHÖNE UND DAS WAHRE. NEUE STUDIEN ZUR MODERNEN LITERATUR. München (Piper) 1958. S. 246–276.

Jenny-Ebeling, Charitas: GEDICHTELESEN ALS SPIEL. Eine Ungewöhnliche Poetik von Andreas Thalmayr alias Hans Magnus Enzensberger. In: Neue Zürcher Zeitung, Nr. 54 vom 9./10. 3. 1986. S. 37 f.

Kästner, Erich: DIE GROTESKE ALS ZEITGEFÜHL. In ders.: SPLITTER UND BALKEN. S. 16–19.

Kästner, Erich: RINGELNATZ UND GEDICHTE ÜBERHAUPT. In ders.: SPLITTER UND BALKEN. S. 226–228.

Kästner, Erich: SPLITTER UND BALKEN. Publizistik. Hg. von Hans Sarkowicz und Franz Josef Görtz in Zusammenarbeit mit Anja Johann. München (Hanser) 1988.

Kiedaisch, Petra (Hg.): LYRIK NACH AUSCHWITZ? Adorno und die Dichter. Stuttgart (Reclam) 1995 (RUB 9363).

Krolow, Karl: DIE LYRIK IN DER BUNDESREPUBLIK SEIT 1945. In: KINDLERS LITERATURGESCHICHTE DER GEGENWART. Autoren – Werke – Themen – Tendenzen seit 1945. Die Literatur der Bundesrepublik Deutschland II. Hg. von Dieter Lattmann. Frankfurt/M. (S. Fischer) 1980. S. 1–218.

Kunert, Günter: ERWACHSENENSPIELE. Erinnerungen. München (Hanser) 1997.

Kunert, Günter: VERLANGEN NACH BOMARZO. In ders.: SO UND NICHT ANDERS. Ausgewählte und neue Gedichte. München (Hanser) 2002. S. 29 f.

LYRIK NACH AUSCHWITZ? Adorno und die Dichter. Hg. von Petra Kiedaisch. Stuttgart (Reclam) 1995 (RUB 9363).

LYRIKKATALOG BUNDESREPUBLIK. Gedichte – Biographien – Statements. Hg. von Jan Hans, Uwe Herms, Ralf Thenior. Originalausgabe. München 1978 (Sammlung ›Moderne Literatur‹ 7017).

Maler, Philipp Gottfried/Stein, Oswald (Hgg.): DIE NEUE SILBERFRACHT. Ein Lesebuch. Frankfurt/M. (Hirschgraben) 1965.

Modick, Klaus: REFLEKTIERTES GELÄCHTER. Robert Gernhardts ebenso leichtfüßige wie schwergewichtige Gedichte Körper in Cafés. In: Frankfurter Rundschau, 7. 10. 1987. S. 9.

Rühmkorf, Peter: DAS LYRISCHE WELTBILD DER NACHKRIEGSDEUTSCHEN. In: BESTANDSAUFNAHME. S. 447–493.

Rühmkorf, Peter: EINFALLSKUNDE. In ders.: SCHACHTELHALME. Schriften zur Poetik und Literatur. Hg. von Hartmut Steinecke. Reinbek (Rowohlt) 2001 (Werke 3). S. 151–179.

Rühmkorf, Peter: DER REIM UND SEINE WIRKUNG. Bausteine zu einer Poetologie des Alltagslebens. In ders.: SCHACHTELHALME. Schriften zur Poetik und Literatur. Hg. von Hartmut Steinecke. Reinbek (Rowohlt) 2001 (Werke 3). S. 181–204.

Rühmkorf, Peter: RÜHMEN UND AM LATTENZAUN DER MARKNOTIERUNG RÜTTELN. Antiquarische Gedanken zur Poesie der Postmoderne. In: Die Zeit, Nr. 43 vom 17. 10. 1997. S. 26.

Schiller, Friedrich: WERKE. Nationalausgabe. Begründet von Julius Petersen, fortgeführt von Liselotte Blumenthal und Benno von Wiese. Herausgegeben im Auftrag der Nationalen Forschungs- und Gedenkstätten der klassischen deutschen Literatur in Weimar (Goethe- und Schiller-Archiv) und des Schiller-Nationalmuseums in Marbach. Weimar 1943 ff.

Schlösser, Manfred: VOM WORT IN FINSTEREN ZEITEN. In: AN DEN WIND GESCHRIEBEN. Lyrik der Freiheit 1933–1945. Gesammelt, ausgewählt und eingeleitet von Manfred Schlösser unter Mitarbeit von Hans-Rolf Ropertz. Zweite, verbesserte Auflage. Darmstadt 1961 (Agora 13/14). S. 5–20.

Scholdt, Günter: AUTOREN ÜBER HITLER. Deutschsprachige Schriftsteller 1919–1945 und ihr Bild vom »Führer«. Bonn (Bouvier) 1993.

Seibt, Gustav: ZWEITE UNSCHULD. Über den Lyriker Robert Gernhardt. In ders.: DAS KOMMA IN DER ERDNUSSBUTTER. Essays zur Literatur und literarischen Kritik. Frankfurt/M. (S. Fischer) 1997 (Fischer Taschenbuch: Forum Wissenschaft, Literatur & Kunst 13874). S. 72–88.

Spiel, Hilde: DAS NEUE DROHT, DAS ALTE SCHÜTZT NICHT MEHR. In: 1000 DEUTSCHE GEDICHTE UND IHRE INTERPRETATIONEN. Von Erich Fried bis Hans Magnus Enzensberger. Hg. von Marcel Reich-Ranicki. Frankfurt/M. (Insel) 1994. S. 160 f.

Stephan, Peter M.: DAS GEDICHT IN DER MARKTLÜCKE. Abschließende Marginalien zur Diskussion über die »Neue Subjektivität« in der Lyrik. In: Akzente 24 (1977) H. 6. S. 493–504.

Theobaldy, Jürgen: LITERATURKRITIK, ASTROLOGISCH. Zu Jörg Drews' Au[f]satz über Selbsterfahrung und Neue Subjektivität in der Lyrik. In: Akzente 24 (1977) H. 2. S. 188–191.

Titzmann, Michael: STRUKTURWANDEL DER PHILOSOPHISCHEN ÄSTHETIK 1800–1880. München 1978.

Vischer, Friedrich Theodor: AESTHETIK ODER WISSENSCHAFT DES SCHÖNEN. Zum Gebrauche für Vorlesungen. Bd. 6: Kunstlehre. Dichtkunst / Register. Zweite Auflage, hg. von Robert Vischer. München (Meyer & Jessen) 1923.

Vogt, Jochen: DAS MUSS DER REINREIMBRINGER SEIN. Mit Robert Gernhardt ins dritte Jahrtausend. In ders.: KNAPP VORBEI. Zur Literatur des letzten Jahrhunderts. München (Fink) 2004. S. 157–186.

Wapnewski, Peter: GEDICHTE SIND GENAUE FORM. Nicht bloße Beliebigkeit ist das Gegenteil von Lyrik. In: Die Zeit, 28. 1. 1977. Zitiert nach Lyrikkatalog. S. 443–453.

Zimmermann, Hans Dieter: DIE MANGELHAFTE SUBJEKTIVITÄT. In: Akzente 24 (1977) H. 3. S. 280–287.

REGISTER

Achmatowa, Anna 53
Adloff, Gerd 53
Adorno, Theodor W. 539
Alewyn, Richard 273
Alighieri, Dante 66, 398
Amsel, Gottlieb 412
Anacker, Heinrich 422
Apollinaire, Guillaume 144, 339
Arendt, Erich 418
Arndt, Ernst Moritz 505
Arndt, Erwin 74
Arp, Hans 176, 189
Artmann, H. C. 24, 178, 420, 438, 481

Babel, Isaac 53
Bachmann, Ingeborg 149, 150, 151, 176, 178, 179, 185, 187, 382–387, 397, 420, 445, 477, 482, 536, 537, 575
Ball, Hugo 24, 274
Balzac, Jean-Louis Guez de 140
Baudelaire, Charles 106, 126, 127, 200, 421
Becher, Johannes R. 215, 416, 479, 529, 569
Becker, Barbara (Babs) 150
Becker, Boris 150
Becker, Uli 24
Beckmann, Max 175, 326
Bender, Hans 47, 227, 315, 402, 403, 404, 418, 529, 532
Benn, Gottfried 38, 103, 106, 107, 109, 110, 111, 118, 148, 149, 236, 240, 279, 282–286, 308, 316, 317, 318, 322, 341, 359–362, 375, 398, 400, 401, 409, 419, 420, 422, 444, 445, 446, 447, 459, 483, 518, 519, 528, 529, 572

Benn, Ilse 148
Bergengruen, Werner 81, 169, 170, 171, 172, 282, 360
Bernhard, Thomas 371, 482
Bernstein, F. W. (Fritz Weigle) 28, 29, 301, 314, 315, 316, 318, 322, 323, 324, 326–331, 346–348, 556, 573, 578
Berry, Chuck 464
Bewick, Thomas 20
Beyer, Marcel 481
Bezzel, Einhard 462, 490, 493
Bierbaum, Otto Julius 478
Biermann, Wolf 46, 47, 52, 53, 162, 210, 446, 457
Böhmer, Auguste 256
Bohne, Friedrich 272
Böll, Heinrich 169, 282
Borchert, Wolfgang 319
Born, Nicolas 403
Börne, Ludwig 411
Borowiak, Simone 30, 438
Böttcher, Bastian 434, 480
Böttiger, Karl August 24, 411
Brant, Sebastian 489
Brasch, Thomas 52
Braun, Michael 402, 403, 404, 418
Braun, Volker 34, 49, 53, 210, 409
Brecht, Bertolt 38, 39, 40, 41, 42, 43, 44, 45, 46, 47, 48, 49, 50, 51, 52, 53, 68, 70, 144, 145, 146, 148, 149, 154, 161, 175, 176, 192, 209, 210, 220, 226, 240, 260, 279, 287–307, 316, 317, 321, 344–345, 361, 363, 388, 390, 418, 420, 422, 438, 444, 446, 483, 503, 506, 542, 568, 569, 573, 574, 576

Brentano, Clemens 187
Brinkmann, Rolf Dieter 467, 523, 531
Brodsky, Joseph 403
Brun, Friederike 93
Bucciol, Gio Batta 129, 130
Büchmann, Georg 231, 255, 443, 444, 445
Buchwald, Christoph 556
Bürger, August Gottlieb 230, 236, 239
Bürger, Jan 570
Busch, Wilhelm 66, 127, 235, 270–272, 288, 308, 367, 441, 504, 505, 506, 571, 578
Buselmeier, Michael 408
Busemann, Frank 12, 16

Camus, Albert 282
Carossa, Hans 169, 360
Cäsar, Gaius Julius 49
Cassirer, Bruno 274
Castelli, Ignaz Franz 256
Celan, Paul 45, 172, 173, 176, 177, 178, 210, 420, 439, 440, 444, 445, 476, 479, 528, 529, 567
Chlebnikow, Welimir 53
Claes, Astrid 184, 185
Claudius, Matthias 74
Cohns, Hans W. 185
Conradi, Arnulf 490, 491, 492
Conrady, Karl Otto 16, 371, 372, 479, 480, 482, 533
Cummings, E. E. 419
Czechowski, Heinz 54
Czernin, Franz Josef 409, 418

Daniel, Friedrich 214, 569
Däubler, Theodor 215, 505, 569
Dehmel, Richard 478, 479, 480, 529
Demski, Eva 380
Demus, Klaus 187
Descartes, René 140
Dittberner, Hugo 24
Döblin, Alfred 317, 324

Domin, Hilde 103, 477
Donne, John 432
Dove, Richard 262, 264, 267
Drawert, Kurt 161, 484
Drexel, Horst 219
Dylan, Bob 464

Eckenga, Fritz 442
Eckermann, Johann Peter 25, 42, 495
Edschmid, Kasimir 169, 170, 171, 567
Eibl, Karl 24, 574
Eich, Günter 36, 37, 38, 54, 169, 176, 177, 178, 183, 445, 477
Eichendorff, Joseph von 57, 59, 108, 138, 139, 162, 215, 476, 477, 558, 565, 569
Eilert, Bernd 30, 556
Eisenlohr, Friedrich 24, 26, 27, 28, 83, 337–339, 440, 559
Eisler, Hans 305
Eliot, T. S. 66, 220, 282, 398, 421, 570
Endler, Adolf 91, 409, 423, 424, 425, 426, 427, 483, 560, 577
Ensslin, Gudrun 35
Enzensberger, Hans Magnus 16, 17, 20, 45, 46, 51, 54, 55, 57, 58, 59, 176, 187, 211, 212, 226, 357, 362, 404, 409, 423, 445, 523, 528, 530, 546, 558, 566
Erb, Elke 53
Erhardt, Heinz 258, 329, 446

Faulkner, William 282
Fischer, Luise 229
Fleming, Paul 74, 197
Fontane, Theodor 446
Frenzel, Elisabeth 319
Frenzel, Herbert A. 319
Freud, Sigmund 48, 110
Fried, Erich 35, 46, 47, 182, 477
Fritz, Walter Helmut 47
Fuchs, Günter Bruno 483
Fuegi, John 300
Fühmann, Franz 53

Garbo, Greta 431
Geibel, Emanuel 505
Geißler, Peter 482
Geist, Peter 35, 557
Gellert, Christian Fürchtegott 493, 494, 505
George, Stefan 55, 209, 289, 364, 413, 432, 478, 505, 558
Gerhardt, Paul 74
Gernhardt, Almut 508
Gerold, Karl 216, 217, 570
Ginsberg, Alan 464
Goes, Albrecht 167, 567
Goethe, Christiane von 126
Goethe, Johann Wolfgang von 13, 14, 15, 16, 17, 22, 23, 24, 25, 26, 28, 33, 42, 44, 53, 56, 59, 63, 64, 67, 68, 73, 74, 93, 94, 95, 114, 115, 126, 191, 209, 220, 236, 241, 242, 243, 244, 245, 247, 248, 249, 252, 258, 287, 288, 300, 335–336, 351, 361, 371, 411–414, 416, 417, 430, 446, 456, 476, 483, 484, 495, 500, 503, 511, 512, 525, 563, 565, 566, 571, 573, 579
Goldt, Max 232
Goll, Iwan 189
Gorki, Maxim 388
Görtz, Franz Josef 397
Gräf, Dieter M. 408, 434, 435, 436
Graf, Stefanie (Steffi) 159
Grass, Günter 78, 79, 82, 100, 187, 357, 362, 418, 444, 561,
Grimm, Erk 404
Groll, Gunter 81, 168, 388, 533, 534, 567, 576
Gross, Walter 178
Grünbein, Durs 53, 65, 98, 210, 409, 418, 419, 483, 538
Gryphius, Andreas 75, 422
Gsella, Thomas 50, 51, 442
Gumppenberg, Hanns von 60, 61, 63

Haas, Helmuth de 178
Habernig, Christine 372

Hacks, Peter 246, 247, 363–365, 428, 429, 430, 431, 432, 433, 483, 529, 553, 575, 577
Haftmann, Werner 175
Hagestedt, Lutz 476, 477
Hahn, Livingstone 24, 26, 27, 28, 83, 337–339, 440, 559
Hahn, Ulla 100, 418, 477
Haldane, John Burdon Sanderson 207, 208, 209
Halhuber, Max-Joseph 196, 197
Hamburger, Michael 54, 419
Hamm, Peter 189, 408
Hamsun, Knut 273
Harig, Ludwig 418
Härtling, Peter 175, 315
Hartung, Harald 103, 104, 105, 107, 109, 110, 124, 130, 398, 402, 418
Hauptmann, Gerhart 478
Havemann, Robert 46
Hecht, Werner 299, 301
Heckmann, Herbert 176, 187
Heidegger, Martin 375
Heine, Heinrich 62, 88, 89, 102, 103, 111, 139, 140, 141, 144, 145, 153, 198, 200, 201, 202, 203, 204, 205, 209, 220, 247, 287, 288, 329, 367, 411, 446, 477, 503, 504, 505, 506, 540, 556, 565, 567, 568, 569, 578
Heißenbüttel, Helmut 149, 150, 151, 315, 403
Helmer, Thomas 12
Hemingway, Ernest 282
Henne, Helmut 495, 565
Hensel, Kerstin 409
Hentig, Hartmut von 481
Henze, Hans Werner 179
Herbert, Zbigniew 308–313
Herburger, Günter 24, 523
Herder, Johann Gottfried 245, 336
Heß, Johann 74
Hesse, Hermann 70, 190, 192, 205, 458, 459, 476, 568
Heym, Georg 418, 483, 484

Heym, Stefan 101
Heyse, Paul 476
Hildesheimer, Wolfgang 316
Hiller, Kurt 143, 484
Hitler, Adolf 82, 303, 375
Hoddis, Jakob van 219, 338, 484
Hoffmann, Heinrich 61
Hofmann, Winfried 444, 445
Hofmannsthal, Hugo von 60, 61, 62, 175, 210, 397, 454, 455, 456, 558
Hölderlin, Friedrich 14, 33, 35, 36, 37, 38, 43, 52, 53, 191, 274, 287, 288, 419, 443, 503, 557
Höllerer, Walter 78, 80, 87, 174, 175, 176, 177, 178, 179, 180, 185, 186, 187, 384, 526, 530, 533, 538, 576
Holthusen, Hans Egon 283, 315, 536, 537
Holz, Arno 68, 141, 142, 320, 421, 529, 558
Hölzer, Max 184, 187, 188, 189
Homer 48
Honecker, Erich 46, 433
Horaz (Quintus Horatius Flaccus) 191, 192, 309, 346, 443, 568
Hörig, Elmar 12
Huchel, Peter 53, 54, 181, 403
Huelsenbeck, Richard 18
Humboldt, Wilhelm von 75, 243

Ibsen, Henrik 273
Ingendaay, Paul 418
Ippen, Dirk 475, 476, 477

Jacobs, Steffen 24, 120, 121, 409, 415, 420
Jahnn, Hans Henny 54, 317
Jandl, Ernst 41, 42, 86, 87, 130, 288, 403, 409, 420, 438, 442, 444, 446, 477, 481, 483, 506, 560
Janssen, Horst 320, 442
Jens, Walter 150
Jentzsch, Bernd 52, 53

John, Johannes 445, 446
Jonas, Erasmus 187
Jung, Jochen 412, 413
Jünger, Friedrich Georg 167, 168, 567

Kahnweiler, Daniel-Henry 112
Kant, Herrmann 101
Kant, Immanuel 166, 290, 347, 506
Karsunke, Yaak 51
Kaschnitz, Marie Luise 169, 178, 341–342, 342, 528
Kästner, Erich 16, 146, 176, 205, 314, 350–352, 377–381, 395, 396, 397, 438, 444, 445, 505, 529
Kayser, Wolfgang 67, 73, 90, 351, 417
Kempner, Friederike 215, 217, 569
Kerr, Alfred 40, 483
Kirndörfer, Maria 24
Kirsch, Rainer 54, 529
Kirsch, Sarah 53, 100, 477
Kirsten, Wulf 54
Klaball, Klarinetta 24
Klabund (Alfred Henschke) 24, 438
Kleist, Heinrich von 53
Kling, Thomas 53, 404, 408, 419, 420, 421, 422, 481, 482, 483, 484
Klopstock, Friedrich Gottlieb 31, 53, 62, 64, 65, 322, 556, 557, 563
Kluge, Alexander 206
Klüger, Ruth 80, 82, 415, 416, 577
Knorr, Peter (Pit) 22, 30, 556, 590
Kohl, Helmut 71, 162
Köhler, Barbara 419, 420, 484
Kolbe, Uwe 54, 85, 86, 484
Koneffke, Jan 402
Konrad von Würzburg 110
Körbel, Gita 257
Körner, Christian Gottfried 232
Körner, Maria (Minna) 232
Krass, Stephan 84
Kraus, Adolf 204
Kraus, Karl 204, 289
Krechel, Ursula 408
Kreutner, Rudolf 262, 264, 269

Krolow, Karl 188, 315, 402, 409, 528, 529
Kroth, Lutz 328
Krüger, Michael 460, 484, 523
Kühn, Johannes 410, 434
Kunert, Günter 52, 543
Kunze, Reiner 52, 53
Kutsch, Axel 434, 483

Langgässer, Elisabeth 167, 567
Larkin, Philip 120, 121, 207
Lasker-Schüler, Else 420
Lavant, Christine 370–372, 420, 482
Lehmann, Wilhelm 169
Leitner, Anton G. 434
Lenin, Wladimir Iljitsch (Uljanow, W. I.) 22, 216
Lennon, John 220, 222, 465, 570
Lenz, Hermann 403, 464
Lenz, Reimar 316, 403
Leppmann, Wolfgang 205
Lessing, Gotthold Ephraim 288, 367, 505, 506
Lichtenberg, Johann Christoph 48, 140, 141, 274
Liede, Alfred 75, 84, 90, 111, 274
Lion, Ferdinand 315
Loest, Erich 100
Löffelholz, Franz (Franz Mon) 176
Löns, Hermann 491
Lorca, Frederico García 425
Lubitsch, Ernst 119, 122, 504
Luca, Gerasim 172
Lucullus, Lucius Licinius 49
Lutze, Kristian 468, 469, 470, 471, 472, 473, 474

Magenau, Jörg 206, 569
Mahler, Gustav 220
Maiwald, Peter 353–355, 418
Majakowskij, Wladimir 317
Mandelstam, Ossip 53, 419
Marquardt, Axel 371, 402
Marti, Kurt 434

Martial (Marcus Valerius Martialis) 24, 243
Matisse, Henri 175
Matthies, Frank-Wolf 54
Maurer, Georg 54
Mayröcker, Friederike 419
McCartney, Paul 220, 222, 464, 465, 466, 467, 468, 469, 470, 471, 472, 473, 570, 587
Meckel, Christoph 184, 211
Mehring, Walter 478
Meier, Leslie (Peter Rühmkorf) 177, 314, 315, 316, 321
Meister, Ernst 183, 184, 403
Menzel, Wolfgang 411
Michelangelo (Buonaroti, M.) 75, 417
Mickel, Karl 54, 409
Mitchell, Adrian 464, 465, 466, 468
Mohr, Reinhard 138
Mon, Franz (Franz Löffelholz) 176, 385, 576
Monroe, Marylin 50
Morgenstern, Christian 77, 273–275, 277, 278, 280, 288, 329, 367–369, 374, 375, 439, 442, 444, 446, 504, 505, 506, 571, 572, 578
Mörike, Eduard 262, 476, 477
Moro, Aldo 35
Müller, Heiner 44, 45, 199, 206, 208, 209, 403, 409, 418, 569
Müller, Inge 420
Müllereisert, Otto 192, 293, 568
Münsterer, Hans Otto 301

Naumann, Johann Friedrich 491
Naura, Michael 323, 324, 422
Necker, Tyll 70
Neher, Caspar 296
Nerlich, Uwe 189
Neumann, Peter Horst 42
Neumann, Robert 60, 61, 62, 63, 320
Nida-Rümelin, Julian 69
Nietzsche, Friedrich 273, 459
Novalis (Heinrich von Ofterdingen) 188, 518

Offenbach, Jacques 240, 241, 242
Oleschinski, Brigitte 407, 484
Ooka, Makoto 24
Opitz, Reinhard 316
Ostermaier, Albert 480

Pacheco, José Emilio 212, 213
Pape, Walter 277
Pastior, Oskar 24, 403, 404, 409
Paul, Hermann 66, 405, 489, 496
Petrarca, Francesco 75, 416, 417
Pfizer, Gustav 201, 204
Pflanzelt, Georg 293
Picasso, Pablo 112, 175, 326, 562
Pieper, Josef 70
Pietraß, Richard 53
Pinthus, Kurt 285, 484
Platen, August Graf von 538
Poethen, Johannes 315
Politycki, Matthias 30, 31, 32, 535, 556
Pound, Ezra 66, 176, 282, 398, 577
Prießnitz, Reinhard 35, 36, 420

Ralfs, Günther 459
Recht, Oskar Camillus 299
Reich-Ranicki, Marcel 113, 123, 172, 574
Reschke, Rudolf Helmut 371, 372, 402
Riegel, Werner 315, 317
Rilke, Rainer Maria 62, 70, 104, 205, 208, 209, 413, 418, 419, 446, 456, 476, 479, 494, 495, 498
Rimbaud, Arthur 176, 282, 397
Ringelnatz, Joachim (Hans Gustav Bötticher) 276–281, 288, 302, 303, 329, 426, 438, 506, 529, 572, 583, 591
Röhl, Klaus Rainer 314
Rosenlöcher, Thomas 409, 418
Rothmann, Ralf 483
Rowohlt, Harry 437, 474
Rubiner, Ludwig 24, 26, 27, 28, 82, 83, 337–339, 440, 559
Rückert, Friedrich 62, 220, 262–269, 571, 582

Rühmkorf, Peter (Leslie Meier) 16, 17, 19, 20, 21, 22, 64, 65, 102, 103, 151, 152, 156, 167, 168, 177, 188, 208, 211, 226, 292, 314–325, 356–358, 362, 403, 409, 421, 422, 442, 459, 517–520, 523, 524, 525, 526, 528, 531, 532, 533, 536, 537, 543, 546, 561, 562, 563, 567, 569, 573, 574
Rumpel, Heinrich 217

Sabatini, Gabriela 159
Safranksi, Rüdiger 228, 247
Sartre, Jean-Paul 282
Scherfeld, Walter 189
Schertenleib, Hansjörg 408
Scheuermann, Silke 484
Schiller, Friedrich von 13, 14, 23, 24, 25, 26, 28, 55, 56, 62, 113, 225–261, 411, 413, 439, 446, 557, 570, 571, 577
Schleef, Einar 99, 100
Schlegel, August Wilhelm 56, 75, 76, 237, 238
Schlegel, Caroline 53, 256, 413
Schlegel, Friedrich 55, 56, 95, 96, 97, 237, 238, 239, 244, 559, 560
Schlüter, Wolfgang 323, 422
Schmidt, Arno 282, 315, 421
Schmidt, Siegfried 14
Schmied, Wieland 178, 182, 186, 567
Schmitz, Werner 468, 469, 470, 471, 472, 473, 474
Schnack, Anton 167, 360, 567
Schneider, Reinhold 169, 170, 418
Scholz, Hans 316
Schöne, Albrecht 413
Schönlank, Margot 395
Schopenhauer, Arthur 72
Schreiber, Mathias 138
Schröder, Rudolf Alexander 167, 418, 478, 567
Schrott, Raoul 65
Schubert, Franz 220
Schuller, Konrad 71
Schulz, Abraham Peter 74

Schumann, Robert 220
Schwab, Gustav 220, 222
Schwitters, Kurt 439, 440
Segebrecht, Wulf 42, 560
Seibt, Gustav 48, 540, 542, 557
Seidel, Ina 461, 462
Seiler, Lutz 483
Shakespeare, William 42, 43, 75, 288, 417, 506
Sieburg, Friedrich 283
Simone, Roberto de 70
Singer, Erich 437
Sloterdijk, Peter 17
Smolik, Hans Wilhelm 490
Sokrates 303
Speier, Michael 105
Stadler, Ernst 360
Stalin, Josef Wissarionowitsch 215, 216, 304, 305
Stäudlin, Gotthold Friedrich 229
Steigentesch, August Ernst Freiherr von 14
Stein, Gertrude 498
Steiner, Rudolf 273
Stephan, Jakob 415, 416, 577
Stramm, August 65
Strauß, Botho 138
Stromberg, Tom 12, 13

Taeger, Dorothea 81, 534
Tanikawa, Shuntaro 24
Techel, Sabine 408, 483
Thalmayr, Andreas (Hans Magnus Enzensberger) 51, 523
Thill, Hans 402, 403, 404, 405, 407, 408, 418
Torberg, Friedrich 62, 63
Trakl, Georg 63, 317, 372, 419
Trotta, Margarethe von 35
Tucholsky, Kurt 288, 380, 396, 437, 438, 442, 478, 506

Uhland, Ludwig 476
Ulbricht, Walter 430, 433
Umminger, Wilhelm 189

Valentin, Karl 300, 303, 304
Valéry, Paul 104
Vega, Lope de 75
Vespers, Will 218
Villon, François 40
Voß, Johann Heinrich 75, 130, 416, 559
Voß, Peter 374–376

Waalkes, Otto 222
Waechter, Friedrich Karl (F. K.) 28, 185, 327, 328, 347
Wagenbach, Klaus 323
Waldinger, Ernst 167, 567
Walser, Robert 419
Wapnewski, Peter 162, 163, 531
Waterhouse, Peter 419, 420, 484, 565
Wedekind, Frank 62, 300, 438
Weigle, Fritz siehe Bernstein, F. W.
Weill, Kurt 220
Weisenborn, Günther 388–391, 534, 559, 575, 576
Weißglas, Immanuel 173
Werfel, Franz 198, 215, 418, 569
Werner, Markus 441, 442
Weyrauch, Wolfgang 182, 315
Whitman, Walt 317
Wiechert, Ernst 81
Williams, Robin 23
Wilpert, Gero von 14, 15, 16, 17, 423
Wolf, Christa 54
Wolf, Ror 83, 440, 441, 556, 559
Wolff, Kurt 338
Wollschläger, Hans 262, 264, 269
Wüstefeld, Michael 54

Xanthippe 303

Zehrer, Klaus Cäsar 25, 26, 244, 287, 551, 556, 570
Zelter, Carl Friedrich 59, 93, 94
Zoff, Marianne 299

Robert Gernhardt
Denken wir uns
Band 17671

Mit seinem letzten abgeschlossenen Werk legt Robert Gernhardt wunderbar leichte Erzählungen vor, die sein unerschöpfliches komisches Talent noch einmal demonstrieren. Entstanden sind Geschichten voller Humor, die hell und schnell im Hier und Anderswo mit Autobiographischem und Fiktivem spielen.

»Beschwingte Mischung aus Parodien, Burlesken, Anekdoten – letzte Gedankenspielereien des großen Dichters.«
Der Spiegel

Fischer Taschenbuch Verlag

Robert Gernhardt
Gesammelte Gedichte 1954 – 2006
1168 Seiten. Gebunden

Sämtliche Gedichte von Robert Gernhardt in einem Band

1954 begann der Gymnasiast zu reimen, heute gilt Robert Gernhardt als einer der bedeutendsten Lyriker deutscher Sprache. Seine Meisterschaft: der elegante Balanceakt zwischen Leichtem und Schwerem, zwischen der Komik des Lebens und dem bitteren Ernst menschlichen Strebens.

»Dichter können die Welt nicht verändern?
Zuweilen doch. Der Dichter Robert Gernhardt jedenfalls
hat die Welt verändert, indem er seine Leser verändert hat,
und seine Leser zählen nach Millionen.«
Ulrich Greiner, Die Zeit

S. Fischer